Grundwissen Politik

Theo Stammen, Ronald Clapham, Wolfgang Rudzio, Eckhard Jesse, Franz Nuscheler, Reinhard Meyers, Bernd Guggenberger

Grundwissen Politik

Campus Verlag
Frankfurt/New York

ISBN 3-593-34609-5

Bonn 1991

Redaktion und Gesamtkonzeption: Ludwig Watzal
Satzherstellung: Froitzheim GmbH · Bonn
Druck: Graphischer Großbetrieb Pößneck
Printed in Germany

Inhalt

Vorwort 7

Einführung 9

Theo Stammen
Grundlagen der Politik 15

Wolfgang Rudzio
Das politische System der Bundesrepublik Deutschland 48

Ronald Clapham
Strukturen und Prozesse in der Industriegesellschaft 89

Eckhard Jesse
Typologie politischer Systeme der Gegenwart 162

Reinhard Meyers
Grundbegriffe, Strukturen und theoretische Perspektiven der Internationalen Beziehungen 220

Franz Nuscheler
Das Nord-Süd-Problem 317

Bernd Guggenberger
Die Zukunft der Industriegesellschaft 397

Die Autoren 485

Gliederung der Beiträge
Eine ausführliche Übersicht 489

Vorwort

Politik und Politiker rangieren im Ansehen der Bevölkerung in allen Meinungsumfragen auf den unteren Plätzen. Über die Gründe dieses Vorurteils ist viel spekuliert worden. Trotz dieser Distanz gegenüber der Politik berührt sie mehr oder weniger das Leben aller Menschen. Täglich kommen wir mit Politik in ihren Auswirkungen in Berührung. Was ist eigentlich Politik? Ist es nur das Agieren der Politiker im Rampenlicht der Öffentlichkeit, oder hat es Politik darüber hinaus auch mit fundamentalen Überlebensfragen der Menschen zu tun? Politik bewegt sich in komplexer Wirklichkeit; sie handelt von und mit empirischen Tatsachen. Das schließt die soziale, wirtschaftliche und kulturelle Wirklichkeit ein. Politik ist ein offener und dynamischer Prozeß.

In den politischen Wissenschaften müssen theoretische Prämissen mit der gesellschaftlichen Praxis in Beziehung gesetzt werden. Eine Theorie, die auf die konkrete Analyse verzichtet, geht an der Wirklichkeit vorbei. Eine auf empirische Tatsachen beschränkte Wissenschaft, die auf eine theoriegeleitete Erklärung verzichtet, bleibt an der Oberfläche haften. Für die Beurteilung von Politik ist das Menschenbild, das ihr zugrunde liegt, besonders wichtig. Liberale, konservative oder sozialdemokratische Politik wird nur verständlich, wenn man sich die Leitbilder vergegenwärtigt, die ihre jeweiligen Politikinhalte mitbestimmen.

Durch die Wiedervereinigung Deutschlands steht die Politik vor großen innergesellschaftlichen Herausforderungen, die sowohl vom politischen als auch ökonomischen System unseres Landes bewältigt werden müssen. Deshalb sind fundierte Informationen über die Grundlagen von Politik und Wirtschaft von zentraler Bedeutung. Aber auch die internationale Staatengemeinschaft ist durch den Wandel in der Sowjetunion und Osteuropa in ihrer Struktur erschüttert. Sie steht auch durch die Herausforderung der Dritten Welt vor Aufgaben, die nur gemeinsam gelöst werden können. So geben z.B. die globalen Umweltprobleme apokalyptischen Befürchtungen begründet Nahrung. Auch die die internationale Gemeinschaft betreffenden Migrationsströme verlangen besonnene Lösungen, vor Ort als auch bei den Einwanderungsländern.

Innergesellschaftlich bedarf die moderne Industriegesellschaft der ständigen Reform. Fragen der Umwelt, der Kernenergie, der Abrüstung, der Ökonomie, der Gentechnik und viele andere harren einer begründeten Antwort. Dabei gelangt man mit dem Slogan »Weiter so« in eine Sackgasse. Nicht nur der Politiker, sondern jeder verantwortungsbewußte Mensch ist bei der Bewältigung in seinem Verantwortungsbereich gefordert. Nach- und Umdenken ist national wie international vonnöten, wenn die Menschheit auch in Zukunft ein humanes Leben führen will.

Die Beiträge des Bandes vermitteln das Grundwissen, das für eine weiterführende Behandlung dieser Fragen und Probleme unerläßlich ist.

Die Redaktion

Einführung

Wo Menschen es mit Menschen zu tun haben, treffen wir auf Politik. Sie ist um der Menschen willen da und berührt mehr oder weniger das Leben aller. Diese »conditio humana« scheint die allgemeinste Grundlage moderner Politik zu sein. Was ist Politik? Ist sie allein das Agieren des Politikers in der Öffentlichkeit, oder hat es Politik auch mit zentralen Überlebensfragen der Menschen zu tun? Politik spielt sich in einer komplexen Wirklichkeit ab. Seit Aristoteles wird sie als Beschäftigung mit den institutionell organisatorischen Ausformungen menschlichen Zusammenlebens verstanden. Sie hat es mit Verfassungsfragen und einer Rechtsordnung zu tun, die sich am deutlichsten durch Regierung, Parlament, Gerichte und öffentliche Körperschaften darstellt. Daneben hat Politik auch eine normative Komponente, die auf Ziele und Aufgaben politischen Handelns verweist. Des weiteren geht es in der Politik immer auch um die Durchsetzung von Interessen. In einer pluralistischen Demokratie kommt der gesellschaftlichen Krisenregulierung durch Konfliktaustrag und Konsensbildung eine zentrale Bedeutung zu. Diese drei Dimensionen bestimmen das Verständnis in einer modernen Gesellschaft.

Bei einer Gesellschaft handelt es sich nicht um ein statisches, sondern um ein dynamisches soziales Gebilde. Sie befindet sich in ständiger Entwicklung; der soziale Wandel ist ihr inhärent. Der Wandel einer Gesellschaft ist aber schwer festzustellen. Verschiedene Gesellschaftstypen verändern sich aufgrund ihrer inneren Konstitution unterschiedlich. Ebenso ist es eine Tatsache, daß der soziale Fortschritt die gesellschaftlichen Bereiche verschieden erfaßt. Eine Gesellschaft, die weder Mobilität, sozialen Fortschritt noch die Verwirklichung des Indiviuums ermöglicht, hat wenig Überlebenschancen. Geschlossene Gesellschaften haben sich im Zeitalter der Telekommunikation überlebt. Eine Zukunft werden nur die Gesellschaften haben, die ihren Bürgern individuelle Freiheiten gewähren und sich als »offene Gesellschaften« begreifen.

Der Band »Grundwissen Politik« gibt eine umfassende Einführung in die Grundlagen der Politik, die wichtig für das Verständnis von Politik in der modernen Industriegesellschaft sind. Folgende Bereiche werden behandelt: die Grundlegung der theoretischen Grundlagen von Politik, das deutsche Regierungs- und Wirtschaftssystem, die Typologie internationaler Systeme, die Theorie der internationalen Beziehungen, die Probleme der Dritten Welt sowie die Zukunft der Industriegesellschaft. Damit soll verdeutlicht werden, mit welchen Problemen es Gesellschaften zu tun haben. Strukturen und Prozesse in Politik, Wirtschaft und Gesellschaft sollen offengelegt und als im Wandel befindlich begriffen werden. Die einzelnen Beiträge führen darüber hinaus nicht nur in die jeweilige Fachdisziplin ein, sondern diskutieren auch die damit zusammenhängenden Politikkonzepte.

Die moderne Industriegesellschaft ist zentraler Gegenstand dieses Bandes. Um das Verständnis von Politik zu erleichtern, schien es angebracht, mit einem theoretischen Beitrag als Grundlage der Analyse von Politik zu beginnen. *Theo Stammen* geht in seinem Aufsatz davon aus, daß Politik neben Wirtschaft und Gesellschaft das empirische Umfeld der menschlichen Lebenswelt bildet und als Grundlage der Analyse dient. Eine Reflexion über die Grundlagen von Politik kommt an anthropologischen Prämissen in der Geschichte nicht vorbei. Sie bestimmen die politische Praxis und bilden zugleich ein konstitutives Element politischer Systeme. Politik wird also von anthropologischen Fragestellungen her angegangen. In einem zweiten Teil versucht Stammen, die Entstehung des theoretischen Wissens über Politik und die sich daraus entwickelnde Systematik der Politikwissenschaft aufzuzeigen. Der Autor stellt dar, welche Reflexionen die Menschen in den anderen Epochen angestellt haben, um ihr praktisches Handeln in theoretischen Begriffen auszudrücken. Diese bilden die Tradition der Politikwissenschaft. Aufgrund ihres Selbstverständnisses als »kritische Ordnungswissenschaft« hat diese nach Stammen ihre Bereitschaft in der praktischen Politikberatung unter Beweis gestellt.

Durch die Wiedervereinigung Deutschlands findet das politische System der Bundesrepublik Deutschland ein neues Interesse. Die »Bonner Demokratie« wurde kein zweites Weimar und hat sich gegenüber der DDR als das bessere System herausgestellt. Verfaßt als eine offene und pluralistische Gesellschaft hat sie sich zu einem sozialen Gemeinwesen entwickelt, das es in der deutschen Geschichte bisher nicht gegeben hat. Bei ihrer Gründung wurden die Lehren aus dem Scheitern der Weimarer Republik und den Erfahrungen aus den zwölf Jahren nationalsozialistischer Gewaltherrschaft gezogen. Die Bundesrepublik kann nach *Wolfgang Rudzio* inzwischen als gelungene Demokratie gelten, in der lange autoritäre Traditionen vorgeherrscht haben, und die sich bei ihrer Gründung in einem katastrophalen Zustand befunden hat. Für Rudzio ist die Darstellung des politischen Systems mehr als nur die Beschreibung seiner Institutionen, aber auch weniger als eine der gesamten Gesellschaft. Demzufolge werden auch nur solche Akteure und Institutionen dargestellt, die gesamtgesellschaftliche Entscheidungen beeinflussen, wie z. B. das parlamentarische Regierungssystem, das Verfassungs- und Parteiensystem, die Interessenverbände, das föderale System in den Ländern und Gemeinden sowie die Rolle des Bürgers in der Politik. Nach der Wiedervereinigung steht das größere Deutschland vor einer Neudefinition seines Selbstverständnisses.

Die Stellung des vereinigten Deutschlands im internationalen System betrifft nicht nur seine außenpolitische Rolle in der Welt, sondern auch seine ökonomische Position, die Leistungskraft der Volkswirtschaft. Die Rolle der Ökonomie in einer Industriegesellschaft wird von *Ronald Clapham* untersucht. Er geht der Frage nach, von welchen Voraussetzungen man bei den strukturellen Veränderungen in der Industriegesellschaft der Bundesrepublik auszugehen habe und welche Entwicklungslinien sich beim wirtschaftlichen Strukturwandel feststellen lassen. Ebenso fragt er nach den Folgen des strukturellen Wandels und nach den sich daraus ergebenden Aufgaben für die Wirtschaft und Sozialpolitik. Geht man mit Clapham davon aus, daß Strukturen und Prozesse in der Industriegesellschaft das Ergebnis wirtschaftsbezogenen Handelns der Menschen sind, dann erscheint es ratsam, die Regeln zu beschreiben, die das wirtschaftliche Handeln der Menschen bestimmen. Dabei spielen zunächst die ordnungspolitischen Strukturen eine Rolle, d. h. die Grundlagen der Wirtschaftsordnung der sozialen Marktwirtschaft sind aufzuzeigen. Wenn eine Marktwirtschaft erfolgreich sein will, bedarf sie eines permanenten Strukturwandels. Dieser führt in ökonomischer wie sozialer Hinsicht zu Härten, die durch diverse strukturpolitische Strategien zu mildern sind. Insbesondere betrifft dieser Wandel den Arbeitsmarkt, auf dem es zu Disparitäten zwischen Angebot und Nachfrage kommen kann. Daß die soziale Marktwirtschaft auch mit den wirtschaftlichen Problemen Ostdeutschlands fertig werden wird, hält Clapham für sehr wahrscheinlich.

Wie wichtig gesellschaftlicher Wandel für die Überlebensfähigkeit politischer Systeme ist, hat der Zusammenbruch der marxistisch-leninistischen Regime in Osteuropa und der Sowjetunion deutlich gemacht. Gesellschaften können nicht auf Dauer gegen die Menschen regiert werden. Systeme, die dogmatisch an autoritären Gesellschaftskonzepten festhalten und sozialen Wandel und Mobilität im Innern verhindern, brechen über kurz oder lang zusammen. Eine gewisse soziale Mobilität hat es zwar auch in diesen Systemen gegeben, sie beschränkte sich aber auf die herrschende militärisch-bürokratische Klasse der Gesellschaft. Wie schwierig augenblicklich eine Typologie der politischen Systeme ist, macht *Eckhard Jesse* in seinem Beitrag deutlich. Er unternimmt den Versuch einer politikwissenschaftlichen Typenbildung. Erste Versuche findet man schon bei Aristoteles, dem in der Geschichte der politischen Theorie weitere folgen, wie z. B. von Niccolò Machiavelli. Die neuere Politikwissenschaft, für die Ernst Fraenkel exemplarisch steht, unterschied die Systeme nach Demokratie und Diktatur. Dieser Typologie bedient sich auch Jesse. Andere Autoren bedienen sich des Begriffs Autoritarismus oder Totalitarismus. Neben einer Bestandsaufnahme der Staatenwelt vom Ende des Zweiten Weltkrieges bis zum Ende der achtziger Jahre behandelt Jesse auch den Wandel des politischen Systems in der Sowjetunion sowie der gesamten Staatenwelt. Mit den Nachwirkungen des »siebzigjährigen Desasters«, wie es Jesse nennt, wird sich die internationale Staatenwelt noch einige Zeit auseinandersetzen müssen. Der Zusammenbruch der kommunistischen Staatenwelt hat zu einer Legitimationskrise aller wie auch immer gearteter Diktaturen in Afrika, Asien und Lateinamerika geführt. Deshalb kann eine Typologie für diesen Raum nur Überblickscharakter haben. Die Entwicklung der politischen Systeme ist weiterhin offen.

Der Zusammenbruch des »real existierenden Sozialismus« und das Ende des Ost-West-Konfliktes, der die Nachkriegsordnung vierzig Jahre lang beherrscht hat, fordert zu einer Neubewertung des internationalen Systems heraus. Zur Auflösung der osteuropäischen Diktaturen mögen eine Vielzahl von Faktoren beigetragen haben, aber ohne die Personen Michael Gorbatschows und seines Außenministers Eduard Schewardnadses wäre der Wandel in Osteuropa und der Sowjetunion nicht in diesem Tempo vonstatten gegangen. Trotz dieser rasanten Veränderungen ist es nach *Reinhard Meyers* angebracht, sich auf jene Merkmale wie Akteure, Prozesse, Strukturen und weltbildartige Vorstellungen zurückzubesinnen, die bisher charakteristisch für die internationalen Beziehungen waren. Als »Krisenbewältigungswissenschaft« beschreibt Meyers die Geschichte der Disziplin. Er geht auf die Kontroversen zwischen Realisten und Idealisten sowie auf die unterschiedlichen Positionen zwischen Neorealisten und Globalisten ein. Einen Dissens gebe es bei der Bestimmung des Gegenstandes, Konsens hingegen bei der Bestimmung der Grundbegriffe wie Außenpolitik, internationale Politik und internationale Beziehungen. Weiten Raum nimmt die Lehre von Krieg und Frieden ein. Dabei reicht die Typologie von der klassischen Völkerrechtslehre, klassischem und demokratischem Liberalismus über Marxismus bis zu Idealismus und Realismus. Neben den klassischen Akteuren, den Nationalstaaten, gibt es noch eine Vielzahl internationaler, multinationaler und Nichtregierungsorganisationen. Sie befinden sich in einem interdependenten Verhältnis zueinander. Die globalen Probleme, vor denen die Staatengemeinschaft steht, sind so miteinander verwoben, daß sie nur gemeinsam gelöst werden können.

Die Industriestaaten stehen nicht erst seit dem Ende des Ost-West-Konflikts vor enormen Herausforderungen. Die Probleme der Dritten Welt begleiten uns schon seit Beginn der sechziger Jahre. Sie haben sich in den letzten Jahrzehnten noch dramatisch verschärft. Die Bilanz der drei letzten Dekaden ist depremierend. *Franz Nuscheler* stellt in seinem Beitrag resümierend fest, daß es in den letzten vier Jahrzehnten eine Gleichzeitigkeit von Wirtschafts- und Verelendungswachstum gegeben habe. Er ordnet das Nord-Süd-Problem historisch ein. Bei der dritten Welt handelt es sich um die arme und unterentwickelte Welt. Die Problematik »Entwicklung« und »Unterentwicklung« wird aufgezeigt. Dabei äußert sich Unterentwicklung in Form von Armut, insbesondere von Hunger, schlechtem Gesundheitszustand, geringen Bildungschancen oder schlechten Wohnverhältnissen. Eine Beschreibung des Massenelends sagt aber noch wenig über die Unterschiede von sich entwickelnden oder unterentwickelten Gesellschaften aus. Nach Nuscheler erweist sich die Unterentwicklung als ein vielschichtiges Problem, das jedoch seine Hauptursache in nationalen wie internationalen sozioökonomischen Strukturen hat. Die Kontroverse um die Dritte Welt war auch immer ein Paradigmenstreit, der zwischen den Anhängern der Modernisierungs- und Dependenztheorie ausgetragen wurde. Nach Nuscheler konnte die Kluft zwischen armen und reichen Staaten nicht geschlossen werden, sondern das Gegenteil trat ein: Die reichen wurden reicher, die armen ärmer. Die Verschuldungskrise stellt neben der Umweltkrise nach ihm das größte Hindernis für die Entwicklung dar. Sie haben sowohl interne als auch externe Ursachen. Die Entwicklungspolitik könne nur noch dann zur Entschärfung des Nord-Süd-Problems beitragen, wenn die Industrieländer bei ihrer »Überentwicklung« ansetzten.

Die Experten sind sich weitgehend einig, daß ein Wirtschaftswachstum herkömmlicher Art nicht mehr zu verantworten ist. Eine Vergrößerung des Bruttosozialprodukts als Lösung z. B. der Umweltprobleme hält auch *Bernd Guggenberger* in seinem Beitrag für nicht gangbar. In einem ersten Schritt ortet Guggenberger die Ökologie als Herausforderung des Jahrhunderts und unterzieht den traditionellen Fortschrittsglauben einer Kritik. Diese Kritik wurde aber erst durch die grün-alternative Bewegung gesellschaftspolitisch relevant und wirkmächtig. In einem weiteren Schritt behandelt er die ideengeschichtliche Stellung der Arbeit. Der neuzeitliche Mensch sei längst zum Sklaven der Arbeit geworden und drohe in der »mechanisierten Sklaverei« unterzugehen. Die Industrialisierung sei auf Kosten anderer erfolgt; der Fortschritt erfolge auf Pump. Der Fortschritt der Industriegesellschaft bedinge geradezu den Sozialstaat. Denn die Kosten der Industrialisierung können nur durch höhere soziale Leistungen kompensiert werden. Als Antipoden der Industriegesellschaft sieht Guggenberger die Freizeitgesellschaft. Ihr größtes Problem wird die Überwindung der »Arbeitsgesellschaft« sein. Ihr gilt auch das Hauptaugenmerk dieses Beitrages. In seinem abschließenden Kapitel stellt der Autor fest, daß die Rolle des klassischen Nationalstaates überholt sei und wir in einer »Übergangszeit« lebten, die durch eine Erosion des Politischen charakterisiert sei. Die Gehorsamspflicht des Bürgers gegenüber dem Staat habe in dem Maße abgenommen, wie seine Schutzfunktion nachgelassen habe.

Die moderne Industriegesellschaft steht nicht nur vor großen politischen, wirtschaftlichen und sozialen Herausforderungen, sondern auch vor humanitären. Die Dehumanisierung – eingehend mit einer Sinnkrise – kann langfristig zur Erodierung der Freiheit führen. Die »Errungenschaften« von Wissenschaft und Technik erweisen sich zusehends als problematisch für den Menschen. Hat das 19. Jahrhundert noch an die Befreiung des Menschen durch Wissenschaft und Technik geglaubt, ist dieser Glaube einer gehörigen Portion Skepsis gewichen. Insbesondere die Naturwissenschaften – allen voran die Biologie – haben ein Herrschaftswissen angehäuft, das nur wenigen Privilegierten zugänglich und nicht transparent ist. So wirft z. B. die Gentechnik ethische, soziale, ökologische und ökonomische Fragen auf, die jeden einzelnen Menschen betreffen. Ohne Pathos ließe sich feststellen, daß wir am Beginn einer neuen Menschheitsepoche stehen, in der alle Lebewesen zu einem genetischen berechenbaren und manipulierbaren Gegenstand reduziert werden sollen. Die Ambivalenz der Technik drückt sich darin aus, daß sie einerseits für viele Probleme mitverantwortlich ist, andererseits diese aber nur durch einen verstärkten ökonomisch-technischen Zugriff wieder gelöst werden können. Die Auswirkungen für die Umwelt sind abzusehen. Deshalb sollte auch immer nach den Nachteilen der neuen Technologien gefragt werden. »Das Neuland kollektiver Praxis, das wir mit der Hochtechnologie betreten haben, ist für die ethische Theorie ein Niemandsland«, formuliert Hans Jonas. Fragen nach der Würde des Individuums, nach dem Überleben der Menschen, nach dem Schutz der Vielfalt des Lebendigen müssen bei der Bewertung von zukünftigen Wissenschafts- und Technikobjekten im Vordergrund stehen. Ob das »Projekt der Moderne« wirklich zu Ende gebracht werden soll, ist zu überdenken, da das Fortschrittsparadigma umgekippt ist, das Industriesystem an seine Produktivitätsschwelle gestoßen ist und sich kontraproduktiv auszuwirken begann. Die Krise, in die das »Projekt der Moderne« geraten ist, spiegelt nur den Zerfall der Fortschrittsideologie der Aufklärung wider, der eigentlichen Religion der Moderne.

Mit diesem Sammelband ist beabsichtigt, politisch Interessierten ein Werk an die Hand zu geben, das in verständlicher Form die relevanten Sachbereiche der Politik übersichtlich darstellt. Es ist kein Werk ausschließlich für Politikwissenschaftler, sondern es wendet sich an Studenten, Lehrer und alle, die an den Grundfragen der Politik Interesse haben. Ein Verzeichnis ausgewählter Grundlagenliteratur soll denen, die sich in die Sachprobleme vertiefen wollen, weiterführende Hinweise und Anstöße zum eigenen Nachdenken über Theorie und Praxis der Politik geben.

Ludwig Watzal

Theo Stammen

Grundlagen der Politik

I. Grundlegung der Politik

1. Vorbemerkungen

Zwei Ziele will dieser einführende Beitrag erreichen: Einmal soll er eine Einführung in das »Grundwissen der Politik« liefern, zum andern soll er die Grundlagen der Politik näher bestimmen.

Bei diesem Versuch, einen gangbaren und plausiblen Zugang zu den »Grundlagen der Politik« zu eröffnen, könnte man auf die Idee kommen, mit einer möglichst kompakten Definition des Begriffs »Politik« zu beginnen – so wie viele allgemeine und einführende Schriften zur Politikwissenschaft verfahren, wenn sie ihre Erörterung von Politik und Politischer Wissenschaft mit dem Versuch einer mehr oder weniger präzisen Definition einleiten oder sich – mangels einer überzeugenden eigenen – an eine schon als klassisch geltende, anerkannte Definition wie etwa die berühmte von Max Weber anschließen: »›Politik‹ würde für uns also heißen: Streben nach Machtanteil oder nach Beeinflussung der Machtverteilung, sei es zwischen Staaten, sei es innerhalb eines Staates zwischen Machtgruppen, die er umschließt. Wenn man von einer Frage sagt: sie sei eine ›politische‹ Frage (...), so ist damit immer gemeint: Machtverteilungs-, Machterhaltungs- oder Machtverschiebungsinteressen sind maßgebend für die Antwort auf diese Frage (...). Wer Politik treibt, erstrebt Macht: Macht entweder als Mittel im Dienste anderer Zwecke – idealer oder egoistischer – oder Macht »um ihrer selbst willen«, um das Prestigegefühl, das sie gibt, zu genießen.«

Wir sind jedoch nicht der Ansicht, daß dies ein brauchbarer und sinnvoller Einstieg in die Erörterung der »Grundlagen der Politik« und der Politikwissenschaft wäre; und zwar aus *zwei* Gründen:

1. Man kann sinnvollerweise immer nur solche Begriffe präzis definieren und dadurch in ihrem Gebrauch eindeutig festlegen, die man zu analytischen Zwecken selbst gebildet hat und operativ verwenden will; Begriffe also, die zur instrumentalen Wissenschaftssprache gehören, nicht jedoch solche, die als Bestandteile der politischen Gegenstandswelt der politikwissenschaftlichen Analyse unterworfen werden (sollen). Ludwig Wittgenstein hat in seinen »Philosophischen Untersuchungen«, die an der konkret-geschichtlichen Alltagssprache und ihrer Problematik orientiert sind, gezeigt, daß man derartige Begriffe der Alltags- oder Objektsprache sinnvollerweise nicht definieren, sondern lediglich in ihrem praktisch-empirischen Gebrauch beschreiben kann; denn: »das Sprechen der Sprache (ist) ein Teil einer Tätigkeit, oder einer Lebensform«.

2. Einige Definitionen verweisen nach dem Muster »Politik soll heißen . . .« stets schon immer auf vorausgehende konzeptionelle oder theoretische Konstrukte, auf mehr oder weniger explizierte und differenzierte Theoriezusammenhänge, von denen sie abgeleitet sind und in deren Kontexten sie allein verstehbar und funktional sind.

Demgegenüber ist sinnvollerweise von den empirischen Phänomenen und Wörtern der politischen Alltagswirklichkeit auszugehen. Die Wörter »Politik« und »politisch«, abgeleitet vom klassisch-griechischen Wort »Polis« (= Stadt), kommen in allen europäischen Sprachen in vielen Varianten als Bezeichnungen für eine Anzahl meist öffentlicher, gelegentlich auch privater Erscheinungen und Praxisformen der unterschiedlichen Lebensbereiche der Menschen vor und widersetzen sich so einer eindimensionalen Definition. »So erscheint das Politische bald als das Einigende, bald als das Trennende, bald als Muster und Mittel der Eintracht, bald als Grund und Methode der Zwietracht, bald als Inbegriff des Friedens, bald als Geist des Krieges. Ist es der Konflikt der Interessen der Mächte, Glaubenshaltungen und Willensregungen, was das Politische in seinem eigentümlichen Wesen kennzeichnet? Oder ist es vielmehr der Ausgleich, der Kompromiß, der Vertrag, die gemeinsame Lebensregel, der Friede? Und umgekehrt gefragt: sollen wir den Frieden – den Bürger- wie den Völkerfrieden – als die Abschaffung und Überwindung, als die Negation der ›Politik‹ deuten oder, im Gegenteil, gerade als ihre Vollendung?«[1]

Auch aus einer nur oberflächlichen Betrachtung dieser Vielfalt und Widersprüchlichkeit politischer Phänomene geht eindeutig hervor, »daß das ›Politische‹ nicht von einerlei Art ist«. Die Fülle der Erscheinungen, die alltagssprachlich mit den Wörtern »Politik« und »politisch« bezeichnet werden, macht auch deutlich, »daß mit einer raschen Definition – . . . – nicht geholfen ist, vielleicht auch, daß auf eine einsinnige Definition des Politischen kaum oder gar nicht zu hoffen ist«.[2] Daher ist für diese Untersuchung geboten, eine andere Richtung einzuschlagen, die von eben dieser empirischen Fülle und Buntheit der politischen Phänomene auszugehen hat, die »Politik« als ein offensichtlich universelles Phänomen der menschlichen Geschichte ausweist.

Die Frage, die sich angesichts dieser aspektereichen Wirklichkeit unabweisbar stellt, lautet: Gibt es einen gemeinsamen Nenner, der all diese verschiedenen und oft widersprüchlichen bzw. in Spannung und Gegensatz zueinander stehenden Phänomene und Realitätsausschnitte zu einer relativ einheitlichen Vorstellung von »Politik« zu integrieren vermag?

Politik heute, gestern und morgen; Politik allgemein und speziell; Politik als Prozeß oder Politik als institutionelles Ordnungsgefüge – Politik in jeder dieser vielen Hinsichten und Erscheinungsformen hat es ganz offensichtlich mit der »conditio humana« zu tun, mit der über alle geschichtlichen Entwicklungs- und Wandlungsprozesse hinweg wesentlich dauerhaften »Lebensverfassung des Menschen«, derzufolge »Politik« in all ihren Erscheinungsformen notwendiges Element menschlichen Lebens ist.

Diese conditio humana erscheint die allgemeinste, bleibende und verbindliche »Grundlage der Politik« zu sein. Wo Menschen mit Menschen zusammenleben, treffen wir auf »Politik«.

1 Dolf Sternberger, Drei Wurzeln der Politik, I. Bd., Frankfurt/M. 1978, S. 21.
2 Ebd., S. 22f.

Im Sinne dieser conditio humana haben in Antike und Mittelalter z. B. Aristoteles und Thomas von Aquin den Menschen als »zoon politikon« bzw. als »animal sociale sive politicum« – schlicht als »politisches Lebewesen« begriffen, als Lebewesen, das zu seiner Daseinsfristung und Daseinsgestaltung dauernd der politischen Praxis und Ordnung bedarf.

2. Anthropologische Prämissen der Politik

Seit die Menschen für uns quellenmäßig nachweislich über Politik und politische Ordnungsprobleme reflektieren und miteinander reden, suchen sie sich in diesem Kontext auch stets über die Grundlagen der Politik zu verständigen – in sprachlich vermittelten Kommunikationsprozessen, die ihren vielfältigen Niederschlag in Literaturdenkmälern aller Art gefunden haben, – und rekurrieren dabei beständig auf die »menschliche Natur«.

Darauf hat bereits Aristoteles in den Eingangskapiteln seiner »Politik« aufmerksam gemacht und dabei auf den konstitutiven Zusammenhang von politischer Existenz des Menschen mit seiner Fähigkeit des Sprechens, kurz: von Politik und Sprache, verwiesen: »Der Mensch ist (...) das einzige Lebewesen, das Sprache besitzt (...). Die Sprache (...) dient dazu, das Nützliche und Schädliche mitzuteilen und so auch das Gerechte und Ungerechte. Dies ist nämlich im Gegensatz zu den anderen Lebewesen dem Menschen eigentümlich, daß er allein die Wahrnehmung des Guten und Schlechten, des Gerechten und Ungerechten und so weiter besitzt. Die Gemeinschaft in diesen Dingen schafft das Haus (oikia) und den Staat (polis).«[3]

In der Tradition der abendländisch-europäischen Reflexion über die Grundlagen der Politik ist dieses Wissen um die anthropologischen Prämissen des Politischen stets bewahrt worden – auch bei den unterschiedlichsten philosophischen Paradigmen, die im Laufe der Geschichte dieser Wissenschaft dominant wurden. Von besonderer Wichtigkeit waren dabei vor allem die neuzeitlichen Naturrechtslehren, die in unterschiedlichen Versionen von einem vorstaatlichen Naturzustand des Menschen ausgehen, dessen zunehmende Konflikte schließlich über spezifische Formen von Gesellschafts- und Herrschaftsverträgen zur Gründung staatlich verfaßter bürgerlicher Gesellschaften führten, deren wesentliche Aufgabe in der Sicherung und Gewährleistung eines friedlichen Lebens und der vorstaatlichen individuellen Grundrechte des Menschen bestand[4].

Ein besonders prägnantes Beispiel für diese Argumentationsform sind die amerikanischen »Federalist-Papers«, in denen James Madison (neben Alexander Hamilton und John Jay Autor dieser frühen Verfassungskommentare) diesen konstitutiven Gedanken einer anthropologisch begründeten und legitimierten Politik in die rhetorische Frage kleidete: »But what is government itself but the greatest of all reflections on human nature.«[5]

3 Aristoteles, Politik, Frankfurt/M. 1973, S. 49.
4 Vgl. dazu die Grundschriften der neuzeitlichen politischen Theorie von Thomas Hobbes, John Locke und Jean Jacques Rousseau.
5 Federalist Nr. 51.

Das höchst Bemerkenswerte an dieser Aussage ist, daß hier zwischen »human nature« (menschlicher Natur) einerseits und »government« (Regierungssystem oder politischer Ordnung) andererseits ein wesentlicher – begründender und zugleich legitimierender – Zusammenhang hergestellt wird, so daß die (kollektive) Gestaltung der politischen Ordnung aus der bedeutsamsten (öffentlichen) Reflexion über die Natur des Menschen in Geschichte und Gesellschaft hervorgeht und auf sie orientierend bezogen bleibt. Oder anders gewendet: zwischen (politischer) Anthropologie und (konkret-geschichtlicher) politischer Ordnung und Ordnungsreflexion besteht ein konstitutiver Begründungszusammenhang, in dem die Natur des Menschen offensichtlich das entscheidende und vorrangige Maß der politischen Ordnungskonstruktion abgibt. Was für die Gründung der amerikanischen Republik gegen Ende des 18. Jahrhunderts zutrifft, das gilt gleichermaßen für das europäische konstitutionell-demokratische Denken, wie es sich ebenfalls gegen Ende des 18. Jahrhunderts auf den philosophischen Fundamenten der europäischen Aufklärung von John Locke bis Jean Jacques Rousseau durch und infolge der großen Französischen Revolution Bahn brach und für das Ordnungsmuster des freiheitlich-demokratischen Verfassungsstaats seither bestimmend wurde.

Nun ist aber das Sprachsymbol »menschliche Natur« (human nature) offensichtlich auch im Rahmen des politikphilosophischen Diskurses keineswegs eindeutig und klar; es kann vielmehr – je nach dem Verstehen von »Natur« – auf erheblich verschiedene Weise verstanden und insofern zu unterschiedlichen Legitimierungszwecken des Politischen verwendet werden. Das trifft vor allem für die Gegenwart zu, in der die Naturwissenschaften mit ihrer weitreichenden Reputation und Geltung die wissenschaftliche Diskussion über »Natur« dominieren.

Um an dieser Stelle nur die wichtigsten und augenscheinlich extremsten denkbaren Interpretationsvarianten auszuführen: »Menschliche Natur« kann zunächst durchaus empirisch verstanden werden – als Untersuchungsgegenstand einer empirisch-analytischen Anthropologie, in deren Disziplinkontext sich schon längst eine ebenfalls empirisch-analytisch verfahrende »Politische Anthropologie«[6] entwickelt hat.

Sie (die »menschliche Natur«) kann indes auch – als »Wesen« (essentia) des Menschen (im Sinne der klassischen Philosophie) normativ verstanden werden. Je nachdem, ob man dem empirischen oder dem normativen anthropologischen Konzept folgt, wird man zu unterschiedlichen Begründungen von Politik kommen.[7]

Es besteht indes durchaus auch noch die Möglichkeit, den empirischen und den normativen anthropologischen Ansatz – im Sinne der »philosophischen Anthropologie«, wie sie in den zwanziger Jahren von Max Scheler in Deutschland begründet und von Helmuth Plessner, Arnold Gehlen u. a. Autoren als philosophische Disziplin entfaltet wurde –, zu verbinden und von daher zu einer empirischen, aber zugleich normativ geleiteten Grundlegung der Politik zu gelangen, d. h. zu der eingangs vorgeschlagenen »empirischen Theorie der Politik«. Eine solche Verbindung bzw. Integration von einzelwissenschaftlichen und philosophisch-anthropologischen Wissensbeständen ist für die Grundlegung der Politik angemessen, und zwar aus folgenden Gründen:

---

6 Georges Balandier, Politische Anthropologie, München 1972.

7 Vgl. zu diesem Problem Robert Spaemann, Über den Begriff einer Natur des Menschen, in: ders., Das Natürliche und das Vernünftige – Aufsätze zur Anthropologie, München 1987, S. 13ff.; Hans G. Gadamer (Hrsg.), Neue Anthropologie, 7 Bde., Recklinghausen 1972ff.

– einmal haben die verschiedenen empirischen Wissenschaften vom Menschen (Psychologie, Soziologie, Ethnologie, Humanethologie, aber auch Geschichts- und Geisteswissenschaften) inzwischen ein so vielfältiges und reiches, höchst relevantes Wissen über den Menschen aus allen Epochen und Kulturen der Weltgeschichte produziert, daß dadurch unsere Erfahrungen vom Menschen als Sozial- und Kulturwesen, von seinen Lebensformen und -ordnungen in Geschichte und Gesellschaft schier unermeßlich gesteigert worden sind. Dieses universelle Wissen, das die philosophische Anthropologie von Scheler bis Gehlen zu einer neuen Anthropologie zu integrieren versucht hat, ist für die Ausarbeitung einer empirischen Theorie der Politik wichtig und unentbehrlich, will man nicht riskieren, in einen den Problemen und Fragestellungen unangemessenen Provinzialismus zu verfallen.
– zum andern zeigen auch die Ereignisse des revolutionären Systemwandels in Osteuropa, aber auch die hoffnungslos desolaten Lebensverhältnisse der meisten Menschen in den Ländern der Dritten Welt, in denen Elend und Hunger, aber auch Gewalt, Unrecht und Verfolgung herrschen[8], daß auch gerade konkrete Probleme der politischen Praxis und Ordnung sinnvoll nicht ohne Rekurs auf ein normatives, im Kern philosophisch begründetes Ordnungsmodell mit entsprechend fundierenden anthropologischen Prämissen und auch nicht ohne praktisch verläßliche ethische Prinzipien angemessen diskutiert und beurteilt werden können[9].

Die *philosophische Anthropologie,* wie sie in den zwanziger Jahren als philosophische Spezialdisziplin in Deutschland maßgeblich von dem Philosophen Max Scheler und anderen Denkern (H. Plessner, K. Löwith, E. Cassirer und – etwas später A. Gehlen) begründet und ausgearbeitet worden war, zeichnete sich von Beginn an durch das Bemühen aus, das von den Einzelwissenschaften produzierte Humanwissen und die philosophische Reflexion über den Menschen und seine Stellung im Kosmos zu einem neuen, zeitgemäßen Menschenbild zu integrieren[10].

Ohne an dieser Stelle auf die verschiedenen philosophisch-anthropologischen Konzepte – etwa Max Schelers berühmte Schrift »Die Stellung des Menschen im Kosmos«, Helmuth Plessners »Die Stufen des Organischen und der Mensch« oder Arnold Gehlens »Der Mensch – seine Natur und seine Stellung in der Welt« – näher eingehen zu können, ist doch festzuhalten, daß die philosophische Anthropologie für die Grundlegung der Politik auch heute noch nach wie vor konstitutive Bedeutung besitzt[11]. Zunächst hilft sie durch das breite empirische Material, das sie aus allen Epo-

8 Vgl. z. B. den jährlichen Bericht von Amnesty International über die weltweiten Verletzungen der Menschenrechte. Fischer-Bücherei, Frankfurt/M. 1990.

9 Vgl. dazu die bedeutenden neueren Versuche von Hans Jonas, Das Prinzip Verantwortung, Frankfurt 1979; Carl Friedrich von Weizsäcker, Der Garten des Menschlichen – Beiträge zur geschichtlichen Anthropologie, München 1977; ders., Wahrnehmung der Neuzeit, 1983; Dieter Henrich, Ethik zum nuklearen Frieden, Frankfurt/M. 1990.

10 Vgl. Wilhelm E. Mühlmann, Geschichte der Anthropologie, Essen 1968; Jürgen Habermas, Philosophische Anthropologie, in: ders., Kultur und Kritik, Frankfurt/M. 1973, S. 89ff.; Arnold Gehlen, Anthropologische und sozialpsychologische Untersuchungen 1986, bes. Teil I: »Philosophische Anthropologie«.

11 Jürgen Gebhardt hat jüngst den Einfluß der philosophischen Anthropologie auf die politische Theorie Eric Voegelins herausgearbeitet. Vgl. Jürgen Gebhardt, Die Suche nach dem Grund – eine zivilisationsgeschichtliche Konstante?, in: Peter Hampe (Hrsg.), Symbol- und Ordnungsformen im Zivilisationsvergleich, Tutzing 1990.

chen und Kulturen bereitstellt, die Gefahr vermeiden, daß eine Theorie der Politik lediglich auf die Erfahrungen der unmittelbaren Gegenwart rekurriert. So dominant diese Gegenwart auch das Erkenntnisinteresse der Politikwissenschaft zu beherrschen scheint, eine hinreichende Reflexion der Grundlagen der Politik bedarf eines vergleichend-empirischen Studiums der conditio humana in einem universalgeschichtlichen Horizont, will sie nicht provinziell sein. Darüber hinaus vermag die philosophische Anthropologie wesentliche Teilbereiche einer Theorie der Politik zu fundieren, z. B. eine Theorie der politischen Institutionen. Neuere Bemühungen um eine politikwissenschaftliche Theorie politischer Institutionen schließen an diese Tradition an[12].

Schließlich vermag die philosophische Anthropologie der Politischen Theorie Probleme bewußt zu machen, die die normativen Aspekte der Politik betreffen, und zu zeigen, daß Politik (als ein besonders wichtiger Lebens- und Erfahrungsbereich der Menschen) daher auch notwendigerweise an normativen anthropologischen Prämissen zu orientieren ist, die im konkreten Prozeß der Politikgestaltung und -durchführung (policy-making-process) die wichtige Funktion haben, aus verschiedenen technisch möglichen Entscheidungsalternativen die auszuwählen, die in der konkreten Gesellschaft auch aufgrund des vorherrschenden Wertgefühls als akzeptabel und konsensfähig anerkannt sind. Hierher gehören auch die zahlreichen philosophischen Versuche zu einer politischen Ethik (H. Jonas, C. Fr. von Weizsäcker und D. Henrich) sowie die heute besonders einflußreichen Schriften der modernen Vertragstheoretiker Rawls, Nozick und Buchanan.

Die philosophische Anthropologie kann die Politische Theorie bei der dauernd erforderlichen kritischen Reflexion über die Stellung des Menschen in Geschichte und Gesellschaft unterstützen, die – richtig verstanden – das Fundament und die Bezugsgröße für die Diskussion und Bearbeitung der meisten konkreten praktisch-politischen Fragen darstellt. Damit sei jedoch nicht der Eindruck erweckt, die anthropologischen Prämissen einer Grundlegung der Politik könnten heute ausschließlich durch Rekurs auf die philosophische Anthropologie angemessen diskutiert werden. Sowohl die traditionelle, an klassischen Paradigmen orientierte, als auch die zeitgenössische sogenannte analytische Philosophie angelsächsischer Herkunft haben in den letzten zwei Jahrzehnten – einmal durch die »Rehabilitation der praktischen Philosophie«, zum andern durch die Diskussion um die Begründung von Ethik heute – der politischen Theorie für ihre Arbeit an der »Grundlegung der Politik« wesentliche Anregungen und Orientierungshilfen gegeben.

3. Menschenbild und politische Ordnung

Wir haben oben die rhetorische Frage von James Madison aus den »Federalist-Papers« zitiert, die einen konstitutiven Zusammenhang zwischen »menschlicher Natur« (human nature) und »government« (Regierungssystem, politische Ordnung) herstellt. Wir haben gesehen, daß es mindestens zwei verschiedene Verstehensweisen dessen

12 Vgl. dazu Gerhard Göhler (Hrsg.), Grundfragen der Theorie politischer Institutionen, Opladen 1987; Rainer Schmalz-Bruns, Ansätze und Perspektiven der Institutionentheorie, Wiesbaden 1989; Gerhard Göhler u. a. (Hrsg.), Politische Institutionen im gesellschaftlichen Umbruch, Opladen 1990.

gibt, was »menschliche Natur« (oder »Natur des Menschen«) sei: eine (einzelwissenschaftlich) empirische, die den Menschen als Lebewesen in einer konkreten Welt interpretiert, und eine (philosophisch) normative, die »Natur« als »Wesen« (essentia) versteht.

Wir haben schließlich zeigen können, wie sich die philosophische Anthropologie um eine Integration der empirischen und normativen Aspekte zu einem einheitlichen Menschenbild bemüht hat und daß diese Bemühungen für die Grundlegung der Politik eine wichtige Funktion besitzen.

Auf der Basis dieser Informationen soll jetzt versucht werden zu zeigen, wie von dieser »empirischen Theorie« des Menschen eine »empirische Theorie« der Politik zu entwickeln ist.

Gehen wir dabei von den empirischen Aspekten der menschlichen Natur aus: Die soziale Bedürfnisstruktur der Menschen (ihre »Mangelsituation« und die daraus resultierende Weltoffenheit der Menschen) macht es erforderlich, daß sich in den wesentlichsten Lebensbereichen für die Bedürfnisbefriedigung der Menschen Funktionen des sozialen Systems ausbilden; zur Wahrnehmung dieser Funktionen, die relativ konstant und kulturinvariant sind, bilden die sozialen Systeme (Gesellschaft) auf Dauer gestellte Subsysteme aus, d.h. institutionelle oder organisatorische Arrangements und (kommunikative) Regelsysteme, mit deren Hilfe die Subsysteme die Funktion der speziellen Bedürfnisbefriedigung erfüllen können.

Bemerkenswert ist, daß die organisatorischen und institutionellen Arrangements oder Strukturen ein relativ hohes Maß an Variabilität und Kulturvarianz aufweisen.

Wir stehen mithin vor der Merkwürdigkeit, daß die wahrzunehmenden Funktionen der gesellschaftlichen Subsysteme einerseits ein relativ hohes Maß an Konstanz aufweisen (was auf die relativ gleichbleibende empirische Natur des Menschen und Bedürfnisstruktur verweist), daß jedoch die zur Funktionswahrnehmung oder -erfüllung ausgebildeten Systemstrukturen ein beträchtliches Maß an Variabilität zeigen.

Hohe Konstanz der Funktionen, beträchtliche Varianz der Strukturen, wie kommt es zu dieser Spannung? Dieses Spannungsverhältnis ist relativ einfach zu verstehen, wenn man sich klarmacht, daß die Entscheidung der Systemstrukturen von drei Gesichtspunkten oder Entscheidungskriterien abzuhängen scheint:

- erstens von Effizienzgesichtspunkten; in der Regel gibt es für die Lösung eines Organisations- oder Institutionalisierungsproblems mehrere, unter Effizienzgesichtspunkten relativ gleichwertige Lösungen. So hat man z. B. für die funktionale Lösung eines Verkehrsproblems in der Regel mehrere strukturelle Alternativen: Schiene oder Straße, Wasser- oder Luftweg, Lösungsmöglichkeiten, die allerdings im einzelnen Fall hinsichtlich der Umweltrahmenbedingungen und Kosten unterschiedlich zu beurteilen sind. Analoges gilt von politischen Problemsituationen und ihren Lösungsalternativen.
- zweitens von Traditionsgesichtspunkten; zur Lösung von Funktionsproblemen in den verschiedensten Lebensbereichen haben sich in der Geschichte meist kulturvariante oder gar nationale Stile entwickelt. Die einzelnen Nationen bevorzugen Problemlösungsverfahren, die sich durch Traditionen und Gewohnheiten bewährt und stabilisiert haben. Dadurch kann sich ein relativ hohes Maß an Variabilität der strukturellen Antworten auf funktionale Problemlagen zwischen den Nationen ergeben.

– drittens von Wertgesichtspunkten, die eine normativ bestimmte Selektion von strukturellen Alternativen für funktionale Probleme ermöglichen und bestimmen. Anders gewendet: Es gibt effiziente Struktur- oder Handlungsvarianten in konkreten Problemlagen, die von einer Gesellschaft deswegen nicht akzeptiert werden können, weil sie mit bestimmten, gesellschaftlich akzeptierten Wertprämissen kollidieren. Werte sind in diesem Zusammenhang (nach Nietzsche) Gesichtspunkte des Messens, mit deren Hilfe eine Entscheidung alternativer Strukturen herbeigeführt werden kann – zumindest in grundlegenden Fragen. Festzuhalten und zu betonen bleibt jedoch, daß Werte als Gesichtspunkte des Messens keine letzten Instanzen sind, daß sie vielmehr ihrerseits Bezug nehmen auf bestimmte normative anthropologische Prämissen, denen sie Konkretheit verleihen. Freiheit, Gleichheit, Solidarität z. B. als Werte erhalten ihre normative Qualität und Gültigkeit von einer bestimmten Idee des Menschen, zu deren politischer und gesellschaftlicher Realisierung sie beitragen.

Diese drei Gesichtspunkte sind scheinbar die Ursachen für die vergleichsweise hohe Variabilität gesellschaftlicher und politischer Systemstrukturen. Die Differenzierung der Strukturen ergibt sich historisch-konkret vor allem für den Bereich der Politik; das hat seinen Hauptgrund darin, daß für die Organisation und Gestaltung gesellschaftlichen Lebens Politik immer schon von besonderer strategischer Bedeutung gewesen und in der Gegenwart hochkomplexer Gesellschaften in einem noch höheren Maß geworden ist. In diesem Sinn ist im 19. und 20. Jahrhundert »Politik unser Schicksal« geworden, wie bereits 1808 Napoleon zu Goethe bemerkte. Daher bedarf Politik einer besonders sorgfältigen Strukturbildung unter den bezeichneten Gesichtspunkten.

Die (wachsende) strategische Bedeutung des Politischen für das gesellschaftliche Leben betrifft alle Aspekte der Politik: Politikfelder (policies), die Dynamik der (konkurrierenden) politischen Willens- und Entscheidungsfindungsprozesse (politics) und erst recht die politischen Institutionengefüge (polity) mit ihren normativen Regelsystemen. Im Deutschen besitzen wir für die Bezeichnung dieser verschiedenen Aspekte und Dimensionen des Politischen nur den einen Begriff »Politik« oder komplizierte Umschreibungen; das Englische unterscheidet hingegen mit den Wörtern »policies«, »politics« und »polity« die drei wichtigsten Dimensionen des Politischen auch begrifflich.

Allgemein kann man behaupten, daß die Vielzahl der politischen Systemgestalten und -typen, die wir diachron in der Geschichte und synchron in der Gegenwart konkret erfahren und analysieren können, in der Variabilität ihrer Strukturen von den vorhin bezeichneten Gesichtspunkten der Entscheidung für die Zwecke der Funktionserfüllung von sozialen Bedürfnissen und Interessen geschaffen oder entwickelt wurden.

Diese Fülle der historischen und zeitgenössischen Erscheinungsformen politischer Ordnungen und Systeme läßt sich diachron und/oder synchron systematisieren: Bei relativ konstanten Bedürfnisstrukturen und entsprechenden Funktionen hat sich durch die angeführten praktischen, traditionalen und wertmäßigen Gesichtspunkte eine breite Vielheit der einzelnen Erscheinungsformen ergeben, die nach verschiedenen analytischen Gesichtspunkten systematisiert oder typologisiert werden können. Insofern können wir zwischen *diachronen* und *synchronen* Klassifikationen oder Typologien politischer Systeme unterscheiden.

3.1 *Diachrone Typologie politischer Ordnungen*

Wenden wir uns zunächst der diachronen (Verlaufs-)Typologie politischer Ordnungen zu: Auch ein nur flüchtiger Blick in die Geschichte lehrt, daß es politische Ordnungen zu allen nachforschbaren Zeiten gegeben hat und daß diese Ordnungen im Verlauf der Geschichte sich von einfachen zu komplexeren Formen entwickelten. Diese Vielfalt historischer Erscheinungen läßt sich mittels einer diachronen Verlaufstypologie politischer Ordnungen systematisieren. Die Politikwissenschaft tut gut daran, dieses Erfahrungsfeld historischer politischer Ordnungen nicht den (an anderen Fragestellungen interessierten) Historikern zu überlassen, sondern in die vergleichende Systemanalyse und zugleich in die Reflexion der Grundlagen der Politik einzubeziehen. Denn: »Die Existenz des Menschen in politischer Gesellschaft ist geschichtliche Existenz. Eine Theorie der Politik, wenn sie zu den Prinzipien vorstößt, muß zu einer Theorie der Geschichte werden.«[13] Das gilt speziell auch für eine Theorie der politischen Ordnungen.

Entsprechend diesen Forderungen hat der englische Politikwissenschaftler Bernard Crick ein Buch »Grundformen politischer Systeme« (1975) geschrieben, in dem er – unter Einbeziehung vorliegender reicher anthropologischer und historischer Wissensbestände – eine »Skizze historischer politischer Systeme« entwirft, die von den »primitiven Regierungssystemen« früher Kulturstufen der Menschheit über die »frühen Reiche« des Orients, die »griechischen Stadtstaaten«, römische Republik und römisches Imperium bis hin zum neuzeitlichen modernen Staat, den konstitutionellen Demokratien und totalitären Regimen des 20. Jahrhunderts reicht und die mit einer vergleichenden Systematik endet. Diese empirische Verlaufstypologie politischer Ordnungen macht – auch in ihrer nur skizzenhaften Ausführung – für eine Grundlegung der Politik zweierlei deutlich:

- einmal, daß die politische Ordnungsproblematik ganz offensichtlich ein universelles und zeitloses Phänomen ist, das für alle weltgeschichtlichen Epochen, übrigens auch der außereuropäischen Geschichte, auf Grund der conditio humana gleichermaßen besteht;
- zum anderen, daß diese politische Ordnungsproblematik unter den sich wandelnden historischen Rahmenbedingungen und (vor allem) unter sich ändernden normativen Wertvorstellungen und anthropologischen Prämissen eine schier unüberschaubare Vielfalt unterschiedlicher und oft prinzipiell gegensätzlicher Systemstrukturen produziert hat. Gleichwohl ist die Abfolge der Ordnungsgestalten sicher nicht zufällig. Man kann von einer geschichtlichen Evolution politischer Ordnungsformen sprechen – und zwar unter dem Gesichtspunkt zunehmender Differenzierung und Spezialisierung der politischen Systemstrukturen, die als Antworten auf die Herausforderungen sich verändernder Systemumwelten zu erklären sind. Es handelt sich dabei – wie die Existenz menschenverachtender autoritärer und totalitärer politischer Systeme bis in die Gegenwart bezeugt – nicht um einen linearen, sondern eher um einen dialektischen Fortschritt in der Entwicklung der politischen Systeme, der sein Bewegungsgesetz offensichtlich in der letztlich nicht aufzuhebenden Spannung zwischen den natürlichen Anspruchsrechten der

13 Eric Voegelin, Die neue Wissenschaft der Politik, München 1959, S. 17.

menschlichen Individuen einerseits und der dem Prinzip von Macht und Staatsräson folgenden Zwangsgewalt des Staates andererseits hat.

Gerade die jüngsten Entwicklungen zeitgenössischer politischer Systeme lassen erkennen, daß offensichtlich ihre Leistungsfähigkeit und damit ihr Bestand letztlich von ihrer handlungsmäßigen und institutionellen Anpassungsfähigkeit durch strukturelle Differenzierungen abhängt; d. h. solche politischen Systeme, die Anpassungsleistungen an neue, sich rapide verändernde Umwelten auf Dauer nicht zu erbringen vermögen, geraten zunehmend stärker und auswegloser in Krisen, die zunächst als Regierbarkeitskrisen manifest wurden, die sich aber unaufhaltsam zu Systemkrisen vertieften.

Der Systemwandel in Osteuropa ist ein markantes Beispiel für diese allgemeine Entwicklungsproblematik politischer Systeme, die als wiederkehrendes Phänomen unter der Bezeichnung »Aufstieg und Niedergang der großen Mächte«[14] treffend zu benennen und von Historie und Politikwissenschaft bearbeitet worden ist.

Dabei erweist sich in der Regel die zu geringe Problemperzeptions- und Problemverarbeitungskapazität der autoritären und totalitären Systeme als Hauptursache für den unaufhaltsamen Leistungsabfall und schließlichen Systemzusammenbruch verantwortlich; ihrerseits ausgelöst durch unzureichend ausgebildete und differenzierte Kommunikations- und Informationsstrukturen zwischen Gesellschaft und Staat, die zu einer existenzbedrohenden Minderung der allgemeinen Steuerungs- und Problemlösungsfähigkeit dieser politischen Systeme geführt haben.

Aus der geschichtlichen Evolution politischer Systeme, aus ihrem Aufstieg und Niedergang, läßt sich die allgemeine Einsicht gewinnen, daß die Leistungsfähigkeit politischer Systeme für die Befriedigung gesellschaftlicher Bedürfnisse und Interessen sowie ihre Steuerungskapazität wesentlich von der Fähigkeit der politischen Systeme abhängen, sich kontinuierlich an neue Umweltlagen durch Funktionsdifferenzierung und -steigerung anzupassen und insofern eine permanente Reform- und Innovationsfähigkeit zu entwickeln. Folgerichtig müßte eine Theorie der politischen Reformen ein Kernstück der politikwissenschaftlichen Theoriebildung sein.

3.2 Synchrone Typologie politischer Ordnungen

Bis vor kurzem konnte man die aktuelle Vielfalt politischer Systeme der Gegenwart – in der UNO sind augenblicklich 166 Staaten als Mitglieder vertreten –, einer synchronen Klassifikation oder Typologie folgend, in drei große Gruppen aufteilen:

1. in die Gruppe der westlichen konstitutionellen Demokratien, die sich hinsichtlich ihrer Regierungsform nochmals in parlamentarische und präsidentielle Systeme gliedern lassen;
2. in die Gruppe der sozialistischen Systeme, die infolge des aktuellen Systemwandels in der Sowjetunion und in Osteuropa Zahl und Konturen verloren hat; und
3. in die Gruppe der politischen Systeme der Dritten Welt, die in sich wieder vielfach nach Herkunft, Entwicklungsstand und institutioneller Ausformung differenziert ist.

14 Paul Kennedy, Aufstieg und Niedergang der großen Mächte, München 1989.

Sich mit diesen verschiedenen Typen politischer Systeme zu befassen, ist Aufgabe der vergleichenden Systemanalyse als Teildisziplin der zeitgenössischen Politikwissenschaft.

Im Rahmen dieser einleitenden Erörterungen der Grundlagen der Politik ist die synchrone Typologie politischer Ordnungen vor allem unter folgendem Gesichtspunkt relevant: Wie bereits die diachrone so vermittelt auch die synchrone Typologie politischer Ordnungen die wichtige Erkenntnis, daß die Menschen auch gegenwärtig dieselben ordnungspolitischen Probleme zu reflektieren und praktisch zu lösen haben. Dabei stehen durchgängig zwei Aspekte der politischen Ordnungsproblematik im Vordergrund des praktischen Interesses:

Erstens zählt hierzu die rechtliche Ausgestaltung des Verhältnisses von Bürger und Staat. Internationale Rechtserklärungen – wie die UN-Charta oder die KSZE-Schlußakte von Helsinki – haben hier völkerrechtliche und international anerkannte Standards konsensfähig gemacht, die auch nachhaltig auf die innerstaatliche Situation gewirkt haben. Trotz der nach wie vor weltweiten Menschenrechtsverletzungen durch physische, psychische und strukturelle Gewalt kann – das zeigt besonders deutlich die politische Entwicklung in Osteuropa – von einer wachsenden Geltung und Anerkennung der Menschenwürde und Menschenrechte als der wertmäßigen Grundlage und Zielgröße politischer Ordnungen gesprochen werden.

Zweitens hat diese Geltung und Anerkennung ihre nachhaltige Wirkung auch auf ein zweites zentrales Problem der aktuellen Gestaltung politischer Ordnungen: auf die politische Macht mäßigende und kontrollierende institutionelle Gewaltenteilung durch geschriebene Verfassungen nach den normativen Grundsätzen und Traditionen des europäischen Konstitutionalismus. Auch hierfür sind wieder die Verfassungsreformversuche in den osteuropäischen Ländern ein einleuchtendes und überzeugendes Beispiel: Dort sind bereits nahezu überall an die Stelle von Machtmonopolen unter der Dominanz kommunistischer Parteien konstitutionelle Regime mit Gewaltenteilung und rechtsstaatlichen Sicherungssystemen auf der Grundlage von gesellschaftlichem und politischem Pluralismus entstanden.

Damit ist ein drittes bedeutendes Problem der Grundlegung politischer Ordnungen dort neu geregelt worden: das Problem der Legitimation politischer Herrschaft. Die demonstrativen Rufe: »Wir sind das Volk!« haben nicht nur in diesen Ländern, die jahrzehntelang unter der politischen Bevormundung und Fremdbestimmung durch eine Kaderpartei standen, sondern ganz allgemein die Idee der demokratischen Legitimation politischer Herrschaft durch das Prinzip der Volkssouveränität erneuert und verstärkt.

Die Anerkennung und die praktische Durchsetzbarkeit von bürgerlichen Grundrechten, die konstitutionelle Gewaltenteilung und Rechtsstaatlichkeit sowie die Geltung der demokratischen Legitimation politischer Herrschaft auf dem Wege der Zustimmung in freien Wahlen, das sind die zentralen normativen Elemente der politischen Ordnung, wie sie sich aus der Tradition des politischen Denkens über die Grundlagen der Politik in Europa ergeben haben.

II. Grundlagen der politischen Wissenschaft und Theorie

1. Vorüberlegungen

Die bisherigen Überlegungen zu den Grundlagen der Politik galten der politischen Realität von ihren anthropologischen Konstitutionsbedingungen her sowie in ihren verschiedenen Erscheinungsformen und Dimensionen. Es hat sich dabei gezeigt, daß sowohl politische Inhalte (Problemfelder) als auch politische Handlungen, Prozesse und Institutionen zum Phänomenbereich des Politischen gehören und daß Politik (als eine bestimmte Form der menschlichen Praxis) immer auch schon von einem entsprechenden sprachlich-kommunikativ vermittelten Wissen und einer entsprechend ausgebildeten (sprachlichen) Symbolik begleitet und mitkonstituiert wird.

Nun gilt es, nach den Grundlagen der politischen Wissenschaft und Theorie zu fragen, d.h. nach einer wissenschaftlichen oder theoretischen Wissensform über Politik, die sich heute – im Fächerkanon der akademischen Disziplinen – als »Politikwissenschaft« etabliert hat, nach ihren Entstehungs- und Konstitutionsbedingungen, nach ihren theoretischen und methodischen Differenzierungen sowie nach ihrer Leistungsfähigkeit und ihrem Beitrag für die Erkenntnis der Grundlagen der Politik.

Die Disziplinbezeichnungen »Politikwissenschaft« oder »Politische Wissenschaft« sowie einige andere mehr (»Wissenschaft von der Politik«, »Wissenschaftliche Politik« und »Politologie«) sind noch vergleichsweise jungen Datums: Nach Anfängen der Politologie in den Jahren der Weimarer Republik, die örtlich auch wenig rühmliches Kokettieren mit nationalrevisionistischen oder nationalsozialistischen Positionen nach sich zog, ging es in der Bundesrepublik Deutschland zu Beginn der fünfziger Jahre vor allem darum, nach dem Vorbild der angelsächsischen »political science« und der französischen »science politique« die neue Wissenschaft als »Demokratiewissenschaft« an den deutschen Hochschulen einzuführen, wobei ihr im Rahmen des von den westlichen Besatzungsmächten in Gang gesetzten westdeutschen Demokratiegründungsprozesses eine wichtige politisch-pädagogische Funktion zukam.

Dieser zeitgeschichtlich noch erinnerbare, weil noch nicht so weit zurückliegende Neugründungsakt der Politikwissenschaft in der Bundesrepublik Deutschland zeigt bereits exemplarisch, daß die wissenschaftliche Beschäftigung mit der Politik und ihren vielfältigen Aspekten und Problemen der Politik als Erfahrungs- und Alltagswirklichkeit mit zeitlicher und reflexiver Distanz folgt.

Man kann heute schon behaupten, daß diese Phasenverschiebung zwischen der Konstituierung von Politik und der Konstituierung von Politikwissenschaft sich auch im Prozeß der Demokratisierung der ehemaligen DDR wiederholen wird: Nach der Vereinigung Deutschlands wird auch in den fünf neuen Ländern an den Universitäten und Hochschulen die Gründung und der Aufbau von Politikwissenschaft als »Demokratiewissenschaft« nach westlichem Vorbild zu beobachten sein.

Diese zeitliche Zuordnung von Politik und Politikwissenschaft ist nicht zufällig, sie läßt sich in der abendländisch-europäischen Geschichte an vielen Epochen in ähnlicher Form beobachten; sie trifft bereits für die Ursprünge und die Gründungsphase der klassischen politischen Theorie im antiken Griechenland zu und kann, insofern sich dieses Schema seither in der Geschichte vielfach wiederholt hat, als zeitlos und typisch gelten.

Eric Voegelin hat in seinem Buch »Die neue Wissenschaft der Politik« auf diese charakteristischen Zuordnungsverhältnisse mit folgenden erhellenden Sätzen aufmerksam gemacht: »Der Mensch wartet für die Auslegung seines Lebens nicht auf die Wissenschaft, und wenn der Theoretiker sich mit der sozialen Realität befassen will, findet er das Feld bereits von etwas beschlagnahmt, was man als Selbstinterpretation der Gesellschaft bezeichnen kann.«[15]

Wir hatten bereits gesehen, daß Menschen in Gemeinschaft ohne eine derartige sinngebende Selbstinterpretation als konstitutives Element der sozialen und politischen Ordnung nicht existieren können. Die Politikwissenschaft oder -theorie – so der Gedanke Voegelins – findet diese »Selbsterhellung der Gesellschaft durch Symbole« als einen »integralen Bestandteil der sozialen Realität« schon immer als geschichtlich konkrete Tatsache vor und hat sich darauf zu beziehen. »Jede menschliche Gesellschaft gelangt also, ohne politische Wissenschaft, zu einem Verständnis ihrer selbst durch eine Vielfalt von Symbolen, manchmal höchst differenzierten Sprachsymbolen; und solches Selbstverständnis geht historisch um Jahrtausende der politischen Wissenschaft, der politike episteme im aristotelischen Sinne, voraus.« Aus dieser Sicht der historischen Entwicklung folgt: »Wenn die politische Wissenschaft anhebt, steht sie also nicht vor einer tabula rasa, auf der sie ihre Begriffe einritzen könnte, sie muß (vielmehr) von dem reichen corpus der Selbstinterpretation einer Gesellschaft ausgehen, und sie wird ihre Aufgabe auf dem Wege kritischer Klärung der gesellschaftlichen Symbole lösen müssen.«[16] Stets geht also ein allgemeines, mehr oder minder reflektiertes praktisches Wissen in der Gesellschaft dem wissenschaftlichen Wissen von Politik voraus. Dieses allgemeine, im sozialen und politischen Leben sich artikulierende und ausbildende Wissen bildet eine der wesentlichen Dimensionen der politischen Realität und wird als solche von der Politikwissenschaft zum Gegenstand gemacht. Zugleich bleibt politikwissenschaftliches Wissen stets auf das politische Wissen im Sinne der kritischen Reflexion und Klärung, auch der Anregung und Bildung bezogen. Zwischen beiden Wissensformen besteht eine für die Konstituierung und Wirkung politischer Öffentlichkeit wichtige wechselseitige Kommunikation.

2. *Allgemeine Konstituierungsbedingungen politischer Theorie*

Damit sind wir bereits bei den eigentümlichen Entstehungs- und Konstituierungsbedingungen politischer Theorie, die es jetzt genauer zu betrachten gilt.

Analysiert man historisch-vergleichend die Entstehungssituationen politischer Theorie, d.h. den Ursprung wissenschaftlicher oder theoretischer Reflexion über Politik, im Rahmen der abendländisch-europäischen Tradition, so stellt man ein hohes Maß an Ähnlichkeiten oder gar Übereinstimmung fest. Die wissenschaftlich-theoretische Beschäftigung mit Politik ist – besonders in ihren herausragenden und besonders folgenreichen Ausprägungen – in der Regel nicht das Ergebnis von welt- und erfahrungsfernem Theoretisieren im elfenbeinernen Turm akademischer Wissenschaft. Sie setzt vielmehr meist dann überhaupt erst oder neu ein, wenn sich die konkret-geschichtliche politische Ordnung, auf die sich die politische Theorie bezieht, in einer mehr oder weniger akuten und tiefgreifenden strukturellen oder auch geistigen

15 E. Voegelin (Anm. 13), S. 49ff.
16 Ebd., S. 49f.

Krise befindet; diese Unordnungs- oder Krisenerfahrung gibt eine der stärksten und wirkungsvollsten Motivationen für die Konstituierung neuer politischer Theorien ab.

Dieser Tatbestand hat einen einfachen existentiellen Grund; denn es gilt: »In Krisenzeiten, wenn die Ordnung einer Gesellschaft sich auflöst, werden die Grundprobleme der politischen und historischen Existenz deutlicher als in Zeiten verhältnismäßiger Stabilität.«[17]

Das bis dahin weitgehend allgemein anerkannte und die politische Ordnung legitimierende Wissen hat in solchen Krisen seine Gültigkeit verloren und muß durch ein neubegründetes politisches Wissen ersetzt werden. Die politische Theorie dient dazu, dieses neue politische Wissen auszuarbeiten und ihm in der Öffentlichkeit Anerkennung und Geltung zu verschaffen.

So besehen, lassen sich – allgemein gesprochen – verschiedene Epochen und zugleich unterschiedliche Formen der Politikwissenschaft feststellen: »Seit der Antike ist ... die Schrumpfung der politischen Wissenschaft zu einer bloßen Beschreibung und Verteidigung der jeweils bestehenden Institutionen, d.h. die Degradierung der theoretischen Politik zur ancilla der herrschenden Mächte, typisch geblieben für stabile Situationen, während der Wuchs zu ihrer Großartigkeit als der Wissenschaft von menschlicher Existenz in Gesellschaft und Geschichte den revolutionären, kritischen Epochen vorbehalten war.«[18]

In der abendländisch-europäischen Geschichte hat es von der Antike bis zur Gegenwart eine ganze Reihe solcher Krisen- und Wendepunkte gegeben, an denen sich Politische Theorie entweder erstmals oder auf der Basis eines neuen wissenschaftlich-theoretischen Paradigmas neu konstituierte; Eric Voegelin unterscheidet »drei solche Epochen, begleitet von großen wissenschaftlichen Schöpfungen ...: die Begründung der politischen Wissenschaft, der episteme politike, durch Platon und Aristoteles, entsprang der hellenischen Krise; das Werk Augustins der Krise Roms und des Christentums; und Hegels Rechts- und Geschichtsphilosophie reflektierte das erste revolutionäre Beben der westlichen Krise«. Das seien jedoch nur die Hauptepochen und die ihnen entsprechenden, großen Gründungen und Restaurationen der politischen Wissenschaft. Die Jahrhunderte, die zwischen ihnen lägen, seien gegliedert durch kleinere Epochen und sekundäre Restaurationen – man denke z.B. für die Neuzeit an den großen Versuch Bodins in der Krise des 16. Jahrhunderts[19]. Zu erinnern wäre gleichermaßen an Niccolò Machiavelli (im 16. Jahrhundert) oder Thomas Hobbes, aber auch John Locke (im 17. Jahrhundert), oder auch an Karl Marx, Alexis de Tocqueville und Max Weber (im 19. und 20. Jahrhundert), deren Theorien der menschlichen Existenz in Gesellschaft und Geschichte jeweils von existentiellen epochalen Krisenerfahrungen ausgelöst wurden. Gleich zu Beginn seines großen Werkes »Über die Demokratie in Amerika« hat Alexis de Tocqueville den konstitutiven Zusammenhang von Zeiterfahrung und politischer Wissenschaft zeitlos gültig so formuliert: »Eine völlig neue Welt bedarf einer neuen politischen Wissenschaft.«[20]

Wenn in dem obigen Zitat von Eric Voegelin von »Restauration« die Rede war, so in einem ganz bestimmten, qualitativen Verständnis: als »Wiedererwachen des Be-

17 Ebd., S. 18.
18 Ebd., S. 18.
19 Ebd.
20 Alexis de Tocqueville, Über die Demokratie in Amerika, München 1978, S. 9.

wußtseins der Prinzipienfragen« und nicht als »Rückkehr zu den spezifischen Inhalten eines der früheren Versuche« politischer Theoriebildung[21]. Allgemein gilt: »Die politische Wissenschaft kann nicht durch literarische Renaissancen wieder zum Rang einer theoretischen Wissenschaft im strengen Sinn erhoben werden. Ihre Prinzipien müssen durch ein Werk der Theoretisierung wiedergewonnen werden, das von der konkreten, historischen Situation unserer Zeit ausgeht und unser heutiges empirisches Wissen in seinem vollen Umfang in Betracht zieht.«[22]

Diese Einsicht hilft zu erklären, daß es auf diese Weise durchaus eine Entwicklung des theoretischen Wissens von Politik in der Geschichte gibt.

An einigen historischen Beispielen wollen wir diese konkrete Konstituierung politischer Wissenschaft und Theorie anhand einschlägiger Textstellen noch etwas genauer vorführen. Bereits Platon (427–347 v. Chr.) hat den konstitutiven Zusammenhang von zeitkritischer Krisenerfahrung und politischer Ordnungsreflexion für den Anfang der abendländisch-europäischen Politikwissenschaft ausgesprochen, z. B. in einer autobiographischen Darlegung in seinem »Siebten Brief«. Dort lesen wir, daß der junge Platon von dem Glauben getragen war, er würde sich, sobald er großjährig geworden sei, »sofort auf die Politik werfen«, daß er aber angesichts der verschiedenen Staatsstreiche und Revolutionen (metabolai), die sich damals in Athen ereigneten, betroffen war und sich von der »damaligen üblen Wirtschaft« in der Politik zurückzog. Entscheidend für ihn wurde die Erfahrung, daß die athenische Polis den Philosophen Sokrates vor Gericht stellte und verurteilte. Platon: »Als ich das sehen mußte und was für Menschen in der Politik tätig sind, und je mehr ich mit zunehmendem Alter die Gesetze und die herrschende Sittlichkeit beobachtete, um so schwieriger kam es mir vor, ein Staatswesen richtig zu führen ... unsere Stadt lebte nicht mehr in den Sitten und Lebensgewohnheiten unserer Väter (en tais ton pateron ethesin) ... so daß ich, der ich doch ursprünglich voll Eifer war, mich mit dem Staate abzugeben, wenn ich darauf achtete und sah, wie alles drunter und drüber ging, schließlich ganz schwindelig wurde ... Schließlich bekam ich in bezug auf alle Staatswesen der Gegenwart den Eindruck, daß sie alle miteinander elend regiert seien.« Aus dieser kritischen Zeiterfahrung zieht Platon dann für sich den Schluß: »So sah ich mich gezwungen, nur noch die wahre Philosophie anzuerkennen und festzustellen, daß man allein von ihr ausgehend vollständig erkennen könne, worin Gerechtigkeit im Staat und im Privatleben bestehe, und daß wahrhaftig das Menschengeschlecht nicht aus dem Unglück herauskommen würde, bevor ein Schlag wahrer und echter Philosophen an die Staatsverwaltung gelangte, oder dann, bevor die regierenden Kreise in den Städten durch ein göttliches Wunder ernsthaft zu philosophieren begännen.«[23] Das heißt, zur Begründung eines tieferen Wissens von Politik bedarf es der philosophischen Reflexion ihrer (anthropologischen) Grundlagen. Darum geht es Platon in der »Politeia«.

Von dieser Motivation her, aus seiner Erfahrung der akuten Krise der athenischen Polis und ihrer philosophischen Verarbeitung, ist Platon in seinen philosophischen Dialogen, vor allem in seinem Hauptwerk »Politeia«, zum eigentlichen Begründer der abendländisch-europäischen politischen Theorie und ihrer Tradition geworden.

21 E. Voegelin (Anm. 13), S. 19.
22 Ebd.
23 Platon, Die echten Briefe, Zürich 1951, S. 57ff.

Gegenüber der politischen Unordnung der zeitgenössischen Polis, deren Ursachen Platon in der Unordnung der Seele des damals sozialdominanten Menschentypus sah, zielte Platons politische Theorie in der »Politeia« darauf ab, die psychisch-philosophischen Bedingungen für eine neue Ordnung der Seele des Menschen aufzuzeigen und damit zugleich die positiven Grundlagen für eine neue Polisverfassung zu legen. In diesem konkret-geschichtlichen Erfahrungszusammenhang entstand die Politikwissenschaft.

Durchaus in einer analogen geschichtlichen Situation, wenngleich im Rahmen eines andersartigen philosophischen Paradigmas, erfuhr die politische Theorie zu Beginn der Neuzeit (beim Übergang vom 15. zum 16. Jahrhundert) eine grundlegende Erneuerung: Die Erfahrung des Zerfalls der geistlichen und weltlichen Ordnung der mittelalterlichen Welt, die Entstehung der neuzeitlichen Nationalstaaten aus dem Geiste der Souveränität und Staatsräson, die Trennung der weltlichen und geistlichen Sphären des Lebens und die damit einhergehende Säkularisierung der politischen Welt, aber auch die Heraufkunft und der Siegeszug der modernen Naturwissenschaften mit ihrer »geometrischen Methode« der Analyse und Komposition und schließlich die Grundlegung einer neuen, an der Autonomie orientierten subjektiven Vernunft des Menschen verwandeln die herkömmliche Politikwissenschaft in ihren Fundamenten: Sie wendet sich ab vom klassischen Theorie-Paradigma und versucht in der Orientierung an der neuen Realität des modernen Staates als Machtstaat die Begründung einer Politikwissenschaft als »Neue Wissenschaft«.

Der Florentiner Niccolò Machiavelli (1469–1527) wird – durch die Analyse der krisenhaften Zustände der italienischen Politik der Zeit – zum Begründer einer neuen antiklassischen Politiktheorie, die in seinen Schriften »Il Principe« und »Discorsi« ihre theoretische und methodische, aber auch ihre politisch-didaktische Grundlegung als politische Klugheitslehre erhält, die die politische Praxis bis weit in die Gegenwart hinein bestimmen sollte[24].

Bleibt Machiavelli bei allen revolutionären Neuerungen seines politischen Denkens noch dem Renaissance-Humanismus verpflichtet[25], so entwickeln Jean Bodin (1530–1596)[26] und vor allem Thomas Hobbes (1588–1679)[27] aus der Erfahrung der religiös motivierten blutigen Bürgerkriege im Frankreich und England des 17. Jahrhunderts die Grundlagen der neuzeitlichen politischen Theorie. Dabei fundiert Thomas Hobbes seine »Neue Wissenschaft« der Politik auf der resolutiv-kompositorischen Methodologie der zeitgenössischen Naturwissenschaft, mit deren Hauptvertretern in Frankreich und Italien er in regem wissenschaftlichen Gedankenaustausch steht. Thomas Hobbes' »Leviathan« wird so zum Grundbuch der neuzeitlichen politischen Theorie, dessen existentielle Motivation sich aus der zeitkritischen

24 Vgl. Erwin Faul, Der moderne Machiavellismus, Köln 1961.
25 Vgl. August Buck, Machiavelli, Darmstadt 1985.
26 Jean Bodin, Sechs Bücher über den Staat, 2 Bde., hrsg. v. Cornelius P. Mayer-Tasch, München 1981 ff. Vgl. Helmut Quaritsch, Staat und Souveränität, Frankfurt/M. 1970; Horst Denzer (Hrsg.), Jean Bodin. Verhandlungen der internationalen Bodintagung in München, München 1973.
27 Thomas Hobbes, Leviathan, hrsg. v. Iring Fetscher, Neuwied 1966; B. Willems, Thomas Hobbes, München 1986.

Erfahrung der »Great Rebellion« im England des 17. Jahrhunderts ergab, die Hobbes in seinem »Behemoth« betitelten zeitkritischen Werk auf ihre Ursachen und Folgen hin analysiert.

Es kann angesichts dieser Beispiele des konstitutiven Zusammenhangs von Zeitkritik und politischer Ordnungsreflexion sicher nicht verwundern, wenn die Epoche der Revolutionen in Amerika und Europa am Ende des 18. Jahrhunderts auch für die Neufundierung der Politiktheorie von außerordentlich stimulierender Bedeutung wurde. Dafür spricht nicht nur die Tatsache, daß nahezu alle wichtigen politischen Ideenströmungen des 19. Jahrhunderts hier ihren Ausgangspunkt hatten: Liberalismus, Konservatismus, Radikalismus und auch die Anfänge des Sozialismus, aus denen sich später die politischen Parteien ideologisch und programmatisch entwickelten[28].

Darüber hinaus löste die Französische Revolution durch die gewaltsamen gesellschaftlichen und politischen Strukturveränderungen, die sie bewirkte, eine Krise des epochalen Bewußtseins aus – gerade auch in Deutschland[29]. Bereits die Zeitgenossen sprachen von einer »Revolution des Geistes« (Fichte); die als epochal erfahrenen Ereignisse der Französischen Revolution und ihre ideenmäßigen Begründungen konnten vielfach von den traditionellen Deutungsmustern der gesellschaftlichen und politischen Wirklichkeit nicht mehr adäquat erfaßt werden, so daß die Erschütterungen der politisch-historischen Welt durch die Revolution auch eine radikale (d. h. an die Wurzeln gehende) Erschütterung der traditionellen Bestände an sozialen und politischen Ordnungs- und Orientierungswissen zur Folge hatte und daß die durch die Revolution bestimmten neuen Realitäten zu ihrer angemessenen geistig-theoretischen Bewältigung vor allem auch neuartige Deutungs- und Interpretationsmuster der geschichtlich-politischen Welt erforderlich und notwendig gemacht haben.[30] Daraus entwickeln sich neue Ansätze zur politischen Theorie.

So ist es sicher kein Zufall, daß im Kontext derartiger Erfahrungen der Begriff der »Krise« aufkommt und zunehmend zur Kennzeichnung dieses (sowohl objektiven als auch subjektiven) Zeitzustandes Verwendung findet. Dabei bezeichnet der Begriff »Krise«, der bekanntlich aus dem medizinischen Vokabular stammt, einen noch unentschiedenen Zwischenzustand der erhöhten Unsicherheit, Orientierungslosigkeit und zugleich existentiellen Gefährdetheit[31], der zur Entscheidung drängt.

Entsprechend wird in zentralen philosophisch-theoretischen Texten der Zeit immer aufs neue versucht, den besonderen Charakter dieser epochalen Krise zu erfassen und auf den Begriff zu bringen. Dabei spielt eine neuartige Zeiterfahrung eine zentrale Rolle, worauf vor allem Karl Löwith aufmerksam gemacht hat: »Erst die Französische Revolution hat durch die Zerstörung der Tradition auf das Bewußtsein der Zeitgenossen die historisierende Wirkung gehabt, daß sich von da ab die gegen-

---

28 Vgl. für die entsprechende deutsche Entwicklung Fritz Valjavec, Die Entstehung der politischen Strömungen in Deutschland, Frankfurt/M. 1978.

29 Vgl. Theo Stammen/Friedrich Eberle (Hrsg.), Deutschland und die Französische Revolution, Darmstadt 1988; dies. (Hrsg.), Die Französische Revolution in Deutschland, Stuttgart 1989.

30 Vgl. dazu Theo Stammen, Die Revolution des Geistes, in: Hans-Otto Mühleisen (Hrsg.), Die Französische Revolution und der deutsche Südwesten, München 1989.

31 Vgl. Reinhart Koselleck, Kritik und Krise, Freiburg 1959, S. 109.

wärtige Zeit, im Gegensatz zur ganzen ›bisherigen‹, nun ausdrücklich zeit-geschichtlich und im Blick auf die Zukunft begreift.«[32]

Damit ist zweierlei ausgesprochen: einmal, daß die Zeitgenossen der Französischen Revolution durch die Erfahrung dieses weltgeschichtlichen Ereignisses ihre eigene Zeit, ihre aktuelle Gegenwart, neu erfahren – und zwar im Hinblick auf Zukunft; zum andern, daß sie ihre Zeit durch die Revolution von 1789 von der Vergangenheit durch eine Zäsur abgeschnitten erleben, daß das Jahr 1789 insofern eine Scheidelinie, eine Epoche der Weltgeschichte darstellt[33]. Daraus entsteht ein eigentümliches, neuartiges Bewußtsein der aktuellen Gegenwart und ihrer geistig-politischen Problemlage. Hegels politische Philosophie ist für diese zeitkritische Problemverarbeitung besonders charakteristisch. Er hat diese Erfahrung in seiner »Phänomenologie des Geistes« folgendermaßen gefaßt: »Es ist übrigens nicht schwer zu sehen, daß unsere Zeit eine Zeit der Geburt und des Übergangs zu einer neuen Periode ist. Der Geist hat mit der bisherigen Welt seines Daseins und seines Vorstellens gebrochen und steht im Begriffe, es in die Vergangenheit hinab zu versenken, und in der Arbeit seiner Umgestaltung. Zwar ist er nie in Ruhe, sondern in immer fortschreitender Bewegung begriffen. Aber wie beim Kinde nach langer stiller Ernährung der erste Atemzug jene Ähnlichkeit des nur vermehrenden Fortgangs abbricht – ein qualitativer Sprung – und jetzt das Kind geboren ist, so reift der sich bildende Geist langsam und stille der neuen Gestalt entgegen, löst ein Teilchen des Baues seiner vorhergehenden Welt nach dem anderen auf, ihr Wanken wird nur durch einzelne Symptome angedeutet.«[34]

Es versteht sich, daß von dieser Zeiterfahrung her in besonderem Maße die Erfahrung der zeitgenössischen, durch die Revolution radikalisierten politischen Ordnungsproblematik bestimmt werden mußte. Dazu hier nur ein kleines Beispiel: 1799/1802, d.h. noch *vor* dem definitiven Zusammenbruch, setzte sich Hegel mit der Verfassung des alten Deutschen Reiches in einer (Fragment gebliebenen) Schrift auseinander. Die Einleitung zu dieser Schrift, die von den Herausgebern später den Titel »Die Verfassung Deutschlands« erhielt, setzt mit dem Satz ein: »Deutschland ist kein Staat mehr . . . Es ist (unter den älteren Staatsrechtslehrern) kein Streit mehr darüber, unter welchen Begriff die deutsche Verfassung falle, was nicht mehr begriffen werden kann, ist nicht mehr.«[35] Im Entwurf zur Vorrede heißt es entsprechend: »Das Gebäude der deutschen Staatsverfassung ist das Werk von vergangenen Jahrhunderten; es wird nicht vom Leben der jetzigen Zeit getragen . . . das Gebäude mit seinen Pfeilern, seinen Schnörkeln steht isoliert vom Geist der Zeit in der Welt.«[36] Eine schärfere Verurteilung des Verfassungszustandes des alten Deutschen Reiches ist schwerlich denkbar. Hegel konstatiert nicht nur den desolaten Zustand der deutschen Verfassungsordnung; seine Kritik geht darüber hinaus: »Alle Erscheinungen dieser Zeit zeigen, daß die Befriedigung im alten Leben sich nicht mehr findet«. Das Antiquierte und Überholte der alten politischen Ordnung hätte nicht schärfer und kompromißlo-

32 Karl Löwith, Von Hegel zu Nietzsche, Frankfurt/M. 1964, S. 220ff.
33 Vgl. Reinhart Koselleck/Rolf Reichardt (Hrsg.), Die Französische Revolution als Bruch des gesellschaftlichen Bewußtseins, München 1988.
34 Georg W. Fr. Hegel, Werke, Bd. 3, Frankfurt/M. 1970, S. 18.
35 Ebd., Bd. 1, S. 461.
36 Ebd., S. 453.

ser herausgehoben werden können. Die alten Systemstrukturen und Institutionen haben im Bewußtsein der Zeitgenossen ihre Legitimität verloren; dadurch ist auch ihr realer Bestand gefährdet.

Das Entscheidende an dieser zeitkritischen Analyse der politischen Verfassung ist jedoch, daß sie zugleich über die kritisierte Realität hinausweist auf neue politische Ordnungsentwürfe. Denn: »Das Gefühl des Widerspruches der Natur mit dem bestehenden Leben ist das Bedürfnis, daß er (der Widerspruch) gehoben werde; und dies wird er, wenn das bestehende Leben seine Macht und alle seine Würde verloren hat, wenn es reines Negatives geworden ist.«[37] Im Grunde ist die Erfahrung der kritischen Gegenwart als »reines Negatives« nur möglich, wenn sie bereits im Lichte einer neuen, neulegitimierten politischen Ordnung gesehen und erfahren wird.

Dieser Hegel-Text belegt exemplarisch, daß die durch die Französische Revolution ausgelöste Krisenerfahrung für die Entstehung und Ausformung der politischen Ideen der deutschen idealistischen Philosophie von Kant und Schiller über Fichte bis zu Hegel und Schelling konstitutiv war; so gesehen bildet das politische Denken der deutschen Klassik und Romantik recht eigentlich die politisch-geschichtsphilosophische »Theorie der Französischen Revolution« (H. Marcuse). Durch die prägenden Erfahrungen und Erschütterungen in der Epoche der Französischen Revolution gewinnen vor allem geschichtsphilosophische Konzepte einen maßgeblichen Einfluß auf die politische Theoriebildung in Deutschland und drängen entsprechend das naturrechtliche Denken klassischer und angelsächsischer Tradition entschieden zurück. Damit beginnt nicht zuletzt der »deutsche Sonderweg«, dessen verhängnisvolle Auswirkungen das 20. Jahrhundert bestimmen sollten. Die Geschichte wird dabei als ein dialektischer und in seiner Gesamtbewegung aufsteigender Prozeß der Verwirklichung des Geistes in der Geschichte interpretiert. Damit entwickelt sich aus der zeitkritischen Analyse ein sozialrevolutionärer Ansatz, der in den Schriften von Karl Marx (1818–1883) seine sozialrelevante Ausprägung fand: »Die Philosophen haben die Welt nur verschieden interpretiert; es kommt aber darauf an, sie zu verändern.« Auch für Marx ist die Zeitkritik und zeitkritische Analyse der philosophischen, religiösen, sozialen, politischen und ökonomischen Verhältnisse des frühen 19. Jahrhunderts die entscheidende Grundlage seiner revolutionären Geschichts- und Gesellschaftstheorie, die sich in seinem Lebenswerk zunehmend mit den praktisch-politischen Aufgaben der Arbeiterbewegung verbindet und dadurch eine der entscheidenden politisch-revolutionären Massenbewegungen des 20. Jahrhunderts inauguriert.

Diese (hier nur anzudeutende) Wirkungsgeschichte der Marxschen Geschichts- und Gesellschaftstheorie sollte aber nicht dazu führen, daß andere, nicht minder einflußreiche politische Theoriekonzepte, wie die von Auguste Comte und Alexis de Tocqueville, die ebenfalls ihren Grund in der zeitkritischen Erfahrung der Epoche des 19. Jahrhunderts besitzen, in Vergessenheit geraten. Gerade Alexis de Tocqueville hat durch sein epochemachendes Werk »Über die Demokratie in Amerika« und seine historisch orientierte Arbeit über »Das Ancien Régime und die Revolution« Wesentliches zur kritischen Gegenwartsanalyse geleistet, das bis heute seine Gültigkeit behalten hat und in seinen Grundgedanken bewahrt zu werden verdient. Wie bereits erwähnt, postulierte Tocqueville in seinem Amerika-Buch: »Eine völlig neue Welt bedarf einer neuen politischen Wissenschaft.« Sein Amerika-Buch war ein groß-

37 Ebd., S. 458.

angelegter Versuch dazu, dessen Ergebnisse noch für die Analyse unserer Gegenwart vielfach Gültigkeit beanspruchen kann, nicht zuletzt deswegen, weil Tocquevilles politische Theorie entschieden von der Sorge um das Leben des modernen Menschen in Freiheit bestimmt wird.

Die Einlösung dieses Programms wurde in Westeuropa und den USA im Rahmen der gegen Ende des 19. Jahrhunderts aufkommenden modernen Sozialwissenschaften (Soziologie und Politikwissenschaft) unter den krisenhaften Entstehungsbedingungen der modernen industriellen Massengesellschaft und ihrer politischen Organisationsproblematik von verschiedenen theoretischen Ansätzen her unternommen. Dabei gewann vor allem der deutsche Soziologe Max Weber (1864–1920) durch seine grundlegenden zeitkritischen Analysen sowie durch seine theoretischen und methodologischen Schriften eine große und weitreichende Bedeutung – auch gerade für die Begründung der modernen Politikwissenschaft nach dem Zweiten Weltkrieg in Deutschland. Die jüngsten Forschungen zu Max Webers Werk – z.B. von Wilhelm Hennis[38] – machen die zum Teil von Nietzsche beeinflußte Zeitkritik Max Webers erst angemessen faßbar, die ihrerseits wieder die Grundlage für seine politische Kategorienbildung abgab.

Dieser grobe Durchgang durch die Geschichte der Politischen Theorie und Wissenschaft mag genügen, um den durchgehenden konstitutiven Zusammenhang von zeitkritischer Erfahrung und politischer Theoriebildung zu dokumentieren. Sie erweisen Politikwissenschaft in Geschichte und Gegenwart als *»zeitkritische* Ordnungswissenschaft« (Eric Voegelin).

3. Paradigma-Wechsel

Bemerkenswert für die zeitkritische Intention der Politikwissenschaft in Geschichte und Gegenwart ist die Tatsache, daß sie sich nicht nur auf die verschiedenen Dimensionen der geschichtlich-politischen Wirklichkeit bezieht, die sie als Krise und Unordnung erfährt, sondern gleichermaßen auch auf die vorangehenden oder gleichzeitigen Formen politikwissenschaftlichen Wissens und den zugrundeliegenden Theoriekonzepten; dies offensichtlich deswegen, weil die tradierten Theorieansätze angesichts der aktuellen Krisensituation und der damit verbundenen Erschütterungen sich häufig als überholt und unzureichend zur theoretischen und konzeptionellen Bewältigung dieser neuartigen Krisen- und Unordnungssituationen erwiesen haben.

Die Erfahrung des Obsoletwerdens älterer politischer Theorien- und Wissensbestände war in der Regel das entscheidende Motiv für die Suche nach einem neuen und leistungsfähigeren politiktheoretischen Arbeitskonzept. Daraus erklärt sich schon die auffällige Tatsache, daß in der Theoriegeschichte der Politik nicht selten derartige Neuansätze als »neue Wissenschaft« angekündigt und legitimiert wurden[39].

---

38 Wilhelm Hennis, Das Anliegen Max Webers, Tübingen 1987.

39 So hat Thomas Hobbes seine politische Theorie betonterweise als »neue Wissenschaft« proklamiert; und in der Gegenwart hat Eric Voegelin seine theoretische Grundlegung der Politikwissenschaft in »Die neue Wissenschaft der Politik« definiert.

Hinter diesem Phänomen stehen einige wichtige Probleme der allgemeinen und der speziellen »Theoriendynamik« (Wolfgang Stegmüller), auf die wir daher im folgenden etwas genauer eingehen müssen.

Die angesprochene Problematik ist ein bedeutsamer Aspekt der allgemeinen »Evolution wissenschaftlichen Wissens«. Es gibt verschiedene Vermutungen oder Theorien darüber, wie sich wissenschaftliches Wissen in der Zeit entwickelt, wie sich mithin die Theoriendynamik in den Wissenschaften (Natur-, Geistes- und Sozialwissenschaften) vollzieht. Genauer besehen, könnte man von drei verschiedenen Erklärungsmodellen der Theoriendynamik in den Wissenschaften sprechen, mit denen die zeitgenössische Wissenschaftstheorie hantiert und die auch für die Entwicklung der Politikwissenschaft aufschlußreich sind[40]:

1. Das *erste Modell* ist zugleich sowohl das älteste als auch das gängigste; es ist heute (noch) weitverbreitet und gilt – reflektiert oder unreflektiert – nahezu unumstritten. Danach herrscht im Felde der Wissenschaft und ihrer Entwicklung die Idee des Fortschritts im Sinne eines einfachen, linearen und unaufhaltsamen Prozesses und eines stetigen Anwachsens des wissenschaftlichen Wissens durch die Einzelwissenschaften für sich wie für »die Wissenschaft« im ganzen. Diesem Modell liegt die (wenn man will: *naive*) Vorstellung zugrunde, daß die Entwicklung wissenschaftlichen Wissens – wie etwa das Beispiel der so erfolgreichen Naturwissenschaften angeblich eindrucksvoll belege – als ein kontinuierlicher, stetig fortschreitender Prozeß der *Wissensakkumulation* zu denken sei, der begleitet werde von einer »sukzessiven Ausmerzung unwissenschaftlichen Ballasts«[41]. Indem das produzierte Wissen beständig zunimmt, nimmt das Nichtgewußte oder Nichterkannte beständig ab – mit der erkennbaren Tendenz der endgültigen Auflösung des Nichtwissens im wissenschaftlichen Wissen. Dieses Konzept wissenschaftlicher Wissensentwicklung als einer »linearen Akkumulation des Wissens«[42] wird in der Regel nicht nur im Hinblick auf die zukunftsgerichtete Weiterentwicklung wissenschaftlicher Erkenntnis zugrunde gelegt, sondern sie gilt auch durchweg als »korrekte Deutung der geschichtlichen Entwicklung«[43] der Wissenschaft und des wissenschaftlichen Wissens allgemein wie in den einzelnen Disziplinen; zumindest aber als *normatives Maß und Kriterium,* insofern solche Wissenschaften, in denen sich diese lineare Vermehrung oder Akkumulation des Wissens offensichtlich am klarsten und nachvollziehbarsten abspielt (eben in den Naturwissenschaften), für alle anderen Vorbildcharakter gewonnen haben, während solche Wissenschaften wie Geistes- und Sozialwissenschaften, die diesem Ideal nicht entsprechen, als unvollkommen gelten.

2. Als *zweites Modell* darf man die von Karl Popper in seinem Kritischen Rationalismus immer wieder vertretene *evolutionäre* oder – wie Popper sie gelegentlich selbst auch bezeichnet – *darwinistische* Theorie der Theoriendynamik nennen, nach der sich »der Erkenntnisfortschritt ... von alten und neuen Problemen mittels Vermutungen und kritischer Versuche, sie zu widerlegen«, vollziehe[44]. In seinem Vortrag »Die Evo-

---

40 Vgl. dazu Theo Stammen, Theoriendynamik in der Politikwissenschaft, München 1976.

41 Wolfgang Stegmüller, Theoriendynamik – Normale Wissenschaft und wissenschaftliche Revolutionen, in: ders., Probleme und Resultate der Wissenschaftstheorie, Bd. II, Berlin-Wien 1973, S. 156.

42 Ebd., S. 146.

43 Ebd., S. 156.

44 Karl Popper, Objektive Erkenntnis, Hamburg 1976, S. 283.

lution und der Baum der Erkenntnis«[45] stellt Popper den Wissens- und Erkenntnisfortschritt in den Wissenschaften entsprechend dar als »das Ergebnis eines Vorgangs, der dem sehr ähnlich ist, was Darwin ›natürliche Auslese‹ nannte«[46]. Für Popper gibt es »also eine natürliche Auslese von Hypothesen. Unsere Erkenntnis besteht zu jedem Zeitpunkt aus denjenigen Hypothesen, die ihre (relative) Tüchtigkeit dadurch gezeigt haben, daß sie bis dahin in ihrem Existenzkampf überlebt haben, einem Konkurrenzkampf, der die untüchtigen Hypothesen ausmerzt.«[47]

Dieses Modell der Wissensevolution in den Wissenschaften, wie Karl Popper es vorgestellt hat, scheint heute weit verbreitet und akzeptiert; dies entspricht nicht zuletzt der Tatsache, daß die Poppersche Wissenschaftskonzeption des »Kritischen Rationalismus« heute auch gerade in den empirisch-analytischen Sozialwissenschaften weitgehend Anerkennung und Geltung gefunden hat.

Die allgemeine, beinahe selbstverständliche Geltung des Modells der wissenschaftlichen Wissensentwicklung mag auch der vordringliche Grund dafür gewesen sein, daß die Vertreter dieser Richtung mit vehementer Ablehnung und aggressiver Polemik einem dritten Modell entgegengetreten sind, das inzwischen die Diskussion über Theoriendynamik nachhaltig beeinflußt hat und heute oft den Ton angibt.

3. Das *dritte Modell* zur Erklärung der Theoriendynamik in den Wissenschaften hat den amerikanischen Physiker und Wissenschaftshistoriker Thomas S. Kuhn zum Urheber, dessen Hauptwerk den Titel »Die Struktur wissenschaftlicher Revolutionen« trägt[48].

In diesem inzwischen viel diskutierten und einflußreichen Buch zur Wissenschaftsgeschichte und Theoriendynamik stellte Kuhn der landläufigen und bis dato kaum widersprochenen Vorstellung von der linearen oder auch evolutionären Wissensentwicklung ein Modell der Theoriendynamik entgegen, das den Anstoß zu der seither intensiven Entwicklung einer diachronen, d.h. geschichtlich orientierten Wissenschaftstheorie gegeben hat.

Worin besteht nun das Neuartige der Kuhnschen Position? Kuhn stellte der traditionalen und bisher unbestritten gültigen Auffassung von der Entwicklung des wissenschaftlichen Wissens »durch (kontinuierliche) Anhäufung« oder »lineare Akkumulation« von Wissen die These entgegen, daß »die Wissenschaft sich doch nicht aufgrund der Anhäufung individueller Entdeckungen und Erfindungen entwickelt«[49].

Seine prinzipielle Skepsis, »wissenschaftliche Entwicklung als (kontinuierlichen) Wachstumsprozeß zu betrachten«[50] entstand für Kuhn aus der immer wieder auftretenden Erfahrung des Wissenschaftshistorikers, zwischen dem wissenschaftlichen Bestand vergangener Theorien und dem, was man an ihnen als (zeitbedingten) »Irrtum« oder »Aberglauben« bezeichnet, unterscheiden zu müssen. Von dieser forschungspraktischen Erfahrung aus gelangt Kuhn zu einem wissenschaftstheoretisch höchst interessanten und leistungsfähigen Erklärungsmodell der Theoriendynamik, für das

45 Ebd., S. 283ff.
46 Ebd., S. 288.
47 Ebd.
48 Vgl. auch Thomas S. Kuhn, Die Entstehung des Neuen – Studien zur Struktur der Wissenschaftsgeschichte, Frankfurt/M. 1977; Wolfgang Stegmüller, Hauptströmungen der Gegenwartsphilosophie, Bd. III, Berlin-Wien 1987.
49 Thomas S. Kuhn, Die Struktur wissenschaftlicher Revolutionen, Frankfurt/M. 1967, S. 19.
50 Ebd., S. 19.

die seither geläufigen Begriffe »normale Wissenschaft«, »außerordentliche Wissenschaft«, »Wissenschaftliche Revolution« und (vor allem) »Paradigma« und »Paradigmawechsel« konstitutiv sind.

Dabei versteht Kuhn unter »normaler Wissenschaft« eine »Forschung, die fest auf einer oder mehreren wissenschaftlichen Leistungen beruht, Leistungen, die von einer bestimmten wissenschaftlichen Gemeinschaft eine Zeitlang als Grundlagen für ihre weitere Arbeit anerkannt werden«[51]. Diese grundlegenden Leistungen müssen zwei Kriterien gerecht werden: »Sie müssen beispiellos genug sein, um eine beständige Gruppe von Anhängern anzuziehen, ... und gleichzeitig offen genug sein, um der bestimmten Gruppe von Fachleuten alle möglichen Probleme zur Lösung zu überlassen.«[52] Für Leistungen dieser vorbildhaften Qualität führt Kuhn den Begriff »Paradigma« ein. Dieser Terminus soll zum Ausdruck bringen, »daß einige anerkannte Beispiele für konkrete wissenschaftliche Praxis – Beispiele, die Gesetz, Theorie, Anwendung und Hilfsmittel einschließen – Modelle abgeben, aus denen bestimmte festgefügte Traditionen wissenschaftlicher Forschung erwachsen«[53]. Bemerkenswert ist, wie stark Kuhn den sozialisierenden Effekt dieser wissenschaftlichen Paradigmen betont, ihren prägenden Einfluß auf die Bildung von wissenschaftlichen Gemeinschaften (»Schulen«) und auf die Integration wissenschaftlichen Nachwuchses.

Wichtig für dieses Modell der Theoriendynamik ist indes die Annahme, daß eine derartige »Normale Wissenschaft« auf der Grundlage eines erfolgreichen und anerkannten Theorieparadigmas nicht von ewiger Dauer ist. Vielmehr treten mit der Zeit häufiger »Anomalien«, d.h. vom zugrundeliegenden Paradigma und seinen Regeln nicht erwartbare und daher auch nicht prüfbare Abweichungen auf, die zeigen, »daß die Natur in irgendeiner Weise die von dem Paradigma erzeugten, die normale Wissenschaft beherrschenden Erwartungen nicht erfüllt hat«[54].

Dann kommt es – wenn sich die Anomalien und Abweichungen häufen – schließlich zu einer Krise des Paradigmas und damit der normalen Wissenschaft, die u. U. zu einer »wissenschaftlichen Revolution« und zu einem »Paradigma-Wechsel« führt. Die Mitglieder der Wissenschaftsgemeinschaft verlieren ihr ursprüngliches Vertrauen in das alte Paradigma und beginnen Alternativen auszuprobieren. Dies ist die Phase der »außerordentlichen Wissenschaft«, die gekennzeichnet ist durch das Fehlen eines dominierenden Paradigmas.

Grundlegend wichtig für das Kuhnsche Modell der Theoriendynamik ist seine These, daß dieser Vorgang der Krise der normalen Wissenschaft und des Pradigma-Wechsels, verstanden als »Übergang von einem krisenhaften Paradigma zu einem neuen (Paradigma), aus dem eine neue Tradition normaler Wissenschaft hervorgehen kann«, *kein* »kumulativer Prozeß« der Wissensentwicklung sei, sondern vielmehr der fundamentale »*Neuaufbau* des Gebietes (einer Wissenschaft) auf *neuen Grundlagen*«[55]. Damit ist – gegenüber den beiden anderen Modellen – eine grundsätzlich neue Ansicht von der Entwicklung des wissenschaftlichen Wissens ausgesprochen.

51 Ebd., S. 28.
52 Ebd.
53 Ebd., S. 29.
54 Ebd., S. 80.
55 Ebd., S. 119.

Eine solche nichtkumulative Entwicklungsepoche in einer Wissenschaft, in der ein älteres, krisenhaftes Paradigma durch ein mit ihm nicht mehr zu vereinbarendes neues Paradigma verdrängt und ersetzt wird – diesen außerordentlichen Vorgang in der Wissensentwicklung einer Wissenschaft bezeichnet Kuhn als »wissenschaftliche Revolution«[56]. Kuhn hat nicht zufällig diesen historisch-politischen Begriff dafür gewählt, um einen wissenschaftsgeschichtlichen Tatbestand damit zu bezeichnen. Denn dieser Vorgang hat durchaus den Charakter einer Auseinandersetzung zwischen rivalisierenden Gruppen (oder Schulen) von Wissenschaftlern, die sich durchzusetzen und Geltung zu verschaffen suchen.

Trotz aller heftiger Diskussionen, die das Kuhnsche Erklärungskonzept der Theoriendynamik ausgelöst hat, scheint es doch – auch gerade im Hinblick auf die eigentümlich zerklüftete Geschichte der politischen Ideen – von beträchtlicher Erklärungskapazität. Das haben auch seine Gegner einräumen müssen. Bereits die Analyse des Zusammenhangs von Krisenerfahrung und politischer Ordnungsreflexion hat aufgewiesen, daß die bisherige Geschichte der Politikwissenschaft insgesamt ein Bild bietet, das sich durch eine Abfolge erheblich voneinander abweichender Wissenschaftstypen oder -gestalten auszeichnet, die durch markante epochale Einschnitte und Diskontinuitäten voneinander getrennt sind; ein Bild mithin, das sich mittels des Modells der linearen und akkumulativen Wissensentwicklung ebenso wenig angemessen darstellen läßt wie mittels des Popperschen Evolutionsmodells. Beiden Erklärungsmodellen macht besonders die Erfassung der Epochenbrüche und -übergänge, die für die Geschichte der Politikwissenschaft so charakteristisch sind, Schwierigkeiten.

Die Frage ist nun, ob sich diese Situation bei Anwendung des Kuhnschen Erklärungsmodells günstiger darstellt. Das ist zu vermuten. So könnte man z. B. – ganz im Sinne der Kuhnschen Theorie – mit Manfred Riedel die Funktion der aristotelischen »Politik« für die klassische Tradition der europäischen Politikwissenschaft so umschreiben: »In der Terminologie der Wissenschaftsgeschichte ließe sich Aristoteles' Politik als ›Paradigma‹ interpretieren, das ›normale Wissenschaft‹ auf diesem Felde jahrhundertelang in Gang gehalten und dabei auch unter veränderten Voraussetzungen nur Präzision und Spezifizierung der eingeübten Sprache und Verfahrensweise zugelassen hat.«[57]

In der Tat: Versteht man mit Kuhn unter einem wissenschaftlichen Paradigma ein anerkanntes Beispiel für konkrete wissenschaftliche Lehr- und Forschungspraxis, ein Modell also, aus dem bestimmte festgefügte Traditionen wissenschaftlicher Lehre und Forschung erwachsen, so trifft dieses Kriterium für die aristotelische »Politik« und ihre anhaltende Wirkung und Geltung im Rahmen der abendländischen politischen Theoriengeschichte in einem kaum noch zu überbietenden Maße zu: Rund zwei Jahrtausende (!) hat dieses Paradigma erfolgreich und unangefochten einer normalwissenschaftlichen Tradition der Politik als Wissenschaft die wissenschaftstheoretische und -systematische Grundlage geboten[58]. Man wird schwerlich ein zweites wissenschaftliches Paradigma aus der Geschichte der Politikwissenschaft anführen können, das eine auch nur annähernd vergleichbare traditionsprägende Kraft über so lange Zeit hat entfalten und behaupten können.

56 Ebd., S. 128.
57 Manfred Riedel, Metaphysik und Metapolitik, Frankfurt/M. 1975, S. 24.
58 Vgl. Günther Bien, Die Grundlegung der politischen Philosophie bei Aristoteles, Freiburg 1973.

Die Entwicklungsgeschichte der klassischen, d.h. aristotelischen Politik von der Antike bis zum Beginn der Neuzeit bietet zudem hinreichend viele Beispiele für das immer wiederkehrende Erfordernis, das von Aristoteles zeitkritisch auf die konkrete Realität der griechischen Polis bezogene Theorie-Modell auf neue, grundlegend andere politische Realitäten zu übertragen und anzuwenden: z.B. auf die Römische Republik (durch Polybios und Cicero) oder auf die mittelalterliche politische Ordnung (durch Thomas von Aquin und Marsilius von Padua). An diesen wenigen Hinweisen wird bereits deutlich, wie das klassische Paradigma politischer Theorie in einer langanhaltenden Periode normalwissenschaftlicher Forschung sich durchaus durch Differenzierung und Anpassung weiterzuentwickeln vermochte – auch in Epochen, die in ihren politischen Strukturen deutlich verschieden waren von der Ursprungssituation der griechischen Polis. Die Kuhnschen Kategorien der »normalen Wissenschaft« und des »Paradigmas« helfen mithin sehr gut, die Hauptepochen der Politikwissenschaftsgeschichte angemessen zu beschreiben und zu analysieren.

Zu fragen ist jetzt weiter, ob die zahlreichen tiefgreifenden Epochen*einschnitte* oder *-brüche* mit ihren diskontinuierlichen Übergängen von dem einen zum anderen Wissenschafts- und Theorietypus, wie sie für die Gesamtentwicklung der Politikwissenschaft so charakteristisch sind, ebenfalls mit den Kuhnschen Kategorien der Theoriendynamik (Paradigma-Krise und Paradigma-Wechsel sowie wissenschaftliche Revolution) angemessen beschrieben und erklärt werden können.

Wählen wir dazu gleich ein Beispiel aus Niccolò Machiavellis »Discorsi«: Für denjenigen, der von der klassischen Theorie der Politik und ihren praktisch-ethischen Prinzipien und Fragestellungen herkommt, wie etwa Leo Strauss in seinem Buch »Thoughts on Machiavelli«, müssen die folgenden Sätze über den Römer Appius Claudius wie aus einer fremden Welt klingen: »Seine (des Appius) Schlauheit bei der Täuschung der Plebejer, als er den Volksfreund spielte, war *gut, gut* waren auch die Mittel für die Wiederwahl der Dezemvirn und die Kühnheit, sich selber wider Erwarten des Adels zu wählen, *gut* war endlich, sich Amtsgenossen auszusuchen, wie er sie brauchte. Aber nicht mehr *gut* war es, daß er nach alledem mit *einem* Schlage seine Natur veränderte und vom Freund des Volkes zu seinem Feind wurde, statt sich leutselig übermütig, statt nachgiebig unfreundlich zeigte, und dies so schnell tat, daß jeder die Falschheit seines Charakters erkennen mußte, ohne eine Entschuldigung für ihn zu finden. Denn wer eine Zeitlang *gut schien* und zu seinen *Zwecken böse werden muß,* der muß es mit den gehörigen Zwischenstufen tun und die Gelegenheiten so wahrnehmen, daß ihm sein verändertes Benehmen, ehe es ihm die alte Gunst entzieht, so viel neue erworben hat, daß sein Ansehen nicht verliert, sonst geht er, durchschaut und ohne Freunde, zugrunde.«[59]

Diese Sätze machen deutlich, daß zwischen dem normativ-anthropologischen Fragen der praktisch-philosophischen Politik in der Nachfolge des Artistoteles und auch der mittelalterlichen Tradition eines »Fürstenspiegels« einerseits und einem »guten Handeln« im Sinn von Machiavellis politischer Klugheitslehre andererseits eine unüberbrückbare Kluft besteht; der Begriff des »Guten« und »gut Handelns«, in der aristotelischen Politik die zentrale ethisch-normative Kategorie, ist hier bei

59 Niccolò Machiavelli, Politische Betrachtungen (Discorsi), Stuttgart 1965, S. 98.

Machiavelli total funktionalisiert und instrumentalisiert auf die Ziele und Zwecke eines neuartigen, allein an der Kategorie der Macht (Machterwerb und Machterhaltung) orientierten Politikverständnisses.

Was sich zwischen der bisher geltenden Tradition klassischer Politik und der neuen Politiktheorie Machiavellis vollzogen hat, kann angemessen nur als »wissenschaftliche Revolution« und »Paradigmawechsel« im Sinne von Thomas S. Kuhn beschrieben werden: Das bisher geltende Paradigma politischer Theorie war schon vorher ganz offensichtlich in eine tiefe Vertrauenskrise geraten und wurde nun mehr und mehr bestritten und argumentativ demontiert; an seine Stelle treten jetzt neue, andersartige Theoriekonzepte, die auf ihre Leistungsfähigkeit als wissenschaftliche Paradigmen überprüft werden (Phase der außerordentlichen Wissenschaft), bis eines davon sich als neues Paradigma gegen die Konkurrenz als Muster für eine neue Forschungstradition durchsetzt (Paradigmawechsel) und behauptet und so eine neue »normale Wissenschaft« etablieren hilft, die dann die politische Theorie der europäischen Neuzeit weithin bestimmt. Machiavelli hat selbst in seinem »Principe« die Notwendigkeit eines solchen Paradigmawechsels betont und diesen Übergang vom klassischen zum neuen Politik-Paradigma genau analysiert und begründet und dabei klargemacht, daß er sich der Tragweite dieses Paradigma-Wechsels für die Politikwissenschaft nicht nur bewußt war, sondern daß er diesen Wechsel willentlich und entschlossen vollzogen hat. Diesen Vorgang beleuchtet die folgende Textstelle aus dem »Principe«: »Da ich vorhabe, etwas Nützliches für jene zu schreiben, die etwas verstehen, so schien es mir richtiger, die Wahrheit so darzustellen, wie sie sich in der Wirklichkeit findet, und nicht Wunschvorstellungen zu folgen; viele haben sich Republiken und Fürstentümer ausgedacht, die es in Wirklichkeit nie gegeben hat; es besteht aber ein großer Unterschied zwischen dem, was wirklich geschieht, und dem, was geschehen sollte, so daß jemand, der die Wirklichkeit vernachlässigt und sich nur nach dem richtet, was geschehen soll, eher an seinem Untergang als an seiner Erhaltung arbeitet. Wer in allen Dingen nach der Moral handeln will, muß unter so vielen andern, die sich nicht nach ihr richten, zugrundegehen. Ein Herrscher, der sich behaupten will, muß daher auch verstehen, außerhalb der Moral zu handeln und das Gute zu tun und zu lassen, wie es die Umstände erfordern.«[60]

Was hier vorliegt, ist nicht nur eine partielle Kritik, sondern eine generelle und grundsätzliche Zurückweisung der klassischen politischen Theorie. Dieses Paradigma war in Machiavellis Augen nicht nur wissenschaftlich unergiebig; wichtiger und bedenklicher schien ihm, daß es darüber hinaus die Stabilität und Überlebensfähigkeit politischer Systeme in seiner Zeit gefährdete, weil es schlicht weltfremd war. Bemerkenswert ist darüber hinaus, daß Machiavelli zumindest einige der Gründe reflektiert, die diesen Paradigma-Wechsel in der Politikwissenschaft durch ihn motivieren, wobei es sich teils um wissenschaftsexterne politische, teils um wissenschaftsinterne, d.h. um wissenschaftstheoretische Faktoren handelt. Machiavelli interpretiert die politische Realität seiner Epoche (speziell in Italien) so, daß derjenige, der diese neuartige Wirklichkeit des frühneuzeitlichen Staates nicht realistisch, d.h. auf die ihr zugrundeliegenden politischen Prinzipien (der Souveränität und Staatsräson) und entsprechende Machtprozesse hin, analysiert, sondern in der traditionellen praktisch-philosophischen Politikreflexion verhaftet bleibt, eher an seinem Untergang als an seiner

60 Ders., Der Fürst, Stuttgart 1961, S. 95.

Erhaltung arbeitet. Wichtig ist auch, daß in dieser neuen Realitätserfahrung dem Begriff der individuellen Selbsterhaltung prinzipielle Bedeutung zukommt und daß sich in diesem Kontext auch ein neuartiger, spezifisch neuzeitlicher subjektiver Vernunftbegriff durchzusetzen beginnt, wie er später allgemein zur Grundlage des modernen existentiellen Naturrechts wird, etwa bei Thomas Hobbes.

Dieser Wendung Machiavellis gegen das klassische Paradigma politischer Theorie durchaus vergleichbar ist die rund anderthalb Jahrhunderte später von Thomas Hobbes selbstbewußt im Namen einer »Neuen Wissenschaft der Politik« vollzogene. Wie er sich das klassische Paradigma denkt, hat Hobbes in dem Widmungsschreiben zu »De Cive« unmißverständlich ausgesprochen: Die Geometer haben in seinen Augen »more geometrico« ihr Wissenschaftsgebiet »vortrefflich verwaltet«; »denn alles, was dem menschlichen Leben an Nutzen zufällt, sei es aus der Beobachtung der Gestirne oder der Beschreibung der Länder oder der Einteilung der Zeit oder weiten Seereisen, ebenso alles Schöne an den Gebäuden, alles Feste an den Schutzwehren, alles Wunderbare an den Maschinen, alles endlich, was die heutige Zeit von der Barbarei vergangener Jahrhunderte unterscheidet, ist beinahe nur der Geometrie zu verdanken.«[61]

Dieser positiven Bilanz der zeitgenössischen mathematisch-naturwissenschaftlichen Forschung gegenüber stellt Hobbes der klassischen Politik- und Sozialphilosophie ein schlechtes Zeugnis aus: »Wenn die Moralphilosophen ihre Aufgabe mit gleichem Geschick gelöst hätten, so wüßte ich nicht, was der menschliche Fleiß darüber hinaus noch zum Glück der Menschen in diesem Leben beitragen könnte. Denn wenn die Verhältnisse der menschlichen Handlungen mit der gleichen Gewißheit erkannt worden wären, wie es mit den Größenverhältnissen der Figuren geschehen ist, so würden Ehrgeiz und Habgier gefahrlos werden, da ihre Macht sich nur auf die falschen Ansichten der Menge über Recht und Unrecht stützt, und das Menschengeschlecht würde einen beständigen Frieden genießen, so daß man wohl nie mehr (ausgenommen um den Raum bei der wachsenden Menge der Menschen) zu kämpfen braucht. Wenn dagegen jetzt der Krieg mit den Schwertern und der Krieg mit der Feder kein Ende nimmt; wenn die Kenntnis des Rechts und der natürlichen Gesetze heute nicht größer ist als in alten Zeiten ... so sind dies überaus deutliche Zeichen, daß die bisherigen Schriften der Moralphilosophen zur Erkenntnis der Wahrheit nichts beigetragen haben.«[62]

Zwei Erfahrungsbereiche haben Hobbes' Abwendung vom klassischen Paradigma der praktischen Philosophie motiviert: einmal die sehr konkrete *Angst* in den zeitgenössischen Religions- und Bürgerkriegen überall in Europa in der Folge der Reformation; sodann die Begegnung mit den erfolgreichen neuen mathematisch-experimentellen Naturwissenschaften, die ihm die Überlegenheit des »Mos geometricus« über die Methoden der alten praktischen Wissenschaften überzeugend demonstriert haben[63].

Angesichts dieser kompakten Erfahrungen mußte das klassische Paradigma der praktischen Wissenschaften seine Reputation einbüßen und in eine Krise geraten, die

---

61 Thomas Hobbes, Vom Menschen – vom Bürger, Hamburg 1959, S. 60.
62 Ebd., S. 61.
63 Vgl. Wolfgang Röd, Geometrischer Geist und Naturrecht – methodengeschichtliche Untersuchungen zur Staatsphilosophie im 17. und 18. Jh., München 1970, Kap. I, S. 10–56.

eine »wissenschaftliche Revolution« und einen »Paradigmawechsel« in der politischen Theorie einleitete, der in Hobbes' politischer Theorie, vor allem in seinem »Leviathan«, eine erste, glänzende Gestalt fand.

Als ein drittes Beispiel sei noch jenes, in der Literatur weniger beachteten Übergangs vom rationalen Naturrecht des 18. Jahrhunderts zur Geschichte der bürgerlichen Gesellschaft erinnert, wie er durch die schottischen Moralisten vollzogen wurde und der einen tiefgreifenden Einfluß auch gerade auf die politische Theorie Hegels ausgeübt hat[64].

Daß auch dieser Übergang durchaus angemessen als Paradigmawechsel im Sinne von Kuhn zu deuten ist, geht leicht aus dem »Versuch über die Geschichte der bürgerlichen Gesellschaft« (1767) von Adam Ferguson hervor – so wenn er dort in der Einleitung die für das rationale Naturrecht konstitutive Naturzustandslehre verwirft und scharf kritisiert: »... indem wir unsere Berichte über das abfassen, was der Mensch in einem eingebildeten Naturzustand gewesen ist, übersehen wir zugleich, wie er im Bereich unserer eigenen Beobachtung und in den Zeugnissen der Geschichte immer erschienen ist.«[65]

An die Stelle der konstruierenden Vernunft tritt die »Einübung des Tatsachenblicks«, die zur Entstehung der modernen Sozialwissenschaften Wesentliches beigetragen hat[66].

Man muß diese Sätze vor dem Hintergrund der modernen naturrechtlichen Politiktheorie eines John Locke sehen, um zu erkennen, welche »wissenschaftliche Revolution« sich hier durch ihre radikale Ablehnung in Fergusons »History of Civil Society« anbahnt[67].

Schließlich hat sich in Deutschland durch die Wirkung der Französischen Revolution eine »Revolution des Geistes« vollzogen, die auch – im Vergleich zur Tradition des 18. Jahrhunderts – eine »wissenschaftliche Revolution« und einen »Paradigmawechsel« von weitreichender Wirkung bedeutete[68].

Aus dieser Krisenerfahrung hat sich vornehmlich durch Hegel und in seiner Nachfolge eine geschichtsphilosophisch orientierte Theorie der Gesellschaft und des Staates entwickelt, die sowohl eine idealistisch-dialektische als auch (später) eine materialistisch-dialektische Variante kennt.

Die erstere findet sich in besonders folgenreicher Fassung in Hegels »Vorlesung über die Philosophie der Geschichte« (1822/23–1830/31) und in seinen »Grundlinien der Philosophie des Rechts« (1821). Vor allem die »Rechtsphilosophie« Hegels enthält in ihrer zeitkritischen Analyse der »bürgerlichen Gesellschaft« als des »Systems der Bedürfnisse« (§ 182–256) sowie in ihrer Analyse des »inneren Staatsrechts« (§ 257–360) grundlegende Erörterungen des modernen Staates, auf die das 19. Jahr-

64 Vgl. dazu: Hans Medick, Naturzustand und Naturgeschichte der bürgerlichen Gesellschaft, Göttingen 1973.

65 Adam Ferguson, Versuch über die Geschichte der bürgerlichen Gesellschaft. Übersetzt von Hans Medick, Frankfurt/M. 1986, S. 98; vgl. dort die Einleitung von H. Medick und Z. Batscha, S. 1–97.

66 Vgl. Wolfgang Bonß, Die Einübung des Tatsachenblicks – zur Struktur und Veränderung empirischer Sozialforschung, Frankfurt/M. 1982.

67 Vgl. dazu die Einleitung von H. Medick und Z. Batscha (Anm. 65).

68 Vgl. dazu Theo Stammen, Die Revolution des Geistes, in: H.-O. Mühleisen (Anm. 30), S. 254.

hundert immer wieder zurückkommt. Hier sind auch Ansätze zur modernen Soziologie enthalten, wie sie zunächst durch Lorenz von Stein im ersten Band seines Werkes »Geschichte der sozialen Bewegung in Frankreich von 1789 bis auf unsere Tage« unter dem Titel »Der Begriff der Gesellschaft und die Gesetze ihrer Bewegung«, sodann etwas später von Karl Marx in den »Frühschriften« entwickelt wird und zu einem der bis ins 20. Jahrhundert vorrangigen sozialwissenschaftlichen Paradigmen ausgestaltet wird. In der kritischen Auseinandersetzung damit formieren sich auch die anderen Paradigmen, von denen das von Max Weber im deutschen Kultur- und Bildungsbereich, das von Emile Durkheim im französischen Bereich schulebildend und einflußreich auch gerade auf die angelsächsische Tradition der Sozialwissenschaften wird.

Diese summarischen und verkürzenden Ausführungen und Hinweise mögen genügen, uns die eigentümliche Theoriendynamik in der Geschichte der europäischen Politikwissenschaft an einigen besonders markanten Beispielen auszugestalten und zu illustrieren.

So wird deutlich, daß die Entwicklung der Politikwissenschaft im allgemeinen, der politischen Theoriebildung im besonderen in der europäischen Geschichte sowohl von wissenschaftsinternen als auch von wissenschaftsexternen Faktoren gleichermaßen bestimmt worden ist und sicher auch zukünftig bestimmt sein wird. Die skizzierte Abfolge der wichtigsten Wissenschaftsparadigmen erklärt sich hauptsächlich aus diesen Ursachen und Bedingungen.

Die geschichtlichen Veränderungen und Wandlungen der dominanten Erscheinungsformen des Politischen – von der griechischen Polis über das römische Imperium und das mittelalterliche Kaiserreich bis zu den modernen Nationalstaaten – haben den Untersuchungsgegenstand für die Politikwissenschaft mehrfach grundlegend verändert, so daß sich diese Wissenschaft von der Politik widerholt neu zu orientieren, ja sogar neu zu konstituieren hatte, entsprechend der veränderten politischen Realität.

Die geschilderte Abfolge der vorherrschenden allgemeinen Wissenschaftsparadigmen von der Antike bis zur Gegenwart bewirkten ein Übriges, die innere Gestalt dieser Wissenschaft immer wieder zu verändern und den neuen wissenschaftstheoretischen Tendenzen anzupassen.

Gleichwohl bleibt – bei allem Wandel in der politischen Wirklichkeit als Gegenstandsfeld und in den leitenden Paradigmen der Wissenschaft – doch eine durchlaufende Form bestehen, die es gestattet, diese Wissenschaft immer wieder als sie selbst zu identifizieren: als »zeitkritische Ordnungswissenschaft«, die zu den konkret-geschichtlichen Ordnungsstrukturen der Politik in einem kritischen Verhältnis und nicht einer simplen Affirmation steht.

4. Die gegenwärtige Situation

Was die *diachrone* Wissenschaftsbetrachtung für die *Geschichte* der politischen Theoriebildung und ihrer wichtigsten internen und externen Bestimmungsfaktoren an einigen markanten Beispielen zutage gefördert hat, erbringt die *synchrone* Analyse für die zeitgenössische Politikwissenschaft, d. h. für die Politikwissenschaft der zweiten Hälfte des 20. Jahrhunderts.

Um zunächst einen kurzen Blick auf die *externen* Rahmenbedingungen der gegenwärtigen Wissenschafts- und Theorieentwicklung zu werfen: Es steht gänzlich außer Zweifel, daß die zwei Weltkriege dieses Jahrhunderts, aber auch die zahlreichen revolutionären Wandlungsprozesse überall in der politischen Welt, speziell in den früheren Kolonialgebieten, die heute als die »Dritte Welt« bekannt sind, eine besondere Wirkungsrolle und motivierende Kraft auf die Umbildung und Neuformulierung politikwissenschaftlicher Theorieansätze und Paradigmen der Forschung entwickelt haben. Hier nur einige wenige Beispiele dafür: Hatte der Erste Weltkrieg und der nachfolgende Versailler Vertrag mit seinem Versuch, durch die Gründung des Völkerbundes eine wirkungsvolle internationale Friedensordnung zu etablieren, einen wesentlichen Impuls für die Entwicklung und Ausbildung der »Internationalen Politik« als Teildisziplin der Politikwissenschaft geliefert, so bewirkte die Heraufkunft totalitärer Regime faschistischen und stalinistischen Typs durch ihre weltweite Herausforderung der konstitutionell-demokratischen Systeme des Westens die Entstehung einer politikwissenschaftlichen Totalitarismusforschung sowie einer vergleichenden Systemanalyse (comparative)[69]. Die Untersuchung der Ursachen und Bedingungen des raschen und gründlichen Scheiterns westlich-demokratischer Verfassungsmodelle (z.B. des »Westminster«-Modells des britischen Parlamentarismus) in den Entwicklungsländern nach ihrer Souveränitätserklärung (nach 1960) verhalf mit der politischen Kulturforschung einer interessanten neuen politikwissenschaftlichen Forschungsrichtung zur Wirkung, die durch die Analyse des »subjektiven Faktors« in der Politik eine wesentlich neue Sicht der komplexen politischen Gesamtrealität ermöglicht hat[70]. Diese wenigen und willkürlich herausgegriffenen Beispiele mögen genügen, um zu illustrieren, daß und wie externe Faktoren aus der politischen Wirklichkeit des 20. Jahrhunderts, epochale Einzelereignisse sowie tiefgreifende Strukturveränderungen, die Theorie- und Konzeptausbildung sowie die Methodenreflexion der Politikwissenschaft nachdrücklich beeinflußt und somit das Gesicht dieser Wissenschaft verwandelt haben. Das neueste Beispiel für eine derartige Einwirkung externer Faktoren auf die Theorie- und Konzeptbildung der Politikwissenschaft stellt zweifellos der Systemwandel in Osteuropa dar: Die stark interdisziplinär organisierte »sozialistische Länder-Forschung« kann nach den Ereignissen der Jahre 1989/90 nicht mehr dieselbe sein: nicht nur ihre Gegenstände (die sozialistischen Systeme) haben sich grundlegend verändert, sondern auch die leitenden Erkenntnisinteressen, die Problemstellungen sowie die konzeptionellen Positionen sind betroffen[71].

So besehen, haben die tiefgreifenden Strukturveränderungen und Umgestaltungen der politischen Wirklichkeit des 20. Jahrhunderts auch wiederholt die »Wissenschaft von der Politik«, speziell in ihren Disziplinen »Vergleichende Systemanalyse« und »Internationale Politik«, entscheidend herausgefordert und sie vor die Notwendigkeit konzeptioneller und theoretischer Innovationen gestellt, um neuartige

---

69 Vgl. dazu Theo Stammen (Hrsg.), Vergleichende Regierungslehre, Darmstadt 1976.

70 Vgl. dazu Dirk Berg-Schlosser, Politische Kultur – eine neue Dimension der Politikwissenschaft, München 1972.

71 Vgl. Ralf Rytlewski (Hrsg.), Politik und Gesellschaft in sozialistischen Ländern – Ergebnisse und Probleme der sozialistischen Länder-Forschung, Opladen 1989 (= PVS-Sonderheft 20); Hannes Adomeit u.a. (Hrsg.), Die Sowjetunion unter Gorbatschow, Stuttgart 1990; Günter Trautmann, Sowjetunion im Wandel. Wissenschaft, Politik und Kultur seit 1985, Darmstadt 1989.

Aspekte dieser politischen Wirklichkeit angemessen wissenschaftlich bearbeiten zu lernen oder sie vor die Unausweichlichkeit tiefgreifender Umgestaltungen und Neufassung ihrer leitenden Forschungsparadigmen gebracht. Die wissenschaftsexternen Faktoren wirken sich auch auf die innere Verfassung der politischen Theorie aus.

Es sei nicht vergessen darauf hinzuweisen, daß die politischen Herausforderungen auch immer wieder konkrete Auswirkungen auf die organisatorische und institutionelle Ausgestaltung sowie die personelle und finanzielle Ausstattung der Wissenschaft gehabt haben und daß dabei Politik und Gesellschaft die Wissenschaftsförderung stets mit Erwartungen über den politischen und gesellschaftlichen Nutzen dieser Wissenschaft verbunden haben. Hierin wird deutlich, daß die Politikwissenschaft – bei aller kritischen Distanz zur politischen Wirklichkeit – als eine soziale Institution zugleich auch stets *Teil* dieser Wirklichkeit ist, die *Objekt* ihrer wissenschaftlichen Analyse ist.

Neben diesen verschiedenen *externen* Faktoren, die aus der politischen Umwelt direkt und indirekt auf die wissenschaftliche Erforschung der Politik Einfluß nahmen, ist die Bedeutung der wissenschafts*internen* Einflußfaktoren kaum geringer einzuschätzen.

Der Verfall der alten »Staatswissenschaften« im 19. Jahrhundert und die Ausbildung empirisch-analytisch orientierter Sozial- und Wirtschaftswissenschaften haben auch die Politikwissenschaft – speziell in den angelsächsischen Ländern – vielfach in wissenschaftstheoretische und methodologische Abhängigkeit von den vorherrschenden Paradigmen der Soziologie gebracht. Die Theorieansätze dieser erfolgreichen Wissenschaft – sei es Strukturfunktionalismus oder Systemtheorie – haben mit nur geringer zeitlicher Verspätung jeweils auch die theoretischen und methodologischen Diskussionen der Politikwissenschaft nachhaltig bestimmt[72].

Diesem breiten Trend gegenüber, der sich nach dem Zweiten Weltkrieg bei der Neugründung der Politikwissenschaft in Westdeutschland auch hier voll zur Geltung brachte, konnten sich nur wenige Fachvertreter, die eine betonte Wiederaufnahme klassischer, an der praktischen Philosophie orientierter Traditionen favorisieren (L. Strauss, E. Voegelin, A. Bergstraesser, W. Hennis, H. Maier), behaupten[73]; der Hauptstrom der politikwissenschaftlichen Forschung war und blieb bis heute vom empirisch-analytischen Wissenschaftsparadigma und von der Wissenschaftstheorie des Kritischen Rationalismus Popperscher Art dominiert.

Bemerkenswert war indes, daß sich in den ausgehenden sechziger Jahren im Zusammenhang mit den wissenschaftlichen Forderungen der Studentenbewegung mit der dem Marxismus verpflichteten »Kritischen Theorie« der Frankfurter Schule um M. Horkheimer, Th. W. Adorno und J. Habermas noch ein weiteres Wissenschaftsparadigma etablierte, das zumindest für eine begrenzte Zeit auch in der Politikwissenschaft und ihren Teildisziplinen (Politische Theorie und Ideengeschichte, Systemanalyse, politische Soziologie und Internationale Beziehungen und Friedensforschung) einen erheblichen Einfluß auf die Wissenschaftspraxis und auf die öffentliche Diskussion gewinnen konnte. Damit war aus wissenschaftsexternen wie -internen Gründen eine Situation entstanden, in der nicht *ein* Theorieparadigma für die Forschungspraxis maßgebend war, sondern eine offene *Konkurrenz* und Spannung zwischen *drei* derar-

72 Vgl. dazu Klaus von Beyme, Die politischen Theorien der Gegenwart, München 1986.
73 Vgl. vor allem E. Voegelin (Anm. 13).

tigen Wissenschaftsparadigmen, die auch einen deutlich schulebildenden Effekt und starken Einfluß auf die Sozialisation des wissenschaftlichen Nachwuchses bekamen.

Gegenwärtig konkurrieren zumindest drei wissenschaftstheoretische Paradigmen untereinander: 1. das normativ-ontologische, 2. das empirisch-analytische und 3. das historisch-dialektische Paradigma.

Das normativ-ontologische Paradigma orientiert sich am klassisch-antiken Modell politischer Theorie (Platon, Aristoteles) und versucht, aus zeitgeschichtlichen Impulsen und Erfahrungen dessen Wiederbelebung. Der dominierenden empirisch-analytischen Politikwissenschaft sei »das Bewußtsein der Prinzipien verlorengegangen«, dessen Erneuerung »nicht ohne Rückgriff auf die platonisch-aristotelische episteme möglich« sei (E. Voegelin). Eine derart als »kritische Ordnungswissenschaft« verstandene Politikwissenschaft hat ihren natürlichen Schwerpunkt in der politischen Philosophie, richtet sich aber mit Hilfe ihres topischen Verfahrens zugleich auch auf die Analyse aktueller Regierungsprobleme (W. Hennis)[74].

Das empirisch-analytische Paradigma hat demgegenüber vorwiegend die Methodologie des Kritischen Rationalismus Popperscher Prägung zum Grunde. Intersubjektive Überprüfbarkeit und Plausibilität der Forschungen werden zum entscheidenden Postulat. Daher widmet diese Forschungsrichtung der Methodendiskussion und -kritik große Aufmerksamkeit. Im Rahmen dieses Paradigmas partizipiert die Politikwissenschaft stark von den allgemein sozialwissenschaftlichen Forschungsmethoden und ihrer Diskussion.

Das historisch-dialektische Paradigma gewann in den siebziger Jahren aus zeitgeschichtlich-politischen und wissenschaftskritischen Motiven für anderthalb Jahrzehnte einen größeren Einfluß auf Theorie- und Methodenbildung der Politikwissenschaft; es basiert auf einflußreichen philosophischen Lehren des 19. Jahrhunderts: auf der Geschichtsphilosophie Hegels und der Gesellschaftstheorie von Marx. In der jüngsten Vergangenheit erhielt dieses Paradigma in der Variante der »Kritischen Theorie« der Frankfurter Schule von M. Horkheimer, Th. W. Adorno und J. Habermas[75] eine breitere Geltung und öffentliche Wirkung auch in der Politikwissenschaft; ihre theoretischen Grundlagen werden durch die Kategorien der Geschichtlichkeit, Totalität und Dialektik bestimmt, deren logische Problematik für den kritischen Rationalismus im sog. »Positivismusstreit« Anlaß zur Kritik war[76].

Dabei ist generell zu beachten, daß – sieht man einmal von dem klassischen Theorieansatz ab, der Politikwissenschaft in der Tradition der praktischen Philosophie begreift und insofern ein originär politiktheoretischer Ansatz ist – die theoretische und methodologische Diskussion in der Politikwissenschaft weitgehend der wissenschaftstheoretischen Diskussionsentwicklung in den Sozialwissenschaften (speziell in Wirtschaftswissenschaft und Soziologie) folgt, daß die Politikwissenschaft mithin in der Regel eher nehmend (rezeptiv) als gebend (kreativ) an der Theorieentwicklung betei-

74 Vgl. dazu Wilhelm Hennis, Politik und praktische Philosophie, Stuttgart 1977.

75 Vgl. zur Frankfurter Schule: Rolf Wiggerhaus, Die Frankfurter Schule – Geschichte, theoretische Entwicklung, politische Bedeutung, München 1986; Martin Jay, Dialektische Phantasie – Die Geschichte der Frankfurter Schule und des Instituts für Sozialforschung 1923–1950, Frankfurt/M. 1973.

76 Vgl. dazu Theodor W. Adorno u. a., Der Positivismusstreit in der deutschen Soziologie, Neuwied 1969.

ligt war[77]. Das gilt in genau diesem Sinn auch von der neuesten Theorievariante, der neuen politischen Ökonomie, wie sie vor allem von den Amerikanern A. Downs und J. Buchanan entwickelt worden ist[78] oder auch für die neue philosophische Diskussion über Gerechtigkeit[79].

Die konkrete Forschungspraxis und institutionelle Organisation der zeitgenössischen Politikwissenschaft an den Hochschulen im In- und Ausland wird nicht zuletzt von den geschilderten Herausforderungen und aktuellen Problemlagen in der politischen Wirklichkeit bestimmt; so hat die Regierbarkeitsproblematik der letzten zwei Jahrzehnte eine bemerkenswerte Erneuerung der politikwissenschaftlichen Regierungslehre bewirkt und den Akzent der Forschung stark auf die Analyse konkreter Politikfelder (policies) verlagert, für die sowohl entscheidungs- als auch systemtheoretische Konzepte leitend sind[80].

Aufgrund ihres bleibenden Selbstverständnisses als »kritische Ordnungswissenschaft« vermag die Politikwissenschaft auf vielfältige Weise und in den unterschiedlichsten innen- wie außenpolitischen Politikfeldern ein empirisch-analytisches Wissen zu produzieren, das auch, wenn auch nicht in allen Politikfeldern gleichermaßen, seine vielfältige Brauchbarkeit in der praktischen Politikberatung bewiesen hat.

Literatur

Klaus von Beyme, Die politischen Theorien der Gegenwart, München 1986⁶.

Klaus von Beyme/Ernst-Otto Czempiel/Peter Graf Kielmansegg/Peter Schmock (Hrsg.), Politikwissenschaft – eine Grundlegung, Bd. I Theorien und Systeme, Stuttgart 1987.

Dirk Berg-Schlosser/Herbert Maier/Theo Stammen, Einführung in die Politikwissenschaft, München 1984⁴.

Wilhelm Hennis, Politik und praktische Philosophie, Stuttgart 1977.

Hans Maier, Politische Wissenschaft in Deutschland, München 1985.

Michael Oakeshott, Rationalismus in der Politik, Neuwied-Berlin 1966.

Theo Stammen, Theoriendynamik in der Politikwissenschaft, München 1974.

Dolf Sternberger, Drei Wurzeln der Politik, 2 Bde., Frankfurt/M. 1978.

Eric Voegelin, Die neue Wissenschaft der Politik, München 1959.

77 Vgl. dazu die kritische Bilanz in: K. v. Beyme (Anm. 72); Dirk Berg-Schlosser/Herbert Maier/Theo Stammen, Einführung in die Politikwissenschaft, München 1984⁴.

78 Vgl. Anthony Downs, Eine ökonomische Theorie der Demokratie, Tübingen 1968; James M. Buchanan, Die Grenzen der Freiheit zwischen Anarchie und Leviathan, Tübingen 1984; Mancur J. Olson, Die Logik des kollektiven Handelns, Tübingen 1976; ders., Aufstieg und Niedergang von Nationen, Tübingen 1985.

79 Vgl. dazu John Rawls, Eine Theorie der Gerechtigkeit, Frankfurt/M. 1975, Robert Nozick, Anarchie, Staat, Utopie, München o. J. (1976); Otfried Höffe, Politische Gerechtigkeit – Grundlegung einer kritischen Philosophie von Recht und Staat, Frankfurt/M. 1987.

80 Vgl. dazu Hans H. Hartwich (Hrsg.), Policy-Forschung in der Bundesrepublik Deutschland, Opladen 1985.

WOLFGANG RUDZIO

Das politische System der Bundesrepublik Deutschland

Die Bundesrepublik Deutschland gehört heute zu den bedeutenderen Staaten der Welt. Zwar rangiert sie mit einer Gebietsfläche von 357000 qkm nur auf dem 56. Platz im Staatenvergleich, mit ihrer Bevölkerung von 79 Millionen Einwohnern gerade auf dem zwölften. Wirtschaftlich steht sie jedoch weiter vorn: an vierter Stelle mit ihrem Bruttoinlandsprodukt von 1356 Mrd. US-Dollar 1989, übertroffen lediglich durch die USA (5167 Mrd.), Japan (2818 Mrd.) und die Sowjetunion (etwa 1600 Mrd.), an dritter Stelle unter den größeren Staaten mit ihrem Bruttosozialprodukt je Einwohner (hinter Japan und den USA), an erster mit ihrem Export[1]. Diesen Wirtschaftsdaten entspricht freilich nicht das Gewicht Deutschlands in den internationalen Beziehungen, vor allem infolge seiner Belastungen aus dem Zweiten Weltkrieg und seiner vergleichsweise schwachen militärischen Stellung.

Das politische System der Bundesrepublik verdient darüber hinaus besonderes Interesse auch als wiederbegründete Demokratie, bei deren Aufbau man Folgerungen aus dem wohl verhängnisvollsten Scheitern moderner Demokratie, dem Untergang der Weimarer Republik, zu ziehen gesucht hat. Die Bundesrepublik kann inzwischen als gelungene posttotalitäre Demokratie in einem Lande gelten, dem man lange autoritäre Traditionen nachgesagt hat und das sich bei seinem Neubeginn nach 1945 in einer katastrophalen wirtschaftlichen und politischen Lage befand.

Eine Darstellung des politischen Systems muß mehr sein als eine solche der staatlichen Institutionen, andererseits weniger als eine der gesamten Gesellschaft. Sie hat diejenigen Akteure und Handlungszusammenhänge vorzustellen, über die gesamtgesellschaftlich verbindliche Entscheidungen bewußt beeinflußt, legitim herbeigeführt und in der Gesellschaft durchgesetzt werden; aus Raumgründen sei hier auf den letzten Aspekt verzichtet.

I. Äußere Rahmenbedingungen

Am Beginn der Bundesrepublik Deutschland stand der wohl tiefste Sturz, den ein industriell entwickeltes Land erlebt hat. Nach totalitärer Hybris, gewaltsamer Expansion und staatlich organisierten Verbrechen endete der Zweite Weltkrieg mit der totalen deutschen Niederlage, besiegelt in der bedingungslosen Kapitulation vom 7. Mai 1945. Über die Deutschen kam nicht nur das Elend der Geschlagenen, sie traf

1 Der Bürger im Staat, Stuttgart 1990, S. 253; Der Fischer Weltalmanach 1991, Frankfurt/M. 1990.

auch die moralische Verachtung der Umwelt. Eine deutsche Regierung existierte nicht mehr, das ganze Land wurde dem unumschränkten Besatzungsregime der Sieger unterworfen. Diese unterstellten die deutschen Gebiete östlich von Oder und Neiße polnischer bzw. das nördliche Ostpreußen sowjetischer Verwaltung und ließen aus ihnen die Bevölkerung in das restliche Deutschland vertreiben; gleiches geschah Millionen deutscher Volksangehöriger in Osteuropa. Faktisch wurden damit 23 Prozent der Gesamtfläche des Weimarer Deutschland amputiert und über vierzehn Millionen Deutsche entwurzelt. Im Westen trennte Frankreich das Saargebiet ab, um es sich zu assoziieren.

Das übrige Deutschland, in die Amerikanische, Britische, Sowjetische und Französische Besatzungszone gegliedert (entsprechend Berlin in vier Sektoren), wurde bald im Zuge des weltweiten Konflikts zwischen westlichen Demokratien und sowjetischem Machtanspruch in die westlichen Zonen einerseits und die Sowjetische Zone andererseits auseinandergerissen. Differenzen um Reparations- und Lebensmittellieferungen, Gegensätze über die weitere Behandlung Deutschlands und nicht zuletzt die Unvereinbarkeit von freiheitlicher Demokratie und totalitärer Herrschaft führten zur Spaltung Deutschlands. Nicht Ursache, sondern Ausdruck und Konsequenz der Teilung war daher 1949 die Gründung der Bundesrepublik Deutschland in den drei westlichen Besatzungszonen. Nahezu gleichzeitig folgte dem in der Sowjetischen Zone die Bildung der Deutschen Demokratischen Republik unter kommunistischer Führung.

Vor diesem Hintergrund ist die Bundesrepublik Deutschland – anders als das einstige Deutsche Reich, das als autonome Großmacht fungierte und wechselnde Allianzen schloß – durch eine feste politische, wirtschaftliche, militärische und kulturelle Bindung an die westliche Welt gekennzeichnet. Bereits ihre Entstehung im Kalten Krieg, auf Anstoß und unter Obhut der westlichen Mächte, wies die Bundesrepublik in diese Richtung. Bezeichnend war, daß zur gleichen Zeit, da sich in Westdeutschland vom 1. Juli 1948 bis zum 23. Mai 1949 der Prozeß der Staatsgründung vollzog, Amerikaner und Briten mit ihrer Luftbrücke die Freiheit des westlichen Berlins gegenüber der sowjetischen Blockade verteidigten und sich damit erstmals in einer gemeinsamen Frontstellung mit der großen Mehrheit der Deutschen befanden. Diesen Anfängen entsprechend hat sich die Bundesrepublik nach ihrer Gründung in den Westen eingegliedert: in die westeuropäische Gemeinschaft für Kohle und Stahl (Montan-Union) 1951, in die NATO 1955 und in die Europäische Wirtschaftsgemeinschaft 1957. Daß das Saarland nach einer Volksabstimmung 1956 zu Deutschland zurückkehren durfte, erleichterte diesen Integrations- und Versöhnungsprozeß.

Damit hat sich die Bundesrepublik Deutschland zugleich von Anfang an nicht zu einem abgeschlossenen souveränen Staat, sondern im Sinne der Präambel ihres Grundgesetzes hin zu einem »integrierten Glied in einem vereinten Europa« entwikkelt. Ihre Streitkräfte sind als Bündnisarmee strukturiert und effektiv nur im Rahmen der NATO einsetzbar, ihre Gesetzgebungshoheit ist auf vielen Gebieten durch höherrangiges europäisches Gemeinschaftsrecht durchlöchert. Der Gewinn, den sie hieraus zieht, besteht darin, daß die NATO ihr militärische Sicherheit und die Europäische Gemeinschaft ihr »einen relativ risikofreien Exportmarkt«[2] gewährleistet; 1989 gingen 55 Prozent des Exports in Mitgliedsstaaten der Europäischen Gemeinschaft.

---

2 Bernhard May, Kosten und Nutzen der deutschen EG-Mitgliedschaft, Bonn 1982, S. 34, 55 und 293.

Dies führt auf die zentrale Grundbefindlichkeit der Bundesrepublik: Für sie, ein kleinräumiges, militärisch höchst verletzliches Land ohne Atomwaffen, zugleich eine Gesellschaft, deren Wohlstand entscheidend vom Export abhängt (dessen Anteil am Bruttosozialprodukt höher ist als bei allen anderen bedeutenden Industriestaaten), sind jenes existenzielle Gewährleistungen. Westbindung und Souveränitätsverzichte, stets erneuertes Interesse an der Stationierung westlicher Truppen auf dem eigenen Territorium und ebenso die Bereitschaft zur Rolle als Hauptnettozahler in die Kassen der EG erklären sich aus jenen Grundinteressen an Sicherheit und Marktzugang.

Obwohl wirtschaftlich zu einiger Potenz herangewachsen, ist die Bundesrepublik somit militärpolitisch auf den westlichen, insbesondere amerikanischen Schutzschirm angewiesen geblieben. Selbst nach Abflauen des Ost-West-Konflikts dürften, wie der Golfkrieg gezeigt hat, ihre Interessen militärpolitisch eher durch andere gewahrt werden. Die Diskrepanz zwischen wirtschaftlichem Potential und militärpolitischem Handlungsspielraum ist eine der Ursachen für das außenpolitische deutsche »Harmoniebedürfnis«, sich aus internationalen Konflikten möglichst herauszuhalten[3]. Im Ergebnis verhält sich die Bundesrepublik Deutschland als »Handelsstaat«, der seine Außenpolitik »in der Rolle und im Stil eines ›Kaufmanns‹ zu betreiben sucht[4]. Selbst die kritischen Stimmen in der deutschen Öffentlichkeit, welche, getragen von einem minderheitlichen Antiamerikanismus in der alten Bundesrepublik[5] und spürbarer Distanz zu den USA in den neuen Bundesländern, die militärische Westbindung zu lockern wünschen, stellen diese machtpolitische Enthaltsamkeit nicht in Frage.

Zum Verständnis der bisherigen Außenpolitik der Bundesrepublik Deutschland ist jedoch noch ein weiterer Aspekt zu berücksichtigen: die Tatsache, daß sich die alte Bundesrepublik nicht als gänzlich neuer und abgeschlossener Staat verstanden hat. Sie sah sich vielmehr in der Fortsetzung des früheren deutschen Staates, und bis 1990 hieß es in der Präambel ihres Grundgesetzes, das ganze deutsche Volk bleibe aufgefordert, »in freier Selbstbestimmung die Einheit und Freiheit Deutschlands zu vollenden«. Diese Formel wurde aufrecht erhalten, obwohl die Bürger der Bundesrepublik immer weniger Aussichten für eine deutsche Wiedervereinigung sahen und schließlich zu 35 Prozent auch die Forderung nach ihr aufzugeben bereit waren[6]. Als selbstgenügsamer Staat in ihren früheren Grenzen vermochte die Bundesrepublik aber, anders als andere Staaten, keinen Halt in unpolitisch-nationalen Zusammengehörigkeitsgefühlen zu finden, konnte sie »kein Vaterland im emphatischen Sinne« (Thomas Nipperdey)[7] sein.

Dementsprechend hat die Bundesrepublik auch Pflichten und Lasten des Deutschen Reiches übernommen – mit Wiedergutmachungsleistungen an Juden, mit der

3 Hans-Peter Schwarz, Die gezähmten Deutschen, Stuttgart 1985, S. 28ff.

4 Volker Rittberger, Die Bundesrepublik Deutschland – eine Weltmacht, in: Aus Politik und Zeitgeschichte, B 4–5/90, S. 5.

5 Eine schlechte/ziemlich schlechte Meinung über die USA bekundeten 1988 17 Prozent der Bevölkerung der Bundesrepublik, in: EMNID Informationen 8/1988, S. A1.

6 Vgl. EMNID-Informationen 4/1989, S. 10 und A11.

7 Zit. nach Günter C. Behrmann, Volk, Verfassung, Staat, Kultur, Geschichte der Nation, in: Karl-Ernst Jeismann (Hrsg.), Einheit – Freiheit – Selbstbestimmung, Bonn 1987, S. 89.

Übernahme der deutschen Auslandsschulden, mit Pensionszahlungen im Innern, mit der »offenen Tür« (Ulrich Scheuner)[8] ihres Staatsbürgerrechts, das allen Staatsangehörigen des Deutschen Reiches und allen deutschen Volksangehörigen aus Osteuropa die Staatsangehörigkeit anbietet.

Ebenso ist daher die Geschichte der deutschen Teilung und der deutschen Grenzfragen von Rechtsvorbehalten der Bundesrepublik begleitet gewesen. Eine erste Phase, geprägt durch Rechtspositionen und Revisionsbestrebungen gegenüber den Nachkriegsfakten, reichte bis gegen Ende der sechziger Jahre. Ihr folgte die von der sozialliberalen Koalition getragene Ostpolitik: In Verträgen mit der Sowjetunion, Polen, der DDR und der Tschechoslowakei verpflichtete sich die Bundesrepublik Deutschland 1970–1973 zur Achtung der »territorialen Integrität aller Staaten in Europa in ihren heutigen Grenzen« und vereinbarte mit der DDR »normale gutnachbarliche Beziehungen«. Dies war zwar mehr als ein bloßer Gewaltverzicht, doch gab die Bundesrepublik das Ziel der Wiedervereinigung nicht preis und behielt die völkerrechtliche Festlegung der deutschen Grenzen einem Vertrag mit einem künftigen Gesamtdeutschland vor. Für die solchermaßen eingeschränkte Anerkennung des Status quo erhielt sie die Zusicherung eines unbehinderten Transitverkehrs nach Berlin und die Hinnahme von dessen Westbindungen durch die Sowjetunion (Viermächte-Abkommen von 1972)[9]. Damit war der spezifisch deutsche, über den allgemeinen Systemkonflikt hinausreichende »Sonderkonflikt« mit den östlichen Nachbarn (Richard Löwenthal) abgebaut, die Westbindung der Bundesrepublik durch entspanntere Beziehungen zu den Ostblockstaaten ergänzt[10].

Die Perspektive zu einer tiefgreifenden Veränderung öffnete sich aber erst Ende achtziger Jahre, als die sowjetische Führung um Generalsekretär Gorbatschow die aussichtlos gewordene sowjetische Konfrontationspolitik gegenüber dem Westen und die mit ihr verbundene Überspannung des außenpolitischen Engagements aufgab. Die Entwicklungen vor allem in Polen und Ungarn ließen erkennen, daß kommunistische Herrschaftssysteme nicht mehr auf die Rückendeckung durch sowjetische Panzer rechnen konnten.

Vor diesem Hintergrund führten Flüchtlingsbewegungen aus der DDR, die seit Öffnung der ungarischen Grenzen am 11. September 1989 nicht mehr aufzuhalten waren, sowie anhaltende Massendemonstrationen innerhalb der DDR (sich steigernd bis zum Ruf »Wir sind ein Volk!«) zum Kollabieren der SED-Herrschaft. Entscheidende Schritte zur deutschen Einheit bildeten dann die erste freie Wahl zur DDR-Volkskammer am 18. März 1990 und der Wille der daraufhin gebildeten nichtkommunistischen Koalition zur Vereinigung, die schließlich durch den Beitritt der DDR zur Bundesrepublik am 3. Oktober 1990 vollzogen wurde.

In kurzer Zeit haben sich so Territorium und Bevölkerung der Bundesrepublik nicht nur beträchtlich vergrößert, sondern auch ihre außenpolitischen Rahmenbedin-

---

8 Zit. nach Jochen Frowein, Die Deutschlandfrage zwischen Recht und Rechtspolitik, in: K.-E. Jeismann (Anm. 7), S. 209.

9 Texte der Ostverträge in: Klaus von Schubert (Hrsg.), Sicherheitspolitik der Bundesrepublik Deutschland, Teil I, Bonn 1977.

10 Vgl. Richard Löwenthal, Vom kalten Krieg zur Ostpolitik, in: ders./Hans-Peter Schwarz (Hrsg.), Die zweite Republik, Stuttgart 1974, S. 604ff.

gungen wesentlich verändert. Im Zwei-plus-Vier-Vertrag vom 12. September 1990 zwischen den beiden deutschen Staaten und den vier Siegermächten von 1945 – den USA, der Sowjetunion, Großbritannien und Frankreich – sind die Bedingungen niedergelegt, unter denen die Mächte, insbesondere die Sowjetunion, die Wiedervereinigung akzeptierten und einen Schlußstrich unter die Nachkriegsgeschichte zogen; der Vertrag ersetzt damit auch einen Friedensvertrag mit Deutschland. In ihm

- verspricht Deutschland, die Oder-Neiße-Linie als Grenze zu Polen völkerrechtlich verbindlich anzuerkennen;
- bekräftigt die deutsche Seite ihren Verzicht auf ABC-Waffen und verpflichtet sich im Vorgriff auf allgemeine Rüstungsbegrenzungen, Streitkräfte von nicht mehr als 370 000 Mann zu unterhalten;
- sichert Deutschland zu, in seiner Verfassung Handlungen für strafbar zu erklären, welche den Frieden stören oder einen Angriffskrieg vorbereiten sollen.
- In einem Brief der beiden deutschen Außenminister wurde darüber hinaus zugesichert, daß Enteignungen auf besatzungsrechtlicher Grundlage 1945–1949 unantastbar seien und Parteien, welche die freiheitlich-demokratische Grundordnung bekämpften, verboten werden können.

Als Gewinn konnte die deutsche Seite verbuchen, daß die vier Mächte dem vereinten Deutschland die uneingeschränkte Souveränität zugestanden, Deutschland in seiner künftigen Bündnispolitik nicht beschränkt wurde (mithin Mitglied der NATO sein kann) und die sowjetischen Truppen bis Ende 1994 Deutschland verlassen werden[11].

Die Bundesrepublik Deutschland ist damit zu einem definitiv abgeschlossenen Nationalstaat geworden, der sich nach seinem Willen weiterhin in die NATO und die Europäische Gemeinschaft einordnet. Sie scheint darüber hinaus, falls der Entspannungsprozeß nicht abbricht, von dem bisher auf ihr lastenden äußeren Druck befreit und ihre bisher prekäre Randlage mit einer europäischen Mittellage einzutauschen. Denkbar bleiben freilich auch Risiken, wie sie sich aus einem massiven westlichen Abzug aus Mitteleuropa bei fortbestehender sowjetischer Militärmacht ergeben könnten.

II. Grundzüge des Verfassungssystems

Betrachtet man ein Verfassungssystem, so hilft zu seinem Verständnis stets die Frage nach der historischen Konstellation, in der es entstand, und den Einflußfaktoren, die es prägten.

In der Situation eines besetzten Landes bildeten 1948/49 zunächst die westlichen Besatzungsmächte einen solchen Faktor: Sie stießen den Gründungsprozeß an und behielten sich die Genehmigung der Verfassung vor. Indem sie aber nur auf den Prinzipien der Demokratie und des Föderalismus bestanden, trafen sie sich mit ohnehin auf deutscher Seite bestehenden Tendenzen und haben föderale Neigungen lediglich gestützt. Einen zweiten Faktor stellten die bereits vor dem Bund bestehen-

11 Vertrag über die abschließende Regelung in bezug auf Deutschland sowie Gemeinsamer Brief der deutschen Außenminister, in: Die Verträge zur deutschen Einheit, München 1990, S. 29ff.

den deutschen Länder dar, deren Ministerpräsidenten das Expertenkomitee einsetzten, das den Grundentwurf für die neue Verfassung erarbeitete (Herrenchiemsee-Konvent), und deren Landtage einzeln über sie abstimmen sollten; vor allem die starke Verankerung der Bundesstaatlichkeit ist die Spur, die dieser Einfluß hinterlassen hat. Drittens spielten nicht zuletzt die politischen Parteien eine zentrale Rolle, deren Frontlinien die Beratungen des verfassunggebenden »Parlamentarischen Rates« bestimmten.

Primär aber ging es darum, verfassungspolitische Konsequenzen aus dem Scheitern der Weimarer Republik zu ziehen und der 1948/49 aktuellen totalitären Herausforderung zu begegnen: »Das Grundgesetz entstand also aus einer doppelten Konfrontation mit dem Nationalsozialismus der Vergangenheit und dem Kommunismus der Gegenwart.«[12]

Deutlich wird dies bereits in der Festschreibung unabänderlicher, d.h. durch keine Mehrheit aufhebbarer Verfassungsprinzipien: des Prinzips der Menschen- und Grundrechte, der Demokratie, des Rechts-, des Bundes- und des Sozialstaates (Art. 79 Abs. 3 in Verbindung mit Art. 1 und Art. 20 GG). Mit diesem Verfassungskern konstituiert das Grundgesetz nicht nur eine freiheitliche und demokratische Ordnung, sondern setzt sich zugleich auch vom vorherrschenden Rechtspositivismus der Weimarer Republik ab, dem alles als Recht galt, was auf ordnungsgemäße Weise beschlossen worden ist, und der daher kaum Argumente gegen eine Beseitigung der Demokratie per Mehrheitsentscheid zu finden vermochte. Anders formuliert: Aus der traumatischen Erfahrung mit antidemokratischen Massenbewegungen der Weimarer Zeit hat das Grundgesetz zwei Folgerungen gezogen: die Berufung auf unaufgebbares Naturrecht und ein mehrdimensionales Demokratieverständnis, in welchem sich Demokratie nicht auf Mehrheitsentscheid allein reduziert.

In der Konsequenz dieses Denkens liegt es, daß das Grundgesetz den Feinden der freiheitlichen demokratischen Grundordnung nicht die Freiheit einräumt, sie zu zerstören. Es bietet ihnen gegenüber eine Reihe von Möglichkeiten an: den Entzug bestimmter Grundrechte und das Verbot von Parteien (praktiziert bisher gegen die rechtsextremistische Sozialistische Reichspartei 1952 und die Kommunistische Partei Deutschlands 1956) durch das Bundesverfassungsgericht, den Ausschluß vom öffentlichen Dienst, die gegenseitige Polizeihilfe und den Einsatz der Bundeswehr im Innern, schließlich auch das Recht zum »Widerstand« gegen eine Beseitigung der verfassungsmäßigen Ordnung, sofern Abhilfe anders nicht mehr möglich ist.

Dieses aus der deutschen Geschichte erklärliche, in demokratischen Verfassungsstaaten ungewöhnliche Arsenal einer »wehrhaften Demokratie« mag bei angemessenem Einsatz dazu beitragen, zumindest einen quasi-legalen Übergang in eine Diktatur zu verhindern. Vornehmlich aber muß der Schutz der Demokratie durch argumentative, politische Auseinandersetzung erfolgen. Das Grundgesetz ermöglicht, aber erzwingt nicht den Einsatz jener Mittel, und ungeachtet agierender antidemokratischer Parteien hat man in der Bundesrepublik seit 1956 keinen Parteiverbotsprozeß mehr angestrengt. Gewollt ist keine Käseglocke, welche den Bürger strikt vor jedweder Berührung mit verfassungsfeindlichen Auffassungen ab-

---

12 Martin Kriele, Die Lektion von Weimar, in: Die Zeit vom 25. Mai 1979.

schirmen würde. Auch bei der konkreten, überwiegend nicht dem Verfassungskern zuzuordnenden Ausgestaltung der einzelnen Verfassungsprinzipien werden Folgerungen aus dem Scheitern der Weimarer Republik sichtbar:

1. Diese bestehen zunächst darin, daß anstelle des unsicheren Nebeneinanders von Parlamentarismus, Plebiszit und Präsidialmacht in der Weimarer Reichsverfassung nun eine »konsequente Einführung des parlamentarischen Regierungssystems«[13] getreten ist. Allein der Bundestag verfügt im Bund über eine direkt auf das Volk zurückgehende Legitimation, allein der von ihm gewählte und ersetzbare Bundeskanzler Regierungsmacht. Demgegenüber übt der Bundespräsident im Vergleich mit seinem Weimarer Vorgänger, dem Reichspräsidenten, im wesentlichen nur formell-repräsentative Funktionen aus, und die Möglichkeit der Volksabstimmung ist bundesrechtlich auf Fragen der Länderneugliederung beschränkt.

2. Im Sinne des ihm zugrundeliegenden Demokratieverständnisses und seiner Naturrechtsorientierung geht das Grundgesetz über eine bloße Wiederherstellung des traditionellen Rechtsstaates (Unabhängigkeit der Gerichte, Gleichheit vor dem Gesetz, Gesetzesbindung der Behörden, Willkürverbot) mit der Einführung unmittelbar geltender Grundrechte und einer außerordentlich starken Verfassungsgerichtsbarkeit deutlich hinaus. Dem Primat des Kollektivs stellt es den Primat individualbezogener Grundrechte entgegen, die betont an die Spitze der Verfassung gerückt wurden, um so den Charakter der Bundesrepublik als »anthropozentrischen Staat«[14] zu unterstreichen. Man könnte in diesem Zusammenhang geradezu von einem Grundrechte- statt lediglich Rechtsstaat sprechen.

3. Der Föderalismus der Bundesrepublik bedeutete zwar – nach dem in der deutschen Geschichte einmaligen Zwischenspiel des Einheitsstaates während der nationalsozialistischen Herrschaft – eine Rückkehr zu deutschen Verfassungstraditionen. Seine eigentliche Rechtfertigung findet er aber in der durch ihn geförderten Machtstreuung, welche freiheitliche Demokratie stützen kann und Sicherheitsbedürfnissen der Nachbarn Deutschlands entgegenkommt. Seinen besonderen Charakter erhält der deutsche Föderalismus im übrigen durch zwei Regelungen: durch die Mitwirkung der Landesregierungen bei der Bundesgesetzgebung und die Ausführung von Bundesgesetzen durch die Bundesländer. Zentralstaat und Gliedstaaten sind eng miteinander verzahnt.

4. Auf den ersten Blick scheint das vierte Verfassungsprinzip, das des »sozialen« Staates, in keinem Zusammenhang mit den politischen Katastrophen der deutschen Vergangenheit zu stehen. Eine nähere Betrachtung zeigt jedoch, daß die Weimarer Reichsverfassung mit ihren unverbindlichen sozialen Programmsätzen, nicht zuletzt auch der Ankündigung von Wirtschaftsräten, dazu prädestiniert gewesen ist, bei der politischen Linken hochgespannte Erwartungen zu erzeugen, die dann enttäuscht wurden, bei der Rechten aber von vornherein Aversionen gegen sie zu wecken. Die im Vergleich zu 1919 andersartige innenpolitische Kräftekonstellation von 1948/49 sowie ein Verständnis von Demokratie als einer offenen Ordnung waren es, welche zu einer veränderten Sozialstaatskonzeption des Grundgesetzes geführt haben:

---

13 Heinrich Oberreuter, Parlamentarisches System – Stärken und Schwächen, in: Eckhard Jesse (Hrsg.), Bundesrepublik Deutschland und Deutsche Demokratische Republik, Berlin 1980, S. 97ff.

14 Roman Herzog, Allgemeine Staatslehre, Frankfurt/M. 1971, S. 363.

- Der Begriff des sozialen Staates ist, mit Ausnahme der allgemein gehaltenen Sozialbindung von Eigentum (Art. 14 Abs. 2 GG) nicht näher ausgeführt. Zwingend aus ihm abzuleiten scheint lediglich die Unzulässigkeit eines Manchesterliberalismus, der Individuen und Gruppen gleichgültig einem beliebigen Schicksal überließe.
- Art. 15 GG ermöglicht Sozialisierungen von Grund und Boden, Naturschätzen und Produktionsmitteln gegen Entschädigung, fordert derartige Überführungen in Gemeineigentum aber auch nicht. »Ein bestimmtes Wirtschaftssystem«, urteilte das Bundesverfassungsgericht, »ist durch das Grundgesetz nicht gewährleistet«; auch die »soziale Marktwirtschaft« sei »zwar eine nach dem Grundgesetz mögliche Ordnung, keineswegs aber die allein mögliche«[15].

  Nur einer extrem kollektivistischen Wirtschaftsordnung – mit kollektivierten Gebrauchsgegenständen, administrativen Arbeitszuweisungen oder Konsumzuteilungen – stehen die Grundrechte auf freie Entfaltung der Persönlichkeit, Eigentum und freie Berufswahl entgegen.

Das Grundgesetz legt sich somit nicht auf eine bestimmte Wirtschafts- und Sozialordnung fest, verlangt auch nicht eine ständige Erweiterung sozialer Regelungen, sondern überläßt der jeweiligen politischen Mehrheit innerhalb eines weiten Rahmens ein großes Gestaltungsfeld. Legitim können unter ihm unterschiedliche gesellschaftspolitische Vorstellungen vertreten werden. Gerade dank seiner relativen Offenheit vermag es integrative Wirkungen zu entfalten.

Allerdings leidet in den Augen vieler das Grundgesetz unter einem gewissen Legitimationsmangel. Es ist weder durch eine Volksabstimmung bestätigt noch von einer eigens gewählten verfassunggebenden Versammlung erarbeitet worden. Der »Parlamentarische Rat« bestand vielmehr aus Vertretern der 1946/47 gewählten Landtage. Abgesehen von einiger Skepsis der Verfassungsgeber gegenüber Plebisziten, lag der Grund hierfür vor allem darin, daß die deutschen Politiker von 1948/49 nur mit Bedenken der Staatsgründung in nur einem Teil Deutschlands näher traten und den provisorischen Charakter ihrer Entscheidungen zu verdeutlichen suchten, indem sie nur von einem »Grundgesetz« (statt von einer Verfassung) sprachen und diesem auch nicht die Weihen einer klassischen Verfassunggebung zukommen lassen wollten. Im übrigen hat das Grundgesetz inzwischen durch die ständige Wahl verfassungstragender Parteien, durch seine jahrzehntelange Bewährung und eine allseitige positive Berufung auf seine Inhalte mehr an Legitimität gewonnen als sie ihm eine einmalige Volksabstimmung jemals hätte verschaffen können.

Für die Deutschen in der DDR hat sich schließlich die frei gewählte Volkskammer des Jahres 1990 zu den Prinzipien des Grundgesetzes bekannt und dessen Geltung mit dem Beitritt zur Bundesrepublik Deutschland akzeptiert. Da die Wahl der Volkskammer bereits im Zeichen der Vereinigung stand, kann an ihrer Legitimation zu diesen Schritten kaum gezweifelt werden. Was bleibt, ist eine Empfehlung im Einigungsvertrag vom 31. August 1990 an die gesetzgebenden Körperschaften des vereinten Deutschland, sich innerhalb von zwei Jahren mit Fragen zur Änderung des Grundgesetzes zu befassen: mit dem Verhältnis zwischen Bund und Ländern, der Aufnahme von Staatszielbestimmungen und der Frage einer Volksab-

15 Investitionshilfeurteil vom 20. Juli 1954, in: BVerfGE 4, S. 7.

stimmung über das Grundgesetz. Eine auf diese Punkte konzentrierte Verfassungsdiskussion ist daher zu erwarten.

III. Interessenvermittlung im politischen Prozeß

Die gesellschaftlichen Probleme und Interessen, welche die deutsche Politik zu verarbeiten hat, sind vielfältig. Allein die wirtschaftlichen Ziele Wachstum, Vollbeschäftigung, Geldwertstabilität und ausgeglichene Zahlungsbilanz gleichzeitig unter den Bedingungen eines industriell entwickelten, extrem exportabhängigen Landes anzusteuern, ist eine ständige, komplexe Aufgabe. Hinzu kommt die Notwendigkeit einer möglichst akzeptierten Verteilung, kommen sozialpolitisch angestrebte Umverteilungen und die Bewahrung des sozialen Friedens. Wie in anderen modernen Gesellschaften sind unterschiedliche Wert- und Rollenvorstellungen kompatibel zu gestalten, wie in anderen industrialisierten, dichtbesiedelten Ländern zugespitzte Umweltprobleme zu bewältigen. Spezifisch für Deutschland stellen sich der Politik zudem die Probleme, die sich aus dem Schrumpfen der deutschen Bevölkerung und Zuwanderungen von außerhalb ergeben, ferner die Aufgabe der wirtschaftlichen, sozialen und emotionalen Integration der neuen Bundesländer.

Das Angebot, wie sich Interessen in den politischen Prozeß einbringen können, besteht vor allem in der Organisationsfreiheit der Bürger nach Art. 9 GG. Das Grundgesetz setzt dabei kein vorgegebenes Gemeininteresse voraus, sondern geht von unterschiedlichen Meinungen und Interessen aus, welche legitim Einfluß nehmen dürfen.

Tatsächlich dominiert als organisierte Interessenrepräsentanz in der Bundesrepublik der Typus des frei gebildeten, fest und überlokal organisierten Intressenverbandes, wie er seit der Industrialisierung in Deutschland Fuß gefaßt hat. Insgesamt kann man in der Bundesrepublik von etwa 3 500–4 000 derartigen Interessenverbänden sprechen[16]. Mit der Wiedervereinigung hat sich zwar die Zahl der regionalen Untergliederungen, nicht jedoch die der Verbände selbst nennenswert vergrößert, da sich das neue, gesamtdeutsche Verbändesystem fast ausnahmslos durch individuellen oder korparativen Beitritt von mittel- und ostdeutschen Verbandsmitgliedern zu den entsprechenden westdeutschen Verbänden hergestellt hat; anscheinend haben nur ehemalige DDR-Kulturverbände kein Pendant in der bisherigen Bundesrepublik gefunden[17].

Im Unterschied hierzu sind andere Formen der Interessenorganisierung erst seit Ende der sechziger Jahre in der Bundesrepublik aufgekommen: Bürgerinitiativen, die meist lokalbezogene Interessen vertreten, und politisch-soziale Bewegungen wie die Studenten-, Frauen- oder Friedensbewegung. Beide Organisationsformen besitzen einen locker-informellen Charakter, ohne hauptamtliche Apparate, ohne formale Regeln und Mitgliedschaft. Politisch-soziale Bewegungen werden jeweils von be-

16 Vgl. Viola Gräfin Bethusy-Huc, Verbände, in: Irene Berlach/Rüdiger Robert (Hrsg.), Innenpolitik in der Bundesrepublik Deutschland, Münster 1990, S. 150.

17 Vgl. Friedemann Kohler, Wiedervereinigung als Organisationsproblem, in: Das Parlament vom 8./15. Februar 1991, S. 17.

stimmten gesellschaftlichen Gruppen getragen, zielen auf gesellschaftliche Veränderungen und umfassen diejenigen, die sich an ihnen beteiligen oder ihnen zugehörig fühlen[18].

Wodurch sich in diesem Zusammenhang Deutschland von angelsächsischen Demokratien abhebt, ist das Vorhandensein von öffentlich-rechtlichen Zwangsvereinigungen als zusätzlicher Form der Interessenrepräsentanz, insbesondere Industrie-, Handels- und Berufskammern. Durch Gesetz geschaffen und mit vorgegebenen Aufgaben besitzen sie zwar nicht den gleichen Spielraum wie freie Verbände, vertreten aber dennoch auch Interessen – teilweise mit dem Trick, sich zu freien Dachorganisationen zusammenzuschließen, wie dies Industrie- und Handelskammern, Ärzte-, Studenten- und Handwerkerorganisationen getan haben.

Wendet man sich den konkreten Interessen zu, erscheinen Wirtschafts- und Arbeitsinteressen besonders intensiv organisiert. So umfassen Branchenverbände der Unternehmen und Selbständigen – Bundesverband der Deutschen Industrie, Handwerksorganisationen, Bauernverband, Verbände der Freien Berufe und des Handels samt jeweiligen Unterverbänden – im Gebiet der alten Bundesrepublik meist 70–90 Prozent ihrer Klientel als Mitglieder. Hierzu verhilft nicht zuletzt eine weitreichende Auffächerung in fachliche und regionale Unterorganisationen, welche auch speziellere Interessen zum Ausdruck kommen läßt. Entsprechendes gilt für die gesondert organisierten, aber die gleiche Klientel ansprechenden Arbeitgeberverbände.

Schwächer hingegen, nämlich durchschnittlich zu etwa 40 Prozent, sind bisher die Arbeitnehmer der alten Bundesrepublik in gewerkschaftsförmigen Verbänden organisiert: im Deutschen Gewerkschaftsbund (DGB) mit 16 Einzelgewerkschaften (insgesamt 7,9 Mill. Mitglieder), in der Deutschen Angestelltengewerkschaft mit 504 000, dem Deutschen Beamtenbund mit 794 000 und dem Christlichen Gewerkschaftsbund mit 305 000 Mitgliedern. Dieser Organisationsgrad und diese Zahlen vom Jahresende 1989[19] erhöhen sich inzwischen durch etwa zwei Millionen Gewerkschaftsmitglieder in den neuen Bundesländern.

Materielle Interessen, die außerhalb des Arbeitsbereichs angesiedelt sind, werden durch Kriegsopfer-, Wohlfahrtsverbände, Bund der Steuerzahler, Mieterbund und andere vertreten. Auch die Masse der Bürgerinitiativen, die lokale Interessen, wie z. B. am örtlichen Schul- und Kindergartenangebot, an Verkehrs- und Baufragen sowie insbesondere am Umweltschutz aufnehmen, gehört hierher. Die Organisationsgrade fallen deutlich niedriger aus; insbesondere vermögen Bürgerinitiativen trotz öffentlicher Sympathien nur relativ wenige Bürger in ihren Reihen zu aktivieren.

Von zahlenmäßiger Schwäche schließlich ist die Vertretung ideeller Interessen in Deutschland geprägt. Politische Vereinigungen wie die Europa-Union oder Studentengruppen, aber auch Menschenrechtsgruppen wie »amnesty international« umfassen bestenfalls jeweils nur wenige tausend Mitglieder. Beachtlicher ist allein die Vertretung des Umweltschutzes, dessen größte Organisation, der »Bund für Umwelt und Naturschutz Deutschland«, es in der alten Bundesrepublik zu etwa 170 000 Mitgliedern gebracht hat. Auch die Vertriebenenverbände, die inzwischen hier einzuordnen

18 Vgl. Rudolf Heberle, Hauptprobleme der politischen Soziologie, Stuttgart 1967, S. 9ff.; Michael Zwick, Neue soziale Bewegungen als politische Subkultur, Frankfurt/M.–New York 1990, S. 22f.

19 Statistisches Jahrbuch für die Bundesrepublik Deutschland, Wiesbaden 1990, S. 627ff.

sind, weisen noch eine gewisse, im Vergleich zur Vergangenheit aber verminderte Stärke auf.

Eine besondere Stellung nehmen in diesem Zusammenhang die großen Kirchen ein. Sie haben einen herausgehobenen Rechtsstatus, sind primär auch nicht als Interessenorganisationen zu betrachten, beeinflussen aber das geistige Klima des Landes und beziehen zu bestimmten Fragen auch gezielt Stellung. Für sie haben sich mit der deutschen Einheit beachtliche Gewichtsverschiebungen ergeben, welchen man eine gewisse politische Bedeutung zumessen kann: Die bisher zahlenmäßig knapp überlegenen Katholiken zählen nun etwa 27,3, die evangelischen Kirchen hingegen etwa 31,8 Mill. Mitglieder. Da die Bevölkerungsmehrheit in den neuen Bundesländern aber keiner der beiden großen Konfessionen angehört, hat sich vor allem der Anteil dieser Gruppe signifikant vergrößert[20] und nicht die einstige protestantische Zwei-Drittel-Dominanz im Deutschen Reiche wiederhergestellt.

Disproportionalitäten bei der Interessenorganisierung treten noch schärfer hervor, wenn man die dürftige Repräsentanz mancher, zum Teil neuartiger Interessen in die Betrachtung einbezieht: Interessen bestimmter Altersgruppen, von Geschiedenen und Alleinlebenden, von Eltern und Zuwanderergruppen. Derartige Ungleichgewichte finden sich aber auch im Verbändesystem anderer Staaten.

Die Binnenstrukturen von Interessenorganisationen scheinen auf den ersten Blick hin kein Problem. Der Organisationsaufbau von Verbänden in Deutschland ist demokratisch: Mitglieder- bzw. Vertreterversammlungen sind nach den Satzungen das oberste Beschlußorgan, Vorstände und Präsidien führen sich auf Wahlen zurück. Die innerverbandliche Wirklichkeit wird jedoch durch drei Erscheinungen geprägt:

- Allgemein ist eine Apathie der Mitglieder, indem nur Minderheiten zu Mitgliederversammlungen erscheinen.
- Zahlreiche Entscheidungen fallen faktisch, nicht selten auch formell in kleineren, mitgliederfernen Gremien wie engeren Vorständen (Präsidien) und Ausschüssen.
- Infolge der Notwendigkeit tagtäglicher Aktivität ist den hauptberuflichen Verbandsangestellten und Geschäftsführungen ein Eigengewicht zugewachsen. Wenn in den DGB-Gewerkschaften etwa 11000 (Stand 1986), bei einem Industrieverband wie dem Verband Deutscher Maschinen- und Anlagenbau etwa 360 hauptberufliche Mitarbeiter (Stand 1980) beschäftigt sind[21], vermitteln diese Zahlen eine Vorstellung vom zahlenmäßigen Umfang der Verbandsbürokratien.

Dies alles schließt keineswegs aus, daß Verbände, schon aus Eigeninteresse an zahlenden Mitgliedern, Interessen wichtiger Mitgliedergruppen aufzunehmen suchen. So stehen angesichts des teilweise beachtlichen Zustroms neuer Mitglieder aus den neuen Bundesländern Umorientierungen bevor, beispielsweise bei einem Verband wie der Gewerkschaft Erziehung und Wissenschaft, wo zu bisher 190000 Mitgliedern rund 140000 Mitglieder hinzugekommen sind[22]. Insofern hat die Vereinigung, unge-

---

20 Vgl. Emil Hübner/Horst-Hennek Rohlfs, Jahrbuch der Bundesrepublik Deutschland 1989/90, München 1989, S. 328ff.; Bundesministerium für innerdeutsche Beziehungen, Zahlenspiegel Bundesrepublik Deutschland – Deutsche Demokratische Republik, Bonn 1988[2], S. 97f.

21 Vgl. Hartmut Grewe u.a., Funktionärskarrieren im DGB, Melle 1988, S. 33; Hajo Weber, Unternehmerverbände zwischen Markt, Staat und Gewerkschaften, Frankfurt/M.–New York 1987, S. 124.

22 Vgl. Frankfurter Allgemeine Zeitung vom 1. März 1991.

achtet der kaum veränderten Oberfläche des Verbändesystems, untergründig doch vielfach gravierende Wandlungen zur Folge.

Wie innerverbandliche Demokratiedefizite zu beurteilen sind, wird unterschiedlich gesehen. Auf der einen Seite ist der Ruf nach gesetzlichen Regelungen zur Stärkung innerverbandlicher Demokratie (Ulrich von Alemann) zu hören, andererseits meint man, letztere sei solange ohne größere Bedeutung, wie ein freier Ein- und Austritt gewährleistet, die Gründung neuer Verbände möglich und der einzelne Verband für den Bürger von nur begrenzter Relevanz sei (Thomas Ellwein).

Auf welche Weise und wem gegenüber suchen nun organisierte Interessen Einfluß zu nehmen? Insgesamt haben sich knapp 1 500 Organisationen beim Deutschen Bundestag förmlich als Interessenvertretungen registrieren lassen. Sie suchen das Parlament durch gezielte Information und Kontaktpflege zu beeinflussen, vor allem aber durch verbandsangehörige Bundestagsabgeordnete, die sich in den jeweils interessanten Bundestagsausschüssen konzentrieren. Entsprechend läßt sich ein besonderes Verbandsprofil bei den einzelnen Fraktionen ausmachen: Bei der SPD-Fraktion sind Funktionsträger (bzw. ehemalige Funktionsträger) der DGB-Gewerkschaften und der Sozialverbände überdurchschnittlich häufig vertreten, bei der CDU/CSU solche von mittelständischen und Unternehmensorganisationen sowie nicht dem DGB angehörenden Arbeitnehmerverbänden, bei der FDP Vertreter von mittelständischen und Unternehmensverbänden bzw. bei den GRÜNEN Aktivisten aus Umweltgruppen[23].

Allerdings wäre es verfehlt, in den Parlamenten den Hauptadressaten des Interesseneinflusses zu vermuten. Wichtiger scheinen vielmehr Regierungen und Ministerien, denn dort entstehen die meisten Gesetz- und Verordnungsentwürfe und sind im Frühstadium noch relativ leicht beeinflußbar. Als typisch darf daher gelten, daß 1985/86 von 232 Eingaben des Bundesverbandes der Deutschen Industrie nur 15,5 Prozent an den Bundestag und seine Organe gerichtet waren, hingegen 67,2 Prozent an die Bundesregierung und ihr nachgeordnete Stellen sowie weitere 13,4 Prozent an die EG-Kommission und Landesregierungen[24]. Während die Verbände hier in Kontakten und Verhandlungen ihre Gesichtspunkte einbringen, gewinnen die Ministerien zusätzliche Information über Auswirkungen beabsichtigter Regelungen und hören frühzeitig Einwände.

Einen dritten Adressaten des Verbandseinflusses stellen die politischen Parteien dar. Ihnen gegenüber spielen drei Einflußmethoden eine Rolle:

- Finanzielle Spenden, wie sie besonders von Unternehmensverbänden eingesetzt werden;
- das Winken mit Stimmenpaketen, indem man die eigene Mitgliedschaft zugunsten bzw. zuungunsten bestimmter Parteien zu beeinflussen versucht (etwa mittels DGB-»Wahlprüfsteinen« oder Wahlhirtenbriefen);
- die personelle Durchdringung von Parteien, indem man ihnen Kandidaten andient und wichtige Parteirepräsentanten gezielt umwirbt.

Auf eine Beeinflussung der öffentlichen Meinung zielt schließlich die Öffentlichkeitsarbeit von Interessengruppen. Wirksamer als aktuelle publizistische Kampagnen

23 Vgl. Viola Gräfin Bethusy-Huc, Interessenverbände und Interessengruppen, in: Informationen zur politischen Bildung Nr. 217, S. 16.

24 Zusammenzählungen nach Angaben in: Georg Brodach/Hermann Frhr. von Wolff-Metternich, Der Bundesverband der Deutschen Industrie, Düsseldorf 1986, S. 122–143.

scheint dabei die langfristig angelegte Meinungspflege. Gerne sucht man der Öffentlichkeit eigene Forderungen als Verwirklichung des Gemeinwohls vorzustellen – Lehrergewerkschaften scheinen sich so primär um das Wohl der Kinder, Ärzteverbände um die Patienten und der Verband der Fluglotsen um die Sicherheit der Passagiere zu sorgen. Ein Erfolg hängt nicht zuletzt von der Medienresonanz, von journalistischen Sympathien und denen anderer meinungsbildender Gruppen ab.

Nach der bisherigen Betrachtung erscheinen Interessenorganisationen als gesellschaftliche Gruppen vor den Toren des Staates, die von außen auf ihn Einfluß zu nehmen suchen. Dies entspricht auch dem Modell eines »Pluralismus«, wie es dem Recht der Vereinigungsfreiheit und Interessenvertretung nach Art. 9 GG zugrunde liegt. In der politischen Wirklichkeit der Bundesrepublik findet sich jedoch darüber hinaus noch ein andersartiges Phänomen: daß nämlich Vertreter von Interessenverbänden in den öffentlich-staatlichen Bereich selbst einbezogen sind und dessen Entscheidungen mitgestalten. Die Grenze zwischen gesellschaftlichem und öffentlich-staatlichem Bereich erscheint nicht scharf gezogen. Konkret wirken

- bei der Ausführung des Bundessozialhilfegesetzes die Wohlfahrtsverbände quasi als Hilfsorgane des Staates mit;
- bei der Rechtssprechung von Arbeits- und Sozialgerichten ehrenamtliche Richter mit, die von Arbeitgeberverbänden und Gewerkschaften bzw. von Kriegsopferverbänden benannt sind;
- bei öffentlichen Entscheidungen Verbandsvertreter in Verwaltungsräten öffentlicher Institutionen (z. B. der Bundesanstalt für Arbeit) und in Rundfunkräten öffentlich-rechtlicher Sendeanstalten mit.

Außerdem üben Arbeitgeberverbände und Gewerkschaften faktisch auch dann öffentliche Funktionen aus, wenn sie Tarifverträge abschließen und diese – wie in der Bundesrepublik üblich – anschließend von den Arbeitsministern allgemeinverbindlich erklärt werden; sie gelten dann auch für Arbeitnehmer und Arbeitgeber, die den Verbänden gar nicht angehören.

Derartige Erscheinungen einer Einbeziehung von Verbänden in den öffentlichen Bereich, die man unter dem Begriff »Korporatismus« zusammenfaßt, finden sich auch in anderen westlichen Demokratien – stärker ausgeprägt in Österreich und Japan, weniger in den USA und Großbritannien. Sie ermöglichen auf der einen Seite Mitwirkung von besonders Interessierten und Entlastungen des Regierungssystems, bergen andererseits aber auch Gefahren einer krakenartigen Macht privilegierter Interessenorganisationen.

Alles in allem: Die populäre These von einer »Herrschaft der Verbände«[25], welche in Wirklichkeit hinter der parlamentarisch-parteipolitischen Fassade bestehe, scheint zumindest überzogen. Vielmehr erweist sich Interessenteneinfluß gewöhnlich nur dann als beherrschend, wenn ein Thema außerhalb des Scheinwerferkegels der Öffentlichkeit steht und organisierte Gegeninteressen fehlen. Einfluß von Verbänden (anders als von Bürgerinitiativen oder Bewegungen) wirkt daher effektiv in der Stille, möglichst kooperativ ausgeübt, während schrille Töne und offene Druckversuche eher als Zeichen der Schwäche gelten können[26]. In der Arena der Öffentlichkeit – die

25 So der ältere, aber mit Fragezeichen versehene Buchtitel von Theodor Eschenburg, Herrschaft der Verbände?, Stuttgart 1955.
26 Vgl. Herbert Schneider, Die Interessenverbände, München 1975^{4}, S. 109.

freilich nur eine begrenzte Themenmenge aufzunehmen vermag – sind nicht Verbände, sondern Parteien, Regierungen, Parlamente und Medien ausschlaggebendere Faktoren[27].

IV. Das deutsche Parteiensystem

Politische Parteien haben in modernen parlamentarischen Demokratien weit diffizilere und bedeutendere Funktionen als die einer Interessenvertretung zu erfüllen: Interessen und Meinungen zu alternativen Handlungsprogrammen zu bündeln, eine mehrheitsgetragene Regierung hervorzubringen und Personal für politische Ämter anzubieten. Ohne dies wäre eine handlungsfähige parlamentarische Demokratie kaum möglich, und von entsprechend zentraler Bedeutung sind die Parteien eines Landes.

Das Parteiensystem und mit ihm die politischen Szenerie der Bundesrepublik hat mehrere geschichtliche Phasen durchlaufen:

1. Entstehungsphase 1945–1951: Die Parteigründungen nach dem Zweiten Weltkrieg wiesen ebenso Züge einer Wiederanknüpfung an die Weimarer Republik wie solche eines Neubeginns auf. In allen vier Besatzungszonen erstanden die »Sozialdemokratische Partei Deutschlands« (SPD), die »Kommunistische Partei Deutschlands« (KPD) und die »Freie Demokratische Partei« (FDP, im Osten Liberaldemokratische Partei) wieder, die letztere als Vereinigung der ehemals getrennten liberalen Parteien. Als Novum hingegen wurde die »Christlich-Demokratische Union« (CDU) mit ihrer bayerischen Schwesterpartei »Christlich-Soziale Union« (CSU) gegründet, die neben Anhängern der alten katholischen Zentrumspartei auch konservativ-protestantische und liberale Strömungen in sich sammelten.

Daneben spielten regional mehrere kleinere Parteien eine Rolle: die Zentrumspartei, die konservative Deutsche Partei (DP), die Wirtschaftliche Aufbauvereinigung (WAV), die Deutsch-Konservative Partei und der dänisch orientierte Südschleswigsche Wählerverband (SSW). Als ab 1950 die Zulassungsgenehmigung durch die Besatzungsmächte entfiel, bildeten sich noch die Vertriebenenpartei »Block der Heimatvertriebenen und Entrechteten« (BHE) sowie zwei rechtsextremistische Parteien, die »Sozialistische Reichspartei« (SRP) und die »Deutsche Reichspartei« (DRP).

Trotz dieser Vielfalt, die um 1950/51 eine Rückkehr zur Weimarer Parteienzersplitterung nicht ausgeschlossen erscheinen ließ, entwickelte sich doch schon ab 1947 im Wirtschaftsrat der Bizone und dann ab 1949 im Deutschen Bundestag eine klare Polarität zwischen der Regierungsmehrheit von CDU/CSU, FDP und DP einerseits und der großen linken Oppositionspartei SPD andererseits.

2. Eine Phase der Konzentration durchlief das Parteiensystem dann während der Jahre 1952–1961. Den Unionsparteien CDU und CSU gelang es damals dank »Wirtschaftswunder«, Fünf-Prozent-Sperrklausel im Wahlrecht und Orientierung der Öffentlichkeit auf die Kanzlerpartei, die meisten kleineren Parteien der Mitte und der Rechten aufzusaugen. SRP und KPD mit ihren Zielsetzungen im Sinne des national-

27 Vgl. Wolfgang Rudzio, Das politische System der Bundesrepublik Deutschland, Opladen 1987^2, S. 65ff.

Tabelle 1: Die Bundestagswahlen 1949–1990
(in Prozent der gültigen Zweitstimmen, außer Spalte 1)

	Wahl-beteili-gung	Extreme Rechte (s. u.)	CDU/CSU	Sonstige (s. u.)	FDP	SPD	GRÜNE/B 90	KPD/DKP/PDS
1949	78,5	1,8	31,0	20,4	11,9	29,2	–	5,7
1953	86,0	1,1	45,2	13,3	9,5	28,8	–	2,2
1957	87,8	1,0	50,2	9,1	7,7	31,8	–	(0,2)
1961	87,7	0,8	45,3	3,0	12,8	36,2	–	(1,9)
1965	86,8	2,0	47,6	0,3	9,5	39,3	–	(1,3)
1969	86,7	4,3	46,1	0,5	5,8	42,7	–	(0,6)
1972	91,1	0,6	44,9	0,1	8,4	45,8	–	0,3
1976	90,7	0,3	48,6	0,3	7,9	42,6	–	0,3
1980	88,6	0,2	44,5	0,1	10,6	42,9	1,5	0,2
1983	89,1	0,2	48,8	0,1	7,0	38,2	5,6	0,2
1987	84,4	0,6	44,3	0,8	9,1	37,0	8,3	–
1990	77,8	2,4	43,8	1,8	11,0	33,5	5,1	2,4

Extreme Rechte: Deutsche Reichspartei (1949), DRP (1953–1961), NPD (1965–1990), Republikaner (1990)
Sonstige: DP (1949–1957), BHE (1953–1957), Gesamtdeutsche Partei (1961, 1969), Bayernpartei (1949–1957, 1969), Wirtschaftliche Aufbauvereinigung (1949), Ökologisch-Demokratische Partei (1987–1990), DSU (1990), Die GRAUEN (1990) u. a.

In Klammern: Die von kommunistischer Seite unterstützen Kandidaturen von Bund der Deutschen (1957), Deutscher Friedens-Union (1961–1965), Aktion Demokratischer Fortschritt (1969).

Quelle: Statistische Jahrbücher für die Bundesrepublik Deutschland, für 1990 Wolfgang G. Gibowski/Max Kaase, Auf dem Weg zum politischen Alltag, in: Aus Politik und Zeitgeschichte, B 11-12/91, S. 3 f.

sozialistischen bzw. sowjetkommunistischen Modells wurden, nachdem die KPD bereits seit 1947 kontinuierlich an Stimmen verloren hatte, 1952 bzw. 1956 durch das Bundesverfassungsgericht für verfassungswidrig erklärt und verboten.

3. Im Ergebnis hat dann von 1961–1983 ein eingespieltes System der ständig im Bundestag vertretenen Parteien bestanden. Es läßt sich als Zweieinhalb-Parteiensystem bezeichnen, zählt man vereinfachend CDU und CSU als eine einzige politische Kraft und berücksichtigt das geringere zahlenmäßige Gewicht der FDP. Jenes Parteiensystem war durch drei Phänomene gekennzeichnet:

- durch den nun deutlichen Charakter von CDU/CSU und SPD als Volksparteien, die alle gesellschaftlichen Gruppen anzusprechen suchen;
- durch ein schrittweises Anwachsen der SPD-Wähleranteile bis hin zum annähernden Gleichstand mit CDU/CSU;
- schließlich durch eine Positionsveränderung der FDP, welche die Liberalen in die Mitte zwischen den beiden großen Blöcken rücken ließ.

Zusammen ermöglichten diese Veränderungen – nach dem Zwischenschritt der Großen Koalition von CDU/CSU und SPD 1966–1969 – den Wechsel von einer christlich-demokratisch zu einer sozialdemokratisch geführten Bundesregierung (SPD-FDP-Koalition) im Jahre 1969. Eine bis dahin denkbare, ewige Fixierung von Regierungs- und Oppositionsrolle auf CDU/CSU bzw. SPD, welche Kritiker bereits von einem

»CDU-Staat« hatte sprechen lassen[28], war damit durch die Wirklichkeit widerlegt, der Regierungswechsel nicht allein in den Ländern, sondern auch im Bund ohne besondere Erschütterungen praktiziert worden. Mit ihm hatte das politische System eine wichtige Bewährungsprobe bestanden.

Diese Parteienstruktur wurde freilich durch Herausfordererparteien mehrfach in Frage gestellt. Zunächst geschah dies nach langer CDU/CSU-Regierungsführung durch die rechtsextremistische »Nationaldemokratische Partei« (NPD), als diese ab 1966 in spektakulären Landtagswahlerfolgen auf breiter Front die Fünf-Prozent-Grenze überschritt. Analoges wiederholte sich Ende der siebziger Jahre, indem nach langjähriger SPD-Regierung sich links der SPD die GRÜNEN bildeten. Frustrationen über die jeweilige Regierungspolitik scheinen jeweils die Integrationskraft der führenden Regierungspartei geschwächt und jene Herausfordererparteien auf die Bühne gebracht zu haben; in beiden Fällen hatte dies die Ablösung der führenden Regierungspartei zur Folge.

4. Während aber die NPD nach ihrer Niederlage bei der Bundestagswahl von 1969 schrittweise wieder aus den Länderparlamenten verschwand, haben sich die GRÜNEN nach ersten Debüts in Landesparlamenten seit 1983 auch im Bundestag etablieren können. Angesichts auch der Bildung der christlich-liberalen Koalition kann man daher von einer vierten Entwicklungsphase des Parteiensystems ab 1983 sprechen. In dieser stehen sich zwei Gruppierungen gegenüber: CDU/CSU und FDP einerseits, SPD und GRÜNE andererseits.

Die deutsche Wiedervereinigung des Jahres 1990 könnte zu einem weiteren Einschnitt in der Geschichte des Parteiensystems führen. Zwar haben Parteifusionen in der ausgehenden DDR und dann mit entsprechenden westdeutschen Parteien dazu geführt, daß im vereinten Deutschland äußerlich nahezu das gleiche Parteiensystem fortbesteht wie in der bisherigen Bundesrepublik. Zudem zeichnet sich ein Verschwinden der in den neuen Bundesländern teilweise noch bestehenden »Deutschen Sozialen Union« (DSU) ab, ebenso ein Zusammenschluß der noch eigenständigen Bürgerrechtsgruppen »Bündnis 90« mit den GRÜNEN, nicht zuletzt auch das Verschwinden der ehemaligen DDR-Staatspartei, der »Partei des Demokratischen Sozialismus« (PDS), von der Bühne des Bundestages. Doch andererseits stehen untergründige Veränderungen bevor: Die Deutschen der neuen Bundesländer, in vierzig Jahren DDR geprägt, mit spezifischen Interessenlagen und zugleich geringeren parteipolitischen Bindungen wirken als Parteimitglieder und Wählerpotential auf die politische Linie der einzelnen Parteien ein – so bei der FDP, wo die Mitgliedermehrheit aus dem Osten kommt[29] und bisher sakrosankte Eigentumsvorstellungen aufweicht, so bei den GRÜNEN, wo der sozialistische Parteicharakter abgeschwächt wird, so bei der CDU, wo soziale Gesichtspunkte ein verstärktes Gewicht gewinnen. Wohl bleiben die alten Parteien, aber ihre Positionen im politischen Koordinatensystem verschieben sich.

Das deutsche Parteiensystem der Gegenwart scheint, wenn man seine Konfliktdimensionen betrachtet, vor allem durch sozio-ökonomische »Schichtwahl« einerseits und wertbezogene »Konfessionswahl« (Abtreibung, Familie, Erziehung, Außenpolitik) andererseits bestimmt, eine Zweidimensionalität, die auch Programmatik und

28 Vgl. Gert Schäfer/Carl Nedelmann, Der CDU-Staat, München 1967.
29 Vgl. Frankfurter Allgemeine Zeitung vom 28. Juni 1990.

Mitgliedschaft der großen Parteien durchzieht: »Das deutsche Parteiensystem«, so läßt sich zum Verhältnis von SPD und CDU/CSU weiterhin feststellen, »ist asymmetrisch, weil einer Partei der gewerkschaftlichen Wirtschaftsideologie nicht eine primär ökonomisch konservative Partei gegenübersteht, sondern eine religiöse traditionelle Partei«[30].

Setzt man vereinfachend »Schicht« mit »Berufsgruppe« gleich, so zeigt Tabelle 2 für das alte Bundesgebiet und die beispielhaft ausgewählten Jahre 1976 und 1990, daß Berufsgruppe und Katholizismus voneinander unabhängig auf das Wahlverhalten einwirken; fügt man dem verfeinernd noch die Bindungen an entsprechende Organisationen hinzu – Kirchgangshäufigkeit und Gewerkschaftsmitgliedschaft –, so verschärfen sich diese Konturen noch erheblich[31]. SPD, FDP und GRÜNE erscheinen als laizistische, CDU und CSU als religiös-traditionale Parteien, die SPD als Partei der gewerkschaftlichen Gesellschaftssicht. In den neuen Bundesländern, wo Konfessionszugehörigkeit ein Bekenntnis bedeutete, reproduziert sich das Bild der Konfessionswahl, während gesellschaftlich eine Wahl gegen die bisherigen Führungsschichten, grob mit leitenden Angestellten zu identifizieren, andere Schichtwahltendenzen überlagert hat; eine künftige Annäherung an westdeutsche Verhältnisse ist aber wahrscheinlich.

Mit dem Aufkommen der GRÜNEN ist in der Bundesrepublik – anders als in den meisten anderen westlichen Demokratien – als weitere Konfliktdimension die zwischen links-ökologischen und ökonomischen Positionen parteibegründend geworden. Wahlsoziologische Träger der neuen Partei und der sie stabilisierenden Milieus und Bewegungen sind vor allem Jüngere mit höherer Bildung.

Koalitionspolitisch bietet dieses Parteiensystem verschiedenartige Möglichkeiten der Mehrheitsbildung an. Ausgeschlosssen scheinen lediglich Verbindungen mit der PDS sowie solche zwischen den Unionsparteien und den GRÜNEN, alle anderen Kombinationen hingegen finden auch in den Parteiwählerschaften ihre Anhänger. Die primäre Frontlinie, an der sich wirtschafts-, sozial- und außenpolitisch die Geister am weitesten scheiden, ist dabei die zwischen den Parteigruppen CDU/CSU-FDP einerseits und SPD-GRÜNE andererseits.

Hinzuzufügen bleibt eines: der Hinweis auf die seit Jahrzehnten besondere und das deutsche Parteiensystem mit charakterisierende Rolle der FDP als der Partei, welche sich für jede Mehrheitskombination – mit Ausnahme der Großen Koalition – als unentbehrlich erwiesen hat und die dank ihrer Mitteposition den entscheidenden Ausschlag gibt. Nicht Wahlen haben in der Geschichte der Bundesrepublik über Regierungswechsel im Bund entschieden, sondern die Koalitionsentscheidungen der FDP. Zugleich lebt diese Partei – anders als andere Parteien – seit langem damit, jeweils die Mehrheit ihrer Wähler anhand aktueller Entscheidungsfragen neu für sich gewinnen und daher jeweiligen Zeitströmungen flexibel entsprechen zu müssen. Sie ist das bewegliche und bewegende Element im Parteiensystem.

30 Franz Urban Pappi, Sozialstruktur, gesellschaftliche Wertorientierung und Wahlabsicht, in: Max Kaase (Hrsg.), Wahlsoziologie heute, Opladen 1977, S. 196 und 198.

31 Vgl. Wolfgang G. Gibowski/Max Kaase, Auf dem Weg zum politischen Alltag, in: Aus Politik und Zeitgeschichte, B 11–12/91, S. 16.

Tabelle 2: Schicht- und Konfessionswahl

a) Bisherige Bundesrepublik (Prozent der jeweiligen Gruppe):

	CDU/CSU		SPD		FDP		GRÜNE
	1976	1990	1976	1990	1976	1990	1990
Arbeiter							
katholisch	57	52	39	34	3	6	5
nichtkatholisch	24	36	67	55	8	3	5
Beamte/Angestellte							
katholisch	65	55	27	29	8	13	2
nichtkatholisch	34	34	51	36	14	19	8
Selbständige							
katholisch	74	72	23	12	3	16	0
nichtkatholisch	54	52	39	20	7	19	9

b) Bundestagswahl 1990 in den neuen Bundesländern einschließlich Berlin-Ost (Prozent der jeweiligen Gruppe):

	CDU	FDP	SPD	B 90/ GRÜNE	PDS
	1990	1990	1990	1990	1990
Arbeiter	49,8	11,0	24,8	5,0	5,3
Angestellte	37,0	15,0	25,1	10,3	9,9
Ltd. Angestellte	34,4	19,4	24,1	6,0	13,1
Selbständige	50,3	21,5	16,2	4,7	4,3
in Ausbildung	18,1	11,9	23,1	25,0	16,4
Katholisch	65,8	11,4	11,5	6,3	1,5
Evangelisch	53,4	15,4	20,1	6,1	1,8
Ohne Konfession	33,3	12,9	28,7	8,8	12,9

Quelle: Forschungsgruppe Wahlen, Nachwahlbefragung 1976, Politbarometerbefragung Dezember 1990, nach: G. Gibowski/Kaase (Anm. 31), S. 17 ff.

Die Bundesrepublik kann, mehr als die meisten anderen westlichen Demokratien, als Parteienstaat bezeichnet werden. Gewiß ist sie dies nicht im uneingeschränkten Sinne der insbesondere von dem früheren Staatsrechtler und Bundesverfassungsrichter Gerhard Leibholz vertretenen Parteienstaatstheorie, welche von der Ausgangsthese her, daß die Parteien die »politischen Handlungseinheiten« in der modernen Demokratie seien, den Parlamentsabgeordneten nur noch eine Rolle als »gebundene Parteibeauftragte« zugestehen will[32]. Wieweit aber parteienstaatliche Züge das politische System der Bundesrepublik tatsächlich prägen, läßt sich anhand von vier Aspekten beantworten:

32 Gerhard Leibholz, Strukturprobleme der modernen Demokratie, Karlsruhe 1967[3], S. 78ff. und 89ff.

– Wahrgenommen und gewählt werden in der Bundesrepublik primär Parteien, weniger einzelne Spitzenpolitiker, kaum aber der durchschnittliche Abgeordnete als solcher. Die Legitimation der Wahl konzentriert sich daher vor allem auf die Parteien.
– Vorherrschend ist ein sachplebiszitäres Wahlverständnis, und starke Bevölkerungsmehrheiten plädieren konsequenterweise auch für die Einführung von Volksentscheiden.
– Die Verbindlichkeit von Parteibeschlüssen, weithin vertreten oder hingenommen, bleibt in der Praxis aber von nur begrenzter Relevanz, da Parteitage nur über beschränkte Entscheidungskapazität (seltenes Zusammentreten, handlungsunfähige Größe) verfügen und im Konfliktfalle meist die Medien gegen sich haben.
– Die politischen Parteien durchdringen personell die Staatsorgane und neigen darüber hinaus zu einer »Parteibuch-Verwaltung«[33]. Machtstreuung wird daher in stärkerem Maße durch die Pluralität der Parteien als durch institutionelle Gewaltenteilung gewährleistet.

Die Reichweite der Parteien ist also groß. Ihre Bedeutung hat zu vergleichsweise weitreichenden rechtlichen Regelungen (Art. 21 GG, Parteiengesetz und Wahlrecht) geführt, durch die ein System demokratischer, chancengleich konkurrierender Parteien abgesichert werden soll. Konkret handelt es sich um Rahmenanforderungen an den demokratischen Aufbau der Parteien, ein Gebot der Gleichbehandlung der Parteien durch die öffentliche Gewalt und Regelungen zur Parteienfinanzierung.

Letztere verschaffen den Parteien direkte staatliche Zuschüsse in Höhe von etwa 30–40 Prozent ihrer gesamten Einnahmen (für 1989 CDU 198, CSU 57, GRÜNE 42, FDP 43 und SPD 241 Mill. DM), verpflichten sie aber auch zu jährlichen öffentlichen Berichten über ihre Einnahmequellen, ihr Vermögen und ihre Ausgaben[34]. Eine gewisse Transparenz, insbesondere hinsichtlich Umfang und Herkunft von Spenden, wird nach den Erfahrungen mit industriellen Parteifinanziers in der Weimarer Republik auf diese Weise hergestellt. Durch die staatliche Parteienfinanzierung vermindert sich die Abhängigkeit von Spendern; zugleich scheint der Finanzhunger der Parteien aber immer weiter zu steigen.

Der demokratische Aufbau der Parteien schließt nicht aus, daß sich bei der innerparteilichen Willensbildung vielfach ein »Übergewicht der Parteiführungen gegenüber den Delegierten« (Jürgen Dittberner) bzw. gegenüber den Mitgliedern beobachten läßt. Die Führungen nehmen auf Parteitagen sehr viel Redezeit für sich in Anspruch und dringen mit ihren Personal- und Beschlußvorschlägen zumeist durch.

Erklärungen hierfür weisen jedoch in verschiedene Richtungen und erlauben kein einfaches Urteil: An der Basis scheint von Bedeutung, daß von den insgesamt über zwei Millionen Parteimitgliedern (zur Jahreswende 1989/90 in der alten Bundesrepublik 663 000 der CDU, 186 000 der CSU, 64 000 der FDP, 921 000 der SPD und 42 000 der GRÜNEN, dazu im Beitrittsgebiet etwa 180 000 der CDU, 130 000 der FDP, wenige tausend der GRÜNEN und – ein Jahr später – maximal 26 000 der SPD sowie

33 Kenneth H. F. Dyson, Party, State, and Bureaucracy in Western Germany, Beverly Hills-London 1977, S. 20 ff. und 55 ff.

34 Vgl. jüngste Parteienfinanzierungsberichte in: Deutscher Bundestag, Drucksache 11/8130.

284 000 der PDS[35]) nur etwa 20–25 Prozent einigermaßen regelmäßig zu den Parteiversammlungen erscheinen und so aktiven Minderheiten das Feld überlassen bleibt, auf höheren Ebenen sich der Vorsprung von Berufspolitikern auswirkt; andererseits trägt aber auch die Erklärung, die Führungen suchten bei ihren Vorschlägen von vornherein den Mehrheitsstimmungen zu entsprechen (antizipierende Reaktion) und erhielten daher Zustimmung[36].

Dieses Parteiensystem, trotz Wandlungen bisher im ganzen stabil und zu Mehrheitsbildungen fähig, beginnt seit Anfang der achtziger Jahre an Bodenhaftung einzubüßen. Deutlich geht seither die Zahl der Parteimitglieder zurück, ebenso die Wahlbeteiligung (vgl. Tabelle 1); länger bereits wird darüber hinaus ein Ansteigen der Wechselwähler bzw. ein Rückgang der Identifizierung mit einer Partei beobachtet[37]. Aus spezifischen Gründen bröckelten im Gebiet der ehemaligen DDR die Mitgliederzahlen der Parteien, fiel die Wahlbeteiligung seit der ersten freien Volkskammerwahl im März 1990 ab.

Für die Entwicklung in der bisherigen Bundesrepublik weist man auf längerfristige Erosionen politisch-sozialer Milieus hin, auf denen die Bindungskraft der großen Parteien beruhte. Positiv läßt sich hieraus ableiten, daß sich also nur gesellschaftliche Entwicklungen im Parteiensystem widerspiegelten und sich die Rationalität des vom Milieu freigesetzten, nicht gebundenen Wählers erhöhe (Oscar W. Gabriel). Andererseits stellt sich auch die Frage, wieweit das derzeitige Parteiensystem die relevanten gesellschaftlichen Konfliktlinien und Probleme abbildet oder ob es anwachsende, nicht repräsentierte bzw. nicht bearbeitete Interessenlagen und Themen gibt.

V. Das parlamentarische Regierungssystem

Dem Gefüge der politischen Institutionen in der Bundesrepublik liegt eine zentrale Entscheidung zugrunde: die für ein parlamentarisches Regierungssystem. Dies heißt zunächst, daß sich alle demokratische Legitimation auf den Bundestag bzw. – in den Bundesländern – auf die Landesparlamente konzentriert. Bestand in der Weimarer Republik ein konkurrierendes Nebeneinander von Reichstag, unmittelbar gewähltem Reichspräsidenten und Volksentscheiden, so vermögen sich nun allein Bundestag bzw. Landesparlamente unmittelbar auf das Volk zurückzuführen. Alle übrigen Staatsorgane verfügen demgegenüber nur über eine abgeleitete Legitimation.

Darüber hinaus liegen zentrale Entscheidungskompetenzen beim Bundestag. Er

- ist das ausschlaggebende Gesetzgebungsorgan,
- wählt den Bundeskanzler und vermag ihn jederzeit zu ersetzen,
- kontrolliert Bundesregierung und Bundesverwaltung,
- fungiert als zentrales Forum der öffentlichen Auseinandersetzung.

---

35 Die Angaben aus den neuen Bundesländern beziehen sich auf verschiedene Zeitpunkte 1990, gelten als unsicher und sind im weiteren Zeitablauf nach unten zu revidieren. Fischer Weltalmanach 1991 (Anm. 1), Sp. 185ff.; Frankfurter Allgemeine Zeitung vom 31. August 1990, 28. Januar und 19. Februar 1991; Frankfurter Rundschau vom 13. August 1990.

36 Vgl. W. Rudzio (Anm. 27), S. 102ff.

37 Vgl. Matthias Jung, Der Wechselwähler – das unbekannte Wesen, in: Der Bürger im Staat, 40 (1990), S. 181ff.

Eine plebiszitäre Gesetzgebung an ihm vorbei ist ausgeschlossen, ebenso eine politische Führung durch den Bundespräsidenten.

Im internationalen Vergleich ist dieses Institutionengefüge dem Typus des parlamentarischen Regierungssystems nach britischem Vorbild (Westminster-Modell) zuzuordnen. Die parlamentarische Regierungsweise hat zur Folge, daß in der politischen Auseinandersetzung nicht mehr Gesamtparlament und Regierung einander gegenüberstehen, wie dies die traditionelle Sprechweise von »Legislative« und »Exekutive« noch suggeriert, sondern die Parlamentsmehrheit unter Einschluß der Regierung einerseits und die parlamentarische Opposition andererseits. Dieser neue Dualismus wird deutlich, wenn man die Art betrachtet, wie der Bundestag seine Funktionen erfüllt.

Zunächst zu seiner legislativen Rolle. In der Gesetzgebungspraxis der Bundesrepublik Deutschland ist es – wie in anderen parlamentarisch regierten Staaten auch – normal, daß die große Mehrheit der Gesetze auf Initiativen der Regierung zurückgeht. So entstammten beispielsweise während der Legislaturperiode 1983–1987 von insgesamt 320 verabschiedeten Gesetzen 74,1 Prozent Vorlagen der Bundesregierung, hingegen nur 3,1 Prozent solchen aus dem Bundestag und zehn Prozent Initiativen des Bundesrates; der Rest ging auf gemeinsame Vorlagen dieser Organe zurück. Berücksichtigt man dabei noch, daß auch von den erfolgreichen Bundestagsvorlagen keine einzige von oppositioneller Seite allein stammte und im Bundesrat die gleiche parteipolitische Mehrheit wie im Bundestag bestand, wird das Übergewicht der Mehrheitsinitiative erdrückend. Hieraus auf einen Funktionsverlust des Parlaments zu schließen, wäre aber verfehlt, da Parlamentsmehrheit und Regierung in Wirklichkeit eben eine politische Einheit bilden.

Letzteres gilt auch für die Etappen der typischen Entstehungsgeschichte eines Gesetzes:

- Zunächst erfolgt ein politischer Anstoß aus Regierungskreisen bzw. der parlamentarischen Mehrheit.
- Daraufhin wird innerhalb eines Ministeriums ein Gesetzentwurf erarbeitet, der nach Akzeptierung durch den Minister, ggf. durch einen Kabinettsausschuß und schließlich durch das Kabinett zur Regierungsvorlage wird.
- Diese geht nach Stellungnahme des Bundesrates dem Bundestag zu.
- Im Bundestag kommt es nach einer meist kurzen 1. Lesung im Plenum zu einer Einzelberatung und Abänderung im zuständigen Bundestagsausschuß, danach zur internen Beschlußfassung in den einzelnen Bundestagsfraktionen sowie zur ausführlichen 2. Lesung im Plenum, der der formelle Beschluß in 3. Lesung sogleich oder mit einigem Zeitabstand folgt.
- Dem schließt sich das Zustimmungsverfahren beim Bundesrat (mit möglichem Rücklauf zum Bundestag), die Unterzeichnung durch den Bundeskanzler, den zuständigen Minister und schließlich den Bundespräsidenten an.
- In Kraft tritt ein Gesetz dann mit seiner Verkündung im Bundesgesetzblatt.

Im Durchschnitt benötigte ein Gesetz der Wahlperiode 1983–1987 von der Einbringung im Bundestag bis zu seiner Verkündung 259 Tage[38]; dazu kommen noch mehr

38 Vgl. Peter Schindler, Datenhandbuch zur Geschichte des Deutschen Bundestages 1980 bis 1987, Baden-Baden 1988, S. 550 und 555.

oder minder lange Vorlaufphasen innerhalb des Regierungsbereichs, der Regierungsparteien und -fraktionen.

Oppositionelle Initiativen scheitern gewöhnlich an der parlamentarischen Mehrheit. Allein in der Ausschußphase, bei der Einzelberatung im kleineren Kreise, haben oppositionelle Abgeordnete eine Chance, Änderungen in politisch weniger wichtigen Punkten durchzubringen und so den strengen Dualismus von Regierungsmehrheit und Opposition aufzulockern.

Im Rahmen der Wahlfunktion des Bundestages steht die Wahl des Bundeskanzlers und damit die Bildung einer Regierung im Vordergrund. Im Zusammenhang hiermit bilden sich auf parlamentarischer Ebene Regierungsmehrheit und Opposition, die sich dann für einen längeren Zeitraum auf die Unterstützung bzw. Bekämpfung der Regierungspolitik zu konzentrieren pflegen. Im 1990 gewählten 12. Deutschen Bundestag haben die Mehrheitsfraktionen der CDU/CSU mit 319 und FDP mit 79 Mitgliedern einen klaren Vorsprung vor der – in sich nicht geschlossenen – Opposition der SPD-Fraktion mit 239, der PDS-Gruppe mit 17 und der von BÜNDNIS 90/GRÜNE mit 8 Abgeordneten inne. Allerdings zeigte sich in der Vergangenheit, daß rechnerisch durchaus eindeutige Mehrheiten bei der geheimen Wahl des Bundeskanzlers nicht immer geschlossen votierten; so gerieten 1949 die Wahl Konrad Adenauers (CDU) und 1976 die Helmut Schmidts (SPD) zur »Zitterpartie«.

Bemerkenswert ist, daß die gleiche Spaltung in Regierungsmehrheit und Opposition auch bei den übrigen Wahlaufgaben des Bundestages zutage tritt. Obwohl dem Bundespräsidenten eine integrierende Rolle zukommt, dominiert zumindest jeweils bei seiner erstmaligen Wahl durch die Mitglieder des Bundestags und eine gleich große Anzahl von Vertretern der Landesparlamente (»Bundesversammlung«) die Frontstellung Regierungsmehrheit versus Opposition. Die gleiche Tendenz tritt bei der Wahl der Bundesverfassungsrichter hervor, die zur einen Hälfte vom Bundesrat, zur anderen von einem Wahlausschuß des Bundestages gewählt werden. Nur das Erfordernis der Zweidrittel-Mehrheit und bestimmter Kandidatenqualifikationen führt hier in der Praxis zur Anwendung eines Proporzes zwischen den großen Parteien, wobei aber die jeweilige Kanzlerpartei der verbündeten FDP einen Richtervorschlag vom eigenen Kontingent abtritt. Ein Fraktionsproporz gilt ohnehin bei der Entsendung der Bundestagsvertreter in den »Gemeinsamen Ausschuß« (Notparlament der Bundesrepublik) und den »Vermittlungsausschuß« zwischen Bundestag und Bundesrat.

Auch wenn man die Ausübung der Kontrolle durch den Bundestag betrachtet, stößt man auf die gleiche Scheidung zwischen parlamentarischer Mehrheit und Opposition. Die parlamentarischen Instrumente zur Kontrolle der Bundesregierung werden ganz überwiegend von oppositioneller Seite genutzt. So stammten während der 11. Wahlperiode (1987–1990) von insgesamt 145 Großen Anfragen an die Regierung nicht weniger als 125 von Oppositionsseite, von 1416 vorläufig ausgezählten Kleinen Anfragen sogar 1395, kamen von 126 Aktuellen Stunden 100 auf Antrag oppositioneller Fraktionen zustande; selbst bei den Fragen einzelner Abgeordneter an die Regierung, bei denen es häufig nur um lokale Belange geht, herrschten die Aktivitäten oppositioneller Abgeordneter mit etwa 13 800 von insgesamt 19 700 deutlich vor[39]. Soweit die Mehrheit Kontrollinstrumente einsetzt, dient dies zumeist dazu, der Bun-

39 Vgl. Das Parlament vom 11./18. Januar 1991.

desregierung eine Gelegenheit zu positiver Selbstdarstellung zu bieten. Von seiten der Mehrheit, die sich politisch mit der Regierung in einem Boot fühlt, bleibt es gewöhnlich bei diskreter, hinter verschlossenen Türen geübter Kritik.

Unübersehbar ist schließlich, daß dann, wenn der Bundestag als öffentliches Forum fungiert, im wesentlichen Regierungsmehrheit und Opposition einander gegenübertreten; dies schließt besondere Profilierungsbemühungen einzelner Fraktionen und Gruppen nicht aus.

Alles in allem: Der Dualismus von Mehrheit und Opposition, nicht einer von Regierung und Parlament, bestimmt die Parlamentspraxis. Ganz deutlich zeigt sich dabei, daß – soweit es um politisch umstrittene Angelegenheiten geht – die legislative Funktion des Parlaments im wesentlichen von der Regierungsmehrheit (einschließlich der Regierung), die Kontrollfunktion hingegen von der oppositionellen Minderheit wahrgenommen wird.

Was befähigt den Bundestag zu stabiler Mehrheitsbildung, die effektive Regierung erst möglich macht? Letztlich ist es das Parteiensystem, das sich in festgefügten Fraktionen (Mindeststärke: fünf Prozent der Mitglieder des Bundestags) und Gruppen als parlamentarischen Handlungseinheiten widerspiegelt und das Problem der Mehrheitsbildung und -bewahrung nicht zu einem unübersehbaren Spiel mit nunmehr 662 einzelnen Abgeordneten (Stand 1991) werden läßt, sondern zu einem handhabbaren mit wenigen Fraktionen. Deren Zahl wird zudem durch die Fünf-Prozent-Sperrklausel des Wahlrechts zum Deutschen Bundestag und zu den Landesparlamenten beschränkt, welche den Einzug kleinerer Gruppen in die Parlamente ausschließt; lediglich für die erste Bundestagswahl nach der deutschen Wiedervereinigung 1990 galt die Sonderregelung, daß eine Fünf-Prozent-Schranke getrennt für die alte Bundesrepublik und für die neuen Bundesländer berücksichtigt wurde.

Der Charakter des Bundestages als Fraktionenparlament wird in folgendem sichtbar:

- Im allgemeinen verhalten sich Fraktionen (und Gruppen) als geschlossene Stimmblöcke im Bundestag. Für das Ergebnis von Abstimmungen ist es infolgedessen gleichgültig, ob nur wenige Abgeordnete anwesend sind oder viele, sofern sich nur die Relationen zwischen den Fraktionen nicht verschieben. Die häufig beklagte Leere im Plenum erklärt sich hieraus und kann sogar als Arbeitsrationalisierung interpretiert werden.
- Da die Fraktionen geschlossen abstimmen, erscheint die Zuteilung von Redezeiten nicht an die einzelnen Abgeordneten, sondern an Fraktionen und Gruppen konsequent. Wer im Rahmen einer solcherart »kontingentierten Debatte«[40] an das Rednerpult treten darf, entscheidet jeweils die Fraktion. Im Plenum findet also keine Debatte zwischen Individuen statt, sondern werden festgelegte Fraktionsmeinungen ausgetauscht. Die spontane Diskussion, an der sich der einzelne Abgeordnete beteiligen kann, hat sich hinter die geschlossenen Türen der Fraktionssäle zurückgezogen.
- Der Logik des Fraktionenparlaments entspricht es ferner, daß Anträge und Vorlagen nicht von einzelnen Abgeordneten, sondern nur von zumindest fünf Prozent der Mitglieder des Bundestages bzw. Fraktionen (und neuerdings Gruppen) eingebracht werden können. Andernfalls, so die dahinter stehende Befürchtung, be-

40 Hanns-Rudolph Lipphardt, Die kontingentierte Debatte, Berlin 1976, S. 9.

stünde die Gefahr, daß der Bundestag in einer Flut von aussichtslosen Vorlagen ersticken würde; ohnedies betrug während der Wahlperiode von 1987–1990 die Zahl der Bundestagsdrucksachen, die zu bearbeiten waren, bereits über 8 400.

- Es sind schließlich die Bundestagsfraktionen, welche entsprechend ihrer Stärke die 23 ständigen, überwiegend dem Zuständigkeitsbereich eines Ministeriums entsprechenden Bundestagsausschüsse, ferner Untersuchungs- und Sonderausschüsse sowie den »Ältestenrat« (welcher die Arbeit des Bundestages steuert) beschicken.

Dem einzelnen Abgeordneten bleibt dabei wenig Spielraum. Er ist darauf angewiesen, sich in seiner Fraktion bzw. Gruppe, in Fraktionsarbeitskreisen und -gruppen durchzusetzen, angewiesen auf das Wohlwollen von Fraktionsmehrheit und Fraktionsführung. Nicht wenige Abgeordnete wünschen sich daher mehr individuelle Rechte, ohne freilich eine Antwort darauf geben zu können, wie dann die Handlungsfähigkeit des ohnehin allzu großen Bundestages zu gewährleisten wäre.

Die Bundesregierung entspricht dem britischen Modell nicht allein dadurch, daß sie vom Vertrauen des Parlaments abhängt, sondern auch infolge der herausgehobenen Stellung des Bundeskanzlers innerhalb der Regierung. Stellt jenes Modell ganz auf den Premierminister ab (Prime Ministerial Government), so das Grundgesetz auf den Bundeskanzler: Als einziges Regierungsmitglied wird er vom Bundestag gewählt, allein er kann vom Bundestag auch durch Wahl eines anderen gestürzt werden (Konstruktives Mißtrauensvotum). Auf seinen Vorschlag werden die Bundesminister vom Bundespräsidenten ernannt und entlassen; der letztere übt dabei nur eine formelle Funktion aus. Unterstrichen wird die Führungsstellung des Bundeskanzlers noch dadurch, daß er allein die »Richtlinien der Politik« zu bestimmen hat, er also durch eine Ministermehrheit nicht in eine ihm nicht genehme Richtung gedrängt werden kann. Hinzu kommt noch seine Organisationsgewalt, d.h. die Befugnis, die Zahl der Minister und die Zuständigkeitsbereiche der Ministerien festlegen zu können.

Die innere Struktur der Regierung ist jedoch nicht allein durch das Kanzlerprinzip (Führungsstellung des Bundeskanzlers) gekennzeichnet. Außerdem läßt sich von einem Kabinettsprinzip sprechen, da die Bundesregierung bei der Gesetzgebung und vor dem Bundesverfassungsgericht nur als Kollektiv tätig werden kann. Schließlich besteht ein Ressortprinzip insofern, als der einzelne Minister innerhalb seines Ministeriums im Rahmen der politischen Richtlinien selbständig arbeitet; über seinen Kopf hinweg darf selbst der Kanzler dort nicht eingreifen, beispielsweise bestimmten Beamten Anweisungen geben.

Ungeachtet dieser Einschränkungen hat die Machtkonzentration beim Bundeskanzler, die der Einheitlichkeit und Handlungsfähigkeit der Bundesregierung dienen soll, dem Regierungssystem der Bundesrepublik Deutschland die Bezeichnung »Kanzlerdemokratie«[41] eingetragen. Dieser Begriff kam auch unter dem Eindruck der ungewöhnlich starken politischen Position des ersten Bundeskanzlers, Konrad Adenauers (1949–1963, CDU), auf, die sich unter seinen Nachfolgern – Ludwig Erhard (1963–1966, CDU), Kurt-Georg Kiesinger (1966–1969, CDU), Willy Brandt (1969–1974, SPD), Helmut Schmidt (1974–1982, SPD) und Helmut Kohl (seit 1982, CDU) – nicht in gleicher Weise fortsetzen sollte.

Trifft also der Kanzler mit seinen Ministern die politisch relevanten Entscheidungen? Dem Kabinett gehören neben dem Bundeskanzler derzeit 19 Bundesminister

41 Karlheinz Niclauß, Kanzlerdemokratie, Stuttgart u.a. 1988.

(11 CDU, 4 CSU, 5 FDP) an. Bereits von der Zahl ist dies ein Umfang, der eine Entscheidungsfindung ohne vorbereitende und vorentscheidende kleinere Gremien unwahrscheinlich macht. Hinzu kommt, daß seine Mitglieder – in Ministerien, Parlament und Parteien vielfach beschäftigt – üblicherweise nur einmal die Woche zu einer Kabinettssitzung zusammentreten, also wenig Zeit für die Behandlung einer großen Zahl und dazu häufig komplexer Angelegenheiten bleibt. Schließlich, noch bedeutsamer: Nicht alle Kabinettsmitglieder verfügen über großes politisches Gewicht, während andererseits einflußreiche Politiker wie die Vorsitzenden der Regierungsfraktionen dem Kabinett nicht angehören, und das gleiche trifft nicht selten auch für Vorsitzende von Regierungsparteien wie z. B. 1974–1982 Brandt, 1962–1966 und 1982–1988 Strauß oder gegenwärtig Graf Lambsdorff zu. Die Folge: Gerade politisch brisante Entscheidungen fallen in Wirklichkeit außerhalb des Kabinetts, bei informellen Treffen eines kleineren Kreises der tatsächlich einflußreichsten Politiker einer Regierungsmehrheit. Die dort in »Koalitionsgesprächen« u. ä. m. getroffenen Absprachen werden dann von Kabinett und Mehrheitsfraktionen übernommen und in formelle Entscheidungen umgesetzt.

Dies führt bereits auf die entscheidende Schwäche des deutschen Bundeskanzlers: die Tatsache, daß er – im Unterschied zum britischen Premier – stets nur an der Spitze einer Koalition steht. Dies schränkt ihn, über Rücksichtnahmen auf Strömungen in der eigenen Partei hinaus, ein: Vor der eigenen Wahl muß ein deutscher Bundeskanzler mit seinen Koalitionspartnern eine Politik aushandeln und – nach Art einstiger Wahlkapitulationen – eine Koalitionsvereinbarung akzeptieren, bei aktuellen Entscheidungen in Koalitionsgesprächen einen Kompromiß mit den Partnern finden, beim Besetzen der Ministersessel die Personalvorschläge der Koalitionspartner übernehmen. Angesichts dessen schrumpft sein Recht, die Minister vorzuschlagen, degeneriert seine verfassungsmäßige Richtlinienkompetenz zum »Paradedegen« (Fritz Morstein-Marx).

Der Unterschied zum britischen Premier wird noch größer, wenn man berücksichtigt, daß der Bundeskanzler den Bundestag nicht vorzeitig auflösen kann; der hilfsweise 1972 von Brandt und 1982 von Kohl beschrittene Weg, über ein selbst herbeigeführtes Scheitern bei einer Vertrauensfrage zu vorzeitigen Neuwahlen zu gelangen, bietet Ersatz nur für außergewöhnliche Situationen und bleibt von der Entscheidung des Bundespräsidenten abhängig.

Ein letzter Punkt, durch den sich die deutsche von der britischen Regierungsweise abhebt: In der Bundesrepublik führt die Regierung die parlamentarische Mehrheit weniger strikt als in Großbritannien, da sich der Bundestag in seinen Ausschüssen durchaus mit Einzelheiten der Gesetzesvorlagen beschäftigt, sie teilweise modifiziert und sich nicht mit der Rolle eines Debattenparlaments begnügt. Vergleichsweise hohe Diäten und ausgebaute parlamentarische Hilfsdienste (Wissenschaftlicher Dienst des Bundestages, Fraktions- und Abgeordnetenassistenten) versetzen ihn hierzu in die Lage. Er steht damit zwischen dem Redeparlament britischen Musters und dem Typus des Arbeitsparlaments nach Art des amerikanischen Kongresses.

Neben dem Zusammenwirken der Koalitionspolitiker stellt die Führung des etwa 21 000 Köpfe zählenden Bonner Regierungsapparates (ohne nachgeordnete und ausführende Bereiche) ein Problem jeder Bundesregierung dar. Bundeskanzler und Minister sehen sich angesichts der politisch relevanten Rolle der Ministerialbürokratie bei der Vorbereitung von Gesetzesvorlagen und bei Einzelfallentscheidungen auf deren loyale, ja aktive Mitarbeit angewiesen, ohne sie angesichts Beamten- und Personalrecht ersetzen oder austauschen zu können.

Was bleibt, ist daher zweierlei: Erstens kann man die Beamten und Festangestellten durch Beförderungschancen motivieren, was freilich ein Auswuchern des Apparates fördert. Zum zweiten sucht man die politische Führung personell zu stärken:

- durch das Einschleusen parteiorientierter Beamter,
- durch die Einführung der »Parlamentarischen Staatssekretäre« 1967, d.h. Bundestagsabgeordneten, welche den Minister im Parlament und bei der Führung seines Ministeriums unterstützen sollen,
- schließlich durch die Möglichkeit, sogenannte »politische Beamte« in den Führungsetagen der Ministerien jederzeit ohne Angabe von Gründen in den einstweiligen Ruhestand schicken zu können; tatsächlich hat es im Zusammenhang mit den Regierungswechseln von 1966/69 und 1982 dementsprechende Personalveränderungen aus politischen Gründen in beachtlichem Umfange gegeben[42].

Die in der Bundesrepublik praktizierte Lösung bewegt sich damit zwischen dem britischen Modell eines permanenten, aber politisch strikt neutralen Civil Service und dem massiven Personalaustausch beim Wechsel amerikanischer Präsidenten.

Dem Staatsoberhaupt, einer in Gestalt des Monarchen bzw. Reichspräsidenten einst mächtigen Figur, sind im konsequent parlamentarischen Regierungssystem der Bundesrepublik kaum mehr als formelle und repräsentierende Aufgaben verblieben. Indem der Parlamentarische Rat dem Bundespräsidenten wichtige Kompetenzen wie den militärischen Oberbefehl, das Notverordnungsrecht und das autonome Auflösungsrecht gegenüber dem Bundestag vorenthielt, suchte er den Übergang zu einem Präsidialregime wie in der Endphase der Weimarer Republik auszuschließen.

Die Ernennung und Entlassung von Regierungsmitgliedern und Beamten sowie die Ausfertigung von Gesetzen durch den Bundespräsidenten sind nur förmliche Akte, bei denen ihm keine politische Entscheidung zukommt. Lediglich könnte er sich etwa gegen die Ernennung nationalsozialistisch oder kommunistisch belasteter Personen zu hohen Beamten sträuben, auch offensichtlich verfassungswidrigen Gesetzen seine Unterschrift verweigern (wie beim Gesetz zur Privatisierung der Flugsicherung 1991 geschehen[43]. Bei seinem Vorschlag zur Kanzlerwahl muß sich der Bundespräsident an den Mehrheitsverhältnissen im Bundestag orientieren. Eine politische Entscheidungsfreiheit zwischen dem Akzeptieren eines Minderheitskanzlers oder vorzeitiger Bundestagsneuwahl fällt ihm allein dann zu, wenn der Bundestag zu keiner Mehrheitsbildung fähig sein sollte (Reservefunktion des Präsidenten).

Was also einem engagierten Bundespräsidenten in Normalzeiten bleibt, ist, die mit dem Amt verbundene Popularität zu nutzen und durch vielbeachtete Reden die öffentliche Meinung in seinem Sinne zu beeinflussen. Aber selbst hierbei können die ungeschriebenen Grenzen, die durch das integrativ-repräsentative Amt gegeben sind, rasch erreicht werden[44].

---

42 Vgl. Hans-Ulrich Derlien, Einstweiliger Ruhestand politischer Beamter des Bundes 1949 bis 1983, in: Die öffentliche Verwaltung, (1984), S. 689ff.

43 Vgl. Frankfurter Allgemeine Zeitung vom 25. Januar 1991.

44 Vgl. W. Rudzio (Anm. 27), S. 207ff.; Heinz Rausch, Bundestag und Bundesregierung, München 1976[4].

Graphik 1: Staatsorgane der Bundesrepublik Deutschland

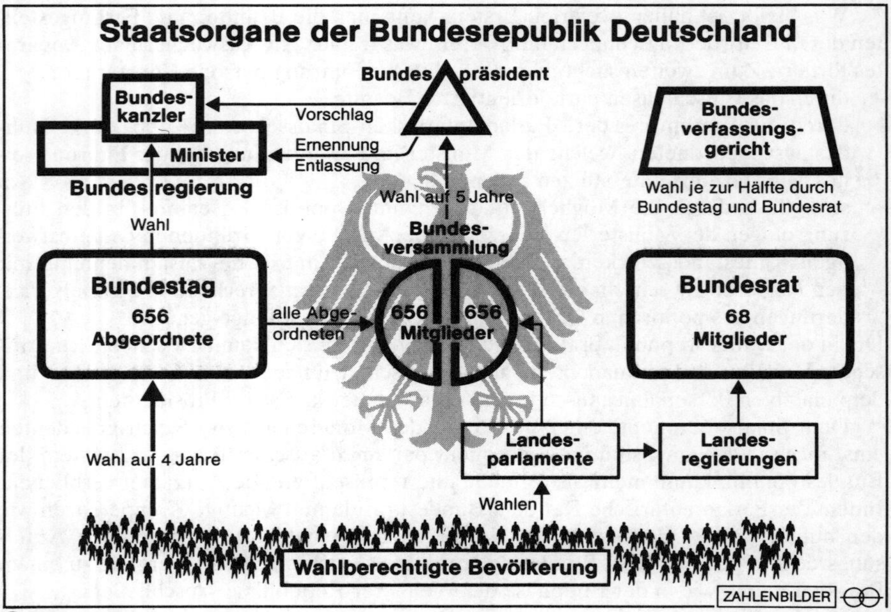

VI. Gegengewichte im Bund

Mit dem Hinweis auf das Parteiensystem, welches immer wieder einen Koalitionszwang erzeugt, ist bereits ein entscheidender Unterschied zum britischen Regierungssystem benannt worden. Die Differenz reicht aber noch weiter, stößt doch die Macht der Parlamentsmehrheit auch auf institutionelle Schranken, wie sie in Großbritannien fehlen: auf die Gegengewichte von Bundesrat, Bundesverfassungsgericht und Bundesbank. Obwohl auch diese Institutionen mehr oder minder von den gleichen politischen Frontstellungen wie der Bundestag bestimmt werden, wirken sie dank institutioneller Autonomie doch als Checks and Balances gegenüber jeder Parlamentsmehrheit.

Zunächst fällt dabei der Blick auf den Bundesrat. Er hat als Vertretung der Bundesländer zwar nicht die Befugnisse einer klassischen (d.h. mit der Volksvertretung völlig gleichgestellten) Zweiten Kammer inne, stellt aber im internationalen Vergleich der Gegenwart eine ungewöhnlich starke Kammer neben dem Parlament dar. Durch ihn wirken die Bundesländer sowohl bei der Gesetzgebung und Rechtssetzung des Bundes als auch bei der personellen Besetzung einer Reihe von Bundesorganen mit. Im Falle, daß ein Bundesgesetz Regelungen zu seiner Ausführung durch Landesbehörden enthält, die finanzielle Lage der Länder tangiert oder die Verfassung ändert, bedarf es der Zustimmung des Bundesrates (Zustimmungsbedürftige Gesetze), in den übrigen Fällen kann ein Einspruch des Bundesrates durch erneuten Beschluß des Bundestages aus dem Wege geräumt werden. Dank extensiver Interpretation gelten etwa die Hälfte aller bisherigen Bundesgesetze als zustimmungsbedürftig.

Dies bedeutet, daß Bundespolitik nicht gegen die Interessen der Länder betrieben werden kann. Mehr noch: Im Falle divergierender Bundestags- und Bundesratsmehrheiten engt sich der Handlungsspielraum einer Bundesregierung dramatisch ein, besteht prinzipiell die »Möglichkeit unlösbarer Regierungskrisen«[45]. Bisher ist es hierzu nicht gekommen: Zwar mußte die sozialliberale Koalition lange Jahre auf die seinerzeit unionsgeführte Bundesratsmehrheit Rücksicht nehmen, doch scheute sich auch diese ihrerseits, angesichts öffentlicher Kritik an einer Aushebelung der demokratisch legitimierten Bundestagsmehrheit ihre Blockademöglichkeiten einzusetzen. So gelang es auch zu jener Zeit dem »Vermittlungsausschuß« aus Mitgliedern von Bundestag und Bundesrat, der bei Konflikten zwischen den beiden Kammern angerufen werden kann, in der großen Mehrzahl der Streitfälle zu beiderseits akzeptierten Kompromissen zu finden.

Die Bonner Koalitionen sind angesichts dieser Sachlage stets bestrebt gewesen, parallele Koalitionen und Mehrheiten auch in den Bundesländern zu fördern. Die dortigen Regierungsbildungen sind deswegen von Bedeutung, weil allein die Landesregierungen und Senate – und nicht die Landesparlamente – die weisungsgebundenen Vertreter des jeweiligen Bundeslandes in den Bundesrat entsenden. Deren Zahl ist gestaffelt nach der Einwohnerzahl des Landes und reicht von drei Sitzen bei einer Einwohnerzahl unter zwei Millionen bis zu sechs Sitzen bei über sieben Millionen. Die neuen Bundesländer nehmen auf diese Weise 19 von insgesamt 68 Bundesratssitzen ein; dazu kommt die Vertretung des Ostteils von Berlin durch die vier Berliner Bundesratsstimmen.

Da erfahrungsgemäß die in Bonn führende Regierungspartei bei Landtagswahlen relativ schlecht abschneidet, kann so, insbesondere bei ungünstigen Koalitionsbildungen in den Ländern, leicht eine Bundesratsmehrheit anderer politischer Couleur entstehen. Dieser Fall war für die Regierung Kohl vorübergehend bereits vor der deutschen Vereinigung eingetreten und ist seit der von der CDU verlorenen Wahl zum rheinland-pfälzischen Landtag ab Frühjahr 1991 erneut virulent.

Ein zweites Gegengewicht bildet das Bundesverfassungsgericht als Hüter und Interpret der Verfassung; ihm entsprechen Verfassungsgerichte bzw. Staatsgerichtshöfe auf Landesebene. Errichtet unter dem Eindruck der nationalsozialistischen Willkürherrschaft, erhielt das deutsche Bundesverfassungsgericht weitergehende Befugnisse als Verfassungsgerichte anderer Staaten, ist seine Stellung stärker als selbst die des amerikanischen Supreme Court, der als erstes Gericht der Welt seit Anfang des 19. Jahrhunderts eine verfassungsbezogene Überprüfung von Recht praktiziert. Das Bundesverfassungsgericht hat, auf Antrag, Gesetze und sonstige Rechtsakte auf ihre Verfassungsmäßigkeit zu überprüfen (Normenkontrolle) und das Verbot verfassungswidriger Parteien auszusprechen. Außerdem kann es von jedem in seinen Grundrechten verletzten Bürger nach Ausschöpfung des normalen Rechtsweges angerufen werden (Verfassungsbeschwerde).

45 Gerhard Lehmbruch, Parteienwettbewerb im Bundesstaat, Stuttgart u. a. 1976, S. 138.

Das Bundesverfassungsgericht hat so bis 1987 nicht weniger als 185 Bundesgesetze ganz oder teilweise für unvereinbar mit dem Grundgesetz erklärt und bis 1990 etwa 82 000 Verfassungsbeschwerden (von denen allerdings nur etwa 2,2 Prozent Erfolg hatten) entgegengenommen. Auch in der jüngsten Vergangenheit wurde es zu politisch umstrittenen Fragen angerufen – so u. a. zum Wahlrecht bei der Wahl des ersten gesamtdeutschen Bundestages, zur Entlassung bisheriger Staatsangestellter in den neuen Bundesländern (»Abwicklung«), zur Anerkennung der Oder-Neiße-Linie, zur Unantastbarkeit der kommunistischen Enteignungsmaßnahmen 1945 bis 1949 sowie zur Abtreibung auf Krankenschein[46]. Im Laufe der Zeit sind so zu zahllosen brisanten Fragen der politischen, wirtschaftlichen und sozialen Ordnung Urteile mit bindender Wirkung ergangen. Obgleich am Grundgesetz orientiert, kommt das Gericht dabei nicht um prekäre Verfassungsinterpretationen und Abwägungen herum. »Entscheidungen mit politischem Effekt«[47] gehören zu seiner Tätigkeit.

Vermag es aber, unabhängig zu urteilen? Seine Mitglieder werden nicht von der Richterschaft nominiert, sondern je zur Hälfte von Wahlausschüssen des Bundestages und des Bundesrates gewählt. Politische Erwägungen spielen dabei eine große Rolle. Immerhin verhindert aber das Erfordernis einer Zweidrittel-Mehrheit für die Wahl eines Bundesverfassungsrichters, daß sich eine politische Richtung einseitig durchsetzt; die großen Parteien praktizieren vielmehr einen Proporz. Darüber hinaus müssen nicht nur alle Richter Volljuristen sein, sondern auch jeweils drei der acht Mitglieder der beiden Senate zuvor als Richter an einem der obersten Bundesgerichte gearbeitet haben. Hinzu kommt, daß die nur einmal mögliche zwölfjährige Amtszeit als Verfassungsrichter für die meisten Amtsinhaber den Schlußpunkt ihrer beruflichen Karriere bildet und entsprechend bedingte Rücksichtnahmen damit entfallen.

Im Ergebnis schimmern zwar bei manchen Urteilen politische Bindungen und Orientierungen durch, häufig aber läßt sich auch Distanz zu parteipolitischen Frontstellungen erkennen. Nicht wenige Urteile widersprachen den Anschauungen der jeweiligen Mehrheit – so u. a. das Urteil gegen ein Regierungsfernsehen, mehrere Urteile zur Parteienfinanzierung, das Urteil zum Grundlagenvertrag mit der DDR und das Urteil zur Wahl des Bundestages 1990.

Die eigentliche Problematik der Verfassungsgerichtsbarkeit in der Bundesrepublik liegt denn auch eher darin, daß sie zu einer »Judizialisierung der Politik » (Karl Loewenstein) beiträgt, d. h. zu der Neigung, politische Streitfragen als Rechtsfragen zu betrachten und zu behandeln. Auch droht die Vermehrung gültiger Urteile im Laufe der Zeit immer mehr politische Felder soweit abzudecken, daß »eine fortschreitende Einschränkung des gesetzgeberischen Handelns«[48] eintreten kann. In Öffentlichkeit, Wissenschaft und Richterschaft plädiert man daher vielfach zugunsten einer zurückhaltenden Rechtssprechung des Bundesverfassungsgerichts, das sich allein zu unmittelbar angetragenen Fragen und nicht darüber hinaus äußern sollte. Weiter noch geht die Vorstellung, das Gericht solle sich nach amerikanischem Muster

---

46 Vgl. Christine Landfried, Rechtspolitik, in: Klaus von Beyme/Manfred G. Schmidt (Hrsg.), Politik in der Bundesrepublik Deutschland, Opladen 1990, S. 85; Frankfurter Allgemeine Zeitung vom 4. Februar 1991.

47 Friedrich Karl Fromme, »Karlsruhe«: Wie es euch gefällt? in: Gerd-Klaus Kaltenbrunner (Hrsg.), Auf dem Weg zum Richterstaat, Freiburg u. a. 1979, S. 112.

48 Heinz Laufer, Verfassungsgerichtsbarkeit und politischer Prozeß, Tübingen 1968, S. 23.

auch Urteilen mit der Begründung enthalten, es handele sich um eine rein politische Streitfrage. Ungeachtet dieser Probleme und trotz manchen Urteils, dem Züge eines mühsamen Kompromisses anhaften, hat sich die Verfassungsgerichtsbarkeit in der Bundesrepublik als machtbegrenzende Schranke und Integrationselement bewährt.

Auf Bundesebene bleibt noch eine weitere, von der parlamentarischen Mehrheit abgehobene Institution zu betrachten: die Deutsche Bundesbank. Sie trifft als »Hüterin der Währung« (Hans-Joachim Arndt) autonom geldpolitische Entscheidungen und fungiert damit wie eine wirtschaftspolitische Nebeninstanz neben der Bundesregierung. Auch die Stellung der Bundesbank ist damit im internationalen Vergleich besonders stark, was sich daraus erklärt, daß man in Deutschland nach den traumatischen Erfahrungen der Inflation von 1923 und der Geldentwertung im und nach dem Zweiten Weltkrieg die Währungsstabilität für ein Gut hielt, das nicht einfach den tagespolitischen Interessen jeweiliger Regierungsmehrheiten überlassen sein sollte. Mehrfach in der Geschichte der Bundesrepublik kam es zu Konflikten zwischen Bundesbank und Bundesregierung, zuweilen mit der Folge, daß eine restriktive Kreditpolitik der Bundesbank vorübergehend auch das wirtschaftliche Wachstum beeinträchtigte, so 1966/67 und 1981/82[49]. Differenzen sind seit 1990 auch im Zusammenhang mit der Einführung der DM in der DDR und der Verschuldungspolitik der Bundesregierung auszumachen. Im Interesse einer erfolgreichen Wirtschaftspolitik der Bundesregierung bedarf es ständiger Abstimmung mit der Bundesbank.

Eine Autonomie der Bundesbank ist dadurch gegeben, daß sie keinen Weisungen von außen unterliegt und ihr beschließendes Organ, der »Zentralbankrat«, aus den Landeszentralbankpräsidenten sowie einer Minderheit seitens der Bundesregierung vorgeschlagener Mitglieder besteht, die für eine längere Zeitdauer amtieren. Nicht identisch, aber vergleichbar ist die Situation hier mit der der Bundesverfassungsrichter. Für die Zukunft zeichnen sich freilich zwei Probleme ab: Zum einen könnte die weitere Aufblähung der Zahl der Zentralbankratsmitglieder und der Landeszentralbanken, wie sie infolge der deutschen Wiedervereinigung eintritt, die Arbeitsfähigkeit der Bundesbank mindern, zum anderen ist bei der beabsichtigten Einführung einer europäischen Währung nicht gesichert, daß eine entsprechend autonome europäische Notenbank geschaffen wird.

VII. Föderalismus und kommunale Politik

Nicht nur der parlamentarischen Mehrheit im Bund, sondern auch dem Zentralstaat als ganzem werden schließlich durch den Föderalismus und die kommunale Selbstverwaltung Grenzen gesetzt. Anders als in zentralistischen Staaten wie Großbritannien oder Frankreich mit einem hauptstädtischen politisch-gesellschaftlichen Wasserkopf, mit konsequenter Einheitlichkeit und weitreichendem Arm der Zentralregierungen sind in der Bundesrepublik Deutschland die Kompetenzen dezentralisiert, findet eigenständige Politik auch in den sechzehn Landeshauptstädten statt. Deutlich wird dies unter anderem darin, daß die landespolitischen Mehrheitsbildungen trotz Bonner

49 Vgl. Roland Sturm, Die Politik der Deutschen Bundesbank, in: K. von Beyme/M. Schmidt (Anm. 46), S. 265.

Uniformisierungstendenzen ein buntscheckiges Bild abgeben: Neben Einparteiregierungen in Nordrhein-Westfalen, Schleswig-Holstein, Bremen, Saarland (alle SPD), Bayern (CSU), Baden-Württemberg und Sachsen (CDU) bestehen nach dem Stand vom Mai 1991 zwar christlich-liberale Koalitionen nach Bonner Vorbild in Sachsen-Anhalt, Thüringen und Mecklenburg, doch daneben sozialliberale Koalitionen in Rheinland-Pfalz und Hamburg, rot-grüne in Niedersachsen und Hessen, eine »Ampelkoalition« von SPD, FDP und BÜNDNIS 90/GRÜNE in Brandenburg sowie eine Große Koalition von CDU und SPD in Berlin.

Dabei kann zwar das föderative Prinzip in Deutschland auf eine lange Tradition zurückblicken, das einzelne Bundesland in seinen gegenwärtigen Grenzen hingegen meist nicht. Die Bundesländer sind überwiegend erst nach 1945 gebildet worden. Als historische Einheiten lassen sich nur Bayern, Sachsen und Hamburg bezeichnen. Selbst landsmannschaftlich erscheinen viele Bundesländer nicht geschlossen, wie Bindestrich-Namen der Art Nordrhein-Westfalens oder Baden-Württembergs andeuten; hinzu kommt, daß die deutsche Bevölkerung infolge von Industrialisierungsprozessen, Vertreibung, Flucht und Übersiedlung im 20. Jahrhundert stärker durchmischt worden ist als die westeuropäischer Staaten. Dennoch – eine mittlerweile meist über vierzigjährige politische Gemeinschaft und Eingewöhnung haben in den Ländern ein Zusammengehörigkeitsgefühl entstehen lassen, und der Föderalismus, der in den Anfängen der Bundesrepublik nur von 21 Prozent der Bevölkerung bejaht wurde (1952), gewann zunehmend an Unterstützung, die bis auf dreiviertel der Bevölkerung in der alten Bundesrepublik (bei nur acht Prozent Gegnern) angewachsen ist[50].

Spezifische Besonderheiten werden auch in den Verfassungen der Bundesländer sichtbar. Wohl entsprechen die Regierungssysteme sämtlicher Bundesländer den demokratisch-rechtsstaatlichen Prinzipien des Grundgesetzes. In diesem Rahmen aber bestehen beträchtliche Unterschiede. Neben Ländern mit Möglichkeiten zur Volksabstimmung über Landesangelegenheiten (wie Nordrhein-Westfalen, Bayern, die neuen Bundesländer und neuerdings Schleswig-Holstein) stehen andere, die dieses Institut nicht kennen (so z. B. Niedersachsen und die Stadtstaaten). Allein Bayern kennt eine zweite, konsultative Kammer neben dem Landtag. Was die Bildung und Abberufung der Regierung sowie die Richtlinienkompetenz des Regierungschefs angeht, reichen die Ländervarianten von Lösungen nach kanzlerdemokratischem Muster bis hin zu kollegialen und eng an die Volksvertretung gebundenen »Senaten« (Regierungen) in den Stadtstaaten; in letzteren wird jedes Regierungsmitglied einzeln gewählt und abberufen, kommt auch jedem Mitglied des Senats prinzipiell gleiches Gewicht zu.

Ungeachtet aller Unterschiedlickeit der Regierungssysteme gilt die gesetzgeberische Rolle der Landesparlamente allgemein als unbedeutend. Auch Gestaltungsspielräume, wie sie derzeit noch in den neuen Bundesländern auszufüllen sind, dürften lediglich als vorübergehende Phänomene eines Neuanfangs zu werten sein. Die Landesparlamente sehen daher ihr Hauptbetätigungsfeld in der Kontrolle von Regierung und Verwaltung sowie in der Behandlung von Einzelfragen.

Das Verhältnis zwischen Bund und Ländern ist weniger durch eine klare Trennung wie in den USA als vielmehr durch eine »Politikverflechtung« (Fritz W. Scharpf)

50 Allensbacher Umfragen von 1952 und 1983, nach: Bundeszentrale für politische Bildung (Hrsg.), Der Föderalismus in der Bundesrepublik Deutschland, Bonn 1984, S. 13.

gekennzeichnet. Mit dieser ist vielfach eine Gewichtsverlagerung zugunsten des Zentralstaates einhergegangen:

1. Der Bereich der ausschließlichen Gesetzgebungszuständigkeit der Länder (im wesentlichen Bildungswesen, Kultur, Polizei, Kommunalverfassungen) ist relativ eng gezogen, ähnlich auch der des Bundes. Demgegenüber umfaßt der Verflechtungsbereich der »konkurrierenden« Gesetzgebung, wo sowohl Bund als auch Länder tätig werden können, Bundesgesetze aber vorrangig gelten, weite Themenfelder (Wirtschaft, Soziales, Rechtswesen, Umwelt u. a.). Diese sind im Laufe der Zeit zunehmend durch Bundesgesetze abgedeckt worden, so daß den Ländern hier nicht viel Gestaltungsspielraum verblieben ist.

2. Eine weitere Verzahnung zwischen Bund und Ländern ergibt sich daraus, daß die Bundesgesetze überwiegend durch die Länder und die ihnen nachgeordneten Kommunen exekutiert werden. Kennzeichnend läßt sich daher für die Bundesrepublik von einem exekutiven Föderalismus sprechen, in welchem die Masse der legislativen Zuständigkeiten beim Bund, die Ausführung hingegen im wesentlichen bei den Ländern liegt[51]. Das verleiht den Ländern Gewicht, kann aber bei der Ausführung ungeliebter Bundesgesetze zu Ineffizienz und Reibungen führen.

3. Eine andersartige, die Autonomie des einzelnen Bundeslandes aushöhlende Verflechtung findet sich in der Finanzverfassung: Während die landeseigenen Steuern nur 4,5 Prozent und die des Bundes 11,5 Prozent des Gesamtsteueraufkommens erbringen, beträgt der Anteil der Gemeinschaftssteuern, deren Aufkommen zu bestimmten Anteilen auf Bund, Länder und Gemeinden verteilt wird, nach dem Stand von 1989 nicht weniger als 74,1 Prozent des Gesamtsteueraufkommens. Ein zusätzlicher Verflechtungseffekt wird durch einen horizontalen Finanzausgleich zwischen »armen« und »reichen« Bundesländern und einen vertikalen zwischen Bund und bedürftigen Ländern erzeugt; zum vertikalen Ausgleich sind nunmehr auch die umfangreichen Bundeszahlungen an die neuen Bundesländer zu rechnen. Erreicht wird damit eine geringere Abhängigkeit einer politischen Ebene von bestimmten, besonders konjunkturabhängigen Steuern, ebenso ein Ausgleich zwischen den Regionen. Andererseits drohen aber finanzielle Verantwortlichkeiten zu verschwimmen.

4. Das Postulat einer »Einheitlichkeit der Lebensverhältnisse« im Bundesgebiet (Art. 72 GG) bzw. Scheu vor denkbarer Föderalismuskritik für den Fall auseinanderdriftender Länderentscheidungen treiben darüber hinaus zu einer Selbstgleichschaltung. Mittels eines dichten, kaum noch überschaubaren Geflechts von Konferenzen der Regierungschefs, Ressortministerkonferenzen, Bund-Länder-Ausschüssen und Planungsräten koordiniert man sich informell und trifft faktisch mehr oder minder verbindliche Vorentscheidungen, denen sich das einzelne Landesparlament dann kaum entziehen kann. Im Ergebnis nimmt dieser »kooperative Föderalismus«[52] der deutschen Bundesstaatlichkeit viel von ihrem eigentlichen Reiz, nämlich der Möglichkeit zu wirklich unterschiedlichen Lösungen. Auch höhlt das mit ihm verbundene »Kooperationssystem der Exekutiven« (Franz Lehner) die Rolle der Landesparlamente aus.

Seit Ende der siebziger Jahre scheint der Höhepunkt dieser Verflechtungs- und Zentralisierungstendenzen überschritten. Mitveranlaßt durch Knappheit an finan-

51 Vgl. Arnold J. Heidenheimer, The Governments of Germany, New York 1966^2, S. 172.

52 Vgl. Heinz Laufer, Der Föderalismus der Bundesrepublik Deutschland, Stuttgart u. a. 1974, S. 73f.

ziellen Mitteln, hat sich der Bund aus Bereichen der Mischfinanzierung (Graduiertenförderung, Krankenhauswesen, Städtebauförderung) zurückgezogen. Mehr noch: Angesichts der skizzierten Probleme drängen die Bundesländer auf eine »klare Aufgabentrennung bei Stärkung der Finanzkraft der Länder« und möchten die Bundesgesetzgebung im konkurrierenden Bereich auf das bundeseinheitlich Notwendige beschränkt wissen[53]. Seit dem Beitritt der neuen Bundesländer bestehen zudem Unterschiede, wie sie bis dahin als kaum tolerabel galten – so die unterschiedliche Schuldauer bis zum Abitur.

Andererseits kann das Bedürfnis nach Bundeshilfen und Ausgleichsmaßnahmen zwischen den Ländern, das mit der Integration der neuen Bundesländer einhergeht, auch einen gegenteiligen Effekt hervorrufen. Der Föderalismus, höchst geeignet, jene Integration institutionell zu erleichtern, möglicherweise auch belebt durch stärkere Unterschiedlichkeiten im vereinten Deutschland, sieht sich somit auch Risiken gegenüber.

Eine weitere Dezentralisierung wird durch die seit dem 19. Jahrhundert bestehende kommunale Selbstverwaltung bewirkt. Die insgesamt 16071 Gemeinden (davon 7565 in den neuen Ländern) und 426 Landkreise (davon 189 in den neuen Ländern)[54] bilden staatsrechtlich zwar keine eigenständige Ebene. Sie fungieren als allgemeine untere Verwaltungsinstanz der Bundesländer, ihre kommunalen Verfassungen sind ihnen durch Landesgesetze vorgegeben. Zugleich aber besitzen sie als politische Einheiten mit eigenen Volksvertretungen das Recht der Selbstverwaltung in örtlichen Angelegenheiten und führen ihre eigenen Finanzhaushalte. Insofern bilden sie faktisch eine dritte politische Ebene innerhalb des deutschen Regierungssystems.

Als einer der wenigen Bereiche, in denen der deutsche Föderalismus zu regional recht unterschiedlichen Regelungen geführt hat, können die Verfassungen von Gemeinden und Kreisen gelten. Durchweg kennen sie zwar einen von den Bürgern gewählten Gemeinderat und, gesondert, eine gewählte Verwaltungsleitung. Im übrigen aber weisen sie jeweils charakteristische Besonderheiten auf, die sich aus unterschiedlichen Lösungen für das zentrale Problem ergeben, gleichzeitig eine fachkundig-effiziente Verwaltungsleitung und deren demokratische Legitimation zu gewährleisten:

- Allein nach der süddeutschen Ratsverfassung (in Bayern, Baden-Württemberg) wird der Bürgermeister als Verwaltungschef und Vorsitzender des Gemeinderats direkt vom Volke gewählt; dieser Lösung will sich auch Hessen annähern.
- Im Geltungsbereich der norddeutschen Ratsverfassung (Nordrhein-Westfalen, Niedersachsen) führt ein ehrenamtlich-politischer Ratsvorsitzender den Titel »Bürgermeister«, während die Verwaltung einem vom Rat auf längere Zeit gewählten, hauptberuflichen Gemeinde- bzw. Stadtdirektor untersteht; dies wird vielfach als Doppelköpfigkeit bezeichnet, die 1946 von der britischen Besatzungsmacht nach britischem Vorbild eingeführt worden ist[55].

---

53 Vgl. Uwe Thaysen, Die »Eckpunkte« der Bundesländer für den Föderalismus im vereinten Deutschland. Beschluß vom 5. Juli 1990, in: Zeitschrift für Parlamentsfragen, 21 (1990) 3, S. 461ff.

54 Vgl. Statistisches Jahrbuch für die Bundesrepublik Deutschland, Wiesbaden 1990, S. 44 und 639.

55 Vgl. Wolfgang Rudzio, Die Neuordnung des Kommunalwesens in der Britischen Zone, Stuttgart 1968, S. 42ff.

- Nach der unechten Magistratsverfassung obliegt die Verwaltungsführung einem kollegialen Organ mit der Bezeichnung »Magistrat«, das aus hauptberuflichen Wahlbeamten und für die Wahlperiode des Rats gewählten ehrenamtlichen Mitgliedern gemischt zusammengesetzt ist (Hessen, Schleswig-Holstein, in modifizierter Anknüpfung an die Steinsche Städteordnung von 1808).
- Bei der Rheinischen Bürgermeisterverfassung (Rheinland-Pfalz, Saarland, nach französischem Muster) hat der hauptberufliche Bürgermeister sowohl die Funktion des Verwaltungsleiters wie des Ratsvorsitzenden inne.
- Die Kommunalverfassung in den neuen Bundesländern hebt sich dadurch heraus, daß allein sie sowohl für die haupt- als auch die ehrenamtlichen Mitglieder der Verwaltungsleitungen nur eine vierjährige Amtsperiode vorsieht, die mit der Wahlperiode des Gemeinderats übereinstimmt[56].

Analog gelten diese Verfassungstypen auch in den Landkreisen der entsprechenden Länder, teilweise vereinfacht in den kleineren Gemeinden. Weitere Unterschiede, über die genannten hinaus, bestehen u. a. im Hinblick auf die Befugnisse des Gemeinderates und Möglichkeiten zum Volksentscheid in Gemeindeangelegenheiten, wie sie seit langem in Baden-Württemberg, neuerdings auch in den neuen Bundesländern und Schleswig-Holstein vorhanden sind.

Allerdings stellt sich die Frage, ob dieser rechtlichen Vielfalt auch eine entsprechend unterschiedliche Praxis entspricht. Dies wird in der Wissenschaft eher verneint, vor allem weil sich die kommunalen Volksvertretungen stets aus ehrenamtlichen Feierabendpolitikern zusammensetzen (von einzelnen Ausnahmen abgesehen), die hauptberuflichen Verwaltungsspitzen (kommunalen Wahlbeamten) aus Mangel an Zeit und Kenntnissen unvermeidlich unterlegen sind. Ratsmitglieder vermögen daher normalerweise kaum ihre formellen Rechte wirklich auszufüllen, und so üben die Wahlbeamten mehr Einfluß aus, als nach den Buchstaben der Kommunalverfassungen zu erwarten. Häufig scheint der Fall, daß in einer Kommune einige führende Ratsmitglieder gemeinsam mit wichtigen Wahlbeamten die eigentliche Führungsgruppe bilden. Trotz solcher Übereinstimmungen deuten aber einige Untersuchungen auch auf Differenzen in der Entscheidungspraxis unter nord- und süddeutscher Ratsverfassung[57].

Im übrigen haben nicht allein die Kommunalverfassungen die Spannung zwischen Verwaltungseffizienz und kommunaler Demokratie zu lösen. Auch die Größe von Gemeinden scheint in diesem Zusammenhang eine wichtige Variable. So wurde die Zahl der Gemeinden und Kreise in der alten Bundesrepublik im Interesse einer Verwaltungsrationalisierung Ende der sechziger und Anfang der siebziger Jahre durch Gebietsreformen drastisch verringert – mit der Folge, daß sich zugleich die Zahl der kommunalen Mandate und damit Mitwirkungsmöglichkeiten verminderten; in Zwerggemeinden wären freilich viele Aufgaben nicht zu erledigen gewesen[58]. Die neuen Bundesländer mit tausenden Gemeinden unter 500 Einwohnern stehen heute vor der gleichen Problematik.

---

56 Gesetzblatt der Deutschen Demokratischen Republik vom 25. Mai 1990, I Nr. 28, S. 255 ff.

57 Vgl. Uwe Winkler-Haupt, Gemeindeordnung und Politikfolgen, München 1988, S. 183 ff.; Klaus Simon, Repräsentative Demokratie in großen Städten, Melle 1988, S. 90 ff.

58 Vgl. W. Rudzio (Anm. 27), S. 301 ff.

VIII. Bürger und Politik

Ist die Demokratie in den Köpfen und Herzen der Deutschen verwurzelt? Wie stehen sie zur Politik und zum politischen System? Diese Fragen sind besonders in der Frühzeit der Bundesrepublik immer wieder gestellt worden, verbunden mit der Sorge um die Stabilität freiheitlicher Demokratie im posttotalitären Deutschland. Sie wurden häufig mit Zweifeln und Vorbehalten beantwortet, da sich die Bürger der Bundesrepublik wohl kognitiv in der demokratischen Ordnung zurechtfanden, vor dem Hintergrund der materiellen Not jedoch primär auf wirtschaftlichen Erfolg fixiert schienen und wenig gefühlsmäßige Bindungen an das politische System erkennen ließen[59]. Inzwischen deuten aber alle empirischen Untersuchungen darauf hin, daß die Bundesrepublik in eine Normalität westlicher Demokratien hineingewachsen ist.

Deutlich wird dies zunächst in Umfrageergebnissen, die seit Anfang der siebziger Jahre bei über neunzig Prozent der Befragten eine Befürwortung des Parteienpluralismus und immer wieder eine verbreitete Zufriedenheit mit der Demokratie in der Bundesrepublik zeigen – so 1989 bei 73 Prozent der Befragten. Auch die einzelnen politischen Institutionen, jedenfalls überparteilich angelegte, genießen Vertrauen – so das Bundesverfassungsgericht bei 79, die Polizei bei 78, der Rundfunk bei 70, ferner Justiz, Kirchen und Bundeswehr bei zwei Drittel der Befragten (Stand 1988)[60]. Dies schließt Mißmut im einzelnen nicht aus, doch spricht die immer begrenztere bzw. ausbleibende Attraktivität extremistischer Positionen auch in Zeiten wirtschaftlicher Rezession dafür, daß die Bundesrepublik Deutschland heute mehr als eine »Schönwetter«-Demokratie ist.

Üblichen Verhältnissen in westlichen Demokratien entspricht inzwischen auch die politische Partizipation. Bekundeten in den Anfängen der Bundesrepublik nur ein Drittel der Bevölkerung Interesse an Politik, so trifft dies seit Ende der sechziger Jahre für etwa die Hälfte zu. Die Beteiligung an Bundestagswahlen nahm bis 1972 zu, ist seither, insbesondere von der zweiten Hälfte der achtziger Jahre zurückgegangen, bewegt sich aber immer noch auf akzeptablem Niveau. Die Zahl der Parteimitglieder, bis 1960 insgesamt etwa eine Million, stieg bis 1980 auf rund zwei Millionen an, um seither zu stagnieren und leicht zu bröckeln. Seit Ende der sechziger Jahre sind zudem weitere, teilweise zuvor weniger genutzte Beteiligungsformen virulent geworden: Bürgerinitiativen, politische Bewegungen und Demonstrationen.

Allerdings sind bei der politischen Partizipation gesellschaftliche und demographische Schlagseiten unübersehbar. Alle einschlägigen Untersuchungen weisen nach, daß sich bestimmte Teilgruppen weit häufiger als andere engagieren: Menschen mit höheren Bildungsabschlüssen mehr als solche mit niedrigeren, Angehörige der unselbständigen Mittelschicht (gehobene und höhere Angestellte/Beamte) mehr als Selbständige und diese wiederum mehr als Arbeiter, Männer mehr als Frauen, mittlere Altersgruppen mehr als Ältere oder Jüngere. Beispielhaft zeigt Tabelle 3 diese Unterschiede nach Alter und Geschlecht für verschiedene Beteiligungsformen.

---

59 Vgl. Gabriel A. Almond/Sidney Verba, The Civic Culture, Boston 1965², S. 362ff.

60 Umfragen des Instituts für praxisorientierte Sozialforschung, zit. nach: Richard Stöss, Parteikritik und Parteiverdrossenheit, in: Aus Politik und Zeitgeschichte, B21/90, S. 21; EMNID-Informationen 11–12/1988, S. 15.

Tabelle 3: Politische Partizipation 1990
(in Prozent)

Alter:	16–29	30–44	45–59	60–	Männer	Frauen
Wähle regelmäßig	51	76	74	70	72	64
Unterrichte mich laufend	48	63	63	57	68	48
Habe öfters polit. Unterhaltungen	43	47	46	35	55	33
Habe und vertrete Überzeugungen	42	46	41	37	51	33
Besuche politische Veranstaltungen	9	14	12	10	15	8
Habe mich vor der Wahl für eine Partei eingesetzt	5	9	10	15	12	8
Beteilige mich an Protestdemonstrationen, unterstütze Proteste	13	9	4	2	7	7
Betätige mich politisch in Partei, Verband, Verein	5	10	7	5	10	4

Quelle: Umfragen 3 061 und 5 031 des Allensbacher Instituts für Demoskopie vom Januar 1990, alte Bundesrepublik, zit. nach: Junges Wort-Informationsdienst (XXXI) vom 13. 9. 1990, S. 3.

Sichtbar wird dabei am Beispiel der Beteiligung an Protesten, daß einzelne Partizipationsformen von bestimmten Gruppen bevorzugt werden – hier von Jüngeren.

Wie Einstellungen und Beteiligung der Deutschen aus den neuen Bundesländern einzuordnen sind, ist angesichts fehlender Untersuchungen bzw. des kurzen und von krisenhaften Verhältnissen geprägten Zeitraums freier politischer Verhältnisse noch nicht zu beantworten. Sowohl die weitaus größere Häufigkeit politischer Gespräche – 44,7 Prozent der Befragten dort gegenüber nur 18,1 Prozent in Westdeutschland geben an, sich häufig an politischen Diskussionen zu beteiligen[61] – als auch die absinkende Wahlbeteiligung im Laufe des Jahres 1990, die Schrumpfung der Parteimitgliedschaften und der rasche Stimmungsverfall in den neuen Bundesländern scheinen zunächst auf die exzeptionellen Umstände zurückzuführen. Allerdings läßt sich feststellen, daß das vereinte Deutschland für die nächsten Jahre ein Land mit zwei unterschiedlichen politischen Kulturen sein wird, wobei die der neuen Bundesländer offenbar Züge größerer Labilität aufweist.

Die skizzierten Disproportionalitäten in der Partizipation setzen sich in der Zusammensetzung der Parteimitglieder und der aus ihnen hervorgehenden politischen Führungsschicht fort. Bezeichnend ist, daß sich die Bundestags- und Landtagsabgeordneten durch vorherrschende Mittelschichtherkunft, Hochschulbildung, ein Lebensalter zwischen vierzig und sechzig Jahren sowie überdurchschnittlich häufig frühere Tätigkeit im öffentlichen Dienst vom Gros der Bevölkerung abheben. Traditionelle Unterschiede zwischen »Arbeiter-« und »bürgerlichen« Parteien sind bis auf Reste abgebaut. Durch die hinzugekommenen Vertreter der neuen Bundesländer hat sich zumindest im Bundestag an den benannten Strukturen nichts verändert, die Do-

61 Eurobarometer 34.0 Oktober 1990, zit. nach: Hermann Schmitt, Die SPD nach der Wahl (Hektogr. Materialien zum Vortrag 20. März 1991), Schaubild 11 a.

minanz der Hochschulabsolventen vielmehr noch verstärkt (freilich zuungunsten der in dieser Gruppe vorherrschenden Juristen).

Da es sich bei der politischen Führungsschicht aber ganz überwiegend um Berufspolitiker handelt, deren Verhalten kaum von ihrer beruflichen Herkunft geprägt wird (gehört doch zu ihrer Lebensperspektive nicht die Rückkehr in den früheren Beruf), dürfte ihre nichtrepräsentative Zusammensetzung wenig Folgen für die Berücksichtigung sozialer Interessen haben; was bleibt, scheint eher eine emotionale Abgehobenheit. Im übrigen teilt die deutsche Politikerschicht ihre fehlende soziale Repräsentativität mit der aller anderen Demokratien.

Ein weiteres Problem besteht darin, daß sich die politische Elite der Bundesrepublik fast ausschließlich über parteipolitische Karrieren rekrutiert; so mangelt es in der Politik an wirtschaftswissenschaftlich Qualifizierten und Erfahrungen in zahlreichen Berufsfeldern.

Ebenso wie die Einstellungen zum politischen System, der Grad der politischen Partizipation und die Zusammensetzung der politischen Elite denen in durchschnittlichen westlichen Demokratien entsprechen, gilt dies auch für das Politikverständnis in der Bundesrepublik. Es ist durch eine Mischung von idealen Erwartungen und realistisch-zynischer Sicht der Politik gekennzeichnet. Letztere Einstellung, in politischer Bildung und Öffentlichkeit eher als Zeichen bedenklicher Politik- und Demokratieverdrossenheit betrachtet, kommt in den Äußerungen jener Bürger zum Ausdruck, die zwar sagen, es gehe den Parteien nur um Wählerstimmen (62 Prozent der Befragten) und die Politiker kümmerten sich nicht viel um die Meinungen des kleinen Mannes (66 Prozent), zugleich aber mit der demokratischen Wirklichkeit der Bundesrepublik zufrieden sind (so 60 bzw. 64 Prozent der die ersten Statements Bejahenden)[62]. Anders als hochgespannte Ansprüche stehen sie nicht in Gefahr, von der grauen Wirklichkeit enttäuscht und an ihr irre zu werden. Insofern stabilisieren derart reduzierte Erwartungsniveaus eher das politische System.

Andere Merkmale ihrer politischen Kultur teilt die Bundesrepublik Deutschland nur mit einigen westlichen Demokratien:

1. Weiter fortgeschritten als in einer Anzahl westeuropäischer Staaten ist die Erosion politisch-sozialer Milieus. Die einst voneinander geschiedenen Lebenswelten der Katholiken, agrarischen Konservativen, sozialistischen Arbeiter und Bürgerlich-Liberalen mit ihren jeweils eigenen Kommunikationsnetzen (Organisationen und Zeitungen), Wertvorstellungen und sozialen Strukturen sind gerade in Deutschland durch die Verwerfungen des Krieges und die sozio-ökonomische Modernisierung (Wanderungen, Vordringen der unselbständigen Mittelschichten) aufgelöst worden; im Unterschied zu den Deutschen der Weimarer Republik nutzen die der Bundesrepublik die gleichen Medien (statt Richtungszeitungen), besuchen die gleichen Schulen (statt Konfessionsschulen) und wohnen sozial relativ gemischt.

Man wird auch nicht mehr in eine Partei hineingeboren und gibt ihr nicht mehr wie selbstverständlich die Stimme. Nicht zuletzt von dieser Erosion der Milieus her erklärt sich die seit Anfang der achtziger Jahre zutage tretende, bereits angesprochene »Bindungsschwäche« der politischen Parteien. Ihr kann man mit der so gewonnenen höheren Rationalität der Stimmabgabe eine positive Seite abgewinnen (Oscar W.

62 EMNID-Umfrage April 1980, zit. nach: Manfred Küchler, Staats-, Parteien- oder Politikverdrossenheit?, in: Joachim Raschke (Hrsg.), Bürger und Parteien, Opladen 1982, S. 52f.

Graphik 2: Die Mitteorientierung der deutschen Wählerschaft
(in Prozent der Befragten, getrennt nach alten und neuen Bundesländern)

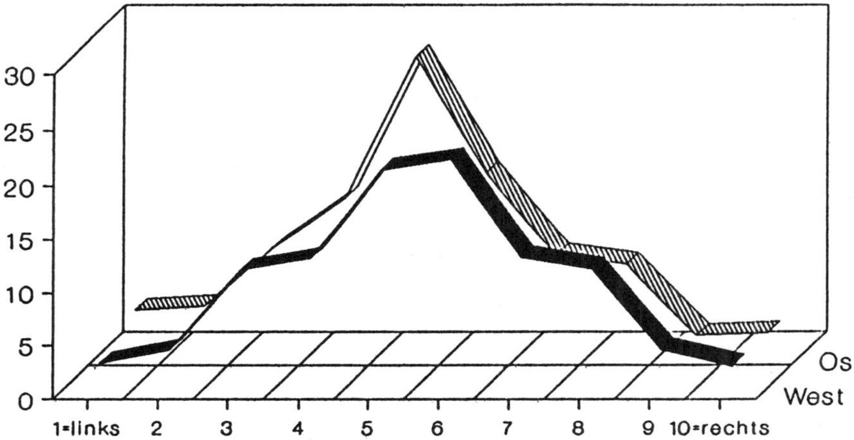

	1	2	3	4	5	6	7	8	9	10
Ost	4,2	4,6	10,2	14,8	27,4	17	9,4	8,5	1,8	2
West	2,3	3,5	11,1	12,2	20,4	21,3	12,3	11,2	3,6	2

Quelle: Eurobarometer 34.0 Oktober 1990, zit. nach: Hermann Schmitt, Die SPD nach der Wahl. Materialien zum Vortrag vom 20. März 1991, Schaubild 7.

Gabriel), wie sie andererseits auch als »schleichende Integrations- und Legitimationskrise«, der Parteiendemokratie gewertet wird[63]. Die Bundesrepublik trifft sich aber in diesem Abbau von Parteibindungen mit einigen anderen westlichen Demokratien, insbesondere den USA, wo die Parteiidentifikation ebenfalls zurückgegangen ist.

2. Zusammenhängend mit der Auflösung der Milieus scheint die verbreitete Neigung, sich gesellschaftlichen Mittelschichten und der politischen Mitte zuzuordnen. Die Bevölkerung in den neuen Bundesländer versteht sich zwar abweichend zu großen Teilen als Arbeiterschaft, zählt sich aber ebenfalls zur politischen Mitte. Diese Mittezentrierung der Wählerschaft, welche die Bundesrepublik mit der Mehrzahl westlicher Demokratien teilt, hat zur Folge, daß das Parteiensystem um die Mitte gravitiert und sich die großen Parteien nicht allzu weit voneinander entfernen. Mehr noch: Über die institutionelle Machtstreuung und den Zwang zu Koalitionen hinaus fördert auch dieses Selbstverständnis der Bevölkerung kooperative Einstellungen und die Bereitschaft zum Kompromiß in der Politik. Dem entgegen wirken allerdings die stärker auseinanderstrebenden Überzeugungen der politisch aktiven Schicht sowie Profilierungszwänge vor Wahlen.

3. Als Besonderheit der Bundesrepublik gilt hingegen ein legalistischer Stil der Politik, d.h. die Neigung, politische Streitfragen schnell als rechtliche zu verstehen und vor Gericht, insbesondere dem Bundesverfassungsgericht, auszutragen. Anstelle legi-

63 Elmar Wiesendahl, Der Marsch aus den Institutionen, in: Aus Politik und Zeitgeschichte, B 21/90, S. 3 und 14.

timer politischer Alternativen gibt es in der problematischen Konsequenz dieses Denkens nur die »Alternative von Verfassungsvollzug oder Verfassungswidrigkeit«[64]. Entsprechen Milieuerosion und Mitteorientierung dem Typus der angelsächsischen Demokratien, so scheidet der legalistische Stil wiederum die Bundesrepublik von jenen.

Abseits der bisher vorgestellten politischen Mehrheitskultur bestehen jedoch auch Aversionen gegen das politische System. Eine linke Szene, in ihren Erscheinungsformen mutierend von der Studentenbewegung über Teile der Bürgerinitiativen, linksradikale Splittergruppen (einschließlich des Linksterrorismus), politische Bewegungen bis hin zu den GRÜNEN, ist von systemkritischen Stimmungen durchzogen und stellt teils den demokratischen Mehrheitsentscheid, teils das repräsentative Prinzip in Frage. Manifest wird dies in intellektueller Kritik, Demonstrationen und Verkehrsblockaden bzw. anderen Ausschreitungen. Eine gewisse Bedeutung kommt dem zu, da weit überdurchschnittlich Jüngere mit höherer Bildung Träger dieser Strömung sind, ihre Vorstellungen in Teilbereiche von Kultur, Funkmedien und Bildungswesen ausstrahlen und – über politische Kampagnen – punktuell die Politik der Bundesrepublik beeinflussen. Relevant erscheinen auch Auflösungen des demokratischen Regelkonsenses, wenn sich 17 Prozent aller Befragten (und dabei 56 Prozent der GRÜNEN-Anhänger sowie 20 Prozent derjenigen der SPD) berechtigt zu Verkehrsblockaden meinen und 7,6 Prozent aller Befragten auch Demonstrationen mit Gewalt (darunter 39 Prozent der GRÜNEN-Anhänger) bejahen (Stand 1988)[65].

Hinzu kommen linksextremistische Organisationen wie die Deutsche Kommunistische Partei in der alten Bundesrepublik samt ihren Vorfeldorganisationen, hinter denen bis Ende der achtziger Jahre die Staatsmacht von DDR und Sowjetunion stand und die mit langsam wachsendem Erfolg in linken Bewegungen mitwirkten[66], seit dem Kollaps des europäischen Kommunismus jedoch an Bedeutung verloren haben. Auch die zur »Partei des Demokratischen Sozialismus« umbenannten Reste der ehemaligen DDR-Staatspartei, die mittelfristig nur noch einen regionalen Faktor in den neuen Bundesländern darstellen dürfte, bemüht sich, durch Bündnispolitik mit der übrigen Linken Einfluß zu gewinnen.

Ein rechtsextremes Potential läßt sich ebenfalls feststellen – je nach Definition von größerem oder kleinerem Umfange. Es hat sich in der Geschichte der Bundesrepublik im vorübergehenden Aufkommen rechtsextremer Parteien wiederholt Ausdruck verschafft und scheint auch in den neuen Bundesländern vorhanden. Charakteristisch sind eine unzureichende Distanzierung vom Dritten Reich, ein zugespitzter Nationalismus, Aversionen gegen parteienstaatlichen Pluralismus, vielfach auch ein biologisch geprägtes Gesellschaftsverständnis. Zeitweiligen Massenzulauf, überdurchschnittlich gerade von Bürgern mit niedrigerem Bildungsgrad, haben derartige Strömungen bei wirtschaftlicher Unsicherheit und Thematisierung der Ausländerzu-

64 Hans Vorländer, Verfassung und Konsens, Berlin 1981, S. 13ff.

65 Institut für praxisorientierte Sozialforschung, Einstellungen zu aktuellen Fragen der Innenpolitik 1988, Mannheim 1988, S. 38.

66 Vgl. Wolfgang Rudzio, Die Erosion der Abgrenzung, Opladen 1988, S. 56ff.

wanderung verzeichnen können[67]; sie werden dann in beachtlichem Maße als Protestparteien genutzt.

IX. Perspektiven

Die Bundesrepublik Deutschland steht, vergrößert und aus ihrer prekären Randlage entlassen, seit der deutschen Wiedervereinigung und dem Abflauen des Ost-West-Konflikts vor aufgehellten Zukunftshorizonten. Ihrer Politik stellen sich damit zugleich auch Aufgaben:

- Sie muß die neuen Bundesländer wirtschaftlich, gesellschaftlich und emotional integrieren, eine Aufgabe, welche in den neunziger Jahren erhebliche Kräfte binden wird.
- Sie hat ihre außen- und sicherheitspolitische Position im veränderten internationalen Umfeld neu zu definieren; Versuchungen, die bisherige Westbindung zu lokkern, dürften diesen Prozeß begleiten.
- Die Bundesrepublik wird sich auf einen gemeinsamen europäischen Markt einzurichten haben; bei allen Schritten zur europäischen Integration kann ihr nunmehr vergrößertes Gewicht auch Probleme hervorrufen.
- Schließlich muß Deutschland, nach wie vor ein Land ohne besondere natürliche Reichtümer, stets erneut wirtschaftliche Leistung erbringen und eine befriedigende Zahlungsbilanz erreichen. Schwächeanfälle um 1981 und 1991 zeigen, daß dies keine Selbstverständlichkeit ist.

Literatur

Allgemein:

Klaus von Beyme, Das politische System der Bundesrepublik Deutschland, München-Zürich 1987[5].

David P. Conradt, The German Polity, New York-London 1978.

Lewis J. Edinger, West German Politics, New York 1986.

Thomas Ellwein/Joachim Jens Hesse, Das Regierungssystem der Bundesrepublik Deutschland, Opladen 1987[6].

Eckhard Jesse, Die Demokratie der Bundesrepublik Deutschland, Berlin 1986[7].

Nevil Johnson, State and Government in the Federal Republic of Germany, Oxford u. a. 1983[2].

Frank Pilz, Einführung in das politische System der Bundesrepublik Deutschland, München 1977.

Wolfgang Rudzio, Das politische System der Bundesrepublik Deutschland, Opladen 1987[2].

Kurt Sontheimer, Grundzüge des politischen Systems der Bundesrepublik Deutschland, München 1989[4].

67 Vgl. Uwe Backes/Eckhard Jesse, Politischer Extremismus in der Bundesrepublik Deutschland, 3 Bde., Köln 1989.

Einzelne Bereiche:

ULRICH VON ALEMANN, Organisierte Interessen in der Bundesrepublik, Opladen 1987.
KLAUS VON BEYME/MANFRED G. SCHMIDT (Hrsg.), Politik in der Bundesrepublik Deutschland, Opladen 1990.
JÜRGEN W. FALTER (Hrsg.), Politische Willensbildung und Interessenvermittlung, Opladen 1984.
ALFRED GROSSER, Geschichte Deutschlands seit 1945, München 1980[8].
CHRISTIAN HACKE, Weltmacht wider Willen, Stuttgart 1988.
HANS-HERMANN HARTWICH (Hrsg.), Policy-Forschung in der Bundesrepublik Deutschland, Opladen 1985.
MAX KAASE/HANS-DIETER KLINGEMANN (Hrsg.), Wahlen und Wähler, Opladen 1990.
HANS-DIETER KLINGEMANN/MAX KAASE (Hrsg.), Wahlen und politischer Prozeß, Opladen 1986.
CHRISTINE LANDFRIED, Bundesverfassungsgericht und Gesetzgeber, Baden-Baden 1984.
HEINZ LAUFER, Das föderative System der Bundesrepublik Deutschland, München 1985[5].
HERMANN MEYN, Massenmedien in der Bundesrepublik, Berlin 1985.
ALF MINTZEL/HEINRICH OBERREUTER (Hrsg.), Parteien in der Bundesrepublik Deutschland, Bonn 1990.
HILTRUD und KARL-HEINZ NAßMACHER, Kommunalpolitik in der Bundesrepublik Deutschland, Opladen 1979.
KARLHEINZ NICLAUß, Kanzlerdemokratie, Stuttgart u. a. 1988.
HEINZ RAUSCH, Politische Kultur in der Bundesrepublik Deutschland, Berlin 1980.
WOLFGANG RUDZIO, Die organisierte Demokratie. Parteien und Verbände in der Bundesrepublik, Stuttgart 1982[2].
PETER SCHINDLER, Datenhandbuch zur Geschichte des Deutschen Bundestages 1980 bis 1987, Baden-Baden 1988.
HANS-PETER SCHWARZ (Hrsg.), Handbuch der deutschen Außenpolitik, München-Zürich 1975.
GORDON SMITH U. A. (Hrsg.), Developments in West German Politics, Durham 1989.
KURT SONTHEIMER/HANS H. RÖHRING (Hrsg.), Handbuch des politischen Systems der Bundesrepublik Deutschland, München-Zürich 1977.
RICHARD STÖSS (Hrsg.), Parteien-Handbuch, 2 Bde., Opladen 1983/84.
UWE THAYSEN, Parlamentarisches Regierungssystem in der Bundesrepublik Deutschland, Opladen 1976.
WERNER WEIDENFELD/HARTMUT ZIMMERMANN (Hrsg.), Deutschland-Handbuch, Bonn 1989.

Ronald Clapham

Strukturen und Prozesse in der Industriegesellschaft

Einleitung

Industrielle Gesellschaften sind durch ständige Veränderungen der technologischen, wirtschaftlichen und gesellschaftlichen Strukturen und Prozesse gekennzeichnet. Der Einfluß von Kräften, die hier auf einen Wandel drängen, ist vielfältig und stark, er führt innerhalb kurzer Zeitspannen zu weitreichenden Veränderungen.

Von welchen institutionellen Voraussetzungen ist bei der Untersuchung von strukturellen Veränderungen in der Industriegesellschaft der Bundesrepublik Deutschland auszugehen? Welche Formen und Entwicklungslinien des wirtschaftlichen Strukturwandels lassen sich feststellen? Welches sind die Ursachen und die Folgen dieses strukturellen Wandels? Ergeben sich hier neue Aufgaben für die Wirtschaftspolitik und die Sozialpolitik? Das sind die Kernfragen, die in diesem Text behandelt werden.

Der Beitrag ist nach folgenden Überlegungen gegliedert: Strukturen und Prozesse in der Industriegesellschaft sind das Ergebnis wirtschaftsbezogenen menschlichen Handelns. Es wird sowohl von sittlichen, gesellschaftlichen und gesetzlichen Regeln als auch von den materiellen Bedingungen beeinflußt. Daher ist es zweckmäßig, die Regeln zu beschreiben, welche den Rahmen für das wirtschaftliche Handeln der Menschen in der Bundesrepublik bilden. Es geht dabei zunächst um die ordnungspolitischen Strukturen. Dann wird die Rolle der Wirtschaftspolitik in der demokratischen Gesellschaftsordnung behandelt (Kapitel I).

Bei der Erörterung des Strukturwandels als dem herausragenden Kennzeichen der Industriegesellschaft soll erst dargestellt werden, welche Erscheinungsformen und Entwicklungslinien erkennbar sind. Danach sind die Ursachen für die strukturellen Veränderungen im einzelnen zu diskutieren (Kapitel II).

Die zeitlich oftmals erheblich verzögerte Wirkung des Strukturwandels ist einerseits die gesamtwirtschaftliche Entwicklung, andererseits führt der Strukturwandel in einer Gesellschaft zu vielen ökonomischen, sozialen und umweltbezogenen Problemen. Diese Problemfelder sollen verdeutlicht und die daraus entstehenden Aufgaben für die Politik, insbesondere für die Wirtschafts- und Sozialpolitik aufgezeigt werden (Kapitel III).

I. Die Wirtschaftsordnung der Sozialen Marktwirtschaft als Rahmenbedingung für den Wirtschaftsprozeß

In der Marktwirtschaft werden wirtschaftsbezogene Entscheidungen von einer sehr großen Anzahl von Wirtschaftssubjekten bzw. Wirtschaftseinheiten (Unternehmen und Haushalte) getroffen. Das daraus hervorgehende wirtschaftliche Handeln im Zeitablauf macht den Wirtschaftsprozeß aus. Das Handeln der Einzelpersonen und Institutionen verläuft nicht zufällig und chaotisch, sondern ökonomische Überlegungen und Handlungen erfolgen stets im Rahmen einer Wirtschaftsordnung und haben nur in bezug auf eine solche Ordnung einen Sinn. Was eine Wirtschaftsordnung ist, woraus sie im einzelnen besteht und wie sie funktioniert, soll daher als erstes erklärt werden.

Der Begriff »Soziale Marktwirtschaft« bezeichnet seit 1948 die Wirtschaftsordnung in den Westzonen bzw. in der Bundesrepublik Deutschland. Sie ist als eine neuartige Synthese zwischen rechtsstaatlich gesicherter, wirtschaftlicher Freiheit und sozialstaatlichen Idealen sozialer Sicherheit und sozialer Gerechtigkeit von Alfred Müller-Armack entwickelt worden[1]. Er baute dabei auf Gedanken auf, die von neoliberalen Sozialökonomen wie Alexander Rüstow und Wilhelm Röpke und von Wissenschaftlern der Freiburger Schule wie Walter Eucken und Franz Böhm stammten[2]. Die politische Durchsetzung des Konzeptes der Sozialen Marktwirtschaft seit 1948 ist in besonderer Weise mit den Leistungen von Ludwig Erhard verbunden.

Für die folgenden Erläuterungen ist zu unterscheiden,

- ob das ordnungspolitische Leitbild der Sozialen Marktwirtschaft gemeint ist im Sinne einer gedachten und zugleich gewollten zukünftigen Ordnung gesellschaftlicher und wirtschaftlicher Prozesse und Zustände oder
- ob die Umsetzung des Konzeptes in Gesetzesnormen und wirtschafts- und sozialpolitische Zielnormen angesprochen wird oder
- ob die tatsächlich bestehende Wirtschaftsordnung zu einem bestimmten Zeitpunkt Gegenstand der Beschreibung ist.

Es wird sich zeigen, daß die Soziale Marktwirtschaft im Spannungsverhältnis zwischen Leitbild und politischer wie wirtschaftlicher Realität für Veränderungen im Zeitablauf offen war. Neue ökonomische und soziale Probleme konnten so im Rahmen der marktwirtschaftlichen Ordnung bewältigt werden.

1. Die Bedeutung der Wirtschaftsordnung im Rechts- und Sozialstaat

Wirtschaften in modernen Industriegesellschaften ist ein sehr komplexes, arbeitsteiliges Geschehen. Leistungsfähigkeit und Leistungsbereitschaft des einzelnen sowie der Gesellschaft als Ganzes reichen allerdings allein nicht aus, um wirtschaftlichen Wohl-

---

1 Das Leitbild und der Begriff der Sozialen Marktwirtschaft stammen von Müller-Armack. Vgl. Alfred Müller-Armack, Wirtschaftslenkung und Marktwirtschaft (1946), wiederabgedruckt in: ders. (Hrsg.), Wirtschaftsordnung und Wirtschaftspolitik, Freiburg 1966, S. 78ff.

2 Vgl. Heinz Lampert, Die Wirtschafts- und Sozialordnung der Bundesrepublik Deutschland, München 1988[10], S. 84–88. Wegweisend für die ordnungspolitische Diskussion war die Arbeit von Walter Eucken, Grundsätze der Wirtschaftspolitik (1952) Tübingen–Zürich 1960[3].

stand und soziale Sicherheit herbeizuführen. Unverzichtbar sind institutionelle Voraussetzungen, meistens in Form von gesetzlichen Regeln. Sie schaffen den Rahmen dafür, wie wirtschaftliches Handeln geplant, organisiert und koordiniert werden kann. Außerdem bestehen in jeder Gesellschaft sich im Zeitablauf verändernde Vorstellungen über menschenwürdige Lebensbedingungen, zu deren Verwirklichung ebenfalls Regeln und Institutionen erforderlich sind.

Die Bedeutung der Wirtschaftsordnung ist ganz allein darin zu sehen, daß sie rechtliche und andere institutionelle Rahmenbedingungen für das wirtschaftliche und soziale Handeln der Wirtschaftssubjekte und der Träger der Wirtschaftspolitik setzt. Dabei geht es um drei Aufgaben[3].

1.1 Die sozio-technische Aufgabe

Eine grundlegende ordnungspolitische Aufgabe ist es, für eine Volkswirtschaft, die durch einen arbeitsteiligen Wirtschaftsprozeß charakterisiert ist, die Funktionsfähigkeit herzustellen und zu sichern. Es bestehen hunderttausende, dezentralisierte wirtschaftliche Einheiten (Unternehmen und private Haushalte). Die Arbeitsteilung ist durch räumliche, sachliche und zeitliche Trennung von Produktion und Konsum gekennzeichnet. Man benötigt daher Regeln und Institutionen, um zwischen den Wirtschaftseinheiten in einer arbeitsteiligen Gesellschaft überhaupt ökonomische Beziehungen herbeizuführen und um die gewünschten wirtschaftlichen Transaktionen möglichst kostengünstig, sicher und störungsfrei abzuwickeln.

Arbeitsteilung und Marktwirtschaft setzen einerseits voraus, daß geeignete institutionelle und abwicklungstechnische Bedingungen bestehen, andererseits sind sie zugleich die Ursachen für die Suche nach noch besseren Regeln und Institutionen. Beispiele für die hier angesprochenen Institutionen sind die Regeln für die Produktion und die Märkte; diese werden auch als Produktions- und Marktverfassung bezeichnet. Dabei geht es u.a. um den Zugang von Wirtschaftssubjekten zu den Güter- und zu den Faktormärkten (Arbeits-, Kapital- und Bodenmarkt), um den Schutz von Personen und Sachen bei der Produktion selbst, um die Schaffung von Markttransparenz sowie um den Schutz vor wirtschaftlichem Machtmißbrauch.

Die Märkte, welche die dezentralisierten Wirtschaftseinheiten miteinander verbinden und wirtschaftliche Transaktionen erleichtern sollen, sind in der Wirtschaftspraxis sehr unterschiedlich organisiert. So kann der Marktzugang für Anbieter und Nachfrager völlig frei sein, was der Marktwirtschaft entspricht. Wenn der Marktzugang teilweise begrenzt ist, weil private oder staatliche Markthindernisse bestehen (z.B. eine Behinderung durch Lieferungsverweigerung oder ein staatlich regulierter Marktzugang im Güterverkehr), wird die wirtschaftliche Entscheidungs- und Handlungsfreiheit eingeschränkt. Damit wäre die Freiheit des Wettbewerbs als Grundlage der Marktwirtschaft behindert. Die Preise, die auf den Märkten bestehen, können aufgrund von Angebot und Nachfrage frei entstanden sein (Wettbewerbspreise als echte Marktpreise). Wenn sie jedoch aufgrund privater bzw. staatlicher Interventionen festgelegt oder kontrolliert werden, haben wir es nicht mehr mit Marktpreisen zu tun, die flexibel auf veränderte Angebots- und Nachfragebedingungen reagieren.

---

3 Vgl. H. Lampert (Anm. 2), S. 17–26.

Von großer Bedeutung sind auch die rechtlichen Regeln für den wirtschaftlichen Austausch. So führt zum Beispiel die Anerkennung allgemeiner Geschäftsbedingungen dazu, die Kosten für einzelne wirtschaftliche Transaktionen gering zu halten und zu verringern. Bei der Existenz von allgemein anerkannten Vertragsnormen entstehen für Verkäufer und Käufer wesentlich geringere Kosten für die Information und für die Absicherung des individuellen Tauschgeschäftes.

1.2 Die Aufgabe der Koordinierung wirtschaftlicher Aktivitäten

Die zweite Aufgabe entsteht aufgrund des Problems ökonomischer Knappheit. Zu einem bestimmten Zeitpunkt gibt es in einer Volkswirtschaft nur eine begrenzte Ausstattung mit wirtschaftlichen Ressourcen, d. h. mit den Produktionsfaktoren Arbeit, Kapital und Boden (Natur). Gleichzeitig bestehen in der Gesellschaft individuelle und kollektive Wünsche hinsichtlich der Nutzung von Gütern (z. B. für Nahrungsmittel, Bekleidung, Wohnung, Schulausbildung, Gesundheitsversorgung). Zwischen diesen Nachfragerwünschen einerseits und der volkswirtschaftlichen Ressourcenausstattung andererseits besteht ein Ungleichgewicht, denn die Wünsche der Nachfrager übersteigen insgesamt die Produktionsmöglichkeiten der Volkswirtschaft. Es sind also die Produktionsfaktoren knapp, folglich auch die gewünschten Güter. Daher muß man möglichst genau herausfinden, welcher Bedarf an Gütern mit welcher Dringlichkeit in der Gesellschaft besteht, welche Produktionsressourcen im einzelnen vorhanden sind und wie man sie ihrer Knappheit entsprechend bewertet. Schließlich ist zu überlegen, wie man die relativ knappen Ressourcen möglichst zweckmäßig einsetzt, um Güter zu produzieren.

Die entscheidende Aufgabe ist somit die Lenkung des Wirtschaftsprozesses selbst. Er muß sachlich, zeitlich und räumlich getrennt werden, so daß die Produkte in gewünschten Mengen und Qualitäten zum richtigen Zeitpunkt und am richtigen Ort erhältlich sind. Damit ist eine sehr komplexe Koordinierungsaufgabe umschrieben, die sowohl auf der gesamtwirtschaftlichen wie auch auf der betrieblichen Ebene zu lösen ist. Die Lösung dieser Aufgabe erfordert es, geeignete Regeln und Institutionen zu entwickeln, die dafür sorgen, daß alle wirtschaftlichen Aktivitäten auf das Ziel ausgerichtet werden, die Knappheit an produzierten Gütern bestmöglich zu überwinden.

In einer marktwirtschaftlichen Ordnung bedient man sich zur Lösung dieser Aufgabe der Märkte und Preise. Durch die Einrichtung von Güter- und Faktormärkten sowie durch die freie Preisbildung versucht man, die dezentrale Planung der Wirtschaftseinheiten zu koordinieren. Eine Vielzahl von Preisen spiegelt die sich aus Angebot und Nachfrage ergebenden Knappheitsverhältnisse wider. Normalerweise signalisieren steigende Preise, daß dieses Produkt, gemessen an der Gesamtnachfrage, relativ knapp ist und es daher für gewinnorientierte Unternehmen lohnend ist, verstärkt Produktionsfaktoren in die Herstellung dieses Gutes zu leiten. Preise und Preisveränderungen auf Märkten haben eine Informationsfunktion und werden als ökonomische Knappheitssignale verstanden.

Preise haben aber zugleich eine Sanktionsfunktion. Bei der Nutzung knapper Ressourcen werden deren Preise zu Kosten der Produktion eines Gutes. Bei steigender Nachfrage nach einem Gut erhöhen sich mit dessen Preis die gesamtwirtschaftlichen

Opportunitätskosten seiner Nutzung, d.h. der Verzicht auf das sonst alternativ herstellbare Gut fällt immer stärker ins Gewicht. Die Verwendung der Ressourcen für Güter niedrigerer Dringlichkeit der Nachfrage wird ausgeschlossen.

1.3 Die gesellschaftspolitische Aufgabe

Die beiden bisher behandelten ordnungspolitischen Aufgaben betrafen vorwiegend ökonomisch-organisatorische Probleme. Hierbei ging es um Regeln und Institutionen, die insgesamt als »Sozialtechnologie« interpretiert werden können. Vielfach ist die Aufgabe einer Wirtschaftsordnung auf diese sozialtechnologischen Aspekte beschränkt und damit nur unvollständig erkannt worden. Das hat dazu geführt, daß beim Auftreten erheblicher Spannungen zwischen Ressourcen und Nachfrage, bzw. beim Vorliegen neuer ökonomischer Probleme, die Lösung gelegentlich darin gesehen wurde, die institutionellen Bedingungen und Ablaufregeln zu verändern. Die Aufgabe reduzierte sich somit darauf, die Sozialtechnologie anders zu konstruieren. Diese Auffassung ist jedoch als ein technokratisches Mißverständnis der Marktwirtschaft zu kritisieren.

Zwar ist es zutreffend, daß die Regeln und Institutionen der Marktwirtschaft sachlich richtig und ökonomisch leistungsfähig sein müssen, aber – und das unterscheidet das Leitbild der Sozialen Marktwirtschaft von der reinen Marktwirtschaft, der kapitalistischen Ordnung – zugleich müssen diese Regeln und Institutionen sozial vertretbar sein. Der konzeptionelle Ansatz der Sozialen Marktwirtschaft beruht nicht darauf, neben den sachlich-funktionellen Anforderungen an Regeln und Institutionen lediglich zusätzlich sozial-ethische Anforderungen zu berücksichtigen. Die sozial-philosophisch bzw. theologisch begründeten ethischen Anforderungen sind nicht nur ein Aspekt neben den ökonomischen und politischen oder den anderen Aspekten übergeordnet, sondern sie sind auch komplementär zu den Sachzusammenhängen zu sehen.

Dabei geht es um die Gestaltung der institutionellen Bedingungen in einer Weise, daß sie ein ökonomisches Handeln entsprechend ethischer Normen fördern. Man kann hier von einem interdependenten Ansatz sprechen, da in ihm sozial-ethische und ökonomisch-institutionelle Überlegungen in einer gleich geordneten Wechselwirkung zueinander stehen. Die Suche und Entwicklung von geeigneten Regeln und Institutionen, die das individuelle Wirtschaftsverhalten steuern sollen, wird also durch funktionale und ethische Maßstäbe gemeinsam bestimmt. Die Wertbasis der Sozialen Marktwirtschaft besteht im Kern aus christlichen und anthropologischen Wertvorstellungen. Sie haben zu einem ordnungspolitischen Leitgedanken geführt, der sich wie folgt zusammenfassen läßt: Die menschliche Person ist und muß Ursprung, Träger und Ziel aller sozialen Gestaltungen sein.

Diese Überlegungen haben dazu geführt, die gesellschaftspolitische Aufgabe als eine zusätzliche und gleichrangige Aufgabe bei der Gestaltung der Wirtschaftsordnung zu sehen. Konkret geht es um das Verhältnis von marktwirtschaftlicher Ordnung des ökonomischen Geschehens zur freiheitlich-demokratischen Verfassungsordnung. Zwischen der wirtschaftlichen und der politischen Ordnung besteht ein struktureller Zusammenhang. Die Verwirklichung individueller politischer Freiheitsrechte wird in einer freiheitlichen Gesellschaft in hohem Maße durch die Rahmenbedingungen bestimmt, die die Wirtschaftsordnung setzt. Erst sie ermöglicht jedem Bürger die verantwortliche Teilnahme am Wirtschaften und der Teilhabe am Wirtschaftsergebnis.

So ist beispielsweise das politische Recht auf freie Entfaltung der Persönlichkeit auf vielfache Weise von ökonomischen Handlungsbedingungen abhängig. Die Gewährleistung des Privateigentums an Produktionsmitteln, die freie Berufs- und Arbeitsplatzwahl, die Produktions- und Handelsfreiheit, die Konsumfreiheit u. a. tragen dazu bei, die in der Verfassung garantierten politischen Freiheitsrechte für den einzelnen zu realisieren. Somit ist die Wirtschaftsordnung eine Teilordnung, die ähnlich wie die politische oder die kulturelle Ordnung die tatsächlichen Lebensbedingungen mitbestimmt. Mit einer freiheitlich-demokratischen Verfassungsordnung ist daher nur eine Wirtschaftsordnung vom Typ der marktwirtschaftlichen Ordnung vereinbar und umgekehrt. So ist im Grundgesetz eine Entscheidung für Wirtschaftsordnungen mit primär staatsbürgerlicher Planung gefallen.

Enthält die Verfassung ein Sozialgebot, so erfordert dies institutionelle Vorkehrungen für das soziale Handeln des Staates. Dabei geht es um Handeln unter Beachtung des Sozialstaatsprinzips und bestimmter sozialer Grundwerte, die insbesondere Grundwerte des Bürgers gegenüber dem Staat betreffen. Die somit notwendige Sozialordnung muß mit der Wirtschaftsordnung abgestimmt sein, es besteht ein komplementäres Verhältnis. »Im engeren Sinne versteht man unter Sozialordnung die Gesamtheit der Institutionen und Normen zur Regelung der sozialen Stellung von Individuen und Gruppen in der Gesellschaft – soweit sie wirtschaftlich bedingt ist (z. B. durch Einkommen, Vermögen, Beruf) – sowie zur Regelung der wirtschaftlich begründeten sozialen Beziehungen zwischen Gesellschaftsmitgliedern (z. B. der Arbeitgeber-Arbeitnehmerbeziehungen).«[4]

Die Antworten auf die erläuterten drei ordnungspolitischen Aufgaben machen gemeinsam den Inhalt einer Wirtschaftsordnung aus. Zusammenfassend läßt sich daher feststellen: Jede Wirtschaftsordnung besteht aus einer spezifischen Kombination von Regeln und Institutionen für den sozio-ökonomischen Bereich. Sie betreffen wirtschaftliche Einrichtungen und Verhaltensweisen und ordnen die Beziehungen zwischen den dezentralen Wirtschaftseinheiten. Die Regeln und Einrichtungen sind aufgrund bestimmter gesellschaftlicher und ökonomischer Zielvorstellungen und bestimmter materieller Bedingungen entwickelt worden. Überwiegend sind sie in der Verfassung sowie in Gesetzen, Verordnungen und Erlassen verankert, insofern spricht man von der Wirtschaftsverfassung eines Landes. Die Soziale Marktwirtschaft als Konzept ist folglich ein Gesamtbündel von Antworten auf die sozio-technische Aufgabe, die Koordinierungsaufgabe und die gesellschaftspolitische Aufgabe.

2. Aufbau und Funktionsweise der Sozialen Marktwirtschaft

Wie muß die Wirtschafts- und Sozialordnung beschaffen sein, in der sich ein menschenwürdiges und wirtschaftlich erfolgreiches Leben entwickeln kann? Diese Frage beschreibt in aller Kürze die Aufgabe, welche diejenigen geleitet hat, die das Konzept der Sozialen Marktwirtschaft geistig vorbereitet, entwickelt und politisch umgesetzt

4 Ebd., S. 64.

haben. In einem andauernden Prozeß wissenschaftlicher und politischer Diskussion ist die Soziale Marktwirtschaft als Leitbild und als konkrete Wirtschaftsordnung geformt worden. In einem parlamentarisch-demokratischen System ist zu beobachten, daß die Entwicklung und Verwirklichung von Institutionen und Regeln in den einzelnen Gebieten der Wirtschafts- und Sozialpolitik wegen vielfältiger, oft auch gegensätzlicher Interessen der Betroffenen Kompromisse erfordert. So können ursprüngliche wirtschafts- und sozialpolitische Leitbilder und Prinzipien nicht auf allen Gebieten in geeignete Institutionen und Maßnahmen umgesetzt werden, und die ordnungspolitische Vereinbarkeit der gefundenen Einzellösungen auf verschiedenen Teilgebieten ist zuweilen fraglich. Bei der Gestaltung der Wirtschaftsordnung der Sozialen Marktwirtschaft sind drei Bereiche von herausragender Bedeutung: die Wettbewerbsordnung, die Geldordnung und die Sozialordnung.

2.1 Wettbewerbsordnung

Bestand und Leistungsfähigkeit der modernen Marktwirtschaft hängen davon ab, daß Wettbewerb als Instrument der Lenkung des Wirtschaftsprozesses wirksam ist. Das Leitbild in der Sozialen Marktwirtschaft ist der freie, funktionsfähige Wettbewerb auf allen Märkten. Ein so verstandener wirtschaftlicher Wettbewerb hat verschiedene Aufgaben:

Steuerungsfunktion: Der Wettbewerb auf den Gütermärkten bewirkt, daß die Produktion ständig an die Nachfrage und die Veränderungen der Nachfragestruktur der Konsumenten angepaßt wird. Dadurch werden die Produktionsfaktoren Arbeit, Kapital und Boden (bzw. Natur) in ihre für die Gesamtwirtschaft produktivste Verwendung geleitet. Der Wettbewerb soll gewährleisten, daß einzelwirtschaftliche und gesamtwirtschaftliche Interessen zur Übereinstimmung kommen.

Antriebsfunktion: Wettbewerb ist dasjenige Verfahren, daß von allen bisher bekannten am besten geeignet ist, optimale Lösungen für ökonomische (wie auch technische) Probleme zu finden. Hinsichtlich der Informationsverarbeitung und des Handlungsanreizes ist die Leistungsfähigkeit wettbewerblicher Märkte bislang unübertroffen. Daher wird der Wettbewerb auch als ein »Entdeckungsverfahren« bezeichnet, das gestattet, die Ideen zur Lösung von Problemen, die in einer Gesellschaft zunächst nur verstreut und punktuell vorhanden sind, zu mobilisieren und zu testen. So können sich persönliche Initiative, Flexibilität und Risikobereitschaft entwickeln, ohne die es nicht zu technologischen und organisatorischen Neuerungen kommt. Der Wettbewerb sorgt bei den Unternehmen für einen hohen Anreiz, durch Einsparen von Kosten und durch technische Pionierleistungen Vorsprünge gegenüber den Konkurrenten zu erzielen.

Verteilungsfunktion: Bei funktionsfähigem Wettbewerb werden die Produktionsfaktoren Arbeit, Kapital und Boden grundsätzlich entsprechend ihrer produktiven Leistungen für den Markt bezahlt. Nach den Marktleistungen entsteht zunächst die sogenannte *primäre Einkommensverteilung* zwischen denen, die Arbeit, Kapital und Boden in den Produktionsprozeß einbringen. Damit ist Wettbewerb ein wichtiges Instrument, um in der Gesellschaft das Entstehen funktionsloser, d. h. nicht marktleistungsbezogener Einkommen zu verhindern und dafür zu sorgen, daß Einkommen aufgrund einer Monopolstellung (z. B. einer Erfindung) nur vorübergehend bestehen. Die Verteilung der Einkommen nach den marktbezogenen Leistungen ist der Ausgangspunkt, um über Steuer- und Sozialabgaben einerseits und staatliche Transferzahlungen andererseits zu der politisch gewünschten Korrektur der Einkommensverteilung zu kommen *(sekundäre Einkommensverteilung)*.

Wettbewerb hat außerdem als Institution eine bedeutende gesellschaftliche Funktion. Die Wettbewerbsfreiheit, d.h. die wirtschaftliche Entscheidungs- und Handlungsfreiheit aller Teilnehmer am Wirtschaftsleben, ist ein notwendiger Bestandteil einer freiheitlichen politischen Ordnung. Denn erst durch die Möglichkeit zur Freiheit der Entscheidung des Handelns schafft man für den einzelnen die Voraussetzungen, die in der Verfassung niedergelegten politischen, ökonomischen und sozialen Freiheitsrechte zu verwirklichen. Beispielsweise ist das Grundrecht der freien Entfaltung der Persönlichkeit des einzelnen (Grundgesetz Art. 2) auf das engste verknüpft mit der Möglichkeit nach freier und eigenverantwortlicher Entscheidung bei der Wahl des Berufes, des Arbeitsplatzes, der Verwendung des Einkommens und der Art der Produktion. Diese zentrale gesellschaftliche Bedeutung des wirtschaftlichen Wettbewerbs als Institution wird im Konzept der Sozialen Marktwirtschaft besonders betont.

Sowohl die ökonomische wie auch die gesellschaftliche Bedeutung des freien, funktionsfähigen Wettbewerbs machen es notwendig, ihn als Instrument und als Institution vor Beeinträchtigungen zu schützen. Eine vorrangige ordnungspolitische Aufgabe des demokratischen und sozialen Rechtsstaates ist daher der Aufbau und der Schutz einer Wettbewerbsordnung.

Dazu trägt in der Bundesrepublik ganz wesentlich das Gesetz gegen Wettbewerbsbeschränkungen (GWB) bei, das seit 1958 in Kraft ist. Es ist seither durch fünf Gesetzesnovellen (zuletzt 1989) verändert worden. Sie haben die Wettbewerbsbestimmungen des Gesetzes erweitert, verschärft und modifiziert. Die wichtigsten Regeln des GWB zum Schutz der Wettbewerbsordnung sind:

- Es verbietet grundsätzlich Beschränkungen des Wettbewerbs durch Vereinbarungen zwischen Unternehmen, Kartellverträge und -beschlüsse), durch abgestimmte Verhaltensweisen oder durch entsprechende Empfehlungen oder durch vertikale Preisbindungen.
- Marktbeherrschende Unternehmen (d.h. Monopole, Quasi-Monopole und Unternehmen mit überragender Marktstellung) sind, da sie nicht oder zu wenig dem Wettbewerb ausgesetzt sind, besonderen Regelungen unterworfen. Es gibt die Mißbrauchskontrolle (bei mißbräuchlicher Ausnutzung einer marktbeherrschenden Stellung auf der Anbieter- oder Nachfragerseite) und ein Verbot von wettbewerbsbeschränkenden Behinderungs- und Diskriminierungsstrategien.
- Um die Vermachtung der Märkte durch übermäßige Unternehmenskonzentration zu verhindern, besteht außerdem eine Kontrolle des Zusammenschlusses von großen Unternehmen. Diese Fusionskontrolle erfolgt bei Beteiligung besonders großer Unternehmen bereits vor dem geplanten Zusammenschluß (vorbeugende Fusionskontrolle).

Ordnungspolitisch wichtig ist, daß lt. GWB das Bundeskartellamt (Berlin) als selbständige Bundesoberbehörde – zum Geschäftsbereich des Bundesministers für Wirtschaft gehörend – gemeinsam mit den Landeskartellbehörden für die Durchsetzung der Bestimmungen zuständig ist. Man bezeichnet diese Behörde daher oft als Hüterin des Kartellgesetzes. Zur Information der Öffentlichkeit legt das Bundeskartellamt alle zwei Jahre einen Bericht über seine Tätigkeit sowie über die Lage und Entwicklung auf seinem Arbeitsgebiet vor. Die Bundesregierung hat diesen Bericht dem Bundestag unverzüglich mit ihrer Stellungnahme zuzuleiten. Damit steht der Öffentlichkeit in Form einer Drucksache des Deutschen Bundestages regelmäßig eine Bestandsaufnahme der Wettbewerbsrealität zur Verfügung[5].

Ferner besteht seit 1973 als unabhängige Kommission die Monopolkommission. Sie besteht aus fünf Mitgliedern, die über besondere volkswirtschaftliche, betriebswirtschaftliche, sozialpolitische, technologische oder wirtschaftsrechtliche Kenntnisse und Erfahrungen verfügen müssen. Ihre Aufgabe ist es, alle zwei Jahre ein Gutachten zum Stand und zur Entwicklung der Unternehmenskonzentration zu erstellen. Auch hier ist geregelt, das Gutachten unverzüglich der Bundesregierung vorzulegen, die es ihrerseits ohne Verzögerung dem Parlament zu übergeben hat. Zum gleichen Zeitpunkt veröffentlicht es die Monopolkommission. Sie hat außerdem im Regierungsauftrag oder aus Eigeninitiative Sondergutachten und Stellungnahmen zu erarbeiten, z.B. bei Anträgen von Unternehmen auf die sogenannte Ministererlaubnis, wenn die Kartellbehörde eine geplante Fusion abgelehnt hat.

Diese Bestimmungen sind wichtig, um Wettbewerbsfreiheit zu sichern und wirksamen Wettbewerb zu entwickeln, sie reichen aber alleine dazu nicht aus. Vielmehr ist zur Sicherung der Leistungsfähigkeit der marktwirtschaftlichen Ordnung für die gesamte Wirtschaftspolitik eine konsequente wettbewerbliche Ausrichtung erforderlich. Daher sollte bei allen ordnungs-, struktur- und prozeßpolitischen Einzelmaßnahmen in den verschiedenen Bereichen der Volkswirtschaft geprüft werden, ob sie die Wettbewerbsfreiheit schützen und fördern. Insbesondere sind hier die verschiedenen Wettbewerbseffekte zu berücksichtigen, die von der Außenhandelspolitik, der Wechselkurspolitik, der Steuer- und Subventionspolitik und von der Politik der öffentlichen Beschaffung ausgehen. In diesem umfassenden Sinne, als Wettbewerbsrecht und als wettbewerbsfördernde Wirtschaftspolitik, ist die Wettbewerbspolitik ein zentraler Bereich der Ordnungspolitik in der Sozialen Marktwirtschaft.

2.2 Geldordnung

Geldwertstabilität ist eine weitere Voraussetzung dafür, daß die Marktwirtschaft wirtschaftlich und sozial leistungsfähig ist. Eine Wettbewerbsordnung kann nur funktionieren, wenn die Stabilität des Geldwertes gesichert ist. Zu Recht hatte Walter Eucken bei den Überlegungen zur Interdependenz der konstituierenden und regulierenden Prinzipien für die Politik der Wettbewerbsordnung den Rang der Währungspolitik besonders hervorgehoben. Er sprach vom Primat der Währungspolitik für die Wettbewerbsordnung[6].

Da in einer marktwirtschaftlichen Ordnung die wettbewerbsbedingten Marktpreise die ökonomischen Entscheidungen und Handlungen der vielen Produzenten und Konsumenten steuern sollen (marktwirtschaftliches Lenkungssystem), ist monetäre Stabilität erforderlich. Die große wirtschaftliche und soziale Bedeutung eines

5 Vgl. Bericht des Bundeskartellamtes über seine Tätigkeit in den Jahren 1989/90 sowie über die Lage und Entwicklung auf seinem Aufgabengebiet (§ 50 GWB), Deutscher Bundestag, Drucksache 12/847 vom 26. Juni 1991.

6 Vgl. W. Eucken (Anm. 2), S. 256.

stabilen Geldwertes läßt sich am besten verdeutlichen, wenn man beispielsweise die Folgen der Inflation untersucht. Mit Inflation bezeichnet man einen anhaltenden Prozeß der Geldentwertung, der sich im Anstieg des allgemeinen Preisniveaus ausdrückt. Dieses kann an der Veränderung eines Preisindex, etwa für die Lebenshaltung, gemessen werden. Der prozentuale Anstieg des Preisindex in einem bestimmten Zeitabschnitt wird als Inflationsrate bezeichnet.

Die ökonomischen Folgen anhaltender jährlicher Preissteigerungsraten sind vielfältig. Die Aufteilung der knappen Produktionsfaktoren auf alternative Verwendungen, die Allokation, ist gesamtwirtschaftlich nicht optimal, es treten volkswirtschaftliche Wachstumsverluste ein. Die Lenkungsfunktion des Wettbewerbs wird geschwächt, so daß die Produzenten von Gütern den Präferenzen der Nachfrager nicht mehr bestmöglich zu folgen brauchen und die Produktionsfaktoren fehlgeleitet sein können. Die Zukunftsplanungen der Investoren werden erheblich erschwert, weil zu den Risiken des Marktes und der technologischen Entwicklung zusätzlich Unsicherheiten über das Ausmaß der erwarteten Preis- und Kostenentwicklungen kommen. Zudem ist die Geldillusion (d.h. die Erwartung hinsichtlich der Entwicklung des realen Geldwertes) bei Produzenten, Konsumenten, Investoren und Sparern unterschiedlich, so daß sie auf gleiche Preis- und Marktsignale in unterschiedlicher Weise reagieren.

Eine anhaltende Geldentwertung verringert den Realwert des Geldvermögens, während der des Sachvermögens erhalten bleibt. Inflation führt erfahrungsgemäß zu Verschiebungen in der Sachkapitalbildung, so daß die gesamte volkswirtschaftliche Investitions- und Produktionsstruktur und damit das Wachstumspotential verändert werden. Denn je höher die Inflation ist und je besser sie von den Wirtschaftssubjekten in ihren Entscheidungen vorweggenommen wird, desto mehr wird der Schutz vor der Inflation zum eigenständigen Investitionsziel. Daher kann es zur Kapitalflucht (Kapitalexport) und zur Flucht in die Sachwerte, d.h. zu verstärkten Investitionen in Grundstücke und Gebäude (Betongold), kommen.

Die Zerrüttung des Geldwesens führt über Effizienzverluste der Volkswirtschaft schließlich zur Lähmung der Wirtschaft. Die Alltagserfahrung bei der deutschen Inflation nach dem ersten Weltkrieg und bei der zunächst gestoppten, dann offenen Inflation während und nach dem Zweiten Weltkrieg war gekennzeichnet durch den Verfall der Wirtschaftsordnung und durch das Entstehen von Formen des Naturaltausches und der Eigenwirtschaft.

Jede Inflation hat außerdem negative soziale Auswirkungen. Sie verursacht eine Einkommensverteilung von Lohnbeziehern zu Gewinnbeziehern. Außerdem werden meistens die Bezieher von Transfereinkommen, also von Renten und Sozialleistungen, belastet. Die Umverteilung verläuft zu ungunsten der Arbeitnehmer und Rentner und zugunsten der Selbständigen bzw. der Unternehmer. Inflationsgeschädigte sind insbesondere diejenigen, die ihre Nominaleinkommen nicht fortlaufend der Rate der Geldentwertung anpassen können. Die Bezieher von Löhnen, Renten und Sozialleistungen sind in der Regel durch Verträge und Gesetze zeitlich an ein bestimmtes nominales Einkommen gebunden und erleiden daher bei der Geldentwertung im Zeitablauf einen Verlust an realem Einkommen.

Ferner verändert die Geldentwertung die Vermögensverteilung zu Lasten der Gläubiger und zugunsten der Schuldner. Die Gläubiger, etwa die Sparer, werden durch den inflationsbedingt sinkenden Realwert ihrer Forderungen belastet, die

Schuldner dagegen werden durch den sinkenden Realwert ihrer Verbindlichkeiten entlastet. Die Gläubiger erleiden auch Verluste, wenn die zur Kompensation erhöhten Zinssätze der Steigerung des Preisniveaus erst zeitlich verzögert folgen. Die Realzinsen für Spareinlagen – die wichtigste Geldvermögensanlage breiter Bevölkerungsschichten – folgen erfahrungsgemäß den Inflationsraten noch langsamer als die Realzinsen für festverzinsliche Industrie- und Staatsobligationen. So werden vor allem die wirtschaftlich Schwachen und die Anleger kleinerer Geldvermögen durch die Inflation geschädigt.

Geldwertstabilität ist für eine freiheitlich organisierte Gesellschaft auch deshalb von Bedeutung, weil eine Inflation die Möglichkeit der privaten Geld- und Sachvermögensbildung, insbesondere für die Altersversorgung, beeinträchtigt. Wenn private Vorsorge nicht ausreichend erfolgt, dann müssen kollektive Sicherungssysteme geschaffen werden, deren Finanzierung und Leistungsfähigkeit erhebliche gesellschaftspolitische Probleme aufwerfen können.

Wegen der erkannten negativen ökonomischen und sozialen Auswirkungen der Geldentwertung ist eine stabile Geldordnung ein Schwerpunkt in Leitbild und Praxis der Ordnungspolitik in der Sozialen Marktwirtschaft. Da Inflation kein Schicksal ist, sondern sich nur entfalten kann, wenn die Geldmenge nicht im Einklang mit dem Produktionspotential der Volkswirtschaft wächst, kommt der Kontrolle der Geldmenge die Schlüsselrolle bei der Stabilisierungsaufgabe zu. Das hat in der Bundesrepublik zu einer institutionellen Lösung geführt, nach der ausschließlich der Bund die Gesetzgebung über das Währungs-, Geld- und Münzwesen sowie über den Waren- und Zahlungsverkehr mit dem Ausland hat; die Zuständigkeit für die Versorgung der Wirtschaft mit Geld ist dagegen einer unabhängigen Institution, der Deutschen Bundesbank in Frankfurt am Main, übertragen worden.

Mit dem Gesetz über die Deutsche Bundesbank (BBankG von 1957) hat man eine Lösung gewählt, den staatlichen Einfluß auf die Geldversorgung der Volkswirtschaft zu verhindern und der für die Geldpolitik allein zuständigen Zentralbank Autonomie zuzuerkennen. Die Deutsche Bundesbank ist bei der Ausübung ihrer Befugnisse von Weisungen der Bundesregierung unabhängig. Sie ist gesetzlich verpflichtet, unter Wahrung ihrer primären Aufgabe, nämlich »die Währung zu sichern«, die allgemeine Wirtschaftspolitik der Regierung zu unterstützen. Das verfügbare Instrumentarium der Geld- und Währungspolitik wird im folgenden Abschnitt 3 erläutert.

Zwar hat der Bund das Recht zur Münzprägung, wobei allerdings die Verzögerung des Münzumlaufes der Zustimmung der Bundesbank bedarf. Aber die Münzen machen nur einen geringen Bruchteil des umlaufenden Notengeldes (Geldscheine) und einen noch geringeren Prozentsatz des gesamten Geldvolumens (Bargeld und Sichteinlagen inländischer Nichtbanken) aus.

Die Autonomie und Regierungsunabhängigkeit der Bundesbank ist auch daran erkennbar, daß gesetzlich fixiert ist, in welcher Höhe Kassenkredite an Bund und Länder gegeben werden können. Damit wird die Finanzierung von kurzfristigen Kassenfehlbeträgen im Lauf des Haushaltsvollzugs möglich, nicht aber die Finanzierung von Defiziten in öffentlichen Haushalten.

Die Entscheidungsautonomie der Bundesbank wird auch durch besondere institutionelle Regelungen abgesichert, wie etwa das Berufungsverfahren der Mitglieder des Zentralbankrates – zuständig für Währungs- und Kreditpolitik –, die Dauer ihrer Amtsperiode und die Regelung der Teilnahme von Regierungsmitgliedern an den

Sitzungen des Zentralbankrates. Die Deutsche Bundesbank äußert sich zu der gesamten Währungs- und Kreditpolitik in einem jährlichen Geschäftsbericht und außerdem in dem regelmäßig veröffentlichten Monatsbericht und Wochenausweis[7].

Die ordnungspolitische Entscheidung für eine autonome Zentralbank ist aus politischer Sicht zweifellos auch durch die Rolle der Deutschen Reichsbank unter dem nationalsozialistischen Regime beeinflußt worden. Die ursprünglich gesetzlich verankerte, unabhängige Stellung der Reichsbank wurde ab 1933 schrittweise eingeschränkt, schließlich bis zur Abhängigkeit vom Staat durch gesetzliche Weisungsgebundenheit. Damit war damals die Unterstützung der nationalsozialistischen Wirtschaftspolitik und die Finanzierung des Staatshaushaltes zu Rüstungszwecken erzwungen worden.

Geldwertstabilität hängt eng mit anderen gesamtwirtschaftlichen Zielen zusammen, vor allem mit hohem Beschäftigungsstand, stetigem und angemessenem Wirtschaftswachstum und außenwirtschaftlichem Gleichgewicht. Zum Zusammenhang zwischen Geldwertstabilität und Beschäftigungsniveau, der in der politischen Diskussion im Vordergrund steht, hat die Fülle bisheriger theoretischer und empirischer Untersuchungen gezeigt, daß in längerfristiger Perspektive Inflation kein geeignetes Mittel ist, um Beschäftigung (und Wirtschaftswachstum) zu steigern.

2.3 Sozialordnung

Wie ist in einer freiheitlichen Gesellschaftsordnung, die im Rahmen des Rechtsstaates wirtschaftliche Freiheiten gewährleistet, die soziale Ordnung zu gestalten? So lautet die Kernfrage für das Leitbild und die Realisierung der Sozialordnung in der Sozialen Marktwirtschaft. Es geht um die Entwicklung und Festlegung von sozialen Regeln und Institutionen und um die Rolle des Staates als Sozialstaat.

Ein Teil der erforderlichen Regelungen dient der Berücksichtigung sozialer Zielsetzungen bei der Gestaltung wirtschaftspolitischer Maßnahmen. »Die soziale Qualität einer marktwirtschaftlichen Ordnung hängt entscheidend davon ab, wie erstens das Problem der Einkommens- und Vermögensverteilung, zweitens das Problem der Verteilung wirtschaftlicher Macht und drittens das Problem der sogenannten sozialen Kosten gelöst wird.«[8] Letzteres betrifft die sozialen Zusatzkosten (oder externen Kosten), die bei Produktion und Konsum entstehen, aber nicht vom Verursacher, sondern von Dritten getragen werden.

Ein anderer Teil der erforderlichen sozialen Regelungen soll sicherstellen, daß für den einzelnen bei der Ausübung wirtschaftlicher Tätigkeiten die Persönlichkeitsrechte gewahrt und gefördert werden und daß der einzelne gegen allgemeine Lebensrisiken wie Unfall, Krankheit, Invalidität, Alter und Arbeitslosigkeit wirtschaftlich abgesichert ist. Die genannten Aufgaben haben vor allem in der Sozialpolitik zu einer großen Fülle von verschiedenen institutionellen und verfahrenstechnischen Vorschlägen und Praktiken geführt.

In der Entwicklung der Sozialen Marktwirtschaft ist erkennbar, daß sowohl im

---

7 Deutsche Bundesbank (Hrsg.), Geschäftsbericht der Deutschen Bundesbank für das Jahr 1990, Frankfurt/M. 1991.

8 H. Lampert (Anm. 2), S. 57.

ordnungspolitischen Leitbild als auch bei der ersten Umsetzung des Konzeptes in Gesetzes- und Zielnormen die Vorstellungen über die zu schaffende Sozialordnung sehr viel weniger ausgereift waren als die von der Gestaltung der Wettbewerbsordnung und der Geldordnung. Vor allem gab es keine umfassende konzeptionelle Vorstellung hinsichtlich einer »sozialen Ordnungspolitik«, so daß häufig Schwierigkeiten entstanden, die einzelnen, neu entwickelten Regeln und Institutionen in der Sozialordnung aufeinander abzustimmen.

Bei der Realisierung der Sozialordnung waren fünf Leitgedanken entscheidend:
Sozialstaatsprinzip: Die verfassungsrechtlichen Regeln im Grundgesetz der Bundesrepublik, die dem Staat soziales Handeln gebieten, betreffen zum einen das allgemeine Sozialstaatsprinzip und zum anderen die sozialen Grundwerte. Die Ausfüllung der Verfassungsregeln durch die Staatsrechtslehre und die Rechtsprechung haben zu der Meinung geführt, das Sozialstaatsprinzip verpflichte den Staat auf zwei allgemeine Ziele, nämlich den sozialen Ausgleich und die soziale Sicherheit. An der Spitze der allgemeinen Verfassungsnormen, die den Staat zur Wahrung sozialer Grundwerte anhalten, steht die Verpflichtung, die Menschenwürde zu achten und zu schützen. Im Verständnis einer sozial verpflichteten Marktwirtschaft erhält die soziale Dimension damit eine besondere Bedeutung. Die Sozialordnung wird nicht als Korrektiv zu einem kapitalistischen Wirtschaftsprozeß konzipiert, etwa um dessen soziale Folgen zu mildern und damit das Wirtschaftssystem zu bewahren und zu stützen. Vielmehr ist Sozialordnung wie die Wirtschaftsordnung ein gleichrangiger Bestandteil einer freiheitlichen Gesellschaftsordnung.
Korrektur der Marktergebnisse: Eine funktionsfähige Wettbewerbsordnung und eine stabile Geldordnung können nicht alle sozialen Probleme in einer Gesellschaft lösen. Der Marktmechanismus als solcher ist sozial blind. Daher sind Maßnahmen des sozialen Ausgleichs (z. B. durch die Steuerpolitik) und des sozialen Schutzes (insbesondere Sozialversicherungen) notwendig. Zwar hat eine marktwirtschaftliche Wirtschaftspolitik bei positiven ökonomischen Effekten (z. B. hoher Beschäftigungsstand und Wirtschaftswachstum) immer auch gewünschte soziale Effekte, und ist somit zugleich Sozialpolitik im weitesten Sinne. Dennoch besteht kein Zweifel daran, daß es in der sozialorientierten Marktwirtschaft der Korrekturen von Marktergebnissen durch sozialpolitische Regeln und Institutionen bedarf.

Der soziale Ausgleich in einer modernen Gesellschaft bliebe jedoch begrenzt, wenn nicht das Verhältnis zwischen Unternehmern und Arbeitnehmern, also der Arbeitsmarktparteien, in Richtung einer Sozialpartnerschaft entwickelt würde. Dabei läßt man sich von der Auffassung leiten, daß trotz bestehender Interessenkonflikte Verfahren gefunden werden, welche die Konflikte regelbar machen. Das gesamte Tarifvertrags-, Einigungs- und Schlichtungswesen folgt dieser Überlegung[9].
Gleichheit der Chancen: Wenn für die Wirtschaftsordnung das wirtschaftliche Leistungsprinzip gelten soll, dann setzt dies voraus, daß die Leistungsbedingungen vergleichbar sind und für die Menschen gleicher, offener Zugang zur Leistung möglich ist. Führen die individuellen Leistungen im Wettbewerbsprozeß zu ungleichen Ergebnissen, dann ist dieses Resultat gesellschaftlich nur dann akzeptabel, wenn zuvor tatsächlich die Gleichheit der Chancen für den einzelnen gegeben war. Gegenüber den Ungleichheiten der Menschen, die dem einzelnen in zumutbarer Weise zugeordnet

9 Vgl. zu den Regelungen im einzelnen ebd., S. 252–258.

werden können, ist die Gewährung der Chancengleichheit die angemessene politische Handlungsweise. Dagegen müssen die Ungleichheiten, die man dem Menschen nicht zurechnen darf (z.B. Krankheit, Berufsunfähigkeit, Arbeitslosigkeit) in gesellschaftlicher Solidarität ausgeglichen werden.
Subsidiaritätsprinzip: Als Regel zur Verwirklichung von Personalität und Solidarität wird das Prinzip der Subsidiarität vertreten. Es schützt den einzelnen Menschen, seine Freiheit und seine Eigenrechte auf Entfaltung, wie es zugleich auch die Notwendigkeit intermediärer Gruppen und Institutionen für eine Gesellschaft anerkennt. Für die Sozialpolitik bedeutet das Subsidiaritätsprinzip, daß der Staat nur Aufgaben zu übernehmen habe, die die Leistungsfähigkeit des einzelnen, der Familie oder anderer, kleinerer Solidargemeinschaften übersteigen.
Marktkonformität: Mit dem Grundsatz der Markt- oder Systemkonformität wird gefordert, daß die Politik des sozialen Ausgleichs und der sozialen Sicherung nicht gegen den Marktmechanismus zu gestalten sei. Dies betrifft ganz grundsätzlich die Frage der Integration der Sozialpolitik in eine marktwirtschaftliche Ordnung: Eine falsch angelegte Sozialpolitik kann die Wirtschaft und damit die materielle Basis für die Finanzierung des sozialen Ausgleichs schwächen. Daher muß man vermeiden, daß durch sozialpolitische Regelungen (wie Dauersubventionen zur Erhaltung ganz bestimmter Arbeitsplätze) Produktionsfaktoren in unproduktiven Verwendungen festgehalten werden, weil dadurch das Wirtschaftswachstum behindert wird. Marktkonforme Sozialpolitik soll also die ökonomische Effizienz der Wettbewerbsordnung nicht beeinträchtigen.

Diese fünf Leitgedanken für die Sozialordnung in der Sozialen Marktwirtschaft sind mit Organisationsprinzipien sozialer Sicherung verknüpft worden. Sie werden in Abbildung 1 erläutert.

Ein erster Grundsatz betrifft die Art und Weise, wie die Leistungsseite der sozialen Sicherungssysteme mit der Finanzierungsseite verbunden ist[10]. Das Versicherungs-, das Versorgungs- und das Fürsorgeprinzip unterscheiden sich jeweils nach den Kriterien Sicherungsvoraussetzung, Leistungsanspruch und -höhe, Gegenleistung sowie Bedürftigkeitsprüfung. In der Sozialordnung der Bundesrepublik herrscht bisher das Versicherungsprinzip vor, das vom Konzept der Leistung-Gegenleistung-Beziehung her der marktwirtschaftlichen Ordnung entspricht. Die drei Sicherungsprinzipien kommen in der Praxis allerdings auch als Mischformen vor.

Ein zweiter Grundsatz bezieht sich auf das Ausmaß des Sicherungszwanges. Beim Versicherungsprinzip ist festzustellen, ob es sich um freiwillige oder zwangsweise Sicherung handeln soll, um bloße Versicherungspflicht oder um Pflichtversicherung. In der Praxis sind die einzelnen Sparten der Sozialversicherung überwiegend als Pflichtversicherung organisiert.

Insgesamt wurde eine umfassende Sozialordnung entwickelt. Sie betrifft
- die Absicherung gegen soziale Risiken (Alterssicherung, Kranken-, Unfall- und Arbeitslosenversicherung sowie Arbeitslosenhilfe),
- Maßnahmen zur Förderung des sozialen Ausgleichs (Ausbildungsförderung, Eigentumspolitik, soziale Wohnungsbau- und Wohnungsmarktpolitik) und

10 Vgl. Bundeszentrale für politische Bildung (Hrsg.), Der Sozialstaat, (Informationen zur politischen Bildung 215), Bonn 1987, S. 27–30.

Abbildung 1: Grundprinzipien sozialer Sicherung

	Versicherungsprinzip	Versorgungsprinzip	Fürsorgeprinzip
Sicherungsvoraussetzung	Mitgliedschaft in Versicherung	speziell eingeräumter Rechtsanspruch	individuelle Notlage
Leistungsanspruch	bei Eintritt Versicherungsfall	bei Vorliegen gesetzlich bestimmter Merkmale	bei Bedürftigkeit
Leistungshöhe	standardisiert nach Art des Versicherungsfalls	standardisiert nach Art des Versorgungsfalls	individualisiert nach Art und Umfang der Bedürftigkeit
Gegenleistung	ja, Versicherungsbeiträge	ja, nichtfinanzielle Sonderopfer (-leistungen) für Gemeinschaft	nein
Bedürftigkeitsprüfung	nein	nein	ja
Gliederung wichtiger Sicherungszweige nach dem überwiegenden Grundprinzip	Sozialversicherung – gesetzliche Rentenversicherung – gesetzliche Krankenversicherung – gesetzliche Unfallversicherung – Arbeitslosenversicherung (Arbeitslosengeld)	– Kriegsopferversorgung – soziale Entschädigung bei Impfschäden – Beamtenversorgung – Kindergeld (ohne Einkommensgrenzen)*	– Sozialhilfe – Jugendhilfe – Resozialisierung – Wohngeld – Kindergeld (bei Einkommensgrenzen)*

*) Nur mit Einschränkung klassifizierbar

Quelle: Bundeszentrale für politische Bildung (Hrsg.), Der Sozialstaat (Informationen zur politischen Bildung 215), Bonn 1987, S. 27.

– die Korrektur der primären Einkommensverteilung durch das Steuer- und Sozialabgabensystem und die Transferleistungen, d.h. die Übertragungseinkommen, die Wirtschaftseinheiten ohne Gegenleistung aufgrund sozialrechtlicher Ansprüche oder freiwilliger Zuwanderungen zufließen.

Über die Finanzierung und die Leistungen aller Sozialversicherungen informieren regelmäßig der Sozialbericht und das Sozialbudget, die vom Bundesminister für Arbeit und Sozialordnung herausgegeben werden[11].

Zu einer modernen Sozialordnung gehören auch die Regelungen und Institutionen, die den Arbeitsmarkt betreffen. Der soziale Frieden in einer Gesellschaft hat in besonderer Weise mit dem Verhältnis zwischen Arbeitgebern und Arbeitnehmern zu tun. Die ordnungspolitische Entscheidung bestand darin, den Staat von einer direkten Einmischung in Arbeitsmarktkonflikte fernzuhalten, die aus den entgegengesetzten Interessen der Arbeitsmarktparteien entstehen. Es wurde ein gesetzlicher Rahmen für die Arbeitsmarktbedingungen geschaffen; verfassungsrechtlich gesicherte

11 Vgl. Bundesminister für Arbeit und Sozialordnung (Hrsg.), Sozialbericht 1990, Bonn 1990.

Koalitionsfreiheit und Verbot von Maßnahmen gegen Arbeitskämpfe (Art. 9 Abs. III GG), Tarifautonomie für die Tarifvertragsparteien (Tarifvertragsgesetz von 1949) und die Errichtung der Bundesanstalt für Arbeitsvermittlung und Arbeitslosenversicherung, seit 1969 Bundesanstalt für Arbeit (Nürnberg). Die Verantwortung für die Tarifverträge und deren Ausgestaltung, welche die Beschäftigungsbedingungen festlegen, wurde so den am Arbeitsmarkt unmittelbar Beteiligten selbst übertragen.

Außerdem sollte der soziale Frieden durch ein Mitspracherecht der Arbeitnehmer in den Betrieben gefördert werden. Sowohl die industrielle Technik wie auch die Produktionsorganisation in den Betrieben haben zu vertraglich begründeten Zweckverbänden in der Wirtschaft geführt, in denen die Einordnung des einzelnen in die Betriebshierarchie und die Unterordnung unter arbeitstechnische Abläufe erforderlich wurden.

Um hier die Gefahren der Entpersönlichung und der Versachlichung des Arbeitsverhältnisses sowie der Vernachlässigung von Arbeitnehmerinteressen und der Fremdbestimmung der Arbeit entgegenzuwirken, wurde die Einführung eines Mitspracherechtes der Arbeitnehmer zum wesentlichen Bestandteil der neuen Sozialordnung.

Die Normen zur Ausgestaltung der Betriebs- und Unternehmerverfassung sind heute

- das Betriebsverfassungsgesetz (seit 1952);
- das Gesetz über die Mitbestimmung der Arbeitnehmer in den Vorständen der Unternehmen des Bergbaus und der Eisen- und Stahlerzeugenden Industrie (Montan-Mitbestimmungsgesetz seit 1951) und
- das Gesetz über die Mitbestimmung der Arbeitnehmer von 1976.

Auf der Grundlage dieser gesetzlichen Regelungen und des Arbeitsrechts insgesamt konnten unter Anerkennung der Interessengegensätze und der spezifischen Aufgaben freier Arbeitgeberverbände und Gewerkschaften Verfahren entwickelt werden, die eine konstruktive Zusammenarbeit zwischen den Arbeitgeber- und Arbeitnehmervertretungen zum Wohl der Arbeitnehmer und des Betriebes zulassen. Insgesamt kann man die Mitbestimmung als Ausdruck einer partnerschaftlichen Mitverantwortung verstehen.

3. Wirtschaftspolitische Willensbildung und Entscheidung

Wirtschaftspolitik im umfassenden Sinn bezeichnet alle Aktivitäten des Staates, mit denen er seinen ökonomischen und sozialen Zielen entsprechend die Wirtschaft zu ordnen, zu beeinflussen oder unmittelbar festzulegen versucht. In diesem Zusammenhang wird die Bezeichnung Staat auf alle Institutionen angewendet, die hoheitliche Entscheidungsbefugnis haben und das Monopol der legalen Zwangsgewalt besitzen, um ihre Entscheidungen verbindlich durchzusetzen. Institutionen mit Kompetenz und Macht in der Wirtschaftspolitik werden als wirtschaftspolitische Entscheidungsträger bezeichnet.

In der Bundesrepublik sind die wirtschaftspolitischen Entscheidungskompetenzen nicht nur bei Regierungen, Parlamenten und Verwaltungen auf Bundes- und Länderebene angesiedelt, sondern auch Institutionen der Gemeinden sind zuständig. Nach Art. 28 Abs. II GG haben die Gemeinden das Recht, im Rahmen der Gesetze alle Angelegenheiten der örtlichen Gemeinschaft in eigener Verantwortung zu regeln.

Neben den nationalen Trägern der Wirtschaftspolitik haben verschiedene internationale Institutionen in Teilbereichen der Wirtschaftspolitik ebenfalls Kompetenz und Macht. Das betrifft insbesondere die Europäischen Gemeinschaften, aber auch die Organe des Allgemeinen Zoll- und Handelsabkommens (GATT) und des Internationalen Währungsfonds (IWF). Auf die Zuständigkeiten dieser Institutionen wird weiter unten eingegangen.

Institutionen, denen die Merkmale Kompetenz und Macht fehlen, werden zur besseren Unterscheidung manchmal als wirtschaftspolitische Einflußträger bezeichnet, wie zum Beispiel die Arbeitgeberverbände, die Gewerkschaften oder Institutionen der Politikberatung. Meistens zählt man sie jedoch auch zu den Trägern der Wirtschaftspolitik, die in Abbildung 2 aufgeführt sind.

Das Handeln der Träger der Wirtschaftspolitik erfolgt in zwei Politikbereichen: in der Wirtschaftsordnungspolitik, welche die einzelnen Bereiche der Volkswirtschaft gestaltet, und in der Wirtschaftsprozeßpolitik, die den Wirtschaftsablauf selbst steuert.

3.1 Instrumente und Träger der Wirtschaftspolitik in der Bundesrepublik Deutschland

Das gesamte Instrumentarium der Wirtschaftspolitik kann man nach zwei Gesichtspunkten einteilen: erstens nach dem Kriterium des Wirtschaftszweiges (oder des Wirtschaftsbereiches), der Gegenstand der wirtschaftspolitischen Einflußnahme ist. Danach sind insbesondere anzuführen: Agrar-, Industrie-, Verkehrs-, Energie-, Mittelstands- und Verbraucherpolitik.

Diese lange Zeit verwendete sektorale Untergliederung ist allerdings für die systematische Erfassung der wirtschaftspolitischen Instrumente nicht zweckmäßig. Einerseits kann dasselbe Instrument in verschiedenen Wirtschaftszweigen angewendet werden (z.B. Steuererleichterungen), andererseits werden wichtige Instrumente zur gesamtwirtschaftlichen Steuerung, wie die Geld-, Währungs- und Finanzpolitik, nicht erfaßt. Zu kritisieren ist auch, daß bei dieser Einteilung die Besonderheiten der einzelnen Wirtschaftssektoren in den Vordergrund treten und die Auswirkungen einzelner Maßnahmen auch auf andere Wirtschaftsbereiche vernachlässigt werden. Beispielsweise haben Instrumente der Industriepolitik (z.B. die Förderung industrieller Forschung und Entwicklung) Folgen für die Mittelstandspolitik, wenn die Maßnahmen etwa vor allem Großunternehmen fördern würden.

Zweitens läßt sich die Wirtschaftspolitik nach der sachlichen Zusammengehörigkeit von Instrumenten gliedern. Dabei kann man von wirtschaftspolitischen Zielen bzw. Sachgebieten ausgehen. Danach unterscheidet man vor allem: Wachstums-, Stabilitäts- (d.h. Konjunktur- und Beschäftigungspolitik), Wettbewerbs-, Verteilungs-, Außenwirtschafts- (d.h. Außenhandels- und Wechselkurspolitik) und Umweltpolitik.

Auch diese Einteilung hat die Schwäche, Wechselbeziehungen zwischen den Sachgebieten nicht ausreichend erfassen zu können. Beispielsweise betreffen Maßnahmen der Wachstumspolitik (wie Subventionen) die Wettbewerbspolitik, da nur bestimmte Produzenten unterstützt werden und Vorteile im Wettbewerb erhalten. Dieses Beispiel zeigt, daß man zur Erfassung der Haupt- und Nebenwirkungen der wirtschaftspolitischen Maßnahmen zweckmäßigerweise bei der Einteilung von der sachlichen

Abbildung 2: Träger der Wirtschaftspolitik in der Wirtschaft der Bundesrepublik Deutschland

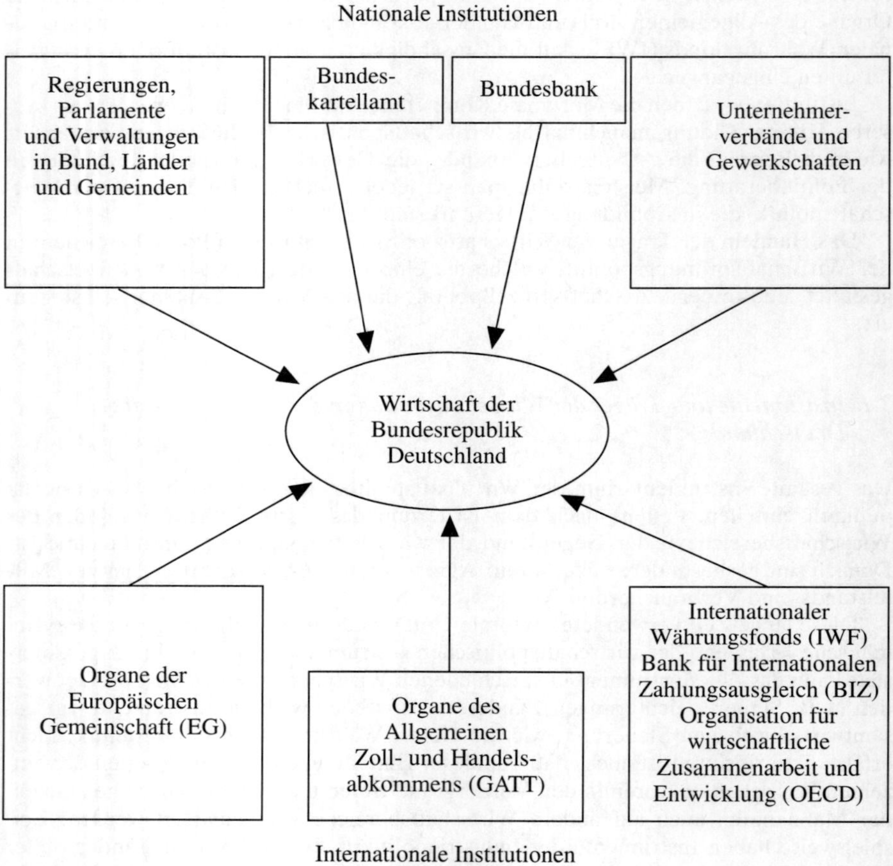

Quelle: Rainer Klump, Einführung in die Wirtschaftspolitik. Theoretische Grundlagen und Anwendungsbeispiele, München 1989, S. 186.

Zusammengehörigkeit der Methode ausgeht, mit deren Hilfe man wirtschaftspolitische Probleme zu lösen versucht. Das führt zu folgender Unterscheidung:

- *Wirtschaftsordnungspolitik* zur Gestaltung der Rahmenbedingungen, insbesondere rechtlicher und institutioneller Art,
- *Wirtschaftsprozeßpolitik* zur Steuerung des Wirtschaftsprozesses, vor allem durch Maßnahmen der Finanz-, Geld- und Währungspolitik sowie durch direkte Kontrollen.

Die Zusammenhänge dieser beiden Politikbereiche mit der Staatsordnungspolitik, die in diesem Beitrag nicht behandelt wird, zeigt Abbildung 3.

Abbildung 3: Wirtschafts-, Ordnungs- und Prozeßpolitik im Systemzusammenhang

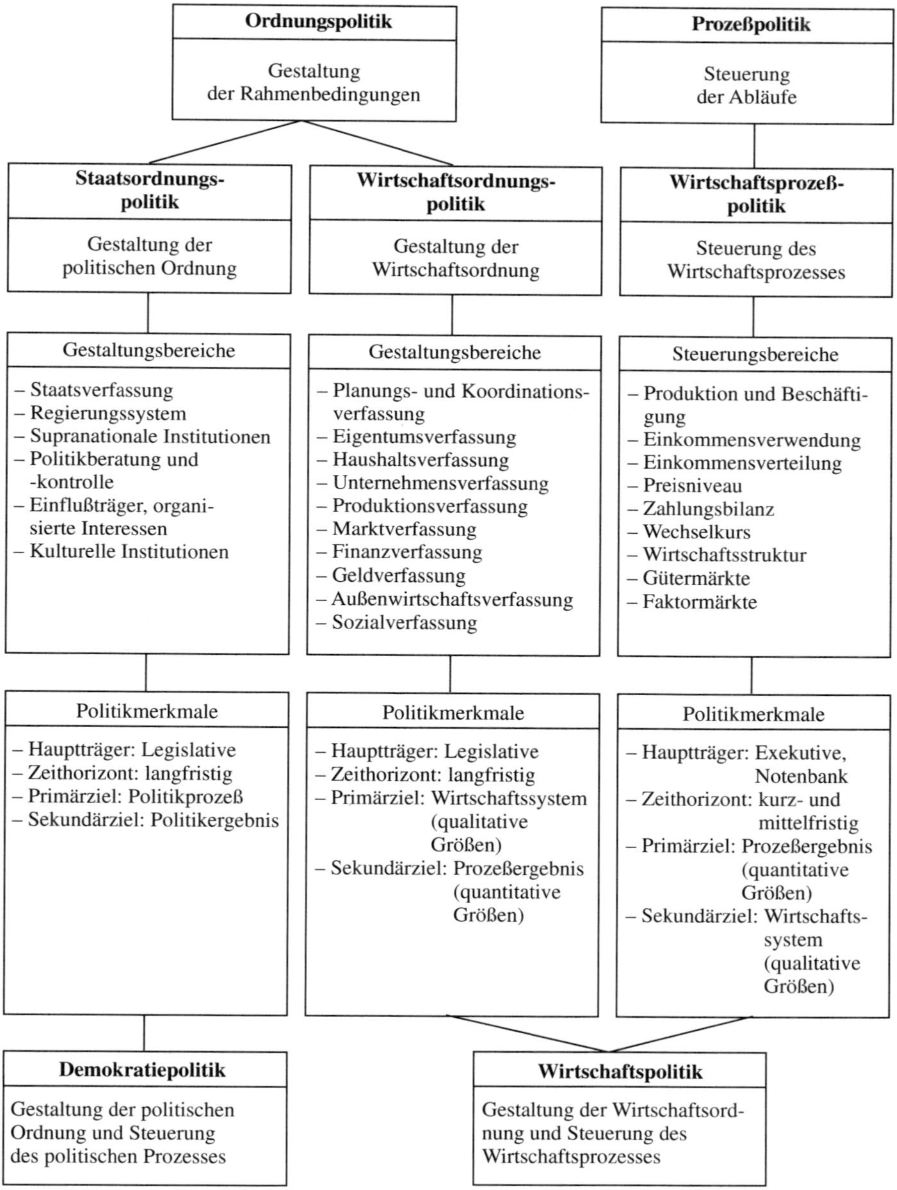

Quelle: D. Cassel (Anm.12), S. 315

Wirtschaftsordnungspolitik
Gegenstand der Ordnungspolitik ist die Gestaltung der rechtlichen und institutionellen Rahmenbedingungen in allen Bereichen, die für das Verhalten der Wirtschaftssubjekte und der wirtschaftspolitischen Entscheidungsträger relevant sind. Ein großer Teil der Rahmenbedingungen ist in der Verfassung, in Gesetzen, Verordnungen, Erlassen und in internationalen Abkommen festgelegt, die insgesamt die Wirtschaftsverfassung eines Landes ausmachen.

Hauptträger der Wirtschaftsordnungspolitik ist das Parlament (Legislative) auf der Ebene des Bundes, der Länder und zum Teil der Gemeinden. Die weltwirtschaftliche Verflechtung der Bundesrepublik hat außerdem als Voraussetzung und Folge die Übertragung einiger wirtschaftspolitischer Kompetenzen an internationale Institutionen. Hervorzuheben ist der Abschluß des Vertrages über die Europäische Wirtschaftsgemeinschaft (EWG-Vertrag von 1957), in dem bisher nationale Kompetenzen zum Beispiel im Bereich der Außenhandelspolitik an Kommission und Ministerrat abgetreten wurden. Ebenso sind im Bereich der Agrarpolitik wichtige wirtschaftspolitische Entscheidungsbefugnisse den Gemeinschaftsorganen zugefallen. Und schließlich macht die Verwirklichung des Gemeinsamen Marktes erforderlich, daß auch wettbewerbspolitische Regelungen auf der Gemeinschaftsebene einheitlich vorgenommen werden, etwa das Verbot von Kartellabsprachen und das Verbot einer mißbräuchlichen Ausnutzung einer marktbeherrschenden Stellung auf dem Gemeinsamen Markt.

Mit dem fortschreitenden Integrationsprozeß in den Europäischen Gemeinschaften (EG) hat die nationale Legislative in den letzten Jahren weitere Souveränitätsrechte auf Gemeinschaftsorgane übertragen. Der Ministerrat der EG kann in Form von Verordnungen europäisches Recht setzen, das neue Rahmenbedingungen für die nationalen Wirtschaftssubjekte schafft bzw. nationale rechtliche Rahmenbedingungen ersetzt. Die wichtigsten Bereiche der Ordnungspolitik sind aus Abbildung 3 ersichtlich. Die Maßnahmen betreffen im einzelnen[12]:

Planungs- und Koordinationsverfassung
Konstituierend für eine Wirtschaftsordnung ist die Festlegung, wer für welche Art von Wirtschaftsplanung zuständig sein soll, worauf sich die Planungskompetenz bezieht und wie die einzelwirtschaftlichen Pläne koordiniert werden sollen. In der Sozialen Marktwirtschaft betrifft dies die grundsätzliche Entscheidung für eine Wettbewerbsordnung und die Abgrenzung der typischen Tätigkeitsfelder der privaten Wirtschaft von denen des Staates.

Eigentumsverfassung
Ein weiteres konstitutives Element ist die Gestaltung der Eigentumsordnung, in der die Nutzungs- und Verfügungsrechte an Produktionsfaktoren und Gütern geregelt sind. Diese Klärung ist eine Voraussetzung für die Wahrnehmung der Planungskompetenz. In der Eigentumsordnung mit Privateigentum ist außerdem zwischen der privatwirtschaftlichen Nutzung und der Sozialpflichtigkeit des Eigentums zu gewichten. Außerdem sind gewisse Veränderungen der Eigentumsrechte, z.B. durch Umweltschutzauflagen oder durch die Mitbestimmung, zu regeln.

---

12 Vgl. Dieter Cassel, Wirtschaftspolitik als Ordnungspolitik, in: ders. u.a. (Hrsg.), Ordnungspolitik, München 1988, S. 156f.

Unternehmensverfassung
Sie betrifft die Gesamtheit der Rechte und Pflichten der Unternehmensmitglieder; sie ist eine Zusammenfassung aus gesetzlichen Normen, vertraglichen Vereinbarungen und des Gewohnheitsrechts. Damit werden die bestmöglichen Rechtsformen der produzierenden Wirtschaftseinheiten festgelegt und die Form der Organisation, die Art der Entscheidungsorgane und ihre Kompetenzen, die Mitwirkung der Arbeitnehmer (Betriebsverfassungs- und Mitbestimmungsgesetz), das Ausmaß der Haftungsbeschränkungen sowie die Möglichkeit der Konzernbildung geklärt.

Produktions- und Marktverfassung
Die Regelungen betreffen die Zulassung von Wirtschaftssubjekten zu den Faktor- und Gütermärkten, den Schutz von Personen und Sachen im Produktionsprozeß, den Verbraucherschutz, den Schutz vor ruinösem und unlauterem Wettbewerb (vgl. Gesetz gegen den unlauteren Wettbewerb von 1909) sowie den Schutz vor Mißbrauch wirtschaftlicher Macht (vgl. Gesetz gegen Wettbewerbsbeschränkungen in der Fassung von 1990).

Finanzverfassung
Sie betrifft den Bestand aller gesetzlichen Regelungen, die den Beziehungen und Abhängigkeiten der Träger öffentlicher Finanzwirtschaft zugrundeliegen. Sie sind im Grundgesetz, der Bundeshaushaltsordnung, der Abgabenordnung und dem »Stabilitätsgesetz« (Gesetz zur Förderung der Stabilität und des Wachstums der Wirtschaft von 1967) sowie in anderen Einzelgesetzen enthalten. Diese rechtlichen Bestimmungen betreffen die fiskalischen Haushaltsführungs- und Finanzierungsgrundsätze.

Geldverfassung
Sie betrifft die Regelung des Geldwesens, die durch das Gesetz über die Deutsche Bundesbank die monopolistische Produktion von Zentralbankgeld durch die Bundesbank und die Möglichkeiten für die konkurrenzwirtschaftlich erfolgende Produktion von Giralgeld durch die Banken festlegt. Sie enthält außerdem die Verpflichtung der Bundesbank zur Sicherung der Währung.

Außenwirtschaftsverfassung
Die gesetzliche Grundlage des Außenwirtschaftsverkehrs ist mit dem Außenwirtschaftsgesetz von 1961 in Verbindung mit der Außenwirtschaftsverordnung (Neufassung von 1986) geschaffen worden. Diese Regelungen bestimmen, nach welchen Prinzipien der Waren-, Dienstleistungs-, Kapital- und Zahlungs- sowie sonstiger Wirtschaftsverkehr mit fremden Wirtschaftsgebieten abgewickelt werden kann. Der Außenwirtschaftsverkehr ist grundsätzlich frei (Grundsatz der Außenhandelsfreiheit), die Beschränkungsmöglichkeiten sind begrenzt und bedürfen jeweils einer gesetzlichen Einzelregelung.

Sozialverfassung
Sie normiert die Systeme der gesetzlich geregelten, staatlichen Daseinsvorsorge (Rentenversicherung, gesetzliche Krankenversicherung, Arbeitslosenversicherung). Daneben enthält sie die Regelungen des staatlichen und tarifvertraglichen Arbeits-

schutzes, der Berufsausübung, der Arbeitsbedingungen, der Kündigung von Arbeitnehmern und der Lohnvereinbarungen sowie Verfahren der Einkommens- und Vermögensverteilung (vgl. Abschnitt I.2.3.).

Die Wirtschaftsordnungspolitik für die genannten Bereiche ist grundsätzlich langfristig angelegt und beschränkt sich darauf, die Grenzen der wirtschaftlichen Verhaltensweisen abzustecken. Wir haben es hier mit verhaltensbeeinflussenden Regeln zu tun, welche die Entscheidungs- und Verhaltensspielräume der Wirtschaftssubjekte abgrenzen. Die Ergebnisse der in diesem Rahmen entstehenden Wirtschaftsprozesse sind im einzelnen unbestimmt. So ist es bespielsweise der Zweck einer Verschärfung des Gesetzes gegen Wettbewerbsbeschränkungen, die Freiheit des Wettbewerbs besser zu schützen, aber es läßt sich nicht im einzelnen voraussagen, zu welchen Wettbewerbsergebnissen diese Veränderung der institutionellen Rahmenbedingungen führt. Man kennt allerdings die allgemeinen Effekte eines intensiveren Wettbewerbs: Produktivitätssteigerung, technischer Fortschritt, bessere Beachtung der Konsumentenpräferenzen und Preisdruck. Insofern kann man über die zu erwartenden Wettbewerbswirkungen eine »Musteraussage« versuchen.

Wegen der begrenzten Informationen über die genaue inhaltliche und zeitliche Wirkung ordnungspolitischer Maßnahmen kann man immer wieder den Versuch wirtschaftspolitischer Träger feststellen, stärker kurzfristig wirkende Instrumente einzusetzen, d. h., verstärkt die Wirtschaftsprozeßpolitik zur Steuerung der Wirtschaft heranzuziehen.

Die Ordnungspolitik bewirkt durch die Gestaltung der Wirtschaftsverfassung außerdem, daß für die Träger der Wirtschaftspolitik die Kompetenz für ein bestimmtes wirtschaftspolitisches Instrumentarium geschaffen wird. So ist zum Beispiel im Gesetz über die Deutsche Bundesbank im einzelnen aufgeführt, welche geldpolitischen Instrumente diese Institution einsetzen kann. Ebenso sind im Stabilitätsgesetz die Verfahren geregelt, um eine antizyklische Haushaltspolitik durch Bildung und Auflösung einer Konjunkturausgleichsrücklage und durch zeitliche Variation der Haushaltsausgaben verfolgen zu können. Zusätzlich trägt die Ordnungspolitik dazu bei, die Leistungsfähigkeit der Prozeßpolitik zu erhöhen. Dieser Zusammenhang wird im nächsten Abschnitt behandelt.

Wirtschaftsprozeßpolitik

Innerhalb des durch die Wirtschaftsverfassung gesetzten Rahmens kommt es zu einzel- und gesamtwirtschaftlichen Ergebnissen der verschiedenen Aktivitäten. Aus verschiedenen Gründen wird in der Wirtschaftsordnung der Sozialen Marktwirtschaft seitens des Staates ordnend und steuernd in den Wirtschaftsprozeß eingegriffen. Dabei geht es darum, quantitative Ergebnisse des Wirtschaftsprozesses entsprechend wirtschafts- und sozialpolitischer Zielsetzung zu erreichen. Hauptträger der Wirtschaftsprozeßpolitik ist die Regierung und die nachgeordnete Verwaltung (Exekutive). Der Zeithorizont der Maßnahmen ist kurz- und mittelfristig, und das primäre Ziel ist das Erreichen quantitativer Prozeßergebnisse.

Die beiden Bereiche der Wirtschaftspolitik – die Ordnungs- und Prozeßpolitik – stehen in einem substitutiven Verhältnis zueinander. Man kann quantitative Fernziele sowohl durch entsprechende Gestaltung der Rahmenbedingung als auch durch Eingriffe in den Wirtschaftsablauf erreichen. So kann man überlegen, die technologische Leistungsfähigkeit der deutschen Wirtschaft dadurch zu verbessern, daß man Forschung und Entwicklung insgesamt fördert oder indem man gezielt sogenannte Schlüsseltechnologien begünstigt.

Ferner besteht zwischen Ordnungs- und Prozeßpolitik ein komplementäres Verhältnis. Die Rahmenbedingungen müssen in einer Art und Weise gestaltet sein, die die Wirksamkeit prozeßpolitischer Maßnahmen verbessert. So ist z. B. die Bekämpfung der Inflation eher erfolgreich, wenn neben der restriktiven Geldpolitik als Maßnahme der Prozeßpolitik der Preiswettbewerb auf den Güter- und Arbeitsmärkten durch ordnungspolitische Maßnahmen (wie Abbau von Marktbarrieren und staatlichen Regulierungen) gefördert wird.

Finanzpolitik

Die Finanzpolitik ist der Teil der Wirtschaftspolitik, der über öffentliche Haushalte vollzogen wird. Die finanzpolitische Entscheidung, welche ökonomischen Leistungen über die öffentlichen Haushalte abgewickelt werden sollen, ist von besonderer Bedeutung für die Art der Wirtschaftsordnung. In der Sozialen Marktwirtschaft ist die Finanzpolitik darauf gerichtet, durch den Einsatz der öffentlichen Einnahmen und Ausgaben sowie der staatlichen Vermögen konjunkturpolitische, wachstumspolitische, struktur- und verteilungspolitische Ziele zu erreichen. In dieser umfassenden Zielorientierung unterscheidet sich die Finanzpolitik von der Fiskalpolitik, die enger auf konjunktur- und beschäftigungspolitische Aufgaben konzentriert ist.

Geld- und Währungspolitik

Über den Einsatz der geldpolitischen Instrumente entscheidet der Zentralbankrat der Deutschen Bundesbank. Er ist autonom und hat sich weder dem Parlament noch dem Wähler gegenüber hinsichtlich seiner geldpolitischen Entscheidungen direkt zu verantworten. Das heißt nicht, es würde keine kritische Diskussion dieser Geldpolitik in Wissenschaft und Politik geben. Als Instrumente der Geldpolitik stehen die Mindestreserve-, Offenmarkt- und Diskontpolitik zur Verfügung, die auf die Geldmenge bzw. den Zinssatz einwirken.

Die Mindestreservepolitik umfaßt alle Maßnahmen der Zentralbank, welche die Mindestreservehaltung betreffen, d. h. die Haltung von Pflichtguthaben der Kreditinstitute bei der Zentralbank. Mit diesem Instrument der Grobsteuerung kann man die Liquidität der Banken beeinflussen. Unter Offenmarktpolitik versteht man den An- und Verkauf von Wertpapieren durch die Zentralbank auf eigene Rechnung am offenen Markt. Dadurch kann die Notenbank sowohl die Zinsen als auch die Bankliquidität beeinflussen. Die Diskontpolitik schließlich stellt ein Instrument der Refinanzierungspolitik der Zentralbank dar. Sie macht zusätzliche Zentralbankguthaben für die Banken verfügbar, indem sie von den Banken eingereichte Wechsel unter bestimmten Bedingungen rediskontiert. Der Diskontsatz, den die Bundesbank dem einreichenden Kreditinstitut beim Wechselankauf in Form eines Zinsabschlags in Rechnung stellt, kann variiert werden. Davon gehen vielfältige Rückwirkungen auf die Marktzinssätze aus. Die Diskontsatzpolitik ist daher ein wichtiges zinspolitisches Instrument der Notenbank.

Unter Währungspolitik werden hier nur jene prozeßpolitischen Maßnahmen verstanden, die unmittelbar für den Devisenmarkt Bedeutung haben. Dazu zählen die Wechselkursregulierung (Aufwertung oder Abwertung oder Aktionen im Rahmen einer Interventionspflicht auf den Devisenmärkten) und ferner alle Maßnahmen, welche die Konvertibilität einer Währung betreffen. In der Wirtschaftsordnung der Sozialen Marktwirtschaft ist der Bund zuständig für die Bedingungen der Konvertibilität, für die Entscheidung über eine Wechselkursveränderung und die Festlegung der offiziellen Wechselkursparität. Die Bundesbank hat dagegen im Rahmen ihrer Geld- und Währungspolitik dafür Sorge zu tragen, daß der Außenwert der nationalen Währung stabil bleibt. Sie hat im Rahmen des Europäischen Währungssystems bestimmte Regeln zur Stabilisierung der Devisenmärkte der Nichtmitgliedsländer zu beachten.

Direkte Kontrollen (Regulierungen)
Als Regulierung bezeichnet man die meist staatliche Einflußnahme auf einzelne ökonomische Größen, von denen Entscheidungen und Handlungen der Wirtschaftsteilnehmer abhängen. Die Hauptinstrumente der Regulierung sind die Preisregulierung (z.B. die Festsetzung von Höchst- oder Mindestpreisen), die Qualitätsregulierung (z.B. der Kontrahierungszwang, Vorschriften zur Produktklassifikation) und die Mengenregulierung (z.B. die Festlegung rechtlicher Markteintrittsbarrieren und Importkontingente).

3.2 Wirtschaft, Politik und wirtschaftspolitische Eingriffe

Die Bereiche Wirtschaft und Politik sind durch vielfältige Wechselbeziehungen miteinander verbunden. Mit der Ökonomischen Theorie der Politik wurde ein Analyseansatz entwickelt, der es gestattet, den Einfluß der Wirtschaft auf die Politik und den des politischen Bereiches auf die Wirtschaft strukturell und quantitativ zu erfassen[13]. Die politisch-ökonomische Interdependenz in einer freiheitlich-demokratischen Gesellschaftsordnung läßt sich einführend an einigen Beispielen aufzeigen.

Daß die Wirtschaft von der Politik abhängt, ist in den vorangehenden Ausführungen über die Wirtschaftsordnungspolitik schon deutlich geworden. Es gehört zur Aufgabe der Legislative, die einzelnen Bereiche der Wirtschaftsordnung durch rechtliche und andere institutionelle Regelungen zu gestalten und so die Rahmenbedingungen für die Wirtschaft zu setzen. Der Einfluß der Politik geht aber in marktwirtschaftlich organisierten Industriegesellschaften weit über diese Aufgabe hinaus. So sind im Bereich der Produktion, d.h. der Verwendung der in der Volkswirtschaft verfügbaren Ressourcen, große Teilbereiche von staatlichen Eingriffen abhängig. Beispielsweise wird die Landwirtschaft den Markteinflüssen vielfach dadurch entzogen, daß die Agrargüterpreise künstlich angehoben, die Produktion durch Subventionen gestützt und die Importe durch Mengenbeschränkungen reguliert werden.

Ein anderes Beispiel ist die Einkommensverteilung, die in der Sozialen Marktwirtschaft entscheidend durch politische Eingriffe bestimmt ist. Durch Maßnahmen der Sozialpolitik wird eine Umverteilung der Einkommen zwischen den Generationen herbeigeführt und durch Instrumente der Regionalpolitik werden die regionalen Einkommensunterschiede vermindert. Schließlich wirkt die Politik durch die Konjunktur- und Beschäftigungspolitik auf die Stabilität einer Volkswirtschaft ein, wo-

13 Vgl. Bruno S. Frey, Theorie demokratischer Wirtschaftspolitik, München 1981, insbes. Kapitel 1.

bei Staatsaktivitäten, etwa Veränderungen der öffentlichen Ausgaben, die zyklischen Schwankungen einer Wirtschaft verkürzen oder verlängern können.

Die Politik hängt auch von der Wirtschaft ab. Die Verwirklichung staatlicher Politik erfordert in der Regel wirtschaftliche Mittel. Das ist offensichtlich bei der Zahlung von Subventionen an Unternehmen und private Haushalte, aber es gilt auch für andere Staatsaktivitäten. So fordert die Verbesserung des Bildungs- oder Gesundheitswesens oder der Aus- und Umbau des Verkehrsnetzes erhebliche öffentliche Mittel. Diese Mittel stammen aus Steuereinnahmen (und zum Teil auch aus der Kreditaufnahme der öffentlichen Hand), die von der Wirtschaftslage, insbesondere von der Höhe des Sozialproduktes, abhängen, also von der wirtschaftlichen Gesamtleistung der Volkswirtschaft.

Während dieser Zusammenhang zwischen Politik und Wirtschaft schon seit langem im Rahmen der Finanzwissenschaft untersucht worden ist, hat die relativ junge Ökonomische Theorie der Politik einen zusätzlichen, sehr wichtigen Zusammenhang deutlich gemacht. Es geht im Kern um den Einfluß der Wirtschaftslage auf die Popularität der Regierung und damit um deren Wiederwahlchancen. Verbesserungen der wirtschaftlichen Lage werden nämlich von den Wählern den Aktivitäten der Regierung zugeschrieben, so daß sie bereit sind, mit ihrer Stimmabgabe diese Regierung zu unterstützen. Umgekehrt würde eine Verschlechterung der Wirtschaftslage Stimmverluste für die Regierung und Stimmengewinne für die Opposition bewirken.

Aus dieser Sicht sind Wirtschaft und Politik ein geschlossenes System, das durch Rückkoppelung gekennzeichnet ist. Politische Eingriffe wirken auf die Wirtschaft ein, die dort entstehende Wirtschaftslage beeinflußt den politischen Bereich. Ausgehend von diesem stark vereinfachten Zusammenhang hat man in den letzten Jahren in der Systemtheorie genauer untersucht, von welchen Zielvorstellungen die Träger wirtschaftspolitischer Entscheidungen und die Wähler geleitet werden und wie sie sich unter bestimmten Rahmenbedingungen verhalten. Es wurden dazu Denkweisen und Methoden der modernen Wirtschaftswissenschaft auf die Erfassung politischer Prozesse und Entscheidungen angewendet.

Erstens geht man von der Annahme eines vernünftigen, ökonomischen Verhaltens aus, wonach Individuen systematisch auf wirtschaftliche Anreize reagieren und diejenige Handlungsalternative wählen, die ihnen den größten relativen Nutzen und die geringsten Kosten verursacht. Zweitens wird die ökonomische Vorstellung von Markt- und Tauschbeziehungen als Leistung und Gegenleistung auch auf Nicht-Marktbereiche übertragen, so zum Beispiel auf Tauschprozesse im Bereich von Politik, Bürokratien und Verbänden. Wünsche und Forderungen werden von einzelnen Bürgern oder von Gruppen an das politische System herangetragen, können aber wegen knapper Ressourcen nicht vollständig erfüllt werden. An der Auswahl wirken Parteien, die Bürokratie und die Verbände mit. Sie haben ein Interesse an Lösungen, die ihren eigenen Zielvorstellungen entsprechen. Die konkreten wirtschaftspolitischen Maßnahmen haben dann Auswirkungen auf das Verhalten der Wähler.

Die Zusammenhänge zwischen Politik und Wirtschaft lassen sich in einem einfachen politisch-ökonomischen Modell erfassen (Abbildung 4).

Die Wirtschaftslage, ausgedrückt durch die makroökonomischen Größen Inflation, Arbeitslosigkeit und Wachstum des realen Einkommens, beeinflußt die Popularität und die Wiederwahlchance der Regierung. Durch regelmäßige Umfragen bei den Wahlberechtigten können Stand und Veränderung der Regierungspopularität er-

Abbildung 4: Ein politisch-ökonomisches Modell für die Bundesrepublik Deutschland

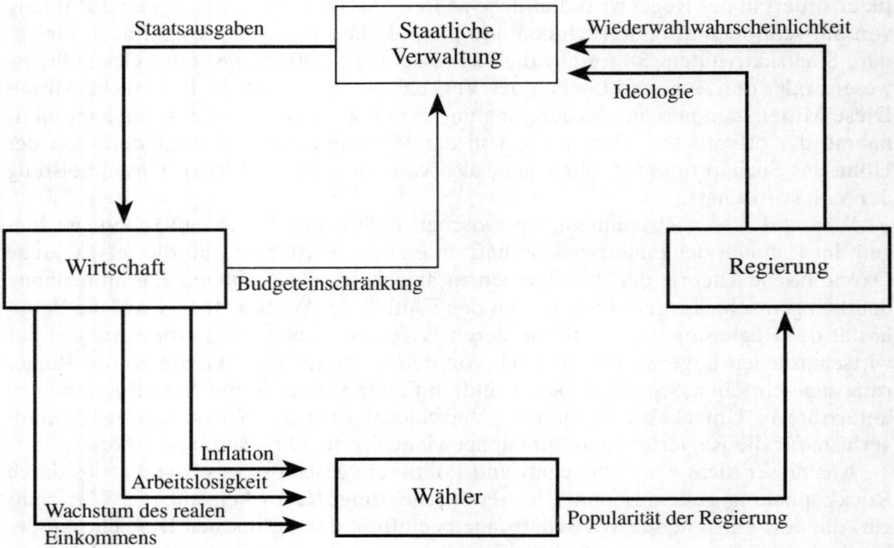

Quelle: B. Frey (Anm. 13), S. 13.

faßt werden. Die Wähler sehen in der Wirtschaftslage ein Indiz für die Leistungen der Regierung. Es hat sich bei empirischen Untersuchungen gezeigt, daß die Wähler um so unzufriedener mit der Regierung sind, je höher die Inflation und die Arbeitslosigkeit und je geringer das Einkommenswachstum ist.

Wie kann die Regierung den Wirtschaftsprozeß so beeinflussen, daß sie wiedergewählt wird? Zugleich will eine Regierungspartei ja auch ihre ideologischen und programmatischen Vorstellungen realisieren. Ideologieorientierte Politik läßt sich nur durchführen, wenn die Regierung davon überzeugt ist, sie würde wiedergewählt, d.h. wenn sie – im Zweiparteiensystem – einen Popularitätsanteil von über 50 Prozent hat. Zur Erhöhung der Popularität kann die Regierung eine expansive Wirtschaftspolitik (d.h. Erhöhung der Staatsausgaben) betreiben, um über die Erhöhung der staatlichen Nachfrage die Arbeitslosenquote zu senken und das Einkommenswachstum zu steigern. Mögliche Inflationswirkungen dieser expansiven Politik dürfen dabei allerdings erst nach dem Wahltermin auftreten. Bei dieser Politik muß die Regierung zwei Bedingungen beachten.

Zum einen besteht eine Budgetrestriktion. Dazu zählen die rechtlichen Regelungen, welche die Staatseinnahmen (Steuern und Kredite) und die Staatsausgaben (insbesondere das Verhältnis von Staatsverbrauch zu Staatsinvestitionen) betreffen. Hierdurch wird der Handlungsspielraum für die Regierung beschränkt. Zum anderen ist das Verhalten der Staatsverwaltung zu beachten. Diese kann den Regierungsplänen Widerstände entgegenbringen, z.B. zeitliche Verzögerungen oder eine andere

Auslegung der Aufgaben. Zu erwarten ist ein solches Verhalten, wenn die Maßnahmen der Regierung Änderungen in der Verwaltung, etwa Kompetenzverlagerungen, erfordern.

Unter den genannten Restriktionen wird die Regierung das ihr verfügbare wirtschaftspolitische Instrumentarium so einsetzen, daß die eigenen Ziele erreicht werden. Die Ökonomische Theorie der Politik hat insgesamt dazu beigetragen, das tatsächliche Verhalten von Trägern der Wirtschaftspolitik besser zu erklären. Die Annahme, Legislative und Exekutive in einer freiheitlichen, demokratischen Gesellschaftsordnung würden ausschließlich oder überwiegend gemeinwohlorientiert handeln, läßt sich nicht aufrechterhalten. Man muß vielmehr zunächst die Zielvorstellungen der Akteure selbst beachten und erkennen, wie bestimmte Rahmenbedingungen das Verhalten dieser Akteure beeinflussen. Unterstellt man realistischerweise bei den Handelnden, sie seien an der Maximierung ihres eigenen Nutzens orientiert, dann kann man versuchen, die rechtlichen und gesellschaftlichen Rahmenbedingungen so zu gestalten, daß dennoch gleichzeitig ein möglichst hoher Nutzen für die Gesellschaft entsteht.

Die in diesem Abschnitt erklärten Zusammenhänge zwischen Politik und Wirtschaft sollen abschließend an dem Beispiel der Strukturpolitik verdeutlicht werden. In Industriegesellschaften mit einem System repräsentativer Demokratie läßt sich beobachten, daß wirtschaftliche Strukturen in Landwirtschaft und Industrie mit staatlicher Hilfe erhalten werden. Man spricht hier von einer Politik der Strukturerhaltung. Obwohl aus rein ökonomischen Überlegungen nachweisbar ist, wie kostspielig diese Strukturkonservierung für die Gesellschaft insgesamt ist und auf welches Wirtschaftswachstum damit letztlich verzichtet werden muß, ist diese Politik vielfach und längerfristig anzutreffen.

Die Erklärung für die Strukturerhaltungspolitik ist, daß sie sich für die Regierungspartei lohnt[14]. Wenn sie eine Politik der Strukturveränderung betreiben würde, dann wäre mit Stimmenverlusten zu rechnen. Die direkt vom Strukturwandel betroffene Bevölkerung würde nämlich kurzfristig den Verlust von Arbeitsplätzen und hohe Mobilitätskosten erwarten. Dagegen treten die Vorteile des Strukturwandels, erhöhte Produktivität und Wirtschaftswachstum, erst mittel- und langfristig auf und kommen der Gesamtheit der Bevölkerung zugute. Die Nachteile der Strukturveränderung betreffen also direkt und kurzfristig einen Teil der Bevölkerung, während die Vorteile indirekt und erst nach geraumer Zeit der gesamten Bevölkerung zugute kommen. Für den einzelnen ist das positive Wirtschaftsergebnis kaum spürbar und nicht unmittelbar der dynamischen Strukturpolitik zuzurechnen. Daher wird die Regierung bei einer solchen Politik nicht unterstützt. Dagegen reagieren die von der Strukturpolitik direkt Betroffenen politisch, indem sie ihre Stimme nicht der Regierung geben. Wenn eine Regierungspartei daher wiedergewählt werden will, dann entspricht es ihren eigenen Interessen, keine größeren Strukturveränderungen durchzuführen. Vielmehr wird sie Maßnahmen der Strukturerhaltung bevorzugen, um ihre Wiederwahlchancen zu verbessern.

---

14 Vgl. ebd., S. 6.

II. Wirtschaftlicher Strukturwandel als Kennzeichen der Industriegesellschaft

Mit Wirtschaftsstruktur bezeichnet man die Untergliederung einer Volkswirtschaft. Strukturelle Veränderungen betreffen dann die sektorale und regionale Wirtschaftsgliederung sowie die außenwirtschaftliche Verflechtung der Volkswirtschaft. Strukturwandel tritt einerseits schubweise auf, etwa als Folge schockartiger Ereignisse (wie zum Beispiel die Ölpreiskrise 1973) oder technisch-revolutionärer Erfindungen; andererseits erfolgt er stetig als Anpassungsprozeß in vielen kleinen Schritten. Betroffen davon sind nicht nur das Sachkapital (Maschinen, technische Anlagen), sondern zunehmend auch das Humankapital, d.h. die in einer Gesellschaft erworbenen Kenntnisse und Fähigkeiten. Veränderungen der wirtschaftlichen Strukturen sind in der Marktwirtschaft sowohl Voraussetzung als auch Folge des ökonomischen Entwicklungsprozesses und des Wirtschaftswachstums.

1. Erscheinungsformen des Strukturwandels

Der Strukturwandel in einer Volkswirtschaft tritt in verschiedenen Bereichen auf und ist nach Richtung und Tempo sehr unterschiedlich. Unsere Kenntnisse darüber stammen aus der Auswertung historischer Trends in einigen Volkswirtschaften und aus internationalen Querschnittsvergleichen. Um für die Bundesrepublik eine Gesamtübersicht über die bedeutsamen Prozesse des Strukturwandels zu erhalten, hat die Bundesregierung 1978 den Aufbau einer sektoralen Strukturberichterstattung durch die fünf großen wirtschaftswissenschaftlichen Forschungsinstitute eingeleitet (Deutsches Institut für Wirtschaftsforschung, Berlin; HWWA-Institut für Wirtschaftsforschung, Hamburg; Ifo-Institut für Wirtschaftsforschung, München; Institut für Weltwirtschaft an der Universität Kiel und Rheinisch-Westfälisches Institut für Wirtschaftsforschung, Essen). Seit Anfang 1981 liegen die Schlußberichte einschließlich umfangreicher Materialbände der ersten Berichtsrunde (1978–1981) vor. Inzwischen ist die dritte Berichtsrunde (1984–1987) abgeschlossen worden.

Im Vordergrund des Interesses stehen die Veränderungen der volkswirtschaftlichen Produktionsstrukturen. Das betrifft den Bedeutungswandel großer Sektoren der Volkswirtschaft *(inter-sektoraler Strukturwandel),* aber auch die Veränderungen innerhalb einzelner Sektoren und Wirtschaftszweige *(intra-sektoraler Strukturwandel).* Ferner sind die *regionalen Strukturveränderungen* wichtig, da sie die Arbeits- und Lebensbedingungen unmittelbar berühren. Von Interesse sind auch die strukturellen Veränderungen bei den produzierten Gütern *(Produktsubstitutionen).* Schließlich sind die *Änderungen im Verhältnis von privater und staatlicher Wirtschaftsaktivität* zu beachten.

1.1 Inter-sektoraler Strukturwandel

Der Entwicklungsprozeß von Volkswirtschaften weist Regelmäßigkeiten des strukturellen Wandels auf. Sie lassen sich mit der Drei-Sektoren-Hypothese beschreiben. Dieses Grundmuster der Veränderung kann man ermitteln, wenn man die Bedeutung der drei Hauptsektoren einer Volkswirtschaft im historischen Ablauf in einem Land oder als Querschnittsanalyse für mehrere Länder ermittelt. Die übliche, pragmatisch ausgerichtete Sektorenabgrenzung ist[15]:

Primärer Sektor:	Land- und Forstwirtschaft, Fischerei;
Sekundärer Sektor:	Bergbau, Industrie, Handwerk;
Tertiärer Sektor:	Dienstleistungen (Handel, Verkehr, Kreditwirtschaft, Versicherungswirtschaft, Gastronomie, Gesundheitsdienst, Bildungswesen, Staat, Organisationen ohne Erwerbscharakter, private Haushalte, sonstige Dienstleistungen).

Nach der Drei-Sektoren-Hypothese wird im Entwicklungsprozeß von Volkswirtschaften zunächst der Anteil des primären Sektors an der Wertschöpfung (d.h. von den produzierenden Wirtschaftseinheiten geschaffener Beitrag zum Bruttoinlandsprodukt) oder an der Zahl der Beschäftigten durch das Anwachsen des sekundären Sektors zurückgedrängt. Dann wird der Anteil des sekundären Sektors durch die Ausdehnung des tertiären Sektors verringert. Sozialwissenschaftler haben daher bereits das Bild einer »postindustriellen Gesellschaft« gezeichnet.

Die Drei-Sektoren-Hypothese behauptet eine unaufhaltsame Verschiebung in der Verteilung der Erwerbstätigen, weg von der Urproduktion hin zur Produktion von Dienstleistungen. Die Ankündigung einer kommenden Dienstleistungsgesellschaft ist zweifellos attraktiv und suggestiv zugleich, sie stützt sich auf einige vordergründig einleuchtende Argumente, wie auch auf eine angenehme Wohlstands- und Beschäftigungsperspektive. Die Gültigkeit der Hypothese ist allerdings umstritten.

Die Vorstellungen von einer postindustriellen Gesellschaft sind aus zwei Gründen irreführend. Erstens ist es weder in der Landwirtschaft noch in der Industrie zu einem Rückgang der absoluten Produktion gekommen; in vielen Industrieländern ist heute die landwirtschaftliche Produktion höher als zu Beginn der Industrialisierung. Zweitens ist die Ausweitung der Dienstleistungen in sehr großem Maße der Weg, die Produktivität im primären und sekundären Sektor zu erhöhen und nicht der, aus der Industrialisierung auszusteigen. Andererseits bremsen die hohen Personalkosten im Dienstleistungsbereich die Ausdehnung dieses Sektors. Es kommt zum Übergang in die Schattenwirtschaft, d.h. zu verheimlichten Wirtschaftsaktivitäten in der Untergrundwirtschaft, wie insbesondere die Schwarzarbeit, und vermehrt zur Eigenerstellung von Dienstleistungen durch die privaten Haushalte selbst.

Die relative Bedeutung der drei Wirtschaftssektoren in einem Land hängt von der Höhe des Pro-Kopf-Einkommens ab. In armen Volkswirtschaften mit niedrigem Pro-Kopf-Einkommen ist der primäre Sektor gemessen an der Wertschöpfung am größten, in reichen Volkswirtschaften mit hohem Pro-Kopf-Einkommen erhält der tertiäre Sektor ein Übergewicht. Die Zusammenhänge zeigt Abbildung 5.

Das Grundmuster des inter-sektoralen Strukturwandels konnte in empirischen Arbeiten für den Durchschnitt aller OECD-Länder und für die Bundesrepublik Deutschland aufgezeigt werden. Als Bezugsgröße hat man dabei die Wertschöp-

15 Vgl. Manfred Willms, Strukturpolitik, in: Vahlens Kompendium der Wirtschaftstheorie und Wirtschaftspolitik, Bd. 2, München 1990[4], S. 367ff.

Abbildung 5: Sektoraler Strukturwandel nach der Drei-Sektoren-Hypothese

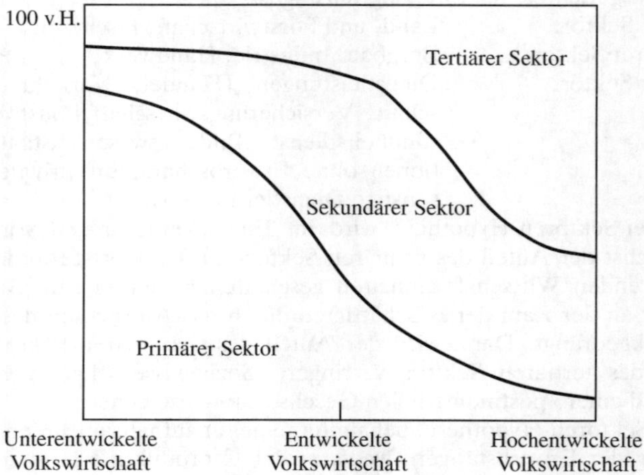

Quelle: M. Willms (Anm.15), S. 368.

fung bzw. die Zahl der Erwerbstätigen verwendet. Für beide Größen zeigt sich, daß mit steigendem Einkommen in einer Gesellschaft ein relativer Rückgang des primären und des sekundären Sektors und eine Ausdehnung des tertiären Sektors eintritt.

Abschließend ist anzumerken, daß die Entwicklung des Dienstleistungssektors durch die bisherige statistische Erfassung eher unterschätzt wird, denn innerhalb des sekundären Sektors wächst der Anteil versteckter Dienstleistungen. In jedem Auto oder jedem Fernsehgerät, das vom Band läuft, steckt ein Teil unternehmerischer Dienstleistungen, die z. B. für die Buchhaltung, Konstruktion oder Organisation verantwortlich sind.

1.2 Intra-sektoraler Strukturwandel

Innerhalb der drei großen volkswirtschaftlichen Sektoren kommt es zu umfangreichen Veränderungen der Betriebsgröße, der Erwerbstätigenstruktur, der Güterproduktion und der Wertschöpfung[16].

Im *primären Sektor* ist die Landwirtschaft der wichtigste Wirtschaftszweig. Dort hat es in der Bundesrepublik Deutschland seit 1950 erhebliche Veränderungen der Betriebsgrößen gegeben. Die Zahl der landwirtschaftlichen Betriebe ist von 1949 bis 1988 von über 1,6 Millionen auf rund 665 000 zurückgegangen. Zugleich ist bei der Größenstruktur ein Trend von den Kleinbetrieben zu Mittel- und Großbetrieben fest-

16 Vgl. ebd., S. 371ff. Die im gesamten Beitrag verwendeten neuesten Statistiken sind entnommen aus: Statistisches Bundesamt (Hrsg.), Statistisches Jahrbuch 1990 für die Bunderepublik Deutschland, Stuttgart–Mainz 1990.

zustellen. So ist der Anteil der Kleinbetriebe mit einer Größe von ein bis neun ha von 76,6 Prozent (1949) auf 47,6 Prozent (1988) zurückgegangen. Großbetriebe mit 20 ha und mehr haben dagegen in dieser Zeit ihren Anteil von 7,8 Prozent auf 30,9 Prozent erhöht.

Dieser ausgeprägte Strukturwandel war begleitet von einem stetigen Rückgang der Erwerbstätigen in der Landwirtschaft. Die Zahl der familienfremden Arbeitskräfte und der Selbständigen sowie der ständig beschäftigten Familienarbeitskräfte ist von 1949 bis 1988 von rund fünf Millionen auf etwa 1,3 Millionen zurückgegangen. Alle Erwerbstätigen im primären Sektor machten im Jahr 1988 noch 4,9 % der gesamten Erwerbstätigen in der Bundesrepublik aus. In dem genannten Zeitraum sind die Arbeitsproduktivität und die Bruttowertschöpfung je Erwerbstätigem in der Landwirtschaft erheblich angestiegen.

Zugleich hat die Landwirtschaft nicht nur ihre Produktionstechniken umgestellt, sondern ihre Produktionsstruktur an die Nachfrageveränderungen angepaßt. Mit steigendem Einkommen in der Gesellschaft hat sich nämlich die Nachfrage nach hochwertigen Veredlungsprodukten wie Fleisch und Frischobst ausgeweitet.

Im *sekundären Sektor* kommt der Industrie (einschließlich dem Bergbau) gegenüber dem Handwerk die größte Bedeutung zu, gemessen an Umsatz- und Beschäftigtenanteilen. Daher wird im folgenden nur auf die Entwicklung von Betriebsgröße, Beschäftigung, Produktion und Produktivität im industriellen Bereich eingegangen.

Die Betriebsgrößenstruktur hat sich wenig verändert. Die Betriebsgröße wird anhand diverser Kriterien ermittelt, z.B. Anzahl der Beschäftigten oder Umsatz. Die Betriebsgröße ist allgemein abhängig von technischen, ökonomischen, organisatorischen und marktrelevanten Größen. Der Anteil von Industriebetrieben mit weniger als 100 Beschäftigten liegt seit 1980 bei etwa 72 Prozent, der mit über 1 000 Beschäftigten bei 2,3 Prozent. Allerdings gibt es deutliche Veränderungen in der Unternehmensstruktur, wo Beschäftigung und Umsatz zugunsten von Großunternehmen angewachsen sind. Der Begriff Unternehmen wird hier in institutioneller Sicht verwendet, um eine rechtliche Wirtschaftseinheit zu bezeichnen, welche Leistungen in einer oder mehreren Niederlassungen erbringt.

Um die Veränderungen der Unternehmensstruktur zu messen, kann man für jeden Wirtschaftszweig die Konzentration des Umsatzes oder für Güterklassen die Konzentration der Produktion auf die größten Unternehmen zugrundelegen. Errechnet man beispielhaft für verschiedene Güterklassen die Veränderung der Produktionsanteile der jeweils drei größten Anbieter 1988 gegenüber 1978 ergibt sich folgendes: Von 251 Güterklassen, für die Daten vorliegen, weisen 118 Güterklassen eine steigende Anbieterkonzentration auf, 116 eine sinkende und 17 relativ konstante Ergebnisse[17]. Auch bei kurzfristiger Betrachtung besteht ein Übergewicht der Güterklassen mit steigender Konzentration, eine Tendenz zur Konzentration der Produktion auf wenige Anbieter ist bei der Mehrzahl der Güterklassen feststellbar.

Die Zahl der Beschäftigten ist in der Industrie zunächst bis Beginn der siebziger Jahre angestiegen (1970: 8,8 Mio.) und seither erheblich gefallen (1988: 7 Mio.). Allerdings weist die sektorale Beschäftigungsbilanz wichtige Unterschiede auf. Es gibt acht Branchen, die während eines Jahrzehnts (1987 gegenüber 1977) einen erheb-

---

17 Vgl. Monopolkommission (Hrsg.), Achtes Hauptgutachten der Monopolkommission 1988/1989, Baden-Baden 1990, Tab. 41, S. 82.

Abbildung 6: Wachstumsraten der Wertschöpfung ausgewählter Industriezweige

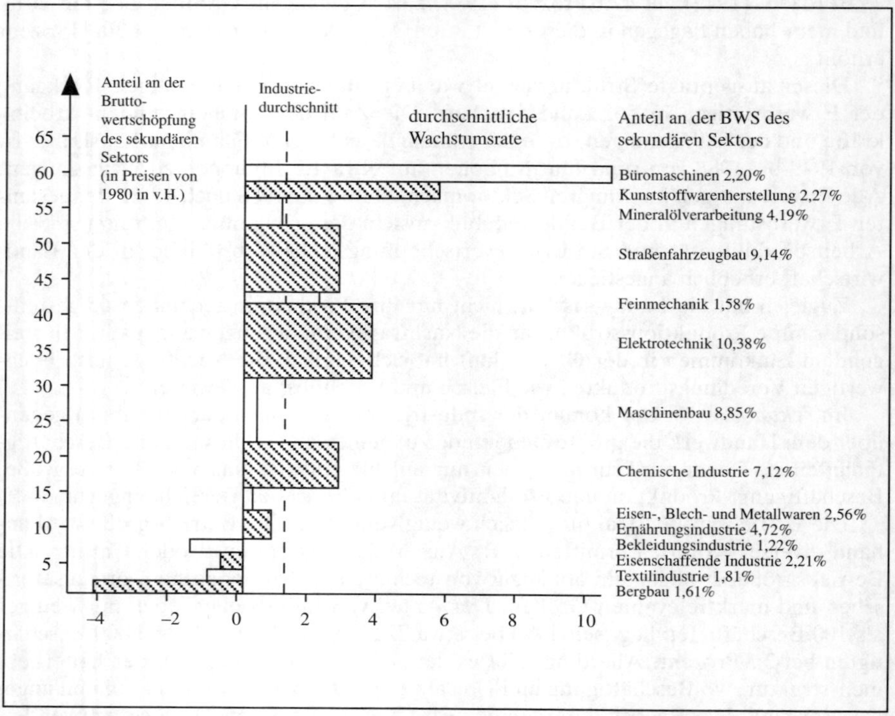

Quelle: M. Willms (Anm.15), S. 375.

lichen Teil ihrer Arbeitsplätze eingebüßt haben. Dies sind in abnehmender Reihenfolge das Bauhauptgewerbe (minus 170 000 Stellen), die Eisen- und Stahlerzeugung, die Textilverarbeitung, das Bekleidungsgewerbe, die Holzindustrie, der Bergbau, Steine und Erden und der Schiffsbau (minus 29 000 Stellen).

Da gleichzeitig mit dem Beschäftigungsrückgang die Wertschöpfung in fast allen Industriezweigen zugenommen hat, ist ein erheblicher Anstieg der Arbeitsproduktivität festzustellen. Die durchschnittliche Arbeitsproduktivität ist das Verhältnis von erzeugter Gütermenge (Produktionsergebnis) zur Anzahl der dafür eingesetzten Beschäftigten bzw. Beschäftigtenstunden. Einen besonders hohen Zuwachs in der Wertschöpfung gab es bei der Produktion von Büromaschinen, der Kunststoffherstellung, der Feinmechanik, dem Straßenfahrzeugbau, der Elektrotechnik und der Chemischen Industrie. Die sehr unterschiedlichen Wachstumsraten der Wertschöpfung in ausgewählten Industrien von 1970 bis 1986 enthält Abbildung 6.

Insgesamt ist also der Strukurwandel im sekundären Sektor mit einer Produktivitätssteigerung verbunden gewesen. Der Anstieg der Arbeitsproduktivität war auch von einer Erhöhung der Kapitalausstattung je Arbeitsplatz verbunden. Während im gesamtwirtschaftlichen Durchschnitt ein Arbeitsplatz im Jahr 1987 mit 160500 DM Sachkapital ausgestattet war (Bruttoanlagevermögen je Erwerbstätigen in Preisen von 1980), waren es im warenproduzierenden Gewerbe 153500 DM; hier lag die jahresdurchschnittliche Zunahme 1980–1987 bei 3,5 Prozent.

Die Untersuchung des sektoralen Strukturwandels in der Bundesrepublik Deutschland ergibt, daß er in den siebziger und achtziger Jahren durch eine stabile Richtung und ein langsameres Tempo gekennzeichnet war[18]. Man hat das ermittelt, indem man für 56 Branchen den Anteil der von ihnen erwirtschafteten nominalen gesamtwirtschaftlichen Bruttowertschöpfung festgestellt und dann jeweils die Abweichungen der Entwicklung der sektoralen Wertschöpfung vom gesamtwirtschaftlichen Wachstum errechnet hat. Danach kann man Branchen identifizieren, die seit 1960 zu den Verlierern oder zu den Gewinnern des Strukturwandels gehören. Schon seit 1960 unterlagen 29 der 56 Branchen einem Schrumpfungsprozeß, nach der Ölpreiskrise 1973 kamen noch sieben hinzu. Zu den Verlierern gehören die Landwirtschaft, Hersteller von Nahrungs- und Genußmitteln, Anbieter von industriellen Verbrauchs- und Gebrauchsgütern, von Geräten der allgemeinen Datenverarbeitung, von Maschinen und Schiffen, ferner der gesamte Baubereich, der Handel und die Verkehrszweige Eisenbahn und Schiffahrt. In diesen Branchen ist der Schrumpfungsprozeß bis in die achtziger Jahre allerdings unterschiedlich groß ausgefallen.

Die Gewinner im Strukturwandel seit 1960 sind 20 Branchen. Dazu gehören insbesondere Dienstleistungen für Unternehmen und private Haushalte, Luft-, Raumfahrzeug- und Straßenfahrzeugbau, Energieversorgung, Kunststoffverarbeitung und z.T. die Elektrotechnik.

Die Geschwindigkeit des sektoralen Strukturwandels hat sich in den achtziger Jahren nochmals verlangsamt. Das Tempo der Veränderung wird gemessen, indem man die Veränderung des Anteils der Branchen mit unterdurchschnittlicher Entwicklung der Bruttowertschöpfung (oder der Erwerbstätigkeit) an der gesamtwirtschaftlichen Bruttowertschöpfung (oder der Anzahl der Erwerbstätigen) ermittelt.

Der *tertiäre Sektor* umfaßt eine Vielzahl sehr unterschiedlicher Branchen. Eine Beschreibung des Strukturwandels muß dies berücksichtigen.

Wählt man die Arbeitsstätte als Meßgröße, so entfielen 1988 35,4 Prozent auf den Handelsbereich, 6,1 Prozent auf den Verkehrsbereich und 58,5 Prozent auf die übrigen Dienstleistungsbereiche. Die Zahl der Erwerbstätigen im tertiären Sektor ist laufend angestiegen. Sie hat sich von 6,8 Mio. (1950) auf 12,3 Mio. (1986) fast verdoppelt und erreicht inzwischen 14,3 Mio. (1988).

Die Bruttowertschöpfung hat sich im tertiären Sektor stark erhöht, sie war 1988 mehr als neunmal so hoch wie 1960. Damit stieg auch der Beitrag des tertiären Sektors zum Bruttoinlandsprodukt kräftig an. Abbildung 7 läßt erkennen, wie sich die Anteile der verschiedenen Branchen im tertiären Sektor der Bundesrepublik an der gesamten Wertschöpfung dieses Sektors von 1950 bis 1988 verändert haben.

Um den Strukturwandel innerhalb des tertiären Sektors genauer zu erfassen, kann man unterscheiden zwischen alten Dienstleistungen, zur Industrie komplementären Dienstleistungen und neuen Dienstleistungen. Aus empirischen Untersuchungen ergibt sich, daß alte Dienstleistungen vor Beginn der industriellen Massenproduktion

18 Vgl. Hans-Hagen Härtel u.a., Analyse der strukturellen Entwicklung der deutschen Wirtschaft, Strukturbericht 1987, Hamburg 1988, S. 67ff.

Abbildung 7: Wertschöpfungsstruktur des tertiären Sektors

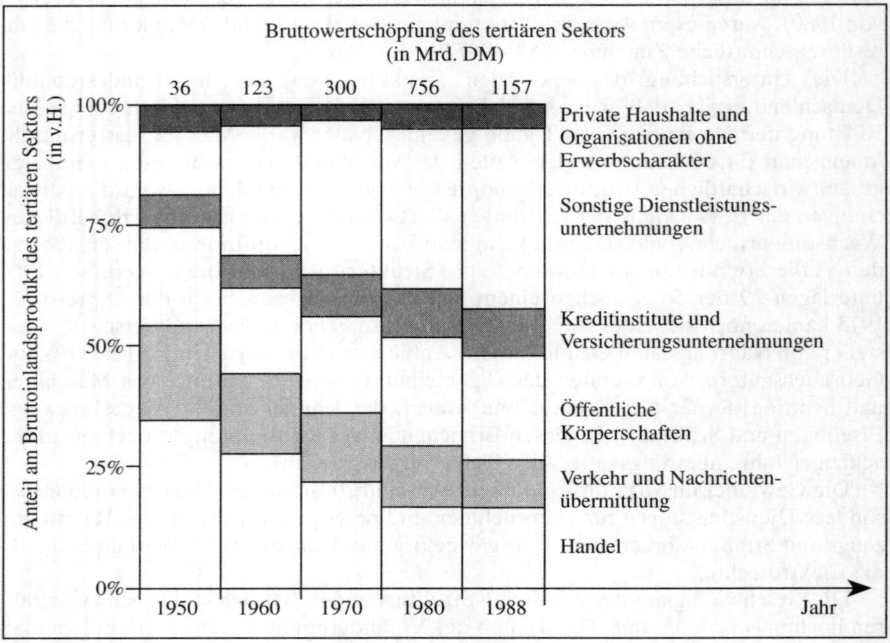

Quelle: M. Willms (Anm.15), S. 377.

eine große Bedeutung hatten, man denke hier an Fremdleistungen in den privaten Haushaltungen. Komplementäre Dienstleistungen zur Industrie sind insbesondere der Handels- und Verkehrsbereich. Auch dieser Teilbereich ist mit der Expansion des sekundären Sektors sehr stark angewachsen. Neue Dienstleistungen sind vor allem in der Kredit- und Versicherungswirtschaft, im Bildungswesen und im Gesundheitswesen entstanden. Das sind Folgen eines steigenden Pro-Kopf-Einkommens und zunehmender Freizeit.

1.3 Regionale Strukturveränderungen

Die heutige räumliche Entwicklung in der Bundesrepublik ist das Ergebnis politischer, wirtschaftlicher und kultureller Bedingungen. Die Veränderungen vollziehen sich in langen Zeitabständen, sie sind selten das kurzfristige Ergebnis einzelner Aktionen. So ist die räumliche Situation heute das Resultat politischer Entscheidungen, die zeitlich bereits länger zurückliegen. Die föderale Struktur ohne eine eindeutige gesellschaftliche, ökonomische oder kulturelle Metropole hat zu einer Ausgeglichenheit und Vielfalt in den Regionen geführt, die im Vergleich zu den anderen westeuropäischen Staaten ungewöhnlich ist.

In den letzten Jahren hat allerdings eine Entwicklung eingesetzt, die einen Kontrast zwischen den süddeutschen Ballungsräumen (einschließlich Frankfurt am Main) und den nördlichen Ballungsräumen mit altindustrialisierter Struktur (insbesondere das Ruhrgebiet, das Saarland und die Küstenregionen) erkennen läßt. Es häufen sich die Anzeichen, daß der Süden stärker durch Wachstum und zukunftsorientierte Industriestrukturen gekennzeichnet ist, während der Norden eher durch langsameres Wirtschaftswachstum und Vorherrschen der alten Industriestrukturen geprägt wird. Aufgrund dieser regionalen Unterschiede in der Dynamik der wirtschaftlichen Entwicklung entstand die Diskussion um das Süd-Nord-Gefälle. Dieses neue Problem überlagert die alte Aufgabe der Regionalpolitik, zu einem Ausgleich der räumlichen Entwicklung beizutragen. Ziel war es bisher, durch die Förderung gewerblicher Investitionen die private Kapitalbildung in den strukturschwachen Regionen anzuregen, um so die Schaffung zusätzlicher Arbeitsplätze sowie das Wirtschaftswachstum in diesen Gebieten zu fördern.

Welche Veränderungen der regionalen Wirtschaftsstrukturen sind festzustellen? Von großer wirtschaftlicher Bedeutung ist die regionale Verteilung der Bevölkerung. Dabei lassen sich drei Entwicklungslinien in den letzten Jahren erkennen:

- In den Kernstädten (kreisfreie Städte über 100000 Einwohner) nimmt die Bevölkerung zu, wobei ein relativ hoher Zuwanderungsgewinn bei jungen Menschen (18 bis 25 Jahre) und ein Wanderungsverlust bei Familien vorliegt. Besondere Belastungen entstehen durch den hohen Anteil von alten Menschen, von Ausländern und von Sozialhilfeempfängern.
- Im kernstädtischen Umland (Umlandkreise) findet man die tendenziell gegenläufige Entwicklung, also Wanderungsgewinne bei Familien und jüngeren Erwachsenen.
- Die ländlichen Räume (geringe Bevölkerungsverdichtung von ca. 100 Einwohnern pro Quadratkilometer und kein Oberzentrum über 100000 Einwohner) weisen hinsichtlich der genannten Veränderungen eine mittlere Position auf.

Ein wichtiger ökonomischer Indikator für die regionalen Wirtschaftsaktivitäten ist die Entwicklung des realen Bruttoinlandsproduktes in den Bundesländern. Einen Überblick über die Entwicklung in verschiedenen Zeitabschnitten vermittelt Tabelle 1.

Seit Mitte der siebziger Jahre ist die wirtschaftliche Dynamik in den norddeutschen Küstenländern, Nordrhein-Westfalen und im Saarland vergleichsweise schwach. Im Bundesgebiet insgesamt betrug von 1975 bis 1986 die jahresdurchschnittliche Zunahme des realen Bruttoinlandsproduktes zwei Prozent. Dieses Ergebnis erreichte auch Berlin (West). Über diesem Wert lag die Entwicklung in Bayern, Baden-Württemberg, Hessen, Rheinland-Pfalz und Niedersachsen, unter diesem Wert lief die Entwicklung in Bremen, Nordrhein-Westfalen, Saarland, Schleswig-Holstein und Hamburg. Für den »Norden« ergibt sich von 1975 bis 1986 ein durchschnittlicher Zuwachs von zwei Prozent, für den „Süden" dagegen eine Zunahme von 2,8 Prozent.

Ein anderer Indikator ist die Entwicklung der regionalen Arbeitsmärkte. In den altindustrialisierten Regionen ist eine negative Entwicklung der Beschäftigtenzahlen seit dem hohen Anstieg der Arbeitslosigkeit 1979/80 feststellbar. Die Arbeitslosenquote stieg hier seit 1987 auf ein Niveau von fast 15 Prozent, während sie in anderen Regionen zwischen acht und zehn Prozent lag. Die Arbeitslosenquote im Bundesgebiet lag 1988 im Jahresdurchschnitt bei 8,7 Prozent. Die Quote war erheblich höher in Bremen (15,3 Prozent), Hamburg, Saarland, Niedersachsen, Nordrhein-Westfalen,

Tabelle 1: Entwicklung des realen Bruttoinlandsproduktes in der Bundesrepublik Deutschland und in den Bundesländern 1970–1986 (v. H.)[a])

	1986 Mrd. DM	1970 bis 1975	1975 bis 1980	1980 bis 1986	1970 bis 1986	1975 bis 1986
Bundesgebiet insgesamt	1 614 230	2,1	3,3	1,5	2,2	2,0
Schleswig-Holstein	56 563	3,3	3,0	1,0	2,3	1,9
Hamburg	74 735	1,3	2,3	1,5	1,7	1,9
Niedersachsen	159 213	1,9	3,7	1,1	2,2	2,3
Bremen	23 051	1,9	2,4	0,6	1,6	1,4
Nordrhein-Westfalen	424 091	1,7	2,8	0,7	1,7	1,7
Hessen	158 225	2,5	4,0	1,5	2,6	2,6
Rheinland-Pfalz	85 996	2,2	3,8	1,4	2,4	2,5
Baden-Württemberg	259 745	2,2	3,4	2,0	2,5	2,6
Bayern	289 021	2,5	4,2	2,5	3,0	3,3
Saarland	23 843	2,7	2,7	1,1	2,1	1,8
Berlin (West)	59 747	0,8	2,2	1,9	1,6	2,0
Norden[b])	313 562	2,0	3,1	1,2	2,0	2,0
Süden[c])	792 987	2,4	3,8	2,0	2,7	2,8

a) Jahresdurchschnittliche Zunahme; für 1986 vorläufige Werte.
b) Schleswig-Holstein, Hamburg, Niedersachsen und Bremen.
c) Hessen, Rheinland-Pfalz, Baden-Württemberg und Bayern.

Quelle: Rüdiger Soltwedel, Wettbewerb zwischen Regionen statt zentral koordinierter Regionalpolitik, in: Die Weltwirtschaft, (1987) 1, S. 131.

Berlin (West) und Schleswig-Holstein (10,0 Prozent); die Quote war geringer in Rheinland-Pfalz (7,6 Prozent), Hessen, Bayern und Baden-Württemberg (5,0 Prozent)[19].

In den neueren Industrieregionen und auch im ländlichen Raum ist dagegen bereits ab 1985 eine deutliche Erholung zu registrieren. Es kommt also zu ausgeprägten, gegenläufigen regionalen Entwicklungstendenzen auf den Arbeitsmärkten. In der regionalen Verteilung der Arbeitslosigkeit wird das Süd-Nord-Gefälle deutlich sichtbar, und zwar sowohl hinsichtlich der Arbeitslosenquote, als auch beim Anteil der Dauerarbeitslosigkeit. Allerdings gibt es auch im Süden erhebliche Entwicklungsunterschiede, wie z. B. die Lage in den ostbayerischen Grenzregionen zeigt.

Dabei besteht offensichtlich ein enger Zusammenhang mit der in der Region dominierenden Wirtschaftsstruktur. Der Dienstleistungssektor ist in den Regionen mit großen Verdichtungsräumen (über 300 Einwohner je Quadratkilometer und/oder Oberzentren mit über 300 000 Einwohnern) stark vertreten. Die Anzahl der dort Beschäftigten hat selbst in Jahren des konjunkturellen Abschwungs nicht abgenommen.

19 Vgl. Statistisches Bundesamt (Anm. 16), S. 106.

1.4 Produktsubstitutionen

Wirtschaftliche Veränderungen begegnen uns nicht nur in Form von Strukturwandel zwischen den und innerhalb der wirtschaftlichen Sektoren und dem regionalen Standort, sondern wir stoßen auch auf erhebliche Veränderungen des Produktsortiments. In einer dynamischen Wirtschaft werden immer wieder neue Produkte auf den Märkten angeboten. Sofern sie die gleiche Funktion wie bereits vorhandene Güter erfüllen, kommt es zu einem Verdrängungsprozeß. Entscheidend ist, daß die potentiellen Käufer dem neuen Produkt eine funktionale Austauschbarkeit gegenüber dem alten Produkt zuerkennen. Die subjektive Einschätzung der Gebrauchseignung der neuen Güter weicht allerdings in der Regel von der objektiven Eignung der Güter ab. Für den einzelnen Käufer ist nämlich die Überschaubarkeit des Marktes nur sehr begrenzt gegeben, d. h. es fehlt an Markttransparenz. Dennoch ist zu beachten, daß in kurzer Zeit Produkte aus Kunststoff in erheblichem Ausmaß Materialien wie Metall, Glas und Holz verdrängt haben.

Die fortschreitende Differenzierung der Angebotsstruktur hat auch eine internationale Dimension. In hochentwickelten Industriestaaten wie den USA und Japan entstehen neue Produkte und Produktionsverfahren. Durch Import dieser Produkte werden in einer offenen Volkswirtschaft wie der Bundesrepublik inländische Produkte substituiert, so daß die in der Inlandsproduktion eingesetzten Produktionsfaktoren mittel- bis langfristig anders verwendet werden müssen. Die Verdrängung von einzelnen Gütern aus dem bisherigen Sortiment wird nicht nur durch völlig neue Produkte bewirkt, sondern auch durch veränderte Präferenzen bei den Käufern.

Die Wirtschaft der Bundesrepublik hat sich bei der Veränderung des Produktsortiments auf technologieintensive Güter spezialisiert, d. h. auf Güter im Straßenfahrzeugbau, Maschinenbau sowie auf Chemieerzeugnisse. Sie wird darin lediglich von Japan übertroffen. Beschränkt man die Analyse dagegen auf Spitzentechnologien, so ergibt sich ein anderes Bild. Hier rangieren die Bundesrepublik und Japan erst nach den USA, Großbritannien und Frankreich. Eine überragende internationale Marktstellung hat die deutsche Wirtschaft allerdings bei Kernreaktoren, Windkraftmaschinen, optischen Instrumenten sowie medizinischen und pharmazeutischen Erzeugnissen.

1.5 Änderungen im Verhältnis von privater und staatlicher Wirtschaftsaktivität

Strukturwandel in der Industriegesellschaft läßt sich auch am Umfang der privaten und staatlichen Wirtschaftsaktivitäten erkennen. Nach der schon 1861 von Adolph Wagner aufgestellten Behauptung der zunehmenden Staatsausgaben in der modernen Gesellschaft (»Gesetz der steigenden Staatstätigkeit«) kommt es aufgrund der Bevölkerungszunahme, der wachsenden Ansprüche an den Stat und der industriellen sowie demographischen Ballung zu relativ steigenden Ausgaben der öffentlichen Haushalte. Diese Prognose hat sich in den letzten Jahrzehnten in den meisten Industrieländern bestätigt, auch weil zusätzliche Begründungen für die Staatstätigkeit hinzugekommen sind, etwa staatliche Beteiligungen an Wirtschaftsunternehmen oder der Bereich der Umverteilungspolitik. Staatliche Tätigkeit bindet erhebliche volkswirtschaftliche Ressourcen, die folglich nicht für die private Wirtschaftstätigkeit zur Verfügung stehen.

Die staatlichen Ausgaben in der Bundesrepublik in den Bereichen Bildung und Kultur, Gesundheit und Soziale Sicherung sind angestiegen. Davon gehen wesentliche Beschäftigungsimpulse für den staatlichen und privaten Dienstleistungssektor aus. Zu einem Teil handelt es sich um Leistungen, die früher im Privatbereich ohne Entgelt erfüllt worden und nun Institutionen übertragen sind, in denen die notwendigen Arbeitsleistungen gegen Entgelt erbracht werden. In diesen Fällen kann man von einem Substitutionseffekt sprechen.

Zusätzlich läßt sich ein Erweiterungseffekt feststellen. Insbesondere in den Bereichen Bildung und Gesundheit ist die verbesserte Versorgung ein gesellschaftspolitisches Ziel staatlicher Politik. Durch die Übernahme neuer Aufgaben durch den Staat sind hier ebenfalls deutliche Beschäftigungsimpulse entstanden.

Um die Größenordnung und Entwicklung des Ausgabenvolumens der öffentlichen Haushalte abschätzen zu können, errechnet man das Verhältnis der Staatsausgaben zum Bruttosozialprodukt. Der Indikator für das Ausmaß der Staatsaktivitäten ist die Staatsquote. Sie betrug in der Bundesrepublik 1961 28,7 Prozent, 1970 29,1 Prozent, 1980 34,3 Prozent, 1984 33,0 Prozent und 1988 31,6 Prozent. Wenn man in der Berechnung der Staatsquote alle Ausgaben der Gebietskörperschaften und die Sozialversicherung einbezieht, dann erhöhen sich die Werte auf 34,2 Prozent (1961), 39,1 Prozent (1970), 48,6 Prozent (1980), 48,0 Prozent (1984) und 47,0 Prozent (1988)[20].

Die Staatsquote erhöhte sich also zunächst erheblich, dann trat eine Umkehr des Trends ein. Der Staatsverbrauch und die Hilfen für Unternehmen wuchsen – konjunkturbereinigt – langsamer als das Sozialprodukt, und die staatlichen Investitionen sanken absolut. Die Rückführung der Staatsquote in den letzten Jahren bedeutet jedoch nicht, daß der Staat sich aus der Beeinflussung der sektoralen Allokation der Produktionsfaktoren zurückgezogen hat. Finanzhilfen und Steuervergünstigungen für die Unternehmen (insbesondere in den Bereichen Kohle, Stahl und Werften) und die Landwirtschaft werden beibehalten.

Es gibt keine generelle Bestätigung dafür, daß eine steigende Staatsquote einen negativen Einfluß auf die volkswirtschaftliche Dynamik hat. Ob der Staat mit seinem Finanzgebaren zur Verbesserung der Wachstumsbedingungen beiträgt oder nicht, muß anhand der Zusammensetzung der Staatsausgaben untersucht werden. Dabei spielt vor allem der Anteil öffentlicher Investitionen an den Gesamtausgaben eine sehr bedeutende Rolle.

2. *Ursachen für die Veränderungen der volkswirtschaftlichen Produktionsstruktur*

Die Veränderungen in der Produktionsstruktur einer Volkswirtschaft können bisher nicht durch eine umfassende, empirisch bewährte Theorie erklärt werden. Es ist fraglich, ob eine solche allgemein gültige Erklärung für eine dynamische Marktwirtschaft überhaupt zu erwarten ist. Diese ist gekennzeichnet dadurch,

20 Vgl. Statistisches Bundesamt (Hrsg.), Datenreport 1989. Zahlen und Fakten über die Bundesrepublik Deutschland (Bundeszentrale für politische Bildung. Schriftenreihe Bd. 280), Bonn 1989, S. 215; vgl. auch Institut der deutschen Wirtschaft (Hrsg.), Zahlen zur wirtschaftlichen Entwicklung der Bundesrepublik Deutschland. Ausgabe 1991, Köln 1991, Tab. 41.

- daß autonome Konsumenten und Produzenten letztlich über das Produktsortiment und über die Produktionsverfahren entscheiden,
- daß in einem sehr breit entwickelten Spektrum von Wirtschaftszweigen eine Vielzahl und Vielfalt von gewinnorientierten privaten Unternehmen tätig sind und
- daß es – für die deutsche Volkswirtschaft – kein Vorbild einer noch weiterentwikkelten, vorauseilenden Volkswirtschaft gibt.

Zu den Ursachen des Strukturwandels finden wir daher heute nur eine größere Zahl von Einzelerklärungen. Man kann sie danach unterscheiden, ob sie stärker nachfrage- oder angebotsorientiert sind. Der Zugang zu den Ursachen der strukturellen Veränderungen wird erleichtert, wenn man sie als Ergebnisse eines Prozesses interpretiert. So läßt sich Strukturwandel als Resultat eines komplizierten Wirtschaftsprozesses verstehen,
- der eine Reaktion auf gesamtwirtschaftliche Entwicklungen, veränderte Rahmendaten und exogene Störungen ist,
- der von einzelwirtschaftlichen Nachfrageentscheidungen in das ökonomische System hineingetragen wird,
- der auf Güter- und Faktormärkten über veränderte relative Preise sichtbar wird,
- der Anpassungsreaktionen der Unternehmen in Form veränderter Vorleistungs- und Faktornachfrage auslöst,
- der auf diese Weise die Produktionsstrukturen und -prozesse verändert und
- der auf dem Arbeitsmarkt in Form veränderter Anforderungen, Qualifikationen und Beschäftigungsformen in Erscheinung tritt[21].

2.1 Nachfrageseitige Einflüsse

In der Industriegesellschaft gibt es seitens der privaten Haushalte, der Unternehmen und des Staates Nachfrage nach Sachgütern und Dienstleistungen. Hinzu kommt bei außenwirtschaftlichen Beziehungen die Nachfrage der »Ausländer«, die sich wiederum aus privater und staatlicher Nachfrage zusammensetzt. Untersucht man, welche Art von Gütern nachgefragt werden, dann kann man zwei Gruppen unterscheiden:
- Produktionsgüter (Investitionsgüter), d.h. Güter, die im Unternehmensbereich verbleiben und als Input in den Produktionsprozeß eingehen;
- Konsumgüter, d.h. Güter, die letztlich in die Verfügungsmacht von privaten Haushalten übergehen und dort gebraucht bzw. verbraucht werden.

Ebenso läßt sich die Nachfrage nach Dienstleistungen in produktions- und konsumnahe Dienstleistungen unterteilen.

21 Vgl. Der Bundesminister für Wirtschaft (Hrsg.), Analysen der strukturellen Entwicklung der deutschen Wirtschaft durch fünf wirtschaftswissenschaftliche Forschungsinstitute, Bonn 1988, S. 106.

2.1.1 *Private Konsumnachfrage*

Es läßt sich beobachten, daß die Nachfrage von der Höhe der verfügbaren Realeinkommen, von den Preisen der Güter und Dienstleistungen und von deren Nutzenschätzung, d.h. von der Bedürfnisstruktur, abhängt. Damit sind drei Größen genannt, die Umfang und Struktur der privaten Konsumnachfrage beeinflussen; sie wirken in der Marktwirtschaft langfristig auf eine Umstrukturierung der volkswirtschaftlichen Produktion hin. Ferner ist noch auf die Einflüsse der veränderten Einkommensverteilung, der Haushaltsgröße und der Verschiebung der Altersstruktur der Bevölkerung einzugehen.

Mit steigendem verfügbaren Einkommen der privaten Haushalte variiert in der Regel die Nachfrage nach Konsumgütern unterschiedlicher Art. Bei niedrigem Realeinkommen dominiert die Nachfrage nach Gütern zur Deckung des Grundbedarfs, so daß der größte Teil des Einkommens für Nahrung, Wohnung und Bekleidung ausgegeben wird. Bei steigendem Realeinkommen finden Güterarten (hochwertige Gebrauchsgüter) und Dienstleistungen, deren Kauf bisher als weniger dringlich eingeschätzt wurde, erstmals Eingang in die Konsumplanung, oder solche Güterarten werden stärker als bisher berücksichtigt. Mit steigendem Einkommen ändern sich somit die Präferenzen der privaten Nachfrager. Daraus folgt, daß bei steigendem Realeinkommen der privaten Haushalte der Ausgabenanteil für lebensnotwendige Güter zurückgeht und der für Güter eines höheren Bedürfnisniveaus ansteigt.

Diese Zusammenhänge sind schon in den siebziger Jahren des vorigen Jahrhunderts von den beiden Statistikern Ernst Engel und Hermann Schwabe beobachtet worden. Sie sprachen von einer »Gesetzmäßigkeit« der Beziehung zwischen der Einkommenshöhe und den Ausgaben für Ernährung, ein Zusammenhang, der sich in der »Engel-Kurve« abbilden läßt. Häufig wird zur Beschreibung dieser Zusammenhänge der Begriff der Einkommenselastizität der Nachfrage verwendet. Sie gibt an, um wieviel Prozent sich die Nachfragemenge eines Gutes ändert, wenn das Einkommen eine Änderung um ein Prozent erfährt.

Der langfristige Trend bei den Ausgaben der privaten Haushalte zeigt folgendes: Der Anteil der Ausgaben für Nahrungs- und Genußmittel fällt, während der für nicht existenznotwendige Güter und Dienstleistungen steigt. Man kann diese Zusammenhänge mit Hilfe der Einkommenselastizität beschreiben und – vereinfacht – feststellen:

In einer wachsenden Wirtschaft mit steigendem Einkommen ist die langfristige Einkommenselastizität der Nachfrage nach Nahrungsmitteln kleiner als 1 und die nach Dienstleistungen größer als 1. Die strukturelle Entwicklung der Wirtschaft ist somit von der Einkommenselastizität der Nachfrage abhängig. Wirtschaftszweige mit hoher Einkommenselastizität expandieren relativ stark, während die mit negativer Einkommenselastizität schrumpfen. Empirische Untersuchungen haben ergeben, daß etwa 50 Prozent der Strukturausprägung im sekundären Sektor aus der Einkommenshöhe erklärt werden können.

Die zweite wichtige Einflußgröße für Konsumumfang und -struktur sind die Preisänderungen der einzelnen Güter und die Preiselastizität der Nachfrage. Hier geht es um relative Preisänderungen und nicht um die Folgen des Ansteigens (d.h. Inflation) oder des Sinkens des Preisniveaus (d.h. Deflation). Der Zusammenhang läßt sich durch die direkte Preiselastizität der Nachfrage beschreiben. Sie gibt an, um wieviel

Prozent sich die Nachfragemenge eines Gutes ändert, wenn die dafür ursächliche Preisänderung dieses Gutes ein Prozent beträgt. In der Regel geht die Nachfrage nach einem Gut zurück, wenn der Preis dieses Gutes ansteigt und umgekehrt. Der Maßstab der Elastizität gibt an, wie stark bzw. wie schwach die Haushaltsnachfrage auf Preisänderungen reagiert.

Bei existenznotwendigen Gütern reagiert die Nachfrage nur schwach auf Preisänderungen, d.h. es besteht geringe Nachfrageelastizität. Dagegen ist bei »Luxusgütern« eine starke Reaktion feststellbar (hohe Nachfrageelastizität). Für die Entwicklung eines Wirtschaftszweiges ist daher die Preiselastizität der Nachfrage wichtig, der er sich gegenübersieht.

Es ist allerdings der Einfluß von Substitutionsgütern und der Länge der Zeitperiode zu beachten. In der modernen Industriegesellschaft kommt es zu einer ständig steigenden Vielfalt der Güterarten, dadurch erhöht sich das Substitutionspotential. Wenn also die Zahl und die Art der Substitutionsgüter anwächst, dann können die Nachfrager bei Preissteigerungen für ein Gut leichter auf andere Produkte der gleichen Gütergruppe ausweichen. Die Zahl der Substitute nimmt zu, weil in einer dynamischen Wirtschaft immer wieder neue Produkte und Fertigungsverfahren entstehen. Je länger die Zeitperiode ist, umso leichter werden die Ausweichreaktionen der Nachfrager. Relative Preisänderungen beeinflussen also die Zusammensetzung des privaten Verbrauchs und – über die veränderte Nachfrage – letztlich auch die Produktionsstruktur.

Veränderungen der Konsumstruktur sind auch von der Veränderung der personalen Einkommensverteilung zu erwarten. Je nach der absoluten Einkommenshöhe der durch die veränderte Verteilung Bessergestellten und Benachteiligten und deren Anteil an der Konsumnachfrage kommt es zu Wirkungen auf die Konsumstruktur. Auch Veränderungen in der durchschnittlichen Haushaltsgröße sind zu beachten. Wenn sie bei gleichbleibender Haushaltsanzahl und unverändertem Einkommen zunimmt, wenn also eine Verringerung des Pro-Kopf-Haushaltseinkommens eintritt, dann steigt der Ausgabenanteil für Güter mit niedriger Einkommenselastizität.

Ebenfalls von Einfluß auf die gesamtwirtschaftliche Konsumgüterstruktur sind Verschiebungen im Altersaufbau der Bevölkerung, da erfahrungsgemäß verschiedene Altersgruppen jeweils typische Konsummuster aufweisen. Aus Querschnittsuntersuchungen ist zu erkennen, daß Haushalte von älteren Personen im Vergleich zu Haushalten mit jüngeren Personen relativ mehr für persönliche Ausstattung (z.B. Kleidung, Schuhe), Energie, Körper- und Gesundheitspflege, Nahrungs- und Genußmittel sowie für Wohnungsmieten und relativ weniger für Bildung und Unterhaltung ausgeben.

Zusammenfassend wird die Struktur der Konsumgüterindustrie dadurch bestimmt, daß die Einkommenseffekte eindeutig die Preiseffekte dominieren. Es ist das Wachstum des verfügbaren Pro-Kopf-Einkommens, dem die entscheidende Rolle für die Erklärung von Veränderungen der Konsumstruktur zukommt, welche ihrerseits die Ursache für Produktionsveränderungen innerhalb und zwischen Gütergruppen und -klassen sind.

Die empirischen Informationen über die Zusammenhänge zwischen Einkommen und Konsum erhält man aus marktstatistischen Zeitreihen und den Haushaltsrechnungen. Die statistischen Ämter der Länder und des Bundes ermitteln regelmäßig Marktstatistiken, die Auskünfte darüber geben, welche Mengen von einem bestimm-

Tabelle 2: Privater Verbrauch nach Verwendungszwecken für Vier-Personen-Arbeitnehmerhaushalte 1989 gegenüber 1970 (in %)

Verwendungszweck	1970	1989
Nahrungsmittel, Getränke, Tabakwaren	35,3	23,8
Bekleidung, Schuhe	10,8	8,0
Wohnungsmieten, Energie	20,2	26,3
Möbel, Haushaltsgeräte, Haushaltsführung	9,0	8,7
Gesundheits- und Körperpflege	3,6	3,3
Verkehr und Nachrichtenübermittlung	10,8	15,5
Bildung, Unterhaltung, Freizeit	7,3	10,7
Persönliche Ausstattung, Reisen, Sonstiges	3,0	3,6

Quelle: Statistisches Bundesamt (Anm. 16), S. 485.

ten Gut während eines Zeitraumes zu jeweiligen Preisen nachgefragt werden. Die Haushaltsrechnungen sind die statistische Aufbereitung von Buchführungsergebnissen ausgewählter privater Haushalte über ihre täglichen Einnahmen und Ausgaben. In der Bundesrepublik geht die Haushaltsstatistik auf laufende monatliche Erhebungen in verschiedenen Haushaltstypen zurück. Von besonderem Interesse dabei sind:

- Vier-Personen-Arbeitnehmerhaushalte (mit mittlerem Einkommen des allein verdienenden Haushaltsvorstandes und zwei im Haushalt lebenden Kindern unter 18 Jahren);
- Vier-Personen-Haushalte von Angestellten und Beamten mit höherem Einkommen, und
- Zwei-Personen-Haushalte von Rentnern und Sozialhilfeempfängern.

Außerdem werden in drei- bis fünfjährigen Abständen Erhebungen in Haushalten aller Bevölkerungskreise durchgeführt. Gliedert man die Haushalte nach demographischen und sozialen Merkmalen (Alter, Größe, Standort und Zusammensetzung der Haushalte; Anzahl, Geschlecht und Beruf der Haushaltsmitglieder), so erhält man Informationen darüber, wie Realeinkommen, Preise und soziologische Faktoren auf die Nachfrage einwirken.

Die eingetretenen Änderungen bei der Zusammensetzung der Konsumausgaben des Vier-Personen-Haushaltes mit mittlerem Einkommen zeigt Tabelle 2.

2.1.2 Staatsnachfrage

Die staatliche Nachfrage erstreckt sich auf Sachgüter, Dienstleistungen sowie Investitionen, ferner auf die hier nicht behandelte Arbeitskräftenachfrage. Die Struktur der Nachfrage wird bestimmt von den wirtschafts- und gesellschaftspolitischen Vorstellungen der Politiker, welche die jeweilige Regierung bilden. In der Bundesrepublik Deutschland ist die Entwicklung so verlaufen, daß die Ausgaben der öffentlichen Gesamthaushalte zwischen 1951 und 1986 um das 25-fache angestiegen sind, wobei

z. B. die Ausgaben für die soziale Sicherung und das Bildungswesen überproportional gestiegen sind, während sie für das Wohnungswesen und die Verteidigung unterproportional angewachsen sind.

Welchen Einfluß die staatliche Nachfrage auf die Entwicklung der einzelnen Wirtschaftszweige hat, hängt sowohl vom Anteil der Staatsnachfrage an der gesamtwirtschaftlichen Nachfrage als auch von den auf die einzelnen Wirtschaftszweige bezogenen Anteilen ab. Die bisher vorliegenden Statistiken reichen nicht aus, über lange Zeitabschnitte hinweg die staatliche Nachfrage nach einzelnen Güterklassen zu ermitteln. Allerdings kann man versuchen, Trendaussagen zu formulieren. So führt in der vorindustriellen Entwicklungsstufe die Bereitstellung eines produktiven Kapitalstocks (z.B. Straßennetz, Energieversorgung) zu einem relativ hohen Umfang an staatlichen Investitionen. In der industriellen Stufe erfolgt dann eine Umschichtung der Staatsausgaben von unmittelbar produktiven zugunsten konsumtiv orientierter Investitionen.

Der hohe Anteil der Bauinvestitionen an den Gesamtinvestitionen des Staates hat zur Folge, daß Veränderungen des staatlichen Investitionsverhaltens vor allem die Bauwirtschaft und die ihr vorgelagerten Wirtschaftszweige betreffen. Diese Zusammenhänge sind stets bei restriktiver und expansiver Ausgabenpolitik des Staates zu beobachten, jedoch handelt es sich eher um zyklische Schwankungen der Wirtschaftstätigkeit im Konjunkturverlauf als um strukturelle Veränderungen.

Insgesamt kann man zum Einfluß der Staatsnachfrage auf die volkswirtschaftliche Produktionsstruktur feststellen, daß Änderungen in der Priorität von Ausgabenarten langfristig die Wirtschaftsstruktur beeinflussen, jedoch über die Wirkungen auf einzelne Wirtschaftszweige keine sicheren Informationen vorliegen.

2.1.3 Private Investitionsnachfrage

Die Konsumgüterindustrie benötigt Maschinen und Anlagen, um die Produktion aufrechtzuerhalten (Ersatzinvestitionen) und auszuweiten (Neuinvestitionen). Insofern wirkt die strukturelle Entwicklung der Verbrauchsgüterindustrie zurück auf die Investitionsgüterindustrie. Um deren Strukturveränderungen zu erklären, reicht es allerdings nicht aus, nur auf Nachfrageveränderungen seitens der Konsumgüterindustrie zu achten. Man kann sicher für einzelne Produktgruppen Zusammenhänge zwischen der Nachfrage der Haushalte, der Produktionsstruktur der Konsumgüterindustrie und der Investitionsgüterindustrie herstellen; die Nachfrage nach Einwegverpackungen beispielsweise führt zur Verwendung und Herstellung von Verpackungsautomaten. Aber dies reicht nicht aus, um die strukturellen Veränderungen in der Investitionsgüterindustrie zu erklären.

Man muß neben den Entwicklungen in einzelnen Teilen des sekundären Sektors auch die langfristigen Veränderungen im primären und tertiären Sektor einbeziehen. So ist in der Landwirtschaft im Laufe der Jahrzehnte eine starke Modernisierung und Automatisierung eingetreten, die auf die Investitionsgüterindustrie zurückgewirkt hat. Ferner ist der Anteil der Landwirtschaft an der volkswirtschaftlichen Wertschöpfung zurückgegangen, d.h. der Sektor hat an wirtschaftlichem Gewicht verloren. Daher ist die Nachfrage nach landwirtschaftlichen Maschinen gesunken. Im Dienstleistungssektor kommt es zu einem beschleunigten Einsatz der elektronischen Datenverarbeitung, so daß entsprechende Anforderungen an den Investitionsgütersektor gestellt werden.

Es ist außerdem zu beachten, daß im Wachstumsprozeß die Produktionstiefe zunimmt, d.h. die industrielle Arbeitsteilung schreitet fort. Dadurch werden immer wieder neue Anforderungen an die Ausrüstung mit Maschinen und Anlagen gestellt. Alle genannten Ursachen zusammen bewirken langfristig Strukturveränderungen und unterschiedliche Wachstumsgeschwindigkeiten in der Investitionsgüterindustrie.

2.1.4 Einfluß des Außenhandels

Veränderungen in der Produktionsstruktur hängen in einer offenen Volkswirtschaft nicht nur von inländischen Nachfrageeinflüssen ab, sondern es sind auch außenwirtschaftliche Faktoren wirksam. Richtung und Tempo des einzuschlagenden Strukturwandels können in der deutschen Volkswirtschaft nicht allein intern bestimmt werden. Beides wird ihr in hohem Maß von außen vorgegeben, sowohl von der Richtung, die andere weltwirtschaftlich bedeutende Volkswirtschaften einschlagen, als auch von der Geschwindigkeit, die diese bei strukturellen Veränderungen vorlegen.

Die Struktur der Import- und Exportnachfrage wird von der Einkommenshöhe und -verteilung im In- und Ausland und von den Veränderungen der relativen Preise beeinflußt. Die Entwicklung der Einkommenselastizitäten der Nachfrage in der wachsenden Wirtschaft und deren Folgen für die Nachfragestruktur sind bereits erklärt worden. Steigt die Inlandsnachfrage nach bestimmten Gütern, so kann das Marktangebot – falls die inländische Produktionsanpassung fehlt oder zu langsam ist – aus ausländischer Produktion, also aus Importen, stammen. Selbst wenn die Inlandsproduktion reagiert, gibt es für den Nachfrager erweiterte und zunehmende Substitutionsmöglichkeiten durch angebotene ausländische Produkte. Der Automobilmarkt in der Bundesrepublik ist dafür ein Beispiel.

Ebenso ist die Entwicklung der Einkommenselastizität bei den wichtigsten Handelspartnern zu berücksichtigen. Wenn in diesen Ländern die realen Einkommen ansteigen, dann wird sich die Nachfrage nach gehobenen Gebrauchsgütern und Dienstleistungen erhöhen, die man dann teilweise aus der Bundesrepublik Deutschland importiert. Einen Überblick über die wichtigsten Bestimmungsländer der deutschen Exporte und der Ursprungsländer der Importe gibt Abbildung 8.

Die Veränderungen der Preisrelationen sind eine zweite, schwächere Einflußgröße auf die Struktur der Import- und Exportnachfrage. Allerdings gibt es Situationen, in denen ein Land an einem »falschen« Wechselkurs (der in ausländischer Währung notierte Preis für eine Einheit der Inlandswährung auf dem Devisenmarkt) längere Zeit festhält, so daß sich für einige Wirtschaftszweige aufgrund der für sie wirksamen Preiselastizitäten der Nachfrage in den Absatzländern dann preisbedingte Expansionsmöglichkeiten eröffnen.

Höhe und Veränderung der Preise einzelner Außenhandelsgüter hängen von den Produktionskosten und deren Entwicklung ab. Relative Kostenvorteile sowie die Qualität der Produkte bestimmen bei unbehindertem Außenhandel die Struktur der Export- und Importnachfrage. Kann ein Wirtschaftszweig gegenüber der Auslandskonkurrenz zu einem niedrigeren Preis anbieten und eine bessere Qualität liefern,

Abbildung 8: Die größten Handelspartner der Bundesrepublik Deutschland 1988 (in Mrd. DM)

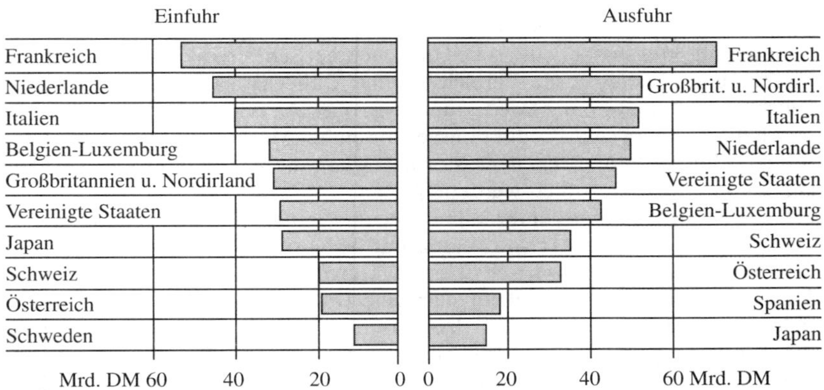

Quelle: Statistisches Bundesamt (Anm.20), S. 244.

dann schafft er für seine Produkte Exportnachfrage. Ein Beispiel dafür ist die deutsche Maschinenbauindustrie, die durch relativ frühe Verwendung der Mikroelektronik wichtige Qualitätsvorsprünge erreichen konnte.

Die außenwirtschaftlichen Impulse hängen aber auch von der Art des Währungssystems und der Entwicklung des Wechselkurses ab. Wenn der Wert einer DM, ausgedrückt in Einheiten der ausländischen Währung, sinkt (d.h. Abwertung der DM), dann wird es für Ausländer billiger, deutsche Produkte zu kaufen. Der Export der Bundesrepublik wird dann ansteigen. Umgekehrt wird es aber für Deutsche teurer, im Ausland zu kaufen, d.h. der Import geht zurück. Durch diese Zusammenhänge werden wiederum Anpassungsprozesse beim Wechselkurs ausgelöst, denn in einem Währungssystem flexibler Wechselkurse bildet sich der Kurs durch Angebot und Nachfrage auf dem Devisenmarkt. Die Abwertung bzw. Aufwertung einer Währung kann über mehrere Jahre fortdauern – die reale DM-Abwertung dauerte von 1979 bis 1985 –, so daß die volkswirtschaftlichen Produktionsstrukturen langsam angepaßt werden.

2.2 Angebotsseitige Einflüsse

Der Strukturwandel einer Volkswirtschaft hat Ursachen auch in den Veränderungen auf der Angebotsseite. Hier ist in der Marktwirtschaft neben der Verfügbarkeit über die benötigten Produktionsfaktoren das Verhalten der Unternehmer entscheidend. Sie sind als Pionierunternehmer innovativ, führen neue Produkte und Fertigungsverfahren in den Markt ein und reagieren auf neue Marktbedingungen, wie z.B. steigende Realeinkommen oder veränderte Präferenzen der Nachfrager.

2.2.1 Dynamische Unternehmer

In der Marktwirtschaft wird die Angebotsstruktur als Ergebnis eines risikovollen Suchprozesses vieler dezentralisierter Wirtschaftseinheiten verändert. Es werden neue Produkte und Dienstleistungen sowie Fertigungsverfahren entdeckt, ausprobiert und vermarktet, wobei ein großes unternehmerisches Risiko für Fehlschläge im technischen und ökonomischen Bereich besteht. Daher ist es für die Angebotsdynamik entscheidend, daß immer wieder und in großer Anzahl risikobereite Unternehmer mit neuen Gütern und Produktionsverfahren am Markt auftreten. Es kommt zu einem Prozeß der schöpferischen Zerstörung, wenn die alten Güter und Fertigungsverfahren vom Markt verdrängt werden.

Der erfolgreiche Pionierunternehmer erringt eine Monopolstellung auf dem Markt für eine bestimmte Art von Waren und kann daher Pioniergewinne erzielen. Wenn in einer Wettbewerbswirtschaft der Marktzugang für neue Unternehmer frei ist, dann werden andere, ebenfalls dynamische Unternehmer dem Pionierunternehmer nacheifern, d.h. Produkte und Verfahren imitieren und auch verbessern. So kommt es in der Volkswirtschaft zu einer verbreiteten Anwendung des neuen technologischen Wissens und zu erhöhtem Substitutionswettbewerb zwischen Produkten. Der Konkurrenzdruck verbilligt das Pionierprodukt, so daß der Monopolgewinn im Zeitablauf verschwindet.

Halten wir fest: Ursachen für die Markteinführung neuer Produkte und Dienstleistungen und das Entstehen neuer technologischer Entwicklungslinien sind die Aktivitäten risikobereiter Unternehmer. Beginnend mit einer kleinen Produktionsmenge (Experimentierphase) kommt es nach erfolgreicher Markteinführung zu dem Übergang zur Massenproduktion (Expansionsphase und Ausreifungsphase). Es treten neue Produktionsstrukturen an die Stelle der alten.

Es ist für die Dynamik einer Industriegesellschaft entscheidend, daß die gesellschaftlichen und wirtschaftlichen Rahmenbedingungen das Auftreten neuer, risikobereiter Unternehmer nicht behindern. Darüber hinaus gibt es verschiedene Instrumente der Wirtschaftspolitik, mit denen man Unternehmensgründungen fördern kann. Der Zugang an neuen Unternehmen war in der Bundesrepublik immer hoch, er hat sich seit Anfang der achtziger Jahre kräftig erhöht. Gleichzeitig sind durch den Wettbewerbsprozeß – und aus anderen Gründen wie z.B. altersbedingte Aufgabe der Unternehmen – Wirtschaftseinheiten vom Markt verschwunden (Liquidation). Die »Sterberate« von Unternehmen war ebenfalls immer relativ hoch, sie hat sich in den achtziger Jahren beschleunigt. Per saldo überwogen aber die Neugründungen. Bei den Firmenneugründungen stand der Dienstleistungssektor mit Abstand an der Spitze. Hier gab es starken Zuwachs bei Dienstleistungen auf den Gebieten Wirtschaftsprüfung, Steuer- und Unternehmensberatung, Werbung, Verkehr, Nachrichtenübermittlung sowie Einzelhandel. Die Gesamtentwicklung zeigt Tabelle 3.

2.2.2 Verfügbarkeit über Produktionsfaktoren

Die Entwicklungsmöglichkeiten eines Wirtschaftszweiges hängen von der Verfügbarkeit über die für die Produktion benötigten Inputfaktoren ab. Das gilt für einen bestimmten Stand der Produktionstechnik sowie für die Menge und die Qualität der

Tabelle 3: Unternehmensgründungen und -liquidationen (Angaben in Tsd. für alle Branchen)

Jahr	Gründungen	Liquidationen	Saldo
1975	137,3	138,9	– 1,7
1980	177,7	135,1	42,6
1984	310,0	250,3	59,7
1986	302,3	267,6	34,7
1988	326,3	264,4	61,9
1990	355,0	299,0	56,0

Quelle: Institut der deutschen Wirtschaft (Anm. 20), Tab. 78.

Produktionsfaktoren Arbeit, Kapital und Natur. Das Einsatzverhältnis der Produktionsfaktoren ist unterschiedlich in den einzelnen Wirtschaftszweigen; auch der Spielraum der Faktorsubstitution (z. B. Einsatz von Kapital an Stelle von Arbeit) ist eher begrenzt.

Im Zuge der industriellen Entwicklung entstanden wegen des zunächst reichlich vorhandenen Faktors Arbeit überwiegend arbeitsintensive Produktionen. Später wurde der Arbeitsfaktor knapper und teurer, so daß kapitalintensive Produktionen ausgeweitet wurden. Zunehmend knapper wird auch der Produktionsfaktor Natur in Form von Boden, Wasser und Luft, was wiederum die kapitalintensive Produktionsweise vergrößert. Bei internationalen Querschnittsvergleichen kann man eine recht ähnliche Rangfolge der Kapitalintensitäten (Verhältnis von Kapitalbestand zu Beschäftigungsmenge) für die einzelnen Wirtschaftszweige ermitteln.

Ein Engpaß für die Produktionsentwicklung können die Zahl und die qualitativen Eigenschaften der Erwerbstätigen sein, ein Produktionsfaktor, der zudem eine geringere Mobilität aufweist als der Faktor Kapital. Die qualitativen Anforderungen an die Arbeitskräfte im Maschinenbau und in der Fahrzeugindustrie sind höher als z. B. in der holzverarbeitenden und -bearbeitenden Industrie. Insofern können für einige Wirtschaftszweige bei vorgegebenem Qualifikationspotential der Beschäftigten Engpässe für die Einstellung neuer Mitarbeiter entstehen.

Nach der von Bildungsökonomen vertretenen Qualifizierungshypothese besteht in der Industriegesellschaft ein steigender Bedarf an hochqualifizierten Arbeitskräften. Da im internationalen Wettbewerb die Vorteile industrialisierter Länder in der Produktion von Hochtechnologiegütern liegen, erfordert dies immer mehr entsprechend qualifizierte Arbeitnehmer. Tatsächlich ist der Trend zur Qualifikation seit längerem zu beobachten.

Der Produktionsfaktor Boden könnte ein Engpaßfaktor für sehr flächenintensiv produzierende Wirtschaftszweige sein (z. B. Land- und Forstwirtschaft, Bergbau). Das dürfte aber nur in wenigen Fällen wegen der natürlichen Gegebenheiten und der Flächennutzungspolitik ein Problem sein. Anders sieht es aus, wenn man den Begriff »Boden« erweitert zu »Umwelt«. Es gibt Anzeichen dafür, daß die aus umweltpolitischen Überlegungen eingeschränkte Nutzung und Belastbarkeit der Natur für die Industrieproduktion zu Veränderungen und zu Standortverlagerungen der Produktion geführt haben. Die Verschärfung der Umweltschutzgesetzgebung belastet die Verwendung von Energie und Rohstoffen mit steigenden Kosten. Das veranlaßt die Unternehmen, Energie und Rohstoffe durch Kapital zu substituieren (z. B. Kühlwasser wird jetzt mehrfach genutzt), so daß die kapitalintensiven Wirtschaftszweige zunehmen.

2.2.3 Produktivitätsentwicklung und technischer Fortschritt

Es ist zu beobachten, daß die Ergiebigkeit der eingesetzten Produktionsfaktoren in den einzelnen Wirtschaftszweigen variiert. Das zeigt sich, wenn man das Produktionsergebnis je Beschäftigtenstunde in den einzelnen Wirtschaftszweigen im Verhältnis zum gesamtwirtschaftlichen Durchschnitt ermittelt. Von 1985 bis 1990 ist z. B. im verarbeitenden Gewerbe dieses Produktionsergebnis von der Basis 100 auf 116,0 gestiegen; fast gleiche Entwicklung verzeichnet die Grundstoff- und Produktionsgüterindustrie. Dagegen findet man einen langsameren Anstieg auf 115,2 bei der Investitionsgüterindustrie und auf 114,3 bei der Verbrauchsgüterindustrie, einen schnelleren Anstieg auf 121,4 bei der Nahrungs- und Genußmittelindustrie[22]. Es gibt also unterschiedliche Entwicklungen der sektoralen Produktivität, was in einer offenen Volkswirtschaft mit wirksamem Wettbewerb langfristig zum Strukturwandel führt.

Zwei Ursachen für die Produktivitätsunterschiede sind zu beachten. Die eine ist die Leistungsfähigkeit der Arbeitskräfte, die durch Aus- und Weiterbildung verbessert werden kann. Dabei ist zu erwarten, daß Wirtschaftszweige mit einem hohen Anteil qualifizierter Arbeitskräfte, die auch noch eine ständige Weiterqualifikation erhalten, überdurchschnittliche Produktivitätsfortschritte aufweisen.

Die zweite Ursache für Unterschiede in der Produktivitätsstruktur ist ein branchenmäßig unterschiedlicher technischer Fortschritt. Zunächst ist zu berücksichtigen, daß produktivitätssteigernde Effekte technischen Fortschritts (z. B. einer neuen Produktionstechnik) erst durch dessen verbreitete Anwendung in der Volkswirtschaft entstehen. Es kommt auf die Anschaffung und Nutzung der technologisch neuen Maschinen an, also letztlich auf die Investitionsneigung der Unternehmer. Diese ist umso höher, je günstiger die Bedingungen auf der Nachfrageseite für die Ausweitung der Produktion sind. Letztlich stoßen wir bei der Analyse wieder auf nachfrageseitige Einflußgrößen, insbesondere die Einkommenselastizität der privaten Konsumnachfrage. Dieses Beispiel zeigt, wie die in Abschnitt III.2. erklärten Nachfrage- und Angebotsfaktoren zusammen die volkswirtschaftliche Produktionsstruktur beeinflussen.

Neue Technologien treten in den Wirtschaftszweigen mit unterschiedlicher Dimension und Schnelligkeit auf. Das hängt von mehreren Faktoren ab, insbesondere dem Wettbewerb und den Anstrengungen der jeweiligen Branche bei Forschung und Entwicklung. Die Sektorproduktivität wird somit durch technologische Prozesse und Marktprozesse verändert.

Es wird zuweilen die These vertreten, der Dienstleistungssektor weise im Vergleich zum industriellen Sektor eine spezifische Produktivitätsschwäche auf. Dies wird aus Besonderheiten der Dienstleistungsproduktion (Nicht-Lagerfähigkeit, große Nachfrageschwankungen u. a.) abgeleitet. Diese These ist nicht haltbar, da der technische Fortschritt es immer wieder ermöglicht hat, solche Schwierigkeiten zu über-

22 Vgl. Institut der deutschen Wirtschaft (Anm. 20), Tab. 70.

winden, z.B. durch die elektronische Speicher- und Lagerfähigkeit von Dienstleistungen. Besonders der technische Fortschritt erklärt auch, warum wichtige Dienstleistungszweige zu den Spitzenreitern im Produktivitätsfortschritt zählen.

III. Strukturanpassungen – Herausforderungen für die Wirtschaftspolitik

Das Ergebnis des technologischen und wirtschaftlichen Strukturwandels ist das gesamtwirtschaftliche Wachstum. Dabei wirken viele Bestimmungsfaktoren und Prozesse zusammen. Die Unternehmen passen das Gütersortiment den sich ändernden Präferenzen der Konsumenten an, sie spezialisieren sich auf Produktionen, bei denen sie im internationalen Wettbewerb komparative Vorteile aufweisen, sie steigern die Effizienz der Produktion und ersetzen relativ teure durch relativ billige Produktionsfaktoren. Alle diese Aktivitäten zusammen schieben die Grenzen für die Ausdehnung der gesamtwirtschaftlichen Produktion hinaus, überwinden somit die Hemmnisse von mangelnder Nachfrage, unzureichender Wettbewerbsfähigkeit oder Knappheit an Ressourcen.

Ferner führt der Strukturwandel zu Ergebnissen, die für alle am Wirtschaftsleben Beteiligten schwierige Anpassungsleistungen notwendig machen. Strukturanpassung ist für die Marktteilnehmer keine einmalige Handlung, sondern vielmehr »Normalität«, um in einem Umfeld von sich ändernden Bedingungen bestehen zu können. Das betrifft die Unternehmer, die konfrontiert werden mit veränderten Nachfragestrukturen und Technologien sowie dem verstärkten Wettbewerb in- und ausländischer Anbieter. Es betrifft ebenso die Arbeitnehmer, deren bisherige berufliche Qualifikation nicht mehr ausreicht und deren Arbeitsplätze bedroht sind. Die Strukturanpassung stellt sich als Aufgabe für alle Wirtschaftszweige.

Drei besonders wichtige Problemfelder sollen im folgenden behandelt werden. Erstens geht es um unerwünschte Nebenwirkungen des Strukturwandels auf Wirtschaftszweige und Regionen. Der Wettbewerbsprozeß kann zu Ergebnissen wirtschaftlicher und sozialer Art führen, die in der Wirtschaftsordnung der Sozialen Marktwirtschaft wegen der wirtschafts- und sozialpolitischen Zielsetzungen nicht tolerierbar sind. Aufgabe der Wirtschaftspolitik (im weitesten Sinne) ist es dann, korrigierend tätig zu werden, ohne allerdings die marktwirtschaftlichen Kräfte zu lähmen.

Zweitens hat jeder Strukturwandel Auswirkungen auf den Arbeitsmarkt und das Beschäftigungssystem. Sowohl die Gesamtzahl der Beschäftigten und ihre Verteilung auf die Wirtschaftssektoren als auch die Qualifikationen der Erwerbsfähigen sind betroffen. Daher ist zu klären, wie die Arbeitsmarktpolitik anzulegen ist, um den Anforderungen des anhaltenden Strukturwandels gewachsen zu sein.

Drittens ergibt sich als neuere Fragestellung, wie die technisch-wirtschaftlichen Veränderungen in der Industriegesellschaft auf die Umwelt einwirken. Zu klären ist, wo der Strukturwandel einerseits zu Gefährdungen und andererseits zum Schutz für die Umwelt führt. Daraus lassen sich Anforderungen an eine umweltorientierte Wirtschaftspolitik ableiten.

1. *Strukturanpassung als wirtschaftspolitische Aufgabe*

1.1 *Strukturpolitische Strategien*

Da ständiger Strukturwandel eine Ursache von hohem wirtschaftlichen Wachstum ist, würde die Behinderung struktureller Veränderungen zu einer Verringerung des Wachstums führen. Wie soll aber die Wirtschaftspolitik bei unerwünschten Nebenwirkungen des Strukturwandels reagieren? Generell ist damit die Berücksichtigung der »Anpassungskosten« gemeint, die im Laufe des Strukturwandels für Unternehmen und Arbeitnehmer entstehen. Zu diesem Zusammenhang bemerkt der Sachverständigenrat zur Begutachtung der gesamtwirtschaftlichen Entwicklung: »Dem weiteren Wirtschaftswachstum Hindernisse aus dem Wege räumen, heißt dafür Sorge tragen, daß der Strukturwandel vorankommt. Eine verstärkte Ausweitung neuer Produktion wird nach wie vor nicht nur durch eine Vielzahl staatlicher Regulierungen behindert, sondern auch durch ein Zuviel an alter Produktion. Dieser Rückstand im Strukturwandel ist der Wirtschaftspolitik, und nicht einem Marktversagen anzulasten. Agrarpolitik, Kohlepolitik, Verkehrspolitik und andere Teile der Industriepolitik haben es durch die Aussperrung von Wettbewerb erst ermöglicht, daß wirtschaftlich überholte Strukturen erhalten geblieben sind. Die gesamtwirtschaftlichen Kosten, die das verursacht, sind hoch: Kapital und Arbeit werden gebunden, Produktivkräfte, die an anderer Stelle der Volkswirtschaft ertragreicher und damit wachstumsfördernd genutzt werden könnten«[23].

Strukturpolitik in der Sozialen Marktwirtschaft hat in der politischen Praxis zu Zielen und Maßnahmen geführt, die auf unterschiedliche Strategien zurückgehen. Einerseits stützt man sich auf die Strategie der Förderung von Marktprozessen, nach der Strukturpolitik in erster Linie Wettbewerbspolitik ist. Andererseits verwendet man die Strategie der Verzögerung von Marktprozessen, um durch Verminderung des Anpassungsdrucks soziale Härten abzuschwächen[24]. Im folgenden soll auf beide Strategien näher eingegangen werden.

Strukturpolitik kann auf die *Förderung von Marktprozessen* gerichtet sein. Wenn die Ziele der Wirtschaftspolitik bestmögliche Nutzung der volkswirtschaftlichen Ressourcen und hohes Wachstum sind, dann läßt sich der hierfür erforderliche Strukturwandel am besten erreichen, indem ein funktionsfähiger Wettbewerb geschaffen wird. Dieser Wettbewerb sorgt für den effizienten Einsatz der Produktionsfaktoren und für die Nutzung aller Möglichkeiten zur Kostensenkung. Er schafft Anreize zur Entwicklung neuer Produkte und Produktionsverfahren und zur Erschließung neuer Märkte. Schließlich führt der funktionsfähige Wettbewerb dazu, die Produktion eng auf die Konsumentenwünsche abzustimmen. Diese Wettbewerbseffekte lassen sich steigern, wenn Auslandskonkurrenz zugelassen wird.

Eine Strukturpolitik, die sich auf die Gestaltung des ordnungspolitischen Rahmens beschränkt, kann man als Strukturordnungspolitik bezeichnen. Sie legt lediglich die Rahmenbedingungen fest, innerhalb derer sich die Branchenstruktur unter dem

---

23 Sachverständigenrat zur Begutachtung der gesamtwirtschaftlichen Entwicklung, Jahresgutachten 1989/90 (Deutscher Bundestag, Drucksache 11/5786 vom 23. November 1989), Ziff. 274.

24 Vgl. M. Willms (Anm. 15), S. 387–391.

Einfluß der Marktkräfte entwickeln kann. Eine Beeinflussung der Marktprozesse in der Absicht, eine gezielte, wachstumsfördernde Veränderung der Branchenstruktur zu erreichen, ist mit der Strukturordnungspolitik nicht vereinbar.

Eine Abwandlung der streng marktwirtschaftlich orientierten Strukturordnungspolitik sind die Maßnahmen, die die Entwicklung der Branchenstruktur in bestimmte Richtungen lenken. Man will Strukturkrisen durch rechtzeitige Umlenkung der Produktionsfaktoren in andere Verwendungen verhindern und Branchenentwicklungen fördern, für die günstigere Zukunftsaussichten erwartet werden. Als Begründung für eine so orientierte sektorale Strukturpolitik wird auf ein angebliches Versagen der Marktkräfte hingewiesen. Dabei wird auf die Existenz sogenannter externer Effekte und die Begrenztheit des Zeithorizontes privater Wirtschaftseinheiten verwiesen. Mit externen Effekten der Produktion beschreibt man ganz allgemein Gewinne oder Verluste, die bei Dritten außerhalb der marktmäßigen Beziehungen der Wirtschaftseinheiten auftreten. Zum Beispiel kann eine technologische Neuerung, die aus der Sicht des Einzelunternehmens gewinnbringend ist, wegen der damit verbundenen negativen Auswirkungen auf die Gesellschaft, z.B. in Form von starken Umweltbelastungen, so hohe negative Effekte (d.h. soziale Kosten) haben, daß sie insgesamt nicht wirtschaftlich ist. Das umstrittene Argument von der Begrenztheit des Zeithorizontes wird insbesondere in bezug auf privatwirtschaftliche Forschungs- und Entwicklungsinvestitionen verwendet. Für das einzelne Unternehmen sind Forschungs- und Entwicklungsausgaben mit hohen technischen und ökonomischen Risiken verbunden. Wenn innerhalb des Planhorizontes des privaten Unternehmens verwertbare Ergebnisse dieser Ausgaben nicht zu erwarten sind, werden die Forschungs- und Entwicklungsarbeiten unterbleiben. Diese privatwirtschaftliche Rentabilitätsrechnung kann daher verhindern, daß Innovationen unterbleiben, die für die Gesellschaft erst auf lange Sicht rentabel sein werden.

Beide Argumente werden in Marktwirtschaften zur Rechtfertigung der staatlichen Forschungs- und Technologieförderung herangezogen. In der Bundesrepublik bilden sie die Grundlage für eine umfassende staatliche Förderung. Sie wird als Teil einer zukunftsgestaltenden Strukturpolitik verstanden und soll eine zentrale Rolle bei der Steuerung der wirtschaftlichen und sozialen Entwicklung übernehmen.

Die Strategie der *Verzögerung von Marktprozessen* soll den Anpassungsdruck auf einzelne Wirtschaftssektoren und die dort Beschäftigten vermindern, um soziale Härten abzuschwächen. Diese Art von Strukturpolitik wird meistens für Wirtschaftszweige vorgesehen, die im Zuge des Strukturwandels stagnieren oder schrumpfen. Auf Druck von Interessengruppen, wie der Unternehmensverbände und der Gewerkschaften, werden von den Politikern häufig Maßnahmen beschlossen, welche den Zwang zur Anpassung abbremsen oder zum Teil sogar völlig aufheben. Für die so geschützten Unternehmen und ihre Beschäftigten entfällt dann der Wettbewerbsdruck, unrentable Kapazitäten aufzugeben und sich auf neue Produktionen einzustellen. Eine solche Art der Strukturpolitik kann im Extremfall zu einer Strukturerhaltungspolitik werden. Sie wäre dann gegen die Marktentwicklung gerichtet. In abgeschwächter Form wäre es Strukturanpassungspolitik, da der Strukturwandel nicht völlig unterbunden, sondern verzögert wird.

In der politischen Diskussion wird selten deutlich gemacht, daß es das Ziel dieser Strukturanpassungspolitik ist, einer Verschlechterung der Brancheneinkommen entgegenzuwirken. Statt dessen werden Gründe vorgetragen, die in der Öffentlichkeit auf mehr Verständnis stoßen und daher zu weniger Widerstand gegen die strukturpolitischen Maßnahmen Anlaß geben. Folgende Argumente sind häufig anzutreffen:

- Arbeitsplatzsicherung: Subventionsforderungen für bestimmte Wirtschaftszweige werden am häufigsten mit dem Argument der Sicherung vorhandener Arbeitsplätze begründet. Dieses Argument ist politisch besonders wirksam, wenn es auf eine Region angewendet wird, die ohnehin bereits durch relativ hohe Arbeitslosigkeit gekennzeichnet ist. Zwar wird bei der Forderung nach Subvention meistens darauf verwiesen, daß es sich um eine Unterstützung vorübergehender Art handelt, aber häufig wird dann der Anpassungsprozeß über viele Jahre verschleppt.
- Versorgungssicherung: Für einige Branchen wird das Argument angeführt, daß inländische Kapazitäten erhalten werden müssen, um vom Weltmarkt und seiner Anfälligkeit für politische Krisen nicht abhängig zu sein. Ein Beispiel dafür ist die Sicherung der Energieversorgung durch ein Schutzsystem für den deutschen Steinkohlebergbau.
- Einkommenssicherung durch Preisfixierung: Wenn die Einkommenssituation von Anbietern begünstigt werden soll, dann kann ein Mindestpreis als politischer Preis oberhalb des Marktpreises durch staatlichen Eingriff festgelegt werden. Für die Produzenten bedeutet dies eine Preisgarantie für ihre Produkte auf einem gegenüber dem Wettbewerbspreis überhöhten Niveau. Die Mindestpreisregelung im EG-Agrarmarkt ist eine solche Maßnahme. Durch diese Regelung wird der Anpassungsdruck auf den Wirtschaftsbereich vermindert bzw. völlig ausgeklammert, denn die Preise folgen nicht mehr der Marktentwicklung.

In der wirtschaftspolitischen Praxis der Bundesrepublik finden wir eine gemischte Strategie der Strukturpolitik. Einerseits mobilisiert man durch die Förderung von Marktprozessen Wachstumskräfte und erhöht so die Leistungsfähigkeit der Wirtschaft insgesamt. Andererseits verzögert man in einigen Bereichen Branchen- und Unternehmensanpassungen an Marktprozesse durch Erhaltungssubventionen und langwährende Anpassungssubventionen. So ist der Steinkohlebergbau aufgrund der Importkontingentierung von Kohle und Subventionen für den Absatz zu einem vom Wettbewerb abgeschotteten Bereich geworden.

Erhaltungssubventionen können Arbeitsplätze allenfalls kurzfristig sichern, aber die Probleme stagnierender Branchen und der davon betroffenen Regionen nicht lösen. Da die Schaffung neuer, rentabler Arbeitsplätze in der Marktwirtschaft letztlich von unternehmerischen Entscheidungen abhängig ist, kommt es entscheidend darauf an, Behinderungen für private Investitionen, insbesondere in innovationsträchtigen Bereichen, abzubauen[25].

25 Vgl. Sachverständigenrat (Anm. 23), Ziff. 274–277.

Wenn man die heutige Diskussion über die Wirtschafts- und Lebensbedingungen in den Regionen des Bundesgebietes verfolgt, wird eine Fülle von regionalen Problemen deutlich[26]. Für die sechziger und siebziger Jahre bestand das Problem im wesentlichen darin, gegenüber den dynamischen industriellen Entwicklungszentren und den Großstädten die ländlichen Räume nicht zu stark abfallen zu lassen. Die drohende Abkoppelung des flachen Landes mit ihren Entleerungstendenzen sollte verhindert werden. Dabei wurde die infrastrukturelle Ausstattung erheblich verbessert; man bemühte sich, die Entwicklungsimpulse der industriellen Zentren auch auf das Land zu lenken. Seit den achtziger Jahren treten die Spannungen zwischen Stadt und Land zurück hinter neuen Problemfeldern: die unterschiedlichen Veränderungen in alten und neuen Industrieregionen und die unterschiedlichen ökologischen Belastungen.

Regionalbezogener wirtschaftspolitischer Handlungsbedarf ergibt sich als Folge von veränderten wirtschaftlichen und gesellschaftlichen Rahmenbedingungen. An erster Stelle sind großräumige Entwicklungstendenzen zu nennen. Es liegt ein tiefgreifender volkswirtschaftlicher Strukturwandel vor, gekennzeichnet durch ein Zurückfallen alter Technologien (Stahl, Kohle, Werften) und eines Aufbaus neuer Industrien sowie Fertigungs- und Kommunikationstechnologien (Mikroelektronik, Automatisierung, Tertiärisierung). Dieser Strukturwandel läuft regional stark unterschiedlich ab, er hat bisher das Süd-Nord-Gefälle geprägt.

An zweiter Stelle sind die intraregionalen Folgen dieser strukturellen Veränderungen zu beachten. Es handelt sich um die Standortverlagerung von flächenextensiven und umweltbelastenden Produktionsstätten aus den Kernbereichen. Es kommt zu einer weiteren Steigerung der Gewerbeflächennachfrage, besonders auch auf bisher relativ unbelasteten Flächen.

Die regionale Strukturpolitik, oder kurz Regionalpolitik, ist neben der sektoralen und der betriebsgrößenbezogenen Strukturpolitik der dritte Hauptpfeiler der staatlichen Wirtschaftspolitik, die die wirtschaftliche Anpassung unterstützen will. Träger der Regionalpolitik sind heute die EG-Kommission, die Bundesregierung, die Landesregierungen der Bundesländer, die Landkreise und Kommunen sowie formelle Zusammenschlüsse der Gebietskörperschaften.

Die regionalpolitische Praxis in der Bundesrepublik Deutschland ist eine quantitativ-interventionistische Form von Strukturpolitik, die auf hoher Ebene organisiert wird. Ein Bund-Länder-Gremium als politischer Entscheidungsträger legt anhand von zielbezogenen Kriterien fest, welche Regionen als Fördergebiete gelten sollen und über welche Ansatzpunkte mit welchen Maßnahmen interveniert werden soll. Um zu bestimmen, wer bzw. was förderungswürdig oder -bedürftig ist, werden in größeren Zeitabständen flächendeckende Diagnosen durchgeführt. Grundlage der Politik ist seit 1972 die Gemeinschaftsaufgabe »Verbesserung der regionalen Wirtschaftsstruktur«, die ihre besondere Begründung in Art. 72 Abs. 2 Grundgesetz findet, nach dem der Bund die Gesetzgebungskompetenz zur »Wahrung der Einheitlichkeit der Lebensverhältnisse« über das Gebiet eines Bundeslandes hinaus besitzt. In

26 Vgl. Konrad Lammers, Ansatzpunkte für eine Neuorientierung der Regionalpolitik. Die Bund-Länder-Regionalförderung – Ziele, Ansatzpunkte, ökonomische Problematik, in: Die Weltwirtschaft, (1987)1, S. 61–81.

einem föderalistischen Staatsgebilde ist der Gedanke der Solidarität von großer Bedeutung. So spricht das Bundesverfassungsgericht in seinem Urteil zum Länderfinanzausgleich vom »bündischen Prinzip des Einstehens füreinander«.

Regionale Strukturpolitik gibt es allerdings schon seit Anfang der fünfziger Jahre. Damals ging es zunächst darum, Arbeitsplätze in den Gebieten zu schaffen, in die viele Flüchtlinge aus den Ostgebieten gekommen waren. Ebenso wurde das Zonenrandgebiet in die Förderung einbezogen, um für Bewohner und Unternehmen die wirtschaftlichen Nachteile auszugleichen, die aus der Teilung Deutschlands entstanden waren. Bis Mitte der sechziger Jahre war es dann das Hauptanliegen der regionalen Fördermaßnahmen, die Industrialisierung des ländlichen peripheren Raumes zu beschleunigen, um den in der Landwirtschaft nicht mehr benötigten Arbeitskräften neue Beschäftigungsmöglichkeiten in der Industrie zu bieten. Die Förderung konzentrierte man auf gewerbliche Investitionen der privaten Wirtschaft und auf wirtschaftsnahe Infrastrukturmaßnahmen der Kommunen.

Die Wirtschaftsrezession von 1966/67 führte zu einer Erweiterung der Regionalpolitik. Wegen der starken Beschäftigungseinbrüche in den Regionen, in denen Schiffsbau und Kohlebergbau dominierten, wurden Anpassungshilfen auch an diese Industrieregionen vergeben. Die Ausdehnung der Förderung, die mangelnde Kompetenz des Bundes für regionale Wirtschaftsförderung und das unkoordinierte Nebeneinander von Länder- und Bundesprogrammen führte schließlich 1969 zu einem vom Bund und Ländern gemeinsam beschlossenen regionalen Aktionsprogramm. Anfang 1972 trat dann der Erste Rahmenplan der Gemeinschaftsaufgabe »Verbesserung der regionalen Wirtschaftsstruktur« in Kraft. Die regionale Wirtschaftsförderung wurde durch eine verfassungsrechtliche Absicherung institutionell gestärkt, und zwar durch aufeinander abgestimmte gesetzliche Regelungen und die gemeinsame Rahmenplanung von Bund und Ländern.

Bis Ende 1990 ist das Konzept der Förderung in seinem Kern erhalten geblieben[27]. Es wurden das Zonenrandgebiet sowie Gebiete gefördert, »deren Wirtschaftskraft erheblich unter dem Bundesdurchschnitt liegt oder erheblich darunter abzusinken droht oder in denen Wirtschaftszweige vorherrschen, die vom Strukturwandel in einer Weise betroffen oder bedroht sind, daß negative Rückwirkungen auf das Gebiet in erheblichem Umfang eingetreten oder absehbar sind«. Bei der Bestimmung der Fördergebiete im Jahr 1986, hat man Indikatoren zur Arbeitsmarktlage, zur Einkommenssituation und zur Infrastrukturausstattung der Regionen verwendet. Die Definition der Indikatoren und die Methode der Zusammenfassung und Gewichtung der einzelnen Indikatoren hat sich verändert. Die »Normalförderungsgebiete« sind solche Regionen, in denen die zusammengefaßten Indikatorwerte den größten Rückstand gegenüber dem Bundesdurchschnitt aufweisen. Sie betrafen 1986 insgesamt 31 Prozent der Bevölkerung in der Bundesrepublik Deutschland. Zusätzlich gibt es Sonderprogramme für Regionen, die besonders stark von sektoralen Anpassungsprozessen betroffen waren bzw. sind. Beispiele sind das Stahlstandorteprogramm (1982–1987) zur Schaffung von Ersatzarbeitsplätzen außerhalb der Stahlindustrie für die Arbeitsmarktregionen Bochum, Dortmund-Lüdinghausen, Duisburg-Oberhausen, Osnabrück und die Programme zur Schaffung von Ersatzarbeitsplätzen außerhalb der Schiffsbauindustrie in Bremen, Niedersachsen und Schleswig-Holstein.

27 Vgl. ebd., S. 64ff.

Die regionalpolitischen Förderinstrumente umfaßten bisher vor allem:

- Investitionszulagen für gewerbliche Investoren, auf die ein Rechtsanspruch besteht, wenn die Fördervoraussetzungen erfüllt sind: Seit 1989 kommt es im Zuge der Steuerreform und ihrer Finanzierung zu einer völligen Umstrukturierung des regionalen Fördersystems, wobei die Investitionszulage gestrichen wird.
- Investitionszuschüsse für gewerbliche Investoren, die zusätzlich zu den genannten Zulagen oder auch eigenständig vergeben werden und auf die kein Rechtsanspruch besteht; diese Mittel werden ab 1989 erheblich aufgestockt.
- Darlehen aus dem Sondervermögen des European Recovery Programs (ERP) des Bundes (Europäisches Wiederaufbau-Programm, auch Marshall-Plan genannt) für Investitionen kleiner und mittlerer gewerblicher Unternehmen, die keine Investitionszulagen bzw. Zuschüsse erhalten.
- Investitionszuschüsse für Gemeinden zum Ausbau der wirtschaftlichen Infrastruktur.
- Darlehen aus dem ERP-Sondervermögen für Gemeinden zum Ausbau von Infrastrukturprojekten, die überwiegend von privaten Haushalten genutzt werden.

Die finanziellen Aufwendungen der Bund-Länder-Regionalförderung wurden überwiegend (z.B. 1983–1985 zu 90 Prozent) zur Förderung privater Investitionen verwendet.

Die Förderung ist selektiv ausgerichtet. Großes Gewicht hat der Einsatz des Faktors Sachkapital. Daher nimmt man bevorzugt Einfluß auf die unternehmerische Sachkapitalbildung. Man verringert zu diesem Zweck durch die Gewährung von Investitionszulagen und -zuschüssen sowie von Sonderabschreibungen die Kosten für die Kapitalnutzung. Seit 1982 wird auch der Faktor Humankapital gefördert, da die Schaffung besonders qualifizierter Arbeitsplätze unterstützt wird. Begünstigt werden ferner solche Investitionsprojekte, die »volkswirtschaftlich besonders förderungswürdig« sind. Dazu zählen Produkte und Dienstleistungen, die überwiegend überregional nachgefragt werden (Exportbasiskriterium) und die Errichtung bzw. Erweiterung von Betriebsstätten an ausgewählten Standorten innerhalb des Fördergebietes (Schwerpunktorteprinzip).

In der Praxis war die Regionalförderung an einem Ausgleichsziel orientiert, denn der wirtschaftliche Rückstand der Regionen gegenüber anderen Regionen in der Bundesrepublik sollte überwunden werden. Es stand also nicht das gesamtwirtschaftliche Wachstumsziel direkt im Vordergrund; allerdings unterstellte man Wachstumswirkungen einer verbreiteten, regionalen Wirtschaftsförderung.

Ob die bisherige Regionalpolitik das Ausgleichsziel erreicht hat, also zum Abbau räumlicher Disparitäten beigetragen hat, ist umstritten. Zwar entwickelten sich bis Mitte der siebziger Jahre die Werte für Wachstum und Beschäftigung in den geförderten Regionen günstiger, aber danach bis Anfang der achtziger Jahre waren weder im Wachstum des Bruttoinlandsproduktes noch in der Entwicklung der Arbeitslosigkeit nennenswerte Unterschiede festzustellen. Dagegen gibt es deutliche Unterschiede in der Entwicklung der Wirtschaftssektoren. Die Bedeutung des produzierenden Gewerbes hat in den Fördergebieten geringfügiger abgenommen als im übrigen Bundesgebiet. Ob dies als Erfolg der Regionalpolitik zu werten ist, hängt von der Sichtweise ab. Man kann anführen, die Konzentration der Förderung auf dem Industriesektor habe den Dienstleistungssektor diskriminiert und damit offensichtlich dem langjährigen Strukturwandel in den Fördergebieten entgegengewirkt.

Es ist aber auch möglich, daß die Unterschiede im Entwicklungsniveau von Regionen die Sektorstruktur beeinflußt haben, z. B. weil in den Fördergebieten die Nachfrage der Konsumenten und der Unternehmen nach Dienstleistungen geringer war oder weil dort die Produktionsfaktoren Arbeit und Boden relativ billig waren und deshalb Industrieunternehmen ihren Standort ganz oder teilweise dorthin verlegt haben (»verlängerte Werkbank«).

Es wäre falsch, die Regionalpolitik insgesamt als eine bewußt das Marktergebnis korrigierende Investitionssteuerung aufzufassen. Es geht nicht um eine dauerhafte Subventionierung marktfremder Strukturen, sondern um eine räumliche Kapitalmobilisierungspolitik, also um die Überwindung von Mobilitätsbarrieren. Allerdings ist es mit einer marktwirtschaftlichen Ordnung nicht vereinbar, wenn in weiten Bereichen der Sektoralpolitik (z. B. in der Agrar-, Stahl- und Kohlepolitik) häufig die Erhaltungssubventionen statt der Anpassungssubventionen dominieren. Durch diese Subventionen an bestimmte Wirtschaftszweige wird das Ziel der regionalen Förderung häufig sogar behindert, denn es soll ja die Wettbewerbsfähigkeit von Unternehmen aus anderen Wirtschaftszweigen auf den Faktormärkten in diesen Regionen erhöht werden.

Zweifel an der Wirksamkeit der bisherigen Regionalpolitik werden ferner damit begründet, daß die Gemeinschaftsaufgabe eine auf hoher Entscheidungsebene angesiedelte Subventionspolitik ist. Entscheidend für die regionale Umstrukturierung ist aber nicht der Zufluß von Subventionen, sondern die Anpassung der Unternehmen und der Arbeitnehmer an Marktprozesse, wobei lokale Institutionen (z. B. die Industrie- und Handelskammer, das Arbeitsamt) wichtige Unterstützungen geben können. Subventionen können bewirken, daß marktwidrige Faktorentgelte (Löhne, Zinsen, Pachten) gezahlt werden und die Unternehmen eine zu geringe Innovationsaktivität entwickeln. Daher müßte die Entlohnung der Produktionsfaktoren dem regionalen Produktivitätsniveau entsprechen und Produkte sowie Produktionsverfahren müßten eine Spezialisierung zur Ausnutzung der komparativen Vorteile aufgrund der vorhandenen regionalen Faktorausstattung aufweisen. Die Kommunalverwaltung hätte die in ihrem Verantwortungsbereich liegenden Standortfaktoren zur Unterstützung des Strukturwandels zu verändern.

Die neue Hauptaufgabe für die regionale Strukturpolitik hat sich seit Mitte der siebziger Jahre bis heute immer deutlicher gezeigt. Das stark nachlassende Wirtschaftswachstum in den meisten Regionen der Bundesrepublik fordert eine Wirtschaftspolitik, die die Wachstumskräfte überall, nicht nur in ausgewählten Regionen, stärkt. Das Wachstum der deutschen Volkswirtschaft kann höher ausfallen, je mehr Regionen kräftig expandieren.

Diese Zielsetzung erfordert eine veränderte regionalpolitische Konzeption[28]. Wenig leistungsfähig ist eine auf hoher Ebene (Bund, Land) organisierte, in starkem Maße selektive Regionalpolitik. Den staatlichen Entscheidungsträgern fehlen detaillierte Informationen darüber, an welchen Standorten welche ökonomischen Aktivitäten eine besondere Dynamik entfalten werden. Sinnvoll dagegen ist eine dezentral angesiedelte Regionalpolitik, welche die Entscheidungen über strukturelle Veränderungen den einzelnen Unternehmen, den Arbeitnehmern und den lokalen wirt-

28 Vgl. Rüdiger Soltwedel, Wettbewerb zwischen Regionen statt zentral koordinierter Regionalpolitik, in: Die Weltwirtschaft (1987) 1, S. 129–145.

schaftspolitischen Entscheidungsträgern zuweist. Für eine erfolgreiche regionale Anpassung müssen die Rahmenbedingungen für privates Wirtschaften in den betroffenen Regionen verbessert werden.

Diese am Innovationspotential der Region selbst orientierte Förderpolitik empfiehlt sich nicht nur aus Gründen der besseren Information. Ordnungspolitisch wichtig ist es, das Prinzip der Subsidiarität zu beachten. Die regionalen Gebietskörperschaften, unterstützt von Selbstverwaltungseinrichtungen der Wirtschaft wie die Industrie- und Handelskammern und die Handwerkskammern, können die Engpässe bei der Strukturanpassung besser identifizieren. Außerdem können sie bei der Finanzierung von Maßnahmen der Wirtschaftsförderung, die aus eigenen Einnahmen erfolgt, die jeweiligen Präferenzen der Bürger besser berücksichtigen und die Aufgeschlossenheit der eigenen Verwaltung für die ökonomische Entwicklung vor Ort erhöhen.

Man spricht in diesem Zusammenhang von einem System der konkurrierenden Regionen im Bundesgebiet. Die Schwierigkeit für diesen Ansatz liegt in dem fehlenden System kontrollierbarer Wettbewerbsregeln zur Verhinderung einer ruinösen Förderkonkurrenz zwischen den Gebietskörperschaften. Das neue Konzept einer dezentralisierten Regionalpolitik bedeutet nicht, daß die Gemeinschaftsaufgabe des regionalen Ausgleichsziels aufgegeben wird. Vielmehr kann diese im Rahmen des Finanzausgleichs zwischen Bund, Ländern und Gemeinden verfolgt werden, was allerdings eine Neuregelung des Finanzausgleichs erfordert.

2. Anforderungen des Strukturwandels an das Beschäftigungssystem

Seit 1983 werden im Jahresdurchschnitt in der Bundesrepublik mehr als 2 Mio. Arbeitslose registriert. Die gesamtwirtschaftliche Entwicklung hat offensichtlich nicht ausgereicht, die Arbeitslosen in den Wirtschaftsprozeß einzugliedern und ihnen einen Arbeitsplatz zu verschaffen. Über die Ursachen für diesen Sachverhalt wurde und wird diskutiert, es gibt hier verschiedene Erklärungen. Unstrittig ist allerdings, daß technologischer und wirtschaftlicher Strukturwandel spürbare Auswirkungen auf den Arbeitsmarkt und das gesamte Beschäftigungssystem haben. Diese Auswirkungen sollen zunächst erklärt werden. Aus dem Sozialstaatsgebot ergibt sich für die Wirtschafts- und Sozialpolitik in der Bundesrepublik die Verpflichtung zu einer Arbeitsmarktpolitik. Deren Möglichkeiten zur Bewältigung der strukturell bedingten Arbeitsmarkteffekte behandelt der Abschnitt III.2.2.

2.1 Auswirkungen des Strukturwandels auf Arbeitsmarkt und Beschäftigungssystem

Zwischen den Veränderungen der Wirtschaftsstrukturen, dem Arbeitsmarkt und dem Beschäftigungssystem gibt es wechselseitige Zusammenhänge. Insbesondere kommt es zu Verschiebungen zwischen Angebot und Nachfrage auf dem Arbeitsmarkt. Es verändert sich der Einsatz von Arbeitskräften, und das Bildungssystem beeinflußt die Struktur des Arbeitskräfteangebotes.

Strukturwandel in der Wirtschaft ist Ursache für einen Teil der bestehenden Arbeitslosigkeit. Daher spricht man hier von struktureller Arbeitslosigkeit in analytischer Unterscheidung zur saisonalen, friktionellen (d. h. durch Arbeitsplatz- und Berufswechsel bedingten) und konjunkturellen Arbeitslosigkeit. Allerdings ist es empirisch häufig schwierig, die tatsächlich bestehende Arbeitslosigkeit diesen unterschiedlichen Kategorien genau zuzuordnen. Man bezeichnet als strukturelle Arbeitslosigkeit einen Angebotsüberhang auf den Arbeitsmärkten, der auf veränderte Nachfrage- und Produktionsbedingungen in den Wirtschaftssektoren und -branchen zurückgeführt wird. Welche Zusammenhänge bestehen hier?

Erstens hat die Entwicklung von Niveau und Struktur der Güternachfrage bewirkt, daß die Bedeutung von beschäftigungsintensiven Wirtschaftszweigen abgenommen hat. Dem steht allerdings eine erhöhte Bereitstellung von sehr arbeitsintensiven Dienstleistungen im öffentlichen Sektor gegenüber. Zweitens gehen Einflüsse von der Produktionstechnik und -organisation aus. Durch Rationalisierung, Automatisierung und weiteren, arbeitssparenden technischen Fortschritt wird in vielen Wirtschaftszweigen der Produktionsfaktor Arbeit durch den Produktionsfaktor Kapital ersetzt. Dieser Prozeß der Substitution wird durch die Entwicklung der relativen Lohn- und Kapitalkosten beeinflußt. Drittens unterliegen die Qualifikationsanforderungen an die Arbeitnehmer innerhalb einer Branche starken und schnellen Veränderungen. Daher kann es dazu kommen, daß Arbeitsnachfrage und Arbeitsangebot in qualitativer Hinsicht immer weniger zusammenpassen.

Insgesamt haben die Veränderungen der Wirtschaftsstruktur viele Berufsbereiche betroffen. Der relative Rückgang des primären Sektors führte zu einer abnehmenden Besetzung der landwirtschaftlichen Berufe. Die Anzahl der Erwerbstätigen im Bergbau ist stark gesunken; sie ist in Fertigungsberufen ebenfalls rückläufig. Dagegen steigt die Anzahl der Beschäftigten in technischen Berufen und Dienstleistungen.

Eine Aufteilung der Erwerbstätigen nach der tatsächlich ausgeübten Tätigkeit zeigt, daß 1987 nur noch knapp 21 Prozent unmittelbar der Warenproduktion und dem Baubereich zuzurechnen waren. Rund 79 Prozent hatten Tätigkeiten im Dienstleistungsbereich (im weitesten Sinn). Die Aufteilung und die erheblichen Veränderungen im Vergleich der Jahre 1976 und 1987 zeigt Tabelle 4.

Im Folgenden soll zunächst das Problem der Qualifikation behandelt werden[29]. Qualifikation wird als eine personenspezifische Eigenschaft verstanden, die in formellen und informellen Bildungsprozessen erworben wird. Dabei ist es gleichgültig, ob die erreichte Qualifikation im Arbeitsprozeß eingesetzt werden kann oder nicht. Nach einem engeren Abgrenzungskonzept wird die Qualifikation als berufs- und arbeitsplatzbezogen gesehen.

Für empirische Untersuchungen verwendet man die Berufsklassifizierung des Statistischen Bundesamtes. Sie unterscheidet 99 Berufsgruppen bzw. Berufsordnungen mit verschiedenen Untergliederungen. Die Zuordnung der Beschäftigten bzw. der Arbeitslosen zu ihren Berufen hat den Vorteil, daß man eine relativ einfache Strukturierung des Arbeitsmarktes vornehmen und Untersuchungen über längere Zeiträume machen kann. Nachteile sind vor allem, daß die Kriterien für die Zuordnung

29 Vgl. Ulrich Brasche u. a., Auswirkungen des Strukturwandels auf den Arbeitsmarkt, Anforderungen des Strukturwandels an das Beschäftigungssystem, in: Deutsches Institut für Wirtschaftsforschung (Hrsg.), Beiträge zur Strukturforschung, Heft 80, Berlin 1984.

Tabelle 4: Erwerbstätige nach Berufsbereichen

Berufsbereich	März 1987		Veränderung der Erwerbstätigenzahl in den einzelnen Berufsbereichen gegenüber Mai 1976 (%)
	insgesamt 1000	darunter weiblich %	
Pflanzenbauer, Tierzüchter, Fischereiberufe	1 211	43,5	– 26,3
Bergleute, Mineralgewinner	116	1,6	– 23,7
Fertigungsberufe	8 253	18,9	– 3,7
Technische Berufe	1 602	12,2	+ 17,4
Dienstleistungsberufe	15 280	52,1	+ 12,2
Sonstige Arbeitskräfte	622	44,6	+ 51,0
Insgesamt	27 083	39,4	+ 5,2

Quelle: Statistisches Bundesamt (Anm. 20), S. 84.

von Tätigkeit und Beruf nicht einheitlich sind, und daß die festgelegten Berufskategorien nicht einen im Zeitablauf eintretenden Tätigkeitswandel erfassen. Bei Erhebungen wird zudem für Erwerbstätige der ausgeübte Beruf erfaßt, unabhängig davon, ob er erlernt wurde, während für Arbeitslose der gewünschte Vermittlungsberuf festgehalten wird.

Welche Auswirkungen hat der Strukturwandel auf die Qualifikationsstruktur der Arbeitskräfte? Welche Verschiebungen der Qualifikationsstruktur des Arbeitskräfteeinsatzes lassen sich feststellen? Für empirische Studien[30] erfolgt die Untergliederung des Arbeitskräfteeinsatzes nach Branchen, innerhalb derer die Berufsstruktur des Arbeitskräfteeinsatzes durch den Arbeitsprozeß und die Arbeitsorganisation bestimmt wird. Die im folgenden aufgezeigten Veränderungen der Berufsstruktur ergeben sich auf der Grundlage von 57 Berufen in 28 Wirtschaftszweigen 1980 gegenüber 1970.

Erstens ist der Einfluß von Veränderungen der Branchenstruktur zu beachten. In den meisten Wirtschaftszweigen entfällt der größte Teil der Erwerbstätigen auf einige wenige Berufe. Innerhalb eines Wirtschaftszweiges sind jeweils zwischen 30 und 40 Prozent der Erwerbstätigen auf nur drei Berufsgruppen konzentriert. Dies drückt eine hochgradige Spezialisierung auf bestimmte Tätigkeiten bei der Erstellung von Gütern oder Dienstleistungen aus. Falls der betreffende Beruf fast ausschließlich nur in einer oder wenigen Branchen ausgeübt werden kann, entsteht für die Arbeitnehmer durch diese starke Branchenbindung ein großes Risiko bei strukturellen Veränderungen. Wenn durch den Strukturwandel diese speziellen Tätigkeiten wegfallen, können sie kaum in anderen Wirtschaftszweigen ausgeübt werden. Der Textilbereich,

30 Vgl. ebd., insb. S. 11–24.

Tabelle 5: Bildungsniveau der Bevölkerung im März 1987
Allgemeinbildender Schulabschluß

Alter in Jahren	Noch ohne Schulabschluß[a])		Volksschule/ Hauptschule[b])		Realschul- od. gleichwertiger Abschluß		Fachhoch-/ Hochschulreife	
	1 000	%[c])	1 000	%[c])	1 000	%[c])	1 000	%[c])
15–19	1 996	45,8	1 302	29,8	933	21,4	131	3,0
20–29	182	1,8	4 541	45,1	2 856	28,4	2 480	24,7
30–39	72	0,9	4 918	58,8	1 680	20,1	1 694	20,3
40–49	71	0,8	5 988	69,6	1 507	17,5	1 039	12,1
50–59	78	1,0	6 214	78,8	997	12,6	600	7,6
60 und älter	277	2,1	10 433	79,6	1 585	12,1	817	6,2
Insgesamt	2 682	5,1	33 395	63,7	9 556	18,2	6 759	12,9

a) Einschl. Personen ohne Angabe.
b) Abgänger von der Volks- bzw. Hauptschule mit oder ohne entsprechenden Abschluß.
c) Anteil an der Bevölkerung in der jeweiligen Altersgruppe.

Quelle: Statistisches Bundesamt (Anm. 20), S. 71.

der Schiffsbau, die Stahlerzeugung und das Baugewerbe sind Beispiele für solche Entwicklungen, die als Aspekte des *Brancheneffektes* verstanden werden können. Es bestehen daneben aber branchenindifferente Berufe, z. B. Büro- und Verwaltungsberufe, bei denen die Risiken des Strukturwandels geringer sind.

Zweitens sind die veränderten Arbeitsanforderungen innerhalb der Branchen bedeutsam. Neue Arbeitstechniken und -mittel führen dazu, bestehende Berufe durch neue bzw. andere zu ersetzen oder die Qualifikationsanforderungen zu verändern. Technischer Wandel ist häufig von neuen arbeitsorganisatorischen Maßnahmen begleitet, die den Produktionsablauf und die Aufgabenstruktur einzelner Arbeitsplätze stark verändern und daher ebenfalls andere Qualifikationsanforderungen in dem Wirtschaftszweig stellen. Man kann dies als *Berufsstruktureffekt* bezeichnen.

Der technische und organisatorische Wandel entwertet die in der beruflichen Bildung erworbenen Qualifikationen ganz oder teilweise. Damit stehen die Arbeitnehmer vor der Notwendigkeit, ihre Qualifikationen ständig durch Lernbereitschaft und Lernprozesse an die veränderten Anforderungen anzupassen. Der Anpassungsdruck wird von jüngeren Arbeitnehmern mit höherem Bildungsabschluß (Realschulabschluß/Fachhochschul- und Hochschulreife) leichter bewältigt. Für die älteren Arbeitnehmer ist der Anpassungsprozeß nicht nur altersbedingt schwieriger, sondern sie gehören zu dem Teil der Bevölkerung, der ein niedrigeres Niveau beim Allgemeinbildenden Schulabschluß und beim Beruflichen Bildungsabschluß aufweist. In den Tabellen 5 und 6 wird der Zusammenhang zwischen der Altersstruktur der Bevölkerung und dem Anteil an dem durch formale Ausbildung erreichten Bildungsniveau aufgeschlüsselt.

Im Produktionsbereich Land- und Forstwirtschaft wird der starke Rückgang der Erwerbstätigen seit vielen Jahren durch den Brancheneffekt dominiert. Im Bergbau

Tabelle 6: Bildungsniveau der Bevölkerung im März 1987
Beruflicher Bildungsabschluß

Alter in Jahren	Lehr-, Anlern-ausbildung[a])		Fachschul-abschluß[b])		Fachhochschul-abschluß[c])		Hochschul-abschluß[d])	
	1 000	%[e])	1 000	%[e])	1 000	%[e])	1 000	%[e])
15–29	6 289	43,6	343	2,4	222	1,5	282	2,0
30–44	6 771	56,2	894	7,4	520	4,3	1 120	9,3
45–59	6 373	49,7	870	6,8	324	2,5	559	4,4
60 und älter	5 237	39,9	531	4,0	192	1,5	332	2,5
Insgesamt	24 669	47,1	2 641	5,0	1 256	2,4	2 294	4,4

a) Einschl. eines gleichwertigen Berufsfachschulabschlusses oder eines beruflichen Praktikums.
b) Einschl. einer Meister-/Technikerausbildung.
c) Einschl. Ingenieurschulabschluß.
d) Ohne Fachhochschulabschluß.
e) Anteil an der Bevölkerung in der jeweiligen Altersgruppe.

Quelle: Statistisches Bundesamt (Anm. 20), S. 72.

hat die Zahl der Erwerbstätigen stark abgenommen und zugleich eine Umstrukturierung der Tätigkeitsanforderungen stattgefunden. Beides ging zu Lasten der branchengebundenen Berufe, auch in diesem Wirtschaftszweig herrschte also der Brancheneffekt vor.

Im verarbeitenden Gewerbe, in dem die meisten Erwerbstätigen mit Fertigungsberufen beschäftigt sind, hat sich die Branchen- und Berufsstruktur sehr unterschiedlich entwickelt. In den Wirtschaftszweigen Chemie und Mineralöl kam es zu einer Ausweitung der Verwaltungs- und Bürotätigkeiten sowie der qualifizierten technischen Berufe zu Lasten der branchentypischen Berufe wie Chemiearbeiter und Kunststoffverarbeiter. In den Branchen Metallerzeugung und Stahl-, Maschinen- und Fahrzeugbau ist keine einheitliche Entwicklung in den qualifizierten metallverarbeitenden Berufen festzustellen. In anderen Bereichen des verarbeitenden Gewerbes hat sich die Tätigkeitsstruktur zu Lasten der branchentypischen Berufe verändert, was zusammen mit einem relativen Bedeutungsrückgang dieser Branchen – gemessen an der Gesamtbeschäftigung – eingetreten ist. Die Bedeutung der technischen Berufe hat in fast allen Wirtschaftszweigen zugenommen. Dies wird durch einen positiven Berufsstruktureffekt bei Ingenieuren und Naturwissenschaftlern angezeigt.

In der Kategorie der Dienstleistungsberufe ist eine Vielzahl von Tätigkeiten zusammengefaßt. Die Beschäftigungsentwicklung im Dienstleistungsbereich wird durch unterschiedliche Einflußgrößen bestimmt. Dazu zählen Strukturverschiebungen im Bereich der privaten Wirtschaft, die für Dienstleistungsbereiche wichtig sind (z. B. Bürobedarf, Rechts- und Wirtschaftsberatung, Transportwesen, Reinigung), und auch in den Bereichen öffentlicher Dienstleistungen, wie zum Beispiel Wissenschaft, Bildung, Gesundheit und Sicherheit.

Die Lage bei den kaufmännischen Berufen (Groß- und Einzelhandelskaufleute, andere Warenkaufleute sowie Verkäufer) hängt sehr stark von der Entwicklung im Nahrungsmittelhandwerk und im Handel ab. In diesen beiden Bereichen ist ein Rückgang der Beschäftigung bei Tätigkeiten mit größeren Qualifikationsanforderungen festzustellen, während andererseits die Zahl der Verkäufer zugenommen hat. Diese Veränderungen dürften sowohl auf die Konzentration im Einzelhandel, die zu einem Rückgang der Zahl qualifizierter Selbständiger geführt hat, als auch auf die Ausweitung der Teilzeitarbeit im Verkaufsbereich zurückzuführen sein. Die Beschäftigung von Bank- und Versicherungskaufleuten hat sich erhöht, aber zugleich haben sich die Tätigkeitsstrukturen zugunsten der Bürotätigkeiten verschoben, so daß ein negativer Berufsstruktureffekt den positiven Brancheneffekt überlagert. Bei den qualifizierten Büro- und Verwaltungstätigkeiten ist in fast allen Branchen eine Verlagerung der Tätigkeiten festzustellen, und die Zahl der Beschäftigten ist überproportional angestiegen.

Der Bereich staatlicher Dienstleistungen hat eine erhebliche Ausweitung der Beschäftigung erfahren, die besonders in den branchentypischen Berufen erfolgte. Abgesehen von der nur relativ gering erhöhten Zahl der Ärzte und Apotheker ist in den öffentlichen Dienstleistungsbereichen sowohl der Branchen- als auch der Berufsstruktureffekt positiv.

2.2 Aufgaben der Arbeitsmarktpolitik

Arbeitsmarktpolitik wird in der wirtschaftspolitischen Diskussion häufig nicht genau von Beschäftigungspolitik abgegrenzt. In den folgenden Ausführungen befassen wir uns nicht mit der Beschäftigungspolitik, die hier als die Gesamtheit der wirtschaftspolitischen Aktivitäten verstanden wird, mit denen man die Höhe der Beschäftigung in der Volkswirtschaft zu beeinflussen sucht. Zu den Instrumenten der Beschäftigungspolitik gehören vor allem die Haushalts- und Steuerpolitik, die Geldpolitik sowie selektive Maßnahmen der Strukturpolitik.

Arbeitsmarktpolitik wird im folgenden im Sinne des Arbeitsförderungsgesetzes (AFG, seit 1969) verstanden. »Oberstes Ziel der Arbeitsmarktpolitik ist die Sicherung ununterbrochener, den individuellen Neigungen und Fähigkeiten entsprechender Beschäftigung aller Arbeitsfähigen und Arbeitswilligen zu bestmöglichen Beschäftigungsbedingungen«[31]. Diese Zielsetzung umfaßt eine Reihe von Einzelaufgaben, für deren Lösung verschiedene Maßnahmen und Instrumente erforderlich sind.

Leitgedanken des Arbeitsförderungsgesetzes sind, einen hohen Beschäftigungsgrad herzustellen und zu sichern, die Beschäftigungsstruktur zu verbessern und das Wachstum der Wirtschaft zu fördern. Dazu soll auch die Arbeitsmarktpolitik der Bundesanstalt für Arbeit (Nürnberg) mit ihren Arbeitsämtern beitragen. Sie haben nach § 2 AFG dazu beizutragen, daß

– weder Arbeitslosigkeit und unterwertige Beschäftigung noch ein Mangel an Arbeitskräften eintreten oder fortdauern;
– die berufliche Beweglichkeit der Erwerbstätigen gesichert und verbessert wird;
– nachteilige Folgen, die sich für die Erwerbstätigen aus der technischen Entwick-

31 H. Lampert (Anm. 2), S. 244.

lung oder aus wirtschaftlichen Strukturwandlungen ergeben können, vermieden, ausgeglichen oder beseitigt werden;
- die Struktur der Beschäftigung nach Gebieten und Wirtschaftszweigen verbessert wird;
- Frauen, deren Unterbringung unter den üblichen Bedingungen des Arbeitsmarktes erschwert ist, weil sie verheiratet oder aus anderen Gründen durch häusliche Pflichten gebunden sind oder waren, beruflich eingegliedert werden.

Als besondere Aufgaben ergeben sich für die Bundesanstalt für Arbeit mit ihren Arbeitsämtern nach den gesetzlichen Bestimmungen des AFG:
1. die Berufsberatung,
2. die Arbeitsvermittlung,
3. die Förderung der beruflichen Bildung,
4. die Gewährung von berufsfördernden Leistungen zur Rehabilitation,
5. die Gewährung von Leistungen zur Erhaltung und Schaffung von Arbeitsplätzen,
6. die Gewährung von Arbeitslosengeld,
7. die Gewährung von Konkursausfallgeld.

Weitere Aufgaben sind die Abwicklung der Arbeitslosenhilfe (im Auftrag des Bundes) und die Ausführung des Vorruhestandsgesetzes.

In den Zielsetzungen und Zuständigkeiten kommt zum Ausdruck, daß in der Wirtschaftsordnung der Sozialen Marktwirtschaft das Konzept der aktiven Arbeitsmarktpolitik Vorrang hat. Dies ist ein Grundverständnis von Arbeitsmarktpolitik, die nicht reaktiv oder kompensatorisch ist, also nur die eingetretenen Störungen am Arbeitsmarkt und deren Folgen bekämpft; es ist ein Konzept, welches alle Möglichkeiten auszuschöpfen versucht, um die Entstehung von Arbeitslosigkeit zu verhindern. Daher hat auch seit 1985 die Bundesregierung zusammen mit den Sozialpartnern und der Bundesanstalt für Arbeit zu einer umfassenden Qualifizierungsoffensive aufgerufen.

Technologisch und wirtschaftlich bedingter Strukturwandel erfordert arbeitsmarktpolitische Maßnahmen, welche insbesondere der individuellen Förderung der beruflichen Bildung (Fortbildung und Umschulung) sowie der Arbeitsbeschaffung dienen. Die Anpassung der Qualifikationen an veränderte berufliche Anforderungen erfolgt auf zwei Wegen. Zum einen wird die Qualifikationsstruktur durch die Neuzugänge zum Arbeitsmarkt beeinflußt; damit sind die Entwicklungen im Bildungswesen entscheidend. Zum anderen wird die Qualifikation (d. h. das Humankapital) der bereits Beschäftigten durch vielfältige Lernprozesse laufend verändert. Man spricht hier von beruflicher Weiterbildung oder auch von Erwachsenenbildung. Die Notwendigkeit des »lebenslangen Lernens« ist von breiten Bevölkerungsschichten erkannt worden. Die Verbesserung der Qualifikationsstruktur erfolgt dabei in einer Vielzahl von organisierten und informellen Prozessen, die innerhalb des Betriebes als wichtigster Träger der beruflichen Weiterbildung „on the job“ oder in Kursen und Maßnahmen von Institutionen der Weiterbildung durchgeführt werden.

Über die Größenordnung der Weiterbildung ist man durch einzelne empirische Studien informiert. Beispielsweise wurde 1982 erfragt, wer seit 1980 an Maßnahmen der beruflichen Weiterbildung teilgenommen hat. Mit ca. 1,9 Mio. Personen hatten knapp sieben Prozent aller Erwerbspersonen eine Weiterbildungsmaßnahme besucht. Dabei wurde ein Drittel am Arbeitsplatz bzw. im Betrieb weitergebildet; jeder Fünfte besuchte eine besondere Fortbildungs- und Schulungseinrichtung. In Repräsentativbefragungen in den Jahren 1979, 1982 und 1985 wurde das Weiterbildungsverhalten der Bundesbürger im Alter zwischen 19 und 65 Jahren erfragt. Danach hat 1985 jeder vierte Bürger in diesem Alter an irgendeiner Form der Weiterbildung teilgenommen, das sind 8,4 Mio. Personen, die, teils mehrfach, Angebote zur Weiterbildung genutzt haben. Eine berufliche Weiterbildung haben 1985 rund vier Mio. Personen wahrgenommen. Die Gesamtzahl der Teilnehmer ist auf dem gegenüber 1979 erhöhten Stand von 1982 verblieben. Es ist deutlich erkennbar, daß eine zunehmende Konzentration auf berufsbezogene Weiterbildung erfolgt[32].

In der Arbeitsmarktpolitik werden drei Ansätze der beruflichen Weiterbildung praktiziert:

- Durch *Fortbildungsmaßnahmen* sollen berufliche Kenntnisse und Fertigkeiten festgestellt, erhalten, erweitert oder technischen Entwicklungen angepaßt werden. Man spricht hier von Anpassungsfortbildung und Aufstiegsfortbildung. In den technischen Berufen geht es überwiegend um Aufstiegsfortbildung, an der nur wenige Arbeitslose teilnehmen. In den Fertigungsberufen standen als Schulungsziele vor allem Schweißer, Mechaniker, Schlosser und Elektroinstallateur an ersten Stelle.
- Durch *Umschulung* soll der Wechsel von einem erlernten Beruf in einen anderen Ausbildungsberuf erlernt werden. Ziel dieser Förderung ist es, die berufliche Beweglichkeit zu sichern und zu verbessern oder auch einen erstmaligen Berufsabschluß zu ermöglichen. Damit unterscheidet sich die Umschulung in ihrem Ziel von den Fortbildungs- und Einarbeitungsmaßnahmen. Der Wechsel in einen anderen Beruf kann sich aus verschiedenen Gründen als notwendig erweisen. Die weitere Verwertung der bislang erworbenen beruflichen Fähigkeiten und Kenntnisse kann unmöglich werden, weil eine regionale Mobilität nicht gegeben ist oder weil ein Angebotsüberschuß in einem Beruf entstanden ist. Hier kann die Umschulung in einen Mangelberuf erfolgen und somit das strukturelle Ungleichgewicht von Teilen des Arbeitsmarktes verringert werden. Immer geht es aber lediglich um die Verbesserung der individuellen Arbeitsmarktchancen. Wenn hohe Arbeitslosigkeit in sehr vielen Berufen besteht, dann stoßen die Maßnahmen zur Umschulung und zur Förderung der beruflichen Mobilität an Leistungsgrenzen.
- Die *Einarbeitung* von neu eingestellten oder bereits im Betrieb befindlichen Arbeitskräften, die erst nach einer Einarbeitungsphase zur vollen Arbeitsleistung fähig sind, kann durch Lohnkostensubvention (Einarbeitungszuschüsse) gefördert werden. Hier geht es weniger um die Lösung von Arbeitsmarkt- und Bildungsproblemen als Folge des Strukturwandels, sondern um die individuelle Hilfe für Benachteiligte.

Fortbildung und Umschulung haben sich generell als wirksame Mittel zum Abbau individueller Arbeitslosigkeit bewährt. Für viele Berufe hat sich nach der Weiterbildung ein überdurchschnittlicher Rückgang der Arbeitslosigkeit ergeben. Auch wurde festgestellt, daß bei denen, die an Weiterbildungsmaßnahmen teilgenommen hatten, die Gefahr eines beruflichen Abstiegs bei Arbeitslosigkeit geringer war als bei den Nichtteilnehmern. Damit kann man die berufliche Verschlechterung vermeiden, die sich bei der Reintegration von Arbeitslosen in den Erwerbsprozeß ergeben würde, und man erhöht somit die Chancen für einen stabilen Erwerbsverlauf. Dies ist ein

32 Vgl. Statistisches Bundesamt (Anm. 16), S. 69f.

sehr wichtiges Ergebnis von Weiterbildungsmaßnahmen, da erfahrungsgemäß der berufliche Abstieg eine der Ursachen für weitere instabile Beschäftigungslagen und wiederholte Arbeitslosigkeit ist.

Die Förderung der beruflichen Bildung ist eine angebotsorientierte Arbeitsmarktpolitik, da sie durch die Verbesserung der Qualifikation am Angebot von Arbeitskräften ansetzt. Die Nachfrage nach Arbeitskräften wird also nicht unmittelbar beeinflußt. Man unterstellt, daß durch eine verbesserte Abstimmung von Angebot und Nachfrage die individuellen Beschäftigungschancen steigen. Dagegen gehören die Arbeitsbeschaffungsmaßnahmen und das Kurzarbeitergeld zur nachfrageorientierten Arbeitsmarktpolitik, denn durch die Subventionierung zusätzlicher Arbeitsplätze soll die Beschäftigung unmittelbar und mit sofortiger Wirksamkeit erhöht werden.

Die Arbeitsbeschaffungsmaßnahmen (ABM) betrafen Ende der siebziger Jahre vor allem Arbeitslose aus den Bereichen Landwirtschaft, Forstwirtschaft sowie Bau- und Verkehrswesen. Anfang der achtziger Jahre verlagerte sich der Schwerpunkt mehr auf Büro- und Verwaltungstätigkeiten, und in den folgenden Jahren wurden zunehmend Arbeiten im öffentlichen Interesse gefördert. Das Förderungsinstrumentarium wurde im Laufe der Jahre aufgrund verschiedener kritischer Einwände verändert. Bei öffentlich-rechtlichen Trägern wurden z. B. Mitnahmeeffekte kritisiert, denn ABM führten manchmal dazu, daß unbefristete Planstellen in Stellen mit weniger gesicherten Zeitverträgen umgewandelt wurden und eine Umfinanzierung stattfand, da reguläre Aufgaben nicht mehr von den öffentlich-rechtlichen Trägern, sondern von der Bundesanstalt für Arbeit finanziert wurden. Nach einer Untersuchung des Deutschen Städtetages war etwa ein Drittel des Beschäftigungszuwachses in den Jahren 1980 bis 1986 bei den Kommunen über Arbeitsbeschaffungsmaßnahmen vorgenommen worden. Ein anderer Kritikpunkt betraf mögliche Verdrängungseffekte. Sie treten dann auf, wenn kommunale Träger von ABM Tätigkeiten an sich ziehen, die bisher von privaten Unternehmen ausgeführt wurden, etwa die Pflege von Grünanlagen oder Reinigungsdienste.

Die heutige Bedeutung von Arbeitsbeschaffungsmaßnahmen liegt in der Konzentration auf längerfristig Arbeitslose und schwer vermittelbare Arbeitnehmer. Wenn es auch gelungen ist, den Anteil der Geförderten, die eine sehr geringe Qualifikation aufweisen, zu erhöhen, so hat man jedoch geringe Einflußmöglichkeiten auf deren Wiedereingliederungschancen in den Arbeitsmarkt. Erfahrungsgemäß hat immerhin fast die Hälfte der Teilnehmer an Arbeitsbeschaffungsmaßnahmen die Chance, über kurz oder lang nach Beendigung der Maßnahme ein Dauerarbeitsverhältnis zu finden. Die Erfahrungen zeigen, daß nach Abschluß der Arbeitsbeschaffungsmaßnahme sich für viele die Ungleichheit der Arbeitsmarktposition häufig wieder herstellt. Arbeitslose mit einer sehr geringen beruflichen Qualifikation konnten häufig auch durch ABM keinen beruflichen Aufstieg erreichen; für sie ist die zeitweise Beschäftigung über Arbeitsmarktförderungsmaßnahmen vorrangig eine Alternative zur Arbeitslosigkeit.

3. *Umwelt und Industriegesellschaft*

Die natürlichen Lebensgrundlagen der Menschen werden infolge wirtschaftlicher Aktivitäten belastet. Jede Produktion und jeder Konsum sind verbunden mit dem Gebrauch bzw. Verbrauch natürlicher Rohstoffe, mit der Emission von Schadstoffen und dem Anfall von Reststoffen. Die Tatsache, daß Umwelt ein knappes Gut ist, ist von den Ökonomen lange in ihrer ökologischen Bedeutung unterschätzt worden. Man kann sich vorstellen, daß unbegrenztes Wachstum von Bevölkerung und von Konsum bei unveränderten Verhaltensweisen und Technologien auf Dauer zu einer Erschöpfung der Ressourcen führt und außerdem die Fähigkeit der Umwelt, Schadstoffe abzubauen und zu regenerieren, immer stärker abnimmt und schließlich versiegt. Diese Verläufe würden letztlich die natürlichen Lebensgrundlagen der Industriegesellschaft zerstören.

Wie oben dargelegt wurde, ist Strukturwandel sowohl Voraussetzung als auch Folge des Wirtschaftswachstums. Man kann daher fragen, welche Wirkungen der Strukturwandel für die natürliche Umwelt hat. Häufig wird die Auffassung vertreten, daß der Verbrauch an Ressourcen und die Belastung mit Schadstoffen um so rascher ansteigen, je mehr eine Gesellschaft von der ursprünglich agrarischen und handwerklichen Produktionsweise zu einer industriellen Produktionsweise übergeht, die durch Massenproduktion in Großbetrieben und Bevölkerungskonzentration in Ballungsgebieten gekennzeichnet ist. Man müßte daher erwarten, daß sich zum Beispiel der Ausstoß von Schadstoffen parallel zur gesamtwirtschaftlichen Produktion (und zum Realeinkommen) entwickelt.

Mit diesen Auffassungen wird die Hypothese vertreten, daß Strukturwandel und wirtschaftliches Wachstum ausschließlich umweltbelastend sind. Einige sehen daher im bewußten Verzicht auf mehr Konsum und Produktion die Lösung der Umweltprobleme. Läßt sich aber nicht die Gegenhypothese begründen, der Strukturwandel sei umweltschonend und entlastend? Die Beurteilung dieser Hypothese ist bis heute durch theoretische, methodische und empirische Probleme erschwert[33].

Die Wirtschaftsentwicklung in der Bundesrepublik und in den anderen westlichen Industrieländern könnte inzwischen ein Stadium erreicht haben, in dem der Strukturwandel, auch ohne spezielle Umweltschutzpolitik, die natürliche Umwelt weniger als früher belastet und sowohl umweltschonende Produktionen wie Verwendungen begünstigt. Unterstützend für die These sind die Beobachtungen, daß sich das Wachstum der Wirtschaft seit den siebziger Jahren verlangsamt und der Zusammenhang zwischen Wirtschaftswachstum und emissionsintensivem Verbrauch von Energie- und Rohstoffen gelockert haben.

Lassen sich solche Beobachtungen auch für andere Zusammenhänge anstellen, so weist das darauf hin, daß »autonomer« Strukturwandel, d. h. eine nicht durch Umweltschutzauflagen verursachte technologische und wirtschaftliche Strukturveränderung die Umwelt schont und daher eine Entlastung für die spezielle Umweltschutzpolitik bedeutet. Autonomer Strukturwandel und Politik zum Schutz der Umwelt könnten sich so ergänzen. Allerdings muß man zunächst klären, ob die Ablösung traditio-

33 Vgl. Hans-Hagen Härtel u. a., Zusammenhang zwischen Strukturwandel und Umwelt. Spezialuntersuchung 2 im Rahmen der HWWA-Strukturberichterstattung 1987, Hamburg 1987, S. 47ff.

neller Industriegüter durch das Angebot neuer Waren- und Dienstleistungen nicht Umweltschäden in neuer Form und an anderen Stellen bewirkt. Hierfür ist die gestiegene Abwasser- und Abfallintensität in der chemischen Industrie ein Beispiel.

Zur Klärung der gesamten Umwelteffekte des Strukturwandels genügt es nicht, die Produktionsentwicklung von umweltschonenden Wirtschaftszweigen mit der von schadstoffintensiven Branchen zu vergleichen. Um Güter als umweltschonend oder als umweltbelastend zu klassifizieren, muß für jedes einzelne Gut der gesamte Produktions- und Nutzungszyklus untersucht werden. Umwelteffekte entstehen also nicht nur bei der letzten Produktionsstufe eines Gutes. Beispielsweise führt die Herstellung und Nutzung eines Autos zu Umweltbelastungen auf folgenden vier Stufen:

- bei der Herstellung der von der Automobilindustrie benötigten Vorprodukte;
- bei der Produktion des Endproduktes und bei dessen Vertrieb;
- bei der Nutzung des Automobils während seiner gesamten Lebensdauer;
- bei der Verschrottung nach Ablauf der Lebensdauer.

Um im einzelnen die wichtigen Strukturveränderungen für die Entwicklung der Umweltbelastung festzustellen, muß man zunächst die Entscheidungsbereiche kennen, in denen über Ressourceneinsatz, Produktionstechnik und Güterstruktur befunden wird. Es wird vorgeschlagen, die in der Strukturberichterstattung der Wirtschaftsforschungsinstitute bewährte Unterscheidung nach nachfragebedingtem, angebotsbedingtem und außenwirtschaftsbedingtem Strukturwandel hier ebenfalls zu verwenden[34]. Dabei ist nach den »autonomen« Determinanten des Strukturwandels zu fragen, die ohne Einfluß der Umweltpolitik schadstoffsparende Produktionsweisen und Güterverwendungen begünstigen.

Im Bereich der Güternachfrage wird Strukturwandel angeregt, wenn die Produzenten, die Konsumenten oder der Staat als Nachfrager privater und kollektiver Güter ihre Ausgabenstrukturen verändern. Verschiebungen der Präferenzen, das Erreichen von Sättigungspunkten oder die Erhöhung von Preisen umweltbelastender Güter bewirken im Laufe der Zeit einen Wandel der Nachfragestruktur in Richtung Umweltentlastung. Im Bereich des Güterangebotes sind es die Veränderungen der Preise für die Nutzung des Produktionsfaktors »Umwelt« oder aber der technische Fortschritt, die einen umweltschonenden Strukturwandel anregen. Durch diese Einflußgrößen kommt es zur marktgesteuerten Entwicklung und zum Einsatz bzw. zur Verwendung und Herstellung von umweltschonenden Produktionstechniken, Vorprodukten und Produktvarianten. Im Bereich der Außenwirtschaft ist für die Veränderung der Produktionsstruktur die weltweite Entwicklung der Güternachfrage und des Güterangebotes maßgebend. Durch Veränderungen von Nachfrage und Angebot in der Welt kommt es zu einer Veränderung der Standortqualität der am Welthandel beteiligten Länder. So kann sich beispielsweise für die Bundesrepublik ein komparativer Vorteil im internationalen Wettbewerb daraus ergeben, daß die deutsche Industrie sich relativ früh auf umweltschonende Produktionen spezialisiert und damit über die Exportwirtschaft zu einem umweltschonenden Strukturwandel im Inland beiträgt.

Die von Nachfrage, Angebot und Außenwirtschaft ausgehenden Veränderungen führen allerdings nicht zwangsläufig und ausschließlich zu einem umweltschonenden Strukturwandel. Solange nämlich die Knappheit der Umwelt nicht in entsprechenden Umweltkosten, die jeder umweltnutzende Konsument oder Produzent direkt zahlen

---

34 Vgl. ebd., S. 49f.

muß (sogenannte Internalisierung der Kosten), und im Ordnungsrecht (Auflagen, Gebote und Verbote zum Umweltschutz) zum Ausdruck gebracht werden, ist kein systematischer, umweltorientierter Strukturwandel zu erwarten. Wenn man auch bei jüngeren empirischen Studien auf einige Beispiele für umweltschonende Strukturveränderungen trifft, dann ist zu klären, ob es sich um historische Einzelfälle oder einen bereits deutlichen Trend handelt. Beispielsweise verläuft seit den siebziger Jahren der Strukturwandel in deutlich energie- und rohstoffsparender Weise.

Eine autonome Einflußgröße zur Energieeinsparung ist der technische Fortschritt in der Mikroelektronik. Es gelang, durch die Entwicklung von elektronischen Meß- und Regelungstechniken den Energieverbrauch und den Materialverbrauch vor allem in der Produktion zu optimieren. Auch Nachfrageveränderungen haben sich auf den Materialverbrauch dämpfend ausgewirkt. Ein Rückgang des spezifischen Materialeinsatzes, bezogen auf das Bruttoinlandsprodukt, ist bei Baustoffen, Stahl, Nichteisenmetallen, Kunststoffen und anderen chemischen Vorprodukten, bei Glas, Keramik, Holz, Papier und Pappe festzustellen. Beispielsweise hat sich die Verbrauchssteigerung bei Chemikalien seit Anfang der achtziger Jahre deutlich verlangsamt. Ausschlaggebend dafür war nicht nur eine Marktsättigung, sondern auch das gewachsene Umweltbewußtsein der Konsumenten. Dies gilt insbesondere für den Verbrauch von Kunststoffen, Waschmitteln und Farben. Eine solche Verhaltensänderung hat bedeutende umweltschonende Auswirkungen. Einsparungen beim industriellen Materialverbrauch verringern die Mengen der benötigten Grundstoffe, deren Erzeugung meistens sehr energieintensiv ist und außerdem zu Emissionen von organischen Verbindungen und von Staub, insbesondere Schwermetallstaub, führt; zusätzlich entstehen Gewässerbelastungen und problematische Abfälle.

Realistischerweise müssen wir bisher von einem überwiegend „induzierten" Strukturwandel sprechen, d. h. von Auswirkungen der Umweltschutzpolitik auf technologische und wirtschaftliche Strukturen. Wählt man als Beobachtungszeitraum die Periode von Anfang der siebziger Jahre bis 1989, dann sind in dieser Zeit Umweltgesetze und -verordnungen auf verschiedenen Gebieten erlassen worden. Sie betreffen im wesentlichen:

- die Erfassung, Beförderung sowie die schadlose und geordnete Entsorgung von Abfällen (Abfallgesetz);
- die Zahlung einer Abgabe für die Einleitung von Abwasser in die Gewässer (Abwasserabgabengesetz);
- Regelungen für einen weiten Bereich des Immissionsschutzes, d. h. Schutz vor schädlichen Umwelteinwirkungen, die durch Luftverunreinigungen, Geräusche, Erschütterungen u. ä. hervorgerufen werden (Bundes-Immissionsschutzgesetz);
- Vorsorgemaßnahmen zum Schutz von Mensch und Umwelt vor den Gefahren durch Chemikalien (Chemikaliengesetz);
- Regelungen zur Umweltverträglichkeit von Wasch- und Reinigungsmitteln (Waschmittelgesetz);
- Schutz gegen Fluglärm (Fluglärmgesetz);
- Einführung von Strafvorschriften in das Strafgesetzbuch, die »Straftaten gegen die Umwelt« betreffen (Gesetz zur Bekämpfung der Umweltkriminalität);
- Auflagen betreffend Einrichtungen zur Rauchgasreinigung (Großfeuerungsanlagen-Verordnung).

Außerdem hat die Einrichtung des Umweltbundesamtes (Berlin) und des Sachverständigenrates für Umweltfragen weitere Voraussetzungen für eine aktive Umweltpolitik geschaffen.

Damit sind neue Rahmenbedingungen für technologisches und wirtschaftliches Handeln gesetzt worden. Das umweltpolitische Instrumentarium von Auflagen, Geboten, Verboten, Abgaben, Subventionen sowie unentgeltlicher öffentlicher Entsorgung hat die Investitionen des Staates und die Produktionsentscheidungen der Unternehmen, zum Teil auch die Konsumentscheidungen der privaten Haushalte, beeinflußt. Die Ausgaben für den Umweltschutz des Produzierenden Gewerbes und des Staates betrugen im Jahre 1975 13,4 Mrd. DM, im Jahre 1987 bereits knapp 32,3 Mrd. DM; das ist ein nominaler Anstieg von 140 Prozent und ein realer Anstieg (d.h. nach Ausschaltung von Preiseinflüssen) von insgesamt 58 Prozent[35]. Die Umweltschutzausgaben im Jahre 1987 entfielen zu 53 Prozent auf das Produzierende Gewerbe (wobei etwas über die Hälfte der Ausgaben zum Betrieb der Einrichtungen für Umweltschutzzwecke diente) und zu 47 Prozent auf den Staatssektor. Im Vergleich zu dem gesamten Investitionsvolumen des Produzierenden Gewerbes im Jahre 1986 beliefen sich die Umweltschutzinvestitionen auf gut sieben Prozent.

Eine der ganz wichtigen Aufgaben der Wirtschaftspolitik ist es, die marktwirtschaftliche Ausgestaltung der umweltpolitischen Instrumente voranzubringen. Ziel muß es sein, das Eigeninteresse von Produzenten und Konsumenten an Verbesserung und Erhaltung der Umweltqualität noch weiter zu fördern. Die Umweltschutzpolitik muß viel stärker als bisher marktwirtschaftliche Steuerungsinstrumente verwenden, die Preissignale für die Umweltnutzung setzen. Man schafft dadurch die wirksamsten Anreize in einer Marktwirtschaft, mit dem knappen Gut Umwelt sehr sparsam umzugehen. Wenn Umweltnutzung einen Preis hat, dann liegt es im Eigeninteresse aller Produzenten und Konsumenten, umweltschädliches Wirtschaften gegen die damit verbundenen Kosten abzuwägen. Die wirtschaftenden Menschen können individuell entscheiden, inwieweit sie die Umwelt zu den gegebenen Preisen nutzen wollen oder nicht. Man erwartet durch diese marktwirtschaftliche Steuerung, daß viel mehr als bei ordnungsrechtlichen Eingriffen (d.h. Umweltgesetzen und -verordnungen) die Umweltnutzung und der Nutzungsverzicht im Einklang mit den Präferenzen der Menschen und den sehr unterschiedlichen Produktionsbedingungen bleiben.

Diese wichtige wirtschaftspolitische Aufgabe in der Industriegesellschaft hat der Sachverständigenrat so formuliert: »Der Schutz der Umwelt ist eine Aufgabe von höchster Priorität. Vieles ist begonnen worden, und es gibt auch bereits gute Resultate. Aber von einem voll greifenden Umweltschutz ist die Bundesrepublik noch weit entfernt; daher dürfen die Anstrengungen nicht nachlassen. Über ihren Erfolg entscheidet, welche Wege die Umweltschutzpolitik dabei beschreitet. Der bewußte Verzicht auf wirtschaftliches Wachstum ist ein ungeeigneter Weg. Zwischen Wirtschaftswachstum und wirksamem Umweltschutz besteht nicht nur kein unlösbarer Konflikt, sondern im Gegenteil: In einer dynamischen Wirtschaft, die viel investiert und deshalb schnell voranschreitet, kommt auch der Umweltschutz schnell voran, wenn der Staat durch seine Politik die Weichen richtig stellt. Die entscheidende Vorbedingung ist, daß ökonomische Anreizmechanismen geschaffen und ausgebaut werden, damit die Menschen das knappe Gut Umwelt sparsam nutzen. Das umwelt-

35 Vgl. Statistisches Bundesamt (Anm. 16), S. 352.

schonende Wirtschaftswachstum ist anders strukturiert als das umweltbelastende, es allein fördert die Wohlfahrt aller Bürger«[36].

4. Umstrukturierung der Wirtschaft in den neuen Bundesländern

Durch den Beitritt der Deutschen Demokratischen Republik zur Bundesrepublik Deutschland gemäß Artikel 23 des Grundgesetzes am 3. Oktober 1990 wurden die Länder Brandenburg, Mecklenburg-Vorpommern, Sachsen, Sachsen-Anhalt und Thüringen Länder der Bundesrepublik Deutschland. Das Land Berlin wurde durch die 23 Bezirke Berlins gebildet. Der Prozeß der wirtschaftlichen Vereinigung ist bereits durch den Staatsvertrag zur Währungs-, Wirtschafts- und Sozialunion ab 1. Juli 1990 eingeleitet worden.

Es entstand die sehr komplexe gesellschafts- und wirtschaftspolitische Aufgabe, die Strukturen und Prozesse einer sozialistischen Lenkungswirtschaft durch die der freiheitlichen Wirtschaftsordnung der Sozialen Marktwirtschaft abzulösen. Aus ökonomischer Sicht beeinhaltet die Transformation des Wirtschaftssystems von der zentralistischen Planwirtschaft zur Marktwirtschaft im wesentlichen – den Übergang von staatlichen bzw. gesellschaftlichen Eigentumsverhältnissen zu individuellen Eigentumsrechten und – den Übergang von der zentralen Preisregulierung zu dem dominierenden Marktpreismechanismus.

Gleichzeitig mit dieser Aufgabe des strukturellen Wandels, die sich im Kern auf die konstituierenden Prinzipien einer Wirtschaftsordnung bezieht, stellt sich die nicht weniger schwierige Herausforderung der Erneuerung der gesamten Wirtschaftsstruktur im östlichen Teil Deutschlands[37]. Der abrupte Wechsel des Wirtschaftssystems hat fundamentale strukturelle Leistungsmängel und Wettbewerbsschwächen des alten Systems aufgedeckt. Die sozialistische Planwirtschaft der DDR hatte zu einer Wirtschaft geführt, die – abgesehen von wenigen Ausnahmen – in der Arbeits- und Kapitalproduktivität immer mehr zurückfiel und den Anforderungen des internationalen Wettbewerbs nicht entsprach. Eine Spezialisierung der Produktion nach Maßgabe komparativer Kostenvorteile wurde nicht zugelassen und die Effizienzsteigerung in den hochkonzentrierten Industriekombinaten und den Produktionsgenossenschaften durch mangelnden Wettbewerb behindert. Arbeitslosigkeit konnte durch einen überhöhten Personalbestand in fast allen Wirtschaftszweigen verdeckt werden. Der im Vergleich zu den anderen sozialistischen Ländern hohe Lebensstandard in der DDR war nur auf Kosten der Substanz möglich, d.h. die veralteten Produktionsanlagen wurden nicht ausreichend erneuert und der Schutz der natürlichen Umwelt grob vernachlässigt.

Die bereits erläuterten Erscheinungsformen des Strukturwandels sind heute alle in den neuen Bundesländern festzustellen. Die strukturellen Veränderungen beziehen sich gleichzeitig auf die sektorale und regionale Wirtschaftsgliederung sowie auf die außenwirtschaftliche Verflechtung der ostdeutschen Wirtschaft. Der Außenhandel muß sich infolge des Zusammenbruchs des administrativ geregelten Handelsverkehrs zwischen den RGW-Ländern, der wirtschaftlichen Schwierigkeiten in Osteuropa

---

36 Sachverständigenrat (Anm. 23), Ziff. 291.
37 Vgl. Sachverständigenrat (Anm. 23), Ziffer 505ff.

sowie der Umstellung auf konvertible Währung und freie Preisbildung unter den Bedingungen des wettbewerblichen Weltmarktes neu entwickeln.

Die nachfrage- und angebotsseitigen Ursachen für die Veränderungen der volkswirtschaftlichen Produktionsstrukturen bestehen alle ebenfalls im östlichen Teil Deutschlands. Erschwerend für den Anpassungsprozeß ist, daß die Strukturveränderungen schockartig in allen Wirtschaftssektoren mit der raschen Schaffung der deutschen Wirtschafts-, Währungs- und Sozialunion eingesetzt haben.

Für den erfolgreichen Prozeß wirtschaftlicher Neuorientierung und Umstrukturierung unter markwirtschaftlichen Bedingungen ist entscheidend, daß sich leistungsfähige Unternehmen entwickeln, die mit wettbewerbsfähigen Herstellungsverfahren und Produkten die Grundlagen für Wirtschaftswachstum und gesicherte Beschäftigung schaffen. Diese Aufgabe stellt sich generell für die alten und die neu gegründeten Betriebe im primären, sekundären und tertiären Sektor der Wirtschaft. In der gewerblichen Wirtschaft ergibt sich als eine strukturpolitische Hauptaufgabe, die etwa 8000 Unternehmen mit ca. 40000 Betriebsstätten, die aus den früheren 316 Kombinaten in einem ersten Schritt als rechtlich selbständige Einheiten (Rechtsform von Kapitalgesellschaften) gebildet worden sind, zu privatisieren und zu sanieren. Mit dem Treuhandgesetz vom 17. Juni 1990, das nach Artikel 25 Einigungsvertrag fortgilt, ist die Treuhandanstalt beauftragt, die früheren volkseigenen Betriebe zu strukturieren und zu privatisieren sowie sanierungsfähige Unternehmen zu wettbewerbsfähigen Unternehmen zu entwickeln. Von Wirtschaftsexperten werden die Entwicklungsperspektiven wichtiger Branchen bis zum Jahr 1995 heute so eingeschätzt:

- positiv für Baustoffindustrie, Fernmeldetechnik, Nahrungs- und Genußmittelindustrie, Waggonbau, Autoindustrie und Baumaschinen;
- mittelmäßig für Feinmechanik und optische Industrie, Glaswaren;
- negativ für Textilindustrie, Braunkohlebergbau, Kalibergbau, Schiffbau und Stahlindustrie.

Zur Unterstützung der Anpassungsprozesse und zur Investitionsförderung in allen Wirtschaftssektoren können ohne Einschränkung bisher in der Bundesrepublik geltende wirtschaftsfördernde Programme, einschließlich der existierenden sektoralen Strukturhilfen und der Programme der Europäischen Gemeinschaft in Anspruch genommen werden. Zusätzlich bedarf es für eine gewisse Zeit besonderer Hilfestellungen. Daher sind spezielle Förderprogramme zugunsten der ostdeutschen Länder geschaffen worden; sie umfassen allgemeine finanzielle Hilfen für die Wirtschaft, steuerliche Hilfen sowie besondere Infrastrukturprogramme und Strukturanpassungshilfen[38].

Eine weitere strukturpolitische Hauptaufgabe ist es, die Auswirkungen der schockartig einsetzenden Umstrukturierung auf dem Arbeitsmarkt sozialverträglich zu gestalten. Der Anpassungsprozeß führt dazu, daß viele Arbeitnehmer in Landwirtschaft, Industrie, Handel und im öffentlichen Dienst zunächst ihren Arbeitsplatz verlieren. Ein wesentlicher Teil der 9,5 Millionen Arbeitsplätze (1989) geht verloren; es entsteht offene, strukturell bedingte Arbeitslosigkeit. Die Zahl der Arbeitslosen – bei Nichtberücksichtigung derjenigen in Arbeitsbeschaffungs- und Qualifizierungsmaß-

38 Vgl. Sachverständigenrat (Anm. 23), Tabelle 60, S. 241–242. Deutsche Bundesbank (Hrsg.), Wirtschaftsförderung in den neuen Bundesländern, in: Monatsberichte der Deutschen Bundesbank, 43 (1991) 2, S. 15–26.

nahmen – wird 1991 im Durchschnitt auf ca. 1,4 Millionen steigen, im Jahr 1992 möglicherweise sogar auf 1,7 Millionen.

Eine verdeckte Arbeitslosigkeit bestand zwar bereits unter den bisherigen Produktions- und Absatzbedingungen der ehemaligen DDR aufgrund von Leerlauf in der Arbeitsorganisation der Betriebe, der Doppelbesetzung von Arbeitsplätzen und der politischen Kader und Belegschaftsaktivitäten in den Betrieben. Bei nach westlichen Maßstäben veränderter Arbeitsorganisation und besseren Nutzung des Faktors Arbeit ist das Ausmaß der verdeckten Arbeitslosigkeit allerdings noch größer.

Zusätzliche Arbeitsmarktprobleme entstehen durch die hohe regionale Konzentration der Beschäftigungsverluste. Die Ursachen sind neben der geringen horizontalen und vertikalen Arbeitsteilung der hochkonzentrierten ehemaligen Industriekombinate die absichtliche Ballung bestimmter Branchen auf einzelne Regionen. So entstanden ausgeprägte industrielle Monostrukturen, zum Beispiel die Chemie-Domänen Merseburg und Bitterfeld in Sachsen-Anhalt und die Stahlstandorte Hettstedt und Riesa (Sachsen) sowie Eisenhüttenstadt (Brandenburg)[39].

Mit wirtschafts- und sozialpolitischen Maßnahmen, insbesondere der Arbeitsmarktpolitik, soll erreicht werden, für die in der Anpassungsphase entlassenen Arbeitskräfte die Zeit der Arbeitslosigkeit zu verkürzen und den Bestand von längerfristig Arbeitslosen möglichst niedrig zu halten. Angepaßte beschäftigungsstabilisierende Maßnahmen in Verbindung mit Qualifizierungsprogrammen haben hier eine wichtige Funktion. Das setzt voraus, daß insbesondere der Bund, die alten Bundesländer und die Sozialversicherungen die sozialen Kosten der offenen Arbeitslosigkeit tragen, und die betroffenen Arbeitskräfte bereit sind, einen Teil der Anpassungslast in Form höherer beruflicher und regionaler Mobilität und Umstellung auf ungewohnte Leistungsanforderungen am Arbeitsplatz mitzutragen.

Für eine mehrjährige Anpassungsphase ist das Zusammenwirken von materieller Unterstützung durch Sozialleistungen, arbeitsmarktpolitischen Maßnahmen (Kurzarbeiterregelung, Arbeitsbeschaffung, vorgezogener Ruhestand, Fortbildung und Umschulung), flexibler Tarifpolitik sowie investitionsfördernder und produktivitätssteigernder Wirtschaftspolitik gefordert. Die tiefgreifende Umgestaltung von Wirtschaft und Gesellschaft können die neuen Bundesländer nicht aus eigener Kraft bewältigen. Solidarische Unterstützung seitens der Deutschen in den alten Bundesländern ist daher notwendig sowohl bei der Schaffung der rechtlichen, verwaltungsmäßigen und sonstigen institutionellen Voraussetzungen der Sozialen Marktwirtschaft als auch bei der Bereitstellung erheblicher öffentlicher und privater Finanzmittel für soziale und investive Verwendungen.

---

39 Vgl. Bundeszentrale für politische Bildung (Hrsg.), Mecklenburg-Vorpommern, Brandenburg, Sachsen-Anhalt, Thüringen, Sachsen (Informationen zur politischen Bildung, Nr. 230), Bonn 1991, S. 32ff.

Literatur

NORBERT BLÜM/HANS ZACHER (Hrsg.), 40 Jahre Sozialstaat Bundesrepublik Deutschland, Baden-Baden 1989.

WOLFGANG BRÜCKNER U. A., Nord-Süd in Deutschland? Vorurteile und Tatsachen, Stuttgart u. a. 1987.

MEINHOLD DIERKES/KLAUS ZIMMERMANN (Hrsg.), Wirtschaftsstandort Bundesrepublik. Leistungsfähigkeit und Zukunftsperspektiven, Frankfurt/M. 1990.

JUERGEN B. DONGES u. a., Mehr Strukturwandel für Wachstum und Beschäftigung. Die deutsche Wirtschaft im Anpassungsstau (Kieler Studien 216), Tübingen 1988.

JOHANNES FRERICH, Sozialpolitik. Das Sozialleistungssystem der Bundesrepublik Deutschland. Darstellung, Probleme und Perspektiven der Sozialen Sicherung, München–Wien 1987.

EGON GÖRGENS, Beschäftigungspolitik, München 1981.

IFO-INSTITUT FÜR WIRTSCHAFTSFORSCHUNG (Hrsg.), Neue Bundesländer in der Strukturanpassung, in: ifo-Schnelldienst, 44 (1991), 16/17, S. 3–57.

OTMAR ISSING, Einführung in die Geldpolitik, München 1990[3].

HEINZ LAMPERT, Die Soziale Marktwirtschaft in der Bundesrepublik Deutschland. Ursprung, Konzeption, Entwicklung und Probleme, in: Aus Politik und Zeitgeschichte, B 17/88, S. 3–17.

HELMUT LEIPOLD, Wirtschafts- und Gesellschaftssysteme im Vergleich. Grundzüge einer Theorie der Wirtschaftssysteme, Stuttgart 1988[5].

BRUNO MOLITOR, Wirtschafts- und Sozialpolitik in der Demokratie, Hamburg 1986.

DERS., Wirtschaftsethik, München 1989.

ALFRED MÜLLER-ARMACK, Genealogie der Sozialen Marktwirtschaft, Bern–Stuttgart 1974.

HANS-RUDOLF PETERS, Sektorale Strukturpolitik, München–Wien 1988.

BERT RÜRUP, Wirtschaftliche und gesellschaftliche Perspektiven der Bundesrepublik Deutschland, München 1989.

BERNHARD SCHÄFERS, Gesellschaftlicher Wandel in Deutschland. Ein Studienbuch zur Sozialstruktur und Sozialgeschichte der Bundesrepublik, Stuttgart 1990[5].

ALFONS SCHMID, Beschäftigung und Arbeitsmarkt. Eine sozio-ökonomische Einführung, Frankfurt/M.–New York 1984.

INGO SCHMIDT, Wettbewerbspolitik und Kartellrecht. Eine Einführung, Stuttgart–New York 1990[3].

LUTZ WICKE, Umweltökonomie. Eine praxisorientierte Einführung, München 1982.

ARTUR WOLL, Wirtschaftspolitik, München 1984.

Eckhard Jesse

Typologie politischer Systeme der Gegenwart

Einleitung

Die Staaten der Welt können nach verschiedenartigen Kriterien unterschieden werden, nach geographischen (z.B. Flächenstaat), nach ökonomischen (z.B. Industriestaat), nach demographischen (z.B. Nationalitätenstaat), um nur einige Einteilungsschemata Revue passieren zu lassen. Wer die Länder nach politischen Ordnungsbegriffen zu typologisieren sucht, hat viele Möglichkeiten[1]. Man kann u.a. nach der Staatsform differenzieren (z.B. Republik oder Monarchie), nach der internationalen Bedeutung des Staates (z.B. Großmacht) oder danach, wie die Macht im Staat verteilt ist (z.B. Einheitsstaat oder Bundesstaat). Diese Unterschiede verblassen jedoch vor der Frage, ob es sich um Staaten handelt, deren politische Führung durch den Willen der Bevölkerung legitimiert ist oder nicht. Sie läuft auf die im einzelnen zu spezifizierende Antwort »Demokratie oder Diktatur«[2] hinaus. Von diesem für die Einordnung zentralen Aspekt soll in dem folgenden Beitrag die Rede sein.

Der Aufbau dieses Beitrages gestaltet sich folgendermaßen: Zunächst – in Kapitel I – geht es um verschiedene Typologieversuche der Staaten in politikwissenschaftlicher Hinsicht, wie sie früher Anwendung gefunden haben. Außerdem wird ein theoretisch ausgerichteter wenn auch nicht theoretisch überfrachteter Überblick zur Demokratie-, zur Autoritarismus- und zur Totalitarismustheorie geboten, wobei der Verfasser diese Denkansätze in Bezug zur Staatenwelt setzt. Methodologische Überlegungen zur Typenbildung bleiben ausgespart[3]. Der nächste Abschnitt – Kapitel II – gibt eine knappe Bestandsaufnahme der Staatenwelt, wie sie für die ersten vier Jahrzehnte nach dem Zweiten Weltkrieg grosso modo galt. Differenziert wird zwischen den demokratischen Staaten einer- und den diktatorischen andererseits, seien sie autoritärer, seien sie totalitärer Couleur (gewesen). Zu den autoritären Diktaturen werden die meisten Entwicklungsländer gerechnet, zu den totalitären Diktaturen vornehmlich die kommunistischen Staaten. Diese, in der Vergangenheit vielfach zu-

---

1 Vgl. beispielsweise Thomas Nowotny, Vom Aufstieg und Fall großer Begriffe, Zur Kategorisierung von Staaten, in: Europa-Archiv, 46 (1991), S. 41–49.

2 Es war Karl Kautsky, der mit dieser Frage sowohl die Legitimität der russischen Revolution als auch die Leninsche Position in Frage gestellt hatte. Vgl. ders., Demokratie oder Diktatur, Berlin 1918. Siehe die Darstellung der Kontroverse bei Peter Lübbe (Hrsg.), Kautsky gegen Lenin, Berlin-Bonn 1981.

3 Vgl. einführend Jürgen Friedrichs, Methoden empirischer Sozialforschung, Opladen 1982[10], S. 85–103.

grunde gelegte Systematik[4] ist jedoch heutzutage angesichts der sich überschlagenden Ereignisse insbesondere in den einstmals kommunistischen Staaten seit Ende der achtziger Jahre weitgehend überholt.

Durch die Veränderungen in der Sowjetunion unter Gorbatschow in der zweiten Hälfte der achtziger Jahre ist eine Entwicklung in Gang gesetzt worden, die zum Ende der meisten kommunistischen Staaten Osteuropas geführt hat, ebenso zum Ende der kommunistischen Hegemonie in der Sowjetunion selber. Der 60-Stunden-Putsch in der Sowjetunion – von führenden Kräften des Geheimdienstes, des Militärs und der Partei getragen – wollte die Entwicklung rückgängig machen. Er bewirkte jedoch das Gegenteil und beschleunigte so die Loslösung vom Kommunismus und die Hinwendung zur Demokratie. Es erscheint daher angezeigt, gesondert auf die jüngste Entwicklung in der Sowjetunion und – am Rande – in den (früheren) kommunistischen Diktaturen einzugehen (Kapitel III). Auch wenn der weitere Verlauf nicht angemessen sicher zu prognostizieren ist, dürfte der Fortbestand der Sowjetunion in der bisherigen Gestalt nicht mehr gewährleistet sein.

Die Übersicht zur Staatenwelt, wie sie zu Beginn der neunziger Jahre erscheint, löst sich von der systematischen Bestandsaufnahme des Kapitels II und geht von der Entwicklung in den einzelnen Erdteilen aus (Kapitel IV), da die bisherige Zuordnung überholungsbedürftig erscheint. Diese Einteilung mag auf den ersten Blick etwas zufällig-formal wirken, doch lassen sich einige interessante Parallelen in der politischen Entwicklung der einzelnen Erdteile ausmachen, denkt man beispielsweise an Afrika oder an Südamerika. Freilich muß man sich über den möglichen Wandel der Regimetypen im klaren sein, zumal die Situation in vielen Ländern ausgesprochen labil ist. Die Schlußbetrachtung (Kapitel V) präsentiert zunächst eine Zusammenfassung der wichtigsten Ergebnisse, gibt sodann einen Ausblick auf die weitere Entwicklung: Ist die demokratische Regierungsform auf einem weltweiten Siegeszug? Oder wohnt derartigen Prognosen ein hohes Maß an Unsicherheit inne?

I. Typologien der Staatenwelt in theoretischer Hinsicht

1. Einleitende Bemerkungen zur Geschichte von Staatstypologien

Die Staatsformenlehre hat eine so lange wie ehrwürdige Tradition[5]. Bereits Aristoteles entwickelte eine ausgeklügelte Typologie der Staaten. So nahm er in seiner »Politik«[6] eine Dreiteilung der Staatenwelt vor und unterschied die Staaten nach der Zahl der Herrscher: Regiert einer, regieren wenige, regieren viele? Aber mit diesem

4 Beispielsweise bei Gary K. Bertsch/Robert P. Clark/David M. Wood, Comparing Political Systems: Power and Policy in three Worlds, New York u.a. 1978; Gerhard Wuthe, Die Lehre von den politischen Systemen. Ein Studienbuch in Frage und Antwort, München 1977; Eckhard Jesse, Demokratie – Autoritarismus – Totalitarismus. Anmerkungen zur Klassifikation politischer Systeme, in: Politische Bildung, 18 (1985) 2, S. 3–26. Einige Ausführungen hieraus sind in diesen Beitrag eingeflossen.

5 Vgl. Eckhard Jesse, Art. Staatsformenlehre, in: Dieter Nohlen (Hrsg.), Wörterbuch Staat und Politik, München 1991, S. 660–663.

6 Vgl. Aristoteles, Politik, Zürich 1971[2], 1297 a.

Abbildung 1: Typologie der Staaten bei Aristoteles

	Zahl der Herrscher		
Ziel der Herrschaft	einer	wenige	viele
Gemeinwohl	Monarchie	Aristokratie	„Politie" (Demokratie)
Eigennutz	Tyrannis	Oligarchie	„Demokratie" (Ochlokratie)

Quelle: Dirk Berg-Schlosser/Herbert Maier/Theo Stammen, Einführung in die Politikwissenschaft, München 1977^2, S. 218.

quantitativen Aspekt gab er sich nicht zufrieden. Er führte zusätzlich einen qualitativen Gesichtspunkt ein. Ist die Regierungsweise am Gemeinwohl ausgerichtet, oder dient sie dem Eigennutz? Die positive Variante der Einmannherrschaft hieß Monarchie (die negative: Tyrannis), die positive Variante der Herrschaft der wenigen Aristokratie (die negative: Oligarchie), die positive Variante der Volksherrschaft Politie (die negative – die Terminologie war verschieden – Ochlokratie oder Demokratie). Wichtiger als Aristoteles' überholte Typologie (vgl. Abb. 1) ist für die politikwissenschaftliche Rezeption seine Vorstellung von der »gemischten Verfassung« geworden, die allerdings wörtlich bei Aristoteles so nicht erwähnt wird. Der gute Staat speise sich nicht nur aus einer Quelle und strebe den Kompromiß an. Moderne Autoren wie Dolf Sternberger haben an Aristoteles angeknüpft und in ihm einen der ersten Väter des Konstitutionalismus gesehen[7].

Die Klassifikation von Machiavelli ist bis auf den heutigen Tag erhalten geblieben, wenngleich sich ein Bedeutungswandel vollzogen hat. In seinem Werk »Il Principe« unterschied Machiavelli zwischen Monarchien und Republiken: In Monarchien liege die Staatsgewalt bei einer Person, in Republiken herrschten viele[8]. Aristoteles' Dreiteilung ist damit auf eine Zweiteilung (vgl. Abb. 2) reduziert. Der von Machiavelli hergestellte Zusammenhang hat heute keine Gültigkeit mehr: Zum einen ist durch die Parlamentarisierung der Monarchie, wie sie für viele Staaten gilt, der formelle Inhaber der obersten Staatsgewalt nicht mehr die entscheidende Person im Staat; zum andern sind viele Republiken Diktaturen, in denen die »Herrschaft vieler« – dies die Definition Machiavellis – keineswegs gewährleistet ist. Vor allem sagt die Frage von Monarchie oder Republik über die Qualität eines Staates nicht das geringste aus.

Monarchie ist eine Staatsform, bei der das Staatsoberhaupt – in der Regel durch Erbfolge (lediglich Malaysia und die Vereinigten Arabischen Emirate gelten als Wahlmonarchien) – sein Amt auf Lebenszeit ausübt. Zu unterscheiden ist zwischen parlamentarischen Monarchien, in der das Oberhaupt nur eine repräsentative Funktion besitzt, konstitutionellen Monarchien, in der die Kompetenzhoheit des Monarchen beschränkt ist, und absoluten Monarchien, in denen er sich keiner Limitierung seiner Macht ausgesetzt sieht. Republiken sind Nicht-Monarchien. Der frühere Bedeutungsgehalt im Sinne einer Abkehr vom Obrigkeitsstaat, der etwa noch in der Weimarer Republik vorhanden war, spielt heute so gut wie keine Rolle mehr. Der Vorteil dieser Typologie liegt allenfalls in ihrer Eindeutigkeit. Ob es sich um eine

7 Vgl. Dolf Sternberger, Drei Wurzeln der Politik (1978), Frankfurt/M. 1984.
8 Vgl. Niccolò Machiavelli, Der Fürst, Stuttgart 1963^3.

Abbildung 2: Unterschied zwischen Republik und Monarchie

	Republik	Monarchie
Einstige Unterscheidung (Machiavelli)	Herrschaft vieler	Herrschaft einer Person
Heutige Unterscheidung	Formalbegriff im Sinne einer Staatsform, die keine Monarchie ist	Staatsoberhaupt durch Erbfolge und auf Lebenszeit bestimmt

Republik oder eine Monarchie handelt, läßt sich klar entscheiden. Von den 174 Staaten der Erde sind 133 Republiken und 41 Monarchien[9]. Dabei müssen die meisten Republiken zu den Diktaturen gerechnet werden, nicht jedoch die Monarchien. Von den zwölf EG-Staaten sind sechs Monarchien und sechs Republiken. Es liegt auf der Hand, daß diese Kategorien wenig aussagen.

Ist die Frage nach der Art des Staatsoberhauptes nur von marginaler Natur, so gilt das nicht für die Frage, von wem im Staat die Macht ausgeht, wer sie kontrolliert und welche Formen der Machtablösung bestehen. Der deutsch-amerikanische Staatsrechtler Karl Loewenstein hat unter dem Machtaspekt in seiner »Verfassungslehre« die Staaten der Welt entweder als »konstitutionell« oder »autokratisch« klassifiziert[10].

Die »konstitutionellen« Systeme beruhen auf kontrollierter Machtausübung. Die Macht teilen sich mehrere voneinander unabhängige Machtträger. In Wahlen hat der Bürger die Möglichkeit, darüber zu entscheiden, wem er die Macht für eine befristete Zeit anvertrauen will. Machttrennung, Machtstreuung, Machtkontrolle und Machtkonkurrenz bestimmen konstitutionelle Systeme.

Die »autokratischen« Systeme zeichnen sich dadurch aus, daß in der Praxis die Macht ungeteilt ausgeübt wird – sei es von einer Person, sei es von einer Clique, sei es von einer Partei. Wahlen dienen lediglich dazu, die Position der Herrschenden zu bestätigen. Ein autokratisches System ist daher durch Machtkonzentration gekennzeichnet. Die Unterscheidung zwischen autoritären und totalitären politischen Systemen ist für Loewenstein »wesentlich und nützlich«[11]. Die folgende Typologie liegt auf der Linie von Loewenstein. Sie differenziert erstens zwischen Demokratien und Diktaturen, zweitens zwischen totalitären und autoritären Diktaturen.

Diese Unterscheidung fußt auf Idealtypen: Auch in autokratischen Systemen gibt es gewisse Ansätze der Machtbegrenzung und in konstitutionellen bestimmte Formen

9 Auszählung des Verfassers nach: Fischer Weltalmanach 1991, Frankfurt/M. 1990. (Die Angaben beziehen sich auf den Stand vom September 1990).

10 Vgl. Karl Loewenstein, Verfassungslehre (1957), Tübingen 1975[3], S. 18–31.

11 Ebd., S. 53. Die erstmalige Differenzierung der Diktaturen in »autoritär« und »totalitär« will Loewenstein als erster 1942 entwickelt haben (bei der Einordnung des diktatorischen Vargas-Regimes in Brasilien). Vgl. ebd., S. 53, Anm. 3. Diese Inanspruchnahme des Erstgeburtsrechts dürfte irrig sein, denn der Totalitarismusbegriff kam in den zwanziger und dreißiger Jahren deshalb auf, weil die »normale« Diktatur nicht mehr als ausreichend erschien, das Neuartige totalitärer Bewegungen zu erfassen. Vgl. dazu Kapitel I.4. – Was die Terminologie angeht – »autoritär« als Pendant zu »totalitär« –, so mag Loewenstein in der Tat der erste gewesen sein.

Abbildung 3: Unterscheidung zwischen Demokratie und Diktatur

	Demokratie	Diktatur
Legitimation des Herrschaftssystems	autonom	heteronom
Struktur des Gesellschaftssystems	heterogen	homogen
Organisation des Regierungssystems	pluralistisch	monistisch
Geltung des Rechtssystems	unverbrüchlich	unter dem Vorbehalt des Politischen

Quelle: Ernst Fraenkel, Strukturanalyse der modernen Demokratie (1970), in: ders., Reformismus und Pluralismus. Materialien zu einer ungeschriebenen politischen Autobiographie, Hamburg 1973, S. 404.

der Machtanhäufung. Es liegt in der Natur der Sache, daß die autokratischen Systeme keine Einheit bilden. Das gilt für die autoritäre wie für die totalitäre Variante. Man denke nur an den grundlegenden Unterschied zwischen Rechts- und Linksdiktaturen. Sie verhalten sich wie die Enden eines Hufeisens zueinander: Einerseits sind sie weit voneinander entfernt (z. B. in ihren Zielen, in ihrer sozialen Basis und in der Bekämpfung ihrer Gegner), andererseits dicht benachbart (z. B. in ihren Methoden und in ihren Machterhaltungsmechanismen). Die Extremismusforschung faßt sie daher unter das Rubrum »extrem«[12]. Auch in demokratischen Systemen gibt es Bewegungen und Ideologien des Rechts- wie des Linksextremismus. Gelangen sie an die Macht, verwandeln sie den demokratischen Verfassungsstaat in eine Diktatur.

Diese Typologie wird von – rechten wie linken – Gegnern des demokratischen Verfassungsstaates verworfen. Wer die »Rasse« oder die »Klasse« als obersten Wert ansieht, kann damit nichts anfangen und mißt dieser Klassifikation nur formalen Wert zu. Marxisten-Leninisten etwa unterscheiden zwischen »sozialistischer Demokratie« und »bürgerlicher Demokratie«. Diese Differenzierung ließe sich etwa systemimmanent wie folgt darstellen[13]:

Da in der »sozialistischen Demokratie« die Produktionsmittel in Gemeineigentum überführt sind, fallen die Interessen des einzelnen Bürgers mit denen des Staates zusammen. Unter der klassenbewußten Führung der marxistisch-leninistischen Partei, die sich nach dem Prinzip des »demokratischen Zentralismus« (Wählbarkeit aller leitenden Organe; Verbot von Fraktionsbildungen) organisiert, wurde die »Diktatur des Proletariats« errichtet, um die Macht der Massen zu sichern und die Herrschaft der alten Ausbeuterklasse zu brechen. Die »sozialistische Demokratie«, die bisher höchste Stufe der Demokratie, hat sich gesetzmäßig herausgebildet und ist die Vorstufe für die »klassenlose Gesellschaft«. Soziale Errungenschaften und gesellschaftliche Harmonie prägen die »reale Demokratie«, die alle Bürger an Pla-

12 Vgl. Uwe Backes, Politischer Extremismus in demokratischen Verfassungsstaaten. Elemente einer normativen Rahmentheorie, Opladen 1989.

13 Vgl. etwa Gerhard Haney, Die Demokratie. Wahrheit, Illusionen und Verfälschungen, Berlin (Ost) 1970; Arno Winkler, Pluralismus. »Modell« der Konterrevolution, Berlin (Ost) 1982.

nungs-, Lenkungs- und Gestaltungsprozessen beteiligt, damit diese ihre Persönlichkeit schöpferisch entfalten können.

Die »bürgerliche Demokratie« hingegen basiert auf dem Privateigentum an Produktionsmitteln, das sich in der Hand einer kleinen Minderheit konzentriert und damit Ungleichheit auf allen Gebieten des Lebens produziert. Sie verschleiert durch Scheinpluralismus den Klassencharakter der kapitalistischen Gesellschaft, indem sie Rechte »formal« gewährt, ohne daß die Bürger sie »real« besitzen. Verschärft sich die Krise der letztlich zum Untergang verurteilten »bürgerlichen Demokratie«, so schreckt das herrschende Monopolkapital im Ernstfall nicht davor zurück, die von den fortschrittlichen Kräften der Gesellschaft erkämpften Rechte wieder zurückzuschrauben und möglicherweise – wie 1933 – eine offene Diktatur zu errichten. Gegenüber dieser stellt die »bürgerliche Demokratie« jedoch einen Fortschritt dar, da sich hier die Arbeiterklasse organisieren und für ihre Interessen einsetzen kann. Beide gehören sie jedoch zu den »Formen bürgerlicher Herrschaft«[14].

Dieser Unterscheidung wird im folgenden keine Bedeutung beigemessen[15]. Zum einen geht sie von sozio-ökonomischen Kriterien aus, die für die Staatsformenlehre nicht bestimmend sein können; zum andern ist sie aufgrund ihrer Ideologiehaftigkeit – die *Theorie* des Marxismus-Leninismus wird mit der *Praxis* des »Kapitalismus« verglichen – durch ein hohes Maß an Formalität gekennzeichnet. Schon vor dem Ende des Kommunismus haben Marxisten im »real-existierenden Sozialismus« versucht, die Grobschlächtigkeit der obigen Typologie mit Hilfe der Denkfigur vom »neuen Denken« zu modifizieren[16].

2. *Demokratietheorien und Demokratie*

Praktisch jeder Staat der Welt bezeichnet sich als »Demokratie«, auch Diktaturen. »Das 20. Jahrhundert scheint nur noch die Demokratie als legitime politische Ordnung anzuerkennen, und deshalb hat sich der klassische Konflikt zwischen konkurrierenden Legitimitätsideen in einen Konflikt um Demokratiebegriffe verwandelt.«[17] Wer sich auf das Selbstverständnis bezieht, erfährt wenig über die wahren Machtverhältnisse.

---

14 So Reinhard Kühnl, Formen bürgerlicher Herrschaft. Liberalismus – Faschismus, Reinbek bei Hamburg 1971.

15 Das gilt auch für andere Formen der Typologie. Der norwegische Friedensforscher Johan Galtung (Hitlerismus, Stalinismus, Reaganismus. Drei Variationen zu einem Thema von Orwell, Baden-Baden 1988) hat unter Anknüpfung an George Orwells Buch *Neunzehnhundertvierundachtzig,* drei Gebilde autoritärer Herrschaft herauszuarbeiten versucht – den Hitlerismus, den Stalinismus und den Reaganismus. Orwell unterzieht nicht nur die dem Untergang geweihte kapitalistische Gesellschaft der schärfsten Kritik, sondern insbesondere auch den *homo teutonicus.* Die DDR wird von Galtung gegenüber der Bundesrepublik in Schutz genommen. Die Bundesrepublik mache »gegenwärtig einen sehr wichtigen Schritt in Richtung auf die Entwicklung von Positionen, die mit dem Nazitum übereinstimmen« (ebd., S. 67). Oder: »Das Land [die Bundesrepublik] wird besonders gefährlich, wenn es in der Agonie eines in der Krise befindlichen kapitalistischen Systems versinkt« (S. 70). Exakt die Mechanismen, die Orwell kritisiert hat, macht sich Galtung zu eigen.

16 Vgl. dazu Kapitel III.

17 Peter Graf Kielmansegg, Vom Nutzen und Nachteil der Politikwissenschaft für das Leben, in: Stifterverband für die Deutsche Wissenschaft, Essen o. J. (1988), S. 29.

Tatsächlich jedoch sind die Grenzen zwischen Demokratien und Diktaturen im Prinzip leicht zu ziehen, und es spielt innerhalb einer bestimmten Variationsbreite keine Rolle, welche Definition man zugrunde legt, wie die folgenden Zitate von politikwissenschaftlichen Autoritäten zeigen: Bei Samuel P. Huntington und Clement H. Moore etwa heißt es: »Democracy exists where the principal leaders of a political system are selected by competive elections in which the bulk of the population have the opportunity to participate.«[18] Juan J. Linz bezeichnet ein politisches System als demokratisch, »when it allows the free formulation of political preferences, through the use of basic freedoms of association, information, and communication, for the purpose of free competition between leaders to validate at regular intervals by nonviolent means their claim to rule.«[19] Und bei Seymour M. Lipset heißt es: »Democracy in a complex society may be defined as a political system which supplies regular constitutional opportunities for changing the governing officials, and a social mechanism which permits the largest possible part of the population to influence major decisions by choosing among contenders for political office.«[20] Alle drei Definitionen, das ließe sich ebenso für die von Arend Lijphart und Robert A. Dahl zeigen[21], um zwei weitere führende angloamerikanische Politikwissenschaftler zu nennen, fügen sich in die Demokratiekonzeption von Ernst Fraenkel ein, dem Begründer des Neopluralismus in Deutschland.

Dessen Konzeption liegt die zentrale Unterscheidung zwischen einem monistischen und einem pluralistischen Demokratieverständnis zugrunde. Fraenkel wendet sich gegen die Identität von Regierenden und Regierten. Die »Geschlossenheit« des Volkswillens wird verworfen. Der Autor berücksichtigt die Legitimation des Herrschaftssystems, die Struktur des Gesellschaftsystems, die Organisation des Regierungssystems sowie die Geltung des Rechtssystems[22] (vgl. Abb. 3). Im folgenden wird die Systematik Fraenkels referiert, weil sich so prägnant die Unterschiede festmachen lassen:

Die *Legitimation des Herrschaftssystems* in einer Demokratie ist autonom, weil das Gemeinwohl weder vorgegeben noch objektiv erkennbar ist. Die Staatsgewalt muß daher vom Volk ausgehen. In einer Diktatur hingegen ist die Legitimation des Herrschaftssystems heteronom. Die jeweilige Führung weiß, was das Volk will. Sie setzt den hypothetischen Volkswillen in praxi um. Der empirisch erkennbare Volkswille findet nur insoweit Berücksichtigung, wie er sich mit dem »wahren Volkswillen« deckt.

---

18 Samuel P. Huntington/Clement H. Moore, Conclusion: Authoritarian, Democracy, and One-Party Politics, in: dies. (Hrsg.), Authoritarian Politics in Modern Society. The Dynamics of Established One-Party-Systems, New York-London 1970, S. 509.

19 Juan J. Linz, Totalitarian and Authoritarian Regimes, in: Fred I. Greenstein/Nelson W. Polsby (Hrsg.), Handbook of Political Science, Bd. 3: Macropolitical Theory, Reading/Mass. u. a. 1975, S. 182f.

20 Seymour M. Lipset, Political Man. The Social Bases of Politics (1959), London 1983², S. 27.

21 Vgl. Arend Lijphart, Democracies. Patterns of Majoritarian and Consenus Government in Twenty-One-Countries, New Haven-London 1984; Robert A. Dahl, Polyarchy. Participation and Opposition, New Haven-London 1978⁵.

22 Vgl. Ernst Fraenkel, Strukturanalyse der modernen Demokratie (1970), in: ders., Reformismus und Pluralismus. Materialien zu einer ungeschriebenen politischen Autobiographie, Hamburg 1973, S. 404–433 und S. 450f.

Die *Struktur des Gesellschaftssystems* in einer Demokratie ist heterogen – sie zeichnet sich durch eine Vielfalt unterschiedlicher und miteinander rivalisierender Interessen aus. Diktaturen hingegen gehen davon aus, daß »wahre Volksherrschaft« sich nur in einer homogen strukturierten Gesellschaft entfalten kann. Die »formale Demokratie« wird abgelehnt, »weil eine tunlichst reibungslos sich betätigende, ›formale Demokratie‹ die sicherste Garantie der heterogenen Gesellschaft dargestellt hat und darstellt«[23].

Die *Organisation des Regierungssystems* ist in der Demokratie pluralistisch, die Anerkennung und Wahrnehmung der Partikularinteressen unerläßlich. Freilich basiert die Demokratie nicht nur auf einem kontroversen Sektor der Willensbildung, sondern ebenso auch auf einem unantastbaren Wertkodex (wie etwa der Unveräußerlichkeit von Menschenrechten). Ein monistisches Regierungssystem strebt die Gleichschaltung aller Interessengruppen an, damit das eigene Herrschaftsmonopol nicht angetastet wird.

Die *Geltung des Rechtssystems* ist in einer Demokratie unverbrüchlich, es hat einen Eigenwert und kann nicht durch politische Opportunitäten angetastet oder gar aufgehoben werden. Dagegen verwirft die Diktatur die Unabhängigkeit des Rechtssystems; dieses steht unter dem Vorbehalt des Politischen und dient der Herrschaftsabsicherung.

Was Fraenkel am Beispiel der Bundesrepublik und der DDR gezeigt hat, läßt sich auch für andere politische Systeme belegen. Wo das Herrschaftssystem autonom legitimiert ist, ist auch das Regierungssystem pluralistisch organisiert. Und eine unter dem Vorbehalt des Politischen geltende Rechtsordnung basiert auf einem heteronom legitimierten Herrschaftssystem. Mischformen kommen so gut wie nicht vor. Es kann also keine Rede davon sein, daß sich schwer entscheiden läßt, ob der jeweilige Herrschaftstyp zu dem der Demokratie gehört oder nicht. Ausnahmen sind die Übergangsphasen eines politischen Systems von der Demokratie zur Diktatur oder umgekehrt.

»Der demokratische Verfassungsstaat, inzwischen etwa zweihundert Jahre alt, ist die erfolgreichste Institutionalisierung politischer Freiheit in der Geschichte der Menschheit, die wir kennen.«[24] Freilich darf dieser Satz nicht in dem Sinne verstanden werden, als habe es sich um eine urplötzliche, erdrutschartige Entwicklung gehandelt. Tatsächlich verlief sie eher spiralförmig. Der demokratische Verfassungsstaat ist damit das Produkt einer eigentümlichen Entwicklung, hervorgegangen aus der ständigen Auseinandersetzung mit unterschiedlichen Formen der Willkürherrschaft, keine Reißbrettkonstruktion.

Allerdings ist der Begriff »Demokratie« etwas unscharf. Denn »Volksherrschaft« allein ist nicht das einzig ausschlaggebende Kriterium. Als ebenso wichtig muß auch das Element der Gewaltenteilung gelten, die kontrollierte Machtausübung. Beide Quellen sind konstitutiv für die Art der Herrschaftsform, die sich seit der Französischen und der Amerikanischen Revolution in weiten Teilen Europas und in Nordamerika durchgesetzt hat. Insofern sollte man besser vom demokratischen Verfassungsstaat sprechen. Er ist folglich keineswegs auf den schlichten Nenner der »Volks-

---

23 Ebd., S. 423.

24 Peter Graf Kielmansegg, Das Experiment der Freiheit. Zur gegenwärtigen Lage des demokratischen Verfassungsstaates, Stuttgart 1988, S. 43.

souveränität« zu bringen. Deren Geltung ist eine grundsätzlich notwendige, aber keinesfalls hinreichende Bedingung. Wer die Volkssouveränitätsdoktrin verabsolutiert, erfaßt nur eine Quelle demokratischer Legitimation. Die Volkssouveränität »gibt allein kein tragfähiges normatives Fundament für ein freiheitliches Gemeinwesen ab«[25].

Insofern geht die Schlußfolgerung fehl, im demokratischen Verfassungsstaat habe stets die Mehrheit zu entscheiden[26]. Sie verkennt nämlich das Wesen des repräsentativen Systems. Dieses ist kein Notbehelf für Massendemokratien, sondern stellt ein institutionelles Element eigenen Ranges dar. Wer nur wegen der technischen Unmöglichkeit permanenter Plebiszite in Massendemokratien für das Repräsentationsprinzip plädiert, kreist in den geistigen Bahnen Rousseaus. Die repräsentative Demokratie gilt in dieser Tradition lediglich als »zweitbeste Lösung«, als »Notlösung«, als eine »Hilfskonstruktion«, eine »defizitäre Form« oder als »blasses Abbild der wahren Demokratie«[27]. Das zeigt einerseits das mangelnde Selbstbewußtsein von Anhängern des demokratischen Verfassungsstaates, wenn es gilt, seine Grundlagen zu verteidigen, andererseits die Relevanz identitätsdemokratischer Vorstellungen. Tatsächlich ist jedoch nach Graf Kielmansegg, von dem obige Zitate stammen, die repräsentative Demokratie »die zugleich harmonische und spannungsreiche Synthese zweier Prinzipien, des Demokratieprinzips und des Amtsprinzips«[28].

Das Amtsprinzip ist die Befugnis, für andere verbindlich zu entscheiden. Das »Amt« beinhaltet eine übertragene Vollmacht, ist rechtlich begrenzt, soll dem Gemeinwohl dienen und muß sich verantworten.

Der Konflikt zwischen zwei unterschiedlichen, wenn nicht gegensätzlichen Demokratievorstellungen hat viele Auseinandersetzungen geprägt. Der Streit ist nicht bloß akademischer Natur, sondern hat Praxisrelevanz gehabt. Die Differenzen zwischen der identitätstheoretischen und der konkurrenztheoretischen Variante sind fundamental. Sie stellen sich wie folgt dar[29]:

Die von Rousseau geprägte *Identitätstheorie der Demokratie* orientiert sich an einem einheitlichen Volkswillen und einem vorgegebenen Gemeinwohl. Sie leugnet die Legitimität von Interessenkonflikten und betrachtet das Volk als homogen. In diesem Verständnis bedeutet Demokratie Identität von Regierenden und Regierten. Der demokratische Anspruch des Modells soll nicht bestritten werden; die ihm innewohnenden Gefahren liegen jedoch offen zutage. Der Versuch nämlich, die Einheit des Staatsvolkes herzustellen, sie aufrechtzuerhalten und die unterschiedlichen Inter-

---

25 Ders., Volkssouveränität. Eine Untersuchung der Bedingungen demokratischer Legitimität, Stuttgart 1977, S. 255. Siehe auch Joachim Detjen, Neopluralismus und Naturrecht. Zur politischen Philosophie der Pluralismustheorie, Paderborn u. a. 1988.

26 Vgl. zur Diskussion etwa Bernd Guggenberger/Claus Offe (Hrsg.), An den Grenzen der Mehrheitsdemokratie. Politik und Soziologie der Mehrheitsregel, Opladen 1984.

27 Peter Graf Kielmansegg, »Die Quadratur des Zirkels«. Überlegungen zum Charakter der repräsentativen Demokratie, Köln 1985, S. 9f. Analoge Begriffe nennt Martin Kriele, Einführung in die Staatslehre. Die geschichtlichen Legitimitätsgrundlagen des demokratischen Verfassungsstaates, Reinbek bei Hamburg 1975, S. 238: Der demokratische Verfassungsstaat sei für Kritiker eine »demokratische Halbheit«, eine »Übergangsstufe«, ein »›halber Schritt‹ zur Identitätsdemokratie«, ein »vorläufiger Kompromiß«, eine »Übergangsform«.

28 P. Graf Kielmansegg, (Anm. 27), S. 22.

29 Vgl. beispielsweise Hans Kremendahl, Pluralismustheorie in Deutschland. Entstehung, Kritik, Perspektiven, Leverkusen 1977, S. 40–52.

essen zwecks Sicherung der Gleichheit zu unterdrücken, schlägt im Extremfall in totale Herrschaft um. Daher ist hierfür auch der Begriff *totalitäre Demokratie* geprägt worden[30]. »Der Führer« oder »die Partei« setzt den einmal als richtig erkannten Gemeinwillen in die Tat um. Abweichungen und oppositionelle Strömungen gelten als Ketzerei. Die Menschen sollen zu ihrem Glück gezwungen werden.

Die *Konkurrenztheorie der Demokratie,* die sich am angelsächsischen Modell orientiert und in deren Tradition etwa die amerikanischen Verfassungsväter stehen, geht von der Existenz und Berechtigung unterschiedlicher Interessen aus. Die politische Willensbildung soll pluralistisch strukturiert sein. Der offene Prozeß der gesellschaftlichen Auseinandersetzungen soll aber das Minimum gemeinsamer Überzeugungen nicht antasten. Aufgrund der Vielfalt der Meinungen und der sozialen Konflikte gibt es die absolut richtige Lösung nicht. Auch wenn das Mehrheitsprinzip als Grundlage für Entscheidungen gilt, darf keine »Tyrannei der Mehrheit« entstehen, welche demokratische Spielregeln antastet und unveräußerliche Menschenrechte verletzt. Ein ausgeprägter Minderheitenschutz bildet für dieses Demokratieverständnis einen wesentlichen Bestandteil. Weder ein »Führer befiehl, wir folgen«-Dogma noch eine »Die Partei hat immer recht«-Maxime ist akzeptabel.

Für den demokratischen Verfassungsstaat ist ausschließlich die Konkurrenztheorie der Demokratie eine angemessene Legitimationsgrundlage. Freilich gibt es höchst unterschiedliche Varianten. Man denke nur an das Konzept der Demokratisierung oder an das Plädoyer für die Einführung plebiszitärer Elemente. Zu den wichtigsten »Bauelementen einer freiheitlichen Staatsordnung«[31] gehören das Recht auf Opposition, die Anerkennung unterschiedlicher Interessen, die Machtkontrolle, die Offenheit des politischen Prozesses, die Existenz einer unabhängigen richterlichen Gewalt. Als konstitutiver Kernbegriff des demokratischen Verfassungsstaates muß die Freiheit gelten, die aber nicht als »Einsicht in die Notwendigkeit« verstanden wird, sondern unterschiedlichen Interessen Raum zur Entfaltung gibt: »So ist eine Gesellschaft, die sich zur Freiheit bekennt, notwendig eine pluralistische Gesellschaft. Das ist vielen unbequem, denn das bedeutet ein Leben in ständigem Konflikt und unter ständigem Zwang zu eigener Entscheidung. Jede Gruppe, gleich welcher Art, sieht sich der Konkurrenz anderer Gruppen ausgesetzt. Diese Interessenkonflikte müssen ausgehalten werden, weil sie die natürliche Folge individueller Selbstbestimmung in einer nicht monopolisierten Gesellschaft sind. Gleichförmiges Handeln und Empfinden einer Nation ist nur in Extremfällen und meist nur für kurze Zeit gegeben. Viel natürlicher ist der Konkurrenzkampf der verschiedenen wirtschaftlichen und gesinnungsmäßigen Gruppen. Man kann ihn nur beseitigen, wenn man ein allgemeingültiges, fest fixiertes Konzept der allein richtigen Ordnung des menschlichen Zusammenlebens vorschreibt. In der freiheitlichen Gesellschaft aber gibt es ein solches Konzept nicht und kann es ein solches auch nicht geben. Mit ihm würde zwangsläufig die

30 Vgl. das die Forschung beeinflussende Werk von Jacob L. Talmon, Die Ursprünge der totalitären Demokratie, Köln-Opladen 1961; ders., Messianismus. Die romantische Phase, Köln-Opladen 1963. Später erschien ein dritter, bislang wenig rezipierter Band: The Myth of the Nation and the Vision of Revolution. The Origins of Ideological Polarization in the Twentieth Century, London 1981.

31 Vgl. Waldemar Besson/Gotthard Jasper, Das Leitbild der modernen Demokratie. Bauelemente einer freiheitlichen Staatsordnung, Bonn 1990.

Abbildung 4: Demokratien seit dem Ende des Zweiten Weltkrieges

Australien	Japan
Belgien	Kanada
Bundesrepublik Deutschland	Luxemburg
Dänemark	Neuseeland
Finnland	Niederlande
Frankreich	Norwegen
Großbritannien	Österreich
Irland	Schweden
Island	Schweiz
Israel	Vereinigte Staaten
Italien	von Amerika

Quelle: Arend Lijphart, Democracies. Patterns of Majoritarian and Consensus Government in Twenty-One Countries, New Haven–London 1984, S. 38.

Freiheit des einzelnen und die Mitwirkung der Gruppen an der Lösung an der alle angehenden Probleme beseitigt.«[32]

Welche Staaten können nun als Demokratien in diesem Sinne gelten? »Democracy is a recent and rare phenomenon.«[33] »Recent«, weil es Demokratien, von zahlreichen Vorformen einmal abgesehen, erst seit dem neunzehnten Jahrhundert gibt. »Rare«, weil die meisten Staaten der Welt sich zu Unrecht als Demokratien apostrophieren. Laut Lijphart waren bloß 21 Länder ununterbrochen seit dem Ende des Zweiten Weltkrieges Demokratien, vornehmlich solche aus Europa (vgl. Abb. 5)[34].

3. *Autoritarismustheorien und Autoritarismus*

Verschiedene Autoren bedienen sich des Begriffs Autoritarismus in ganz unterschiedlicher Weise[35]. Eine Verwendungsweise rekurriert auf die Individualebene, wobei Autoritarismus bezogen ist auf den »autoritären Charakter«, der den Erfolg der Nationalsozialisten möglich gemacht habe. In diesem Sinne ist etwa das von Theodor W. Adorno u. a. verfaßte Werk[36] zu verstehen, dem eine Fülle von Studien nachgefolgt ist[37]. Allerdings muß Skepsis gegenüber der Sichtweise angebracht sein, das deutsche Autoritarismussyndrom erkläre den Erfolg dieser totalitären Bewegung, selbst wenn

32 Ebd., S. 20f.

33 A. Lijphart (Anm. 21), S. 37.

34 Ausführlichere Darlegungen finden sich in Kapitel II und Kapitel IV.2.

35 Vgl. als ersten Überblick: Wolfgang Gessenharter, Art. »Autoritarismus«, in: Ekkehard Lippert/Roland Wakenhut (Hrsg.), Handwörterbuch der Politischen Psychologie, Opladen 1983, S. 39–47.

36 Vgl. Theodor W. Adorno u. a., The Authoritarian Personality, New York 1950.

37 Vgl. beispielsweise Michaela von Freyhold, Autoritarismus und politische Apathie. Analyse einer Skala zur Ermittlung autoritätsgebundener Verhaltensweisen, Frankfurt/M. 1977.

man traditionelle deutsche Untertanenmentalität in Rechnung stellt. Die Verwendungsweise auf der gesellschaftlichen Makroebene erlaubt es, auch gesellschaftliche Strukturen in einem demokratischen Verfassungsstaat als autoritär zu klassifizieren. Davon machte die »antiautoritäre Bewegung« nicht nur in der Bundesrepublik Ende der sechziger, Anfang der siebziger Jahre reichlich Gebrauch.

Peter Christian Ludz ging bei seiner Beschäftigung mit dem kommunistischen Herrschaftssystem davon aus, daß ein totalitäres politisches System in ein autoritäres münden muß. Ludz vertrat bereits in den sechziger Jahren die Auffassung, die kommunistische Ideologie sei längst zu einer Leerformel degradiert, besitze vor allem eine Rechtfertigungsfunktion.

Die These von der Relevanz der Ideologie sei aufgrund der Veränderung der sozialen Prozesse eine Chimäre. Seine berühmte Analyse der »Parteielite im Wandel«[38] in der DDR orientierte sich an einer soziologischen Konflikttheorie und an einer Autoritarismus-Skala Alfred G. Meyers, der u. a. zwischen einer ausbeutenden, einer konsultativen und einer partizipatorischen Form des Autoritarismus unterscheidet. Diese Skala ist aber nicht der Staatsformenlehre entnommen.

Der amerikanische Politikwissenschaftler Amos Perlmutter faßte all jene politischen Systeme unter »Autoritarismus,« die nicht die Kriterien demokratischer Verfassungsstaaten erfüllen[39]. Zwar hebt diese Klassifikation auf die Systemebene ab, doch sie muß als vergleichsweise undifferenziert gelten. Wichtiger erscheint der Typologieversuch des spanischen, in den USA lehrenden Politikwissenschaftlers Juan J. Linz[40]: Für Linz ist Autoritarismus neben Demokratie und Totalitarismus »a third type of regime, a type *sui generis*«[41]. Autoritarimus ist bei Linz kein zwischen Demokratie und Totalitarismus angesiedelter Verlegenheitsbegriff, stellt vielmehr eine ganz bestimmte Form der Diktatur dar. Wodurch sich eine Demokratie von einer Diktatur unterscheidet, ist, wie gezeigt, relativ leicht auszumachen. Aber wo liegt der Unterschied zwischen einer autoritären und einer totalitären Diktatur?

Vor allem in drei Hauptdimensionen unterscheiden sich nach Linz totalitäre von autoritären Systemen – dem Grad des politischen Pluralismus, dem Grad der gelenkten politischen Mobilisation und dem Grad der ideologischen Ausrichtung: Ein totalitäres System zeichne sich durch ein monistisches Machtzentrum aus (»monism«), während ein autoritäres Regime begrenzten Pluralismus aufweise (»limited pluralism«); ein totalitäres System mache sich eine exklusive und ausgearbeitete Ideologie zu eigen (»centrality of ideology«), ein autoritäres hingegen beruhe auf einer traditionellen, nicht festgefügten Geisteshaltung (»mentality«); forciere ein totalitäres System die Mobilisierung der Massen (»mobilization«), so verzichte ein autoritäres auf gelenkte politische Partizipation, begnüge sich also mit politischer Apathie (»depoliticization«). Linz sucht nach geeigneten Indikatoren für diese drei Dimensionen und bildet verschiedene Formen autoritärer Regime. Zu ihnen gehören der bürokratisch-

38 Vgl. Peter Christian Ludz, Parteielite im Wandel. Funktionsaufbau, Sozialstruktur und Ideologie der SED-Führung. Eine empirisch-systematische Untersuchung, Köln-Opladen 1968.

39 Vgl. Amos Perlmutter, Modern Authoritarianism. A Comparative Institutional Analysis, New York-London 1981.

40 Vgl. Juan J. Linz, Totalitarian and Authoritarian Regimes, in: F. I. Greenstein/N. W. Polsby (Hrsg.) (Anm. 19), S. 175–411.

41 Ebd., S. 179 (Hervorhebung im Original).

Abbildung 5: Unterscheidung zwischen Autoritarismus und Totalitarismus

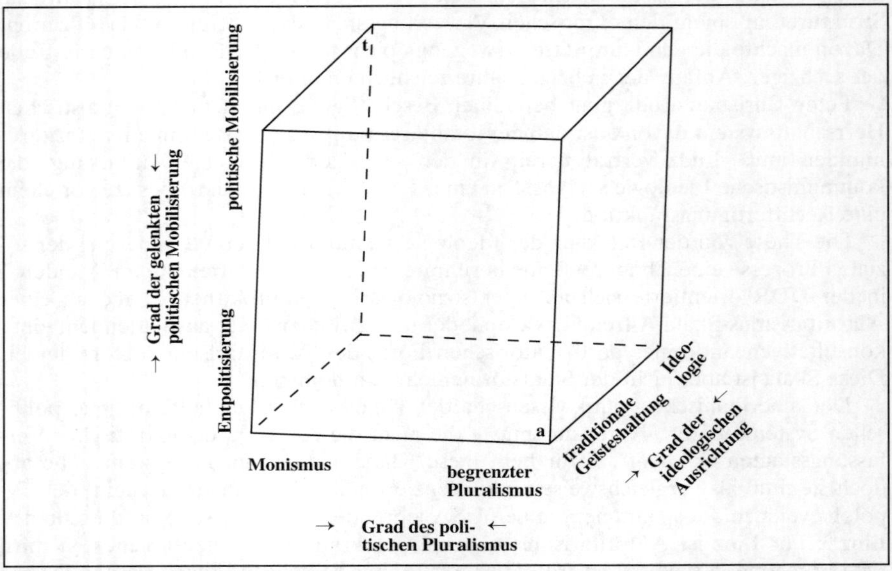

Quelle: Juan J. Linz, Totalitarian and Authoritarian Regimes,in: Fred I.Greenstein/Nelson W. Polsby (Hrsg.), Handbook of Political Science, Bd. 3: Macropolitical Theory, Reading/Mass. 1975, S. 278 (vereinfacht). Ein idealtypisches totalitäres System ist im Schaubild links oben verzeichnet (t), ein idealtypisches autoritäres rechts unten (a).

militärische Typ, der autoritäre Konservatismus, das mobilisierende autoritäre Regime in postdemokratischen Gesellschaften, das nachkoloniale mobilisierende Regime, Rassen-»Demokratien« wie bisher Südafrika, unvollständig totalitäre und prätotalitäre Diktaturen und schließlich posttotalitäre Diktaturen. »Die vorgestellte Klassifikation ist indikativ und illustrierend. Für eine umfassende, auf quantitativen Daten und Korrelationen beruhende typologische Zuordnung aller Länder müßten die drei zentralen Dimensionen a. R. [autoritärer Regime] – begrenzter Pluralismus, kontrollierte Partizipation, Mentalitäten – quantifizierbar operationalisiert werden.«[42] Die Operationalisierbarkeit wirft in der Tat viele Probleme auf, aber die hier erwähnte Aufdröselung zeigt, wie fruchtbar nicht nur die Differenzierung zwischen totalitären und autoritären Diktaturen sein kann, sondern auch diejenige innerhalb der Kategorie des Autoritarismus.

Legt man das von Linz entwickelte Raster zugrunde, so müssen unter den Oberbegriff des Autoritarismus notgedrungen politische Systeme eingeordnet werden, die voneinander stark abweichen wie Rechts- und Linksdiktaturen. Und in die Kategorie der Rechtsdiktaturen fallen, wie die Analyse von Linz nachdrücklich erhellt, höchst verschiedene Formen: Staaten mit einer ausgeprägt feudalmonarchistischen Struktur

42 Juan J. Linz, Art. Autoritäre Regime, in: D. Nohlen (Anm. 5), S. 38.

etwa oder Militärdiktaturen, die die wirtschaftliche Entwicklung voranzubringen suchen.

Die Argumentation Karl Dietrich Brachers ähnelt der von Linz: Der Denkstil des Autoritarismus »gehört zur Welt der Diktaturen. Er zielt auf die Erklärung und Rechtfertigung diktatorischer Herrschaftsweisen. Aber er ist von der ideologischen Denkform totalitärer Bewegungen oft ebensoweit entfernt wie von der demokratischen, mag er nun stärker traditionalistisch oder technokratisch begründet sein. In der Tat erscheint der Autoritarismus vor allem auf die diktatorisch gestützte Erhaltung oder Durchsetzung ständischer, militärischer, ökonomischer oder auch stammesmäßiger Machtpositionen bei Stillegung aller anderen Kräfte im Staate, der Totalitarismus dagegen gerade auf die pseudodemokratische Mobilisierung aller politischen Kräfte im Dienste einer revolutionären Monopolbewegung gerichtet«.[43]

Welche Staaten sind zu den autoritären Diktaturen zu rechnen[44]? Man könnte von einer Negativbestimmung ausgehen und darunter all jene Staaten fassen, die weder zu den demokratischen Verfassungsstaaten noch zu den totalitären Diktaturen zählen. Die Annahme dürfte nicht verfehlt sein, daß dieser Kategorie mehr Staaten zuzurechnen sind als jener der Demokratien oder des Totalitarismus.

4. Totalitarismustheorien und Totalitarismus

Totalitäre Ideologien, totalitäre Bewegungen und totalitäre Herrschaftssysteme charakterisieren das Massenzeitalter des 20. Jahrhunderts[45]. Der Totalitarismus ist eine Steigerung des Autoritarismus. Für viele gilt der totale Staat als »*das* politische Phänomen des 20. Jahrhunderts«[46]. Begründet wird dies u.a. mit der Ungeheuerlichkeit und Neuartigkeit der Verbrechen (z.B. Massenmorde), der pseudodemokratischen Legitimierung, dem geschichtlichen Auftrag, auf den die Herrschenden sich berufen sowie mit der Allmacht der Kontrolle, die aufgrund moderner Technik funktioniert. Freilich legen die einzelnen Repräsentanten totalitarismustheoretischer Modelle unterschiedliche Kriterienkataloge zugrunde[47].

Der Erfolg antidemokratischer Bewegungen in der Zwischenkriegszeit beruhte auf vielen Gründen – wirtschaftlichen, politischen, sozialen[48]. Wichtiger als das di-

---

43 Karl Dietrich Bracher, Zeit der Ideologien. Eine Geschichte politischen Denkens im 20. Jahrhundert, Stuttgart 1982, S. 254, S. 369.

44 Ausführlichere Darlegungen finden sich in Kapitel II und in Kapitel IV.3 bis IV.5.

45 Vgl. zusammenfassend Karl Dietrich Bracher, Das 20. Jahrhundert als Zeitalter der ideologischen Auseinandersetzungen zwischen demokratischen und totalitären Systemen, in: Klaus W. Hempfer/Alexander Schwan (Hrsg.), Grundlagen der politischen Kultur des Westens. Ringvorlesung an der Freien Universität Berlin, Berlin u.a. 1987, S. 211–235.

46 Gerhard Leibholz, Das Phänomen des totalen Staates (1954), in: Bruno Seidel/Siegfried Jenkner (Hrsg.), Wege der Totalitarismus-Forschung, Darmstadt 1968, S. 123 (Hervorhebung im Original).

47 Vgl. zahlreiche Beiträge in dem Band von B. Seidel/S. Jenkner (Anm. 46). Zur Literatur vgl. Uwe Backes/Eckhard Jesse, Totalitarismus-Extremismus-Terrorismus. Ein Literaturführer und Wegweiser im Lichte deutscher Erfahrung, Opladen 1985², S. 47–102 (»Totalitarismus: Renaissance eines strittigen Begriffs?«).

48 Vgl. beispielsweise die Analyse von Karl J. Newman, Zerstörung und Selbstzerstörung der Demokratie. Europa 1918–1938, Stuttgart 1984².

rekte Anrennen gegen den Staat wurde die Bekämpfung des politischen Systems mittels vielfältiger Formen der Propaganda (z.B. durch Medien oder Massenaufmärsche)[49]. Paradoxerweise traten in dem Moment, in dem die Massendemokratie historisch zu triumphieren schien, ihre erbittertsten Gegner in Gestalt totalitärer Bewegungen von rechts und links auf den Plan.

Diese Regime – der italienische Faschismus, der deutsche Nationalsozialismus sowie der sowjetische Kommunismus – wurden als totalitär bezeichnet. Die Begriffsbildung nahm ihren Ausgang nicht von der sowjetischen Revolution, sondern von Italien. Der von Giovanni Amendola, einem liberalen Gegner des italienischen Faschismus, zu Anfang der zwanziger Jahre geprägte Begriff[50] war neu, wie auch die mit ihm umschriebene Erscheinung als neuartig empfunden wurde. Bereits im Jahr 1926 entwickelte Francesco Nitti, früherer italienischer Ministerpräsident, in einem Werk mit dem programmatischen Titel »Bolschewismus, Fascismus und Demokratie« die These, daß »Bolschewismus und Fascismus [...] die zwei vollkommenen Verleugnungen des liberalen Systems und der Demokratie«[51] sind, nicht ohne charakteristische Differenzen herauszustellen, zugleich aber auch bestimmte Zusammenhänge hervorzuheben. Und Luigo Sturzo, Führer der katholischen Partei, ging im selben Jahr noch einen Schritt weiter – man könne »zwischen Rußland und Italien nur einen einzigen Unterschied feststellen, daß nämlich der Bolschewismus eine kommunistische Diktatur oder ein Linksfascismus ist und der Fascismus eine konservative Diktatur oder ein Rechtsbolschewismus ist«[52]. Zwar fand seinerzeit der Begriff »totalitär« noch nicht für den italienischen Faschismus und den – eher illustrierend herangezogenen – sowjetischen Bolschewismus gleichermaßen Anwendung[53], doch sollte sich das bald ändern. Das erste wissenschaftliche Symposium über den »totalitären Staat« vom November 1939[54] bezog sich auf den Stalinismus wie auf den Nationalsozialismus nachdem bereits zuvor die Begriffsbildung »totalitär« für Deutschland und die Sowjetunion geläufig zu werden begann. Verschiedene Totalitarismuskonzeptionen bildeten sich heraus.

Insbesondere in der Zeit des Kalten Krieges erlebten Totalitarismustheorien eine Blütezeit, wenngleich die weitverbreitete Auffassung irrig ist, sie seien ein Produkt der fünfziger Jahre. Wer darauf hinweist, will die politische Funktion dieser Konzep-

---

49 Vgl. zur totalitären Ideenwelt, die auf demokratische Systeme in vielfältiger Form einwirkte, und zur teils von links, teils von rechts forcierten Kulturkritik Intellektueller K. D. Bracher (Anm. 43).

50 Vgl. dazu ausführlich Jens Petersen, Die Entstehung des Totalitarismusbegriffs, in: Manfred Funke (Hrsg.), Totalitarismus. Ein Studien-Reader zur Herrschaftsanalyse moderner Diktaturen, Düsseldorf 1978, S. 105–128; siehe als erster Adrian Lyttelton, The seizure of power. Fascism 1919–1929, London 1973; ferner Helmut Goetz, Über den Ursprung des Totalitarismusbegriffs, in: Neue Zürcher Zeitung vom 27./28. März 1976.

51 Francesco Nitti, Bolschewismus, Fascismus und Demokratie, München 1926, S. 69.

52 Luigo Sturzo, Italien und der Fascismus, Köln 1926, S. 213.

53 Ein Jahrzehnt später ist bei Sturzo das Begriffsinstrumentarium bereits entwickelt. Vgl. ders., The Totalitarian State, in: Social Research, 3 (1936), S. 222–235.

54 Vgl. Symposium on the Totalitarian State. From the Standpoints of History, Political Science, Economics and Sociology, in: Proceedings of the American Philosophical Society, Philadelphia 1940.

tion nachweisen und seine wissenschaftliche Tragfähigkeit bezweifeln[55]. Der Sachverhalt, daß eine Theorie instrumentalisiert worden ist, sagt für sich genommen ebensowenig etwas über ihren wissenschaftlichen Charakter aus wie der extreme Pendelausschlag, dem die Theorie bisher ausgesetzt war[56].

Der totalitäre Staat hebt sich nach Meinung von Totalitarismustheoretikern erstens vom Typus des demokratischen Verfassungsstaates ab, zweitens von einer autoritären Diktatur und drittens von allen früheren Formen der Autokratie. Der Totalitarismus ist damit antidemokratisch, pseudodemokratisch und postdemokratisch gleichermaßen. Als totalitär gelten jene politischen Systeme, die den Bürger durch eine Ideologie zu formen, durch Kontrolle und Zwang zu erfassen suchen und gleichzeitig mobilisieren wollen. Diese Definition dürfte von den meisten Theoretikern der Totalitarismuskonzeptionen geteilt werden.

Daß deren Befürworter allerdings unterschiedliche Elemente zugrunde legen und spezifische Gewichtungen vornehmen, liegt in der Natur der Sache. Die Zahl der Totalitarismusansätze ist Legion[57]. Man denke an Hannah Arendt[58] oder an Leonard Schapiro[59]. Während Arendt die Rolle des Terrors als das entscheidende Merkmal des Totalitarismus ansah, galt für Schapiro der »leader« als ein konstitutives Element des Totalitarismus. Vielleicht die bekannteste – und wohl die elaborierteste – Version ist die von Carl Joachim Friedrich und Zbigniew Brzezinski[60]. Sie stellen auf den Herrschaftsapparat ab und orientieren sich an einem »basically alike«-Prinzip, wonach »die totalitäre Diktatur historisch einzigartig und sui generis ist und [...] die faschistischen und kommunistischen totalitären Diktaturen in ihren wesentlichen Zügen gleich sind, d.h. daß sie sich untereinander mehr ähneln als anderen Systemen staatlicher Ordnung, einschließlich älterer Formen der Autokratie«[61]. Laut Friedrich und Brzezinski zeichnen sich totalitäre Staaten durch sechs Merkmale aus: Eine Ideologie, eine Partei, terroristische Geheimpolizei, Nachrichtenmonopol, Waffenmonopol und zentralisierte Wirtschaft.

Dieses Sechspunktesyndrom ist immer wieder kritisiert worden[62], sei es wegen der Formalität der Kriterien (das Wirtschaftssystem in der Sowjetunion habe beträchtliche Unterschiede zu dem im Dritten Reich aufgewiesen), sei es wegen seiner (vorgeblichen) Statik (Wandlungen der Herrschaftssysteme ließen sich nicht erklären), sei es

---

55 Vgl. beispielsweise Reinhard Kühnl, Zur politischen Funktion der Totalitarismustheorien in der BRD, in: Manfred Greiffenhagen/Reinhard Kühnl/Johann Baptist Müller, Totalitarismus. Zur Problematik eines politischen Begriffs, München 1972, S. 7–21.

56 Vgl. Siegfried Jenkner, Entwicklung und Stand der Totalitarismusforschung, in: Aus Politik und Zeitgeschichte, B 31/84, S. 16–26.

57 Selbst Herbert Marcuse gebrauchte den Begriff, freilich in einem Sinn, der die Konzeption ad absurdum führt: Westliche und kommunistische Staaten seien gleichermaßen totalitär. Aufgrund der Konsumbefriedigung herrsche im Westen »politische und geistige Gleichschaltung«. So Herbert Marcuse, Der eindimensionale Mensch. Studien zur Ideologie der fortgeschrittenen Industriegesellschaft, Neuwied-Berlin 1967[2], S. 21.

58 Vgl. Hannah Arendt, Elemente und Ursprünge totaler Herrschaft, Frankfurt/M. 1955.

59 Vgl. Leonard Schapiro, Totalitarianism, London 1972.

60 Vgl. Carl J. Friedrich, Totalitäre Diktatur (unter Mitarbeit von Zbigniew K. Brzezinski), Stuttgart 1957.

61 Ebd., S. 15.

62 Vgl. beispielsweise Martin Jänicke, Totalitäre Herrschaft. Anatomie eines politischen Begriffes, Berlin 1971.

wegen seiner Überbewertung der Technik (vier der genannten sechs Kriterien seien technologisch bedingt). Manche dieser Argumente rennen offene Türen ein (selbstverständlich kann der Totalitarismusansatz nicht den Wandel totalitärer Systeme erklären), manche erscheinen unberechtigt (viele Kritiker wollen die offenkundige Nähe links- und rechtstotalitärer Herrschaftssysteme nicht wahrhaben), manche hingegen durchaus bedenkenswert.

Das gilt beispielsweise für den Hinweis auf die ambivalente Rolle der Technik. Hat diese ihren Anteil an der Entstehung des Totalitarismus, so kommt ihr auch ein beträchtlicher Anteil bei seiner Abschaffung zu, denkt man etwa an die Rolle der Medien, die in kommunistische Staaten von außen hineinwirkten oder auch bloß an die im jeweiligen Land vertriebene Untergrundpresse, die zur Destabilisierung des kommunistischen Systems beitrug.

Umstritten ist auch, ob der Terror ein notwendiger Bestandteil des Totalitarismus sein muß. Damit hängt die Einschätzung der Zukunftsaussichten totalitärer Herrschaft zusammen. Behauptete Friedrich in den fünfziger Jahren, das totalitäre Regime werde immer totalitärer und setze zunehmend größeren Terror ein[63], so gelten für ihn Systeme wie die von Hitler und Stalin nicht mehr als Prototypen totalitärer Herrschaft, sondern als »rather extreme aberrations«[64]. Es ist ein Kuriosum, daß Herrschaftsformen wie der Nationalsozialismus und der Stalinismus, die einst bei der Theoriebildung Pate gestanden haben, heute »extreme aberrations« darstellen sollen.

Daß der Marxismus-Leninismus den Totalitarismusansatz schärfster Kritik unterzogen hat[65], muß ebensowenig verwundern, wie die Chrakterisierung als »Totalitarismus-Doktrin«. Auf diese Weise soll der unwissenschaftliche Charakter der Konzeption betont werden – einer »Lehre«, die zur Diskreditierung eines neuen Staatstypus benutzt werde. Und das Präfix »antikommunistisch« ist ebenfalls präsent (gewesen): »Die antikommunistische Totalitarismus-Doktrin unter dem Druck der Realitäten«[66] – »Die Totalitarismus-Doktrin als Grundelement antikommunistischer Geschichtsklitterung«[67] – »Totalitarismusdoktrin – Kernstück des Antikommunismus«[68] – so lauten einige Titel einschlägiger Arbeiten. Die Kritik an der »Totalitarismus-Doktrin« ist die raison d'être des real-existierenden Sozialismus gewesen[69].

Welche Staaten müssen als totalitär gelten[70]? Diese Charakterisierung ist sicherlich für das Dritte Reich ebenso richtig[71] wie für den stalinistischen Kommunismus.

63 Vgl. C. J. Friedrich (Anm. 60), S. 124, S. 264.

64 Ders., Totalitarianism: Recent Trends, in: Problems of Communism, 17 (1968), S. 34.

65 Vgl. die zusammenfassende Arbeit von einem Autorenkollektiv unter Leitung von Gerhard Lozek, Die Totalitarismus-Doktrin im Antikommunismus. Kritik einer Grundkomponente bürgerlicher Ideologie, Berlin (Ost) 1985.

66 Vgl. Ernst Gottschling, Die antikommunistische Totalitarismus-Doktrin unter dem Druck der Realitäten, in: IPW-Berichte, 5 (1976) 10, S. 2–12.

67 Vgl. Alfred Loesdau/Gerhard Lozek, Die Totalitarismus-Doktrin als Grundelement antikommunistischer Geschichtsklitterung, in: Einheit, 39 (1984), S. 357–363.

68 Vgl. Fritz Krause, Totalitarismusdoktrin – Kernstück des Antikommunismus, in: Marxistische Blätter, 14 (1976) 6, S. 51–55.

69 Vgl. für Einzelheiten Eckhard Jesse, Die »Totalitarismus-Doktrin« aus DDR-Sicht, in: Konrad Löw (Hrsg.), Totalitarismus. Begriff und Realität, Berlin 1988, S. 63–87.

70 Ausführlichere Darlegungen finden sich in Kapitel II.

71 Der manchmal anzutreffende Einwand, das System des Dritten Reiches sei polykratisch strukturiert gewesen, steht in keinem Widerspruch zu dessen totalitärer Struktur. Totalita-

Schon bei dem italienischen Faschismus in der Zwischenkriegszeit haben Kritiker Bedenken angemeldet: Die Gesellschaft sei von den italienischen Faschisten nicht völlig umgestaltet worden[72]. Nach 1945 wurden die kommunistischen Staaten als totalitär eingestuft. Das war angesichts des Monopols der politischen Willensbildung, der Zwangspolitisierung und des Versuchs, mit Hilfe einer Ideologie ein neues Wertesystem errichten zu wollen, bis in die achtziger Jahre hinein durchaus berechtigt, auch wenn der Ostblock seinen monolithischen Charakter nicht erst mit dem Zusammenbruch verloren hatte.

Es ist ein Schwäche eines großen Teils der bisherigen Totalitarismusforschung gewesen, daß sie sich zu sehr auf theoretische Probleme bezogen – der Totalitarismusansatz muß sich an der politischen Wirklichkeit verifizieren oder falsifizieren lassen – und zu wenig den Sachverhalt überprüft hat, welche Staaten der Gegenwart als totalitär gelten müssen oder auch nicht. Die weitgehende Fixierung auf das NS-System, die stalinistische Sowjetunion sowie das faschistische Italien mußte den Totalitarismusansatz schwächen. Die Frage, ob etwa der Iran nach der islamischen Revolution eine Form des Totalitarismus darstellt, wurde zu wenig beantwortet[73]. Die Krise, in die die Totalitarismustheorie in den letzten zwei Jahrzehnten geraten war, obwohl sich in den achtziger Jahren eine gewisse Kehre im Sinne einer Aufwertung vollzog, hat wesentlich mit dem Vordringen szientistischer Ansätze einerseits und neomarxistischer Überlegungen andererseits zu tun: Szientisten halten sich mit der Bewertung zurück, Neo-Marxisten konnten nichts mit einer Kategoriebildung anfangen, die für rechte und linke Diktaturen einen gemeinsamen Oberbegriff vorsieht.

5. *Resümee*

Die obigen Ausführungen zu den Demokratie-, Autoritarismus- und Totalitarismustheorien sollten einen Eindruck von der Komplexität der Materie vermitteln und davon, daß der theoretische Zugang nur Sinn ergibt, wenn gleichzeitig versucht wird, seine Tragfähigkeit am Beispiel konkreter Staaten zu untermauern. Leider steht jedoch die Theoriebildung häufig im luftleeren Raum. Ob eine bestimmte Autoritarismus- oder Totalitarismustheorie ein hohes Maß an Stimmigkeit beanspruchen darf, läßt sich erst durch die Bezugnahme auf verschiedene Staaten ermitteln. Entscheidend ist nicht die Art der Vorgehensweise. Sowohl eine eher induktive als auch eine stärker deduktive ist legitim.

Jean-François Revel »zieht einen Trennungsstrich zwischen einer Fülle politischer Systeme, die sich von der Autokratie bis zur Demokratie staffeln, alle nur erdenkliche Kritik verdienen, aber mit dem normalen Leben einer bürgerlichen Gesellschaft vereinbar sind, [...] und auf der anderen Seite dem totalitären System, das nach dem Gesetz angetreten ist, jede Autonomie der Gesellschaft, der Kultur des einzelnen Menschen zu zerstören«[74]. Wer wie Revel die Hauptunterscheidung zwischen dem

---

rismus bedeutet nicht notwendigerweise, daß die Entscheidungsbildung nur von der Zentrale ausgehen mußte.

72 Diese Auffassung dürfte in der einschlägigen Forschung »herrschende Meinung« sein.

73 Vgl. etwa die Übersicht bei Mahmood Yousefi, Dimension of the Irianian Revolution. A review essay, in: The Western Political Quarterly, 37 (1984), S. 343–352.

74 Jean-François Revel, So enden die Demokratien, München 1984, S. 378.

demokratischen und dem autoritären System einerseits und dem totalitären andererseits vornimmt, argumentiert wenig überzeugend, sind doch die Grenzen zwischen den autoritären und den totalitären Diktaturen fließend. Aber es liegt eine Dichotomie zwischen den Demokratien und den (autoritären oder totalitären) Diktaturen vor. Der maßgebliche Gegensatz ist der zwischen dem demokratischen Verfassungsstaat und der Diktatur: Staaten mit monistischer Struktur stehen solchen mit pluralistischer gegenüber. Hat der Bürger in pluralistisch organisierten Staaten die Möglichkeit, die politischen Repräsentanten abzuwählen, kann er im monistischen System die politische Willensbildung so gut wie nicht beeinflussen.

II. Bestandsaufnahme der Staatenwelt vom Ende des Zweiten Weltkrieges bis zum Ende der achtziger Jahre

Für einen knappen Überblick über die Staatenwelt in der Zeit vom Ende der vierziger bis zum Ende der achtziger Jahre bietet sich die Unterscheidung zwischen westlichen Demokratien, kommunistischen Staaten und den Staaten der Dritten Welt an. So geläufig diese Differenzierung auch sein mag, so ist sie gleichwohl nicht ganz auf derselben Ebene angesiedelt. Schließlich zielt der Begriff der Dritten Welt auf den Aspekt der wirtschaftlichen (Unter-)Entwicklung, nicht auf den der politischen Herrschaftsform. Ein Land der dritten Welt konnte schließlich eine westlich-demokratische Herrschaftsform ebenso ausbilden wie eine totalitäre. Tatsächlich aber sind die meisten Länder der Dritten Welt bei aller Vielfalt durch eine autoritäre Regierungsform gekennzeichnet und unterscheiden sich somit von den politischen Systemen des Westens wie des Kommunismus. Insofern ist der Begriff der Dritten Welt für eine Typologie der Staatenwelt – bei aller Heterogenität der politischen Systeme – durchaus zu gebrauchen. Ursprünglich war damit eigens eine Mittelposition zwischen der Ersten und der Zweiten Welt gemeint, die Assoziation an den Terminus des dritten Weges daher nicht zufällig.

Am Ende des Ersten Weltkrieges bildete sich mit der kommunistischen Sowjetunion ein Staat heraus, der die Weltrevolution voranzutreiben suchte, vor allem in Deutschland. Doch Aufstandsversuche in vielen Ländern scheiterten, und vorerst blieb die Sowjetunion, die »Heimat aller Werktätigen« wie sie von vielen Kommunisten im Ausland tituliert wurde, das einzige kommunistische Land. Für die häufig ungefestigten Demokratien Europas gab es in der Zwischenkriegszeit eine weitere Gefahr. Viele Staaten wurden Opfer rechtsdiktatorischer Bewegungen, so daß man sogar von der »Epoche des Faschismus«[75] sprach.

Die Machtübernahme der nationalsozialistischen Bewegung zeitigte verheerende Folgen. Das nationalsozialistische System war angetreten, die Staatenwelt auf kriegerische Weise neu zu ordnen. So geschah es auch, aber in einem ganz anderen Sinne, als es Hitler vorschwebte. Nach dem kurzfristigen »Teufelspakt« (Sebastian Haffner) zwischen dem Dritten Reich und der Sowjetunion vor und zu Beginn des Zweiten Weltkrieges kam es bald zu einem anderen Zweckbündnis: Dieses – zwischen den

75 Vgl. Ernst Nolte, Der Faschismus in seiner Epoche. Die Action française, der italienische Faschismus, der Nationalsozialismus, München 1979[5].

USA wie anderen Staaten einerseits und der Sowjetunion andererseits – brach nach dem Zweiten Weltkrieg und dem Sieg über das nationalsozialistische Reich schnell auseinander. Sowohl die machtpolitischen Interessen als auch die Wertvorstellungen der beiden Seiten ließen sich nicht auf einen Nenner bringen.

Der Ost-West-Konflikt spitzte sich in der Folge zu: Der teils machtpolitisch bedingte, teils ideologisch bestimmte Kalte Krieg[76] begann. Die Sowjetunion hatte sich in ihrem Vorfeld mit einer Reihe gefügiger Staaten umgeben, sei es aus Sicherheitsinteressen heraus, sei es aus Hegemonialansprüchen. Die eine Interpretation muß dabei die andere nicht ausschließen. Demokratische Wahlen fanden nicht statt. Im besetzten Deutschland eskalierte der Kalte Krieg – mit dem Ergebnis, daß es 1949 zur Gründung zweier deutscher Staaten kam. Dies war die Folge des Ost-West-Konflikts, nicht seine Ursache. Neben dem kommunistischen Ostblock kristallisierte sich das Bündnis des Westens heraus. Dem 1955 gegründeten Warschauer Pakt stand die 1949 ins Leben gerufene Nordatlantische Verteidigungsgemeinschaft gegenüber. Ein Teil der europäischen Länder blieb aus unterschiedlichen Gründen in dem Systemkonflikt neutral (z. B. Österreich, Schweiz, Finnland), in der inneren Ausgestaltung ihres Systems freilich den Prinzipien des Westens verbunden.

Die westlichen Demokratien – jedenfalls die in Europa – erwiesen sich seit dem Ende des Zweiten Weltkrieges als gefestigt. Der politische Extremismus spielte eine von Land zu Land zwar unterschiedliche Rolle, stellte im allgemeinen jedoch keine Gefahr dar. Griechenland kehrte 1974 zur Demokratie zurück, nachdem 1967 eine Junta die Macht übernommen hatte. Portugal und Spanien wurden Mitte der siebziger Jahre ebenfalls Demokratien. Allerdings lief der Übergang in den beiden Ländern mit ihrer verschütteten demokratischen Tradition nicht reibungslos[77]. Bei Portugal bestand die Gefahr eines Abgleitens in eine linke Diktatur, bei Spanien in eine solche von rechts. So scheiterte in Spanien im Februar 1981 ein Putsch möglicherweise nur deshalb, weil König Juan Carlos den putschistischen Kräften – hinter den Angehörigen der *Guardia Civil* standen einflußreiche Drahtzieher aus dem militärischen Bereich – Einhalt geboten hatte.

Die Entwicklung der Demokratien war in den ersten vier Jahrzehnten nach dem Zweiten Weltkrieg nicht durch einen einheitlichen Trend gekennzeichnet. »It would be difficult to argue that the world was more or less democratic in 1984 than it had been in 1954«[78]. Samuel P. Huntington, von dem dieses Zitat stammt, kann zeigen, daß Anfang 1984 36 Prozent der Weltbevölkerung in freien Staaten lebten, wie dies auch 1954 der Fall gewesen ist. Gegenläufige Entwicklungen (z. B. wurde, wie erwähnt, Spanien Mitte der siebziger Jahre demokratisch, Chile 1973 eine rechte Mili-

---

76 Vgl. Wilfried Loth, Die Teilung der Welt, Geschichte des Kalten Krieges 1941–1955, München 1989^{7}, Gottfried Niedhardt (Hrsg.), Der Westen und die Sowjetunion, Paderborn 1983; Ernst Nolte, Deutschland und der Kalte Krieg, Stuttgart 1985^{2}. Zur Einordnung der stark vom jeweiligen »Zeitgeist« geprägten Literatur vgl. Michael Wolffsohn, Die Debatte über den Kalten Krieg. Politische Konjunkturen – historisch-politische Analysen, Opladen 1982. Treffend zur Forschungssituation Sven Papcke, Der Kalte Krieg als Problem der Zeitgeschichtsschreibung, in: Europa-Archiv, 45 (1990), S. 623–631.

77 Vgl. Walther L. Bernecker, Spanien und Portugal zwischen Regime-Übergang und stabilisierter Demokratie, in: Aus Politik und Zeitgeschichte, B 51/90, S. 15–28.

78 Samuel P. Huntington, Will more Countries become democratic?, in: Political Science Quarterly, 29 (1984), S. 193–218.

tärdiktatur) hatten sich also in etwa aufgehoben. Huntington orientierte sich am »Index politischer Rechte« und am »Index politischer Freiheiten«, wie ihn jedes Jahr »Freedom House« in New York, eine Menschenrechtsorganisation, für alle Staaten ermittelt[79].

Die kommunistische Welt wurde durch die Sowjetunion beherrscht. Sie begann gleich nach 1945 ihre Herrschaft auf die Staaten Osteuropas auszudehnen. In Polen, der Tschechoslowakei, der DDR, Ungarn, Bulgarien, Rumänien, Jugoslawien und Albanien entstanden kommunistische Systeme, die alle das Privateigentum an Produktionsmitteln weitgehend abschafften. Jugoslawien und Albanien kündigten der Sowjetunion aus unterschiedlichen Gründen die Gefolgschaft auf, blieben jedoch kommunistisch. In China, dem bevölkerungsreichsten Staat der Erde, setzte sich nach dem Ende des Zweiten Weltkrieges mit dem Maoismus eine besondere Variante des Kommunismus durch. Seit Ende der fünfziger Jahre kam es zu heftigen, teils machtpolitisch, teils ideologisch bedingten Auseinandersetzungen mit der Sowjetunion, die nach chinesischer Lesart die »reine Lehre« aufgegeben habe und »revisionistisch« geworden sei.

Der Grad der Abweichung von der Sowjetunion konnte nicht unbedingt als Indiz für Liberalität gedeutet werden, wie bereits der Abfall der unterschiedlichen politischen Systeme Jugoslawiens und Albaniens von der Sowjetunion zeigt. Auch Rumänien ging seit Mitte der sechziger Jahre auf Distanz zur Sowjetunion (es beteiligte sich nicht an der Intervention des Warschauer Paktes in der ČSSR im Jahre 1968) und vergrößerte gleichzeitig den innenpolitischen Druck auf die Bevölkerung. Ceausescus Rumänien war totalitärer als andere kommunistische Staaten. Insgesamt ließ der Ostblock jahrzehntelang ein hohes Maß an Einheitlichkeit erkennen – in politischer, ideologischer und wirtschaftlicher Hinsicht[80].

In den siebziger und achtziger Jahren war der Kommunismus sowjetischer Prägung auch in Staaten der Dritten Welt erfolgreich, insbesondere in Afrika (z.B. Angola, Äthiopien). Ihm gelang es aber bei aller Monopolisierung der Willensbildung nicht, in den von ihm beherrschten Systemen die Menschen von der Idee des Kommunismus zu überzeugen. Die Entkräftung der kommunistischen Systeme ließ sich schon in den achtziger Jahren erkennen, wenngleich der sich fast überall schlagartig vollziehende plötzliche Zusammenbruch nicht vorhersehbar war. Allenfalls rechneten Auguren mit einem langsamen Enttotalisierungsprozeß.

Der Kommunismus hat wohl in einigen unterentwickelten Ländern für eine gewisse wirtschaftliche Konsolidierung gesorgt, die Industrialisierung vorangetrieben und das Erziehungs- und Sozialsystem ausgebaut (z.B. die Alphabetisierung der Bevölkerung)[81]. Freilich schrecken die Kosten – etwa in der Sowjetunion und in China.

79 Die Indices weisen eine Skala von jeweils 1 bis 7 auf. Je höher die Zahl ist, um so geringer sind die Freiheitsrechte im Land. Als »frei« wird ein Staat bezeichnet, der bei beiden Indices zumindest den Wert 2 aufweist. Der »Index politischer Rechte« orientiert sich daran, in welchem Maße die Bürger Einfluß auf die Wahl des Parlaments haben. Der »Index bürgerlicher Freiheiten« wird gemessen an den Rechten des Bürgers gegenüber dem Staat (z.B. Pressefreiheit; Unabhängigkeit der Justiz).

80 Vgl. etwa das Standardwerk von Jens Hacker, Der Ostblock. Entstehung, Entwicklung und Struktur 1939–1980, Baden-Baden 1983.

81 Vgl. Helmut Wagner, Das kommunistische Herrschaftssystem: Totalitär-bürokratische Parteidiktatur, in: Politische Bildung, 18 (1985) 2, S. 43–64, insbes. S. 46–48.

Zu den wesentlichen gehören[82]: Massenexekutionen im Zuge der Machtergreifung; Exekutionen politischer Gegner nach der Machtergreifung; Ausrottung aller potentiell als feindlich eingestufter sozialer Gruppierungen; Liquidierung der unabhängigen Bauernschaft; Todesfälle im Zug der Massendeportationen und Zwangsumsiedlungen; Exekutionen und Todesfälle in den Arbeitslagern von aus der Partei ausgestoßenen Kommunisten; Verletzungen durch Haft und Zwangsarbeit; Verfolgung der Familien von Regimeopfern; soziales Klima der Angst und der Isolierung.

Brzezinski schätzt die Höhe der Opfer des kommunistischen Blutzolls auf 50 Millionen Tote, ohne daß es zu entsprechenden Kompensationen gekommen ist: »Der Kommunismus hat also insofern versagt, als er sinnlos das kreative Potential der Gesellschaft zerschlagen und das politische Leben erstickt hat, als er für seine wirtschaftlichen Erfolge einen extrem hohen menschlichen Blutzoll verlangt hat, als die wirtschaftliche Produktivität aufgrund der übertriebenen staatlichen Zentralisierung zurückgegangen ist, als das Sozialwesen, das ursprünglich der größte Pluspunkt des kommunistischen Systems gewesen war, durch seine Überbürokratisierung mehr und mehr erlahmt ist und als das wissenschaftliche und künstlerische Leben der Gesellschaft im Würgegriff des Dogmas verkümmert ist.«[83] Frühere Kommunisten in der Sowjetunion sehen das mittlerweile ebenso.

Die Staaten der Dritten Welt haben nach Erlangung ihrer Unabhängigkeit überwiegend keine westlich-demokratischen Herrschaftsformen hervorgebracht. Die Kolonialisierung brachte dafür nicht die besten Voraussetzungen mit. Dieser Sachverhalt und andere Gründe (demokratische Institutionen ließen sich nicht ohne weiteres und schon gar nicht schematisch auf Entwicklungsländer übertragen) hat manche Autoren zur Annahme gebracht, die Entwicklungsdiktatur müsse für Staaten der Dritten Welt geradezu als eine Art Modell angesehen werden[84].

So vertrat Richard Löwenthal mit anderen die Auffassung, die alte Ordnung lasse sich in Entwicklungsländern am besten und am schnellsten durch eine Diktatur überwinden. »Jeder Grad an Freiheit wird mit etwas Verlangsamung der Entwicklung, jeder Grad an Beschleunigung mit etwas Verlust an Freiheit bezahlt. Das ist in der Natur des Prozesses unvermeidlich«.[85] Löwenthal sah diese Entwicklung nicht durchweg als negativ an[86], unterschied er doch strikt zwischen (kommunistischen) Weltanschauungsdiktaturen und Entwicklungsdiktaturen, deren Aufgabe es sei, die Entwicklung zu forcieren. Heutzutage muß die These von der »relativen Antinomie zwischen Entwicklungstempo und Freiheitsgrad«[87] weitaus skeptischer beurteilt werden.

Das gilt auch für die Auffassung, angesichts des materiellen Elends habe die Frage von Demokratie und Diktatur nur sekundäre Bedeutung. »Da ja das politische Sy-

82 Die Aufzählung orientiert sich an Zbigniew Brzezinski, Das gescheiterte Experiment. Der Untergang des kommunistischen Systems, Wien 1989, S. 271–273.

83 Ebd., S. 273f.

84 Vgl. etwa Hans F. Illy/Rüdiger Sielaff/Nikolaus Werz, Diktatur. Staatsmodell für die Dritte Welt?, Würzburg 1980.

85 Richard Löwenthal, Staatsfunktionen und Staatsform in den Entwicklungsländern, in: ders. (Hrsg.), Die Demokratie im Wandel der Gesellschaft. Vorträge gehalten im Sommersemester 1962, Berlin 1963, S. 187 (Hervorhebung im Original).

86 Die Gegenposition findet sich etwa bei Karl J. Newman, Die Entwicklungsdiktatur und der Verfassungsstaat, Frankfurt/M.-Bonn 1963.

87 R. Löwenthal (Anm. 85), S. 192.

stem bestimmte unbedingt notwendige Leistungen erbringen muß, wenn das politische Leben nicht in Chaos führen soll, bilden sich politische Herrschaftsformen heraus, die sich auf die vorhandenen Kräfte stützen, auch wenn sie weitgehend von der verfassungsmäßigen Ordnung abweichen. Das sind dann in erster Linie Militärherrschaften und Militärdiktaturen, Präsidial- und Einpartei-Diktaturen, jedenfalls oligarchische Systeme mit mehr oder weniger starkem Zwangscharakter.«[88] Vielfach haben jedoch die Staaten der Dritten Welt weder die demokratischen Formen eingehalten noch ökonomischen Fortschritt bewerkstelligt. Das Urteil Büttners ließe sich wohl noch schärfer formulieren: »Weder die zivilen Einparteiensysteme noch die Militärregime hielten im allgemeinen, was sie als ›Entwicklungsdiktaturen‹ versprochen hatten: Nur ein Teil der mit Entwicklungsparolen angetretenen Regime zeichnete sich durch erkennbar intensive und über längere Zeiträume durchgehaltene Entwicklungsanstrengungen aus. Noch begrenzter blieben die Versuche, mit eigenständigen Organisationsformen in umgestalteten ›Demokratien‹ oder ganz neu geschaffenen Verfassungsformen die Partizipationschancen der Bevölkerung auszuweiten.«[89]

Besonders eklatant ist das in Afrika. Die mit der Entkolonialisierung um das Jahr 1960 verbundenen Hoffnungen sind im allgemeinen nicht in Erfüllung gegangen. Wie Dirk Berg-Schlosser am Beispiel der unabhängigen 45 Staaten Schwarzafrikas belegt hat[90], ist in den autoritären Systemen im Vergleich zu den wenigen stärker demokratisch ausgerichteten Ordnungsformen (z. B. Gambia, Senegal) eine Verbesserung der Lebensqualität (z. B. höhere Lebenserwartung, geringere Säuglingssterblichkeit, höhere Alphabetisierung) nicht eingetreten, im Gegenteil. Dabei ist von Berg-Schlosser zwischen drei Formen des autoritären Staatstypus unterschieden worden: Dem »sozialistischen System«, das auf Einparteienherrschaft und auf einer betont »nicht-kapitalistischen« Ideologie basiert (z. B. Angola, Sambia, Tansania); dem »zivil-autoritären System« mit einem Einparteienregime auf eher pragmatischer Grundlage (z. B. Elfenbeinküste, Kamerun, Malawi); und dem »Militärregime« schließlich, das sich in der Regel aufgrund des Versagens der bisherigen Regierung etabliert (z. B. Ghana, Somalia, Sudan, Togo)[91]. Das Spektrum der Militärregime reicht von stärker sozialistisch-revolutionärer Ausrichtung bis zu einer eher »traditionell«, auf die Person des »Führers« fixierten Herrschaftsform. Parteien spielen weder hier noch da eine bedeutende Rolle. War nicht ein einziger Staat bei seiner Gründung ein Militärregime, so mußte man Mitte der achtziger Jahre jeden zweiten Staat diesem Typus zurechnen. Damit ist Afrika der Kontinent, bei dem eine Vielfalt an höchst unterschiedlichen autoritären Regimeformen zu verzeichnen ist – auch im selben Land, stellt man die zahlreichen Regimewechsel in Rechnung (vgl. Abb. 6)[92].

---

88 Franz Ronneberger, Herrschaftsformen in Entwicklungsländern, in: ders. u. a., Politische Herrschaft und politische Ordnung, Mainz 1983, S. 266.

89 Friedemann Büttner, Diktatur und Entwicklung in der Dritten Welt, in: Politische Bildung, 18 (1985) 2, S. 73.

90 Vgl. Dirk Berg-Schlosser, Afrika zwischen Despotie und Demokratie. Bedingungen und Leistungsfähigkeit der politischen Systeme der Gegenwart, in: Aus Politik und Zeitgeschichte, B 14/84, S. 3–14.

91 Vgl. ders., African political Systems. Typology and Performance, in: Comparative Political Studies, 17 (1984), insbes. S. 126–132.

92 Die These, in den Staaten Schwarzafrikas überwiege politische Instabilität, versucht zu relativieren: Walter Michler, Weißbuch Afrika, Bonn 1991[2].

Asien hat in der Zeit seit dem Zweiten Weltkrieg ebenfalls eine besondere Vielfalt an autoritären Ordnungsformen aufgewiesen. »Asia is a conglomerate of diverse countries which can more easily be compared with countries of other continents than with their neighbours.«[93] Sieht man einmal von Demokratien (wie Israel, Japan und Indien, das allerdings in den siebziger Jahren zeitweilig eine »Notstandsdiktatur« war und immer wieder – bis auf den heutigen Tag – mit autoritären Tendenzen zu tun hat) und kommunistischen Systemen wie etwa China ab, so sind die autoritären Herrschaftsordnungen Asiens, wie sie sich in vierzig Jahren entwickelt haben, keineswegs auf einen Begriff zu bringen[94]. Die »gelenkte Demokratie« Sukarnos in Indonesien (1949–1967) und die »basic democracy« Ayubkhans in Pakistan (1958–1969) haben so gut wie keine Nachahmung gefunden. Im Gegensatz zu Afrika sind reine Militärregime die Ausnahme, obwohl in einigen Staaten die Macht faktisch lange beim Militär gelegen hat (wie etwa in Indonesien und Thailand). Auch wenn man die autoritären Systeme des Nahen Ostens (das Spektrum reicht hier von arabischen Scheichtümern bis zu revolutionär-sozialistischen Systemen) außer Betracht läßt, war und ist die Vielfalt der Herrschaftsformen unübersehbar sowie die Zahl der Regimewechsel keine Seltenheit (vgl. Abb. 7). Gehörten Bhutan und Nepal vor kurzem zur Gruppe der traditionell-konservativen Monarchien, so fußte Burma auf einem staatsozialistischen Einparteiensystem. Einpersonen- und Familiendiktaturen (in der Form von Günstlingswirtschaften) waren lange Pakistan (unter General Zia-ul-Haq) und vor allem die Philippinen (unter Marcos), wie Nepotismus in Asien heute immer noch verbreitet ist. Als Entwicklungsdiktatur mußte der Iran unter der Schah-Herrschaft gelten. Die theokratische Herrschaft Chomeinis hingegen ist wohl mehr eine totalitäre als eine autoritäre Diktatur gewesen. Die maßgeblich vom Iran seit Ende der siebziger Jahre ausgehende Islamisierungspolitik hat von Land zu Land unterschiedliche Auswirkungen gezeigt.

Die Demokratie in Lateinamerika war immer gefährdet. Phasen annähernd demokratischer Herrschaftsweise wechselten mit solchen autoritärer ab. Dies galt nicht nur für ein Land, sondern für viele Staaten zu ungefähr derselben Zeit[95]. In den achtziger Jahren ist eine Welle der Re-Demokratisierung über den Kontinent gegangen[96]. Selbst die Militärregime Stroessners in Paraguay (1954–1989) und Allendes in Chile (1973–1989) sind zu Ende gegangen. Hingegen gab es Ende der siebziger Jahre in Mittel- und Lateinamerika kaum einen Staat (Kolumbien und Venezuela gehörten zu den Ausnahmen), in dem sich die politische Führung Wahlen stellte. Die autoritären Staaten waren in der Regel Militärdiktaturen.

---

93 Hiroko Yamane, Human Rights in Asia. Conditions, Perspectives and Remedies, in: Internationales Asienforum, 15 (1984), S. 5.

94 Vgl. für Einzelheiten Rüdiger Sielaff, Asien: Tradition, Religion und Modernisierung, in: H. F. Illy/R. Sielaff/N. Werz (Anm. 84), S. 65–105.

95 Vgl. Manfred Mols, Demokratie in Lateinamerika, Stuttgart u. a. 1985. Siehe insbesondere auch Dieter Nohlen, Die politischen Systeme der Dritten Welt, in: Klaus von Beyme u. a., Politikwissenschaft. Eine Grundlegung. Bd. I: Theorien und Systeme, Stuttgart u. a. 1987, S. 220–234.

96 Vgl. Günther Maihold, Demokratie mit erhobenen Händen? Militär und demokratischer Wandel in Lateinamerika, in: Aus Politik und Zeitgeschichte, B 43/90, S. 17–29.

Abbildung 6: Regimewechsel in Schwarzafrika. Politische Systeme und Parteiensysteme

Land	Einheitspartei bzw. »dominante Partei«	Dominanz seit	Einheitspartei seit	Militärputsch	Formalstruktur Mitte 1987
Äquatorial-Guinea	Partido Unico Nacional bzw. Partido Unico Nacional de los Trabajadores (PUNT)	1968	1970	1979	Militärregime
Äthiopien	Workers Party of Ethiopia		1984	1974	Militärregime
Angola	Movimento Popular de Libertação de Angola (MPLA)		1976		Einparteisystem
Benin	Parti Dahoméen de l'Unité (PDU)	1960	1961	1963	
	Parti Démocratique Dahoméen (PDD)	1963	1963	1965 1967	
	Union pour le Renouveau du D. (URD), ab 1970 ziviles Triumvirat	1968	1968	1969 1972	Militärregime (»rezivilisiert«)
	Parti de la Révolution Populaire du Bénin (PRPB)	1975	1975		
Botswana	Botswana Democratic Party (BDP)	1965	–	–	Mehrparteiensystem
Bourkina-Faso (vor 1984: Obervolta)	Union Démocratique Voltaïque (UDV)	1958	1960	1966	
	wieder UDV	1970	–	1974	
	wieder UDV	1978	–	1980 1982 1983	Militärregime
Burundi	Union pour le Progrès National (UPRONA)	1961	1966	1976	Militärregime
Djibouti	Ligue Populaire Africain pour I'Indépendance (LPAI), ab 1979: Rassemblement Populaire pour le Progrès (RPP)	1976	1981	–	Einparteisystem
Elfenbeinküste	Parti Démocratique de la Côte d' Ivoire (PDCI)	1957	1958	–	Einparteisystem
Gabun	Bloc Démocratique Gabonais (BDG)	1957			Einparteisystem
	Parti Démocratique Gabonais (PDG)		1968		
Gambia	People's Progressive Party (PPP)	1966	–	(1981)[a]	Mehrparteiensystem
Ghana	Convention People's Party (CPP)	1951	1964	1966	
	Progress Party (PP)	1969	–	1972 1979	
	People's National Party (PNP)	1979	–	1981	Militärregime
Guinea	Parti Démocratique de Guinée (PDG)	1957	1958	1984	Militärregime
Guinea-Bissau	Partido Africano da Independência da Guiné e Cabo-Verde (PAIGC)	1973	1973	1980	Militärregime (»rezivilisiert«)
Kamerun	Union Camerounaise (UC)	1960[b]			Einparteisystem
	Union Nationale Camerounaise (UNC), ab 1985: Rassemblement Démocratique des Peuples Camerounais (RDPC)		1966		
Kapverden	PAIGC (wie Guinea-Bissau), ab 1981 PAICV	1974	1975	–	Einparteisystem
Kenia	Kenya African National Union (KANU)	1963	1969	–	Einparteisystem

Land	Einheitspartei bzw. »dominante Partei«	Dominanz seit	Einheits-partei seit	Militär-putsch	Formalstruktur Mitte 1987
Komoren	OUDZIMA: Front der Nationalen Einheit			1978[c]	präsidentieller Autoritarismus
Kongo VR	Union Démocratique de Défense des Intérêts Africains (UDDIA)	1957	–	1963	
	Mouvement National de la Révolution	1964	1964	1968	Militärregime
	Parti congolais du travail (PCT)	1969	1969		(»rezivilisiert«)
Lesotho	Basutoland National Party (BNP)	1965	(1970)[d]	(1970)[d] 1985	Militärregime
Liberia	True Whig Party (TWP) National Democratic Party	1877	–	1980	Militärregime (»rezivilisiert«, Mehrparteien-system)
Madagaskar	Parti Social-Démocrate (PSD)	1957	–	1972	Militärregime
	Avantgarde de la Révolution Socialiste Malgache (AREMA)	1977			(»rezivilisiert«, Mehrparteien-bündnis)
Malawi	Malawi Congress Party (MCP)	1961	1964	–	Einpartei-system
Mali	Union Soudanaise (US-RDA)	1957	1959	1968	
	Union Démocratique du Peuple Malien	1979	1979		Einpartei-system
Mauretanien	Union Progressiste Mauritanienne	1952	1961		Militärregime
	Parti du Peuple Mauritanien (PPM)			1978 1984	
Mauritius	Parti de l'Indépendance wechselnde Koalitionsregierungen	1947	–	–	Mehrparteien-system
Mozambique	Frente de Libertação de Moçambique (FRELIMO)	1974	1974	–	Einpartei-system
Niger	Parti Progressiste Nigérien (PPN)	1958	1959	1974	Militärregime (»rezivilisiert«)
Nigeria	(Koalitionsregierungen)	–	–	1966	Militärregime
	Mehrparteiensystem bis 1966, 1980–1983	–	–	1975 1983 1985	
Ruanda	Parti de l'Emancipation des Hutu	1960	1965	1973	Militärregime
	Mouvement Révolutionnaire National pour le Développement (MRND)	1975	1975		(»rezivilisiert«)
Sambia	United National Independence Party	1962	1973	–	Einpartei-system
São Tomé/ Principe	Movimento de Libertação de São Tomé e Principe (MLSTP)	1974	1974		Einpartei-system
Senegal	Union Populaire Sénégalaise (UPS)	1957	1966	–	seit 1974 formal
	ab 1976: Parti Socialiste (PS)	1974	–	–	Mehrparteien-system

Land	Einheitspartei bzw. »dominante Partei«	Dominanz seit	Einheits-partei seit	Militär-putsch	Formalstruktur Mitte 1987
Seychellen	Seychelles Democratic Party (SDP)	1970	–	(1978)[e]	
	Seychelles People's Progressive Front		1979		Einparteisystem
Sierra Leone	Sierra Leone People's Party	1957	–	1967	Einparteisystem
	All People's Congress (APC)	1968	1978		
Somalia	Somali Youth League (SYL)	1956	–	1969	
	Somali Socialist Revolutionary Party (SSRP)		1976		Militärregime (»rezivilisiert«)
Sudan	Sudanesische Sozialistische Union Koalition	1971	1971	1958 1969 1985	Mehrparteienregime
Swasiland	Imbokodvo National Movement (INM)	1967			Trad. Monarchie (mit Parlamentarismus)
Tansania	Tanganyika African National Union (TANU), seit 1977: Chama Cha Mapinduzi	1960	1960[f]	–	Einparteisystem
Togo	Comité de l'Union Togolaise (CUT)	1958			
	Parti de l'Unité Togolaise (PUT)	1961	1962	1963	
	Union Démocratique des Populations Togolaises (UDPT)	1963		1967	Militärregime
	Rassemblement du Peuple Togolais (RPT)		1969		(»rezivilisiert«)
Tschad	Parti Progressiste Tchadien (PPT)	1957	1962		
	seit 1973: Mouvement National pour la Révolution Culturelle et Sociale		1973	1975	Prätorianerregime
	seit 1978: »Kampf der Fraktionen« 1978, 1979, 1980, 1982: Machtwechsel in der Hauptstadt durch Kriegslage				
Uganda	Uganda People's Congress (UPC)	1962–1970	1966	1970	Militärregime
	wieder:	1980–1985		1980 1985 (1986)[g]	
Zaire	Mouvement Populaire de la Révolution		1967	1965	Militärregime (»rezivilisiert«)
Zentralafrikanische Republik	Mouvement d'Evolution Sociale de l'Afrique Noire (MESAN)	1957	1962	1966	
	Union Démocratique Centrafricaine	1980	–	(1979)[h] 1981	Militärregime
Zimbabwe	Zimbabwe African National Union (ZANU)	1980	–	–	Mehrparteiensystem

[a] Mit militärischer Hilfe aus dem Senegal niedergeschlagen; [b] bis zur »Wiedervereinigung« 1961 dominierende Partei in Französisch Kamerun; [c] ein von ausländischen Söldnern durchgeführter Staatsstreich; [d] nach dem »Staatsstreich von oben« 1970 waren die weiterbestehenden Parteien dem Ausnahmezustand unterworfen, der sie handlungsunfähig machte; [e] ein von außen (Tansania) unterstützter Staatsstreich des Juniorpartners der nachkolonialen Großen Koalition; [f] die TANU war Einheitspartei von »Geburt an«; 1965 erfolgte die verfassungsrechtliche Absicherung ihres Monopols; [g] Machteroberung durch Bürgerkriegsarmee; [h] Sturz Bokassas durch Militärputsch und französische Intervention.

Quelle: Dieter Nohlen, Die politischen Systeme der Dritten Welt, in: Klaus von Beyme u. a. (Hrsg.), Politikwissenschaft. Eine Grundlegung, Bd. I, Stuttgart u. a. 1987, S. 236 f.

Abbildung 7: Regimewechsel in Asien.
Politische Systeme und Parteiensysteme (Auswahl)

Land	Politsches System bei Unabhängigkeit oder um die Zeit nach dem II. Weltkrieg	Regimewechsel Jahr	Gegenwärtiges politisches System (Mitte 1987)
Afghanistan	absolute, seit 20er Jahren konstitutionelle Monarchie	1973: Militärputsch: Republik 1978: Kommunistischer Militärputsch 1979: Fraktionswechsel innerhalb der regierenden KP durch UdSSR-Intervention	Volksrepublik, seit 1979 sowjetisch besetzt und im Bürgerkrieg
Bangladesh	präsidentielle Demokratie	1975: Militärputsch (»Rezivilisierung«) 1981: Ermordung des Präsidenten 1982: Militärputsch	Militärregime mit Parteiensystem
Birma	parlamentarische Demokratie	1962: Militärregime	Einparteisystem
Indien	parlamentarische Demokratie	1977, 1980: Regierungswechsel durch Wahlen	parlamentarische Demokratie (Mehrparteiensystem mit Dominanz der Kongreß-Partei)
Indonesien	parlamentarische, nach 1959 präsidentiell gelenkte Demokratie	1965: Militärregime	Militärregime mit Parteiensystem (begrenzter Pluralismus)
Irak	scheinkonstitutionelle Monarchie	1958: Militärregime 1958, 1963: Militärputsche 1968: Machtübernahme durch Baath-Partei	Präsidialsystem, hegemoniale Parteiherrschaft
Iran	absolute, teils scheinkonstitutionelle Monarchie	1979: Revolution, Sturz des Schah durch Volksbewegung	theokratische Diktatur (»Islamische Republik«) mit Parlamentarismus
Kambodscha	konstitutionelle Monarchie seit 1955	1970: Staatsstreich der Rechten (Premiermin. Lon Nol) gegen den Neutralisten Prinz Sihanuk 1975: Rote-Khmer-Guerilla an die Macht, Schreckensherrschaft der Roten Khmer 1978: Vietnamesische Invasion	Volksrepublik, von Vietnam besetzt, Bürgerkrieg
Korea-Nord	Volksrepublik		Volksrepublik, Einparteisystem
Korea-Süd	präsidentielle Demokratie, in Diktatur übergehend	1960: Volksbewegung zwingt Diktatur zum Rücktritt 1961: Militärputsch und Militärregime (dann »rezivilisiert«) 1979: Ermordung des Staatspräsidenten, kurze Liberalisierung 1980: Militärischer Staatsstreich	formaldemokratisches Präsidialsystem mit begrenztem Pluralismus

Land	Politsches System bei Unabhängigkeit oder um die Zeit nach dem II. Weltkrieg	Regimewechsel Jahr	Gegenwärtiges politisches System (Mitte 1987)
Libanon	parlamentarische Demokratie (ethnisch-konfessioneller Proporz = Nationalpakt)	1975: Beginn des Bürgerkriegs, Zerfall des Nationalpakts	funktionsuntüchtiges Staatswesen (Bürgerkrieg), syrische Dominanz
Malaysia	parlamentarisches System (multi-ethnisches Mehrparteiensystem mit begrenztem Wettbewerb)		parlamentarisches System (begrenzter Wettbewerb) im Mehrparteiensystem)
Pakistan	Formaldemokratie	1958, 1969: Militärputsche, »Rezivilisierung« 1971: Rücktritt des Militärregimes nach verlorenem Krieg und Abspaltung von Ost Pakistan (Bangladesh) 1977: Militärputsch, »Rezivilisierung«	Militärregime mit Liberalisierungstendenzen (Islamische Republik; Dominanz konservativer islamischer Kräfte)
Philippinen	Präsidialsystem	1972: Staatsstreich 1986: Sturz des autoritätren Regimes durch Volksbewegung und Militär	Interims-Diktatur: Vorbereitung eines demokratischen Systems
Singapur	parlamentarisches System, autoritär	1956, 1960 (2×) 1977, 1978: Regierungswechsel durch Wahlen	autoritäres Regime (Dominanz einer Partei)
Sri Lanka	parlamentarische, seit 1978 präsidentielle Demokratie	1956, 1960 (2×) 1977, 1978: Regierungswechsel durch Wahlen	präsidentielle Demokratie, Mehrparteiensystem
Syrien	parlamentarisches System	1949 (3×) 1951, 1954 1961, 1962, 1963 1970: Militärputsche	autoritäres Regime (Regierung der Nationalen Front, von der Baath-Partei dominiert)
Thailand	Militärregime im Rahmen einer entmachteten konstitutionellen Monarchie	1944, 1957: Militärputsche 1973: Volksbewegung vertreibt Militärregime 1976: Militärputsch beendet parlamentarisch-demokratisches System 1977: Militärputsch, später Wiedereinführung des Parteiensystems	parlamentarisches Mehrparteiensystem mit starker Stellung des Militärs
Vietnam	Volksrepublik		Volkrepublik, Einparteisystem

Quelle: Dieter Nohlen, Die politischen Systeme der Dritten Welt, in: Klaus von Beyme u. a. (Hrsg.), Politikwissenschaft. Eine Grundlegung, Bd. I, Stuttgart u. a. 1987, S. 238f.

Zu den Ausnahmen gehör(t)en Staaten wie das Kuba Castros und das sandinistische Nicaragua (vgl. Abb. 8). »Die spezifisch lateinamerikanische Antwort auf die politische Instabilität war der Caudillo.«[97] Aber der durch einen Staatsstreich an die Macht gekommene Caudillo verbürgte damit nicht automatisch Stabilität (man denke nur an die ungeklärte Nachfolgeregelung), wie die zahlreichen Systemwechsel verdeutlichen. Manchmal ging der Caudillismus Hand in Hand mit Populismus. Prototyp hierfür war die charismatische Gestalt von Juan Domingo Perón, der Argentinien von 1944 bis 1955 regierte. Er hatte seine Massenbasis vorwiegend in der Arbeiterschaft.

Bei aller Uneinheitlichkeit in der Herrschaftsform der Staaten der Dritten Welt können diese gleichwohl insgesamt überwiegend zu den autoritären Systemen gerechnet werden. Die Staatsstreiche führten häufig nicht zu einem Systemwechsel. Die meisten Staaten der Dritten Welt haben seit ihrer Unabhängigkeit Militärdiktaturen erlebt. Zwischen 1946 und 1979 fanden in 61 Ländern 159 erfolgreiche Putsche statt (in Bolivien davon allein zehn)[98]. Eine autoritäre Diktatur löste die andere ab. Man könnte von einer Art zyklischen Entwicklung sprechen.

III. Wandel in der Sowjetunion und durch die Sowjetunion

Lange Zeit änderte sich – bezogen auf die Herrschaftsstruktur – in der Sowjetunion wenig. Nach dem Tode Josef Stalins im Jahre 1953 kam es zu einer halbherzigen »Entstalinisierung« unter Nikita Chruschtschow (1953/55–1964), doch war das politische System im Kern nach wie vor totalitär. In der fast zwanzigjährigen Ära unter Leonid Breschnew (1964–1982) stagnierte das politische, sozio-ökonomische und kulturelle Gefüge immer mehr. Jurij Andropow (Generalsekretär der KPdSU von 1982–1984) und Konstantin Tschernenko (Generalsekretär von 1984/85) – konnten schon angesichts ihrer angegriffenen Gesundheit und ihrer kurzen Amtsperiode keine eigenständigen Akzente setzen.

Deren Nachfolger Michail Gorbatschow wollte mit Hilfe von *Glasnost* (zu übersetzen etwa mit Transparenz) und *Perestroika* (zu übersetzen etwa mit Umbau) die Gesellschaft leistungsfähiger gestalten und auch demokratisieren, ohne dabei jedoch das kommunistische Machtmonopol aus der Hand zu geben. Doch ist die kommunistische Diktatur nicht wirklich zu reformieren. Entweder mußten die Reformansätze Tünche sein oder so tiefgreifend wirken, daß von dem alten System nicht viel übrig blieb. Von Reform konnte weder in dem einen noch in dem anderen Fall die Rede sein.

Schon lange vor der ideologischen Agonie hatte der sowjetische Kommunismus seine Vorbildfunktion eingebüßt. Der kommunistische Monolith splitterte sich in unterschiedliche Richtungen auf, mit dem schwächer gewordenen Zentrum in Moskau. Das Spektrum reichte von eurokommunistischen Tendenzen, wie sie in manchen Par-

---

97 Gernot Volger, Lateinamerika in der Dauerkrise. Wirtschaft – Gesellschaft – Politik, Berlin 1989, S. 72.

98 Diese Angaben finden sich bei Mario Fernández Baeza, Stichwort »Militärregime«, in: Dieter Nohlen (Hrsg.), Lexikon Dritte Welt. Länder, Organisationen, Theorien, Begriffe, Personen, Reinbek bei Hamburg 1984, S. 401.

Abbildung 8: Autoritäre politische Systeme in Lateinamerika seit der Weltwirtschaftskrise

Typ	Grundmerkmale	Historische Beispiele	Entstehungsursachen
1 Traditionelle Militärregime	Personalisierung der Macht unter einem Diktator, der die Macht durch einen Militärputsch ergriffen hat. Das Militär spielt eine indirekte Rolle in der Regierung, vor allem als Sicherheitsfaktor. Große interne Unterschiede.	Mehr oder weniger alle mittelamerikanischen Länder ausschließlich Costa Rica nach 1948 und Nicaragua nach 1979	Scheitern der Entwicklung einer präsidentiellen Republik seit der Unabhängigkeit im 19. Jahrhundert, was zu ständigen Militärputschen führt.
2 Neue Militärregime	Das Militär, als Institution, ergreift die Macht und kontrolliert die Regierung auf allen Ebenen des politischen Systems. Keine Personalisierung der Macht. Politische Regierungsprogramme nach der Doktrin der Nationalen Sicherheit.	Argentinien 1966–1973/ 1976–1983 Brasilien 1964–1985 Chile nach 1973 Uruguay 1974–1985 Peru 1968–1980 Ecuador 1972–1979	Zusammenbruch der präsidentiellen Republik wegen ökonomischer Krisen. Überpolitisierung der mittleren und unteren Schichten und teilweise Radikalisierung in Form von bewaffneten Gruppen.
2.1 Ausschließende Militärregime	Das Militär kontrolliert die Regierung in Allianz mit den oberen Schichten unter Ausschaltung der mittleren und unteren Schichten. Orthodoxer Liberalismus zur forcierten kapitalistischen Entwicklung mit großer Unterstützung des Auslandskapitals.	Alle Fälle ausschließlich Peru nach 1968	Übermobilisierung und Überpolitisierung breiter Massen der Bevölkerung aufgrund der Strukturreformpolitik (Chile) oder nachpopulistischer Regierungsprogramme (Brasilien und Argentinien); ökonomische und politische Erschöpfung einer demokratischen Entwicklung (Uruguay).
2.2. Einschließende Militärregime	Das Militär kontrolliert die Regierung und versucht, die unteren Schichten für reformistische Programme zu mobilisieren. Es werden bestimmte Institutionen zur politischen Kontrolle dieser Mobilisierung gegründet (SINAMOS im Fall Perus).	Peru nach 1968	Scheitern der präsidentiellen Republik unter Präsident Belaunde Terry wegen sozialem Druck von unten und nicht gelungener Reformpolitik von seiten der Regierung.
3. Autoritarismus im eigentlichen Wortsinn	Begrenzter Pluralismus mit einer differenzierten Institutionsbildung unter Kontrolle einer Partei, die als einzige zugelassen oder hegemonial ist.	Mexico seit 1930 Nicaragua seit 1979	Bürgerkrieg (soziale und politische Revolution, siegreiche nationale Befreiungsbewegung).
4 Autoritärer Populismus	Präsidentielle Republik mit Mobilisierung der Arbeiter von oben zur Unterstützung reformistischer Regierungsprogramme unter der Leitung eines semi-charismatischen Führers.	Argentinien, 1943–1955: »Peronismo« Brasilien, 1930–1945: »estado novo«	Zusammenbruch der präsidentiellen Republik aufgrund einer ökonomischen Krise. Politisierung des Militärs und Entstehung einer politischen Bewegung unter der Führung einer semi-charismatischen Figur.

Quelle: Dieter Nohlen, Die politischen Systeme der Dritten Welt, in: Klaus von Beyme u. a. (Hrsg.), Politikwissenschaft. Eine Grundlegung, Bd. I, Stuttgart u. a. 1987, S. 221 f.

teien des Westens beheimatet waren, bis zu betont revolutionären Konzeptionen, die an der »Weltrevolution« festhielten.

Gorbatschow knüpfte an das bereits unter Andropow entwickelte »neue politische Denken« an. Dieses ging bekanntlich davon aus, daß angesichts eines atomaren Krieges dem Frieden überragende Bedeutung zukomme[99]. Der Frieden dürfe in keinem Fall gefährdet werden. Später wurde das »neue politische Denken« sogar noch weitgehender ausgelegt. So stellte Georgi Ch. Schachnasarow, lange Zeit wohl der führende sowjetische Staatswissenschaftler, im Jahre 1989 gar den Systemkonflikt zwischen Ost und West in Frage. Es sei notwendig, die »fixe Idee vom Kampf der Systeme als der ›Grundachse‹ der gesellschaftlichen Entwicklung zu überwinden«.[100] Immer mehr ideelogische Bastionen wurden geräumt. Was für das »neue politische Denken« galt[101], traf auch für viele andere Bereiche zu.

Wahrscheinlich wollte Gorbatschow bloß die »stalinistischen Auswüchse«, die »Deformierungen« des Kommunismus beseitigen, damit dieser sich wieder revitalisieren ließe. Allmählich trat jedoch ein Systemwandel ein. So scheiterte letztlich das Unterfangen. Die Reformen gewannen Eigendynamik[102]. Gorbatschow mußte sich an die Spitze der weiteren Entwicklung stellen, um nicht entmachtet zu werden. Insbesondere die lange tabuisierte »nationale Frage« gewann eine solche Dynamik, daß die Existenz der Sowjetunion in der bisherigen Form in Frage gestellt war[103].

Es ist an dieser Stelle nicht der Ort, die einzelnen Etappen der Veränderung in der Sowjetunion zu schildern[104]. Das Ausmaß war beachtlich, es gilt für den Bereich der Innen-, aber auch für den der Außenpolitik. Faktisch wurde der Weg der anderen kommunistischen Länder nach mehr Eigenständigkeit anerkannt. Eine sowjetische Intervention in den osteuropäischen Ländern schien nicht sonderlich wahrscheinlich zu sein.

Man muß mit großen Worten vorsichtig sein. Aber die Auffassung, daß sich 1989/90 eine »Zeitenwende in Europa«[105] vollzog, ist nicht zu weit hergeholt. In Ländern des einstigen Ostblocks fand ein atemberaubend schneller »Systemwechsel«[106] statt – von der kommunistischen Parteidiktatur hin zu einer parlamentarischen Demokratie.

---

99 Vgl. folgenden, vielfach nachgedruckten Beitrag von einem der Protagonisten des »neuen politischen Denkens«: Georgi Ch. Schachnasarow, Die politische Logik des Nuklearzeitalters, in: Sowjetwissenschaft. Gesellschaftswissenschaftliche Beiträge, 37 (1984), S. 451–462.

100 Ders., Der »Gegensatz der Systeme« als fixe Idee, in: Blätter für deutsche und internationale Politik, 34 (1989), S. 504.

101 Vgl. Falk Bomsdorf/Hannes Adomeit, Das »neue Denken«: Grundzüge und Verwirklichung, in: Hannes Adomeit/Hans-Hermann Höhmann/Günther Wagenlehner (Hrsg.), Die Sowjetunion unter Gorbatschow. Stand, Probleme und Perspektiven der Perestroika, Stuttgart u. a. 1990, S. 261–296.

102 Zutreffend etwa Gerhard Simon, Der Umbruch des politischen Systems in der Sowjetunion, in: Aus Politik und Zeitgeschichte, B 19–20/90, S. 3–15.

103 Vgl. etwa Erhard Stölting, Eine Weltmacht zerbricht. Nationalitäten und Religionen der UdSSR, Frankfurt/M. 1990.

104 Vgl. beispielsweise Günter Trautmann, Sowjetunion im Wandel. Wirtschaft, Politik und Kultur seit 1985, Darmstadt 1989; H. Adomeit/H.-H. Höhmann/G. Wagenlehner (Anm. 101).

105 So der Titel des Buches von Lothar Rühl, Zeitenwende in Europa. Der Wandel der Staatenwelt und der Bündnisse, Stuttgart 1990.

106 Siehe unter demokratietheoretischen Gesichtspunkten Klaus von Beyme/Dieter Nohlen, Art. Systemwechsel, in: D. Nohlen (Anm. 45), S. 690–700.

Der »real-existierende Sozialismus« war ein »gescheitertes Experiment«[107], das dem »Experiment der Freiheit«[108], nichts entgegensetzen konnte und den Systemkonflikt verlor. Damit ist faktisch erst jetzt das »Ende der Nachkriegsordnung«[109] gekommen.

Von der Geschwindigkeit dieses Prozesses sind alle überrascht worden. Timothy Garton Ash, der langjährige und einfühlsame Chronist dieser umwälzenden Ereignisse, wartete während des Sturzes der kommunistischen Herrschaft in der Tschechoslowakei mit einem treffenden, die Entwicklung auf den Punkt bringenden Aperçu auf: »In Polen dauerte es zehn Jahre, in Ungarn zehn Monate, in der DDR zehn Wochen; vielleicht wird es in der Tschechoslowakei nur zehn Tage dauern!«[110] So geschah es denn auch. Bleibt noch hinzuzufügen, daß die revolutionäre Entwicklung in Rumänien sich in zehn Stunden vollzog und im Gegensatz zu den anderen Ländern blutig verlief.

Lange ist die Stabilität der kommunistischen Staatenwelt überschätzt worden. Selbst Zbigniew Brzezinski, Totalitarismusforscher und Sicherheitsberater des amerikanischen Präsidenten Carter – einer der wenigen Wissenschaftler, die frühzeitig das Ende des kommunistischen Herrschaftssystems voraussahen, hatte noch die Stabilität des »Postkommunismus« überbewertet: »Ein postkommunistisches System ist ein System, in dem die Entkräftung des Kommunismus so weit fortgeschritten ist, daß weder die marxistische Theorie noch die frühere kommunistische Praxis in der Politik etwas zu sagen haben. Der Postkommunismus wird ein System sein, in dem auch jene, die sich selbst ›Kommunisten‹ nennen, die kommunistische Doktrin nicht mehr ernstlich als Leitlinie der Gesellschaftspolitik betrachten: weder jene, die sich zum Kommunismus bekennen, weil sie aus ihm die Legitimation ihrer Macht besitzen, während ihr System stagniert, noch jene, die ihn angeblich praktizieren, während sie eigentlich mit Erfolg seine Essenz verdünnen, noch jene, die ihn ablehnen und sich nicht mehr scheuen, es öffentlich zu tun. Auf unterschiedliche Weise nähern sich sowohl die Sowjetunion als auch China und Osteuropa einer solchen postkommunistischen Phase.«[111] Die Staaten Osteuropas näherten sich nicht nur schnell der »postkommunistischen Phase«, sondern überwanden sie sogleich. Selbst die einst führende kommunistische Partei hat in den meisten Ländern des Ostblocks ihren Namen geändert. Nichts soll mehr an den Kommunismus erinnern.

Brzezinski hatte am Vorabend des Zusammenbruchs vieler kommunistischer Systeme eine Art Krisenszenario entwickelt und die Intensität der Krisenbedrohung für die einzelnen Länder auszuleuchten versucht (Abb. 9). Er kam dabei aufgrund seines Kriterienkataloges (z.B. sinkender Lebensstandard; aktive politische Opposition) zum Ergebnis, daß sich von den fünfzehn aufgeführten Ländern fünf Länder in einer schweren Krise, vier hingegen in keiner Krise befänden[112]. Dazu rechnete er – wie viele andere – auch die DDR.

107 Vgl. den Titel des Buches von Z. Brzezinski (Anm. 82).
108 Vgl. den Titel des Buches von P. Graf Kielmansegg (Anm. 24).
109 Statt vieler Wilfried Loth, Das Ende der Nachkriegsordnung, in: Aus Politik und Zeitgeschichte, B 18/91, S. 3–10. Siehe auch George F. Kennan, After the Cold War, Jeane J. Kirkpatrick, jeweils in: Steven L. Spiegel (Hrsg.), At issue. Politics in the World Arena, New York 1991^6, S. 25–34, S. 35–47 (»The postwar era is finished – absolutely«, S. 35).
110 Timothy Garton Ash, Ein Jahrhundert wird abgewählt. Aus den Zentren Mitteleuropas 1980–1990, München 1990, S. 401.
111 Z. Brzezinski (Anm. 82), S. 287.
112 Vgl. ebd., S. 265–267.

Abbildung 9: Krisensituation in den kommunistischen Staaten

	UdSSR	China	DDR	Polen	ČSFR	Ungarn	Rumänien	Bulgarien	Jugoslawien	Vietnam	Kuba	Nordkorea	Angola	Mocambique	Äthiopien
Sozialismus hat seine Attraktivität verloren	1	2	1	3	2	3	3	1	2	2	3	1	3	3	3
Pessimismus über die Zukunft	2	0	1	3	2	3	3	1	2	2	3	2	3	3	3
sinkender Lebensstandard	2	0	1	3	2	2	3	1	3	3	3	2	3	3	3
Kommunistische Partei entmutigt	2	0	0	3	2	2	3	1	2	1	1	0	1	3	1
religiöse Aktivität steigend	1	0	0	3	1	1	0	0	1	0	1	0	0	0	1
Nationalismus kollidiert mit Ideologie	1	0	1	3	2	3	2	1	3	1	1	1	2	1	2
Privatwirtschaft nimmt zu	1	2	1	2	1	3	0	0	2	1	0	0	1	1	0
aktive politische Opposition	1	1	1	3	1	2	0	0	2	0	0	0	3	3	2
politischer Pluralismus von unten gefordert	2	2	0	3	1	3	1	0	3	0	1	0	2	2	2
Regime in der Menschenrechtsfrage in die Defensive gedrängt	2	1	1	1	2	1	3	1	2	2	2	2	1	2	3
TOTALE	15	8	7	27	16	23	18	6	22	12	15	8	19	21	20

Ziffernwertung:

3 = stimmt 100%ig
2 = stimmt
1 = stimmt nur teilweise
0 = stimmt nicht

Krisensituation in den kommunistischen Staaten:

unter 10 = keine Krise: 4 Länder
10 bis 19 = Krise: 6 Länder
über 19 = schwere Krise: 5 Länder

Quelle: Zbigniew Brzezinski, Das gescheiterte Experiment. Der Untergang des kommunistischen Sytems, Wien 1989, S. 267.

Die nachstehende Frage von Timothy Garton Ash kann nur als rhetorisch gelten: »Ist es denn nicht insgesamt die Lehre aus Osteuropa im Jahre 1989, aber auch aus der Sowjetunion im Jahre 1990, daß es in Wirklichkeit keinen *dritten Weg* gibt? Nicht nur die Menschen aus der früheren DDR, auch Polen, Ungarn, Tschechen, Slowaken, dazu Litauer, Ukrainer und nun auch Russen wollen das westeuropäische, vor allem das westdeutsche Modell. Sie zeigen diesen Wunsch kollektiv, durch die Entwürfe ihrer Verfassungen und Wirtschaftssysteme, oder individuell, indem sie einfach zu uns kommen.«[113] Die Niederlage des kommunistischen Modells ist zugleich auch ein Sieg freiheitlicher Werte. Mit dem Ende des kommunistischen Modells dürften auch so vage wie unausgegorene Ideen eines vermeintlich dritten Weges an Attraktivität eingebüßt haben.

Inzwischen hatten die osteuropäischen Staaten die Sowjetunion in puncto Veränderung überholt. Die Sowjetunion war keine totalitäre Diktatur mehr, aber ebenso noch weit von einem demokratischen Verfassungsstaat entfernt. Gorbatschows sibyllinische und vielzitierte Aussage anläßlich seines letzten Besuchs bei dem SED-Chef Erich Honecker (»Wer zu spät kommt, den bestraft das Leben«) schien damit auch auf ihn zuzutreffen. Er sah sich in einer Art Zangenbewegung zwischen sogenannten »Konservativen« einerseits und sogenannten »Radikalreformern« wie Boris Jelzin andererseits.

Am Vorabend der Unterzeichnung des Unionsvertrages, der die Kompetenzen zwischen den sowjetischen Republiken neu zu regeln suchte, kam es im August 1991 zu einem Putsch von führenden Kräften aus dem Geheimdienst, dem Militär und der um ihr Monopol der politischen Willensbildung bangenden kommunistischen Partei. Nichts verdeutlicht mehr die Entkräftung der kommunistischen Ideologie, als daß die Putschisten in ihren Verlautbarungen nicht an sie anzuknüpfen wagten. Der in mehrfacher Hinsicht dilettantische Putsch brach innerhalb von drei Tagen zusammen, nicht zuletzt am Widerstand des demokratisch gewählten russischen Präsidenten Boris Jelzin, eines Teils der Bevölkerung, die sich mobilisieren ließ, und eines Teils der Eliten. Der Wandel war offenkundig schon zu weit fortgeschritten, als daß er sich hätte stoppen lassen.

Der nach dem fehlgeschlagenen Putsch befreite Gorbatschow wollte zunächst – abermals – seine Partei erneuern, doch mußte er einsehen, daß die Entwicklung in eine andere Richtung lief. Die Tätigkeit der Kommunistischen Partei wurde in einigen Republiken der Sowjetunion bis auf weiteres untersagt. Gorbatschow legte sein Amt als Generalsekretär der KPdSU nieder, um das als Präsident der Sowjetunion behalten zu können. Für eine Übergangszeit wurden bis zum Inkrafttreten einer anderen Verfassung neue Organe in der Sowjetunion gebildet, z. B. ein neuer Oberster Sowjet sowie ein Staatsrat.

Was die Putschisten verhindern wollten, haben sie beschleunigt: Das Ende der Sowjetunion und das Ende des dortigen Kommunismus. Estland, Lettland und Litauen sind von der Sowjetunion in die Unabhängigkeit entlassen worden. Mehrere weitere Republiken haben bereits ihre Unabhängigkeit erklärt. Einige von ihnen (wie die Ukraine, Weißrußland, Aserbeidschan, Kirgystan, Usbekistan und Armenien, nicht jedoch Georgien und Moldawien) wollen aber einem erneuerten Unionsver-

113 Timothy Garton Ash, in: Jewgenij A. Jewtuschenko u. a., Reden über Deutschland, München 1990, S. 109f.

band in loser Form angehören. Nur die bei weitem am mächtigsten Republiken Rußland, Kasachstan, Turkmenien und Tadschikistan sind gewillt, die Union nicht zu verlassen. Allerdings stimmt die Entwicklung in den Republiken nicht immer hoffnungsfroh: Wie das Beispiel Georgiens unter dem dortigen – nationalistischen – Staatspräsidenten Swiad Gamsachurdia zu zeigen scheint, muß nicht jede nachkommunistische Phase in die Demokratie münden.

Die Welt ist am Ende der achtziger und zu Beginn der neunziger Jahre Augenzeuge des Zusammenbruchs der kommunistischen Ordnungen geworden. Gleichwohl kommen angesichts des mehr als siebzigjährigen Desasters mannigfache Probleme massiver Art (wie etwa Nationalitätenkonflikte möglicherweise ungeahnten Ausmaßes) auf die neuen politischen Führungen zu – und auf die Welt. Jedoch gilt auch: »Jenes böse Kapitel der russischen Geschichte, das am 6. November 1917 aufgeschlagen worden war, ist nun endgültig abgeschlossen.«[114]

IV. Bestandsaufnahme der gegenwärtigen Staatenwelt

1. Einleitende Bemerkungen

»Viele der Kategorien, nach denen bislang die Staaten eingeteilt worden sind, sind heute überholt.«[115] Durch den Nieder- und schließlichen Untergang der meisten kommunistischen Systeme – vielfach mehr ein Zusammenbruch als eine Revolution – hat sich die Staatenwelt völlig geändert. Mit dem Abklingen des Ost-West-Gegensatzes fällt es Herrschern in der Dritten Welt zunehmend schwer, ihre diktatorische Regierungsweise mit dem Systemgegensatz zwischen Ost und West zu rechtfertigen. Sie können sich nicht mehr so wie früher den »Windschatten der Weltpolitik«[116] zunutze machen.

Ungeachtet der tektonischen Veränderungen in den Staaten des Ostens und des damit jedenfalls partiell in Zusammenhang stehenden Wandels des innenpolitischen Koordinatensystems in manchen Ländern der Dritten Welt[117] gilt, daß gegenwärtig nach wie vor in 141 Staaten der Welt Menschen aus politischen Gründen gefoltert und/oder verfolgt werden[118]. Legt man diese Angaben zugrunde, so scheint sich gegenüber der Mitte der achtziger Jahre wenig geändert zu haben.

---

114 Zbigniew Brzezinski, Das Ende eines bösen Kapitels. Der sowjetische Reformprozeß muß beschleunigt werden, in: Die Zeit vom 6. September 1991. – Freilich muß bei der Frage der »Endgültigkeit« große Vorsicht angebracht sein. Der Lauf der Geschichte ist nicht hinreichend sicher prognostizierbar. Vgl. dazu Kapitel V.2.

115 T. Nowotny (Anm. 1), S. 48.

116 Siehe dazu im Hinblick auf Afrika: Winrich Kühne, Ein Kontinent im Windschatten der Weltpolitik, in: Das Parlament vom 29. Juni 1990.

117 Eine hervorragende Übersicht über die jeweils aktuelle Situation gibt das seit 1983 erscheinende, vom Deutschen Übersee-Institut Hamburg hrsg. »Jahrbuch Dritte Welt«. Zuletzt: Jahrbuch Dritte Welt 1991. Daten-Übersichten-Analysen, München 1990.

118 Vgl. Amnesty international, Jahresbericht 1991, Frankfurt/M. 1991. Diese in 117 Staaten der Welt tätige Gefangenenhilfsorganisation will nach dem Ende des Ost-West-Konflikts ihren Aufgabenbereich erweitern und sich auch für die Opfer von Rebellengruppen einsetzen (wie etwa des *Leuchtenden Pfad* in Peru).

Ein nach Kontinenten geordneter Überblick erlaubt interessante Aufschlüsse. Diese Art der Einordnung läßt nämlich erkennen, daß sich – jedenfalls gilt das *cum grano salis* – ähnliche Entwicklungen in den Kontinenten, freilich mit länderspezifischen Abweichungen, vollzogen haben. Die ausgewählten Beispiele sollen entweder möglichst repräsentativ sein oder Sonderfälle erfassen.

2. Europa und Nordamerika

In Europa und Nordamerika hat sich der demokratische Verfassungsstaat, gespeist von einem ähnlichen politischen Denken: einem realistischen Menschenbild, dem Geist der Freiheit, der Erfüllung der Menschenrechte und dem Streben nach Gerechtigkeit[119], in einem verschlungenen Prozeß überwiegend durchgesetzt. Dabei sind Rückschläge in vielen Ländern Europas eingetreten, nicht jedoch in Nordamerika. Dort sind die Anfechtungen des politischen Extremismus – das gilt für die USA ebenso wie für Kanada – bisher ohne jede Chance.

Auch nach dem Zusammenbruch des Kommunismus stellen die Staaten Europas bei allen politischen Gemeinsamkeiten und wirtschaftlichen Verflechtungen keine Einheit dar. Der Nationalstaat ist nicht tot, die post-nationale Demokratie offenkundig eine Fiktion. Insofern stellt die nicht in nationalistischem Überschwang vollzogene Wiedervereinigung Deutschlands keinen Sonderweg dar, eher eine Abkehr von ihm[120]. Die westlichen Demokratien – Belgien, Bundesrepublik Deutschland, Dänemark, Frankreich, Griechenland, Großbritannien, Italien, Irland, Island, Luxemburg, Norwegen, Österreich, Portugal, Schweden, Schweiz, Spanien – haben vielfältig unterschiedliche Ausprägungen z.B. in institutioneller Hinsicht hervorgebracht (Zwergstaaten wie Andorra, Liechtenstein, Monaco, San Marino bleiben unberücksichtigt), wie eine Übersichtsdarstellung Jürgen Hartmanns nach verschiedenen Kriterien zeigt: Verfassungsprinzipien, Staatsformen, Parlamente, Parlament und Regierung, Staatsoberhaupt und Regierung, Gerichtsbarkeit, Referendum, territoriale Staatsorganisation, Gemeinden und Staatsverwaltung, Wahlsysteme, Parteien und Parteiensysteme, Verbände- und Verbandseinfluß, Gewerkschaften, Medien, politische Kultur[121].

Die westlichen Demokratien in Europa sind ganz überwiegend parlamentarische Regierungssysteme. Hier liegt – im Gegensatz zum präsidentiellen System[122] – eine enge Verbindung zwischen der parlamentarischen Mehrheit und Regierung vor. Der

---

119 Vgl. etwa Margarita Mathiopoulos, Amerika: Das Experiment des Fortschritts. Ein Vergleich des politischen Denkens in den USA und Europa, Paderborn 1987.

120 Im allgemeinen ist dieser Tatbestand auch so gewürdigt worden. Es gab allerdings auch andere Stimmen, die Deutschland offenbar einen »negativen Nationalismus« wünschen. Etwa: Heleno Saña, Das Vierte Reich. Deutschlands später Sieg, Hamburg 1990.

121 Vgl. Jürgen Hartmann, Europa im Vergleich. Die politischen Systeme in den westeuropäischen Demokratien, Berlin 1991.

122 Vgl. zur Unterscheidung Winfried Steffani, Parlamentarische und präsidentielle Demokratie, Opladen 1979.

Gegenspieler ist die parlamentarische Opposition[123]. Die Regierung geht prinzipiell durch Wahl aus dem Parlament hervor und benötigt dessen Unterstützung.

Das Verhalten der Abgeordneten ist notwendigerweise durch Fraktionsdisziplin gekennzeichnet[124]. Entzieht das Parlament der Regierung das Vertrauen, so hat sie zurückzutreten. Andererseits verfügt die Regierung über das Recht, das Parlament (sei es jederzeit, sei es in bestimmten Ausnahmefällen) aufzulösen und Neuwahlen auszuschreiben. Die Exekutive ist zweigeteilt: Die wirkliche Macht liegt beim Regierungschef und den Ministern; dem Staatsoberhaupt kommen vornehmlich repräsentative Funktionen zu. Die von manchen behauptete Wandlung des parlamentarischen Regierungssystems – etwa in Großbritannien angesichts der starken Stellung des Premierministers – in eine Präsidentialisierung des parlamentarischen Systems ist bisher nicht eingetreten[125].

Sieht man einmal von einigen Mischformen ab (wie Frankreich, wo der vom Volk gewählte Präsident starken Einfluß genießt[126], so fällt vor allem die Schweiz mit ihrem Regierungssystem aus dem (west-)europäischen Rahmen, was die institutionelle Seite angeht. Ihr Direktorialsystem ist eine Art Allparteienregierung (»Modell des gütlichen Einvernehmens»). Die vier größten Parteien sind in der Regierung, dem dortigen Bundesrat, im Verhältnis 2:2:2:1 vertreten. Kritiker bemängeln, daß auf diese Weise die Entscheidungsfindung behindert wird. Die Schweiz ist auch in einem weiteren Punkt ein Sonderfall. Kein Land der Welt macht so häufig von Plebisziten unterschiedlicher Art Gebrauch (obligatorische und fakultative Referenden)[127]. Diese Form der direkten Demokratie – auf Bundes-, Kantons- und Gemeindeebene – bildet in gewisser Weise ein Gegengewicht zum Direktorialsystem, das nicht auf parlamentarischer Opposition fußt. Schon seit längerem wird in der Schweiz Abstimmungsmüdigkeit beklagt. Allerdings trägt die Vielzahl der plebiszitären Elemente auch zur politischen Integration der Bürger in das schweizerische Gemeinwesen bei und fängt Unzufriedenheit auf[128].

Liegt die Unterscheidung zwischen einem parlamentarischen, einem präsidentiellen und einem Direktorialsystem auf der institutionellen Ebene, so betrifft die Frage der Konfliktregelung vornehmlich die gesellschaftliche Ebene, insbesondere die politische Kultur. Die Konfliktherde sind in den einzelnen Demokratien verschieden und

---

123 Vgl. für Einzelheiten die überzeugende Arbeit von Winfried Steffani, unter Mitarbeit von Jens-Peter Gabriel (Hrsg.), Regierungsmehrheit und Opposition in den Staaten der EG, Opladen 1991.

124 Vgl. Eberhard Schütt-Wetschky, Grundtypen parlamentarischer Demokratie. Klassischaltliberaler Typ und Gruppentyp, Freiburg-München 1984.

125 Vgl. beispielsweise die Analyse für Großbritannien: Herbert Döring, Präsidentialisierung des parlamentarischen Systems? Westminster und Whitehall in der Ära Thatcher, in: Aus Politik und Zeitgeschichte, B 28/91, S. 3–13.

126 Vgl. Adolf Kimmel, Die Nationalversammlung in der V. französischen Republik, Köln 1983; ders., Der »Machtwechsel« von 1981 und die Entwicklung des politischen Systems der V. Republik, in: Zeitschrift für Politik, 34 (1987), S. 1–17.

127 Vgl. beispielsweise David Butler/Austin Ranney (Hrsg.), Referendums, Washington D.C. 1980; Jürgen Gebhardt, Direktdemokratische Institutionen und repräsentative Demokratie im Verfassungsstaat, in: Aus Politik und Zeitgeschichte, B 23/91, S. 16–30.

128 Vgl. Alois Riklin/Roland Kley, Stimmabstinenz und direkte Demokratie, Bern-Stuttgart 1981; positiver Hanspeter Kriesi, Direkte Demokratie in der Schweiz, in: Aus Politik und Zeitgeschichte, B 23/91, S. 44–54.

Abbildung 10: Konflikt- und Konsensbereiche
in europäischen politischen Kulturen

	Konflikte					Konsens				
Staaten	sprachl. regional	sozio-kulturell	sozial	konfes-sionell	polit. Institut.	Wirtsch.-ordnung	Sozial politik	Staat und Kirche	Ausländ. nat. Mind.	Außen-politik
Bundesrepublik Deutschland			x			x		x		x
Großbritannien	x		x			x		x		
Schweden			x			x		x	x	x
Norwegen			x	x		x		x	x	
Dänemark			x			x		x	x	
Finnland			x			x		x	x	x
Niederlande		x	x			x		x	x	x
Belgien	x	x	x		x	x		x		x
Luxemburg		x	x			x		x	x	x
Österreich		x	x			x	x	x	x	x
Schweiz		x	x			x	x	x		x
Frankreich	x	x	x					x		x
Italien	x	x	x			x			x	x
Spanien	x	x	x			x		x	x	x
Portugal	x	x	x			x		x	x	x
Griechenland		x	x		x			x	x	
Irland		x	x			x		x		x
Island			x			x		x		

Quelle: Jürgen Hartmann, Europa im Vergleich. Die politischen Systeme in den westeuropäischen Demokratien, Berlin 1991, S. 125.

unterschiedlich stark. Eine grobe Unterteilung differenziert zwischen Konkordanz- und Konkurrenzdemokratie. In der Konkurrenzdemokratie dominiert bei der Konfliktregelung das Mehrheitsprinzip, in der Konkordanzdemokratie die Berücksichtigung aller relevanten Interessen (im Extrem das Einstimmigkeitsprinzip). Offenkundig eignet sich die Konkurrenzdemokratie besser für überwiegend homogene Gesellschaften, die Konkordanzdemokratie eher für fragmentierte. Großbritannien kann trotz tiefer sozialer Konflikte als ein Beispiel für das erste, Belgien – angesichts des Sprachenstreits sowie der religiösen Gegensätze – als ein Beispiel für das zweite Modell gelten. Die Konfliktlinien beziehen sich etwa auf den konfessionellen, den ethnischen, den sozialen oder den sozio-kulturellen Bereich. Wie aus der Abbildung 10 hervorgeht, weisen die westlichen Demokratien in Europa höchst unterschiedliche Konflikt- und Konsensfelder auf, wobei die dortige Eingruppierung notwendigerweise vereinfacht.

Die Stabilität der genannten Länder ist nicht für die osteuropäischen Staaten kennzeichnend, auch wenn der Kommunismus dort keine oder keine tonangebende Rolle mehr spielt. Zwar sind sich relevante gesellschaftliche Gruppierungen in dessen Ablehnung aufgrund ihrer Erfahrung einig, nicht aber über den zukünftig einzuschlagenden Weg. Das gilt etwa für die Frage der Einführung des parlamentarischen Systems ebenso (manche befürworten in Osteuropa ein Präsidialsystem, dem die Gefahr einer autoritären Lösung innewohnt) wie für die territoriale (Neu-)Gestaltung.

Auch wenn sich in Staaten wie Polen[129] und Ungarn[130] der Wandel seit längerem anbahnte – im katholisch geprägten Polen etwa gab es bereits – vor dem Entstehen der Gewerkschaft »Solidarität« – 1956, 1970 und Mitte der siebziger Jahre massive Unruhen innerhalb der Arbeiterschaft – vollzog er sich im allgemeinen doch so abrupt[131], daß vielfach klare Konzepte bei den neuen, für den Systemwechsel unvorbereiteten Gruppierungen fehlen. Das überwiegende schlechte Abschneiden der Sozialdemokratie bei den ersten freien Wahlen ist auffallend[132] – wohl ein Resultat der kommunistischen Zwangsherrschaft, die auch den demokratischen Sozialismus in diesen Ländern diskreditiert hat[133].

In den ökonomisch und kulturell rückständigeren Ländern wie Bulgarien, Rumänien und Albanien ist es zunächst zu keinem grundlegenden, wohl aber zu einem gleitenden Systemwandel gekommen[134]. Die bisherigen kommunistischen Parteien konnten sich bei Wahlen behaupten – wenn auch unter einem anderen Namen und Programm. »Die ›atomisierte‹ Gesellschaft war in diesen beiden Ländern zu schwach gegenüber dem Parteienstaat, um eine Systemänderung herbeiführen zu können. Die Wahlen dienten vielmehr, wie auch in vielen Entwicklungsländern, zur Legitimation autoritärer Herrschaftsstrukturen.«[135] Doch auch hier ist der Wandel unausweichlich.

In den ehemals kommunistischen Staten sind drei wesentliche Aufgaben zugleich zu lösen. Erstens soll der demokratische Verfassungsstaat etabliert (z.B. die Herausbildung einer alternierenden Parteienregierung), zweitens das Wirtschaftssystem umgestellt (von Plan- auf Marktwirtschaft), drittens der zum Teil durch den Verlust des bisherigen sozialen Status auflebende Nationalismus[136] eingedämmt, zugleich aber auch das nationale Selbstbestimmungsrecht durchgesetzt werden (mit der Konsequenz, daß neue Staaten entstehen). Dieses Unterfangen kommt häufig – die politische, wirtschaftliche und auch kulturelle Integration der DDR in eine vergrößerte

129 Vgl. beispielsweise Jerzy Holzer, Polens Weg aus dem Kommunismus, in: Aus Politik und Zeitgeschichte, B 12–13/90, S. 17–28.

130 Vgl. etwa Rudolf L. Tökés, Vom Post-Kommunismus zur Demokratie. Politik, Parteien und Wahlen in Ungarn, in: Aus Politik und Zeitgeschichte, B 45/90, S. 16–33.

131 Vgl. die Länderbeiträge, in: Rainer Deppe/Helmut Dubiel/Ulrich Rödel (Hrsg.), Demokratischer Umbruch in Osteuropa, Frankfurt/M. 1991. Etwas marktschreierisch: Hans Benedict u.a., Revolution! Die Befreiung Osteuropas vom kommunistischen Absolutismus, Wien 1990.

132 Vgl. Henrik Bischof, Analyse der ersten freien Wahlen in Osteuropa. Ungarn, Tschechoslowakei, Rumänien, Bulgarien, hrsg. von der Friedrich-Ebert-Stiftung, Bonn 1990.

133 Vgl. u.a. Karl Duffek/Erich Fröschl (Hrsg.), Die demokratischen Revolutionen in Mittel- und Osteuropa. Herausforderungen für die Sozialdemokratie, Wien 1991.

134 In Rumänien verlief der Sturz des Ceausescu-Regimes zwar blutig, doch ist bis heute nicht hinreichend sicher geklärt, ob es sich um einen Volksaufstand gehandelt hat oder um einen inszenierten Putsch des Sicherheitsdienstes. Vielleicht sind auch beide Entwicklungen zusammengeflossen. Weit überzogen: Antonia Rados, Die Verschwörung der Securitate. Rumäniens verratene Revolution, Hamburg 1990.

135 H. Bischof (Anm. 132), S. 4.

136 Vgl. dazu die interessanten Überlegungen der tschechischen Soziologin Jirina Siklová, Nationalismus in Ost- und Mitteleuropa. Ersatz für den Werteverlust des sekundären sozialen Status, in: Frankfurter Allgemeine Zeitung vom 4. September 1991, die den aufkommenden Nationalismus als Ausdruck des grassierenden Wertevakuums interpretiert. – Zusammenfassend Magarditsch Hatschikjan, Osteuropa – ein nationalistischer Hexenkessel, in: Außenpolitik, 42 (1991), S. 211–220.

Bundesrepublik ist innerhalb weniger Jahre ohne größere Schwierigkeiten möglich – einer Quadratur des Kreises nahe. Musterbeispiel dafür ist das aufgrund vielfältiger Nationalitätenkonflikte von einem Bürgerkrieg heimgesuchte Jugoslawien. Drei Republiken – Kroatien, Slowenien und Mazedonien – haben bereits ihre Unabhängigkeit von der Zentralregierung erklärt. Die Balkanisierung des Balkans (in den neu sich formierenden Ländern gibt es wiederum eine Reihe nationaler Minderheiten) nimmt erschreckende Formen an. Die »Chronik einer Selbstzerstörung«[137] ist eine unendliche Geschichte. Was das kommunistische Regime unter Tito und auch noch danach gewaltsam zusammengehalten hatte, scheint nun in blutigen Wirren auseinanderzufallen. Freiheitsambitionen und national(istisch)e Bestrebungen verbinden sich, lassen sich jedenfalls nicht immer strikt trennen. Manches erinnert an die Zwischenkriegszeit.

»Europa ohne Kommunismus«[138] – das hätte noch vor wenigen Jahren jeder Beobachter als Hirngespinst angesehen. Die Umbenennung von Leningrad in St. Petersburg ist symbolträchtig für den Wandel. Heutzutage gibt es faktisch kein kommunistisches Regime mehr, auch wenn in dem einen oder anderen südosteuropäischen Staat Repräsentanten spätkommunistischer Vorstellungen nach wie vor an der Regierung mitbeteiligt sind. Noch ist angesichts nationaler Eigenbrötelei der Übergang zu parlamentarisch-demokratischen Formen nicht überall sicher.

In Nordamerika hat sich der demokratische Verfassungsstaat bis auf den heutigen Tag behauptet. Gleichwohl ist ein sich aus unterschiedlichen Wurzeln speisender, häufig kulturpessimistisch geprägter Antiamerikanismus verbreitet. Für die einen gilt Amerika – gemeint sind in der Regel die USA – als »imperialistische Supermacht« mit Kreuzzugsmentalität in der Ausbeutung anderer Länder, für die anderen firmiert es als Symbol des nackten Mammonismus und der seelenlosen Dekadenz. Manchmal fließen unterschiedliche ideologische Positionen ineinander – etwa bei der Ablehnung der westlichen Wertegemeinschaft[139]. Rechte Kulturkritik und linke Sozialkritik vermischen sich.

Die USA sind der Prototyp eines präsidentiellen Systems, bei dem eine relativ starke Trennung zwischen Parlament und Regierung besteht[140]. Der Präsident, die Funktionen des Regierungschefs und des Staatsoberhauptes in sich vereinend, darf auf keinen Fall dem Parlament angehören. Die Regierung erhält ihre Legitimation durch die Volkswahl des Präsidenten (formal über Wahlmänner). Ungeachtet der Mehrheitsverhältnisse im Parlament – seit einigen Jahren spricht ein Teil der For-

137 Vgl. Wolfgang Libal, Das Ende Jugoslawiens, Chronik einer Selbstzerstörung, Wien-Zürich 1991.

138 Vgl. Michael Mertes u.a., Europa ohne Kommunismus. Zusammenhänge, Aufgaben, Perspektiven, Bonn 1990.

139 Vgl. beispielsweise von links Rolf Winter, Ami go home. Plädoyer für ein Abschied von einem gewalttätigen Land, Hamburg 1989 (»›Wertegemeinschaft‹ ist Satelliten-Argot« – S. 35); ders., Die amerikanische Zumutung. Plädoyer gegen das Land des real existierenden Kapitalismus, München 1990; von rechtsaußen Gustav Sichelschmidt, Amerikanismus. Der Weltfeind Nr. 1, Berg am See 1990 (u.a. mit Kritik am »despotischen Demokratismus«, S. 19, und am »trostlosen Kult der entfesselten Technik«, S. 75).

140 Vgl. Hartmut Wasser, in Zusammenarbeit mit Werner Kremp und Jakob Schissler (Hrsg.), USA. Politik – Gesellschaft – Wirtschaft, Opladen 1991; Emil Hübner, Das politische System der USA. Eine Einführung, München 1990^2.

schung von einer Krise der beiden Großparteien *Republikaner* und *Demokraten* u.a. aufgrund ihrer schwächer gewordenen Integrationsfunktion[141] – ist der Präsident für die Dauer seiner Amtszeit nicht absetzbar[142]. Darin liegt einer der Gründe für die nur schwach ausgeprägte Fraktionsdisziplin, bilden sich doch bei Gesetzgebungsverfahren häufig ad hoc-Mehrheiten. Der Präsident muß mit dem Kongreß zusammenarbeiten, da er ihn nicht auflösen kann. Um Funktionsstörungen klein zu halten, ist das präsidentielle System viel eher durch eine Koordinierung und Verschränkung der Gewalten gekennzeichnet (System der »checks and balances«) als durch eine strikte Gewaltentrennung (»separation of powers«).

Kanada, das andere Land Nordamerikas, sowie Australien und Neuseeland, um die beiden Staaten des fünften Kontinents zu nennen, haben – wie die Vereinigten Staaten von Nordamerika – seit langem ein gefestigtes demokratisches Regierungssystem. Nicht nur in diesen Ländern ist der Zusammenbruch des Kommunismus als Indiz für die Lebensfähigkeit der parlamentarischen Demokratie perzipiert worden. Er war – neben anderen Faktoren – auch eine Folge der Standhaftigkeit der von den USA maßgeblich bestimmten Politik des Westens.

3. *Süd- und Mittelamerika*

Die Demokratisierungswelle in Lateinamerika setzte bereits vor dem kommunistischen Systemsturz in Osteuropa ein, ist davon nicht ausgelöst worden. Menschenrechtsverletzungen in Süd- und Mittelamerika wurden und werden – verglichen etwa mit denen in Afrika – weniger mild beurteilt, offenkundig wegen der längeren demokratischen Tradition vieler Länder Südamerikas. Das gilt zumal für den Andenstaat Chile. Die Militärjunta unter General Pinochet, der 1973 den sozialistischen Präsidenten Salvador Allende in einem Putsch entmachtet hatte, ließ zwischen 1973 und 1989 zwar Konzentrationslager für Andersdenkende errichten, versuchte aber gleichwohl nicht jede Form legalistischer Orientierung zu unterlaufen. Sein Nachfolger Patricio Aylwin – Pinochet war bei einem Plebiszit 1989 über eine achtjährige Verlängerung seiner Amtszeit eine Mehrheit versagt geblieben – sucht die aufgrund des Allende- und Pinochet-Regimes stark polarisierte chilenische Gesellschaft zu einen und den schwierigen Übergang zur Demokratie zu erleichtern[143]. Pinochet hat – eine schwere Hypothek für einen Neuanfang – bis auf den heutigen Tag das Amt des Oberbefehlshabers des Heeres nicht aufgegeben.

Angesichts häufiger Systemwechsel in Lateinamerika stellt sich die Frage nach der Aufarbeitung der verbrecherischen Vergangenheit. Das Ergebnis fällt zum Teil trostlos aus: »In Argentinien wurden einige uniformierte Täter vor Gericht gestellt – und dann in die Ferien geschickt. Die volle Wahrheit über ihre Untaten kam nie ans Licht.

141 Vgl. beispielsweise Peter Lösche, Zerfall und Wiederaufbau. Die amerikanischen Parteien in den achtziger Jahren, in: Hartmut Wasser (Hrsg.), Die Ära Reagan. Eine erste Bilanz, Stuttgart 1988, S. 185–204.

142 Die einzige Ausnahme ist das *impeachment,* die sogenannte Präsidentenanklage, welcher der in den Watergate-Skandal verwickelte republikanische Präsident Richard Nixon durch seinen Rücktritt zuvorgekommen war.

143 Vgl. Wilhelm Hofmeister, Chiles Weg zur Demokratie, in: Aus Politik und Zeitgeschichte, B 43/90, S. 44–54.

In Brasilien veröffentlichte die katholische Kirche eine Dokumentation über Menschenrechtsverletzungen während der Militärdiktatur. Die zivilen Mitläufer der damaligen Generäle sind noch heute in hohen Ämtern. Der Rückzug der Militärs in die Kasernen wurde mit faulen Kompromissen erkauft. In Uruguay wurde in einem dubiosen Volksentscheid eine Generalamnestie beschlossen. In Paraguay wechselte man lediglich die Uniformen.«[144] Lediglich in Chile, wo die Menschenrechtsverletzungen freilich auch besonders gravierend waren, wurde und wird eine intensive Aufarbeitung der politischen Verbrechen der vergangenen Zeit angestrebt, aber keine Bestrafung der politisch Verantwortlichen des Unrechtsregimes. Die fehlende Aufarbeitung der Vergangenheit »einer vorschnellen und oberflächlichen Beruhigung der politischen Lage geopfert zu haben« gilt für Kritiker als möglicher »schwerwiegender Geburtsfehler«[145].

Kolumbien dürfte das Land Lateinamerikas sein, das am meisten von höchst heterogenen, mafiaähnlich strukturierten Guerillabewegungen heimgesucht ist. Eine Möglichkeit, die Macht dieser Gruppierungen auszuschalten oder doch zu limitieren, war ein Amnestiegesetz, eine andere deren gesellschaftliche Einbindung[146]. Weder das eine noch das andere hat bisher zu handfesten Erfolgen geführt. Venezuela hingegen ist seit dem Jahre 1958 – dem Sturz der Pérez-Jiménez-Diktatur – von jeder Form der Diktatur verschont geblieben und scheint – bei allen Mängeln[147] – funktionsfähige Konfliktregelungsmechanismen zu besitzen[148].

Kuba wird seit dem Jahre 1959 nach dem Sturz des korrupten Batista-Regimes von Fidel Castro regiert. Die anfänglichen Sympathien – Castro war zunächst kein Kommunist[149] – sind längst in Gleichgültigkeit, wenn nicht gar Haß bei der kubanischen Bevölkerung umgeschlagen – der »kubanische Entwicklungsweg«[150] ist kein Modell (mehr). Vieles hat sich als Mythos entpuppt (wie etwa das expandierende Bildungssystem, das funktionierende Gesundheitssystem sowie die Beseitigung der wirtschaftlichen Not). Castros Herrschaft ist vom Systemwandel in Osteuropa mannigfach betroffen – ökonomisch (fehlende Unterstützung der Sowjetunion und anderer Länder), militärisch (Abzug sowjetischer Truppen) und politisch (weltweite Isolierung). Doch hält er nach wie vor unbeirrbar an den »Errungenschaften« der Revolution fest. Gleichwohl oder vielleicht auch deshalb wächst die Unzufriedenheit weiter Teile der Bevölkerung. Davon legen nicht nur die legalen (pro Jahr dürfen 20000

---

144 Carl D. Goerdeler, Die Macht der Wahrheit. In Chile wurden die Gewalttaten der Pinochet-Diktatur aufgedeckt, in: Die Zeit vom 15. März 1991.

145 G. Maihold (Anm. 96), S. 28.

146 Vgl. Martin Gester, Reiche Guerilleros. Der schmutzige Krieg in Kolumbien geht weiter, in: Frankfurter Allgemeine Zeitung vom 11. Mai 1990.

147 Vgl. Nikolaus Werz, Die »Lateinamerikanisierung« Venezuelas, in: Deutsches Übersee-Institut Hamburg (Hrsg.), Jahrbuch Dritte Welt 1990, München 1989, S. 240–256.

148 Vgl. Günther Maihold, 30 Jahre Demokratie in Venezuela – ein Modell für Lateinamerika?, in: R. Sevilla (Hrsg.), Venezuela. Kultur- und Entwicklungsprobleme eines OPEC-Landes in Südamerika, Tübingen 1988, S. 75–91.

149 Vgl. u.a. zu diesem als charismatisch geltenden Diktator: Peter G. Bourne, Fidel Castro, Düsseldorf u.a. 1988.

150 Vgl. Horst Fabian, Der kubanische Entwicklungsweg. Ein Beitrag zum Konzept autozentrierter Entwicklung, Opladen 1981; Karin Stahl, Kuba – eine neue Klassengesellschaft?, Heidelberg 1987. Zur neuesten Entwicklung: Raimund Krämer, Kuba: Das Ende des »Karibischen Sozialismus«, in: Aus Politik und Zeitgeschichte, B 39/91, S. 19–28.

Personen gegen Zahlung von Devisen das Land verlassen; lag früher das Mindestalter bei 60 für Frauen und 65 für Männer, so beträgt es heute 30 bzw. 35) und illegalen Ausreisen zumeist in die USA Zeugnis ab. Castros Experiment muß längst als gescheitert gelten, noch bevor es zusammengebrochen ist. Seine Hinterlassenschaft dürfte desaströs sein.

In Nicaragua ging die Herrschaft der mit Castro sympathisierenden und militärisch zusammenarbeitenden Sandinisten unter Daniel Ortega 1990 zu Ende. Die Sandinisten hatten sich gegen das korrupte und nepotistische Somoza-Regime Ende der siebziger Jahre durchgesetzt und später selbst die Freiheitsrechte wenn auch nicht beseitigt, so doch beschnitten (nicht nur beim Kampf gegen die *Contra*-Rebellen)[151]. Immerhin ließen sie 1990 aufgrund internationalen Drucks freie Wahlen zu[152], die den Sieg der bürgerlichen Opposition unter Violetta Barrios de Chamorro mit rund 55 Prozent der Stimmen brachten.

Im Gegensatz zu vielen seiner Vorgänger – und wohl auch zu seinem Nachfolger Ronald Reagan – hatte sich der amerikanische Präsident Jimmy Carter um eine glaubwürdige Menschenrechtspolitik in Mittel- und Südamerika bemüht[153]. Die Okkupation von Grenada im Jahre 1983 und die von Panama (1989) – mit der Folge des Sturzes von General Noriega, der die Wahlen von 1989 annullieren ließ – durch die USA (die Soldaten sind inzwischen wieder abgezogen) hat in großen Teilen der Weltöffentlichkeit Kritik hervorgerufen. Die Staaten wurden teilweise negativ als »Pentagon-Republiken« apostrophiert. Im Jahre 1990 hat es in Grenada aufgrund von Parlamentswahlen einen ordnungsgemäßen Regierungswechsel gegeben. In Panama kam wieder der von Noriega entmachtete Guillermo Endara an die Regierung zurück.

Gegenwärtig spielen rechts- und linksdiktatorische Regime in Lateinamerika keine Rolle, nachdem auch das langjährige Stroessner-Regime in Paraguay zu Anfang des Jahres 1989 gestürzt und eine allerdings bisher zögerliche Demokratisierung eingeleitet worden ist. Jedoch sagt dieser positive Befund wenig über den ökonomischen und sozialen Fortschritt aus. Ob aber die Prophezeiung von Nikolaus Werz aus dem Jahre 1980 eintritt, erscheint keineswegs sicher: »Aufgrund einer weiterhin krisenhaften und konfliktreichen Entwicklung werden – trotz vorübergehender demokratischer Öffnungsphasen – autoritäre und militärische Herrschaftsformen auch in Zukunft das politische Geschehen in Lateinamerika prägen.«[154] Schließlich haben sich im letzten Jahrzehnt Legitimationsmuster herausgebildet, deren Nichtbeachtung für autoritäre Führungen mit hohen – nationalen und internationalen – Risiken verbunden ist. Frei-

---

151 Eine abgewogene Einschätzung des sandinistischen Regimes findet sich bei Gerd Langguth, Wer regiert Nicaragua? Geschichte, Ideologie und Machtstrukturen des Sandinismus, Stuttgart 1989. Viele Studien zeigten sich gegenüber dem sandinistischen System unkritisch. Etwa: Wilhelm Kempf (Hrsg.), Medienkrieg oder »Der Fall Nicaragua«. Politisch-psychologische Analysen über US-Propaganda und psychologische Kriegsführung, Berlin–Hamburg 1990.

152 Vgl. Clemens Rode, Der Friedensplan von Esquipulas und die Wahlen in Nicaragua. Ein Beispiel der Lösung von Regionalkonflikten, in: Aus Politik und und Zeitgeschichte, B 43/90, S. 31–43.

153 Vgl. Friedbert Pflüger, Die Menschenrechtspolitik der USA. Amerikanische Außenpolitik zwischen Idealismus und Realismus 1972–1982, München-Wien 1983.

154 Nikolaus Werz, Lateinamerika: Das Erbe der Caudillos und die Systemkrise der Gegenwart, in: H. F. Illy/R. Sielaff/N. Werz (Anm. 84), S. 170; Manfred Wöhlcke, Der Fall Lateinamerika. Die Kosten des Fortschritts, München 1989.

lich ist die Dominanz des Militärs in Lateinamerika notorisch[155]. Allerdings muß dieser Tatbestand – die allmähliche Demokratisierung militärischer Bastionen vorausgesetzt – nicht notwendigerweise in neue Diktaturen münden.

4. Afrika

»Schwarzafrika erlebt derzeit die tiefgreifendsten Umbrüche seit dem Ende des ›territorialen Kolonialismus‹, als der erste *wind of change* die weißen Fremdherrscher verjagte. Das führte vor einer Generation, im Jahr 1960, zur Wiedergeburt Afrikas. Denn damals konnten 17 Kolonien ihre formale Unabhängigkeit und staatliche Selbständigkeit gegenüber Europa durchsetzen.«[156] Nach der äußeren folgt in manchen Ländern – jedenfalls dem Anspruch nach – die »innere Dekolonisation«[157]. Heutzutage wollen etwa 20 Staaten Afrikas eine Art Mehrparteiensystem einführen. An diesem Beispiel läßt sich die »Einheit« der Staatenwelt zeigen: Die Entwicklung im Osten führt zu Konsequenzen im Süden, zum Wertesystem des Westens. Allerdings wäre es wohl auch ohne Osteuropa angesichts der zugespitzten Situation in vielen afrikanischen Staaten zu Umbrüchen gekommen, wenngleich nicht in diesem Tempo. Mit Walter Michler kann man die Auswirkungen des osteuropäischen Systemwandels auf Afrika folgendermaßen beschreiben[158]:

1. Fast überall ist der Marxismus-Leninismus als Staatsideologie und als Entwicklungsmodell aufgegeben worden.
2. Eine Demokratisierung der politischen Systeme in Afrika ist in die Wege geleitet worden.
3. Die Einparteiensysteme sind auf dem Rückzug. Wer an ihnen festzuhalten gedenkt, gerät in immer größere Legitimationsnöte.
4. Die politischen Veränderungen haben auch eine Wandlung im ökonomischen Bereich zur Folge – »gemäß der Maxime: weniger Staat und weniger Dirigismus«[159].

Allerdings sind diejenigen afrikanischen Länder, die in letzter Zeit insbesondere von Intellektuellen und städtischen Mittelschichten ausgehende Umbrüche erlebt haben, bisher keineswegs demokratische Musterstaaten geworden[160]. Insgesamt erscheint der Wandel recht »zaghaft«[161]. Nicht überall ist die Entwicklung so positiv – und so friedlich – verlaufen wie in der Republik Benin, dem früheren Königreich Dahomey. Dort wurde nach einer »Nationalkonferenz« eine neue Verfassung ausgearbeitet, ein Mehrparteiensystem installiert und in demokratischer Form ein Parlament gewählt, nachdem Benin bis 1989/90 ein marxistisch-leninistisches Regime aufgepfropft worden war.

---

155 Vgl. G. Maihold (Anm. 96), S. 17–29.

156 Walter Michler, Weltgeschichtlich nicht im Abseits: Perestroika in Schwarzafrika, in: Die Neue Gesellschaft/Frankfurter Hefte, 38 (1991), S. 816 (Hervorhebung im Original).

157 So B. Grill/B. Kaps, »Der Ruf nach Demokratie. Durch den Schwarzen Kontinent fegt der »Wind des Wandels«, in: Die Zeit vom 31. August 1990.

158 Vgl. W. Michler (Anm. 156), S. 816f.

159 Ebd., S. 817.

160 Vgl. Gero Erdmann, Demokratisierung in Afrika. Aussichten und Bedingungen, in: Blätter für deutsche und internationale Politik, 36 (1991), S. 51–59.

161 So Carola Kaps, Zaghafter Wandel auch in Afrika. Ohne Demokratie keine Entwicklung, heißt es nun, in: Frankfurter Allgemeine Zeitung vom 19. Mai 1991.

Im letzten Jahr fanden neun Machtwechsel statt[162]. Nur einer verlief nach dem üblichen Schema des Militärputsches (in Lesotho). Fünf folgten im Anschluß an Rebellionen oder Volksaufstände (Liberia, Tschad, Somalia, Mali, Äthiopien), drei nach dem Muster des friedlichen Übergangs (neben dem erwähnten Benin die Kapverden und São-Tomé). In vielen anderen Staaten gärt es. Insbesondere wird die Forderung nach Einberufung einer von allen gesellschaftlichen Gruppen beschickten »Nationalkonferenz« als eine Art Staatsgründungsakt erhoben (wie bisher in Benin, Gabun, im Kongo und in Togo).

Besonders der Sturz des kommunistischen Diktators Mengistu 1991 im ärmsten Land Afrikas – in Äthiopien war 1974 der Kaiser abgesetzt worden – hat Hoffnungen geweckt. Sein langjähriger, pro-westlich ausgerichteter Rivale Mohammed Siad Barre von Somalia war bereits im Januar 1991 entmachtet worden. Wie in Äthiopien ist in Angola und Moçambique das kommunistische System ebenfalls gescheitert.

In anderen afrikanischen Staaten hingegen bewegt sich wenig. Das gilt etwa für die Republik Zaire, dem elftgrößten Staat der Erde. Seit dem Jahre 1965 regiert im früheren Kongo der antikommunistische Despot General Mobutu, nachdem in diesem Land von der Unabhängigkeit im Jahre 1960 an fünf Jahre lang heftige Wirren getobt hatten. Die dortige Stabilität ist mit Korruption und Unterdrückung der Menschenrechte teuer erkauft worden. Immerhin hat selbst Mobutu – »seine *dotation présidentielle* beläuft sich auf fünfzehn Prozent des Staatshaushaltes, den Rest des Budgets verschlingen astronomische Militärausgaben und gigantomanische Prestigeprojekte«[163] – als Reaktion auf den sich anbahnenden Wandel neben seiner »Einheitspartei« auch weitere Parteien zulassen müssen[164]. Die USA sind seit dem Ende des Ost-West-Konflikts nicht mehr an einer Stabilisierung der Mobutu-Herrschaft interessiert. In der westafrikanischen Präsidialrepublik Elfenbeinküste[165] ist seit 1960, dem Jahr der Unabhängigkeit, Félix Houphoutet-Boigny der Alleinherrscher, in Sambia Kenneth D. Kaunda seit 1964. Aber auch hier zeichnen sich Wandlungen ab. Manche langjährigen Alleinherrscher wie Jerry Rawlings in Ghana (seit 1981) treten die Flucht nach vorn an und versprechen Reformen, deren Erfüllung sie zu hintertreiben suchen[166].

Mit Namibia wurde 1990 die letzte afrikanische Kolonie (zunächst Deutschlands, seit dem Ersten Weltkrieg Südafrikas) unabhängig und als 160. Mitglied in die UNO aufgenommen. Dieser Prozeß war für Südafrika in gewisser Weise »eine Art Generalprobe für den Anti-Apartheid-Prozeß im eigenen Lande«[167]. Die Entwicklung in

---

162 Vgl. für die folgenden Ausführungen Dominic Johnson, Afrika auf der Suche nach Zukunft. Demokratie nach 30 Jahren Unabhängigkeit, in: Die Neue Gesellschaft/Frankfurter Hefte, 38 (1991), S. 792–805.

163 B. Grill/B. Kaps (Anm. 157).

164 Vgl. beispielsweise Helmut Heinzlmeier, Von Leopold II. zu Mobutu I. Ein Subkontinent voller Gegensätze, in: Das Parlament vom 9./16. November 1990; Archiv der Gegenwart vom 30. März 1991, S. 34583 f.

165 Nach einem Dekret des Präsidenten darf *Cote d'Ivoire* nicht übersetzt werden.

166 Vgl. beispielsweise Günter Krabbe, Ghana soll ein Beispiel werden. Rückkehr zur Demokratie nach den Vorstellungen von Staatschef Rawlings, in: Frankfurter Allgemeine Zeitung vom 12. August 1991.

167 So Marion Gräfin Dönhoff, Aufbruch in die Freiheit. Namibia wurde als letzte afrikanische Kolonie unabhängig, in: Die Zeit vom 23. März 1991.

Schwarzafrika hat nämlich ein Pendant in Südafrika gefunden. Dort ist, gefördert durch die internationalen Rahmenbedingungen, die seit Jahrzehnten praktizierte Apartheid-Politik – fünf Millionen privilegierte Weiße herrschten über 20 Millionen Schwarze, drei Millionen Farbige und eine Million Inder – gegen den Widerstand konservativer Buren aufgegeben worden[168].

Der Präsident Frederik Willem de Klerk hatte am 2. Februar 1990 in einer Parlamentsansprache gravierende Änderungen angekündigt: »Das Ziel ist eine vollständig neue gerechte politische Ordnung, die jedem Bürger die gleichen Rechte, die gleiche Behandlung und die gleichen Chancen in jedem Lebensbereich zusichert.«[169] Verbote gegen Anti-Apartheid-Organisationen wie den *Panafrikanischen Kongreß* (ANC) wurden aufgehoben, Symbolfiguren wie Nelson Mandela – nach über 27 Jahren – und Walter Sisulu – nach 26 Jahren Haft – ebenso freigelassen wie andere politische Gefangene, Gesetze, die die Rassentrennung festschrieben, geändert (wie z. B. das Gesetz über getrennte Wohngebiete). Im Gegenzug fand sich der ANC bereit, auf Gewaltanwendung zu verzichten. Auf Seiten der Weißen wie der Schwarzen gab und gibt es Tauben und Falken, sogar Extremisten. Der Konflikt wurde und wird durch interne Rivalitäten schwarzer Kräfte verschärft – etwa dem ANC um Mandela auf der einen und der radikaleren *Inkatha-Freiheitspartei* um Mangosuthu Buthelezi auf der anderen Seite. 1991 schließlich ist die Rassenregistrierung – die Grundlage der Apartheid – aufgehoben worden. Damit geht die außenpolitische Isolierung Südafrikas zu Ende. Der Wahlmodus der für 1994 vorgesehenen ersten demokratischen Wahlen steht ebenso noch aus wie die Ausarbeitung einer neuen Verfassung. Das gilt auch für die Aufnahme der Schwarzen in die südafrikanische Regierung[170].

Durch den Wandel in Afrika ist eine lange verdrängte Entwicklung ins Blickfeld gerückt worden. Die Kritik an blutrünstigen Regimen wie dem Uganda Idi Amins und der Zentralafrikanischen Republik Bokassas einerseits und dem rassistischen Regime in Südafrika andererseits hat indirekt vergessen gemacht, daß fast alle schwarzafrikanischen Staaten keine annähernd demokratischen Lebensformen hervorgebracht und sich schwerster Verstöße gegen die Menschenrechte schuldig gemacht haben.

Das verstärkte Wiederaufleben des Tribalismus[171] mag die Kehrseite der afrikanischen Demokratisierung sein. Das Einparteiensystem ist in Afrika lange mit dem Argument begründet und gerechtfertigt worden (beispielsweise das Einparteienregime des 1990 zurückgetretenen Julius K. Nyerere in Tansania), daß es mehr der afrikanischen Tradition entspreche, Konsens anzustreben und Stammesrivalitäten auszugleichen, statt eine Wettbewerbsdemokratie angelsächsischen Musters zu er-

---

168 Vgl. beispielsweise: Theodor Hanf, Konflikttransformation in Südafrika: Friedlicher Wandel durch Verhandlungen?; Klaus Frhr. von der Ropp, Südafrika auf dem Weg zur Demokratie?; Klaus Lange, Zum Verhältnis von Stabilität und Kompromißbereitschaft in Südafrika, jeweils in: Aus Politik und Zeitgeschichte, B 50/90, S. 3–11, S. 12–20, S. 21–28; Steven Mufson, South Africa 1990, in: Foreign Affairs, 70 (1991), S. 120–141.

169 Zit. nach Anton Christen, Die Abkehr von der Apartheid. Südafrika auf dem Weg zu einer neuen Ordnung, in: Europa-Archiv, 46 (1991), S. 332.

170 Vgl. Klaus Hornung, Wohin geht Südafrika?, in: Die politische Meinung, 36 (1991) 260, S. 76–83.

171 Vgl. dazu Franz Nuscheler/Klaus Ziemer, Politische Herrschaft in Schwarzafrika. Geschichte und Gegenwart, München 1980, insbes. S. 92–96 (»Tribalismus«: Konfliktursache oder Konfliktwirkung?).

möglichen[172], zumal viele der afrikanischen Staaten aufgrund der willkürlichen Grenzziehungen durch die Kolonialmächte keine authentische nationale Identität besitzen[173]. Häufig ist dieses Argument schlicht zur Errichtung einer nackten und absolutistischen Diktatur mißbraucht worden. Die Leistungsbilanz fiel nirgendwo positiv aus. Im Vergleich zur ohnehin schwierigen Situation in Lateinamerika ist, was das Voranschreiten der Demokratisierung angeht, noch größere Skepsis angebracht.

5. *Asien*

Für Asien lassen sich eindeutige Tendenzen wie für Lateinamerika und Afrika nicht aufzeigen. Die jüngsten Entwicklungen sind teilweise gegenläufig, wenngleich Demokratisierungsprozesse überwiegen. Die wirtschaftlich sich öffnende Regierung der Volksrepublik China hat, noch bevor die kommunistischen Regime in Osteuropa hinweggefegt wurden, in Peking auf dem Tiananmen-Platz gegen aufbegehrende Studenten ein Massaker angerichtet, das weitere Exekutionen nach sich zog[174]. Der politische Systemwandel in Osteuropa ist mit tiefem Mißbehagen verfolgt worden. Ähnliches gilt für die kommunistischen Regime in Vietnam und Nordkorea. Dort herrscht seit 1948 Kim Il Sung autokratisch. Als Nachfolger ist sein Sohn vorgesehen. Mehr noch als China und Vietnam, die vorsichtig marktwirtschaftliche Elemente berücksichtigen, symbolisiert Nordkorea den Totalitarismus. Die von Vietnam in Kambodscha eingesetzte Regierung – 1978 hatte die Intervention Vietnams das Terrorregime der *Roten Khmer* unter Pol Pot bezwungen – ist verschiedener Widerstandsorganisationen nicht Herr geworden. Internationale Friedenskonferenzen führten bisher auch nicht zu einer Befriedung des Konflikts[175]. Hingegen ist in der nur noch teilweise kommunistischen Mongolei als Reaktion auf die Krise des Kommunismus ein Reformprozeß eingeleitet worden.

Wesentlich besser als in Nordkorea – nicht nur in wirtschaftlicher Hinsicht – sieht die Entwicklung in Südkorea aus, auch wenn dieser Staat weit davon entfernt ist, dem politischen Pluralismus ungefilterte Entfaltungsmöglichkeiten zu geben[176]. Gespräche zwischen den beiden koreanischen Staaten zwecks einer Wiedervereinigung führten zu keinen Ergebnissen. Die »größte Demokratie der Welt«, wie Indien manchmal verkürzt genannt wird, versteht sich als ein säkularer Staat (ca. 650 Millionen Hindus,

---

172 Begründungen für afrikanischen Sozialismus, Einheitspartei und Militärherrschaft aus der Feder von Julius Nyerere, Ahmadou Ahidjo und Siad Barre finden sich bei H. F. Illy/R. Sielaff/N. Werz (Anm. 84), S. 56–64.

173 Vgl. Günter Krabbe, Warum Kenia nur eine Partei hat. Afrikanische Überlegungen im Lichte der Entwicklungen in Ostmitteleuropa, in: Frankfurter Allgemeine Zeitung vom 17. Mai 1990; ders., Kenia beginnt mit Reformen. Der Grundsatz der Einheitspartei wird jedoch nicht in Frage gestellt, in: Frankfurter Allgemeine Zeitung vom 5. Januar 1991.

174 Vgl. Oskar Weggel, Die Volksrepublik China in der Krise. Gesellschaftliche und politische Hintergründe der Studentenunruhen, in: Aus Politik und Zeitgeschichte, B 44/89, S. 25–36.

175 Vgl. Ulrich Füßer/Gerhard Will, Kambodscha: Kein Frieden in Sicht, in: Außenpolitik, 42 (1991), S. 199–208; Peter Schier, Kambodscha zwischen Krieg und Frieden, in: Aus Politik und Zeitgeschichte, B 32/90, S. 23–35.

176 Vgl. – wenn auch überzogen – Rainer Wernig, Südkorea: Das beschädigte Modell, in: Blätter für deutsche und internationale Politik, 36 (1991), S. 791–795.

90 Millionen Moslems, 20 Millionen Christen, 15 Millionen Sikhs), der sich allerdings zunehmend durch die Ausbreitung des Islams in den Nachbarregionen bedroht wähnt und einen Hindu-Fundamentalismus provoziert[177]. Die Ermordung des Ex-Premiers und Führers der *Kongreßpartei* Rajiv Gandhi 1991, Sohn der 1984 ebenfalls ermordeten Indira Gandhi, hat die ohnehin angespannte Lange der seit jeher labilen Demokratie[178] weiter angeheizt[179]. Als »höchste Demokratie der Welt«[180] gilt seit kurzem Nepal, mußte doch dort aufgrund von Massendemonstrationen das drei Jahrzehnte bestehende Verbot, Parteien zu gründen, von König Birendra aufgehoben werden. Damit ist das *Panchayat*-System, auf dem die Macht des Monarchen fußte, abgeschafft. Eine neue Verfassung hat den Übergang zur konstitutionellen Monarchie besiegelt[181]. Im Mai 1991 wurden seit 32 Jahren wieder Wahlen abgehalten. In Bangladesh, das 1971 von Pakistan die Unabhängigkeit erlangt hatte, ist das autoritäre Präsidialsystem abgeschafft worden: Bei einer Volksabstimmung im September 1991 sprachen sich über 80 Prozent für die Einführung der parlamentarischen Demokratie aus.

Auch in Myanmar (bis Mai 1989: Birma oder Burma), das 1962 bis 1988 von General Ne Win und seiner *Sozialistischen Programmpartei* beherrscht und wegen der Unterstützung des Westens als »hofierte Despotie«[182] bezeichnet wurde, fanden nach fast 30 Jahren 1990 die ersten – überwiegend – demokratischen Wahlen statt. Sie endeten mit einem Sieg der bisherigen Opposition, die sich durch den Aufbruch in Osteuropa zu einem Machtkampf ermuntert fühlte, nachdem ein erster Machtwechsel bereits 1988 erfolgt war. Nach Ausarbeitung einer Verfassung durch das Parlament will das Militär die Macht abgeben[183].

In Indonesien mit seinen rund 170 Millionen Einwohnern das fünftgrößte Land nach der Zahl der Bevölkerung – hinter China, Indien, Sowjetunion und den USA – blieb hingegen alles beim alten. Der Staats- und Regierungschef heißt seit 1967 Suharto, als dieser den Staatsgründer Sukarno entmachtete. Seine antikommunistische Politik hat dem Land zwar gewisse Stabilität, aber keinesfalls Liberalität gebracht. Das gilt auch für andere Länder Asiens wie Singapur. In Thailand[184] hingegen und auf den Philippinen – Corazon Cojuangco Aquino, die Frau des ermordeten Oppositionspolitikers Benigno Aquino, hat 1986 den bisherigen Diktator Ferdinand Marcos ins

---

177 Vgl. Paul Johnson, Gefährdet der Islam die größte Demokratie der Welt?, in: Neue Zürcher Zeitung vom 15. November 1990.

178 Vgl. zusammenfassend Joginder Malhotra, Indien: Wirtschaft, Verfassung, Politik. Entwicklungstendenzen bis zur Gegenwart, Wiesbaden 1990.

179 Vgl. beispielsweise Erhard Haubold, Festung Indien. Gewalt, Korruption und Mißachtung der Menschenrechte auf dem Subkontinent nehmen zu, in: Frankfurter Allgemeine Zeitung vom 26. Juni 1991.

180 Wolfgang Möllers, Demokratisierungsprozeß in dünner Luft, in: Das Parlament vom 7. Juni 1991.

181 Vgl. Erhard Haubold, Bleibt der König loyal? Schwieriger Übergang zur konstitutionellen Monarchie in Nepal, in: Frankfurter Allgemeine Zeitung vom 8. Mai 1991.

182 Vgl. ders., Die hofierte Despotie. Bald dreißig Jahre unterstützt der Westen das Schrekkensregiment in Burma, in: Frankfurter Allgemeine Zeitung vom 26. Mai 1990.

183 Vgl. Günter Siemers, Myanmar (Birma) auf dem Wege zur Demokratie?, in: Aus Politik und Zeitgeschichte, B 32/90, S. 36–44.

184 Vgl. Jürgen Rüland, Politischer und sozialer Wandel in Thailand 1973–1988, in: Aus Politik und Zeitgeschichte, B 44/89, S. 3–16.

Exil gezwungen – schreitet der politische Reformprozeß voran, wenngleich nicht geradlinig: Corazon Aquino konnte mehrere Umsturzversuche vereiteln.

Der Nahe Osten, der an dieser Stelle aus Gründen der Übersichtlichkeit zusammen behandelt wird, obwohl einige Staaten wie Mauretanien, Marokko, Algerien, Tunesien, Libyen und Ägypten in Afrika liegen, ist nicht nur außen-, sondern auch innenpolitisch ein ständiger Krisenherd[185]. Bis auf Israel, das trotz der äußeren Bedrohung seit seiner Gründung im Jahre 1948 die demokratische Staatsordnung beibehalten hat, handelt es sich um Diktaturen höchst unterschiedlicher Couleur. Politische Gefangene sind die Regel. »Folterungen und Mißhandlungen von Gefangenen werden aus fast allen Ländern der Region gemeldet.«[186] Allerdings scheint die Entwicklung in Osteuropa am Nahen Osten nicht spurlos vorübergegangen zu sein – »ein Hauch von dem Sturm der Demokratisierung, der durch Osteuropa fegte, war auch in der arabischen Welt zu spüren. In Algerien war das Einparteienregime der ›Front der Nationalen Befreiung‹ (FLN) 1989/90 praktisch zusammengebrochen. In Jordanien wurde im Herbst 1989 zum ersten Mal seit 1967 wieder ein Parlament gewählt. In Kuwait gingen im Frühjahr 1990 Menschen auf die Straße, um von der herrschenden Familie Sabah die Rückkehr zum Parlamentarismus zu fordern.«[187] Wie Deutschland haben sich die *Arabische Republik Jemen* und die *Demokratische Volksrepublik Jemen* zur *Republik Jemen* vereinigt[188]. Der Präsident der alten Arabischen Republik Ali Abdullah Saleh wurde erster jemenitischer Staatspräsident. Aus zwei Diktaturen – einem Militärregime und einer sozialistischen Republik – soll eine Demokratie hervorgehen. In den anderen arabischen Golfstaaten wie Saudi-Arabien, Katar, Bahrain, den Vereinigten Arabischen Emiraten und Oman ist man davon trotz eines gewissen Unruhepotentials weit entfernt.

Die Islamische Revolution im Iran unter dem Ajatollah Ruhollah Chomeini hat nicht nur das Schah-Regime verjagt, sondern auch in anderen Ländern eine Islamisierungspolitik beschleunigt. Der Islam, der allerdings in verschiedenen Strömungen vertreten wird, kennt keine Trennung zwischen weltlicher und geistlicher Herrschaft. Menschenrechte als verbriefte Rechte des Individuums erkennt der Islam nicht an[189]. Kritiker werfen ihm seine Abwendung von der Moderne und den mit der Einheit von Religion und Politik verbundenen Fundamentalismus[190] vor. »Fundamentalismus ist Metapolitik, die aus einer absoluten Wahrheit von oben oder von innen her das Recht behauptet, den Regeln der Demokratie, des politischen Relativismus, der Unantastbarkeit der Menschenrechte, den Gesetzen der Toleranz, des Pluralismus und der

185 Vgl. beispielsweise Friedrich Schreiber/Michael Wolffsohn, Nahost. Geschichte und Struktur des Konflikts, Opladen 1988.

186 Wolfgang Heinz, Menschenrechte und Nord-Süd-Konflikt, in: Aus Politik und Zeitgeschichte, B 25–26/91, S. 32.

187 So Udo Steinbach, Arabien – mehr als Öl und Konflikte?, in: Das Parlament vom 6./13. September 1991.

188 Aber anders als in Deutschland war das Land zuvor niemals ein Nationalstaat.

189 Vgl. Bassam Tibi, Islamischer Fundamentalismus gegen den Westen, in: Aus Politik und Zeitgeschichte, B 22/90, S. 40–46.

190 Zur Vielschichtigkeit fundamentalistischer Bewegungen vgl. Thomas Meyer (Hrsg.), Fundamentalismus in der modernen Welt. Die Internationale der Unvernunft, Frankfurt/M. 1989. Ralf Welt, Fundamentalismus – Fluchtbewegung aus der Moderne?, in: Liberal, 33 (1991) 3, S. 23–34.

Irrtumsfähigkeit enthoben zu sein.«[191] Nach dem Tode Chomeinis im Juni 1989 scheint sich im Iran unter seinem Nachfolger Rafsandschani, ebenfalls ein Geistlicher, eine gewisse Liberalisierung anzudeuten, wobei die Relativität dieses Begriffs evident ist, wenn man sich die Zahl der Hinrichtungen allein im Jahre 1989 vor Augen hält – über 1500, davon allein ca. 1000 wegen des Besitzes von Drogen[192]. Das Monopol der Religion steht nicht zur Disposition. Wegen der nicht aufzuhaltenden Säkularisierung muß der Islam in die Defensive geraten[193].

Durch den vom Irak infolge der – in der arabischen Welt unterschiedlich beurteilten – Besetzung Kuwaits vom Zaun gebrochenen Golfkrieg entstand mitunter der Eindruck, das dortige Regime unter dem seit 1979 herrschenden Saddam Hussein mit seiner *Baath-Partei* stelle in herrschaftstypologischer Hinsicht – im Jahre 1958 war die Monarchie gestürzt worden – eine Ausnahme dar. Das mag für die Brutalität des Unterdrückungsapparats so sein, aber im Prinzip unterscheidet sich dieses System von anderen im Nahen Osten nur graduell[194]. Selbst im überfallenen Scheichtum Kuwait war die Volksvertretung 1986 vom Emir aufgelöst worden. Daß Saddam Hussein die Niederlage des Golfkrieges an der Spitze des Irak trotz heftiger Kämpfe mit Kurden und Schiiten überlebt hat, gibt »einen tiefen Einblick in das Wesen des Regimes«[195]. Allerdings ist ihm nicht – ebenso wie dem seit zwei Jahrzehnten in Syrien weitgehend unumschränkt herrschenden Hafis Assad – die Vereinigung der arabischen Welt gelungen. Schon der Ägypter Gamal Abdel Nasser, der sich als Repräsentant des Panarabismus verstand, war daran gescheitert. Der Militärputsch in Libyen im Jahre 1969 hatte Muammar al Gaddafi an die Macht gebracht. Seine Volksrepublik auf islamischer Grundlage ist im Innern ausgesprochen repressiv und nach außen aggressiv. Im Vergleich zu Libyen sind gewisse Demokratisierungsmaßnahmen in Ländern wie Ägypten und Tunesien erkennbar.

Eine gewisse Ausnahmestellung nimmt der Libanon ein. »Fünfzehn Jahre lang, vom April 1975 bis zum Oktober 1990, ist der Kleinstaat Libanon Schauplatz einer endlosen Kette von Kriegs- und Terrorhandlungen gewesen. 150000 Tote, Hunderttausende von Vertriebenen, Hunderte von völlig zerstörten Orten, darunter das alte Stadtzentrum von Beirut, und die Verarmung eines großen Teils der Bevölkerung gehören zur Bilanz dieses Wütens, bei dem keine Seite ihre politischen Ziele erreicht hat, weder irgendeine der libanesischen Milizen noch die PLO, Israel, Iran und Syrien, die auswärtigen Hauptakteure.«[196] Diese Beschreibung einer trostlosen Situation ist treffend. Mittlerweile scheinen in dem Land die Konflikte zwischen Christen und Muslimen, diese befehde(te)n sich wiederum untereinander heftig, denkt man an die Auseinandersetzungen zwischen Drusen, Schiiten und Sunniten, durch einen Friedensplan wenn auch nicht einigermaßen geregelt, so doch vorübergehend einge-

---

191 Thomas Meyer, Fundamentalismus, Die andere Dialektik der Aufklärung, in: ders. (Anm. 190), S. 21f.

192 Vgl. W. S. Heinz (Anm. 186), S. 32f.

193 In diesem Sinne Bassam Tibi, Die Krise des modernen Islams. Eine vorindustrielle Kultur im wissenschaftlich-technischen Zeitalter, Frankfurt/M. 1991.

194 Vgl. die historisch angelegte Studie von Peter Slugett/Marion Farouk-Slugett, Der Irak seit 1958. Von der Revolution zur Diktatur, Frankfurt/M. 1991.

195 Ebd., S. 9.

196 Andreas Rieck, Hoffnung für den zerrütteten Libanon, in: Das Parlament vom 6./13. September 1991.

froren zu sein. Was vorher ungeschriebene Regel war, gilt immer noch: Der Staatspräsident muß ein Christ, der Regierungschef sunnitischer Muslim, der Parlamentspräsident schiitischer Muslim sein.

In Asien im allgemeinen und im Nahen Osten im besonderen ist die Situation höchst unterschiedlich. Demokratien wie Israel und Japan sind gegenüber einer Reihe autoritärer Staaten klar in der Minderheit, wenngleich die Entwicklung der letzten Jahre überwiegend positiv zu bewerten ist, mögen auch die Fortschritte noch so bescheiden sein. Die tiefen Veränderungen in Osteuropa haben in Asien wenig durchgeschlagen. Ist die konfuzianische Tradition vieler Asiaten[197] mit ihrer starken Hinwendung zum Bestehenden und zur Akzeptierung der als schicksalshaft angesehenen Realität dafür vielleicht mitverantwortlich?

6. *Gesamteinschätzung*

Mitte der achtziger Jahre unternahm der amerikanische Autor Raymond Duncan Gastil den Versuch, die Regierungsformen der Gegenwart miteinander zu vergleichen. Seine Diagnose: »Outside the developed democracies, the three major threats to the development of Democracy are communism, radical Islam and modern authoritarianism.«[198] Der Kommunismus stellt heute keinen gravierenden Machtfaktor mehr dar, und es dürfte wohl nur eine Frage der Zeit sein, bis auch die wenigen verbliebenen kommunistischen Systeme ihre Ordnung aufgeben (müssen). Damit ist freilich nichts über den weiteren Weg dieser Staaten ausgesagt (einschließlich einer möglichen Rückkehr zu einer Form des Staatsozialismus).

Der Zusammenbruch der kommunistischen Welt ist, wie gezeigt, nicht ohne Auswirkungen auf Teile der Dritten Welt geblieben. Die *Bewegung der Blockfreien,* die sich im Jahre 1961 als Gegengewicht zum Westen und zum Osten – jedenfalls vom Anspruch her – gebildet hatte und inzwischen 103 Länder umfaßt[199], bekannte sich in einer Erklärung zum Abschluß der 10. Ministerkonferenz im September 1991 erstmals zum »Wunsch der Völker in aller Welt nach politischem Pluralismus«[200]. Auch die Staaten der Dritten Welt sehen sich unter einem erhöhten Legitimationszwang hinsichtlich ihrer politischen Ordnung. Das ist gut so.

Sie müssen ebenfalls wie andere Staaten daran gemessen werden, ob sie die Menschenrechte einhalten. Ihrer Idee gemäß sind die Menschenrechte unabhängig von Zeit und Raum gültig. Die Überzeugung von der gleichen natürlichen Freiheit aller Menschen kann – das muß einleuchten – nicht an Landesgrenzen haltmachen. Menschenrechte bilden vielmehr den Inhalt eines politischen Programms von weltumspan-

---

197 Vgl. zusammenfassend Jürgen Rüland, Demokratisierungsprozesse in Asien, in: Außenpolitik, 42 (1991), S. 281–295.

198 Raymond Dustan Gastil, The Past, Present and Future of Democracy, in: Journal of International Affairs, 38 (1985), S. 161–179.

199 Diese *Bewegung* muß von der 1964 ins Leben gerufenen *Gruppe der 77* unterschieden werden (anfangs 77 Mitgliedsländer, heute 128). In ihr haben sich Entwicklungsländer zur Vertretung ihrer insbesondere handelspolitischen Interessen gegenüber den Industrienationen zusammengefunden.

200 Zit. nach folgendem Artikel: Blockfreie wollen satte Völker, in: Frankfurter Rundschau vom 9. September 1991.

nendem Anspruch. Wer ihre universelle Gültigkeit anzweifelt, leistet ihrer Aufweichung Vorschub. Sehen sich die Verfechter universell gültiger Menschenrechte – insbesondere von Repräsentanten der Dritten Welt – mit dem Vorwurf des »kulturellen Chauvinismus« konfrontiert, so trifft diese Kritiker ihrerseits – mit Recht – das Verdikt des »kulturellen Relativismus«[201].

Die Menschenrechtsidee bildet eine tragende Säule des demokratischen Verfassungsstaats. Daß die Menschenrechte in der Gegenwart bei allen positiven Entwicklungen keineswegs überall anerkannt sind und in weiten Teilen der (Dritten) Welt verletzt werden, ist kein Beweis für die mangelnde Tragfähigkeit des menschenrechtlichen Ansatzes. Eher kann man davon ausgehen, daß die Aufnahme von Menschenrechten in das internationale Recht – die meisten Staaten der Dritten Welt haben die beiden Menschenrechtspakte von 1966 ratifiziert[202] – ihre Universalität verbürgt und dem Menschenrechtsschutz insofern dient, als »Dissidenten« dadurch einen Berufungstitel erlangen. Im übrigen zeichnen sich in vielen Diktaturen, wie gezeigt, Veränderungen hinsichtlich der Geltungskraft von Menschenrechten ab. Die Auffassung, angesichts von Not und Hunger seien Menschenrechte unwichtig, stimmt deshalb nicht, weil ihre Beseitigung eben nicht – und schon gar nicht automatisch – soziale und ökonomische Probleme löst. Gezeigt hat dies die Entwicklung der letzten Jahrzehnte in Teilen der Dritten Welt, wo die systematische Verletzung der Menschenrechte zur Tagesordnung gehörte und noch gehört[203].

Es wäre nicht viel gewonnen, würde die Menschenrechtsidee weltweite Anerkennung finden, aber eine gänzlich unterschiedliche Interpretation erfahren. Die Befürchtung, daß es zu einer »Aufspaltung in ›westliche‹, ›östliche‹ und ›südliche‹ Menschenrechtskonzeptionen kommt, zwischen denen keine Vermittlung mehr möglich ist«[204], war vor wenigen Jahren ausgeprägter als heute, wenngleich sie nach wie vor nicht gebannt ist. Ludger Kühnhardt sieht das »Recht auf Frieden« zu Recht als entscheidende »ideologische Einbruchstelle in die Menschenrechtsdiskussion«[205] an, da es weniger um den Schutz der Unveräußerlichkeit von Menschenrechten geht als vielmehr um die Erfüllung einer bestimmten Politik, womit der *personale* Menschenrechtsgedanke ausgehöhlt wird. »Die Besonderheit der Menschenrechtsidee als einer universellen moralischen und politisch-rechtlichen Größe besteht darin, daß sie eben nicht die Reaktion auf wechselnde politische Aufgaben oder soziale Zustände sein kann, sondern vielmehr Grundlage und Grenze, Begründung und Limitierung allen politischen Handelns ist.«[206] Wie der

---

201 Zu den Begriffen Ludger Kühnhardt, Die Universalität der Menschenrechte, Bonn 1991², S. 231f.

202 Die Pakte über »bürgerliche und politische Rechte« und über »wirtschaftliche, soziale und kulturelle Rechte« sind abgedruckt, in: Menschenrechte. Dokumente und Deklarationen, hrsg. von der Bundeszentrale für politische Bildung, Bonn 1991, S. 45–67, 76–88.

203 Vgl. W. S. Heinz (Anm. 186), S. 29–38. Die von den Ländern der Dritten Welt beherrschte UN-Menschenrechtskommission hat häufig eine Verurteilung antidemokratischer Praktiken in diesen Staaten verhindert.

204 Heiner Bielefeldt, Die Menschenrechte als Chance in der pluralistischen Weltgesellschaft, in: Zeitschrift für Rechtspolitik, 21 (1988), S. 430.

205 L. Kühnhardt (Anm. 201), S. 251.

206 Ebd., S. 259f.

Überblick zur jüngsten Entwicklung verdeutlicht hat, scheinen immer mehr Staaten – auch solche der Dritten Welt – von diesem Menschenrechtsverständnis auszugehen, nicht jedoch die islamisch orientierten.

Die demokratischen Staaten könnten die Tendenz dadurch fördern, daß sie Entwicklungshilfe stärker an die sich demokratisierenden Staaten vergeben. In der Vergangenheit herrschte vielfach die sicherlich gutgemeinte, letztlich aber von Arroganz nicht freie Ansicht vor, die meisten Staaten der Dritten Welt seien nun einmal zu einer demokratischen Regierungsform nicht in der Lage. Man müsse das akzeptieren.

V. Schlußbetrachtung

1. Zusammenfassende Bemerkungen

Natürlich konnte diese *tour d'horizon* durch die Staatenwelt keinen vollständigen Überblick bieten, zumal gegenwärtig vieles im Fluß ist. Außerdem muß wiederholt werden, daß die gewählte Typologie nach der Unterscheidung von Demokratien und Diktaturen nur eine unter anderen möglichen ist. Diese Perspektive dürfte gerade für die in den jeweiligen Systemen lebenden Menschen nicht die unwichtigste sein. Freilich hat für Wissenschaftler auch im Westen unbedingtes Stabilitätsdenken Vorrang gehabt. Wer solchen Wert auf demokratische Verhaltensweisen legt, ignoriert deswegen nicht andere Grundprobleme wie Umweltzerstörung, soziale Gerechtigkeit und Hunger.

»Mit dem Ende des Kommunismus ist für Europa das Zeitalter des Totalitarismus Vergangenheit. Noch aus der Rückschau wird Späteren der Totalitarismus vermutlich als die auffälligste Singularität unseres Jahrhunderts erscheinen.«[207] Das zwanzigste Jahrhundert war damit nicht nur das Zeitalter des Totalitarismus (jedenfalls unter einer eurozentrischen Perspektive), sondern auch das seiner – möglicherweise nur vorläufigen – Überwindung. Es muß eigentlich als Paradoxie gelten, daß der Totalitarismus als Herrschaftsform erst in dem Moment von vielen Intellektuellen eine breite Anerkennung findet, in dem er besiegt ist. Die »Tabuisierung des Totalitarismusbegriffs«[208] ist zu einer Zeit aufgebrochen worden, da der Totalitarismus zu verschwinden scheint. Bei dem Zusammenbruch des Kommunismus handelt es sich mithin um eine »Bekräftigung alter Ideen«[209] – und damit auch um einen Sieg der westlichen Vorstellungen von Freiheit.

Die wichtigsten Ergebnisse zur Vielfalt der verschiedenen politischen Ordnungsformen, die angesichts der Informationsfülle notwendigerweise nur Tendenzen in einigen Staaten ermitteln konnten, lassen sich wie folgt zusammenfassen:

---

207 Hermann Lübbe, Europa ohne den Alptraum Lenin, in: Rheinischer Merkur/Christ und Welt vom 30. August 1991.

208 Dagegen hat sich mit Recht immer wieder gewandt: K. D. Bracher (Anm. 43), S. 123; ders., Die totalitäre Erfahrung, München 1987, S. 34.

209 So Ralf Dahrendorf, Betrachtungen über die Revolution in Europa in einem Brief, der an einen Herrn in Warschau gerichtet ist, Stuttgart 1990, S. 26.

Erstens: Die Unterscheidung zwischen demokratisch, autoritär und totalitär bietet eine angemessene Möglichkeit der Typologisierung der Staatenwelt. Dabei ist die Trennung zwischen demokratischen Staaten einerseits und autoritären bzw. totalitären Systemen andererseits einfacher als die durch diffuse Übergangszonen verschwommene Differenzierung zwischen autoritär und totalitär.

Zweitens: Die demokratischen Staaten – besser: demokratischen Verfassungsstaaten, weil die Volkssouveränität nur ein, wenngleich wesentliches Element dieser Regierungsform umfaßt – zeichnen sich bei all ihrer Heterogenität im wesentlichen dadurch aus, daß die politische Führung durch freie Wahlen legitimiert ist, Menschenrechte achtet und sich in regelmäßigen Abständen erneut einer kompetitiven Wahl stellt.

Drittens: Die autoritären Diktaturen unterscheiden sich von Demokratien durch ihre fehlende demokratische Legitimation, von totalitären Staaten durch limitierten Pluralismus, durch fehlende politische Mobilisierung und Ideologisierung. Wer nicht gegen das System aktiv arbeitet, wird in Ruhe gelassen. Wahlen haben meist einen semikompetitiven Charakter. Der Systemwandel zu demokratischen Verfassungsstaaten kennt unterschiedliche Varianten – entweder eingeleitet von oben oder initiiert von unten – mit Gewalt oder ohne Gewalt – oder auch von außen befördert.

Viertens: Die totalitären Diktaturen wollen Menschen zu ihrem Glück zwingen. Sie streben eine Zwangspolitisierung an und versuchen, die Massen einzubeziehen. Eine Identität von Regierenden und Regierten ist angestrebt. Die Gesellschaft soll von der jeweiligen Ideologie durchdrungen sein. Auch passive Gegner der totalitären Ordnung, deren Repräsentanten an eine Gesetzmäßigkeit glauben – sei es der Natur, sei es der Geschichte – werden in der Regel verfolgt.

Fünftens: Durch den so schlagartigen wie überraschenden Zusammenbruch des entkräfteten Kommunismus ist eine neue Entwicklung eingetreten. Die Repräsentanten einer Ideologie, die sich mit ihrem Weltbeglückungsprogramm auf dem Vormarsch sah, traten in nahezu allen Fällen von der politischen Bühne ab, ohne das Militär zu mobilisieren – das putschistische Aufbäumen in der Sowjetunion hatte etwas Operettenhaftes – und unterlagen fast überall im demokratischen Parteienwettbewerb. Das Missionsbewußtsein war den Herrschenden längst abhanden gekommen.

Sechstens: Die Entwicklung in den Kontinenten ist in den letzten Jahren – zumal nach dem Zusammenbruch der kommunistischen Welt – unterschiedlich verlaufen. Die Länder Europas haben die demokratische Regierungsform beibehalten bzw. übernehmen sie. In Lateinamerika war bereits zuvor – in der ersten Hälfte der achtziger Jahre – eine Redemokratisierungswelle eingeleitet worden; in Afrika haben die Umbrüche in kommunistischen Diktaturen oppositionelle Bewegungen begünstigt, in Asien spielte dieser Faktor eher eine geringere Rolle.

Wenn auch der gegenwärtige demokratische Verfassungsstaat in der Menschheitsgeschichte keineswegs das Nonplusultra sein muß, so ist er doch dasjenige politische System, das sich bei allen Mängeln bewährt hat und das es verdient, bewahrt zu werden. Das Winston Churchill zugeschriebene Wort – die Demokratie ist die schlechteste Regierungsform, mit Ausnahme aller anderen – bringt einerseits die Reformbedürftigkeit der Demokratie und andererseits die Notwendigkeit ihres Erhalts treffend auf den Punkt.

Demokratie bedeutet, und dieser Sachverhalt kann wegen vulgärdemokratischer Mißverständnisse nicht oft genug betont werden, nicht nur Volksherrschaft, sondern auch Machtbegrenzung, gegebenenfalls auch gegenüber der Volksherrschaft. Denn der Mensch ist fehlbar: »Der Gedanke der Volksherrschaft und das liberale Streben nach Bändigung und Begrenzung politischer Macht sind in der modernen Demokratie eine neue, enge Verbindung eingegangen. So empfangen heute die demokratischen Verfassungs- und Verfahrensprinzipien aus der allgemeinen Erfahrung der Fehlbarkeit der menschlichen Natur ebenso ihren Sinn wie aus dem Bemühen, die Grenzen der Freiheit und Selbstbestimmung des einzelnen soweit wie möglich herauszuschieben. Gäbe es nur kooperationswillige und vernünftige, kluge Menschen, dann brauchte man keine besonderen Sicherungen, um die Freiheit alles dessen, was Menschenantlitz trägt, zu sichern. Weil aber Verführung zum Mißtrauen vor allem ausgesetzt ist, wer Macht ausübt, darum bedarf es der komplizierten demokratischen Kontrollen und Mechanismen, um die für die Ordnung des Gemeinwesens notwendige Macht zu begrenzen und zu disziplinieren und dadurch den Bestand der Freiheit auf Dauer zu sichern. So kann man mit Reinhold Niebuhr feststellen: ›Des Menschen Sinn für Gerechtigkeit macht Demokratie möglich, seine Neigung zur Ungerechtigkeit macht Demokratie notwendig‹.«[210]

2. Perspektiven

Abschließend mag noch ein Blick in die Zukunft geworfen werden. Lassen sich aus dem bisherigen Verlauf irgendwelche Gesetzmäßigkeiten ableiten? Gibt es zu demokratischem Optimismus Anlaß, oder haben Skeptiker die besseren Argumente auf ihrer Seite?

Der demokratische Verfassungsstaat ist ein großes Experiment, ein »Experiment der Freiheit«[211]. Ein Experiment ist *per definitionem* ein unsicheres Unternehmen, dessen Ausgang offen erscheint. Damit unterscheidet sich diese, dem »Elend des Historizismus« (Karl R. Popper) eine Absage erteilende Position deutlich von der Auffassung Martin Krieles und Jean-François Revels, die beide – Mitte der achtziger Jahre – zutiefst von dem Sieg einer Richtung überzeugt gewesen sind. Kriele sieht den Sieg des Westens, der für ihn das Prinzip des Rechts und das der Freiheit verkörpert, als unausweichlich an, da die Natur des Menschen auf Dauer keine Unterjochung vertrage[212]. Hingegen kann nach Auffassung des bekannten französischen Publizisten Revel die Demokratie den auf sie lauernden Gefahren wegen struktureller Nachteile langfristig nicht standhalten[213]. Gleichsam zum Untergang verurteilt, weiß sie sich nicht angemessen zu wehren und nimmt Bedrohungen auf die leichte Schulter.

In erstaunlichem Maß gleichen sich die Gedankengänge der Autoren, wenn sie auch zu entgegengesetzten Aussagen gelangen. Sie meinen zu wissen, in welche Richtung sich der demokratische Verfassungsstaat entwickelt. Als leidenschaftliche Anwälte westlicher Lebensweise und entschiedene Gegner eines illusionären Pazifis-

210 W. Besson/G. Jasper (Anm. 31), S. 15.
211 Vgl. P. Graf Kielmansegg (Anm. 24).
212 Vgl. Martin Kriele, Die demokratische Weltrevolution. Warum sich die Freiheit durchsetzen wird, München 1987.
213 Vgl. Jean-François Revel, So enden die Demokratien, München 1984; ders., Die totalitäre Versuchung, Frankfurt/M. 1976.

mus[214] sprechen sie von einem kurzen »Zwischenspiel«[215]. Nach Kriele ist das Zwischenspiel der Marxismus-Leninismus, laut Revel die westliche Demokratie. Beide frönen einem Mythos – Kriele propagiert einen Fortschritts-, Revel einen Untergangsmythos.

Weder ein linearer noch ein zyklischer Verlauf der Geschichte ist sicher. Auch wenn die weitere Entwicklung als offen gelten muß – wer vermag schon die Konsequenzen der Flüchtlingsbewegungen vorherzusagen[216]? – so spricht doch in absehbarer Zeit vieles für die Festigkeit zumindest der westeuropäischen Demokratien. Selbst das »Neue Deutschland« kommt um folgende Feststellung nicht herum: »Aus unserem Leben verschwindet sicher auf lange Zeit der reale Versuch einer Alternative zum nunmehr im weitesten Maßstab allein herrschenden Gesellschaftsmodell – jener eines anderen, besseren, eines demokratischen Sozialismus. Aufgezogen werden nun die neuen Fahnen, und mit den Denkmälern Lenins und anderer schleift man die Symbole der Gestürzten.«[217] Aber die »neuen Fahnen« sind Symbole der Freiheitsbewegung und nicht solche der Unterjochung des Menschen. Gegenwärtig scheint sich in der Tat die Waagschale eindeutig in die demokratische Richtung zu neigen. Momentaufnahmen, auch wenn sie eine geschichtliche Zäsur anzuzeigen scheinen, dürfen jedoch nicht verabsolutiert werden: Die Geschichte ist offen.

Literatur:

Timothy Garton Ash, Ein Jahrhundert wird abgewählt. Aus den Zentren Mitteleuropas, 1980–1990, München 1990.

Anton Bebler/Jim Seroka (Hrsg.), Contemporary Political Systems. Classifications and Typologies, Boulder–London 1990.

Gary K. Bertsch/Robert P. Cark/David M. Wood, Comparing Political Systems: Power and Policy in three Worlds, New York u. a. 1978.

Klaus von Beyme u. a., Politikwissenschaft. Eine Grundlegung, Bd. I: Theorien und Systeme, Stuttgart u. a. 1987.

Karl Dietrich Bracher, Zeit der Ideologien. Eine Geschichte politischen Denkens im 20. Jahrhundert, Stuttgart 1982.

Georg Brunner, Vergleichende Regierungslehre. Ein Studienbuch, Bd. 1, Paderborn 1979.

Zbigniew Brzezinski, Das gescheiterte Experiment. Der Untergang des kommunistischen Systems, Wien 1989.

Friedemann Büttner u. a., Reform in Uniform? Militärherrschaft und Entwicklung in der Dritten Welt, Bonn-Bad-Godesberg 1976.

Bernard Crick, Grundformen politischer Systeme, München 1975.

214 Die Ähnlichkeiten gehen sogar noch weiter, hält man sich vor Augen, daß sie beide – aus Enttäuschung über den demokratischen Sozialismus – ihre sozialdemokratische bzw. sozialistische Partei verlassen haben.

215 M. Kriele (Anm. 212), S. 14; J.-F. Revel, Demokratien (Anm. 213), S. 11.

216 Vgl. beispielsweise Peter J. Opitz, Welten im Aufbruch: Flüchtlings- und Migrationsbewegungen, in: Außenpolitik, 42 (1991), S. 261–270. Grundsätzlich ders. (Hrsg.), Das Weltflüchtlingsproblem. Ursachen und Folgen, München 1988.

217 Klaus Joachim Herrmann, Todesstoß nach quälender Selbstentleibung, in: Neues Deutschland vom 26. August 1991.

Rainer Deppe/Helmut Dubiel/Ulrich Rödel (Hrsg.), Demokratischer Umbruch in Osteuropa, Frankfurt/M. 1991.
Ernst Fraenkel, Deutschland und die westlichen Demokratien, Stuttgart u. a. 1979[7].
Fred I. Greenstein/Nelson W. Polsby (Hrsg.), Handbook of Political Science, Bd. 3: Macropolitical Theory, Reading/Mass. u. a. 1975.
Jens Hacker, Der Ostblock. Entstehung, Entwicklung und Struktur 1939–1980, Baden-Baden 1983.
Jürgen Hartmann, Europa im Vergleich. Die politischen Systeme in den westeuropäischen Demokratien, Berlin 1991.
Peter Haungs (Hrsg.), Moderne Diktaturen, Stuttgart 1985.
Samuel P. Huntington/Clement H. Moore (Hrsg.), Authoritarian Politics in Modern Society. The Dynamics of Established One-Party Systems, New York-London 1970.
Hans F. Illy/Rüdiger Sielaff/Nikolaus Werz, Diktatur – Staatsmodell für die Dritte Welt?, Würzburg 1980.
Peter Graf Kielmansegg, Das Experiment der Freiheit. Zur gegenwärtigen Lage des demokratischen Verfassungsstaates, Stuttgart 1988.
Erich Küchenhoff, Möglichkeiten und Grenzen begrifflicher Klarheit in der Staatsformenlehre, Berlin 1967.
Arend Lijphart, Democracies. Patterns of Majoritarian and Consensus Government in Twenty-One Countries, New Haven-London 1984.
Karl Loewenstein, Verfassungslehre, Tübingen 1975[3].
Richard Löwenthal (Hrsg.), Die Demokratie im Wandel der Gesellschaft. Vorträge gehalten im Sommersemester 1962, Berlin 1963.
Franz Nuscheler/Klaus Ziemer, Politische Herrschaft in Schwarzafrika. Geschichte und Gegenwart, München 1980.
Amos Perlmutter, Modern Authoritarianism. A Comparative Institutional Analysis, New York-London 1981.
Franz Ronneburger u. a., Politische Herrschaft und politische Ordnung, Mainz 1983.
Lothar Rühl, Zeitenwende in Europa. Der Wandel der Staatenwelt und der Bündnisse, Stuttgart 1990.
Ralf Rytlewski, Politik und Gesellschaft in sozialistischen Ländern. Ergebnisse und Probleme der Sozialistische Länder-Forschung, Opladen 1989.
Bruno Seidel/Siegfried Jenkner (Hrsg.), Wege der Totalitarismus-Forschung, Darmstadt 1968.
Steven L. Spiegel, At issue. Politics in the World Arena, New York 1991[6].
Theo Stammen, Politische Ordnungsformen der Gegenwart, München 1973[5].
Ders. (Hrsg.), Vergleichende Regierungslehre. Beiträge zur theoretischen Grundlegung und exemplarische Einzelstudien, Darmstadt 1976.
Günter Trautmann, Sowjetunion im Wandel. Wirtschaft, Politik und Kultur seit 1985, Darmstadt 1989.
Gernot Volger, Lateinamerika in der Dauerkrise. Wirtschaft-Gesellschaft-Politik, Berlin 1989.
Gerhard Wuthe, Die Lehre von den politischen Systemen. Ein Studienbuch in Frage und Antwort, München 1977.

Reinhard Meyers

Grundbegriffe, Strukturen und theoretische Perspektiven der Internationalen Beziehungen

Einleitung

Daß das Jahr 1989 ein »Revolutionsjahr« war, dessen Ereignisse den Ost-West-Konflikt in seinem ideologischen Angelpunkt, dem Antagonismus der Gesellschaftssysteme, ausgehebelt haben – diese Erkenntnis gerät der politischen Essayistik gegenwärtig zu einem beliebten Topos[1]. Mit der Auflösung der Ordnung von Jalta, die als das Resultat der militärischen Kräfteverteilung am Ausgang des Zweiten Weltkriegs galt, scheinen die überkommenen Prämissen der internationalen Politik der letzten viereinhalb Jahrzehnte ihre Geltung verloren zu haben. Beschworen wird das Ende der Bipolarität des Ost-West-Verhältnisses, in der der Vorteil der einen unweigerlich der Nachteil der anderen Seite war[2]. Beschworen wird die schrittweise Überwindung der Idee und des Milieus der alten Nationalstaaten durch den Prozeß einer Europäisierung der Politik, die neue Integrationsformen und Souveränitätsverzichte der staatlichen Akteure mit sich bringt[3]. Beschworen wird gar der Niedergang der internationalen Politik klassischen Musters überhaupt: An ihre Stelle trete mit der postinternationalen Politik ein neuer Politiktyp, der sich aus weltpolitischen Turbulenzen, aus kontinuierlicher Veränderung unterliegenden arbeitsteiligen Interdependenzverhältnissen, aus sprunghaftem Wachstum der Menge nichtstaatlicher Kollektivakteure und aus Dezentralisierung und Diffusion herkömmlicher Herrschafts- und Abhängigkeitsverhältnisse im Lauf der letzten beiden Jahrzehnte herausgebildet habe[4].

Zugleich aber werden gegenläufige Bewegungen konstatiert: die Rückkehr zum Nationalstaat alter Art, wenn nicht gar die Sezession neuer staatlicher Gebilde von größeren Einheiten, wie etwa die wiedergewonnene Unabhängigkeit der baltischen Staaten oder der Autonomiebestrebungen der jugoslawischen Teilrepubliken; das

---

1 Vgl. Werner Weidenfeld/Josef Janning, Der Umbruch Europas: Die Zukunft des Kontinents, Gütersloh 1990, S. 5; Dieter Senghaas, Europa 2000. Ein Friedensplan, Frankfurt/M. 1990, S. 11ff.

2 Vgl. Wolfgang Wagner, Auf der Suche nach einer neuen Ordnung in Europa, in: Europa-Archiv, 44 (1989) S. 701f.

3 Vgl. Peter Glotz, Gesamteuropa – Skizze für einen schwierigen Weg, in: Europa-Archiv, 45 (1990), S. 41–50.

4 Vgl. James N. Rosenau, Turbulence in World Politics. A Theory of Change and Continuity, Hemel Hempstead 1990, S. 6f.

Wiederaufleben von (Groß-)Machtpolitik und territorialer Annexion wie im Fall des irakisch-kuwaitischen Konflikts; die erneute Virulenz des weltanschaulichen Fundamentalismus auf dem arabischen und teilweise auch auf dem asiatischen Konfliktschauplatz; die Genese eines neuen Abkoppelungsnationalismus, der in der Auseinandersetzung mit den von den Supermächten zusammengehaltenen bzw. zerfallenden übernationalen Bündnissen seine spezifische Qualität erhält[5].

Auf der anderen Seite der Bilanz steht der Prozeß der deutschen Einigung, die Überwindung der Spaltung Europas und die mögliche Ausbildung eines neuen gesamteuropäischen Sicherheitssystems, gestützt auf eine sich wandelnde Nordatlantische Gemeinschaft und auf das vielfältige, an Bedeutung künftig noch gewinnende Geflecht von Vereinbarungen, Institutionen und Prozessen im Rahmen der KSZE. Die beinahe schon euphorische Fixierung auf die sich ausbildende neue Qualität der Beziehungen im erst- und zweitweltlichen, atlantisch-gesamteuropäischen Kontext läuft allerdings Gefahr, ein dauerhaftes Moment der Weltpolitik aus der öffentlichen Diskussion zu verdrängen: das Gefälle unterschiedlicher wirtschaftlicher und politischer Entwicklungschancen, die außen- und weltwirtschaftlichen wie verteilungspolitischen Interessendivergenzen, die weiter wachsende Armut, Verschuldung und Unterentwicklung – kurz: die asymmetrisch-konflikthaften Grundstrukturen des Nord-Süd-Verhältnisses.

In einer solchen Situation des Umbruchs, in der sich Entwicklungen neuartiger Qualität und alte Traditionsstränge miteinander vermengen, ist es angebracht, sich rückzubesinnen auf jene Merkmale – Akteure, Prozesse, Strukturen und weltbildartige Vorstellungen – die bislang in ihrer Gesamtheit das Charakteristikum der Internationalen Beziehungen ausgemacht haben. Der Verfasser vermag nur schwerlich den Optimismus jener zu teilen, die bereits heute ein neues Zeitalter anbrechen sehen und die Phänomene des weltweiten Antagonismus, des ideologischen Konflikts und der Rüstungskonkurrenz »für eine spätere Auswertung durch Historiker jetzt archiviert« wissen wollen[6]. Der Blick auf die Friedensdividende sollte die Sicht auf die dauerhaften Grundbedingungen der internationalen Politik nicht verstellen. Und selbst wenn zu – freilich gemäßigtem – Optimismus Anlaß bestünde: Die besondere Qualität des Neuen läßt sich doch nur vor der Folie des Alten plastisch abbilden. Zum Einstampfen unserer Lehrbücher besteht derzeit noch kein Anlaß.

I. Die Lehre von den Internationalen Beziehungen als »Krisenbewältigungswissenschaft« Eine wissenschafts- und methodengeschichtliche Skizze

In der Regel wird die Entstehung der Lehre von den Internationalen Beziehungen als eigenständige (politik-)wissenschaftliche Disziplin auf die Zeit unmittelbar nach dem Ersten Weltkrieg datiert: am 30. Mai 1919 verabredeten die britische und die amerikanische Delegation auf der Pariser Friedenskonferenz die Gründung je eines wissenschaftlichen Instituts zur Erforschung der Internationalen Beziehungen in beiden

5 Vgl. P. Glotz (Anm. 3), S. 43.
6 D. Senghaas (Anm. 1), S. 7.

Ländern (*British Institute of International Affairs* 1920, ab 1926 *Royal Institute of International Affairs; American Institute of International Affairs,* aus organisatorischen wie finanziellen Gründen wenig später mit dem *Council on Foreign Relations* zusammengelegt). Noch im gleichen Jahr folgte die Einrichtung des ersten den Internationalen Beziehungen gewidmeten Lehrstuhls der Welt in Großbritannien (University of Wales, Aberystwyth); im Jahre 1920 die Gründung der Deutschen Hochschule für Politik (Berlin) und etwas später des Instituts für Auswärtige Politik (Hamburg). 1925 stiftete das *Carnegie Endowment for International Peace* einen Lehrstuhl für Internationale Beziehungen in Paris, 1927 einen weiteren an der Berliner Hochschule für Politik. Auch die *Foreign Policy Association* (New York), das *Graduate Institute of International Studies* (Genf) und die unter den Auspizien des *Institute of Intellectual Cooperation* (Paris) gegründete *International Studies Conference* lassen sich in ihrem Entstehen bis in jene Periode zurückverfolgen. Die bereits vor dem Weltkrieg vom *Carnegie Endowment* ins Leben gerufene *Conference of Teachers of International Law* weitete ihren Interessenbereich ebenso auf die Internationalen Beziehungen aus wie ältere Wissenschaftsorganisationen in den USA, etwa die *American Political Science Association* oder die *American Academy of Social and Political Sciences*[7].

Vorbereitet wurde die organisatorische Verfestigung der neuen Wissenschaft bereits vor dem Ersten Weltkrieg durch jene großen, aus der Weltfriedensbewegung hervorgegangenen amerikanischen Stiftungen wie die *World Peace Foundation* und das *Carnegie Endowment for International Peace*[8]. Schon in der Entstehung der Lehre von den Internationalen Beziehungen werden so zwei Momente faßbar, die ihre weitere Entwicklung maßgeblich bestimmen sollten: Sie erscheint zunächst als eine anglo-amerikanische Sozialwissenschaft[9], und ihr Erkenntnis- wie ihr Forschungsinteresse ist der wissenschaftlichen Beschreibung und Begründung der Voraussetzungen, Formen und Gestaltungsmöglichkeiten einer friedlichen Weltordnung verpflichtet[10].

In mancher Hinsicht muß die Geburt unserer Disziplin als Ergebnis jenes Schockerlebnisses gedeutet werden, das der Erste Weltkrieg als erster totaler Krieg in der Geschichte der Menschheit vor allem den liberalen anglo-amerikanischen Demokratien bereitete. Ihr wissenschaftliches Erkenntnisinteresse erwuchs aus der Einsicht, daß der Friede viel zu kostbar war, »sein Verlust zu katastrophal, als daß man ihn den Politikern und Diplomaten allein überlassen konnte«[11]. Diese Beobachtungen legen nahe, die Lehre von den Internationalen Beziehungen als »Kriseninterpretations- und Krisenbewältigungswissenschaft« zu begreifen. Sie kann als Antwort der *scientific community* auf außerwissenschaftliche Entwicklungen gedeutet werden, also auf real-

7 Vgl. Reinhard Meyers, Die Lehre von den Internationalen Beziehungen. Ein entwicklungsgeschichtlicher Überblick, Königstein/Ts. 1981²; Brian Porter (Hrsg.), The Aberystwyth Papers. International Politics 1919–1969, London 1972.

8 Vgl. Robert A. McCaughey, International Studies and Academic Enterprise. A Chapter in the Enclosure of American Learning, New York 1984.

9 Vgl. Stanley Hoffmann, An American Social Science: International Relations, in: ders., Janus and Minerva. Essays in the Theory and Practice of International Politics, Boulder, Col. 1987, S. 3–24; Kalevi J. Holsti, The Dividing Discipline. Hegemony and Diversity in International Theory, Boston 1985.

10 Vgl. die Einleitung bei Ernst-Otto Czempiel (Hrsg.), Die Lehre von den Internationalen Beziehungen, Darmstadt 1969.

11 Ebd., S. VIII.

historisch faßbare sozioökonomische und/oder soziopolitische Krisenerscheinungen der eigenen Gesellschaft und des internationalen Systems, die mit den herkömmlichen Mitteln, Fragestellungen und Konzepten ihrer Vorgänger, der Diplomatiegeschichte, des Völkerrechts und der Politischen Philosophie, nicht länger befriedigend erklärt und bewältigt werden konnten[12].

Auch die weitere wissenschaftsgeschichtliche Entwicklung der Lehre von den Internationalen Beziehungen läßt die enge Verschränkung von außerwissenschaftlich-realhistorischen Krisenerscheinungen und innerwissenschaftlicher Formulierung und Neuformulierung ontologisch begründeter Annahmen über den Erkenntnisgegenstand wie auch das Erkenntnisinteresse deutlich hervortreten. Der Zusammenhang wird vor allem in zwei inhaltlichen Kontroversen greifbar, in deren Kontext es um die Festlegung und Ausdifferenzierung des die Disziplin jeweils kennzeichnenden »wissenschaftlichen Weltbildes« ging. Zur Debatte stand ein je charakteristisches (Vor-)Verständnis des Erkenntnisgegenstandes, das eine spezifische Sicht des internationalen Systems, seiner (Haupt-)Akteure und der zwischen diesen bestehenden Struktur- und Funktionsbeziehungen ebenso determiniert, wie es die Formulierung forschungspragmatischer Fragestellungen, die Bestimmung der von der Disziplin zu lösenden Probleme und die Wahl der hierzu dienlichen Mittel anleitet. Hier kann zum einen auf die in den dreißiger und vierziger Jahren geführte Debatte zwischen Idealisten und Realisten[13] verwiesen werden, zum anderen auf die die siebziger Jahre kennzeichnende Debatte zwischen den »Globalisten« (die, orientiert am Leitbegriff der Interdependenz, auf die Erforschung und theoretische Durchdringung der Phänomene transnationaler Politik zielen) und den Anhängern eines gleichsam revitalisierten, methodisch bewußteren, an der Vorstellung des Staates als des Hauptakteurs der internationalen Politik gleichwohl aber festhaltenden Neo-Realismus[14].

Die Entwicklung des Idealismus ist durch die Negativerfahrungen des Ersten Weltkrieges unmittelbar geprägt worden: Besiegelte er doch den Zusammenbruch des alten europazentrischen, durch imperiale Machtpolitik, Konkurrenz um Territorien und Ressourcen, Rüstungswettläufe und nationalistische Überhöhung des eigenen Selbstwertbewußtseins wie durch die Verfestigung und Erstarrung von Feindbildern gekennzeichneten Staatensystems. Das wesentlich auf die Abschreckungswirkung der Drohung mit oder den tatsächlichen Einsatz von militärischer Gewalt rekurrierende System des Gleichgewichts der Mächte hatte als Mittel der Friedenssicherung versagt: Die rücksichtslos ihre jeweiligen nationalen Interessen durchsetzende Geheimdiplomatie demokratisch nicht legitimierter und kontrollierter autokratischer Regenten wurde für die in den Krieg mündende Zuspitzung der ohnehin konfliktträchtigen internationalen Lage mitverantwortlich gemacht.

Der Idealismus setzte gegen das klassische Modell eines konkurrenzhaften Staatensystems die Vorstellung der Völkergemeinschaft als einer – gemeinhin als »Weltgesellschaft« bezeichneten – kosmopolitischen Gesellschaft, die entsteht aus Koope-

---

12 Vgl. Reinhard Meyers, Metatheoretische und methodologische Betrachtungen zur Theorie der internationalen Beziehungen, in: Volker Rittberger (Hrsg.), Theorien der internationalen Beziehungen, Sonderheft 21 der Politischen Vierteljahresschrift, 31 (1990) S. 48–68.

13 Vgl. Edward Hallett Carr, The Twenty Years' Crisis 1919–1939. An Introduction to the Study of International Relations, London 1974.

14 Vgl. Ray Maghroori/Bennett Ramberg (Hrsg.), Globalism Versus Realism. International Relations' Third Debate, Boulder, Col. 1982.

ration und Zusammenschluß vernunftgemäß handelnder, die Verwirklichung ethischer Normen verfolgender Individuen. Die Neuordnung der internationalen Beziehungen durch ein Gewebe internationaler Organisationen sollte unter Rekurs auf die Prinzipien der kollektiven Sicherheit, der friedlichen Streitbeilegung und des *peaceful change* internationale Konfliktquellen eliminieren. Die Förderung von Abrüstung, Rüstungskontrolle und des – die alte Forderung des westeuropäischen Pazifismus nach »Frieden durch (Völker-)Recht« verkörpernden – Prinzips der internationalen Schiedsgerichtsbarkeit sollte Frieden und Harmonie durch die Ausschaltung konventioneller Machtpolitik herstellen.

Im Verein mit rationaler Aufklärung und dem Postulat einer alle gesellschaftlichen Ebenen durchziehenden Interessenharmonie kann die Erziehung der Menschen zur Ausrichtung ihres politischen Handelns an dieser Interessenharmonie den Weltfrieden zusätzlich sichern. Im Vertrauen auf die Mehrung ökonomisch knapper Güter durch wissenschaftlich-technischen Fortschritt und eine arbeitsteilige, freihändlerisch organisierte Weltwirtschaft geraten die Internationalen Beziehungen zu einem Nichtnullsummenspiel, in dessen Rahmen der einzelne, indem er seine vernunftbegründeten Interessen verfolgt, zugleich unbewußt die Interessen seiner staatlich verfaßten Gemeinschaft befördert, in dessen Rahmen aber auch die Nationen »in serving themselves serve humanity«[15].

Angesichts dieser vernunftrechtlich-rational umschriebenen Perspektive wundert es wenig, daß in der idealistischen Orientierungsphase der Disziplin ein Überwiegen völkerrechtlicher Untersuchungsansätze und Methoden zu verzeichnen ist, die allenfalls ergänzt werden durch herkömmliche, teils eher deskriptiv-institutionenkundliche, teils eher politikwissenschaftlich-institutionsanalytische Fragestellungen. Eine moralisierende, internationalistisch und völkergemeinschaftlich orientierte Sicht, die auf die Überwindung der internationalen Anarchie zielt und sich am Ideal eines *commonwealth of nations* orientiert, mag freilich unterstellen, daß die für die Entwicklung der Internationalen Beziehungen relevante Dimension die der (rechtlichen und ethischen) Normen sei, daß die Erforschung und Fortentwicklung des Friedensvölkerrechts, des Rechts der internationalen Organisationen und der internationalen Schiedsgerichtsbarkeit ihre Aufmerksamkeit in weit höherem Maße beanspruchen dürfe als die Untersuchung des faktischen Akteursverhaltens. Dieses mochte man allenfalls im Hinblick darauf beurteilen, inwieweit es mit den vorgegebenen Normen korrelierte bzw. von ihnen abwich und welche reformerischen (Zucht-)Mittel im letzteren Fall anzuwenden waren, um den von der Norm abweichenden Akteur wieder auf den Pfad einer vernünftigen, rational einsichtigen Tugend zurückzuführen. Der Idealismus mußte aber in dem Moment scheitern, in dem solche Akteure (Japan, das nationalsozialistische Deutschland, Italien) an ihrer Abweichung beharrlich festhielten und – nicht zuletzt, weil sie in den dreißiger Jahren damit Erfolg hatten – die Meinung jener bestärkten, die von einem Verständnis der internationalen Politik als Machtpolitik nicht lassen wollten.

Insofern sind es die durch die nationalsozialistische und faschistische Revisions-, Expansions- und Annexionspolitik der dreißiger Jahre erzeugten internationalen Krisenerscheinungen, mehr aber noch der durch den Zweiten Weltkrieg bewirkte Totalkonkurs des idealistischen Weltbildes – gleichsam die Erfahrung der Rückkehr zum

15 E. H. Carr (Anm. 13), S. 74.

anarchischen internationalen Naturzustand –, die die Vertreter der Realistischen Schule dazu bewogen, dem idealistischen Weltgemeinschaftskonstrukt das an ältere Denktraditionen anknüpfende Modell eines offenen, multipolaren, zentraler Sanktionsmöglichkeiten entbehrenden Staatensystems entgegenzusetzen. Der Realist begreift zunächst den souveränen Territorial-[16], dann den Nationalstaat[17] als (analytische) Grundeinheit der internationalen Politik, weist ihm als Grundziel seines Handelns die Sicherung der eigenen Existenz und Unabhängigkeit zu, betrachtet Selbsthilfe, (militärische) Macht und Bündnisse als einzig verläßliche Mittel zur Verwirklichung dieses Grundzieles und entwickelt ein Vorstellungsbild internationaler Politik, das diese in einem fragmentierten Milieu[18] ansiedelt, in dem das Fehlen einer den Akteuren übergeordneten Macht diesen die Freiheit läßt, ihre Ziele mit Gewalt zu verfolgen. Gekennzeichnet von einem Überwiegen konflikthaften Verhaltens gegenüber kooperativem Verhalten, von der ständigen Gefahr des Umschlagens der Konflikte in tatsächliche Gewaltanwendung, läßt sich Weltpolitik am ehesten noch als ein im Ausgang ungewisses permanentes Wettbewerbsverhältnis ihrer Akteure fassen, als ein Nullsummenspiel, in dem der Machtzuwachs einer Partei nur auf Kosten eines entsprechenden Machtverlustes anderer erfolgen kann.

Konsequenterweise versuchte der Realismus, unter Einsatz historischer, interessen- und konstellationsanalytischer, synoptischer und topischer Verfahren und Methoden die Formen, Bedingungen und Triebkräfte des internationalen Verhaltens nationaler Akteure zu erfassen. Zugleich ging es ihm darum, deren Ziele, Interessen und politische Machtpositionen ebenso zu ermitteln wie deren Fähigkeit, im Rahmen bestimmter (und bestimmbarer) geographischer, ethnischer, ökonomischer, sozialer, politischer und ideologischer Bedingungen die Instrumente ihrer nationalen Macht zur Sicherung ihrer autonomen Eigenexistenz in einem fragmentierten internationalen Milieu einzusetzen. Diese Fragen sind das Resultat einer perspektivischen Verschiebung, die knapp umschrieben werden mag als Abwendung der Disziplin von der Lösung internationaler Probleme und der Reform internationaler Institutionen und als Konzentration ihrer Fragestellung auf das Bemühen um das Verständnis von Prozessen und die Ermittlung von Ursachen internationalen Verhaltens. Das Denken »in terms of configurations of events rather than grand single causes«[19], die systematische Suche nach dem Vergleichbaren, Typischen innerhalb der Vielfalt nationalstaatlich fundierter, individueller Erscheinungen und Bewegungsabläufe der internationalen Politik werden zum neuen Merkmal der Disziplin.

In Abbildung 1 werden die idealistischen und realistischen Grundpositionen noch einmal schematisch-kontrastierend zusammengefaßt.

Ohne Zweifel läßt sich die These belegen, daß sich das realistische Weltbild in den fünfziger Jahren zur vorherrschenden Orthodoxie der Lehre von den Internationalen

---

16 Vgl. John H. Herz, Staatenwelt und Weltpolitik. Aufsätze zur internationalen Politik im Nuklearzeitalter, Hamburg 1974, S. 63ff.

17 Vgl. Hans J. Morgenthau, Macht und Frieden. Grundlegung einer Theorie der internationalen Politik, Gütersloh 1963, S. 69ff.

18 Vgl. Stanley Hoffmann, Gulliver's Troubles oder die Zukunft des internationalen Systems, Bielefeld 1970, S. 28.

19 F. S. Dunn, The Present Course of International Relations Research, in: World Politics, 2 (1949/50), S. 82.

Abbildung 1: Vergleich idealistischer und realistischer Positionen

Grundpositionen	**Idealismus**	**Realismus**
Menschenbild	Der Mensch ist von Natur aus vernunftbegabt; er orientiert sein Handeln an vernunftbegründeten und deshalb für ihn einsehbaren Normen oder Idealen, die sein Handeln auf den Fortschritt zum Besseren verpflichten.	Der Mensch ist eingebunden in die Widersprüche von Norm und Realität, von schöpferischer und zerstörerischer Verwirklichungsmöglichkeiten der Freiheit; das führt zu Angst und dem Versuch, durch Machterwerb und Machtvermehrung Sicherheit zu gewinnen.
Erkenntnisinteresse	Bewahrung des Weltfriedens durch Überwindung der Staatenkonkurrenz zugunsten einer Weltgesellschaft (letztlich der Individuen und sozialen Gruppen).	Bewahrung des Weltfriedens durch Einsicht in die Lehren der Vergangenheit und deren Nutzbarmachung für die Probleme der Gegenwart.
Fragestellung	Welche Normen sind zu entwickeln, um politisches Handeln am Ziel der Verwirklichung a) des Weltfriedens b) der Weltgesellschaft zu orientieren? Wie soll internationale Politik sein?	Welche vergleichbaren, typischen Bedingungen, Formen, Triebkräfte bestimmen die Beziehungen zwischen den Staaten und/oder internationalen Organisationen? Wie ist internationale Politik tatsächlich beschaffen?
Gegenstand	Weltgesellschaft (als im Entstehen begriffene Weltgemeinschaft) und die in ihr lebenden Individuen	offenes, multipolares Staatensystem ohne zentrale Entscheidungs- oder Sanktionsinstanz
Hauptakteure der internationalen Politik	Individuen und deren gesellschaftliche Zusammenschlüsse (INGOs)	souveräne Nationalstaaten und internationale regierungsamtliche Organisationen (IGOs)
Akteursziele	Herstellung einer internationalen Friedensordnung	Sicherung der staatlichen Eigenexistenz. Durchsetzung des Nationalinteresses im internationalen System

Grundpositionen	Idealismus	Realismus
typische Mittel zur Verwirklichung der Ziele	– Aufklärung über gemeinsame Interessen – Erziehung zu normgerechtem Handeln – Demokratisierung autokratischer Herrschaftsgebilde – Vernetzung internationaler Organisationen im Weltmaßstab	– Erwerb, Erhalt, Vermehrung, Demonstration von Macht – Sicherheits- und Gleichgewichtspolitik
Milieu	universaler Weltstaat bzw. universales Weltgemeinwesen	zersplittertes Milieu, Zustand der internationalen Anarchie mangels einer den einzelstaatlichen Souveränen übergeordneten Zwangsgewalt
Charakteristikum der internationalen Politik	Nichtnullsummenspiel: Zuwachs an verteilbaren Wirtschaftsgütern im System, der auf Fortentwicklung der Produktivkräfte und sich stetig ausbildender internationaler Arbeitsteilung beruht und des Freihandels notwendig bedarf, erlaubt die Befriedigung steigender Akteursansprüche aus der Zuwachsmasse des Weltsozialprodukts.	Nullsummenspiel: Güterzuwachs eines Akteurs geht immer zu Lasten anderer; die Gesamtmenge der im System verteilbaren Güter bleibt in der Regel unverändert.

Beziehungen verfestigte – gerade auch in ihrem anglo-amerikanischen Zweig[20]. Die Betrachtung des Nullsummenspiels der internationalen Politik in den traditionellen Kategorien von Macht und nationalem Interesse, die Stilisierung des Nationalstaates zum dominanten Akteur der Weltgesellschaft, die Rückkehr zur – nunmehr auf nukleare Abschreckung gestützten – Politik des Gleichgewichts als des primären Mittels internationaler Friedenssicherung: All diese charakteristischen Einzelelemente realistischen Denkens erscheinen als wissenschaftliche Rationalisierung und modellhafte Rekonstruktion der realhistorisch faßbaren Grundzüge des Kalten Kriegs. Den politischen Entscheidungsträgern der USA bot der Realismus darüber hinaus Maßstäbe und Konzepte der Orientierung in der komplexen internationalen Wirklichkeit, erlaubte eine Interpretation derselben und offerierte Möglichkeiten der Legitimierung des eigenen außenpolitischen Handelns: »The attempt at finding principles for any ›strategy of conflict‹ in a nuclear world is inseparable from the tendency to devise a strategy for America.«[21]

Dieser praxisinterpretierende und handlungslegitimatorische Impetus des Realismus erklärt auch, warum die Lehre von den Internationalen Beziehungen gerade im angloamerikanischen Kontext einen ungemein raschen und intensiven institutionellen Ausbau erfuhr, versprach sie doch schlüssige Interpretationen und Deutungen der realen politischen Erscheinungen einer krisenhaften Epoche ebenso wie Rezepte zur Krisenbewältigung. Dabei richtete sich das Forschungsinteresse auf die Entdeckung und Formulierung generalisierbarer Muster des außenpolitischen und internationalen Verhaltens der Staaten, auf die Beschreibung »transepochal unverändert bleibender Grundelemente politischer Dynamik«[22], später auch auf die Konstruktion formaler und expliziter Theorien der internationalen Politik und der Außenpolitik. Dem essentiell normativen Ansatz des Idealismus, der nur geringen Fortschritt in Richtung auf Methodenbewußtsein, Theoriebildung und systematische Sammlung empirischer Belege erkennen ließ, setzte der Realismus einen Trend zur expliziteren Begriffsbildung und stärkeren Kohärenz seiner Aussagen entgegen. Konzepte wie *politics, power, state, national interest, conflict, war, peace, policy, cooperation, technique, objectives* wurden zu Schlüsselbegriffen[23].

Weitgehend bestand Einigkeit darüber, daß die Untersuchung der internationalen *Politik* das Kernstück und die vornehmliche Forschungsorientierung der Lehre von den Internationalen *Beziehungen* zu bilden habe. Typische Lehrbücher interpretierten deren Wesen als »power struggle among the governments of sovereign states«[24] und beschäftigten sich primär mit jenem Aspekt dieses Kampfes, der die Form des bewaffneten Konfliktes annahm. Da zudem der potentielle oder tatsächliche Kriegszustand als Hauptproblem der internationalen Politik betrachtet wurde, bemühte man sich, in empirisch fundierter, systematischer Weise die Bedingungen nationaler Sicherheit wie der optimalen Verwirklichung nationaler Interessen ohne den Zwang

20 Hierzu kritisch Ekkehart Krippendorff, The Dominance of American Approaches in International Relations, in: Hugh C. Dyer/Leon Mangasarian (Hrsg.), The Study of International Relations. The State of the Art, London 1989, S. 28–39.

21 S. Hoffmann (Anm. 9), S. 11.

22 Gottfried-Karl Kindermann, Hans J. Morgenthau und die theoretischen Grundlagen des politischen Realismus, in: H. J. Morgenthau (Anm. 17), S. 24.

23 Vgl. die Einzelnachweise bei R. Meyers (Anm. 7), S. 58f.

24 Vernon Van Dyke, International Politics, New York 1957, S. 12.

zum Rückgriff auf die ultima ratio des Krieges zu erforschen. Dem dienten zahlreiche Vergleiche mit innenpolitischen Prozessen, mit den Faktoren, die innerhalb des Staates für Frieden und Konflikt verantwortlich waren oder auch mit primitiven Gesellschaften, zwischen deren Organisation und der des internationalen Systems man manche Ähnlichkeit entdecken zu können glaubte. Statt mit der Struktur der internationalen Gesellschaft zu beginnen, betonte der Realist die Notwendigkeit, nationale Ziele zum Ausgangspunkt der Untersuchung zu wählen. Wenn die Innenpolitik sich aus Kompromissen und dem Interessenausgleich zwischen den verschiedenen politischen Parteien und organisierten Interessen ableiten ließ, dann sollte auch die internationale Politik als Resultante der Interessen, der Forderungen und des Machtstrebens der Nationen auf der internationalen Bühne gelten. Selbst die Politik der internationalen Organisationen wurde nicht länger als ein eigenständiges Phänomen aufgefaßt, sondern als bloßes vektorielles Ergebnis des Konflikts und des Ausgleichs nationaler Interessen begriffen. »Discord and Collaboration«[25], Konflikt und Kooperation bezeichneten die transepochal gültigen Elemente der politischen Dynamik. Alle Einzelphänomene aber überwölbte die von Hans J. Morgenthau formulierte Grundprämisse des Realismus: »Internationale Politik ist, wie alle Politik, ein Kampf um die Macht. [...] Alle Politik im Inneren wie im Äußeren läßt drei Grundstrukturen erkennen: alle politischen Erscheinungen können auf einen von drei Grundtypen zurückgeführt werden. Politik im engeren Sinn sucht entweder Macht zu erhalten, Macht zu vermehren oder Macht zu demonstrieren.«[26]

Folgen wir in unserer Darstellung dem weiteren Entwicklungsgang der Lehre von den Internationalen Beziehungen, so müssen wir für einen Augenblick die Erörterung der ontologisch-inhaltlichen Unterschiede der je verschiedenen Weltbilder vom Erkenntnisobjekt der Disziplin verlassen und uns einer epistemologischen Kontroverse zuwenden – einer Auseinandersetzung über die Verfahren der Gewinnung von Aussagen über den Erkenntnisgegenstand wie über den Geltungsanspruch, der diesen Aussagen jeweils zukommt. Als Folge des Übergreifens behavioristisch-verhaltenswissenschaftlicher Prämissen und Methoden auf unsere Wissenschaft hat die sogenannte Traditionalismus-Scientismus-Kontroverse die Entwicklung der Disziplin in den sechziger und frühen siebziger Jahren weitgehend geprägt[27].

Sie liegt quer zu den inhaltsbezogenen Kontroversen über die letzten ontologischen Geltungsgründe der anthropologischen und ethisch-moralischen Prämissen der Disziplin wie ihrer Akteurs-, Handlungsmilieu- und Ordnungsvorstellungen, die sich

---

25 Arnold Wolfers, Discord and Collaboration. Essays on International Politics, Baltimore 1971[3].

26 H. J. Morgenthau (Anm. 17), S. 69, 81.

27 Vgl. Grundpositionen bei Klaus Knorr/James N. Rosenau (Hrsg.), Contending Approaches to International Politics, Princeton, N. J. 1969. Zur Diskussion vgl. J. David Singer, Die szientifische Methode. Ein Ansatz zur Analyse internationaler Politik. Erster Teil, in: Politische Vierteljahresschrift, 14 (1973), S. 471–498; Zweiter Teil, in: ebd., 15 (1974), S. 3–32; Mathias Schmitz, Politikwissenschaft zwischen Common-Sense und Scientismus, in: Zeitschrift für Politik, 16 (1969), S. 325–364. Eine gründliche deutschsprachige Aufarbeitung des Phänomens für die Lehre von den Internationalen Beziehungen steht noch aus; vgl. für die Politikwissenschaft Jürgen W. Falter, Der »Positivismusstreit« in der amerikanischen Politikwissenschaft. Entstehung, Ablauf und Resultate der sogenannten Behavioralismus-Kontroverse in den Vereinigten Staaten 1945–1975, Opladen 1982.

in den unterschiedlichen wissenschaftlichen Weltbildern internationaler Beziehungen manifestieren. Vielmehr ist insbesondere von John A. Vasquez überzeugend nachgewiesen worden, daß auch die Vertreter der scientistischen Schule in inhaltlicher Hinsicht dem traditionellen Weltbild des Realismus weitestgehend verpflichtet bleiben[28]. Untersuchen wir ferner Struktur, Argumentationsduktus und Entwicklung der von manchen unter dem Prädikat einer »Neuen Großen Debatte« etwas voreilig in die Nachfolge der Idealismus-Realismus-Kontroverse erhobenen Auseinandersetzung zwischen Traditionalisten und Scientisten, so können wir mit einiger Verblüffung feststellen, daß die Disputanten kaum die inhaltlichen, schon gar nicht die methodischen Differenzen zwischen Idealismus und Realismus zur Kenntnis nehmen. Vielmehr werden beide in die methodisch definierte Gruppe traditionalistischer Ansätze eingereiht, eine Gruppe, die – positiv betrachtet – sich um sorgsam und überlegt formulierte Einsicht in Tatbestände, Entwicklungen und Abläufe der internationalen Politik bemüht. Kontrastiert wird dieses Bemühen um ein aus der lebenspraktischen Erfahrung des einzelnen gespeistes Verständnis internationaler Phänomene mit dem Ansatz der Scientisten, die – in bewußter Frontstellung zu den klassischen Ansätzen historisch-soziologischer Politikwissenschaft – nach der Bildung expliziter Hypothesen, deren Überprüfung durch wiederholte Beobachtung und der Anwendung quantitativer und statistischer sozialwissenschaftlicher Untersuchungstechniken, kurz: nach der (empirisch überprüfbaren) Evidenz von Aussagen über internationale Phänomene streben.

In idealtypischer Zuspitzung ließe sich die Position der Traditionalisten als eine methodische Orientierung begreifen, die von der Grundannahme ausgeht, daß historische und gesellschaftliche Tatbestände von solchen der Natur klar unterscheidbar seien. Wiewohl eingeräumt wird, daß auch in der Geschichte transepochale Kräfte wirken und wiederholbare Verhaltensmuster erkennbar sind, wird andererseits betont, daß dem Geschichtsprozeß ein beträchtliches, in der menschlichen Freiheit gründendes Element der Unregelmäßigkeit und Unbestimmtheit eignet. Aus diesem Grunde sei es ein Irrtum, annehmen zu wollen, daß der Mensch die Kräfte der Geschichte mittels der gleichen empirischen Methoden beherrschen könne, mit deren Hilfe er die Kräfte der Natur nicht nur zu verstehen, sondern auch zu manipulieren gelernt habe. Deshalb bemüht sich der Traditionalist, die Geschichte des politischen Denkens daraufhin zu überprüfen, welche transepochal gültigen Wahrheiten über politische Tatbestände, Handlungsabläufe und Zielvorstellungen von jenen Denkelementen getrennt werden können, die allein das Produkt einer einzigartigen historischen Konfiguration darstellen. Und er versucht ferner, jene Wahrheiten für die Gegenwart nutzbar zu machen – nicht so sehr, indem er auf Einzelfälle anwendbare Lösungsvorschläge entwirft, als vielmehr vor allem durch die Ausweitung und Vertiefung der Einsicht in die grundsätzlichen Fragestellungen, aus denen reale Probleme entstehen.

Aus diesen Grundannahmen leitet der Traditionalist eine Anzahl methodischer Folgerungen ab: nämlich einmal die, daß wissenschaftliche Aussagen durch eine explizite Abhängigkeit von Werturteilen gekennzeichnet seien und daß in diesem Zusammenhang dem Kriterium des *common sense*, d.h. dem auf der Alltagserfahrung beruhenden gesunden Menschenverstand, bei der Erklärung und Lösung wissen-

28 Vgl. John A. Vasquez, The Power of Power Politics. A Critique, London 1983.

schaftlicher Probleme eine besondere Rolle zukomme – nicht zuletzt, weil jene durch common sense abgedeckten Auffassungen und Annahmen in der Regel durch die je persönliche Lebenserfahrung des Wissenschaftlers bestätigt werden können. Zum anderen bedient sich der Traditionalist vorzugsweise, wenn auch nicht ausschließlich, geisteswissenschaftlicher Methoden, d.h. er geht deskriptiv oder normativ, eher ideographisch als vergleichend und im Bereich der Forschung über internationale Politik in enger Anlehnung an zeitgeschichtliche oder völkerrechtliche Fragestellungen vor. Eben darin spiegelt sich seine grundsätzliche Prämisse: »Since the practice of politics is an art and not a science, understanding politics requires historically based wisdom rather than theoretically grounded explanations.«[29] Drittens schließlich ist die traditionalistische Arbeit praxisbezogen, sieht als ihre wesentliche Aufgabe die Beratung der Regierenden und die politische Bildung der Regierten an, und scheut sich nicht, auf der Grundlage ihrer Forschungsergebnisse zu wertenden Stellungnahmen und Empfehlungen zu gelangen.

Demgegenüber besteht das augenfällige Charakteristikum des Scientismus gerade in der Trennung von Tatsachenbehauptungen und Werturteilen, in dem Bemühen, explizite, d.h. durch Angabe der Gebrauchs- und Schlußregeln präzisierte Begriffssysteme als Voraussetzung für die Aufstellung von Hypothesen zu errichten, die rigorosen empirischen Überprüfungsverfahren unterworfen werden. Indem der Scientist auf die Bildung empirisch-analytischer Theorien über Phänomene der internationalen Beziehungen abstellt, ist er in einen geistesgeschichtlichen Traditionsbezug einzuordnen, als dessen Repräsentanten John Locke und der Empirismus, Montesquieu, Comte, schließlich der Wiener Kreis um Schlick, Neurath, Carnap und andere genannt werden müssen. Kennzeichen dieses Traditionszusammenhangs ist die Abwendung von überzeitlich-metaphysischen Begründungsversuchen politischen Handelns und die Hinwendung zu einer rationalistischen, auf (physischer) Erfahrung gegründeten Vernunfterkenntnis, die die politische Wirklichkeit aus ihren tatsächlichen, beobachtbaren Erscheinungen heraus deutet. Analog zu den seit der Frühen Neuzeit sich entwickelnden, empirisch-analytisch vorgehenden Naturwissenschaften wird der Gegenstand der Lehre von den Internationalen Beziehungen in der Tradition naturwissenschaftlicher Begriffsbildung festgelegt und mit analytischen, dann auch quantifizierenden Verfahren erfaßt.

Dabei wird ein Theorieverständnis entwickelt, das die gesellschaftliche Wirklichkeit ebenso als ein in sich eigengesetzliches Erkenntnisobjekt konstituiert wie die Naturwissenschaften die natürliche Wirklichkeit, und das, so wie jene die Natur, die Gesellschaft auf ihre Manipulierbarkeit hin untersucht. Ziel dieses Unternehmens ist die Bildung von generalisierenden Aussagezusammenhängen, mit deren Hilfe die gesellschaftliche Wirklichkeit rational erklärt werden soll. Freilich schließt auch dieser Anspruch in einem zweiten Schritt den Aufweis unterschiedlicher Handlungsalternativen wie deren unter je bestimmbaren (Rand-)Bedingungen eintretender Folgen mit ein. Die Entscheidung darüber, welche Handlungsalternative aus der Menge aller möglichen ausgewählt und verwirklicht werden soll, hat jedoch die Politik, nicht die Wissenschaft zu treffen. Aufgabe der Wissenschaft ist es allein, erfahrbare Erschei-

29 Kenneth N. Waltz, Theory of International Relations, in: Fred I. Greenstein/Nelson W. Polsby (Hrsg.), Handbook of Political Science, Bd. 8: International Politics, Reading, Mass. 1975, S. 1.

nungsweisen des Politischen systematisch zu ordnen und auf diesem Wege zwischen den einzelnen politischen Phänomenen Zusammenhänge aufzuweisen. Zentrales Kriterium der Geltung wissenschaftlicher Aussagen ist die Forderung nach der Überprüfbarkeit aller aufgestellten theoretischen Propositionen an der Erfahrung – durch Verifikation oder Falsifikation, also durch den Widerspruch der Fakten gegen die theoretische Proposition. Die empirische Theorie soll durch formal widerspruchsfreie Ableitungen Erklärungen und Voraussagen sozialer Sachverhalte ermöglichen, d.h. die Entwicklung von Gesetzesaussagen mit Wenn-dann-Charakter erlauben.

Daneben zeichnet sich der Scientist durch ein weiteres Charakteristikum aus: Indem er Politik als eine spezifischere Form des allgemeinen Verhaltens von Individuen in bestimmten Situationen begreift, zielt sein Erkenntniszugriff auf die »in terms of the observed and observable behavior of man«[30] definierten Erscheinungen der Politik. Im Gegensatz zur eher institutionenorientierten Perspektive des Traditionalisten ist sein Ziel die Entwicklung einer Wissenschaft des politischen Verhaltens und der politischen Prozesse, die sich nicht nur auf direkt oder indirekt beobachtbare politische Handlungen bezieht, sondern auch auf deren Perzeptions-, Motivations- und Attitüdenkomponenten, denen die politische Identifikation des Menschen ebenso zugeschrieben werden mag wie seine Wünsche und Erwartungen, sein politisches Anschauungssystem, seine politischen Werte und Zielvorstellungen. Das heißt – quer durch alle spezialisierten Zweige der scientistischen Schule »... geht das Bemühen, die Rolle der Bewußtseinsphänomene im sozialen Leben zu klären ...«[31], wobei sie deren Auswirkungen auf Funktion und Leistung politischer Institutionen besonderes Interesse entgegenbringt. Die so skizzierten Grundpositionen der Traditionalismus-Scientismus-Kontroverse fassen wir ebenfalls in einer schematisch-kontrastiven Übersicht zusammen (vgl. Abb. 2 auf S. 234/235).

Aus heutiger Sicht muß die Traditionalismus-Scientismus-Kontroverse weitgehend als ein wissenschaftliches Scheingefecht gewertet werden, als eine epistemologische Spiegelfechterei, die die Diskussion um die inhaltlich-gestaltmäßige Beschaffenheit der Erkenntnisgegenstände der Lehre von den Internationalen Beziehungen nicht weitergebracht hat[32]. Im Laufe der siebziger Jahre hat sie dann auch ein Gutteil ihrer Schärfe verloren – weil sich nämlich herausstellte, daß die beiden Seiten mehr Gemeinsamkeiten aufzuweisen hatten, als ihre Vertreter sich anfänglich eingestehen mochten. Die Scientisten erkannten, daß die Hypothesen der Traditionalisten – wiewohl großenteils intuitiv aus dem Fundus des historischen Wissens abgeleitet – sich durchaus in einer Form ausdrücken ließen, die ihre empirische Überprüfung ermöglichte. Die Vorliebe der Scientisten für eindeutig formulierte Aussagen gewann allseitige Anerkennung, weil sie das logische Nachdenken über die internationalen Beziehungen beförderte. Der Einwand der Traditionalisten gegen die Verwendung quantifizierbaren Datenmaterials wurde nicht länger als ein grundsätzlicher angesehen, sondern nur noch in modifizierter Form erhoben: daß nämlich das ausschließliche Ver-

30 Robert A. Dahl, The Behavioral Approach in Political Science. Epitaph for a Monument to a Successful Protest, in: American Political Science Review, 55 (1961), S. 763.

31 Klaus Faupel, Die Internationale Politik im Rahmen der Sozialwissenschaften: Neuere Entwicklungen, in: Politische Vierteljahresschrift, 8 (1967), S. 179.

32 Vgl. Reinhard Meyers, The laying of ghosts – oder: unzeitgemäße Betrachtungen zur behavioristischen Politikwissenschaft, in: Neue Politische Literatur, 30 (1985), S. 72–88.

trauen auf die Beweiskraft quantifizierbarer Faktoren die Gefahr mit sich bringe, solche qualitativen Faktoren zu übersehen, die sich durch statistische Korrelationen nicht erfassen ließen. Und: entgegen vielfacher Hoffnungen hat sich die Disziplin hinsichtlich der Exaktheit und Verläßlichkeit ihrer Prognosen und Kausalaussagen nicht zu einer dem modernen naturwissenschaftlichen Idealtyp vergleichbaren Wissenschaft gewandelt[33]; vielmehr stellt die Theoriebildung ». . . durch den Entwurf und die rigide Kontrolle von Hypothesen ... ein bis heute noch immer nicht gelöstes Problem dar . . .«[34].

Kehren wir zurück zu den inhaltlichen Kontroversen – konkret: zu jener die siebziger Jahre durchziehenden Debatte zwischen Realisten und Globalisten. Kernpunkt ihrer Auseinandersetzung war der Streit darüber, ob der staatenzentrischen Perspektive des Realismus weiterhin Geltung zukommen sollte, oder ob sie abgelöst werden mußte durch eine Sicht, die den Phänomenen weltweiter politischer und ökonomischer Verflechtungen und Interdependenzen Rechnung trug. Zur Entscheidung stand letztlich die Bestimmung der Natur des internationalen Systems: War es immer noch akteursdominiert, und war der souveräne Nationalstaat sein dominanter Akteur – oder war es dabei, sich unter dem Einfluß globaler politischer, ökonomischer und gesellschaftlicher Integrationsprozesse zu einer interdependenten Gemeinschaft staatlicher und nichtstaatlicher Akteure zu wandeln?

Daß diese Frage überhaupt so gestellt werden konnte, ist wiederum auf außerwissenschaftliche Krisenerscheinungen und Veränderungen der realpolitischen Konfigurationen und Prozesse der internationalen Beziehungen zurückzuführen. Die zentrale Fragestellung des Realismus – nämlich wie sich Macht so maximieren läßt, daß sie als Mittel zur Durchsetzung nationaler Interessen und zur Steuerung internationaler Ereignisse und Prozesse taugt – kam den praktisch-politischen Bedürfnissen der sich als hegemoniale Supermacht verstehenden USA außerordentlich entgegen. »The American fascination with controlling events, with managing the process of change, and with seeking technical solutions for what are political and economic dilemmas, can easily be accomodated within the Realist world-view. Realism, in this sense, is the approach of those satisfied with the existing world order . . .«[35] In dem Moment, in dem sich die Grundstrukturen der bestehenden Weltordnung zu ändern begannen, mußte auch die Vorherrschaft des realistischen Weltbildes in der Lehre von den Internationalen Beziehungen ins Wanken geraten.

Wir verweisen in diesem Kontext auf die Entspannungspolitik der siebziger Jahre, die das alte Nullsummenspiel der westöstlichen Blockkonkurrenz mit Elementen der Kooperation, der Definition gemeinsamer Interessen vor allem im Bereich der Rüstungskontrollpolitik, des allmählichen Abbaus von Feindbildern und – unter dem Gesichtspunkt der schon länger bestehenden nuklearen Zweitschlagskapazitäten beider Seiten – mit der Aufhebung des Krieges als realistischer Option der Politik im Ost-West-Verhältnis durchsetzte. Wir verweisen auf die außerordentliche Bedeu-

33 Vgl. R. Meyers (Anm. 12).

34 Ernst-Otto Czempiel, Internationale Beziehungen. Begriff, Gegenstand und Forschungsabsicht, in: Manfred Knapp/Gert Krell (Hrsg.), Einführung in die internationale Politik, München 1990, S. 4.

35 Steve Smith, Paradigm Dominance in International Relations: The Development of International Relations as a Social Science, in: H. C. Dyer/L. Mangasarian (Anm. 20), S. 16.

Abbildung 2: Grundelemente der Traditionalismus-Scientismus-Kontroverse

	Traditionalismus	Scientismus
Erkenntnis-interesse	Wissenschaftliche Beratung der Regierenden und politische Bildung der Regierten; wertende Stellungnahmen u. Verfahrensempfehlungen zu anstehenden politischen Entscheidungen auf der Grundlage der jeweiligen Forschungsergebnisse	Erklärung, Beherrschung und Kontrolle politischer Prozesse in einer den Naturwissenschaften analogen methodisch exakten Verfahrensweise; Aufweis rational kalkulierbarer, empirisch abgesicherter Lösungen für außenpolitische und internationale Probleme, um politische Entscheidungsträger in die Lage zu versetzen, ihre Umwelt besser zu beherrschen. Die Auswahl einer Entscheidungsalternative aus der Menge aller möglichen bleibt den Entscheidungsträgern vorbehalten.
Fragestellung	Bemühen um Verständnis der Politik auf der Grundlage der Einsicht in und des Wissen um historisch-gesellschaftliche Entwicklungen und Prozesse	Bemühen um systematische Bestimmung und Ordnung der erfahrbaren Erscheinungsweisen des Politischen und empirisch evidenter Aufweis von (wiederholbaren) Zusammenhängen einzelner politischer Phänomene
Gegenstands-sicht a) Politik	Politik ist eine spezifisch gesellschaftliche, sinn- und werthaltige, zielgerichtete Tätigkeit – eine Kunst, deren Nachvollzug insbesondere an historischen Beispielen erlernt werden kann. Historische und gesellschaftliche Tatbestände sind von denen der Natur klar zu scheiden und daher den naturwissenschaftlichen Erklärungsmustern in Form von Wenn-dann-Aussagen nicht zugänglich	Politik ist eine spezifische Form des Verhaltens von Individuen in bestimmten Situationen und daher der (quantifizierend-)analysierenden wissenschaftlichen Beobachtung zugänglich. Gesellschaftliche Wirklichkeit ist in gleicher Weise wie die Wirklichkeit der Natur in sich eigengesetzlich; der Beobachter tritt ihr gegenüber und unterwirft sie seinem Untersuchungszugriff
b) Internationale Politik	konkurrenzhaftes Nullsummenspiel um Macht und Einfluß in einer anarchischen internationalen Staatenwelt, gekennzeichnet vom Sicherheitsdilemma und der herausragenden Rolle der Staaten als (fast) alleiniger Akteure	Prozeß(muster-)haftes Verhalten von internationalen Akteuren im internationalen System Internationales System: das Gesamt der zueinander in angebbaren Struktur- und Funktionsbeziehungen stehenden internationalen Akteure

	Traditionalismus	Scientismus
Untersuchungsmethoden	geisteswissenschaftlich-hermeneutisch-ideographische, deskriptive oder normative Verfahren	analytisch-quantifizierende, nomothetische, teils mathematisch-statistische Verfahren Suche nach empirischen Regelmäßigkeiten auf induktivem Wege, Forderung nach formallogischer Konsistenz und Geschlossenheit der Aussagen
Geltungskriterium wissenschaftlicher Sätze	Common Sense – d. h. auf nachvollziehbaren Alltagserfahrungen beruhender gesunder Menschenverstand	Überprüfbarkeit aller aufgestellten theoretischen Aussagen (Propositionen) an der (beobachtungsgestützten) Erfahrung durch Verifikation oder Falsifikation
Wertbezug	Wissenschaftliche Aussagen sind gekennzeichnet durch explizite Abhängigkeit von Werturteilen	Trennung von Tatsachenbehauptungen und Werturteilen; nur empirisch überprüfte Tatsachenbehauptungen genießen den Status wissenschaftlicher Aussagen, während Werturteile, weil erfahrungswissenschaftlich nicht belegbar, in einem Prozeß gegenseitiger Kritik und Gegenkritik aus dem Fundus wissenschaftlicher, d. h. empirisch gehaltvoller, Sätze auszuschließen sind
Theorieverständnis	a) Bildung von Idealtypen auf historisch-vergleichender Grundlage, die beim Verstehen und Klassifizieren konkreter historischer Tatbestände helfen b) Bildung einer allumfassenden (Handlungs-)Theorie der internationalen Politik, die auf der Grundlage regelmäßigen Auftretens historischer Erscheinungsformen der internationalen Politik im Zeitablauf Anweisungen für künftiges Verhalten politischer Entscheidungsträger in vergleichbaren historischen Konstellationen zu formulieren erlaubt	Streben nach einer allgemeinen, allumfassenden, empirisch überprüfbaren, in sich geschlossenen und logisch gültigen Theorie internationaler Beziehungen, die erlaubt, gegenwärtige oder vergangene Konfigurationen und Handlungsabläufe des internationalen Systems zu beschreiben und zu erklären und künftige Konfigurationen und Handlungsabläufe vorherzusagen

tungssteigerung ökonomischer Fragen und Problemstellungen in der internationalen Politik, die insbesondere die Ölpreiskrise der Jahre 1973/74 westlichen Entscheidungsträgern drastisch vor Augen führte. Wir verweisen auf die Intensivierung des Nord-Süd-Konflikts, dessen außenwirtschaftliche und verteilungspolitische Interessendivergenzen in der Forderung der Entwicklungsländer nach einer Neuen Weltwirtschaftsordnung ihren sinnfälligen Ausdruck fanden. Und wir verweisen auf die beträchtliche Ausweitung des Kreises internationaler nichtstaatlicher, d.h. ökonomischer und gesellschaftlicher Akteure, deren grenzüberschreitende Kooperationsbeziehungen den aus dem Souveränitätsgedanken sich ergebenden Monopolanspruch des Nationalstaates auf alleinige Regelung der Außen- und internationalen Beziehungen unterlaufen, ignorieren oder – wie im Falle des internationalen Terrorismus – aktiv in Frage stellen, wenn nicht gar bekämpfen.

Es sind vor allem drei Problembereiche, in denen die zentralen Konzepte und Vorstellungen des Realismus über das Wesen der internationalen Politik in Frage gestellt wurden: Die Rolle des Staates als des dominanten internationalen Akteurs, die klassische Trennung zwischen Innen- und Außenpolitik, und die zunehmende ökonomisch-gesellschaftliche Verflechtung insbesondere der westlichen Industriegesellschaften. Wir werden uns mit diesen Phänomenen später noch gründlicher auseinandersetzen: deshalb hier nur einige knappe Hinweise.

Die Entspannung des Ost-West-Verhältnisses und das darin eingeschlossene Verblassen der Möglichkeit einer militärischen Auseinandersetzung zwischen den Supermächten machte den Blick frei für drohende oder tatsächliche kriegerische Konflikte in anderen Teilen der Welt. An diesen Konflikten waren in aller Regel nichtstaatliche Akteure in größerem Umfang beteiligt (Insurgenten [Aufständische], nationale Befreiungsbewegungen, Bürgerkriegsparteien). In gleicher Weise ließ die Erkenntnis von der zunehmenden Ökonomisierung internationaler Politik die Rolle supranationaler Akteure und internationaler Konzerne stärker ins Blickfeld der Disziplin treten. Die Vorstellung vom nullsummenspielartigen Konkurrenzverhältnis der Staatengesellschaft wurde ergänzt – oder in mancher Sicht gar ersetzt – durch die Vorstellung eines spinnwebartig konstruierten, nichtstaatliche ökonomische und gesellschaftliche Akteure durch transnationale Austauschbeziehungen miteinander verbindenden Netzes, in dessen Kontext die Beziehungen zwischen den Staaten schon rein quantitativ ins Hintertreffen gerieten[36].

Die klassische analytische Trennung der Sphären von Innen- sowie Außen- und internationaler Politik – die verknüpft war mit der Vorstellung vom Staat als eines einheitlichen, geschlossenen Akteurs, der in seinem Innern das Monopol legitimer physischer Gewalt mit Erfolg für sich beanspruchen konnte, der in seinen Außenbeziehungen aber einer übergeordneten Gewalt nicht unterworfen war – diese klassische Vorstellung wurde aus zwei Richtungen kritisiert: Einmal aus der Perspektive jener, die als Ergebnis des Prozesses der Modernisierung westlicher Industriegesellschaften die Ausweitung der Ziele staatlichen Handelns über den traditionellen

36 Hierzu einflußreich Richard W. Mansbach/Yale H. Ferguson/Donald E. Lampert, The Web of World Politics. Nonstate Actors in the Global System, Englewood Cliffs, N. J. 1976; zur Rolle Multinationaler Konzerne vgl. George Modelski (Hrsg.), Transnational Corporations and World Order. Readings in International Political Economy, San Francisco 1979.

Kompetenzbereich der Gewährleistung äußerer, militärischer und innerer, rechtlicher Sicherheit hinaus auf den Bereich der wirtschaftlichen Sicherheit und sozialen Wohlfahrt konstatierten. Sie maßen der Notwendigkeit, außenwirtschaftliche Interessen zu schützen, die binnenwirtschaftliche Entwicklung zu fördern und die Vertretung nationaler Interessen im internationalen System auf einen innerstaatlichen, demokratisch legitimierten Konsensus organisierter politischer und sozialer Interessen zu gründen, erhöhte Bedeutung bei. Die Einzelelemente des Modernisierungsprozesses »have affected all the major dimensions of international politics in dramatic and transformational ways, and ... they have served to undermine the stability upon which international politics previously relied ...... the norms of international behavior have expanded considerably beyond a focus on the use of force to questions of the most equitable distribution of welfare and the expansion of economic well-being[37].

Der Machtstaat alter Prägung – und mit ihm die Vorstellung staatenzentrischer internationaler Politik – geriet gleichsam an zwei neuen Fronten in die Defensive: an der ökonomischen, auf der der Rekurs auf militärische Gewaltmittel bei der Durchsetzung außenwirtschaftlicher Interessen sich nicht nur als ineffizient, sondern vielfach als kontraproduktiv erwies; und an der gesellschaftlichen, auf der die zunehmende Politisierung sozioökonomischer Probleme die herkömmliche Trennung staatlicher und gesellschaftlicher Zuständigkeitsbereiche aufhob und die administrativen Regelungs- und Problemlösungskapazitäten überlastete, wenn nicht gar in Teilbereichen lahmlegte[38].

Der zweite Blickwinkel, aus dem heraus die Grundannahmen des Realismus wirksam in Frage gestellt wurden, ist mit dem Aufkommen weltweiter ökonomischer und finanzieller Interdependenzen verknüpft[39]. Daß nicht nur ökologische und nukleare Katastrophen, sondern Inflation, Rezession, Stagflation und Depression Auswirkungen haben können, die sich nicht auf den Bereich einer nationalen Volkswirtschaft beschränken lassen, vielmehr über die Mechanismen des Welthandels- und Weltfinanzsystems auf dritte Akteure einwirken, ist uns nicht erst seit der Diskussion um die Verschuldungskrise der Dritten Welt lebhaft bewußt[40]. Ihre Bedeutung gewinnen die Phänomene der Interdependenz – deren positive Aspekte durchaus nicht bestritten werden sollen[41] – im Kontext des realistischen staatenzentrischen Verständnisses internationaler Politik vor allem aus dem Umstand, daß sie die Autonomie staatlichen Entscheidungshandelns erodieren und der Außen- wie der Innen-, Wirtschafts- und Gesellschaftspolitik des Nationalstaates Grenzen setzen und Parameter vorgeben, die von den einzelnen Regierungen mit den herkömmlichen Mitteln staatlicher Machtpolitik nicht oder nur schlecht zu beeinflussen sind. Per definitionem ist das

---

37 Edward L. Morse: Modernization and the Transformation of International Relations, New York 1976, S. XV u. S. 2.

38 Vgl. Charles S. Maier (Hrsg.), Changing Boundaries of the Political. Essays on the evolving balance between the state and society, public and private in Europe, Cambridge 1987.

39 Vgl. Richard N. Cooper, The Economics of Interdependence. Economic Policy in the Atlantic Community, New York 1968; Robert O. Keohane/Joseph S. Nye, Power and Interdependence. World Politics in Transition, Boston 1977.

40 Vgl. Elmar Altvater u.a. (Hrsg.), Die Armut der Nationen. Handbuch zur Schuldenkrise von Argentinien bis Zaire, Berlin 1987.

41 Vgl. Richard Rosecrance, Der neue Handelsstaat. Herausforderungen für Politik und Wirtschaft, Frankfurt/M. 1987.

internationale System für den Realisten zusammengesetzt aus einer Menge mehr oder minder autonomer, rechtlich souveräner politischer Einheiten, die von keiner institutionalisierten Struktur politischer Herrschaft überwölbt werden. Die alte Frage: wie nämlich in einer solchen Situation Ereignisse, die außerhalb der eigenen Gesellschaft stattfinden, aber einen unmittelbaren Einfluß auf die eigene Sicherheit und Wohlfahrt haben, koordiniert und kontrolliert werden können, wird durch die Phänomene der Interdependenz und der transnationalen Politik verkompliziert. Der Realismus weiß auf diese Frage in ihrer qualitativ neuen Form keine Antwort.

Halten wir also zunächst einmal fest: die globalistische Orientierung der Lehre von den Internationalen Beziehungen reflektiert in ihrem argumentativen Kernbestand jene realhistorischen Entwicklungen der siebziger Jahre, die mit den Begriffen der transnationalen Politik und der politisch, wirtschaftlich, gesellschaftlich – und aus heutiger Perspektive: auch ökologisch – vermittelten Interdependenz gefaßt werden können. Unter diesen sich ändernden Rahmenbedingungen der internationalen Politik gewinnen nichtstaatliche Einzel- oder gesellschaftliche Gruppenakteure ein mehr oder minder großes Maß an Autonomie gegenüber staatlichen Entscheidungsträgern. Dieses eröffnet ihnen im Hinblick auf die Beziehungen zu Regierungen anderer Staaten, zu gouvernementalen wie nichtgouvernementalen internationalen Organisationen und/oder zu in anderen Staaten ansässigen Gruppen- oder Einzelakteuren eigenverantwortlich nutzbare, das überkommene staatliche Außenvertretungsmonopol gleichsam unterlaufende oder schlichtweg ignorierende Handlungsspielräume. Politisch relevant wird die Ausnutzung solcher Handlungsspielräume dann, wenn Entscheidungen und/oder Handlungen relativ autonomer gesellschaftlicher Akteure direkt oder auf dem Weg über vergleichbare Ansprechpartner in Drittländern politische, ökonomische oder soziale Tatbestände, Prozesse oder Strukturen einer oder mehrerer anderer nationaler Gesellschaften derart beeinflussen, daß dadurch die Entscheidungs- und Handlungsmöglichkeiten der dortigen Regierungen begrenzt, verändert oder (mit-)gestaltet werden. Und: begründet wird die Prämisse von der wachsenden politischen und wirtschaftlichen Interdependenz der Nationen mit dem Verweis auf die Proliferation internationaler Organisationen, das verstärkte Auftreten internationaler Konzerne und die angesichts der gegenseitigen nuklearen Abschreckung durch die beiden Supermächte sich intensivierende Disfunktionalität des Krieges als Mittel des internationalen Verkehrs. Zugleich stellt der Globalismus das Souveränitätsprinzip und die daran geknüpfte Vorstellung vom Nationalstaat als des Hauptakteurs internationaler Beziehungen in Frage: Er bestimmt ihre Akteure nicht mehr territorial, unter Rückgriff auf die Vorstellung des institutionellen Flächenstaates als einer vom Amts- und Flächenprinzip gestalteten politischen oder Verwaltungseinheit, sondern funktional nach dem Grad ihrer Entscheidungs- und Handlungsautonomie und nach dem Maß der erfolgreichen Erledigung bestimmter Aufgaben und Funktionen. Somit ersetzt er das tradierte staatenzentrische Bild internationaler Politik als Nullsummenspiel der in einem anarchischen Naturzustand agierenden Souveräne durch die Vorstellung eines integrierten, multizentrischen, bestimmten Ordnungsvorstellungen verpflichteten internationalen Systems, in dem nationale Regierungen nur noch eine Teilmenge der in sich recht differenzierten Gesamtmenge internationaler Akteure darstellen. Die Differenz realistischer und globalistischer Grundpositionen wollen wir wiederum schematisch-kontrastierend abbilden (vgl. Abb. 3).

Abbildung 3: Realistische Prämissen und globalistische Gegenpositionen

Realistische Prämisse	Globalistische Gegenposition
Die Staaten sind die einzigen bedeutenden Akteure der internationalen Beziehungen. Zu erforschen sind daher ihre Motive und Verhaltensweisen – oder genauer: die Motive und Verhaltensweisen der sie nach außen vertretenden politischen Entscheidungsträger. Anderen internationalen Akteuren kommt allein in ihrer Funktion als Mittel, Agenten oder Auftragnehmern der Staaten Bedeutung zu.	Staaten sind nicht die einzigen bedeutenden Akteure der internationalen Beziehungen. Manche internationalen Transaktionen und deren Resultate können nur im Hinblick auf die Motive und Verhaltensweisen internationaler gouvernementaler bzw. nichtgouvernementaler Organisationen oder Bürokratien, längerfristig bestehender oder ad hoc gebildeter transnationaler Koalitionen von Entscheidungsträgern und Beamten, multinationalen Konzernen, transnationalen gesellschaftlichen Gruppierungen oder anderen in der staatenzentrischen Sicht für bedeutungslos gehaltenen Akteuren erklärt werden.
Internationale Beziehungen sind das Ergebnis einzelstaatlicher außenpolitischer (Inter-)Aktionen, die das Ziel der Erhaltung der in Kategorien militärischer Macht sowie territorialer und/oder weltanschaulicher Herrschaft definierten nationalen Sicherheit (sog. »high politics«) verfolgen. Andere Ziele werden als »low politics« definiert und belegen im Ziel- und Wertinventar der Staaten einen nachrangigen Stellenwert.	Internationale Beziehungen sind das Ergebnis von grenzüberschreitenden Aktionen internationaler Akteure, die das Ziel der Wahrung oder Verbesserung ihres eigenen, in den Kategorien Pro-Kopf-Einkommen, Beschäftigungsniveau und Lebensqualität definierten Wohlstandes verfolgen. Die Bedeutung, die nationale Regierungen derartigen Zielen zumessen, und die innenpolitischen Vorteile oder Nachteile, die mit der Verwirklichung oder Nichtverwirklichung dieser Ziele verknüpft sind, lassen ihre Verfolgung als »high politics« erscheinen.
Die internationalen Beziehungen sind ein Nullsummenspiel; der (Macht- und Status-) Gewinn eines Akteurs im internationalen System geht zu Lasten eines/mehrerer/aller anderen Mitspieler. Der Austragungsmodus des Spiels ist der Konflikt; (militärische) Gewalt dient latent oder offen als Konfliktentscheidungsmittel.	Die internationalen Beziehungen sind ein Nicht-Nullsummenspiel; Gewinne der Akteure resultieren aus einer kontinuierlich durch technischen Fortschritt und Verbesserung der internationalen Arbeitsteilung vermehrten Gesamtmenge gesellschaftlicher Ressourcen. Austragungsmodus des Spiels ist der der Kooperation. Alle wesentlichen Spielergebnisse nehmen die Form der Verteilung von Belohnungen unter den kooperierenden Akteuren an.
Internationaler Einfluß resultiert aus dem Einsatz von oder der Drohung mit dem Einsatz von Macht, definiert als aktuelle oder potentielle militärische und/oder wirtschaftliche Handlungsbefähigung.	Internationaler Einfluß resultiert aus dem gekonnten Umgang mit den Banden der Interdependenz, die die Akteure des internationalen Systems miteinander verknüpfen. Die Überzeugung anderer dient als Hilfsmittel bei der Erringung von Einfluß.

Hinsichtlich ihrer Kernelemente wie ihrer Zielvorstellungen kann die globalistische Perspektive durchaus als Wiederbelebung idealistischer Grundpositionen interpretiert werden. Dies zeigt der Vergleich einer Reihe idealistischer und globalistischer Argumente:

- die Abkehr von der Kabinettsdiplomatie (heute: Forderung nach verstärkter Partizipation im außenpolitischen Entscheidungsprozeß)
- der Vorwurf, Gleichgewichtspolitik (heute: das Gleichgewicht des Schreckens) führe via Sicherheitsdilemma unweigerlich zum Kriege
- das Theorem »war does not pay« (heute: der Hinweis auf den mörderisch-selbstmörderischen Effekt nuklearer Massenvernichtungswaffen)
- die Annahme, die Funktion des Staates als beinahe ausschließlichen internationalen Akteurs werde durch Prozesse, die seine Souveränität transnational unterlaufen und/oder schlichtweg ignorieren, ebenso reduziert wie durch das Aufkommen neuer gesellschaftlicher Akteure
- schließlich die Zielvorstellung einer Weltgesellschaft als einer Gemeinschaft aller Menschen (heute: Hinweise auf nicht mehr umkehrbare weltwirtschaftlich – technologisch – ökologisch begründete Interdependenzverflechtungen, denen Weltpolitik gleichsam nur noch als Weltinnenpolitik gerecht werden könne).

Allerdings müssen wir hinsichtlich der Mittel, die der Globalist zur Verwirklichung seiner Ziele ins Auge faßt, Unterschiede feststellen. Während der ältere Idealismus seine Hoffnung auf die Verbindung legalistisch-institutionalistischer Ansätze (Völkerbund) mit rational-aufklärerischen, auf die Änderung der Bewußtseinshaltung der Individuen und Völker zielenden pädagogischen Bemühungen setzte, scheint der Globalismus eher der langfristig zu Integration und Kooperation führenden Wirkung von ökonomischen, ökologischen und funktionalen »Sachzwängen« ebenso zu vertrauen wie der seinen Zwecken förderlichen Furcht vor dem nuklearen Selbstmord.

Und: der beinahe schon missionarisch – kreuzzughafte Idealismus der zwanziger Jahre (Wilson) ist einer nüchterneren, stärker analytischen Grundhaltung gewichen. Schließlich liegt es in der Tendenz des Globalismus, eine wie im einzelnen auch beschaffene Institutionalisierung und normative Verregelung der zwischenstaatlichen wie der zwischengesellschaftlichen Beziehungen zu postulieren. Die großen politischen Streitfragen und Konflikte sind in ihre spezifischen ökonomischen, gesellschaftlichen und technischen Konstituenten aufzubrechen. Mit ihnen ist sich auf einer eher sachbezogen-administrativen Ebene auseinanderzusetzen. Insofern wäre dann der Prozeß der Konfliktlösung als ein kontinuierlicher Prozeß des friedlichen Wandels durch Annäherung, Anpassung und Angleichung konflikthafter Positionen über mittelfristige Zeiträume hinweg zu begreifen. Solche Prozesse können kollektiv durch Prinzipien und Normen geregelt werden, auf die sich die beteiligten Parteien entweder ausdrücklich oder stillschweigend – durch Anerkennung und Nachvollzug bestimmter politisch-praktischer Verhaltensweisen – geeinigt haben. Lassen sich solche Prinzipien und Normen über Zeit nachweisen, werden sie durch Entscheidungs- und Verhaltensroutinen ergänzt, können sie analytisch zu internationalen Regimen verdichtet werden – d.h. zu norm- und regelgeleiteten Formen der Bearbeitung von Konflikten, die sich in aller Regel auf Konfliktgegenstände innerhalb eines spezifischen Problemfeldes beziehen und die Bereitschaft der beteiligten Akteure voraussetzen, momentane Eigeninteressen um des längerfristigen Vorteils willen den Normen und Regeln des Regimes unterzuordnen.

Die Ausgangsprämisse der regimeanalytischen Perspektive lautet, daß internationale Regime das gewaltsame Austragen von Konflikten unwahrscheinlicher machen, weil ein regelgeleiteter Konfliktaustrag geringere soziale Kosten hervorruft als ein auf Gewalt rekurrierender regelloser. Sind sie einmal begründet, erleichtern und stabilisieren internationale Regime die Zusammenarbeit zwischen verschiedenartigen staatlichen und/oder nichtstaatlichen Akteuren: So tragen sie dazu bei, gegenseitige Gewaltanwendung zu verhindern. »What makes it possible for cooperation to emerge is the fact that the players might meet again. This possibility means that the choices made today not only determine the outcome of this move, but also can influence the later choices. The future can therefore cast a shadow back upon the present and thereby affect the current strategic situation.«[42] »›The shadow of the future‹ oder die Gefahr der Vergeltung von nicht-kooperativem Verhalten in der Zukunft macht koperatives Verhalten in der Gegenwart wahrscheinlicher. Die Wahrscheinlichkeit der Kooperation wächst also, wenn ein Interaktionsrahmen vorhanden ist, der den Interaktionen in einem bestimmten Problemfeld eine gewisse Dauerhaftigkeit und Langfristigkeit verleihen kann. Internationale Regime stellen einen solchen Trans- und Interaktionsrahmen zur Verfügung, der die Kosten der Kooperation senkt, da Kooperation innerhalb eines solchen Rahmens zur Routine wird, und die Kosten der Nicht-Kooperation wegen des ›shadow of the future‹ erhöht.«[43]

Der Globalismus hätte zur neuen Orthodoxie der Lehre von den Internationalen Beziehungen werden können – trotz mancher energischer Gefechte, die die Anhänger des Realismus ihm noch lieferten[44]. Jedoch – sein Schicksal ist ein trefflicher Beleg nicht nur für die Gültigkeit jenes Satzes der Adornoschen Dialektik, demzufolge die Verhältnisse ihren Begriff ebenso fordern wie sie ihn liefern, sondern auch für dessen Fortsetzung: Daß nämlich die in einer spezifischen historischen Epoche entstandenen, der Interpretation und sinnstiftenden Deutung der Ereignisse dieser Epoche dienenden und das praktisch-politische Handeln anleitenden und legitimierenden Begriffe in dem Moment ihre Geltung einbüßen, in dem das realhistorische, politisch-gesellschaftliche Substrat der Begriffe seine Qualität verändert und wandelt. Einem solchen Wandlungsprozeß ist die internationale Politik der beginnenden achtziger Jahre ohne Zweifel ausgesetzt gewesen.

Eingeleitet wurde dieser Wandel durch die sowjetische Invasion Afghanistans am 25. Dezember 1978. Sie wurde vor allem in den USA weithin als Kulmination einer antiwestlichen, teils auch auf den Arabischen Golf und damit die Ölversorgung des Westens zielenden geopolitischen Offensive der UdSSR verstanden, die schon in der Periode und im Zeichen der Entspannungspolitik begann[45]. Sie schien den Auftakt zu »Frostigen Zeiten«, zu einem zweiten Kalten Krieg zu bieten[46]. Zumindest die US-

---

42 Robert Axelrod, The Evolution of Cooperation, New York 1984, S. 12.

43 Manfred Efinger/Volker Rittberger/Michael Zürn, Internationale Regime in den Ost-West-Beziehungen. Ein Beitrag zur Erforschung der friedlichen Behandlung internationaler Konflikte, Frankfurt/M. 1989, S. 73. Zum Überblick ferner Stephen B. Krasner (Hrsg.), International Regimes, Ithaca 1985[3]; Beate Kohler-Koch (Hrsg.), Regime in den internationalen Beziehungen, Baden-Baden 1989.

44 Vgl. Stephen B. Krasner, Defending the National Interest, Princeton, N. J. 1978.

45 Vgl. Mike Bowker/Phil Williams, Superpower Detente: A Reappraisal, London 1988, Kap. 10.

46 Fred Halliday, Frostige Zeiten. Politik im Kalten Krieg der 80er Jahre, Frankfurt/M. 1984.

amerikanische Reaktion entsprach diesem Deutungsmuster: die Revitalisierung der Sicht supermachtdominierter internationaler Beziehungen als eines Nullsummenspiels[47]; das Wiederaufleben der Diskussion um ein »Containment« der UdSSR schon unter Carter, mehr aber noch unter Reagan[48], die Befürwortung einer gegen die UdSSR gerichteten Politik des »Economic Denial[49], das mit massiven Rüstungsanstrengungen einhergehende Streben »to stand up for America«[50], die Abkehr von einer Politik der Einhegung internationaler Konflikte durch Verhandlungen zugunsten der Rückkehr »to an earlier form of containment: one that assumes virtually unlimited resources for defense and little real prospect of settling differences through negotiation«[51], schließlich die Wiederaufnahme des Vokabulars und der Symbole der dreißiger Jahre, insbesondere des Vorwurfes einer »Appeasement-Politik« des Westens gegenüber der UdSSR[52] – all diese Elemente sind uns aus früheren Entwicklungsphasen der Lehre von den Internationalen Beziehungen nur allzu vertraut.

Wenn sich der Kalte Krieg selbst – vom ideologischen Antagonismus der Gesellschaftssysteme einmal abgesehen – im wesentlichen durch jene Spannungen zwischen den Supermächten auszeichnete, die aus der Politik der nuklearen Abschreckung, dem System der »organisierten Friedlosigkeit« resultierten[53] – lag es dann nicht in der Konsequenz der Sache, bei nach einer Periode der Entspannung erneuerter Intensivierung der politischen und militärischen Auseinandersetzungen nicht nur zur Rhetorik und Bildersprache, sondern auch zu den vermeintlich erprobten wissenschaftlichen Konzepten jener Zeit zurückzukehren[54]?

Wir könnten versucht sein, die zu Beginn der achtziger Jahre einsetzende Entwicklung eines neuen wissenschaftlichen Weltbildes in der Lehre von den Internationalen Beziehungen – nämlich des Neorealismus – im Sinne der eben gestellten Frage zu deuten. Ohne Zweifel betrachtet der Neorealismus die internationale Politik als ein Nullsummenspiel, das – in ungebrochener Kontinuität zu realistischen Prämissen – von den Staaten als Hauptakteuren dominiert wird. Vom klassischen Realismus Morgenthau'scher Prägung unterscheidet er sich aber doch in zwei wesentlichen Hinsichten: Einmal setzt er an die Stelle der Politik begründenden und Machtpolitik legitimierenden Metaphysik pessimistischer philosophisch-anthropologischer Grundprämissen des Realismus eine neue Metaphysik des neoliberalen ökonomischen Rationa-

---

47 Vgl. Pierre Hassner, American Policy towards the Soviet Union in the 1980s: Objectives and Uncertainties, in: Adelphi Papers, 174 (1982), S. 39.

48 Vgl. Robert E. Osgood, The Revitalization of Containment, in: Foreign Affairs, 60 (1982), S. 465–502.

49 Louis J. Walinsky, Coherent Defense Strategy: The Case for Economic Denial, in: Foreign Affairs, 61 (1982), S. 272–291.

50 William P. Bundy, A Portentous Year, in: Foreign Affairs, 62 (1984), S. 496.

51 John Lewis Gaddis, The Rise, Fall and Future of Detente, in: Foreign Affairs, 62 (1983), S. 367.

52 Seweryn Bialer/Joan Afferica, Reagan und Russia, in: Foreign Affairs, 61 (1982), S. 262; vgl. gegen die derart unhistorische Verwendung des Appeasement-Begriffs als eines politischen Kampf- und Diffamierungsmittels, Reinhard Meyers, International paradigms, concepts of peace, and the policy of appeasement, in: War and Society, 1 (1983), S. 45ff.

53 Dieter Senghaas, Abschreckung und Frieden. Studien zur Kritik organisierter Friedlosigkeit, Frankfurt/M. 1969.

54 Vgl. zur Analyse der Periode Peter Savigear, Cold War or Detente in the 1980s. The International Politics of American-Soviet Relations, Brighton 1987.

lismus mitsamt deren Legitimierung weltwirtschaftlich-merkantilistischen Verhaltens. Zum anderen gilt seine Aufmerksamkeit eher der Analyse von Verteilungskonflikten: »conflict over the distribution of scarce resources« ist im Kontext des Neorealismus jener Schlüsselbegriff, der dem Morgenthauschen Konzept des im Sinne von Macht verstandenen Begriffs des Interesses entspricht. Damit wird der Neorealismus zum abstrakt-theoretischen Ausdruck nicht so sehr des in einem fragmentierten anarchischen Milieu stattfindenden Nullsummenspiels der um einen Zugewinn an Machtquanten wetteifernden nationalen Akteure, sondern der Fortsetzung dieses Nullsummenspiels unter Einbeziehung anderer Mittel: nämlich in der Form des Konfliktes zwischen der als solcher perzipierten politischen Anarchie der internationalen Wirtschaftsordnung und der im Sinne wohlfahrtsstaatlicher Konzeptionen regulierten (und regulierbaren) Binnenordnung der national – ökonomischen Akteure. Robert Gilpin hat unlängst die Grundfrage dieses Konfliktes präzis definiert: »how is it possible to reconcile a world composed of autonomous welfare states pursuing their individual and frequently conflicting economic interests with an interdependent world economy in which the principles of welfare capitalism do not apply«[55]?

Wissenschaftsimmanent ließe sich das Aufkommen des Neorealismus vielleicht verstehen als Reaktion gegen die analytische Vernachlässigung der staatlichen internationalen Akteure in der globalistischen Sicht internationaler Beziehungen der siebziger Jahre. Im Sinne der Einschätzung der Lehre von den Internationalen Beziehungen als Krisenbewältigungswissenschaft mag er jedoch gewertet werden als Antwort der Wissenschaft auf die Aufgabe einer liberal-internationalistischen Orientierung und (Rück-)Wende zu traditionellen machtpolitischen, der Stärkung der eigenen militärischen Potenz wie dem Containment der UdSSR verpflichteten Handlungskonzepten der ersten Reagan-Administration[56]. Nicht von ungefähr gilt ein Gutteil seiner Aufmerksamkeit der Theorie der hegemonialen Stabilität und dem perzipierten Niedergang der Welthegemonie-Stellung der Vereinigten Staaten. Der Verlust an internationaler wie innerstaatlicher Problemlösungs- und Steuerungskapazität, der in globalistischer Sicht auf das Wachsen komplexer Interdependenzen und die Proliferation internationaler Akteure und internationaler »issues« zurückgeführt wurde, läßt sich in der neo-realistischen Perspektive durch Verweis auf vertrautere Faktoren erklären – die Niederlage Amerikas im Vietnamkrieg ließ ein Machtvakuum entstehen, das der Nachkriegs- »Pax Americana« ein Ende setzte. Und die analytische Hinwendung des Neorealismus zum Phänomen der Ökonomisierung internationaler Politik, die von ihm vertretene These, daß die Existenz eines liberalen Hegemons eine notwendige Bedingung für die Entwicklung einer liberalen, marktwirtschaftlich verfaßten Weltwirtschaft sei[57] – diese Perspektive spiegelt unmittelbar das international-politische Selbstverständnis der USA wider. Seine pessimistische Konsequenz – daß nämlich mit dem Verlust der amerikanischen Steuerungs-, Management- und Beschützer-Potenz auch das liberale Weltwirtschaftssystem zusammenbrechen werde[58] – kann

55 Robert Gilpin, The Political Economy of International Relations, Princeton, N. J. 1987, S. 359.

56 Vgl. Martin Rochester, The rise and fall of international organization as a field of study, in: International Organization, 40 (1986), S. 798ff.

57 Vgl. R. Gilpin (Anm. 55), S. 72ff., 86ff.

58 Vgl. ebd., S. 380ff.

einmal als Deutung der strategischen Überdehnung amerikanischer Ressourcen, als Antwort auf jenen Prozeß der imperialen Überanstrengung der USA begriffen werden, wie er von Paul Kennedy vor einigen Jahren glänzend analysiert und in den größeren welthistorischen Kontext eingepaßt wurde[59]. Die These mag aber in ihrer Umkehr auch dazu genutzt werden, im Interesse der Systemerhaltung die Fortdauer der US-amerikanischen Hegemonie zu legitimieren.

Daß im übrigen Neo-Realismus und Realismus gemeinsamen Prämissen verpflichtet sind, hat Robert Gilpin im Kontext der von Richard K. Ashley ausgelösten Debatte um den epistemologischen und methodologischen Status des neorealistischen Ansatzes[60] sehr konzis dargelegt[61]: Ausgehend von einer pessimistischen Einschätzung der Möglichkeit moralisch-humanitären Fortschrittes definiert sich das (neo-) realistische Weltbild durch Verweis auf die anarchische, essentiell konflikthafte Natur der internationalen Beziehungen, in deren Kontext die Macht als letzte Entscheidungsinstanz der Politik auftritt. Gesellschaftliche Wirklichkeit ist dem Wesen nach eine Wirklichkeit sozialer Gruppen (und sozialer Gruppenkonflikte): »in a world of scarce resources and conflict over the distribution of those resources, human beings confront one another ultimately as members of groups, and not as isolated individuals«. Bezeichnung, Größe und Organisationsform dieser Gruppen mögen sich im historischen Zeitablauf ändern« »the essential nature of group conflict does not«[62]. Und: Triebkraft allen menschlichen Handelns ist das Streben nach Sicherheit im Machtkampf der sozialen Gruppen: Politik steht unter dem Primat von Sicherheit und Macht. Der Neorealismus versteht sich nicht als eine Theorie in der Tradition des naturwissenschaftlichen Erkenntnisstrebens: er weiß sich eingebunden in den Kontext des Fürstenspiegels, der Staatsklugheit, des »advice to princes«. Er pflegt kein Verständnis des Fortschritts als einer evolutionären, quasi-automatischen Entwicklung der Produktivkräfte mit der Tendenz zur Steigerung der ökonomischen Interdependenz und der letztlichen Erfüllung in einer Weltgesellschaft: Gilpin ist sich noch nicht einmal sicher, ob Fortschritt in der moralischen wie in der internationalen Sphäre überhaupt existiert. Vielmehr teilt der Neorealist Morgenthaus Auffassung von den »*perennial forces* of political struggle and the limits they place on human perfection. To me at least, this moral skepticism joined to a hope that reason may one day gain greater control over passions constitutes the essence of realism«[63].

Allerdings: diese transepochal gültigen Kräfte des politischen Kampfes erscheinen nicht in der reinen Form einer Auseinandersetzung um die Gewinnung, Erhaltung und Vermehrung von Macht, sondern im Kontext einer reziproken Interaktion von Politik und Ökonomie[64]. Wirtschaftliche Motive und wirtschaftliches Handeln liefern

---

59 Paul Kennedy, Aufstieg und Fall der Großen Mächte. Ökonomischer Wandel und militärischer Konflikt von 1500 bis 2000, Frankfurt/M. 1989, besonders S. 758ff.

60 Vgl. Richard K. Ashley, The poverty of Neorealism, in: International Organization, 38 (1984), S. 225–286. Zu den Positionen der Debatte vgl. Robert O. Keohane (Hrsg.), Neorealism and its Critics, New York 1986.

61 Robert Gilpin, The richness of the tradition of political realism, in: International Organization, 38 (1984), S. 287–304.

62 Ebd., S. 290.

63 Ebd., S. 304.

64 Vgl. Robert Gilpin, U.S. Power and the Multinational Corporation. The Political Economy of Foreign Direct Investment, New York 1975.

dem Machtkampf zwischen Nationalstaaten das Fundament; andererseits ruht auch jedes ökonomische System wieder auf einer bestimmten politischen Ordnung. Zwischen Macht und Reichtum einer Nation besteht eine gegenseitige Abhängigkeit; die internationalen Beziehungen sind durch die gegenseitig-dynamische Interaktion des Strebens nach Reichtum und des Strebens nach Macht bestimmt. »In the short run, the distribution of power and the nature of the political system are major determinants of the framework within which wealth is produced and distributed. In the long run, however, shifts in economic efficiency and in the location of economic activity tend to undermine and transform the existing political system. This political transformation in turn gives rise to changes in economic relations that reflect the interests of the politically ascendant state in the system.«[65]

Insofern richtet sich die Fragestellung des Neorealismus auf die Analyse der Bestrebungen nationaler Akteure, wirtschaftliche Arrangements und Prozesse so zu beeinflussen, daß ihre eigenen Interessen maximiert werden – gleichgültig, ob dies zu Lasten anderer Akteure geht oder nicht. Dabei können sich diese Interessen auf binnenökonomische Parameter beziehen (Vollbeschäftigung, Preisstabilität) oder auf außenpolitische (Sicherheit, Unabhängigkeit, Zugang zu Märkten und Versorgung mit Rohstoffen): In jedem Fall gerät die erfolgreiche Durchsetzung der eigenen Interessen zum Maßstab praktisch-politischen Handelns, soll der Konflikt über die Verteilung knapper Ressourcen im internationalen System zu eigenen Gunsten entschieden werden.

Zu Recht hat dieses Denken in den Kategorien einer »beggar-my-neighbour«-Politik dem Neorealismus das Prädikat einer neomerkantilistischen Sicht der internationalen Beziehungen eingetragen. Während jedoch die Wirtschaftspolitik des klassischen Merkantilismus im wesentlichen auf die Stärkung des absolutistischen Staates durch Erzielung von Handels- und Zahlungsbilanzgewinnen abhob, geht der neomerkantilistisch-neorealistische Ansatz weiter: Er behauptet den Primat nationaler wirtschaftlicher und politischer Ziele gegenüber Erwägungen, die auf die Wahrung globaler ökonomischer Effizienz zielen. »In short, each nation will pursue economic policies that reflect domestic needs and external political ambitions without much concern for the effects of these policies on other countries or in the international economic system as a whole.«[66] Das machtgesättigte Nullsummenspiel des Realismus wandelt sich in der neorealistischen Perspektive zu einem Nullsummenspiel um Reichtum, Prosperität und ökonomische Entwicklung. Damit aber liefert der Neorealismus – dessen Grundpositionen wir in Abb. 4 noch einmal mit denen des Globalismus kontrastieren wollen – im verteilungspolitischen Kontext des Nord-Süd-Konflikts zugleich die Legitimationsideologie für den Selbstbehauptungswillen der Ersten Welt. Wir kommen auf dieses Problem später noch einmal zurück.

65 Ebd., S. 43.

66 Robert Gilpin, Three Models of the Future, in: George Modelski (Hrsg.), Transnational Corporations and World Order. Readings in International Political Economy, San Francisco 1979, S. 359f.

Abbildung 4: Vergleich neorealistischer und globalistischer Grundpositionen

	Neorealismus	Globalismus
Perspektive	erstweltlich-staatenzentrisch	erstweltlich-akteursplural
Untersuchungseinheiten	Nationalstaaten, nationale Volkswirtschaften	transnationale Akteure
Fragestellung	Organisationsprinzipien einer industriellen Weltwirtschaft, die durch Konkurrenz, ökonomische Blockbildung und wirtschaftlichen Konflikt gekennzeichnet ist	Bedingungen ökonomischen Wachstums und wirtschaftlicher Wohlfahrt in einer interdependenten Weltwirtschaft
Prämisse	Internationale Beziehungen als Nullsummenspiel. Gleichordnung wirtschaftlicher und staatlicher Interessen, die auf einem Kontinuum von innenpolitischer Stabilität bis internationaler Sicherheit definiert werden. Als Ziele staatlichen Handelns gewinnen wirtschaftliche und soziale Sicherheit gleichrangige Bedeutung mit der militärischen Sicherheit	Internationale Beziehungen als positives Summenspiel. Steigende wirtschaftliche Verflechtung sowie Fortschritte in Kommunikationstechnik und Verkehrswesen lassen den Nationalstaat zum Anachronismus werden. Weltwirtschaftlicher Fortschritt resultiert aus Effizienzsteigerung der internationalen Arbeitsteilung und Fortentwicklung der Produktivkräfte. Die Entwicklung unterentwickelter Nationen resultiert aus Kapital-, Technologie-, Know-how-Transfer aus den entwickelten Nationen unter prominenter Beteiligung internationaler Konzerne.
Generalziel	Sicherheit (Überleben des Staates)	Friede (Netzwerk inter- und transnationaler Organisationen)
ökonomisches Dogma	Merkantilismus: Weltmarktwettbewerbsfähigkeit gefördert durch Protektionismus und Regierungsintervention	Liberalismus: Effiziente Ressourcenallokation und Nutzung komparativer Kostenvorteile maximieren Wohlfahrt weltweit

II. Außenpolitik, internationale Politik, Internationale Beziehungen: Dissens bei der Bestimmung des Gegenstandes – Konsens bei der Bestimmung formaler Grundbegriffe der Disziplin

Über die inhaltliche Füllung der Grundbegriffe der Lehre von den Internationalen Beziehungen – Außenpolitik, internationale Politik, Internationale Beziehungen – herrscht im Fach ebenso wenig Konsens wie über die inhaltliche Bestimmung des Forschungsgegenstandes. Diese Feststellung mag zunächst verblüffen. Sie kann aber plausibel erklärt werden. Hinsichtlich der Grundbegriffe gilt, daß jedes der im ersten Abschnitt skizzierten wissenschaftlichen Weltbilder – das idealistische, realistische, globalistische und neorealistische – die Phänomene der internationalen Politik mit unterschiedlichem Erkenntnisinteresse und davon abhängiger Fragestellung auf der Grundlage je verschiedener anthropologischer, ethisch-normativer und methodischer Vorverständnisse zu erfassen sucht. Anders formuliert: Die genannten wissenschaftlichen Weltbilder differieren im Blick auf ihre ontologischen Grundannahmen. Ihre Differenzen betreffen vornehmlich den Charakter des internationalen Milieus und die Qualität der Akteure, die untereinander staatliche Grenzen überschreitende Interaktionsbeziehungen unterhalten; sie erstrecken sich ferner auch auf die von den Akteuren verfolgten Ziele ebenso wie auf die Mittel, die zur Verwirklichung dieser Ziele gemeinhin eingesetzt werden.

Hinsichtlich der Umschreibung des Forschungsgegenstandes gilt, daß sich im Zuge der Entwicklung der Lehre von den Internationalen Beziehungen mit wachsendem Problembewußtsein der Blick für die Vielfalt von Bezügen, Ausprägungen, Schattierungen und Verästelungen des Erkenntnisobjekts geschärft hat. Insbesondere im angloinsularen Kontext der Disziplin wird ihr Gegenstand als derart ausdifferenziert, wenn nicht gar (an seinen Rändern) zerfranst begriffen, daß er sich gegen die Einvernahme durch eine einheits-, grund- und sinnstiftende theoretische Perspektive im Sinne der seit alters angestrebten »general theory of international politics« sperre[67]. Ein kursorischer Blick auf Fragestellungen und Gegenstandsdefinitionen der in den letzten beiden Jahrzehnten erschienenen Literatur mag diese Behauptung belegen[68]. Soll die Lehre von den Internationalen Beziehungen alle nur denkbaren Relationen zwischen Staaten beschreiben und erklären? Oder soll sie, geleitet vom Verständnis der internationalen Politik als Summe der nationalen Außenpolitiken, ihr Augenmerk eher auf die Außenaktivitäten nationalstaatlicher Regierungen oder auf das Zustandekommen außenpolitischer Entscheidungen richten? Hat sie sich mit der Wechselseitigkeit der Beziehungen jenseits der innerstaatlichen Sphäre zu befassen? Oder soll sie die historisch gewordene Realität des internationalen Systems begreifen? Ist ihre zentrale Untersuchungseinheit der Nationalstaat, weil er als im Zeitablauf verfestigte territoriale Organisationseinheit gesellschaftlicher Gruppen das Leistungsvermögen und die Macht der Gruppenmitglieder bündelt, strukturiert und auf bestimmte (Außen-)Ziele orientiert? Oder hat die Zunahme transnationaler Beziehungen auf der nichtstaatlichen Ebene, die Einbeziehung von Wirtschafts-, Finanz-, Sozial-, Entwicklungs- und Wissenschaftspolitik in einen sich intensivierenden, »von außen« penetrierten Verflechtungsprozeß zum Unterlaufen der nationalstaatlichen

67 Vgl. Joseph Frankel, International Relations in a Changing World, Oxford 1988[4].
68 Einzelnachweise bei R. Meyers (Anm. 12).

Souveränität, und in der Folge zur Ablösung des Staates als der traditionellen Untersuchungseinheit geführt? Wird die internationale Politik vor dem Hintergrund der nuklearen Balance der Supermächte angesichts zunehmender Relevanz ökonomischer Interdependenzfaktoren domestiziert, quasi »verinnerlicht«? Oder wird sie transnationalisiert, globalisiert? Ist der Nationalstaat durch die zunehmende Bedeutung von Umweltproblemen als analytische Kategorie archaisiert worden – ebenso wie die traditionelle Differenz zwischen Innen-, Außen- und internationaler Politik? Müssen wir aus der weltweiten ökologischen Vernetzung existenzbedrohender Fehlentwicklungen im Prozeß der wissenschaftlich-technischen Unterwerfung der Natur unter die Verfügungsgewalt des Menschen die Konsequenz ziehen, daß allein das einheitliche Ökosystem Erde den der Disziplin adäquaten Gegenstand bildet? Haben wir schließlich anzunehmen, daß die Entwicklung des Menschen wie auch die Genese seiner Gesellschaft und ihrer Formen im historischen Zeitablauf Glieder in der Kette einer umfassenden Strukturentwicklung darstellen und vom Ursprung her durch den Optimierungsvorgang der Evolution bestimmt sind? Resultiert aus dieser Perspektive dann eine gleichsam evolutionsgenetische Strukturgeschichte der Internationalen Beziehungen? Wäre in der Konsequenz dieser Überlegungen der Gegenstand der Lehre schließlich als die Weltgesellschaft zu definieren – formal als das Umgebungsgesamt, in dem sich das Verhalten von Individuen, Gruppen, Nationen, Staaten konkretisiert, inhaltlich als historisch gewordene, expansionistisch-arbeitsteilig-kapitalistisch verfaßte, asymmetrisch strukturierte, in sich geschichtete und metropolitan dominierte Welt? Gäbe es dann aber überhaupt noch einen Aspekt menschlichen Lebens, der nicht in die Zuständigkeit der Lehre von den Internationalen Beziehungen fiele? Wie wollen wir dann ihren Gegenstand noch konkret erfassen? Und wie soll dann eine gehaltvolle Kommunikation über diesen Gegenstand noch möglich sein?

Eine befriedigende Antwort auf diese Frage liegt in der Etablierung eines konsensfähigen formalen Kategoriensystems, dessen Elemente gerade aufgrund ihrer Abstraktheit Möglichkeiten zur wissenschaftlichen Kommunikation bieten. Je nach den Anforderungen der konkreten historischen Situation, die sie beschreiben sollen, je nach den Prämissen des wissenschaftlichen Weltbildes, innerhalb dessen sie Geltung besitzen, können Formalkategorien mit unterschiedlichen Inhalten gefüllt werden. Sie sind gleichsam kategoriale Hülsen, deren eigentliche Bedeutung erst in der Verbindung von formaler und inhaltlicher Bestimmung zu Tage tritt. Selbst als Formalkategorien aber erlauben sie uns schon eine erste Klassifizierung unserer Untersuchungsphänomene.

Trotz der großen Bandbreite inhaltlicher Gegenstandsbestimmungen besteht in der Lehre von den Internationalen Beziehungen seit Beginn der sechziger Jahre weitgehende Einigkeit über ihre formalen Grundkategorien. In einem seinerzeit richtungsweisenden Beitrag hat Fred A. Sondermann[69] 1961 angeregt, zur näheren Bestimmung ein Kriterienbündel zu verwenden, das die – noch weitgehend dekkungsgleich gebrauchten – Begriffe internationale Politik und internationale Beziehungen wie folgt auffächert:

69 Vgl. Fred A. Sondermann, The Linkage between Foreign Policy and International Politics, in: James N. Rosenau (Hrsg.), International Politics and Foreign Policy. A Reader in Research and Theory, New York 1968^{6}, S. 8–17.

1. Sie beziehen sich auf Aktivitäten, die die Grenzen eines Staates an einem Punkt überschreiten;
2. sie beziehen sich auf Akteure (Staaten oder soziale Gruppen), die bestimmte Ziele zu verwirklichen suchen;
3. sie beziehen sich schließlich auf einen als Einheit aufzufassenden Prozeß von Aktion und Reaktion, auf ein wechselseitiges Bezugsgeflecht grenzüberschreitender Handlungen (was die Betrachtung einzelner Aktionen ausschließt).

Ob nun ein konkreter Handlungsablauf als Element der internationalen Beziehungen (oder als Akt der Außenpolitik) gewertet werden müsse, hänge allein vom Standpunkt des Betrachters – oder genauer: von dessen Erkenntnisinteresse und der daraus resultierenden Fragestellung – ab: Die Fortsetzung der Politik eines Staates über seine Grenzen hinaus sei der Kategorie der Außenpolitik zuzuordnen, wenn man sie unter dem Blickwinkel des handelnden Staates betrachte; als Element der internationalen Beziehungen müsse sie hingegen dann verstanden werden, wenn man sie vom übergeordneten Standpunkt des internationalen Systems in Augenschein nehme. Die Analyse der internationalen Politik beschäftige sich folglich einmal mit den Abläufen und Auswirkungen der Interaktionen zwischen solchen außenpolitischen Entscheidungen, die in zwei oder mehr Staaten von Individuen und/oder gesellschaftlichen Gruppen unter Einbeziehung des Regierungsapparates vollzogen werden; zum anderen aber widme sie sich auch der Untersuchung der (internationalen) Umgebung, innerhalb derer derartige Interaktionen stattfänden.

Angeregt durch Überlegungen David Singers[70] zur Festlegung möglicher Untersuchungsebenen (nach neuerem Verständnis vier: Internationales System – Region – Nationalstaat – Individuum) wurde in der Folge einem Aspekt des Sondermannschen Definitionsversuches vielfache Aufmerksamkeit gewidmet: der Frage nämlich nach den aus derartigen Festlegungen jeweils resultierenden Konsequenzen für die Sicht des Untersuchungsgegenstandes, für die an ihn heranzutragenden spezifischen Fragestellungen sowie für die je nach Ansatzebene unterschiedlichen Erklärungsversuche internationaler politischer Phänomene[71]. Zugleich aber stieß die auch bei anderen älteren Autoren der Disziplin zu beobachtende deckungsgleiche Verwendung der Begriffe »Internationale Politik« und »Internationale Beziehungen« auf Kritik, da sie von einer staatenzentrischen Perspektive ausging und keine Differenzierung zwischen genuin staatlichem und gesellschaftlichem und/oder individuellem Handeln im grenzüberschreitenden Bereich ermöglichte. Angesichts des empirischen Befundes, daß zum staatlich vermittelten Bereich internationaler Beziehungen stets ein diesen übergreifender gesellschaftlich vermittelter tritt, unterscheidet die neuere Diskussion internationale Politik und internationale Beziehungen nach folgendem formalem Schema.

1. Der Begriff der internationalen Politik bezieht sich auf die Interaktionsprozesse, die zwischen mindestens zwei (in der Regel staatlichen, gelegentlich auch sonstigen den Status eines Völkerrechtssubjektes beanspruchenden) Akteuren in deren interna-

70 Vgl. David Singer, Das Problem der Analyseebene in den internationalen Beziehungen, in: Helga Haftendorn (Hrsg.), Theorie der Internationalen Politik. Gegenstand und Methode der Internationalen Beziehungen, Hamburg 1975, S. 193–207.

71 Zur Übersicht Reinhard Meyers, Weltpolitik in Grundbegriffen. Bd. I: Ein lehr- und ideengeschichtlicher Grundriß, Düsseldorf 1979, S. 207–226.

tionaler Umgebung stattfinden. Die Untersuchung der internationalen Politik begreift die einzelnen Handlungen jedes dieser Akteure allein als (Teil-)Aspekte eines größeren Interaktionsmusters, das über einen definierbaren Zeitraum hinweg durch regelmäßig sich wiederholend oder zumindest den Grundzügen nach vergleichbare Akteurshandlungen konstituiert wird und häufig durch ein Aktions-Reaktions-Schema geprägt ist. Entscheidendes Kriterium für die Subsumtion von Akteurshandlungen unter den Begriff der internationalen Politik ist deren Orientierung auf einen wie auch immer definierten politischen Gehalt. Insofern ist die »inhaltliche Füllung« des (Formal-)Begriffes »Internationale Politik« regelmäßig bestimmt durch den je spezifischen Politikbegriff, in dessen Kontext er verwendet wird.

2. Demgegenüber ist der Bedeutungsumfang des Begriffes »Internationale Beziehungen« weiter gefaßt. Er bezieht sich auf alle grenzüberschreitenden Aktionen und Interaktionen, die zwischen unterschiedlichen internationalen Akteuren – seien es nun internationale Organisationen, Staaten, gesellschaftliche Gruppierungen, Individuen oder juristische Personen – stattfinden können. Ebenfalls erstreckt er sich auf die Interaktionsmuster, die aus derartigen Interaktionen über einen bestimmten Zeitraum hinweg entstehen. Anders ausgedrückt: Die internationale Politik stellt eine Teilmenge der Gesamtmenge der internationalen Beziehungen dar und wird aus dieser Gesamtmenge durch das für sie charakteristische Element – nämlich ihren politischen Kernbezug – ausgegliedert.

Auch gegen diesen Definitionsvorschlag mag eingewandt werden, daß er sich von der ihm bei Sondermann und anderen zugrundeliegenden Vorstellung vom Nationalstaat als des ausschließlichen, keiner höheren Gewalt unterworfenen internationalen Akteurs nicht allzuweit entfernt habe, ferner, daß er den das klassische dezentralisierte anarchische Selbsthilfesystem internationaler Politik überlagernden Phänomenen globaler Verflechtung von Staaten und Gesellschaften – wie sie etwa in den Begriffen Weltpolitik, Weltwirtschaft, Weltverkehr anklingen – kaum gerecht werde. Die Gültigkeit dieses Einwandes ist anzuerkennen. Zugleich jedoch wäre darauf zu verweisen, daß der Begriff der internationalen Politik angesichts seiner fortdauernden klassischen Konnotationsbesetzung an der Grenze seiner Leistungsfähigkeit angelangt ist. Folglich sind zur Bezeichnung »globalisierender« oder »globalisierter« Beziehungen – d.h. solcher Relationen zwischen internationalen Akteuren, die die durch das Konzept nationalstaatlicher Souveränität gesetzten Schranken überwölben, unterlaufen oder schlicht ignorieren – neue Begriffe zu bilden, die die durch die Proliferation nichtstaatlicher internationaler Akteure ungleich komplexer gewordene Wirklichkeit der internationalen Beziehungen adäquater einzufangen vermögen. Unter anderem haben sie folgende Phänomene zu erfassen:

- die Beziehung von Akteuren und deren Interaktionen (linkage),
- die einseitige Beeinflussung eines Akteurs durch Mitglieder eines anderen, die am Entscheidungsprozeß dieses Akteurs direkt und mit bindender Autorität teilhaben (Penetration),
- die gegenseitige Verflechtung von Akteuren unter Ersatz des ausschließlich nationalstaatlichen durch einen multinationalen Entscheidungsrahmen, dessen Entscheidungsorgane bestimmte früher von den Nationalstaaten wahrgenommene Kompetenzen kraft völkerrechtlichen Vertrages zur eigenen selbständigen Ausübung zugewiesen erhalten (Integration).

Mit Blick auf die eben skizzierten definitorischen Erfordernisse hat Karl Kaiser 1969 das Konzept der multionationalen Politik entwickelt[72]. Es faßt die verschiedenen Tatbestände zusammen, bei denen gesellschaftliche und innenpolitische Prozesse eines oder mehrerer nationalstaatlicher Systeme mit den nach außen gerichteten Aktivitäten nationalstaatlicher Akteure oder internationaler Organisationen ein interdependentes Handlungssystem bilden. Dabei konzentriert sich die Aufmerksamkeit auf Phänomene der transnationalen Politik, bei der staatliche Entscheidungsträger auf gesellschaftliche Prozesse reagieren, die zwar außerhalb des eigenen staatlichen Systems ihren Ursprung haben, aber die eigene Gesellschaft durchdringen und so als Außeneinflüsse gleichsam auf dem Umweg über die eigene nationale Gesellschaft, nicht aber direkt von Entscheidungsträger zu Entscheidungsträger in den nationalen Entscheidungsprozeß eingehen. Allerdings dürfte es im wesentlichen von den Prämissen des jeweiligen wissenschaftlichen Weltbildes abhängen, ob – im Sinne eines modifizierten Realismus – der Gesamtzusammenhang der Struktur internationaler Beziehungen aus der Verbindung und Überlagerung transnationaler Strukturelemente und herkömmlicher Grundstrukturen der quasi-naturzuständlichen Staatengesellschaft abgeleitet wird[73], oder ob er im Sinne der globalistischen Sicht als etwas qualitativ Neues, als Ersetzung der traditionellen staatenzentrischen Struktur durch transnationale, funktionale und Interdependenz-Elemente begriffen wird[74]. Die Ausdifferenzierung der formalen Grundkategorien der Disziplin fassen wir wiederum schematisch (vgl. Abb. 5).

III. Akteure, Prozesse und Strukturen der Internationalen Beziehungen: Ansätze zu einer Typologie

Jede Untersuchung internationaler Beziehungen wird zunächst zwei Fragen beantworten müssen: einmal die nach den Akteuren, den handlungstragenden Einheiten dieser Beziehungen, zum anderen die nach der Beschaffenheit des Milieus, der strukturellen Verfassung der internationalen Umwelt, in der sich die Handlungen einer Vielzahl von Akteuren vollziehen. In der Disziplin besteht weitgehend Konsens darüber, daß sich mit dem Individuum, dem Nationalstaat, der sozioökonomisch umschreibbaren Klasse und den nichtstaatlichen gesellschaftlichen Gruppen- oder Einzelakteuren vier inhaltlich faßbare Idealtypen handlungstragender Einheiten gewinnen lassen, denen hinsichtlich der näheren Bestimmung des Milieus die universalistisch verfaßte internationale Gesellschaft oder Weltgesellschaft, die vertikal segmentierte internationale Staatengesellschaft oder Staatenwelt, die horizontal geschichtete internationale Klassengesellschaft und die grenzübergreifend vernetzte transnationale Gesellschaft korrespondieren.

Dieses idealtypische Klassifikationsschema ließe die Vermutung zu, daß sich die Untersuchung internationaler Phänomene an vier wissenschaftlichen Weltbildern in-

72 Vgl. Karl Kaiser, Transnationale Politik. Zu einer Theorie der multinationalen Politik, in: Politische Vierteljahresschrift, 10 (1969) 1, S. 80–109; R. Meyers (Anm. 71), S. 292–328.

73 Vgl. Werner Link, Der Ost-West-Konflikt. Die Organisation internationaler Beziehungen im 20. Jahrhundert, Stuttgart 1980, S. 9–34.

74 Vgl. R. Maghroori/B. Ramberg (Anm. 14), S. 16ff.

Abbildung 5: Formale Grundkategorien der Lehre von den internationalen Beziehungen

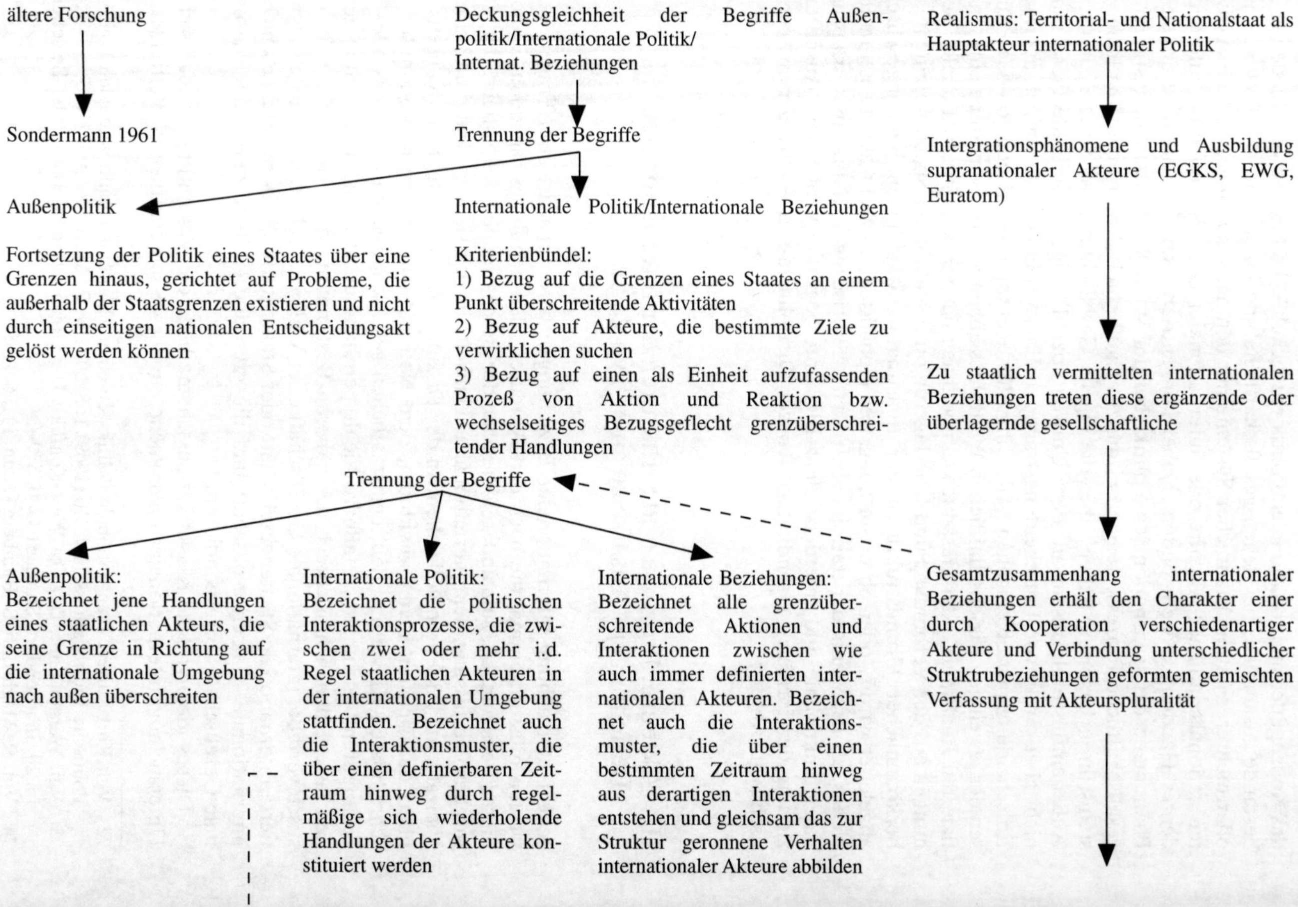

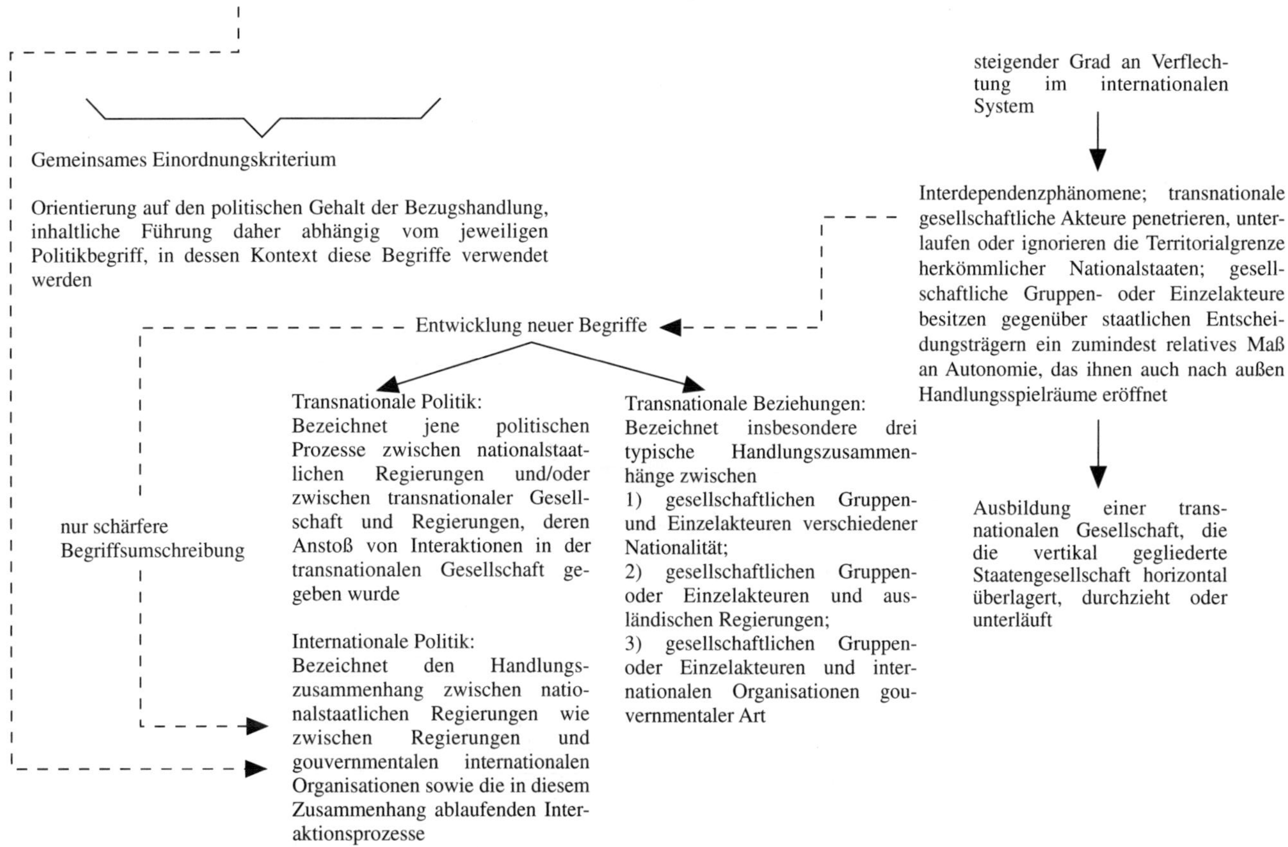
Gemeinsames Einordnungskriterium
Orientierung auf den politischen Gehalt der Bezugshandlung, inhaltliche Führung daher abhängig vom jeweiligen Politikbegriff, in dessen Kontext diese Begriffe verwendet werden
steigender Grad an Verflechtung im internationalen System
Interdependenzphänomene; transnationale gesellschaftliche Akteure penetrieren, unterlaufen oder ignorieren die Territorialgrenze herkömmlicher Nationalstaaten; gesellschaftliche Gruppen- oder Einzelakteure besitzen gegenüber staatlichen Entscheidungsträgern ein zumindest relatives Maß an Autonomie, das ihnen auch nach außen Handlungsspielräume eröffnet
Ausbildung einer transnationalen Gesellschaft, die die vertikal gegliederte Staatengesellschaft horizontal überlagert, durchzieht oder unterläuft
Entwicklung neuer Begriffe
nur schärfere Begriffsumschreibung
Transnationale Politik:
Bezeichnet jene politischen Prozesse zwischen nationalstaatlichen Regierungen und/oder zwischen transnationaler Gesellschaft und Regierungen, deren Anstoß von Interaktionen in der transnationalen Gesellschaft gegeben wurde
Transnationale Beziehungen:
Bezeichnet insbesondere drei typische Handlungszusammenhänge zwischen
1) gesellschaftlichen Gruppen- und Einzelakteuren verschiedener Nationalität;
2) gesellschaftlichen Gruppen- oder Einzelakteuren und ausländischen Regierungen;
3) gesellschaftlichen Gruppen- oder Einzelakteuren und internationalen Organisationen gouvernmentaler Art
Internationale Politik:
Bezeichnet den Handlungszusammenhang zwischen nationalstaatlichen Regierungen wie zwischen Regierungen und gouvernmentalen internationalen Organisationen sowie die in diesem Zusammenhang ablaufenden Interaktionsprozesse

Abbildung 6: Interpretationsrahmen internationaler Beziehungen

Akteur	Milieu	Strukturprinzip
Individuum	Weltgesellschaft	universalistische Verfassung
Nationalstaat	Staatenwelt	vertikale Segmentierung
Klasse	internationale Klassengesellschaft	horizontale Schichtung
individuelle oder gesellschaftliche Akteure	transnationale Gesellschaft	grenzübergreifende Vernetzung

ternationaler Beziehungen orientieren könnte: dem der Weltgesellschaft, dem der Staatenwelt oder internationalen Staatengesellschaft, dem der internationalen Klassengesellschaft und dem der transnationalen Gesellschaft. Jedoch läßt sich zeigen, daß die Vorstellung einer internationalen Staatengesellschaft Anlaß zur Ausbildung zweier verschiedener Weltbilder geboten hat. Je nachdem nämlich, ob die Sicht dieser Staatengesellschaft das Moment ihrer quasi-naturzuständlichen, anarchischen Verfassung oder das Moment ihrer Ordnung durch stillschweigend akzeptierte, gewohnheitsrechtlich ausgebildete oder gar vertragsrechtlich offen anerkannte Verhaltensregeln und Normen zum Leitprinzip der Interpretation erhebt, ist sie entweder dem Weltbild der internationalen Anarchie oder dem Weltbild der rechtlich verfaßten internationalen Staatengesellschaft verpflichtet. In gleicher Weise läßt sich die Konzeption der internationalen Klassengesellschaft je nach dem Standort des Beobachters aufspalten: In einer metropolen-orientierten erstweltlichen Perspektive ist sie bestimmt durch den Versuch, das realhistorische Phänomen des klassischen Imperialismus analysierend-interpretierend zu erfassen und im Blick auf die mögliche Überwindung des den Imperialismus hervorbringenden kapitalistischen Gesellschaftssystems zu instrumentalisieren. In einer peripherieorientierten drittweltlichen Perspektive ist sie bestimmt durch die Thematisierung von Abhängigkeit, Ausbeutung und Unterentwicklung der Dritten Welt. Jedes der genannten Weltbilder muß gleichsam als ontologischer Kern einer (wissenschaftlichen) Großtheorie[75] internationaler Beziehungen begriffen werden. Eine Typologie solcher Großtheorien könnte die in Abb. 7 dargestellte Struktur aufweisen.

Deutlich wird in diesem Kontext, daß die inhaltliche Füllung formaler Kategorien wie Akteur und Milieu abhängig ist vom jeweiligen wissenschaftlichen Weltbild[76]. Insofern sind inhaltliche Aussagen über Phänomene der internationalen Beziehungen

75 Zur Entwicklung des Begriffs der »Großtheorie« vgl. R. Meyers (Anm. 12).

76 Vgl. Roy E. Jones, The English school of international relations: a case for closure, in: Review of International Studies, 7 (1981), S. 1–13; Sheila Grader, The English school of international relations: evidence and evaluation, in: Review of International Studies, 14 (1988), S. 29–44; Peter Wilson, The English school of international relations: a reply to Sheila Grader, in: Review of International Studies, 15 (1989), S. 49–58.

Abbildung 7: Großtheorien internationaler Beziehungen

Großtheorie	Akteur	Milieu	Strukturprinzip
Realismus	Nationalstaat	Staatenwelt als internationaler anarchischer Naturzustand	vertikale Segmentierung, unlimitiertes Nullsummenspiel um Macht, Einfluß, Ressourcen
Englische Schule*	Nationalstaat	Staatenwelt als rechtlich verfaßte internationale Staatengesellschaft	vertikale Segmentierung, durch Norm und Übereinkunft geregeltes Nullsummenspiel
Idealismus	Individuum	Weltgesellschaft als internationale Gesellschaft der Individuen	universalistische Verfassung
interdependenzorientierter Globalismus	individuelle oder gesellschaftliche Akteure	transnationale Gesellschaft	funktionale grenzübergreifende Vernetzung
Imperialismustheorien	individuelle oder gesellschaftliche Akteure, die Klasseninteressen vertreten	internationale Klassengesellschaft	gesellschaftlich: horizontale grenzübergreifende Schichtung; (macht-)politisch: vertikale Segmentierung der imperialistischen Konkurrenten
dependenzorientierter Globalismus: Dependenztheorien und Theorien des kapitalistischen Weltsystems	gesellschaftliche und nationalstaatliche Akteure, die Klasseninteressen vertreten	kapitalistisches Weltsystem als Schichtungssystem von Metropolen und Peripherien	horizontale Schichtung nationaler Akteure im Weltsystem; strukturelle Abhängigkeit der Peripherien von den Metropolen; strukturelle Heterogenität der Peripherien

* So benannt nach den Hauptvertretern C. A. W. Manning, Martin Wight, Hedley Bull, die alle im Laufe ihrer Karriere einmal dem Department of International Relations der London School of Economics angehörten[76].

– im Sinne Karl Mannheims[77] – stets standortgebunden, besitzen Geltung allein im Kontext jener Großtheorie, auf deren Prämissen sie sich beziehen.

IV. Staaten als Hauptakteure der internationalen Beziehungen

Die auch heute noch weit verbreitete Auffassung, derzufolge der Nationalstaat als Hauptakteur der internationalen Politik als Kernstück des internationalen Systems angesehen wird, die Auffassung, nach der die Kenntnis der zwischenstaatlichen Beziehungen ausreicht, um die Abläufe und Strukturbildungen im internationalen System hinreichend erklären zu können, die Auffassung schließlich, nach der Konflikte und Kriege das Verhältnis der nationalstaatlichen Akteure untereinander hauptsächlich charakterisieren – sie alle lassen sich auf eine ganz bestimmte Sicht der internationalen Politik zurückführen: nämlich jene, die als das Weltbild einer im anarchischen internationalen Naturzustand verharrenden Staatengesellschaft identifiziert wurde. Die den Staat als Hauptakteur internationaler Beziehungen ins Auge fassende Perspektive stützt sich in aller Regel auf folgende Grundannahmen:

1. Die internationale Politik ist die Resultante der Interaktionen der Nationalstaaten, wobei diese sowohl als Handlungsträger wie auch als Ziele der Handlungen anderer Staaten auftreten.
2. Jeder Nationalstaat beansprucht den Status souveräner Gleichheit mit allen anderen.
3. Nationalstaaten sind voneinander unabhängig, deutlich voneinander unterscheidbar und keiner übergeordneten (Zwangs-)Gewalt unterworfen.
4. Jeder Nationalstaat wird so behandelt, als bilde er ein homogenes politisches System, in dem eine Zentralregierung über das Monopol legitimer physischer Gewaltanwendung verfügt.
5. Nationalstaaten üben die ausschließliche Gewalt über ein definierbares Territorium (Staatsgebiet) und eine definierbare Anzahl von Staatsbürgern (Staatsvolk) aus; die Erdoberfläche ist in sauber abgegrenzte politische Einheiten aufgeteilt. Erst diese – in den völkerrechtlichen Prinzipien der Souveränität und des Verbots der Einmischung in die inneren Angelegenheiten anderer sich spiegelnde – monopolartige Verfügungsgewalt des Nationalstaates über einen bestimmten Teil der Erdoberfläche gestattet es, zwischen Außen- und Innenpolitik begrifflich zu trennen und als Außenpolitik solche Transaktionen zu verstehen, die die territorialen Grenzen des Staates nach außen überschreiten.
6. Die außenpolitischen Entscheidungsträger des Staates sind die allein legitimierten Akteure der internationalen Politik; alle anderen innerstaatlichen gesellschaftlichen Akteure können ihre weltpolitischen Interessen nur auf dem Weg über die jeweilige nationale Regierung zur Geltung bringen. Souveräner Status und Verfügung über das Gewaltmonopol verleihen dem Staat zugleich den Anspruch, die seine Grenzen überschreitenden Handlungen seiner Kontrolle unterwerfen zu können.
7. Nationalstaaten sind die weltlichen Bezugspunkte, auf die hin sich die Gruppen-

77 Vgl. Karl Mannheim, Ideologie und Utopie, Frankfurt/M. 1969^5.

Abbildung 8: Der Staat als Akteur internationaler Politik

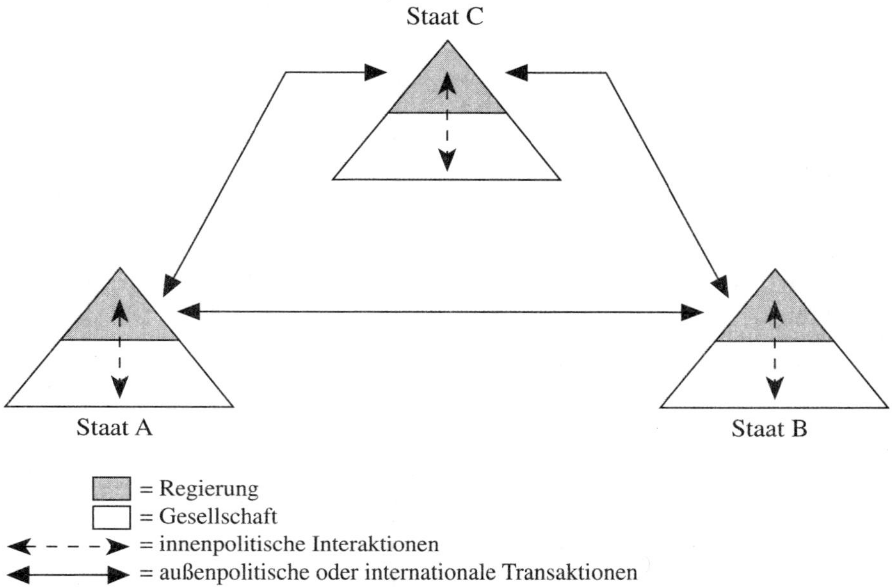

loyalitäten des Einzelnen letztlich orientieren und mit denen er sich – vor allem in der Auseinandersetzung mit Angehörigen anderer Staaten – identifiziert. Die so skizzierten Prämissen fassen wir symbolisch-graphisch (vgl. Abb. 8).

Zur Kennzeichnung der staatenzentrischen Sicht internationaler Politik hat Arnold Wolfers einmal die gelungene Metapher vom Billard-Ball-Modell geprägt[78]. Angesichts der ihren Akteuren zugeschriebenen uneingeschränkten Gewalt über ihr Territorium mitsamt seinen Einwohnern und Ressourcen wie angesichts ihres Charakters als geschlossene, undurchdringliche, gänzlich eigenständige Einheiten gleiche internationale Politik einem Spiel von Billardbällen, die sich auf der internationalen Bühne ständig anzögen, abstießen und in Bewegung hielten. Der Vergleich liegt nahe, und er wird noch verfestigt durch den Hinweis von John H. Herz, demzufolge eines der charakteristischen Merkmale einer Billardkugel – nämlich ihre harte, undurchdringliche äußere Schale – als Sinnbild einer für den modernen Territorialstaat typischen Eigenschaft gelten mag[79]: seine Undurchdringbarkeit. In idealtypischer Sicht der Entwicklung des modernen Staates geht Herz davon aus, daß es letztlich das Bedürfnis des Menschen nach Schutz und Sicherheit vor der Gefahr des von außen Angegriffen-Werdens, des in den eigenen Lebensinteressen Bedroht-Werdens sei, das trotz aller inneren Interessen- und Klassengegensätze Individuen wie gesellschaftliche Gruppen dazu bewege, sich in staatlich verfaßten Einheiten zusammenzuschlie-

78 Vgl. A. Wolfers (Anm. 25), S. 19ff.
79 Vgl. J. H. Herz (Anm. 16), S. 63ff.

ßen und einer die Einheit führenden Autorität zu unterwerfen. In der Geschichte seien stets jene (sozialen) Gebilde zur politischen Grundeinheit geworden, die dem Menschen ein Minimum an Schutz und Sicherheit bieten konnten. So aber wird die Entwicklung politischer Organisationsformen wesentlich mit der Verteidigungsfähigkeit der Schutz gewährenden Einheiten, damit aber auch mit dem jeweiligen Stand der Waffen- und Kriegstechnik verknüpft. »Entwicklungen auf dem Gebiet von Gesellschaft, Wirtschaft, Politik erscheinen damit gewissermaßen als ›Überbau‹ über den Entwicklungen der Destruktionsmittel.«[80] Insoweit war es gerade die »Schießpulverrevolution« des späten Mittelalters, die dem werdenden Territorialstaat zur Durchsetzung verhalf. Die ehedem Schutz vor Angriffen gewährenden, durch ihre Umwallung oder Ummauerung undurchdringbaren Einheiten der Städte und Burgen erlagen der Penetrationskraft der Artillerie. Ihre Schutzfunktion ging auf relativ großräumige, zentral regierte Territorien über. Diese deckten sich wiederum selbst durch eine »harte Schale« von Grenzbefestigungen nach außen ab und verliehen so ihrer Undurchdringbarkeit, Unabhängigkeit und Souveränität sinnhaften Ausdruck. Die physische Gestalt des modernen Flächenstaates »... als sich vor uns ausbreitendes Gebiet, das sich zur Selbstbehauptung und Verteidigung mit einer ›harten Schale‹ von Befestigungen umgibt«[81], gewährt ihm Sicherheit gegen Durchdringung von außen und macht ihn zur obersten Schutzeinheit der in seinen Grenzen lebenden Bürger – zumindest solange, wie die Kriegführung als Land- oder Seekriegführung in der Horizontalen verbleibt. Erst die Entwicklung der Luftkriegführung im 20. Jahrhundert – vornehmlich auch der mögliche Einsatz nuklearer Trägerwaffen – überwindet die harte Schale des Staates, indem sie der horizontalen eine vertikale Dimension hinzufügt. Sie hebt das Prinzip der Undurchdringbarkeit auf und läßt an seine Stelle die Penetrabilität, die grundsätzlich jederzeit mögliche Durchdringung des nationalstaatlichen Akteurs durch Außeneinflüsse treten.

Die historische Genese und Ausbildung des Staates als eines einheitlichen internationalen Akteurs hat natürlich vielschichtigere und komplexere Ursachen, als die Argumentation von Herz vermuten läßt. Notwendige Bedingung dieses Entwicklungsprozesses, der den Zeitraum vom 11. bis zum 17. Jahrhundert überspannt, war zunächst die Ausbildung einer zentralen Staatsgewalt. Erst das staatliche Gewaltmonopol ermöglichte es, den Staat als Garanten des inneren Friedens zu begreifen, damit aber auch die durch das Recht befriedete innere Sphäre des Staates begrifflich von der äußeren der quasi-naturzuständlichen Staatengesellschaft zu scheiden. War Herrschaft im Mittelalter durch ein persönliches Beziehungs- und Gefolgschaftsverhältnis zwischen Fürst und Vasall, d. h. lehensrechtlich, begründet, der Staat des Mittelalters ein Personenverbandsstaat (Mitteis), so wandelt sich dieses Verhältnis im Übergang vom späten Mittelalter zur frühen Neuzeit in ein gebietsrechtliches[82]. Die personalen Bezüge von Herrschaft und Genossenschaft, Fürst und Vasall werden im Zuge der Entwicklung des Regalienrechtes (Gerichts- und Militärhoheit, finanziell nutzbare Rechte wie Markt-, Münz-, Zoll-, Strom-, Straßen-, Berg- und Salzregale, Grundbesitz) gleichsam verdinglicht. Die Landfriedensbewegung hebt das Fehderecht auf und

80 Ebd., S. 16.

81 Ebd., S. 64.

82 Vgl. Heinrich Mitteis, Der Staat des hohen Mittelalters, Weimar 1968^{8}; Hanns Hubert Hofmann (Hrsg.), Die Entstehung des modernen souveränen Staates, Köln 1967.

bildet letztlich »in fortschreitender Intensivierung der rationalen Staatsgewalt deren Monopol legitimer Gewaltanwendung« aus[83]. Der Zusammenbruch des staufischen Kaiserreichs eröffnet den Fürsten die Möglichkeit, die imperiale, auf dem universalistischen Charakter des Kaisertums gegründete Weltordnung zu negieren, nach außen – freilich gegen den Widerstand des Papsttums – den Anspruch auf volle einzelstaatliche Selbstherrlichkeit zu vertreten und nach innen die den neuzeitlichen Fürstenstaat kennzeichnenden Prinzipien: Antifeudalismus, Zentralismus, Absolutismus durchzusetzen. Auf dem Boden dieser politischen und sozialen Veränderungen erwächst der moderne Staat zunächst als »Machtapparat der Fürsten«[84], drängt die lehens- und feudalrechtlichen Grundlagen öffentlicher Ordnung allmählich zurück. Es entstehen neue soziale Schichten: ein bürokratischer Dienstadel, eine politische Entscheidungen unmittelbar beeinflussende internationale Großfinanz, die als Unternehmer über ihre Truppen verfügenden Militärs. Auch wenn der Staat der frühen Neuzeit – angesichts des seit dem 13. Jahrhundert von den Ständen gegen einseitige Rechtsetzung des Fürsten noch geleisteten Widerstands – zunächst als dualistisches, fürstlich – ständisch verfaßtes Gebilde erscheint, wird er doch schon in seiner Form des institutionellen Flächenstaates, der Hoheitsrechte nicht mehr vom Personenverband, sondern vom Territorium herleitet, staats- und dann auch völkerrechtlich faßbar. Aus den feudalen Herrschaftsverhältnissen des Mittelalters bildet sich über die Stufen der Landesherrschaft als einem beim Landesherrn zusammenlaufenden, territorial noch unabgeschlossenen Gefüge verschiedener Herrschaftssphären, dann der Landeshoheit als einer territorial bestimmten, die verschiedenen Herrschaftstitel zusammenfassenden und überhöhenden Hoheits- und Herrschaftsgewalt des Fürsten im Land endlich im Absolutismus eine einheitliche, nach außen souveräne und im Binnenverhältnis höchste, in ihrer Zuständigkeit potentiell allumfassende Staatsgewalt. Im Gegenzug werden die intermediären, ständischen Gewalten gleichsam eingeebnet, das Gemenge der mittelalterlichen Immunitäten von den sie umgebenden Territorien quasi aufgesaugt. Es entsteht als Gegenüber der allumfassenden Staatsgewalt die herrschaftlich-politisch eingeebnete Gesellschaft der (rechtsgleichen) Untertanen. Die Landesherrlichkeit schließt sich nach oben wie auch nach unten hin ab; die Bildung des Territorialstaats ist im Laufe des 16. Jahrhunderts weitgehend abgeschlossen. Wir fassen diesen Prozeß wiederum schematisch (vgl. Abb. 9).

Verknüpft mit der Ausbildung des souveränen, zentralisierten Staates ist die Entstehung des neuzeitlichen Staatensystems. Als Resultat langdauernder, heftiger Rivalitätskämpfe zwischen den Fürsten des 16. Jahrhunderts pendelt sich im 17. Jahrhundert ein System prinzipiell gleichberechtigter, hinsichtlich ihres Machtpotentials allerdings weiterhin faktisch voneinander unterschiedener Staaten ein, das dann im 18. Jahrhundert vom Gleichgewichtsgedanken her geordnet wird. Der Kampf zwischen Frankreich und Habsburg um die Vorherrschaft in Europa fördert neue Formen der Mobilisierung von Macht: Kriegswesen, Finanzsystem, Bürokratie und Propaganda. Die zunächst von Spanien und Portugal ausgehende, dann von den Niederlanden, England und Frankreich weiter vorangetriebene Expansion Europas nach Übersee zeitigt in der Praxis wie in der Theorie der zwischenstaatlichen Beziehungen

83 H. H. Hofmann, ebd., S. 15.

84 Theodor Schieder, Niccolò Machiavelli. Epilog zu einem Jubiläumsjahr, in: Historische Zeitschrift, 210 (1970), S. 280.

Abbildung 9: Die Genese des Territorialstaats

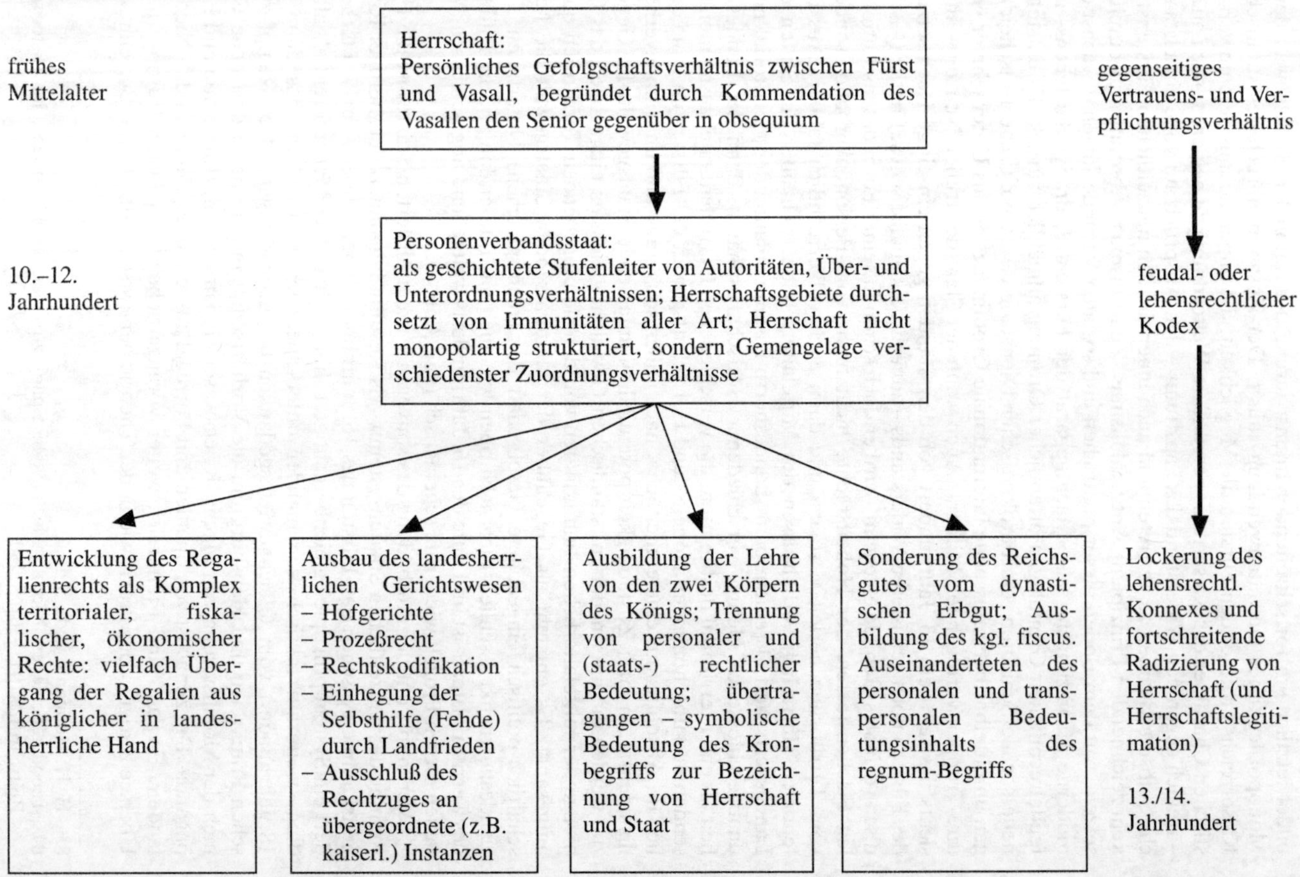

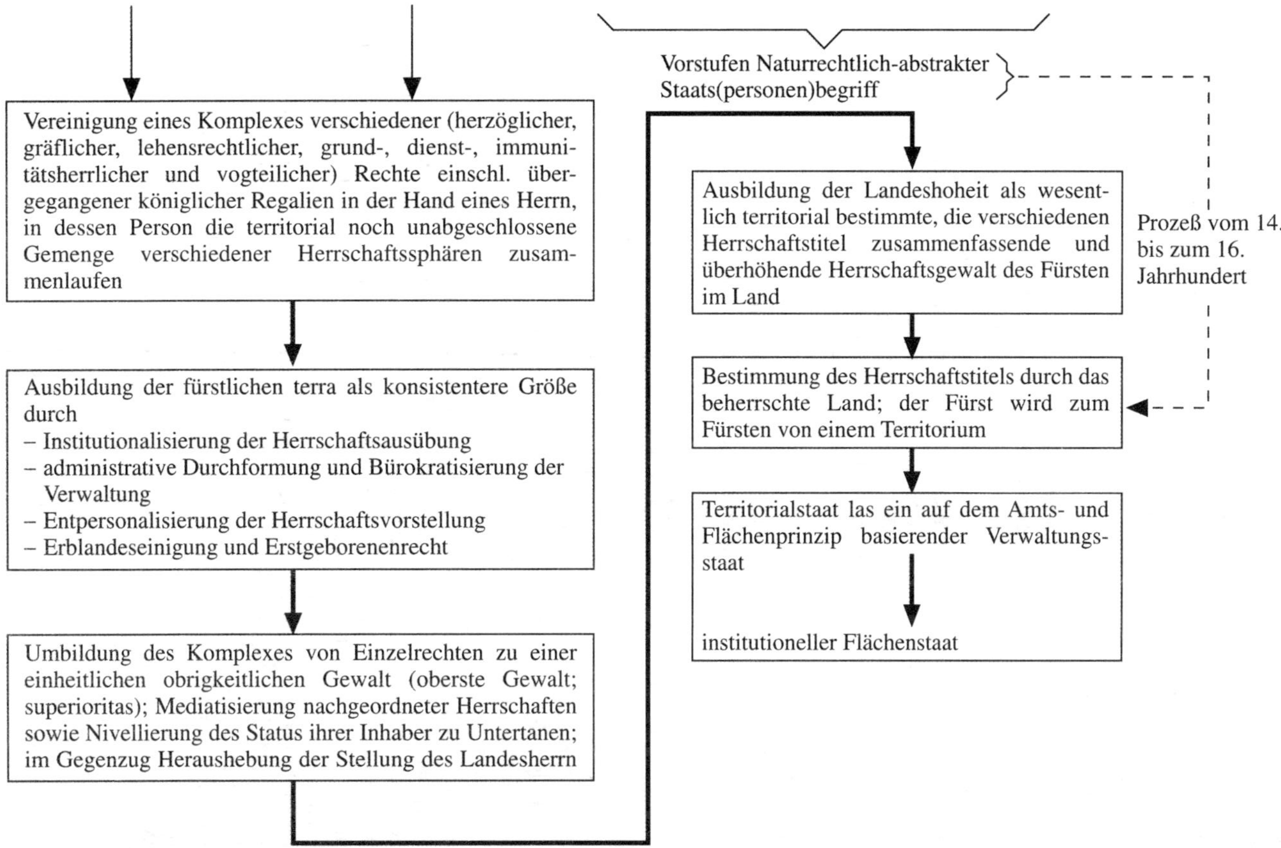
Vorstufen Naturrechtlich-abstrakter Staats(personen)begriff
Vereinigung eines Komplexes verschiedener (herzöglicher, gräflicher, lehensrechtlicher, grund-, dienst-, immunitätsherrlicher und vogteilicher) Rechte einschl. übergegangener königlicher Regalien in der Hand eines Herrn, in dessen Person die territorial noch unabgeschlossene Gemenge verschiedener Herrschaftssphären zusammenlaufen
Ausbildung der fürstlichen terra als konsistentere Größe durch
– Institutionalisierung der Herrschaftsausübung
– administrative Durchformung und Bürokratisierung der Verwaltung
– Entpersonalisierung der Herrschaftsvorstellung
– Erblandeseinigung und Erstgeborenenrecht
Umbildung des Komplexes von Einzelrechten zu einer einheitlichen obrigkeitlichen Gewalt (oberste Gewalt; superioritas); Mediatisierung nachgeordneter Herrschaften sowie Nivellierung des Status ihrer Inhaber zu Untertanen; im Gegenzug Heraushebung der Stellung des Landesherrn
Ausbildung der Landeshoheit als wesentlich territorial bestimmte, die verschiedenen Herrschaftstitel zusammenfassende und überhöhende Herrschaftsgewalt des Fürsten im Land
Prozeß vom 14. bis zum 16. Jahrhundert
Bestimmung des Herrschaftstitels durch das beherrschte Land; der Fürst wird zum Fürsten von einem Territorium
Territorialstaat las ein auf dem Amts- und Flächenprinzip basierender Verwaltungsstaat
institutioneller Flächenstaat

Abbildung 10: Staatsraison

Als Gegenbegriff zur mittelalterlichen Verpflichtung der Politik auf das Gemeinwohl und das Recht dient der Gedanke der Staatsraison als theoretischer und legitimatorischer Bezugspunkt für die Selbstbehauptung des modernen, zentralistischen, souveränen Territorialstaats

im Innenverhältnis	im Außenverhältnis
begründet er im Konflikt mit den traditionellen intermediären Gewalten die »Verstaatlichung« der Politik und liefert eine Generallegitimation dafür, daß der Staat politische Normen und Werte des Alltags, die das Wie seiner Ordnung bestimmen, suspendiert, wenn die Tatsache seiner Fortexistenz in Frage steht	legitimiert er die Durchsetzung außenpolitischer Interessen in einer Situation des anarchischen internationalen Naturzustandes, in der das Zusammenleben aller immer auf die Selbsterhaltung des einzelnen gestellt bleibt und (notfalls militärische) Selbsthilfe als legitimes Mittel zur Verwirklichung eigener Ziele gilt

neue Herausforderungen. Kurz: innerstaatliche und zwischenstaatliche Veränderungsprozesse waren in der Dynamik der skizzierten Entwicklung aufs engste miteinander verbunden: der frühneuzeitliche Fürstenstaat wächst zur maßgeblichen politisch-sozialen Organisationsform in Europa heran, während das Verhältnis dieser Staaten zueinander in Krieg und Frieden zur zentralen politischen Frage wird.

Das politische Denken der Zeit hat auf die neuen Herausforderungen in einer charakteristischen Weise reagiert: durch die Ausbildung der Lehre von der Staatsraison als theoretische Legitimation der Forderung nach Selbsterhaltung des Staates, nach Maximierung der eigenen Machtstellung und nach Autonomisierung der Politik als Folge der Auflösung des überkommenen (mittelalterlichen) Zusammenhanges von Macht und individueller Herrschertugend, Politik und Recht. Der Rekurs auf die Staatsraison erlaubt den öffentlichen Gewalten im Binnenverhältnis den Einsatz von Zwangs- und Gewaltmitteln, gar der Rechtsverletzung bei der Durchsetzung ihres Anspruchs auf die alleinige Ausübung des Gewaltmonopols, bei der Aufhebung alter Rechte, Enteignung, Konfiskation, Einführung neuer oder Erhöhung alter Steuern auch und gerade gegen den Widerstand der je länger desto vergeblicher ihre Teilhabe am politischen Entscheidungsprozeß einfordernden Stände. Der Rekurs auf die Staatsraison erlaubt den Landesherren im Außenverhältnis die Definition der Interessen ihres Gemeinwesens und die Durchsetzung dieser Interessen gegen andere mittels militärischer Gewalt. Erst die durch die Staatsraison legitimierte Verdichtung der Macht in einem Punkt läßt die Territorialstaaten als rechtliche Einheiten und Subjekte des Völkerrechts greifbar werden; erst sie erlaubt eine völkerrechtliche Zuordnung von staatlichen Willenserklärungen und Handlungen in Krieg und Frieden[85]. Wir fassen beide Begründungszusammenhänge wiederum schematisch (vgl. Abb. 10).

Mit der Konstituierung des Staatsfriedens – *pax civilis* – als Zustand der öffentli-

85 Vgl. Michael Stolleis, Geschichte des öffentlichen Rechts in Deutschland, Erster Band 1600–1800, München 1988, S. 197–212; Herfried Münkler, Im Namen des Staates. Die Begründung der Staatsraison in der Frühen Neuzeit, Frankfurt/M. 1987.

chen Ruhe und Sicherheit am Ausgang der frühen Neuzeit, mit der Etablierung des Staates als eines unbedingten Friedensverbandes wird nun auch der Weg frei zu einer tiefgreifenden Bedeutungsverschiebung der Begriffe von Krieg und Frieden: von der innerstaatlichen Ordnung zur Ordnung der internationalen Beziehungen. Gleichzeitig mit der Ausbildung des Territorialstaates hatte das *ius ad bellum,* das Recht auf bewaffnete Selbsthilfe durch Fehde und Krieg hinsichtlich des Kreises der zur Ausübung dieses Rechtes Befugten eine kontinuierliche Einschränkung erfahren. In der Verfestigung des souveränen Staates – nach innen konstituiert durch die *suprema potestas imperandi et judicandi:* die oberste Befehls- und Rechtsprechungsgewalt, nach außen konstituiert durch die *potestas bellandi:* das Recht zur Kriegführung – hat dieser Prozeß sein Ende gefunden. Der Krieg ist hinfort allein zu begreifen als gewaltsame Auseinandersetzung zwischen souveränen Staaten, die im Binnenverhältnis Fehde, Feindschaft und (religiös motivierten) Bürgerkrieg durch die Etablierung einer effektiven Staatsgewalt (als *summa potestas jurisdictionis:* oberste rechtsetzende Gewalt) überwunden haben. Die Grenze des Staates trennt nun einen Bereich des (inneren) Friedens und der Sicherheit von einem Bereich des (zwischenstaatlichen) Krieges und der Unsicherheit. Der Naturzustand der Gesellschaftsvertragstheorien hat sich gleichsam von der Ebene der zwischenmenschlichen auf die Ebene der zwischenstaatlichen Beziehungen verlagert.

Thomas Hobbes wird mit seiner politischen Philosophie zur entscheidenden Schlüsselfigur dieser Entwicklung. Friede und Staat bedingen sich in seiner Sicht gegenseitig: nur der Leviathan, der Staat, kann seinen Bürgern den Frieden garantieren, und nur das Gemeinwesen kann tatsächlich als Staat gelten, das den Frieden wirksam sichert. Er begreift das Wesen des Friedens als *securitas pacis,* als Sicherheit im doppelten Sinne des faktisch-politischen Sicherheitszustandes und des subjektiven Sicherheitsgefühls. Der Gegenbegriff zum Frieden ist nicht der Krieg, sondern die Unsicherheit, die Furcht: aus den in der menschlichen Natur liegenden hauptsächlichen Konfliktursachen – Konkurrenz, Mißtrauen, Ruhmsucht »ergibt sich klar, daß die Menschen während der Zeit, in der sie ohne eine allgemeine, sie alle im Zaum haltende Macht leben, sich in einem Zustand befinden, der Krieg genannt wird, und zwar in einem Krieg eines jeden gegen jeden. Denn *Krieg* besteht nicht nur in Schlachten oder Kampfhandlungen, sondern in einem Zeitraum, in dem der Wille zum Kampf genügend bekannt ist. Und deshalb gehört zum Wesen des Krieges der Begriff *Zeit,* wie zum Wesen des Wetters. Denn wie das Wesen des schlechten Wetters nicht in ein oder zwei Regenschauern liegt, sondern in einer Neigung hierzu während mehrerer Tage, so besteht das Wesen des Krieges nicht in tatsächlichen Kampfhandlungen, sondern in der bekannten Bereitschaft dazu während der ganzen Zeit, in der man sich des Gegenteils nicht sicher sein kann. Jede andere Zeit ist Frieden.« (Th. Hobbes: Leviathan, Buch I, Kap. 13).

Hobbes begreift also den Frieden aus der Negation des Krieges, als *absentia belli.* Der Inhalt seines Friedensbegriffs wird konstituiert durch Sicherheit, Ruhe und (öffentliche) Ordnung – *securitas* und *tranquillitas.* Allein der Staat kann diese Werte autoritär erzwingen und garantieren: und diese friedensstiftende Funktion des Staates wird legitimiert durch den Vertragsgedanken. Sicherheit und Friede sind nur erreichbar, wenn alle Individuen auf ihr naturzuständliches Recht zur bewaffneten Selbsthilfe verzichten, indem sie jeder mit jedem anderen einen Gesellschaftsvertrag abschließen, durch den der Staat gleichsam als eine zu einer (fiktiven Staats-)Person vereinte Menge entsteht. Der Gesellschaftsvertrag fällt bei Hobbes mit einem Unterwerfungsvertrag zusammen: der endgültigen, unwiderruflichen Übertragung des Selbsthilferechtes seitens jedes einzelnen auf einen Souverän, der dadurch die Gewalt aller Menschen in der Form ihres Beistandes zu seinen Handlungen in seiner Hand vereinigt. Seine Aufgabe ist es, das Chaos des Krieges aller gegen alle zu bändigen und mittels des von ihm nun wahrgenommenen Gewaltmonopols Sicherheit und Verläßlichkeit gegenwärtiger und zukünftiger menschlicher Bedürfnisbefriedigung zu garantieren. Denn: Hobbes legt dar, daß ein bloßer Gesellschaftsvertrag solange wertlos ist, wie niemand eine Garantie dafür besitzt, daß die anderen sich gleichfalls an das von ihm gegebene Versprechen halten. Nur der Staat schützt die Einhaltung des Gesellschaftsvertrages – sind doch »die natürlichen Gesetze ... (ebenso wie) ... das Gesetz, andere so zu behandeln wie wir selbst behandelt werden wollen ... an sich, ohne die Furcht vor einer Macht, die ihre Befolgung veranlaßt, unseren natürlichen Leidenschaften entgegengesetzt ... Und Verträge ohne das Schwert sind bloße Worte und besitzen nicht die Kraft, einem Menschen auch nur die geringste Sicherheit zu bieten« (Th. Hobbes, Leviathan, Buch II, Kap. 17).

Die nullsummenspielartige Konkurrenzordnung der staatenzentrischen internationalen Beziehungen birgt eine spezifische Vorstellung vom äußeren Frieden in sich: die eines labilen, durch völkerrechtlichen Vertrag begründeten und abgesicherten Zustandes ruhender Gewalttätigkeit. Die mit dem Ausbau des frühneuzeitlichen Staates einhergehende Besetzung des Friedensbegriffes für die *pax civilis* – für öffentliche Sicherheit und Ordnung *innerhalb* des Staates – hatte die Idee vom äußeren Frieden zwischen den Staaten ebenso prekär werden lassen wie die Gesellschaftsvertragstheorie: indem sie den Naturzustand des Krieges aller gegen alle zwischen den Individuen aufhob, setzte sie den Begriff frei zur Beschreibung des Verhältnisses zwischen den Völkerrechtssubjekten, den Staaten. Der Friede ist zunächst der Nicht-Krieg: *pax absentia belli.* Damit dieser Zustand jene Sicherheit erhielt, die im Begriff der *pax civilis* zum Konstitutionsmerkmal von Frieden überhaupt geworden war, mußte ein Vertrag zwischen den Völkerrechtssubjekten hinzukommen. Friede und Friedensvertrag werden hinfort terminologisch gleichgesetzt; Friede wird in immer weiterem Maße zu einem juristisch-völkerrechtlichen Begriff, der einen bestimmten Zustand der Machtverteilung zwischen den Staaten festschreibt. Was dieser Definition abgeht, ist die – in der mittelalterlichen Formel von *pax et iustitia* noch greifbare – Verbindung von Frieden und sozialer Gerechtigkeit: Die definitorischen Probleme der Gegenwart haben hier ihren Ursprung. Es ist ein Kennzeichen des quasi-naturzuständlichen Staatensystems, daß ihm eine den Staaten übergeordnete Gewalt, ein überstaatlicher Leviathan, fehlt. Bei Streitfällen über die Auslegung (friedens-)vertraglicher Regelungen haben die souveränen Kontrahenten selbst über die Rechtmäßigkeit ihrer Sache zu urteilen und ihren Spruch im Wege der Selbsthilfe zu vollstrekken – durch Krieg. »Ubi iudicia deficiunt, incipit bellum« – wo es an rechtlichen Entscheidungen fehlt, bricht der Krieg aus: Mit diesem Satz hat Hugo Grotius in seinen Drei Büchern vom Recht des Krieges und des Friedens (Paris 1625) das Binnenverhältnis der quasi-naturzuständlichen Staatengesellschaft adäquat beschrieben (Zweites Buch, 1. Kapitel Abschn. II).

V. Krieg und Frieden als Grundprozesse der internationalen Beziehungen

Den Angehörigen einer Epoche, deren Erinnerung von der furchtbaren Gewalt und Zerstörung zweier Weltkriege geprägt ist und die sich des Faktums bewußt sind, daß in den mehr als 160 größeren zwischenstaatlichen Kriegen und Bürgerkriegen, Revolutionen, Staatsstreichen, Guerilla- und Konterguerillaaktionen seit 1945 unterschiedlichen Schätzungen zufolge zwischen 15 und 32 Millionen Menschen ihr Leben lassen mußten – den Angehörigen dieser Epoche mag es als ausgesprochen paradox erscheinen, wenn wir hier behaupten, daß die Entwicklung der internationalen Beziehungen langfristig von einer spezifischen Tendenz gekennzeichnet wird: nämlich der der Begrenzung und Verrechtlichung des Krieges, der Zivilisierung militärischer Gewaltanwendung und der Wandlung des Friedens von einem labilen Zustand ruhender Gewalttätigkeit zu einem historischen Prozeß, »in dem sich zunächst – und bis in die absehbare Zukunft hinein – Formen der internationalen Konfliktbearbeitung durchsetzen, die sich zunehmend von der Anwendung organisierter militärischer Gewalt befreien«[86]. Diese These läßt sich zumindest vordergründig belegen: Im frühneuzeitlichen Europa war nicht der Friede, sondern der Krieg der tatsächliche Regelfall internationaler Beziehungen: Vom späten 15. Jahrhundert bis zum Ende des 18. Jahrhunderts gab es in Europa rund 250 Kriege, an denen weit über 500 Parteien beteiligt waren[87]. Demgegenüber fanden in der Zeit von 1815 bis zum Falkland-Krieg 1982 nur noch 61 zwischenstaatliche Kriege statt. Die Anzahl der Kriegsparteien sank auf 217, von denen sich 47 an einem zum Zeitpunkt ihres Kriegsbeitritts ohnehin schon bestehenden Konflikt beteiligten[88]. Freilich läßt diese empirische Beobachtung unterschiedliche Deutungen zu: Im Sinne eines Rekurses auf die von Hobbes behauptete sicherheitsstiftende Funktion des Staates ließe sich argumentieren, daß die Monopolisierung der Gewaltanwendung durch den Staat – weil sie nämlich abschreckend wirkt – die Inzidenzrate organisierter militärischer Gewaltanwendung reduziert habe. Verbinden ließe sich dieses Argument mit dem Hinweis darauf, daß gerade die jüngste Geschichte der letzten zwanzig Jahre (Vietnam, Afghanistan) die Erosion der klassischen Funktion militärischer Gewaltanwendung demonstriere – nämlich die, anderen Akteuren den eigenen Willen erfolgreich aufzuzwingen[89]. Andererseits kann aus einer historisch-materialistischen Perspektive heraus das Argument von Hobbes durchaus auch umgekehrt werden: Die Geschichte zeige, daß der Staat nicht Sicherheit produziere, sondern nur zur Potenzierung von Unsicherheit führe, daß die Monopolisierung der Gewalt diese nicht vermindere, sondern zu ihrer Kumulation beitrage[90].

Der Widerspruch ist nur ein scheinbarer: wenn die These stimmt, daß der Fortschritt der Produktivkräfte einen Zwilling hat – nämlich den Fortschritt der Destruk-

86 E. O. Czempiel (Anm. 34), S. 7.

87 Vgl. Konrad Repgen, Von der Reformation zur Gegenwart. Beiträge zu Grundfragen der neuzeitlichen Geschichte, Paderborn 1988, S. 87f.

88 Vgl. William K. Domke, War and the changing global system, New Haven 1988, S. 61ff.

89 Vgl. Evan Luard, The Blunted Sword. The Erosion of Military Power in Modern World Politics, London 1988.

90 Vgl. Ekkehart Krippendorff, Staat und Krieg. Die historische Logik politischer Unvernunft, Frankfurt/M. 1985.

Abbildung 11: Das Grundbegriffskontinuum Krieg – Frieden

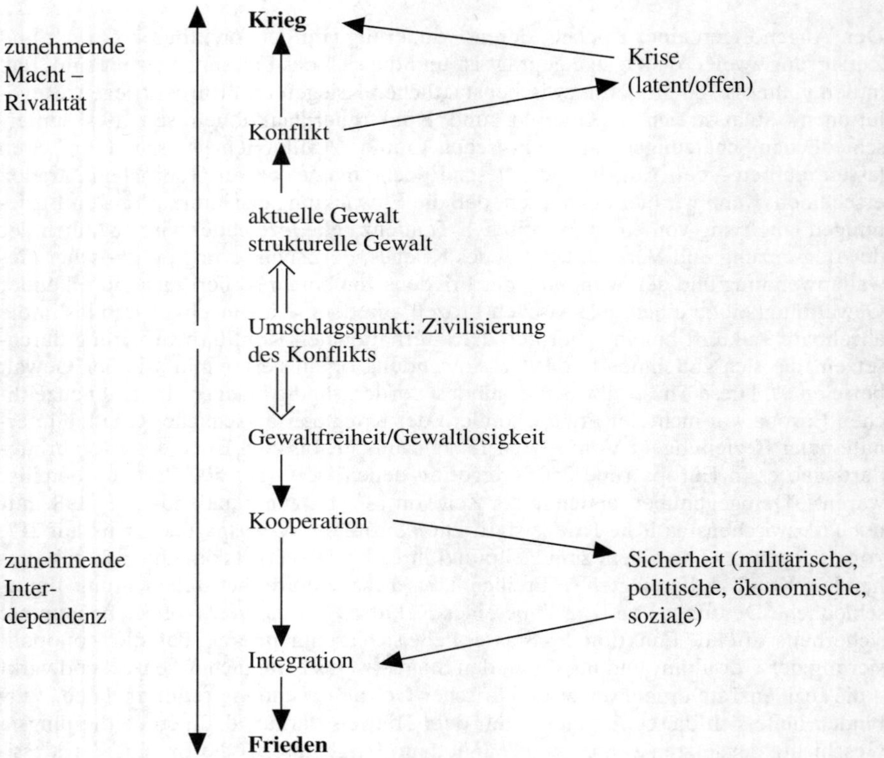

tivkräfte – ließe sich argumentieren, daß zwar die Inzidenz zwischenstaatlicher Konflikte sinkt, die durch sie bewirkte Intensität der Auslöschung menschlichen Lebens wie der Vernichtung ökonomischer Werte und Ressourcen aber steigt[91]. Der geschilderte Widerspruch ist durch die Forschung (noch) nicht entschieden. Vielmehr spiegelt auch sie die Annahmen unterschiedlicher wissenschaftlicher Weltbilder internationaler Beziehungen über mögliche Entwicklungen der Phänomene von Krieg und Frieden wider. Wir werden uns darauf beschränken, im Kontext der oben formulierten These der Zivilisierung der Konfliktbearbeitung einige Eckpunkte aus dem im folgenden abgebildeten Grundbegriffskontinuum Krieg – Frieden abzuhandeln.

91 Vgl. Francis A. Beer, Peace against War. The Ecology of International Violence, San Francisco 1981, Kapitel 2.

Altertum, Mittelalter und Neuzeit gleichermaßen erschien der Krieg als Grundtatbestand menschlichen Konfliktverhaltens, als »Akt der Gewalt, um dem Gegner den eigenen Willen aufzuzwingen«[92]. In seiner vollen Ausformung seit der Entstehung gesellschaftlicher Großorganisationen, d.h. seit der Bildung der ersten Hochkulturen der Frühgeschichte bekannt, läßt sich der Krieg als der Versuch von Staaten, staatsähnlichen Machtgebilden oder gesellschaftlichen Großgruppen begreifen, ihre machtpolitischen, wirtschaftlichen oder weltanschaulichen Ziele mittels organisierter bewaffneter Gewalt durchzusetzen. Allerdings war in der Geschichte immer wieder umstritten, wann eine bewaffnete Auseinandersetzung als Krieg zu bezeichnen sei. So läßt sich im Lauf der Entwicklung eine Einengung des vorzugsweise auf die gewaltsame Auseinandersetzung (bis hin zum Duell zwischen Individuen) abhebenden Begriffs konstatieren. Mit der Ausbildung des souveränen Territorialstaates und in seiner Folge des als Gemeinschaft souveräner Nationen begriffenen internationalen Staatensystems seit dem 17. Jahrhundert galt eine gewaltsame Auseinandersetzung nur dann als Krieg,

- wenn daran geschlossene Gruppen bewaffneter Streitkräfte beteiligt waren und es sich zumindest bei einer dieser Gruppen um eine reguläre Armee oder sonstige Regierungstruppen handelte,
- wenn die Tätigkeit dieser Gruppen sich in organisierter, zentral gelenkter Form entfaltete, und
- wenn diese Tätigkeit nicht aus gelegentlichen, spontanen Zusammenstößen bestand, sondern über einen längeren Zeitraum unter regelmäßiger, strategischer Leitung anhielt.

Der neuzeitliche Kriegsbegriff stellt darüber hinaus darauf ab, daß die am Krieg beteiligten Gruppen in aller Regel souveräne Körperschaften gleichen Ranges sind und untereinander ihre Individualität vermittels ihrer Feindschaft gegenüber anderen derartigen Gruppen ausweisen. Indem dieser Kriegsbegriff einen völkerrechtlichen Zustand bezeichnet, der zwei oder mehreren Gruppen einen Konflikt mit Waffengewalt auszutragen erlaubt, schließt er Aufstände, Überfälle oder andere Formen gewaltsamer Auseinandersetzung zwischen rechtlich Ungleichen aus, vermag damit aber solche Tatbestände wie Bürgerkriege, Befreiungskriege und Akte des Terrorismus nicht oder nur ungenügend abzudecken. Da die Abgrenzung des Krieges gegen andere gewaltsame Aktionen (bewaffnete Intervention, militärische Repressalie, Blockade) in der Praxis der Staaten oft verhüllt wurde, war der Kriegsbegriff im Völkerrecht lange umstritten.

Erst die Genfer Fünf-Mächte-Vereinbarung vom 12. Dezember 1932 ersetzte den ursprünglichen Ausdruck »Krieg« durch den eindeutigeren der »Anwendung bewaffneter Gewalt« (Art. III). Die Charta der Vereinten Nationen folgte dieser Tendenz, indem sie die Drohung mit oder Anwendung von Gewalt in den internationalen Beziehungen grundsätzlich verbot (Art. 2, Ziff. 4) und nur als vom Sicherheitsrat beschlossene Sanktionsmaßnahme (Art. 42) oder als Akt individueller oder kollektiver Selbstverteidigung (Art. 51) erlaubte.

92 Carl von Clausewitz, Hinterlassenes Werk vom Kriege, hrsg. v. Werner Hahlweg, Bonn 1973[18], S. 191.

Trotz aller völkerrechtlichen Klärungsversuche bleibt in politischer Hinsicht die Ungewißheit darüber, was das Wesen des Krieges ausmacht und wo er seine Grenzen findet, bestehen. Der Grund für dieses aus definitorischer Sicht mißliche Phänomen liegt in der Wandlung des Krieges von einer Auseinandersetzung zwischen Souveränen und ihren Armeen – wie sie am deutlichsten in der Form der Kabinettskriege des 18. Jahrhunderts aufscheint – zu jener Auseinandersetzung zwischen hochindustrialisierten Massengesellschaften, die auch als »Totaler Krieg« bezeichnet wird. Sie nimmt ihren Ausgang in der *levée en masse* der französischen Revolutionskriege, setzt sich fort im Amerikanischen Bürgerkrieg 1861–1865 und erreicht im Ersten und Zweiten Weltkrieg ihre Höhepunkte.

Als Kabinettskriege werden die europäischen Kriege im Zeitalter des Absolutismus und des aufgeklärten Absolutismus bezeichnet. Sie werden mit begrenzter Zielsetzung und weitgehender Schonung von Menschen und Sachwerten geführt.

Der totale Krieg mißachtet die völkerrechtliche Unterscheidung zwischen kriegführenden Streitkräften (Kombattanten) und nichtkämpfender Zivilbevölkerung. Er beinhaltet die Mobilmachung aller militärischen, wirtschaftlichen und geistig-weltanschaulichen Ressourcen und richtet so die gesamte Gesellschaft ausnahmslos auf die kriegerische Auseinandersetzung aus. Ohne Rücksicht auf die Zivilbevölkerung umfaßt er die Zerstörung kriegs- und lebenswichtiger Anlagen im Feindesland; er mobilisiert darüber hinaus gewaltige Propagandamittel, um die eigene Wehrbereitschaft zu steigern und die des Gegners zu zersetzen. Sein Ziel ist die völlige Vernichtung des zum absoluten Feind erklärten Gegners. Er kehrt das Clausewitzsche Verhältnis zwischen Krieg und Politik nachgeradezu um: gemäß der Kriegstheorie eines seiner stringentesten Befürworter, des deutschen Generals Ludendorff, dienen zwar Politik und Krieg der Selbsterhaltung eines Volkes, jedoch stelle der Krieg die höchste Äußerung völkischen Lebenswillens dar. Deshalb habe die Politik der Kriegführung zu dienen.

Diese Entwicklung hat der deutsche Sozialdemokrat Karl Kautsky 1932 einprägsam beschrieben: Zwar habe im Zeitalter der Industrialisierung die Demokratie selbst große Fortschritte gemacht. »Aber nicht vermehrter Friede wuchs daraus, sondern nur eine Veränderung des Krieges, die ihn noch greuelvoller gestaltete als die Kriege der Feudalzeit oder des Absolutismus. An Stelle ritterlicher Fehden und dynastischer Streitigkeiten, mit kleinen Heeren ausgefochten, denen das ›Zivil‹ fern blieb, sind ungeheure Armeen der gesamten wehrhaften Bevölkerung getreten, die Waffentechnik hat eine vernichtende Kraft erlangt, die alle Scheußlichkeiten früherer Mordbrennerei weit überbietet, und nicht bloß die bewaffneten Armeen kämpfen, sondern Volk gegen Volk. Die gesamte Bevölkerung wird in die Schrecken des Krieges hineingerissen.«[93]

Mit dieser Entwicklung aber wird auch die hergebrachte Unterscheidung von Krieg und Frieden fragwürdig, ihre Grenzen verschwimmen spätestens da, wo in der Politik der Abschreckung die Vorbereitung auf den Krieg zur Dauermaxime politischen Handelns wird. Die spezifischen Konturen von Krieg und Frieden als trennbare gesellschaftliche Größen gehen verloren: »Mit der Entwicklung des Kalten Krieges nach dem Zweiten Weltkrieg und der Tendenz zur Totalisierung politischer Ziele und technologischer Zerstörungspotentiale wurde überkommenen begriffli-

93 Karl Kautsky, Krieg und Demokratie, Berlin 1932, S. 79.

chen Differenzierungen endgültig der Boden entzogen. Dem Begriff des Krieges und dem Begriff des Friedens entsprechen in Politik und Gesellschaft heute keine eindeutigen Sachverhalte mehr.«[94]

2. Begrifflich-typologisches: Gewalt

Als Bezeichnung eines gesellschaftlichen Sachverhaltes mit unterschiedlichen Handlungsinhalten muß der Begriff »Gewalt« heute nachgeradezu als Schlüsselbegriff jeglicher Erörterung der Probleme von Krieg und Frieden gewertet werden – definieren wir doch »Krieg« als Anwendung organisierter militärischer Gewalt zwischen sozialen Großgruppen, »Frieden« in einer Minimalumschreibung als deren Abwesenheit. Die Gewalt, von der in diesen Kontexten die Rede ist, repräsentiert allerdings nur einen Ausschnitt aus dem breiten Inhaltsspektrum des Gewaltbegriffs: Es handelt sich um die direkte, auf die Verletzung von Personen oder Beschädigung von Sachen abhebende physische Gewalt. Der gesellschaftliche Sachverhalt, den der Begriff der direkten oder physischen Gewalt umschreibt, ist der einer eindeutig angebbaren Subjekt-Objekt-Beziehung. Gewalt wird ausgeübt von einem Täter (Subjekt), Gewalt wird erlitten von einem Opfer (Objekt).

Dieses Verständnis von Gewalt läßt in begriffsgeschichtlicher Sicht eines deutlich erkennen: daß nämlich der Gewaltbegriff in seiner neuzeitlichen Verwendung vor allem im Deutschen eine Bedeutungsverengung erfahren hat. Ursprünglich umspannt er ein Wortfeld, das etwa im Lateinischen durch die Begriffe »potestas« (Kraft, Macht, Gewalt; politische Macht, Herrschaft, Amtsgewalt, Amt; Vollmacht, Erlaubnis, Gelegenheit, Möglichkeit) und »violentia« (Gewalttätigkeit, Wildheit, Heftigkeit, Ungestüm) eingegrenzt wird. Das Englische hat diese alte Unterscheidung noch gewahrt: in den Begriffen »power« und »violence«[95]. »Gewalt« steht originär in der Nachbarschaft der Begriffe »Macht« und »Herrschaft«. Wir folgen Max Webers klassischen Definitionen: »Macht bedeutet jede Chance, innerhalb einer sozialen Beziehung den eigenen Willen auch gegen Widerstreben durchzusetzen, gleichviel worauf diese Chance beruht.« »Herrschaft soll heißen die Chance, für einen Befehl bestimmten Inhalts bei angebbaren Personen Gehorsam zu finden.«[96]

Demgemäß können wir in diesem weiteren Verständnis Gewalt – oder präziser: die Anwendung von Gewalt – auch als den Versuch begreifen, unter Einsatz von Zwangsmitteln den eigenen Willen gegen den Willen anderer durchzusetzen. Am deutlichsten formuliert wird diese Auffassung im marxistisch-leninistischen Gewaltverständnis: Die Filosofskaja Enciklopedija von 1964 versteht unter Gewalt »die Anwendung verschiedener Formen des Zwanges bis hin zu militärischer Einwirkung durch diese oder jene Klasse in bezug auf andere Klassen (soziale Gruppen), um die ökonomische und politische Herrschaft zu erlangen oder aufrechtzuerhalten oder um diese oder jene Rechte oder Privilegien zu erobern«!

---

94 D. Senghaas (Anm. 53), S. 5.

95 Vgl. das Concise Oxford Dictionary of Current English, hrsg. v. H. W. Fowler/F. G. Fowler, Oxford 1964^5, S. 954, 1453.

96 Max Weber, Wirtschaft und Gesellschaft. Grundriß der verstehenden Soziologie, hrsg. v. Johannes Winckelmann, Tübingen 1980^5, S. 28.

Augenscheinlich wird in dieser Definition von Gewalt demonstriert, daß Gewalt sich durch ihren instrumentalen Charakter auszeichnet. Sie ist Mittel zur Erzielung eines definierbaren Zweckes. Gerade durch diese Eigenschaft unterscheidet sie sich von Macht: Ihre Legitimation gewinnt sie aus ihrer Funktion, nicht aber aus ihrem Wesen. Hannah Arendt hat diesen Unterschied einmal deutlich herausgearbeitet: »Macht gehört in der Tat zum Wesen aller staatlichen Gemeinwesen, ja aller irgendwie organisierten Gruppen, Gewalt jedoch nicht. *Gewalt ist ihrer Natur nach instrumental* wie alle Mittel und Werkzeuge bedarf sie immer eines Zwecks, der sie dirigiert und ihren Gebrauch rechtfertigt. Und das, was eines anderen bedarf, um gerechtfertigt zu werden, ist funktioneller, aber nicht essentieller Art. Der Zweck des Krieges ist der Friede; aber auf die Frage: Und was ist der Zweck des Friedens? gibt es keine Antwort. Friede ist etwas Absolutes, obwohl in der uns bekannten Geschichte die Perioden des Krieges nahezu immer länger waren als die des Friedens. Ein solches Absolutes ist auch die Macht; Sie ist, wie man zu sagen pflegt, ein Selbstzweck. ... Macht bedarf keiner Rechtfertigung, da sie allen menschlichen Gemeinschaften immer schon inhärent ist. Hingegen bedarf sie der Legitimität. Macht entsteht, wann immer Menschen sich zusammentun und gemeinsam handeln, ihre Legitimität beruht nicht auf den Zielen und Zwecken, die eine Gruppe sich jeweils setzt; sie stammt aus dem Machtursprung, der mit der Gründung der Gruppe zusammenfällt. Ein Machtanspruch legitimiert sich durch Berufung auf die Vergangenheit, während die Rechtfertigung eines Mittels durch einen Zweck erfolgt, der in der Zukunft liegt. Gewalt kann gerechtfertigt, aber sie kann niemals legitim sein.«[97]

Allerdings: die Berechtigung von Gewalt ist in dem Moment zu hinterfragen, in dem Gewalt ihren instrumental-funktionalen Charakter überhöht, hypostasiert, in dem das Mittel zum Zweck wird, das Unterordnungsverhältnis von Gewalt unter Macht sich umkehrt. Insofern sind Macht und Gewalt nicht deckungsgleich, sondern Gegensätze[98].

Im neueren, auch sozialwissenschaftlichen, Sprachgebrauch hat sich der Gewaltbegriff zunehmend auf jenen Eckpunkt des Begriffsfeldes verschoben, der durch den Begriff der violentia, der (physischen) Gewaltsamkeit, gekennzeichnet ist. Allerdings ist diese Aussage nur dann gültig, wenn wir »Gewalt« als einen mit der Vorstellung direkten physischen oder psychischen Zwanges verbundenen Handlungsbegriff interpretieren, als einen Begriff, der die Aktionen konkret identifizierbarer Personen bezeichnet. Demgegenüber hat bereits Karl Marx in der Diskussion des Gewaltbegriffs darauf aufmerksam gemacht, daß Gewalt auch in den gesellschaftlichen Verhältnissen selbst begründet sein kann, daß sie in manifester oder latenter Form innerhalb bestimmter Staats- und Gesellschaftsordnungen alle politischen und sozialen Beziehungen durchdringt[99]. Gewaltverhältnisse, die solcherart nicht mehr auf Handlungen

---

97 Hannah Arendt, Macht und Gewalt, München 1970, S. 45–58.

98 Vgl. ebd., S. 8.

99 Vgl. Karl Marx, Grundrisse der Kritik der Politischen Ökonomie (Rohentwurf), Berlin 1974, S. 484: »Im Kapital ist die association der ouvriers (der gesellschaftliche Zusammenschluß der Arbeiter oder Produzenten – Verf.) nicht erzwungen durch direkte physische Gewalt, Zwangs-, Fron-, Sklavenarbeit; sie ist erzwungen dadurch, daß die Bedingungen der Produktion fremdes Eigentum sind und selbst vorhanden sind als objektive Assoziation, die dasselbe (... ist ...) wie Akkumulation und Konzentration der Produktionsbedingungen.«

konkreter Individuen zurückgeführt werden können, die vielmehr die Totalität institutionalisierter Gewalt in einer Gesellschaft umgreifen, werden identifizierbar als strukturelle Gewalt: der Begriff der Gewalt wandelt sich in dieser Perspektive von einem Handlungsbegriff zu einem (gesellschaftlichen) Strukturprinzip.

Vielfach wird dem norwegischen Soziologen und Friedensforscher Johan Galtung das Verdienst zugesprochen, auf den Doppelcharakter von Gewalt aufmerksam gemacht und damit zu Beginn der siebziger Jahre die Friedensforschung ein gutes Stück weitergebracht zu haben. Daran ist sicher richtig, daß mit und nach Galtung der Begriff der »strukturellen Gewalt« eine große Verbreitung erfuhr und die Dichotomie personale Gewalt – strukturelle Gewalt seitdem jegliche »friedensbewegte« Diskussion durchzieht. Allerdings: Während Marx das im Verhältnis von Kapital und Lohnarbeit, in der Aneignung des vom Produzenten erzeugten Mehrwerts durch den Kapitalisten aufscheinende Moment der Gewalt von der Gesellschaft her denkt, in seiner Funktion für die Gesellschaft legitimiert oder verwirft, bestimmt Galtung seinen Gewaltbegriff vom Individuum her – fast möchte man sagen, er geht aus von der anthropologischen Prämisse absoluter individueller Autonomie. »Gewalt liegt dann vor, wenn Menschen so beeinflußt werden, daß ihre aktuelle somatische (d.h. körperliche – Verf.) und geistige Verwirklichung geringer ist als ihre potentielle Verwirklichung.«[100] Gewalt ist die Ursache des Unterschiedes zwischen dem Potentiellen und dem Aktuellen, zwischen dem, was der Mensch je nach dem Entwicklungsstand seiner Epoche hätte sein können, und dem, was er tatsächlich ist. Und: der Begriff der »strukturellen Gewalt« bezeichnet ein indirektes Gewaltverhältnis, in dem niemand in Erscheinung tritt, »der einem anderen direkt Schaden zufügen könnte; die Gewalt ist in das System eingebaut und äußert sich in ungleichen Machtverhältnissen und folglich in ungleichen Lebenschancen«[101].

3. *Begrifflich-typologisches: Zivilisierung des Konflikts*

Konflikte sind ein allgegenwärtiges Moment jeder gesellschaftlichen Ordnung. Werden sie gewaltsam ausgetragen, läßt man zu, daß sie ihr destruktives Potential voll entfalten, können sie die Ordnung einer Gesellschaft destabilisieren, wenn nicht sogar gänzlich in Frage stellen. Andererseits: Die erfolgreiche Bewältigung eines Konfliktes kann positive Lerneffekte freisetzen – etwa, indem wir uns Verfahren und Regeln aneignen, deren Anwendung dazu beiträgt, den Konflikt unterhalb der Schwelle des Ausbruchs aktueller Gewaltsamkeit zu halten, ihn derart zu kanalisieren, daß seine gewaltfreie Lösung möglich wird. Wir sind also nicht an der Unterdrückung oder Aufhebung von Konflikten an sich interessiert: Ein solches Verlangen wäre im negativen Sinn des Wortes als utopisch zu bezeichnen. Unser Interesse gilt vielmehr der Zurückdrängung und Aufhebung von Gewalt im Prozeß des Konfliktaustrags – und eben dies ist es, was als Zivilisierung des Konfliktes bezeichnet werden kann.

---

100 Johan Galtung. Strukturelle Gewalt. Beiträge zur Friedens- und Konfliktforschung, Reinbek b. Hamburg 1975, S. 9.

101 Ebd. S. 12.

Abbildung 12: Personale und strukturelle Gewalt

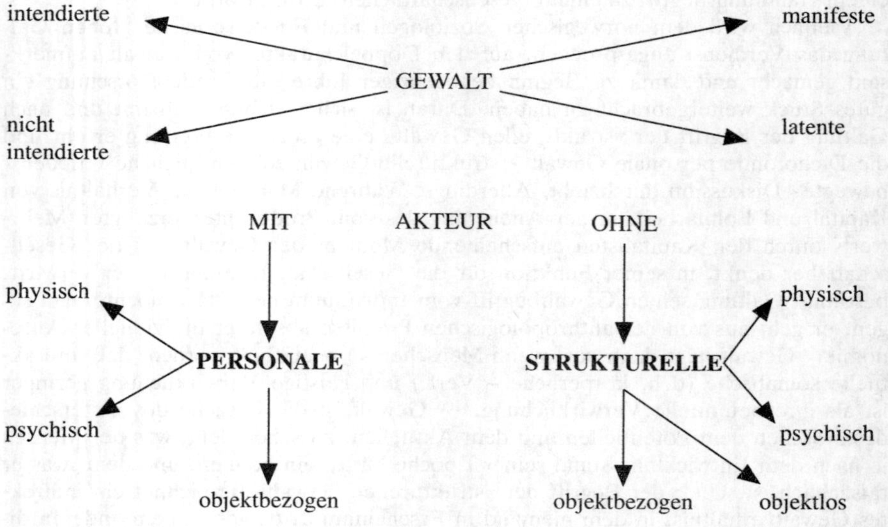

Wir verstehen unter Zivilisierung zunächst den Prozeß der zunehmenden Bändigung der Affekte des Menschen durch den Menschen in der Gesellschaft. Wir begreifen diesen Prozeß als eine fortschreitende Rationalisierung und Intellektualisierung der Daseinsbewältigung, als den Weg von einer impulsiv-naiven zu einer kontrolliert-reflektierten Auseinandersetzung mit unserer natürlichen und gesellschaftlichen Umwelt. Norbert Elias hat diesen Prozeß einmal treffend als den der »Anhebung der Peinlichkeitsschwelle« bezeichnet – in unserem Sinne: als einen Prozeß des Peinlich-Werdens der Anwendung von Gewalt im Konfliktaustrag. Wenn uns die Anwendung von Gewalt erst peinlich ist, werden wir nach Mitteln und Wegen suchen, der Peinlichkeit zu entgehen: durch Verzicht auf Gewaltanwendung[102]. Vielleicht noch wichtiger: Elias zeigt auch, daß die Ausbildung des modernen Territorialstaates mit einem Zivilisierungsschub einhergeht, in dem sich Affektökonomie und Verhaltensstandards des Menschen grundlegend ändern: Es verstärkt sich die emotionale Selbstkontrolle des Menschen, und die Mechanismen dieser Selbstkontrolle werden stärker internalisiert. Beruhte die Kontrolle menschlicher Affekte vordem auf einer zwangsgestützten Fremdkontrolle, verwandeln sich im Prozeß der Zivilisation zwischenmenschliche Fremdzwänge in einzelmenschliche Selbstzwänge. Dies führt dazu, »daß viele Affektimpulse weniger spontan auslebbar sind. Die derart im Zusammen-

102 Vgl. Norbert Elias, Über den Prozeß der Zivilisation: Soziogenetische und psychogenetische Untersuchungen. Erster Band: Wandlungen des Verhaltens in den weltlichen Oberschichten des Abendlandes; Zweiter Band: Wandlungen der Gesellschaft. Entwurf zu einer Theorie der Zivilisation, Frankfurt/M. 1989[14].

leben erzeugten selbsttätigen, individuellen Selbstkontrollen, etwa das ›rationale Denken‹ oder das ›moralische Gewissen‹, schieben sich nun stärker und fester gebaut als je zuvor zwischen Trieb- und Gefühlsimpulse auf der einen Seite, die Skelettmuskeln auf der anderen Seite ein und hindern die ersteren mit größerer Strenge daran, die letzteren, das Handeln, direkt, also ohne Zulassung durch diese Kontrollapparaturen, zu steuern«[103]. Affektkontrolle und Selbstzwang führen zu größerer Sicherheit; der sich selbst beherrschende und regulierende Mensch vergrößert die Autonomie gegenüber seiner eigenen Triebnatur, kontrolliert seine Affekte selbst, muß nicht von außen gewaltsam eingeschränkt werden. Andererseits: »Die Bedrohung, die der Mensch für den Menschen darstellt, ist durch die Bildung von Gewaltmonopolen einer strengeren Regelung unterworfen und wird berechenbarer. ... Die Gewalttat ist kaserniert; ... die ganze Monopolorganisation der Gewalttat ... steht jetzt nur noch am Rande des gesellschaftlichen Alltags Wache als eine Kontrollorganisation für das Verhalten des Einzelnen ... und zwingt die waffenlosen Menschen in den befriedeten Räumen zu einer Zurückhaltung durch eigene Voraussicht oder Überlegung; sie zwingt diese Menschen mit einem Wort in geringerem oder höherem Maße zur Selbstbeherrschung«[104].

Im übertragenen Sinne hat vor allem Dieter Senghaas die Relevanz des Prozesses der Zivilisation für die Begrenzung und Überwindung der Gewaltanwendung in zwischengesellschaftlichen Beziehungen aufgezeigt. »Im internationalen System lassen sich zwei Prozesse von langer Dauer beobachten: Machtrivalitäten unterschiedlicher Reichweite sowie Vernetzungen (Interdependenz) unterschiedlicher Dichte. Mit beiden Erscheinungen beschäftigt sich die Friedensforschung: Mit Machtrivalitäten, weil aus ihnen Gewalt, im Grenzfall Kriege, erwachsen können; mit Interdependenzen, weil sie Machtrivalitäten unterlaufen oder überwölben sollen. Zwischen beiden Erscheinungen besteht ein dialektischer Zusammenhang: Je unverstellter die Machtrivalitäten, um so weniger haben die Interdependenzen Chancen, Konflikte abfedern zu helfen; je ausgeprägter Interdependenzen, um so größer die Wahrscheinlichkeit, Machtrivalitäten in den Hintergrund zu drängen sowie unvermeidliche Interessenkonflikte in friedliche Bahnen zu lenken. Potentiell gewalttätige und vor allem kriegerische Machtrivalitäten in eine friedliche Konfliktregelung zu überführen, ist Inhalt des Zivilisationsprozesses. In ihm geht es also um die Transformation von Konflikten. Dabei wird Macht nicht eliminiert, sondern eingegrenzt. Sie wird durch die Verrechtlichung der Auseinandersetzungen eingehegt. Eine solche Verzivilisierung von Machtrivalitäten und damit von Politik hat zunächst unterhalb des internationalen Systems im klassischen westlichen Territorialstaat stattgefunden. In ihm kam es zu einer stufenweisen Monopolisierung von Gewalt und zur Herausbildung einer arbeitsteiligen Gesellschaft und Wirtschaft. Die Entwicklung eines legitimen staatlichen Gewaltmonopols führte zur Entprivatisierung von Gewalt; eine weitflächige Vernetzung unter Wettbewerbsbedingungen machte zweckrationales ökonomisches Handeln zum Imperativ. Beides mäßigte praktisches Verhalten. Überdies provozierte die Monopolisierung von politischer Macht und ökonomischer Verfügungsgewalt im Laufe der Zeit die Forderung nach demokratischer Teilhabe von breiten Bevölkerungsschichten. So entwickelte sich schrittweise in jahrhundertelangen gesellschaftspolitischen

103 Ebd., Bd. I, S. LXI.
104 Ebd., Bd. II, S. 325f.

Konflikten der demokratische Rechtsstaat. In ihm werden Konflikte institutionell geregelt.«[105].

Zusammenfassend kann gesagt werden, daß der Zivilisationsprozeß zur Überwindung kollektiver Gewalt beiträgt. Er ist das Ergebnis langfristiger Wandlungen der politischen Struktur und der sozioökonomischen Existenzbedingungen von Gesellschaft und Individuen. In seinem Verlauf wird jener kulturelle Wandel immer bedeutsamer, der zur moralischen Delegitimierung von Gewalt führt oder der zumindest Art und Anzahl jener Fälle, in denen Gewalt noch als legitim angesehen werden darf, einschränkt.

In den internationalen Beziehungen läßt sich die Wirkung des so beschriebenen Zivilisationsprozesses insbesondere im (Völker)Rechtsinstitut des Gewaltverzichts oder Gewaltverbots fassen. Darunter wird die verbindliche Verpflichtung eines Staates verstanden, bei Streitigkeiten mit anderen Staaten auf die Androhung oder Anwendung von Gewalt zu verzichten, sei sie multilateral und abstrakt oder bilateral gegenüber einem anderen Staat ausgesprochen. Beispielsweise normiert Artikel 2 Abs. 4 der Charta der Vereinten Nationen: »Alle Mitglieder enthalten sich in ihren internationalen Beziehungen der Drohung mit Gewalt oder der Gewaltanwendung, die gegen die territoriale Unversehrtheit oder die politische Unabhängigkeit irgend eines Staates gerichtet oder sonst mit den Zielen der Vereinten Nationen unvereinbar ist.« Gleichwohl wurden seit dem Ende des Zweiten Weltkriegs mehr als 160 Kriege geführt. Es wird daher zu fragen sein, ob dem Problem der Begrenzung und Überwindung von Gewalt nicht aus einer anderen Perspektive als der zwischenstaatlichen beizukommen ist, da das Völkerrecht zwar die Gewaltanwendung zunehmend delegitimiert, diese Delegitimation aber mangels einer effektiven Durchsetzungsinstanz im Verkehr der Staaten untereinander nicht mit verbindlicher Wirkung eingeklagt werden kann.

4. *Begrifflich-typologisches: Frieden*

»Frieden ist mehr als kein Krieg« so lautet eine griffige Kurzformel[106], die uns sogleich mit etlichen Fragen konfrontiert: Was ist dieses Mehr? Ein besonders hoch zu schätzender Wert wie Freiheit, Gerechtigkeit und Wohlfahrt? Ein politisch-ökonomisch-gesellschaftlicher Prozeß, der die Existenzerhaltung des einzelnen durch Reduzierung gewaltsamen Konfliktaustrags fördert und ihm eine kontinuierliche Existenzentfaltung aufgrund zunehmender Gleichverteilung von Entfaltungschancen sichert[107]? Ein Zustand, in dem ein gerechter und gewaltfreier Interessenausgleich zwischen Konfliktpartnern möglich ist, der Toleranz gegenüber andersartigen Denk- und Lebensweisen ebenso fordert wie den Verzicht auf jede Art von Überlegenheitsansprüchen? Eine Vision, die von der Gemeinsamkeit der Überlebensbedingungen im Zeitalter der Nuklearwaffen ausgeht und letztlich die Verwirklichung menschenwür-

105 Vgl. Dieter Senghaas, Konfliktformationen im internationalen System, Frankfurt/M. 1988, S. 12–29; ferner ders., Friedensforschung und der Prozeß der Zivilisation, in: Bernhard Moltmann (Hrsg.), Perspektiven der Friedensforschung, Baden-Baden 1988, S. 167f.

106 Volker Rittberger, Ist Frieden möglich? in: Universitas, 40 (1985), S. 1139.

107 Vgl. Ernst-Otto Czempiel, Der Friede – sein Begriff, seine Strategien, in: Beiträge zur Konfliktforschung, 18 (1988), S. 5–16.

Abbildung 13: Die erweiterten Begriffe von Gewalt und Frieden nach Galtung

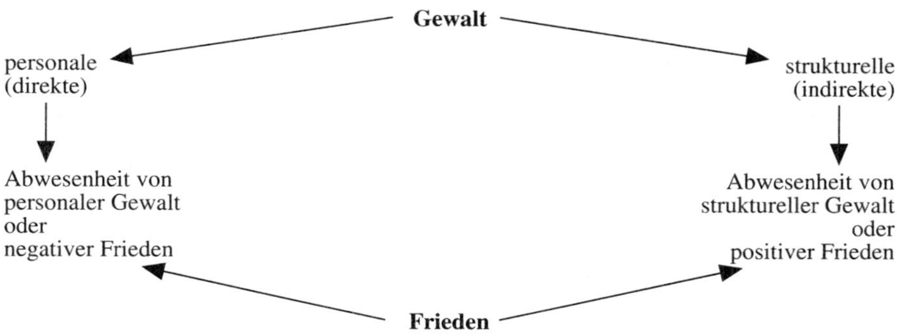

diger Verhältnisse überall auf der Welt beschwört[108]? Offensichtlich ist die Bestimmung von »Frieden« komplexer und schwieriger, als es die eingangs zitierte Kurzformel vermuten läßt. Schlagen wir daher einige Schneisen durch das Dickicht der Definitionen, indem wir zunächst auf eine uns bereits bekannte Unterscheidung rekurrieren: die zwischen personaler, direkter – und struktureller, indirekter Gewalt. Wir verweisen erneut auf Johan Galtung: »Durch die grundlegende Unterscheidung zwischen personaler und struktureller Gewalt bekommt Gewalt einen Doppellaspekt, und genauso ist es mit dem Frieden, der als Abwesenheit von Gewalt begriffen wird. Ein erweiterter Begriff von Gewalt führt zu einem erweiterten Begriff von Frieden: Frieden definiert als Abwesenheit von personaler Gewalt und Abwesenheit von struktureller Gewalt. Wir bezeichnen diese beiden Formen als negativen Frieden bzw. positiven Frieden.«[109]

Damit haben wir zwei Zentralbegriffe gewonnen, die die Diskussion um den Frieden seit Mitte der sechziger Jahre nachhaltig geprägt haben. Wir veranschaulichen den Zusammenhang beider Begriffe graphisch (vgl. Abb. 13).

Die Kontrastierung von negativem und positivem Frieden gewinnt ihre Bedeutung für die Gegenwart zunächst in und aus der Zeit des Kalten Krieges. Angesichts der möglichen Eskalation der Auseinandersetzung zwischen den Supermächten zu einem nuklearen Weltkonflikt faßt die in den späten fünfziger Jahren aufkommende Friedensforschung Frieden in einer Minimaldefinition als Abwesenheit von Krieg – als Abwesenheit eines durch bestimmte völkerrechtliche Bedingungen definierten Zustandes, der zwei oder mehreren staatlich verfaßten gesellschaftlichen Großgruppen erlaubt, ihre Konflikte mittels Waffengewalt auszutragen. Nun liegt es nahe, in diese Definition auch jene Fälle aufzunehmen, in denen die völkerrechtlichen Bedingungen des Krieges – formale Kriegserklärung, Beachtung bestimmter Vorschriften bei der Kriegführung – nicht erfüllt waren. Unter Frieden wird somit verstanden die Abwe-

108 Vgl. Wolfgang R. Vogt (Hrsg.), Angst vorm Frieden. Über die Schwierigkeiten der Friedensentwicklung für das Jahr 2000, Darmstadt 1989, S. IX.

109 J. Galtung (Anm. 104), S. 32–36.

senheit von Feindseligkeiten oder von Gewaltanwendung, gleichgültig, ob ein legaler Kriegsstatus zwischen den betroffenen Staaten und/oder Parteien besteht oder nicht. Selbst diese Ausweitung der Definition ändert aber nichts an ihrer logischen Struktur: Analog dem Begriff der Gesundheit in der Medizin wird Frieden definiert ex negatione, als Abwesenheit bestimmter Störfaktoren.

Rückblickend läßt sich feststellen, daß der Begriff des negativen Friedens recht bald auch eine ungünstige – eben negative – politisch-ethische Besetzung erfahren hat, die in der ursprünglichen Prägung des Begriffes so nicht intendiert war. Diese Begriffsdeutung wird eigentlich nur verständlich vor dem Hintergrund jenes grundsätzlich-qualitativen Wandels, den die Kriegführung seit 1945 mit der Entwicklung und Dislozierung thermonuklearer Massenvernichtungswaffen erfahren hat. Wie Alexander Mitscherlich einmal treffend bemerkte, verändern diese Waffen den Charakter des Krieges: Er wird »von einer Streitgemeinschaft zu einer vom Menschen ausgelösten Naturkatastrophe«[110]. Damit aber hängt das Überleben der Menschheit von der Verhinderung dieser Naturkatastrophe ab. Und die Chance einer solchen Verhinderung steigt in dem Maße, in dem das politisch-militärische Konfliktverhältnis zwischen den Supermächten stabilisiert wird. Die Bedingung einer solchen Stabilisierung ist die Regulierung der Gewaltanwendung im bestehenden internationalen System. Eine Regulierung, die durch Maßnahmen der Rüstungskontrolle, der Vertrauensbildung und seit neuerem auch durch die Schaffung eines beiderseitigen Zustandes struktureller Angriffsunfähigkeit die Eskalation an sich nachrangigerer Konflikte zur direkten Konfrontation zwischen den Blöcken verhindert.

Nun bietet gerade diese Ausrichtung des negativen Friedensbegriffs auf die Konfrontation der Supermächte und ihrer jeweiligen Blockklientel den Ansatzpunkt weiterführender Kritik: Denn das Konzept des negativen Friedens basiert auf dem Gedanken einer klaren, potentiell gewaltsamen Subjekt-Objekt-Beziehung, einer Beziehung zwischen potentiellem Täter und potentiellem Opfer. In der Sicherheitspolitik spiegelt sich dieser Gedanke im Prinzip der kollektiven Verteidigung – der Garantie der Möglichkeit eigengesellschaftlicher Selbstbestimmung durch ein Bündnis, das gegen einen in der Kalkulation von vornherein feststehenden Gegner gerichtet ist und mittels einer Politik der Abschreckung diesen vom Einsatz militärischer Gewaltmittel abhalten will. Was das Konzept des negativen Friedens hier aber nicht erfaßt, ist der Aspekt der strukturellen, akteurslosen Gewalt. Es erweist sich als ein Begriff, hinter dem eine für europäische oder angloamerikanische Verhältnisse typische Vorstellung von Harmonie und Kompromiß, Ruhe und Ordnung steht. Ein Begriff aber, der sich auf die Verhältnisse der Dritten Welt nicht anwenden läßt, weil dort die Voraussetzungen für Harmonie und Kompromiß – nämlich die Überwindung wirtschaftlicher Ausbeutung und die Verwirklichung sozialer Chancengleichheit – (noch?) nicht gegeben sind. Es eröffnet keinen Ausblick auf weiterreichende, den Zustand des Nicht-Krieges überwindende Ziele. Vermutlich sind hier höchst ambivalente Gefühle mit im Spiel: Man wünscht zwar den Frieden bewußt herbei, als Weltordnung aber – und das heißt zunächst einmal mit Mitscherlich als »permanenter Verzicht auf Aggressionsäußerungen zum Selbstschutz« scheint man ihn auch zu fürchten[111]. »Das Ge-

110 Alexander Mitscherlich, Die Idee des Friedens und die menschliche Aggressivität, Frankfurt/M. 1970, S. 16.
111 Ebd., S. 126.

fühl, der Möglichkeit kollektiver aggressiver Äußerungen beraubt zu sein, wird unbewußt als äußerst bedrohlicher, schutzloser Zustand aufgefaßt; das reflektiert sich auch in der vagen Unlust, mehr als deklamatorisch sich mit dem Frieden zu befassen.« Und: Es reflektiert sich auch im Unvermögen – oder sollte man eher sagen, im Unwillen – die Existenzbedingungen einer friedlichen Welt als Maßstab künftigen politischen Handelns zu entwerfen.

Ein solcher Unwillen läßt sich den Vertretern eines positiven Friedensbegriffs nicht nachsagen. Versuchen sie doch, über die bloße Auffassung des Friedens als Abwesenheit organisierter Gewaltanwendung hinauszugehen und ihn als Muster der Kooperation und Integration größerer menschlicher Gruppen zu begreifen[112]. Sie verknüpfen mit ihm das Fehlen von Ausbeutung, wirtschaftliche und soziale Entwicklung, Pluralismus, Gerechtigkeit und Freiheit[113], die Verwirklichung der Menschenrechte und die jedem Individuum einzuräumende Möglichkeit, sich gemäß seinen Anlagen und Fähigkeiten selbst zu entfalten. Gerade hinter dieser letzten Teil-Bestimmung aber scheint Galtungs Gewaltbegriff wieder auf: positiver Friede gleich Aufhebung von (struktureller) Gewalt, Aufhebung von Gewalt gleich Annäherung der potentiellen und aktuellen Verwirklichungsmöglichkeiten des Individuums bis zu deren beider völliger Deckung? Dies wäre allenfalls in einer Robinson-Crusoe-artigen Existenzsituation erreichbar. In wie auch immer beschaffenen gesellschaftlichen Zusammenschlüssen aber findet meine Verwirklichung ihre Grenzen spätestens da, wo sie die Verwirklichungsmöglichkeit des anderen negativ beeinträchtigt. Wer definiert eigentlich, was in einer Epoche als das Potential möglicher somatischer und geistiger Verwirklichung zu gelten hat? Nach welchen Maßstäben? Etwa denen des exzessiven materiellen Konsums der Ersten Welt? Oder denen der Grundbedürfnisbefriedigung der Dritten?

Trotz aller ernsthaften und gründlichen Versuche, den Begriff des positiven Friedens zu bestimmen[114] – sehr viel mehr als Formelkompromisse hat die Diskussion bislang nicht gezeitigt.

In der Natur des Formelkompromisses liegt es allerdings, daß er den möglichen Dissens über den genauen empirischen Gehalt jener Phänomene und Begriffe, auf die er sich bezieht, eher verdeckt denn auf den Punkt zuspitzt. Was genau bedeutet Gerechtigkeit, was genau verstehen wir unter Freiheit von Ausbeutung und sozioökonomischer Entwicklung? Es scheint, daß der Begriff des positiven Friedens als eine Leerformel fungiert, die jeweils von dem, der diese Formel gebraucht, mit seinen eigenen, spezifischen politischen, ökonomischen und sozialen Wertvorstellungen aufgefüllt wird. Diese Einsicht verweist uns zurück auf die Kontextabhängigkeit sozialwissenschaftlicher Großbegriffe. Und sie läßt eigentlich nur den Schluß zu, daß die Bestimmung jenes Mehr, das den Friedensbegriff über den Nicht-Krieg hinaustreibt, vollzogen werden kann nur im Blick auf den historisch-gesellschaftlichen Kontext einer je konkreten historischen Epoche. Der Diskurs über »den« Frieden bleibt not-

112 Vgl. Johan Galtung, Peace, in: International Encyclopedia of the Social Sciences, Bd. 11, New York 1968, S. 487–496.

113 Vgl. ders., Peace Research. Science, or Politics in Disguise?, in: Internationale Spectator, 21 (1967), S. 1573–1603.

114 Hierzu jetzt gründlich und umfassend die ausgezeichnete Studie von Wolfgang Huber/Hans-Richard Reuter, Friedensethik, Stuttgart 1990.

Abbildung 14: Entwicklungsphasen des Friedensbegriffs

	sechziger Jahre	frühe siebziger Jahre	späte siebziger Jahre
Friedensbegriff	Abwesenheit direkter, insges. militärischer Gewalt	negativer versus positiver Frieden	Abwesenheit direkter und struktureller Gewalt
Ansatzebene	internationale Beziehungen	inner- und zwischengesellschaftliche Beziehungen	Individuum als Grundeinheit sozialer Beziehungen
Ansatzschwerpunkt	national, regional	transnational, global	Identifikation mit den Opfern struktureller Gewalt

wendigerweise formal: inhaltliche Klarheit gewinnen wir erst dann, wenn wir den Friedensbegriff zurückholen in ein jeweils ganz bestimmtes Koordinatensystem von Raum, Zeit und gesellschaftlich-politischer Verortung.

5. *Naturwüchsiger oder gestifteter Friede? Grundzüge der Entwicklung des Friedensgedankens in der Geschichte*

Im Sinne der eben formulierten Forderung nach einer Historisierung des Friedensbegriffs wollen wir zunächst eine knappe Skizze einer Formenlehre des Krieges und des Friedens vorlegen, die von epochenspezifischen historischen Befunden ausgeht und in einem ersten Schritt sich darauf beschränkt, die Zusammenhänge zwischen den Formen des Krieges und des Friedens im Kontext politischer und ökonomischer Randbedingungen jeweils einer konkreten Epoche anzudeuten. Daß eine solche Abfolge synchroner Querschnitte in einem weiteren Schritt eine Reihe diachroner Längs(entwicklungs-)linien hervorbringen sollte (was ja eigentlich erst die Essenz einer genetischen Formenlehre ausmacht), mag sogleich konzediert werden. Allerdings: Ein solches Unternehmen, das die Entwicklung der Formen von Krieg und Frieden durch die Geschichte hindurch beständig verfolgen, aufeinander beziehen und auf ihre politischen, ökonomischen und gesellschaftlichen Randbedingungen rückkoppeln würde, ist bislang noch nicht verwirklicht worden[115]. Wir können hier allenfalls Bausteine und Denkanstöße liefern.

115 Diese Aussage gilt nicht in Teilbereichen; Darstellungen zur Ausbildung des Krieges im Kontext ökonomischer, sozialer und politischer Entwicklungen, die den Versuch unternehmen, die gegenseitige Beeinflussung der Entwicklungsstränge aufzuzeigen, liegen vor. Vgl. William H. McNeill, Krieg und Macht. Militär, Wirtschaft und Gesellschaft vom Altertum bis heute, München 1984; Robert O'Connell, Of Arms and Men. A History of

Mit Blick auf die Entwicklung des Friedensgedankens selbst läßt der ideengeschichtliche Befund den Schluß zu, daß dieser Entwicklung eine duale Struktur zugrunde liegt. Zwei Argumentationsstränge lassen sich aus der Überlieferung herausschälen: Friede wird entweder begriffen als kosmisches Ordnungsprinzip, als überhistorischer, gleichsam konzentrierter Ausdruck einer Weltordnung, die ihren letzten Flucht- und Legitimationspunkt erst in Gott, dann als Folge der Säkularisation des politischen Denkens nach der Reformationszeit in der allen Menschen natürlich gegebenen Vernunft findet. Oder Friede wird begriffen als Ausdruck der menschlichen Willensüberzeugung, als ein rational begründbares politisches Kulturprodukt, das der ausdrücklichen Stiftung durch vertragliche Vereinbarung (Landfriedenseinungen, Gesellschaftsvertrag) ebenso bedarf wie des Schutzes durch die öffentliche Gewalt. Mit dieser dualen Argumentationsstruktur verbunden ist die Frage nach dem Verhältnis von Frieden und Gerechtigkeit, *pax* und *iustitia:* Entweder ist die Gerechtigkeit dem Frieden vorgeordnet, gilt Friede als ihre naturwüchsige Frucht, oder die gesellschaftlich-politische Friedensordnung ist durch die Herrschaft der öffentlichen Gewalt erst herzustellen und zu sichern; dann ist die Gerechtigkeit als Legitimationsprinzip einer gegebenen gesellschaftlichen Ordnung, die jedem das Seine zuteilt, dem Frieden nachgeordnet, freilich auch ohne Frieden nicht zu verwirklichen. Und: Im Kontext des ersten Argumentationszuges erscheint der Krieg als Unterbrechung, als Störung des naturwüchsigen Friedens: *bellum ruptura pacis*. In der zweiten Traditionslinie ist der Krieg – Folge menschlichen Verfehlens und sündhafter Willensfreiheit – gleichsam der inner- und zwischengesellschaftliche Normalzustand. Friede ist Nicht-Krieg: *pax absentia belli.* Wir verweisen exemplarisch-paradigmatisch auf die folgenden Beobachtungen:

Das hebräisch-aramäische *schalom* bezeichnet für den Juden der alttestamentlichen Zeit das individuell-interne seelische ebenso wie das materielle Wohlergehen als Frucht des Eingeordnetseins in den Bund zwischen Volk und Gott. Friede mag begriffen werden als Daseins-, als Schöpfungsordnung, als Zustand, in dem die Lebewesen miteinander versöhnt sind. Die Griechen der Antike dagegen verstehen unter *eirene* das Bedingungsgefüge des Waffenstillstandes zwischen den sonst als Normalzustand empfundenen Kriegen unter ihren Stadtstaaten. Die *pax Romana* definiert sich als die Friedensordnung des römischen Weltreiches, als gesicherte Rechts- und geregelte Machtordnung, die aus dem Rechtsverhältnis zwischen ehemals kriegführenden Parteien hervorgeht. *Pax* erscheint als Synonym für Rechtssicherheit und Stabilität, als auf Herstellung und Schutz einer umfassenden gesellschaftlichen Lebensordnung gerichtetes politisches Programm, als zentrale Rechtfertigung von Herrschaft. Herrschaft hat den Frieden zu sichern, will sie ihre Legitimität beweisen: ein zum Zwecke der Wiederherstellung des Friedens geführter Krieg – und nur dieser – gilt als *bellum iustum,* als gerechter Krieg.

Auch der germanische Friedensbegriff – das von der indogermanischen Wurzel *pri* – »lieben, schonen« – abzuleitende althochdeutsche *fridu* – kennzeichnet eine

---

War, Weapons, and Aggression, New York 1989; Evan Luard, War in International Society. A Study in International Sociology, London 1986; sowie mit Beschränkung auf die Periode der Neuzeit John U. Nef, War and Human Progress. An Essay on the Rise of Industrial Civilization, New York 1968; Reinhard Meyers: Probleme und Begriffe des Friedens aus politikwissenschaftlicher Sicht, Hagen 1991.

Abbildung 15: Entwicklungsformen von Krieg und Frieden

Epoche	Kriegsform	Charakteristik	Politische Organisation	Ökonomische Struktur	Friedensidee
Mittelalter	Individualisiert	Fehde, ritterlicher Zweikampf	Lehnswesen, Feudalsystem: Herrschaft im Personenverband	Grundherrschaft, Fernhandel, Zunft- und Verlagswesen	Gottesfrieden, Landfrieden (als personale, temporale, regionale Exemptionen)
Renaissance	Kommerzialisiert	Söldnerheere, Schußwaffen	Radizierung von Herrschaft im Prozeß der Territoriumsbildung	Frühkapitalismus, Mittelmeer- und Orienthandel	Ausbildung eines verbindlichen Rechtssystems im Innern u. Einschränkung des ius ad bellum im Außenverhältnis
Neuzeit	Etatisiert, systematisiert	Übergang zu stehenden Heeren, Einheitlichkeit von Uniformierung und Ausbildung	Territorialstaat, Ständestaat	Manufaktur, Entdeckungen, Überseehandel, Kolonialismus	Zivilisierung des Krieges durch Kodifizierung und Einhegung des ius in bello
Absolutismus	Bürokratisiert	Staatsheere und (dynastische) Kabinettskriege	Anstaltlich- bürokratisch verfaßter Flächenstaat	Steigerung der staatlichen Wirtschafts- (und Militär-)Potenz durch Merkantilismus	Rechtsstaat als Überwindung despotischer Regierungsformen; Freihandel

Epoche	Kriegsform	Charakteristik	Politische Organisation	Ökonomische Struktur	Friedensidee
Französische Revolution	(Radikal-)Demokratisiert	Levée en Masse, Völkerkriege	Republik	Kriegswirtschaft, Kontinentalsperre, merkantilistische Autarkie	Demokratisierung von Herrschaft als Teilhabe der Bürger an Entscheidungen über Krieg und Frieden
19. Jahrhundert	Industrialisiert	Wehrpflichtarmee; generalstabsmäßig geplante Massenmobilisierung; Intensivierung der Mobilität (Eisenbahn) und der Kontrolle (Telegraph)	Konstitutionalismus	industriewirtschaftlich geprägter liberaler Kapitalismus	Förderung der internationalen Arbeitsteilung; Freihandel
20. Jahrhundert	Totalisiert	Volkskrieg unter Einschluß der Zivilbevölkerung	Parlamentarismus und Demokratie	Finanzkapitalismus mit sozialstaatlichen Momenten	Individueller Widerstand gegen den Krieg (Pazifismus)
nach 1945	Nuklearisiert	Bedrohung der gesamten Schöpfung	Parlamentarismus und Demokratie	Sozial- oder Daseinsvorsorgestaat	gesellschaftlicher Widerstand gegen den Krieg: Anti-Atomtod/Friedensbewegungen

bestimmte Form des menschlichen Zusammenlebens: entweder das Verhältnis gegenseitiger Verbundenheit in Tat und Gesinnung, in Hilfe und Stütze zwischen Blutsverwandten, oder einen Zustand bloßer Gewaltlosigkeit, der zeitlich befristet ist. Vor allem aber bezeichnet er den Zustand des ungekränkten Rechts, der Sicherheit und Geborgenheit: Friede war nur innerhalb der Rechtsgemeinschaft möglich, Rechtsbruch war zugleich Friedensbruch. Im Grenzfall war es sogar erst der Friede als gestifteter, gemachter Friede, der eine solche Rechtsgemeinschaft herstellte. Friede ist unzweifelhaft ein sozialer Tatbestand.

Im Kontrast begreift die mittelalterliche Theologie *pax* als ein kosmisches Ordnungsprinzip mit moralischen und eschatologischen Grundzügen: Es verwirklicht sich letztlich in der Versöhnung und Vereinigung alles Lebendigen mit Gott. Demgegenüber tritt die politisch-soziale, in der Zeitlichkeit sich manifestierende Variante von Frieden als abgeschwächte, unvollkommene Erscheinung des eschatologischen Friedenszustandes hinter diesen zurück. Zeitlicher Friede verwirklicht sich als *pax specialis* insonderheit im erhöhten Schutz eines umgrenzten Rechtsbereiches: Haus-, Dorf-, Stadt-, Land-, Königs- oder Gottesfriede. Er ist seinem Inhalt nach von der jeweiligen Rechtsordnung, die er schützt, funktional abhängig: Friede herrscht da, wo die Rechtsordnung ungestört bleibt *(pax et iustitia)*, wo im Rechtsstreit der Fehde die Waffen ruhen *(tranquillitas pacis)* oder wo besondere Rechtsbezirke befriedet sind *(securitas pacis)*. Friede ist z. B. im Landfrieden territorial begrenzt, kommt über den Charakter des regionalen Sonderfriedens selten hinaus. Damit aber setzt er dialektisch-begrifflich auch die Sphäre des Unfriedens, gegenüber der er sich ja gerade abgrenzt. Ein universaler Friede, der die vielen begrenzten Frieden überwölbt, erscheint allenfalls als religiös fundierte *pax christiana universalis perpetua.* Die Teilhabe am universalen Frieden ist abhängig von der Teilhabe an göttlicher Gnade und Offenbarung – »sine gratia ... non potest esse vera pax, sed solum apparens«, sagt Thomas v. Aquin in seiner *Summa theologiae* (II, Teil 2, Frage 29, Artikel 2). Daß ein solcherart verstandener Friedensbegriff seine letzte Legitimation aus eschatologischen Momenten bezieht, zeigt Nicolaus Cusanus im übrigen sinnfällig in seinem Werk »De concordantia catholica« (1, 3, 7): »Principium autem pacis est, ad finem aeternam dirigere subditos« – das Prinzip des Friedens ist dagegen, die Untergebenen zum Ziel der Ewigkeit zu geleiten.

Reformation, Glaubensspaltung und Säkularisierung – sie gewinnen im Prozeß der weiteren Ausbildung des Friedensgedankens grundsätzliche Bedeutung. Da der Rückbezug auf die *pax spiritualis* wegen unterschiedlicher, an die jeweilige Konfession gebundener inhaltlicher Füllungen der Begriffe von Gerechtigkeit und Christlichkeit problematisch wird, bildet sich – auch unter dem Einfluß des philosophisch-rationalistischen Naturrechts – die *pax civilis* als Staatsfriede, wie sie vor allem dann in der politischen Philosophie des Thomas Hobbes in der Identität von *status civilis* und *status pacis* nachdrücklich zum Ausdruck kommt.

Wenn wir recht sehen, wird an diesem Punkt die duale Struktur des Friedensgedankens besonders deutlich: Hobbes begreift Frieden – modern gesprochen – als innere Sicherheit, innere Rechtssicherheit, letztlich garantiert und erzwungen durch das Gewaltmonopol des Staates. Der Friede als *pax civilis effectiva* wird höchster und absoluter Staatszweck, dem sich alle anderen Werte unterzuordnen haben. Es trennt sich *pax* – nach außen definiert als Zustand des Nicht-Krieges, der *absentia belli* – von der *iustitia* als materieller Gerechtigkeit. Um Hobbes' bekannten Satz vom Geltungsgrund der Gesetzgebung einmal abzuwandeln: »Authoritas, non iustitia facit pacem« – die Staatsgewalt, nicht die Gerechtigkeit schafft Frieden. Friede wird erst durch gesellschaftsvertraglichen Zusammenschluß gestiftet, er ist mithin ein Kulturprodukt.

Im Gegensatz dazu sieht die zweite Traditionslinie – scholastische Soziallehre und rationalistisches Naturrecht – Friede als einen natürlichen Zustand, der das Zusammenleben der Menschen auch schon vor dem Gesellschaftsvertrag kennzeichnet. Dem Menschenbild der Naturrechtslehre eignen ja – konträr zu Hobbes' Pessimismus – genuin optimistische Züge. Dem Menschen ist von Natur als ideelles Endziel aufgegeben, vernünftig und gesellig zu sein, und diese seine Natur bestimmt auch den Prozeß seiner Entwicklung. Wenn die thomistische Sozialphilosophie die These von der Deckung des Seins und des Guten verficht – *ens et bonum convertuntur* – so impliziert dies auch, daß Friede herrscht, solange sich die Menschen von der natürlichen, der Vernunft unmittelbar einsichtigen Gerechtigkeit leiten lassen. Ferner heißt dies, daß der Krieg – in Umkehrung der Blickrichtung Hobbes' – als Bruch des Friedens, als *ruptura pacis,* gedeutet wird. Kurz – als vernunftbegabtes Wesen braucht der Mensch den Frieden nur zu wollen, um ihn auch wirklich zu erreichen: eine Position, die erstmals deutlich wird in dem Satz des Erasmus von Rotterdam: »Der menschliche Geist kann, was er will.«[116]

Wir wollen die Darstellung hier abbrechen und den dualen Grundzug der Friedensdiskussion noch einmal schematisch fassen (vgl. Abb. 16).

Welche Bedeutung hat der Rekurs auf die duale Entwicklungsstruktur des Friedensgedankens für die heutige Diskussion des Friedensbegriffs? Unsere These lautet, daß die gegenwärtige Antinomie von positivem und negativem Frieden ideengeschichtlich zurückverfolgt werden kann auf die seit Hobbes sich ausbildende Konkurrenz von gesellschaftsvertraglich gestiftetem Frieden als *absentia belli* und natürlich-tradiertem Vernunftfrieden als Ausdruck materialer Gerechtigkeit. Dem wäre noch eine nicht ganz unwichtige Fußnote anzufügen: Indem sich in der Folge der Sozialphilosophie Hobbes' in der Epoche des Absolutismus der moderne Anstaltsstaat als unbedingter Friedensverband durchsetzt, wird der Begriff des vorgesellschaftlichen Naturzustandes ebenso wie der des Friedens aus der innenpolitischen Verwendung frei. Beide Begriffe verschieben sich von der Ebene der innerstaatlichen Ordnung auf die Ebene der internationalen Beziehungen – so wie die Konstitution der *nationes* als Friedensverband im Innenverhältnis, als nach außen abgegrenzter gesonderter Rechtsbezirk, Beziehungen *inter nationes* begrifflich überhaupt erst möglich werden läßt.

6. *Kriegsursachen und Friedensstrategien: ein typologischer Versuch*

Das sozialwissenschaftliche Bemühen um die Formulierung allgemeingültiger Aussagen über Ursachen, Entstehung, Ablauf und Lösung bzw. Beendigung von Konflikten und Kriegen sieht sich mit einer grundsätzlichen Schwierigkeit konfrontiert: Die genannten Prozesse finden unter je individuell verschiedenen Strukturbedingungen des internationalen Systems statt und nehmen ganz unterschiedliche Verlaufsformen

116 Erasmus v. Rotterdam, Handbüchlein des christlichen Streiters, zit. nach Kurt v. Raumer, Ewiger Friede. Friedensrufe und Friedenspläne seit der Renaissance, Freiburg 1953, S. 3.

Abbildung 16: Naturwüchsiger und gestifteter Friede

Friede als natürlicher Zustand	Gestifteter Friede als Kulturprodukt
Pax als kosmisches Ordnungsprinzip	Pax et iustitia als gesellschaftliches Ordnungsprinzip
↓	↓
Friede resultiert aus Teilhabe an der Gnade Gottes: pax christiana universalis perpetua mit deutlich eschatologischem Charakter	Friede als Nichtstörung der Rechtsordnung, Waffenruhe in der Fehde (tranquillitas pacis) oder Befriedung besonderer Rechtsbezirke (securitas pacis)
↓	↓
pax spiritualis	pax civilis
Säkularisierung: Emanzipation der Politik von der Ethik	
Friede als natürlicher, vorgesellschaftsvertraglicher Zustand	Friede als Ergebnis des gesellschaftsvertraglich begründeten Gewaltmonopols des Staates; pax civilis effectiva als innere und Rechtssicherheit
↑	↑
bellum ruptura pacis	pax absentia belli
↑	↑
rationalistisch-naturrechtliche Begründung aus der Vernunftbegabung des Menschen	gesellschaftsvertragliche Stiftung

an. Deshalb gibt es nicht nur eine fast schon unübersehbare Anzahl von Erklärungsansätzen in diesem Bereich, ist der Forschungsstand »atomistisch, nicht kumulativ«[117]. Wir müssen auch konzedieren, daß die »Kriegsursachenforschung nur recht dürftige Ergebnisse vorweisen kann, nach wie vor gravierende Lücken aufweist, keinen Konsens über theoretische Grundannahmen erzielen konnte und keinen einigermaßen zusammenhängenden und allgemein anerkannten Wissensbestand hervorge-

117 Klaus Jürgen Gantzel, Krieg in der Dritten Welt als Forschungsgegenstand. Eine Einführung zum Thema, in ders. (Hrsg.), Krieg in der Dritten Welt. Theoretische und methodische Probleme der Kriegsursachenforschung – Fallstudien, Baden-Baden 1988, S. 54; vgl. auch Richard A. Falk/Samuel S. Kim (Hrsg.), The War System. An Interdisciplinary Approach, Boulder, Col. 1980.

bracht hat . . .[118]«. Der tiefere Grund für dieses Dilemma scheint uns darin zu liegen, daß vor allem die quantifizierende Kriegsursachenforschung oft versäumt, den Krieg als einen genuin politischen Akt zu begreifen. Würde man dieses tun, müßte man auch die Frage nach seinen Ursachen an politische und ethische Grundstandorte zurückbinden. Dann aber käme man zu der Erkenntnis, daß im Prinzip so viele je in sich geschlossene, aber voneinander gänzlich unterschiedliche Auffassungen über die Ursachen des Krieges (und damit ex negatione auch über die Prämissen und Randbedingungen des Friedens) bestehen, wie es politische Großtheorien gibt. Wir illustrieren diese Aussage exemplarisch und knapp-schematisch (vgl. Abb. 17).

Mit anderen Worten: Erklärungen über Krieg und Frieden sind – im Sinne Karl Mannheims[119] – stets standortgebunden, wie alle politischen Ideen sozial und existentiell bestimmt. Jede dieser Erklärungen, so objektiv sie immer sein mag, enthält Implikationen, die über die Grenzen nicht nur der Kriegsursachenforschung, sondern der Wissenschaft selbst hinausreichen. Jede Aussage über eine »Tatsache« der gesellschaftlichen Wirklichkeit berührt die Interessen von Individuen und gesellschaftlichen Gruppen. Deshalb kann man nicht im Sinne einer Erklärung auf das Vorhandensein bestimmter »Fakten« aufmerksam machen, ohne zugleich die Einwände jener hervorzurufen, die ihre gesellschaftliche Position nur durch den Rekurs auf eine andere Deutung der »faktischen« Situation rechtfertigen können. Wenn aber solcherart kein verbindlicher Konsens über gesellschaftliche »Tatsachen« erzielt werden kann, läßt dieses wenig Hoffnung auf eine empirisch gehaltvolle (d. h. aber: tatsachengestützte) Kriegsursachentheorie aufkommen. Wir beschränken uns daher darauf, einen schon als klassisch zu bezeichnenden Versuch vorzustellen, der eine Schneise durch die Fülle neuzeitlicher Erklärungsmuster des Krieges schlagen könnte.

In seinem Werk »Man, the state and war« hat Kenneth N. Waltz schon vor drei Jahrzehnten versucht, Erklärungen für das Auftreten von Kriegen auf drei Ebenen zu bündeln[120]. Krieg und Gewaltanwendung resultieren demnach

- aus der Natur des Menschen,
- aus dem Wesen der menschlichen Gesellschaft
- oder aus der Beschaffenheit und Struktur des internationalen Systems.

Auch den Typologisierungsversuch von Waltz fassen wir wiederum schematisch zusammen (vgl. Abb. 18).

Die Prämissen und Konklusionen, die jede der drei Erklärungsansatzebenen von Waltz kennzeichnen, sind folgende:

---

118 Martin Mendler/Wolfgang Schwegler-Rohmeis, Auf dem Weg zu einer allgemeinen Theorie der Kriegsursachen? Ein Literaturbericht zum Stand der Forschung, in: K. J. Gantzel (Anm. 117), S. 271 f.

119 K. Mannheim (Anm. 77).

120 Vgl. Kenneth N. Waltz, Man, the state and war. A theoretical analysis, New York 1959.

Abbildung 17: Krieg und Frieden in der Perspektive politischer Großtheorien

	Großtheorie					
	(klassische) Völkerrechtslehre	klassischer Liberalismus	Demokratischer Liberalismus	Marxismus	Idealismus	Realismus
Akteur	souveräne Staaten	(wirtschaftende) Individuen	(Staats-)Bürger und Völker	sozioökonomisch definierte Klassen	Individuen	(National-) Staaten
Konfliktnatur	(quasi-) objektiv	subjektiv	subjektiv	objektiv	subjektiv	(quasi-) objektiv
entscheidende Konfliktgründe	jus ad bellum der Souveräne, Erwägungen der Staatsraison	irrationale Verhaltensweisen der Regierungen, insbes. Eingriffe in das freie Spiel der Marktkräfte und Förderung partikularer Interessen	despotisch-undemokratische Verfassung der Staaten	private Verfügung über Produktionsmittel; Klassenkampf	Unvernunft, Vorurteile, mangelnde Kenntnis der Absichten anderer	Machttrieb, Sicherheitsdilemma, Sicht der internationalen Politik als Nullsummenspiel um Macht, Ressourcen, Einfluß
Beziehung der Akteure	(positiv-) völkerrechtliche Gleichordnung	naturrechtlich verbürgte Gleichheit bei objektiver Interessenharmonie	vernunftrechtlich legitimierte Gleichheit im ius cosmopoliticum	Abhängigkeit, Ausbeutung, Asymmetrie	Gleichheit, assoziative Symmetrie	völkerrechtliche Gleichheit, dissoziative machtpolitische Schichtung

	Großtheorie					
	(klassische) Völkerrechtslehre	klassischer Liberalismus	Demokratischer Liberalismus	Marxismus	Idealismus	Realismus
Friedensziel	rechtliche Einhegung des Krieges als legitime Form des Verkehrs der Souveräne untereinander	(freie) Welt-(handels-)Gesellschaft	rechtlich verfaßte internationale Staatengesellschaft mit genossenschaftlicher Organisationsstruktur	klassenlose Gesellschaft	Weltgesellschaft als kosmopolitische Gemeinschaft aller Individuen	negativer Friede: Abwesenheit militärischer Gewaltanwendung zwischen Staaten
Mittel zum Frieden	Diplomatie, Interessenausgleich, friedlicher Wandel, Weiterentwicklung des Kriegsvölkerrechts durch Konsens und Usus	freie Marktwirtschaft, Freihandel, Internationale Arbeitsteilung, Kooperation	rechtsstaatliche und gewaltenteilige Verfassung der Staaten, Teilhabe der Staatsbürger an Entscheidungen über Krieg und Frieden	Aufhebung der Ausbeutung und der privaten Verfügung über Produktionsmittel; mit dem Klassengegensatz in den Nationen fällt die Feindschaft der Nationen gegeneinander	Aufklärung, Konfliktschlichtung, Streitbeilegung, internationale Organisation, kollektive Sicherheit, Integration	Abschreckung, Gleichgewicht der Macht, kollektive Verteidigung
Grundeinstellung hinsichtlich der Verwirklichung des Friedens	(gemäßigt) optimistisch	(deterministisch-) optimistisch	(gemäßigt) optimistisch	(deterministisch-) optimistisch	optimistisch	pessimistisch

Abbildung 18: Typologie der Kriegsursachen nach Waltz: Ansatzebenen

I	II	III
Natur des Menschen	Wesen der menschlichen Gesellschaft	Struktur des internationalen Systems
Die Gewalt liegt in den Akteuren – oder: Kriege entstehen in den Köpfen der Menschen als Folge von Dummheit, Selbstsucht oder fehlgeleiteten aggressiven Impulsen	Die Gewalt liegt in der Organisation und Struktur der Akteure – oder: Kriege sind das Ergebnis despotischer Herrschaft, mangelnder rechtsstaatlicher Verfassung der Staaten und ungerechter Verteilung sozioökonomischer Werte in einer Gesellschaft	Die Gewalt liegt im (Staaten-)System – oder: Kriege sind das notwendige Korrelat eines anarchischen internationalen Naturzustandes souveräner Akteure, die im Innern über das Monopol legitimer physischer Gewaltanwendung verfügen und im Außenverhältnis keiner höheren Macht unterworfen sind

6.1 Die Gewalt liegt in den Akteuren

In Anlehnung an die politische Anthropologie Machiavellis und Hobbes' ist davon auszugehen, daß der Mensch von seiner Natur her böse und schlecht ist, daß er zu rechtgemäßem, friedlichem Verhalten nur durch eine ihm übergeordnete Macht – den Staat – gezwungen werden kann. Ohne den von einer solchen Ordnungsmacht ausgeübten Zwang können die Menschen nicht miteinander in Frieden leben. Gelänge es, die Menschen zur Einsicht in den Umstand zu bringen, daß es ihr fehlgeleitetes, selbstsüchtiges Verhalten ist, das ständig neue Konflikte und Kriege heraufbeschwört, könnte der Zwang zum Frieden in dem Maße abgebaut werden, in dem die moralisch-intellektuellen Prädispositionen und psychisch-sozialen Verhaltensweisen der Menschen weniger gewaltbetont und stärker friedfertig umstrukturiert werden können. Während Pessimisten diese Möglichkeit grundsätzlich in Frage stellen, setzen Optimisten auf die Kraft aufklärerischer Vernunft und die Wirkung vernunftgeleiteter Erziehung – getreu dem Kernsatz: »The evilness of men, or their improper behavior, leads to war; individual goodness, if it could be universalized, would mean peace«[121].

6.2 Die Gewalt liegt in der Organisation und Struktur der Akteure

Kurz gefaßt, heißt die dieser Erklärungsansatzebene unterliegende Prämisse: »Bad states lead to war«. Genauer: die politisch-gesellschaftliche Binnenstruktur der Staaten, die Form ihrer Verfassung und die an dieser Verfassung sich orientierende Praxis der Politik bestimmt nicht nur die Form und die Art des Einsatzes militärischer Gewalt, sondern generell auch den Charakter ihres außengerichteten, internationalen Verhaltens. Despotische Unrechtsregime tendieren sehr viel mehr dazu, binnen- wie außenpolitische Konflikte mit Gewalt zu lösen als rechtsstaatlich verfaßte, auf demo-

121 Ebd., S. 33; 122ff.

kratische Teilhabe ihrer Bürger am politischen Entscheidungsprozeß ebenso wie auf politische Willensbildung im Wege des Interessenausgleichs und des Konsenses rekurrierende Gemeinwesen. Demgemäß betonen auf dieser Ebene angesiedelte Erklärungsansätze vielfach die Notwendigkeit, zur Herstellung eines internationalen Friedens die innerstaatlichen Strukturen von Macht und Herrschaft zu demokratisieren, zu verrechtlichen und im Sinne zunehmender Verteilungsgerechtigkeit bei der Zuweisung von Chancen politischer Partizipation und der Teilhabe an materiellen und ideellen Werten einer Gesellschaft umzuformen.

6.3 Die Gewalt liegt im System

Erklärungsansätzen von Krieg und Frieden, die auf der dritten von Waltz beschriebenen Ebene verortet werden können, liegt in aller Regel eine spezifische Sicht der internationalen Politik zugrunde, nämlich die Auffassung internationaler Beziehungen als Nullsummenspiel, das sich in einem anarchischen Selbsthilfesystem der Staaten abspielt. Raymond Aron hat den diesem gedanklichen Kontext entstammenden Begriff der internationalen Beziehungen auf eine einprägsame Formel gebracht: Sie sind Beziehungen zwischen politischen Einheiten, »deren jede das Recht für sich in Anspruch nimmt, ihr eigener Richter zu sein und alleiniger Herr über die Entscheidung, zu kämpfen oder nicht zu kämpfen«[122]. Oder – internationale Beziehungen erscheinen als Ausdruck eines ständigen, latent gewaltsamen Konkurrenzkampfes, in dem allein die Macht, die die Einheiten im Verhältnis untereinander besitzen, als regulatives Prinzip, als Grundlage aller außenpolitischen Handlungen wirkt. In einem System, das im eigentlichen Sinn an-archisch ist, »d. h. der Zwangsregulierung seitens einer übergeordneten Autorität entbehrt«, treibt reiner Selbsterhaltungswillen die Einheiten zum Machtwettstreit; »ihrer eigenen Sicherheit wegen müssen sie, wenn sie nicht den Untergang riskieren wollen, auf Verteidigung gegen einen möglichen Angriff gerüstet sein«[123]. Das internationale Milieu ist gekennzeichnet durch einen Widerspruch zwischen den je nach Maximierung der eigenen Macht strebenden Akteuren, der sich im Sicherheitsdilemma manifestiert – in einer Konstellation, in der die des Schutzes »von oben« entbehrenden Akteure zu ihrer Sicherheit vor Angriffen, Unterwerfung, Beherrschung oder Vernichtung durch andere Akteure immer mehr Macht akkumulieren, nur um der Macht der anderen begegnen zu können. »Dies wiederum macht die anderen unsicherer und zwingt sie, sich auf das ›Schlimmste‹ vorzubereiten. Da sich in einer Welt derart konkurrierender Einheiten niemand je ganz sicher fühlen kann, ergibt sich ein Wettlauf um die Macht, und der Teufelskreis von Sicherheitsbedürfnis und Machtanhäufung schließt sich.«[124] Krieg wird somit betrachtet als endemische Eigenschaft des Staatensystems; ihn zu überwinden, ihn zugunsten des Friedens aufzuheben, würde eine grundlegende Änderung des Staatensystems voraussetzen. Eine Änderung, die – folgte man Hobbes' Lehre vom Gesellschaftsvertrag in Analogie – nur darin bestehen könnte, daß die Staaten den zwischen

---

122 Raymond Aron, Frieden und Krieg. Eine Theorie der Staatenwelt, Frankfurt/M. 1986, S. 12.
123 J. H. Herz (Anm. 16), S. 57.
124 Ebd., S. 39.

Abbildung 19: Verfahren der Friedenssicherung

Prinzip		
Abschreckung	Gemeinsame Sicherheit	Konfliktlösung
Gleichgewichtspolitik	Rüstungskontrolle/ kooperative Rüstungssteuerung	Konflikteinhegung (Beschränkung des *ius ad bellum;* Festlegung des *ius in bello*)
Kollektive Sicherheit	Vertrauensbildende Maßnahmen	
Kollektive Verteidigung	Abhaltung, Strukturelle Angriffsunfähigkeit	Konfliktverregelung (internationale Regime)
	Systeme gemeinsamer Sicherheit	Konfliktschlichtung (Vermittlung Dritter, Schiedsgerichtsverfahren)
		Peaceful Change
		Konfliktaufhebung (Integration, Weltstaat)

ihnen bestehenden Naturzustand durch einen föderalen Zusammenschluß transformieren und eine mit effektiver Zwangsgewalt ausgestattete Weltregierung etablieren, die als letzte Entscheidungsinstanz für ihre Streitigkeiten und Konflikte fungiert.

Unabhängig von den beschriebenen theoretischen Deutungsversuchen hat sich in der tatsächlichen Praxis der Internationalen Beziehungen eine Fülle kriegsverhütender und friedenssichernder diplomatischer, militärischer und politischer Instrumente und Verfahren herausgebildet, die sich unter drei Grundprinzipien subsumieren lassen: unter das Prinzip der Abschreckung, unter das Prinzip der Gemeinsamen Sicherheit und unter das Prinzip der Konfliktlösung[125]. Wir fassen die hauptsächlichen Repräsentationen dieser Prinzipien wiederum schematisch (vgl. Abb. 19).

125 Vgl. Heinz Gärtner, Internationale Konflikte. Ein Überblick über Theorien und Befunde, in: Bernhard Moltmann/Eva Senghaas-Knobloch (Hrsg.), Konflikte in der Weltgesellschaft und Friedensstrategien, Baden-Baden 1989, S. 71–99; Wolfgang Heisenberg/Dieter S. Lutz (Hrsg.), Sicherheitspolitik kontrovers. Auf dem Weg in die neunziger Jahre, Bonn 1987; zu den abschreckungs-, sicherheits- und rüstungskontrollpolitischen Aspekten der Debatte vgl. Robert J. Art/Kenneth N. Waltz (Hrsg.), The Use of Force. Military Power and International Politics, Lanham – New York 1988^3; zum Gesamtkomplex »Friedenssicherung« ist David Frei, Kriegsverhütung und Friedenssicherung. Eine Einführung in die Probleme der internationalen Beziehungen, Frauenfeld 1970, in Teilen immer noch mit Gewinn zu verwenden.

VI. Interdependenz und Dependenz als Grundstrukturen der internationalen Beziehungen

1. Vorbemerkung

Jede Interaktionsbeziehung zwischen zwei oder mehr Akteuren, die über einen längeren Zeitraum hinweg andauert, und im Zuge ihres Entwicklungsverlaufs gewisse Regelmäßigkeiten ausbildet, die in ihrer Gesamtheit als ein spezifisches Beziehungsmuster begriffen werden können, tendiert dazu, sich organisatorisch-strukturell zu verfestigen. Anders formuliert: Zusammenhänge von Handlungen, die ihrem Sinn nach miteinander verbunden sind, gewinnen Dauer, Konsistenz und Akzeptanz dann, wenn die Handlungen typisch erwartbar werden. Kehren diese typischen Handlungen über längere Zeiträume hin konstant wieder, können sie auch als (Handlungs-)System begriffen werden. Die organisatorische Struktur eines Systems spiegelt gleichsam die über Zeit gewonnenen Handlungs- oder Interaktionsbeziehungen seiner Akteure wider. Sie ist der Ausdruck relativ stabiler Zusammenhänge von Positionen und Rollen, in denen politische, gesellschaftliche, ökonomische oder andere vergleichbare Entscheidungen getroffen und ausgeführt werden.

Untersuchungen, die sich systemorientierter Methoden bedienen, versuchen ihren Gegenstand unter dem Gesichtspunkt seiner inneren Organisation wie seiner Verbindung zu anderen Gegenständen seiner Umwelt zu betrachten. D.h., daß der zu untersuchende Sachverhalt unter einer problembestimmten Fragestellung aus einem umfassenderen Zusammenhang selektiv herausgelöst, gleichsam zum System erhoben wird, während der umfassendere Zusammenhang als »Umwelt« des Systems – mit der das System im Regelfalle, d.h. wenn es sich um ein offenes System handelt, in Austauschverhältnissen steht – ebenfalls in die Analyse mit einzubeziehen ist. Dabei wäre hervorzuheben, daß die Untersuchung eines Gegenstandes als System nicht durch das »Wesen« des Gegenstandes selbst begründet wird, sondern durch die Besonderheit der systemanalytischen Methode, die somit ein Beispiel par excellence für jene Art von Begriffsapparaturen darstellt, die den zu untersuchenden Teilbereich der Wirklichkeit vermittels ihrer Begriffe und Kategorien erst konstituieren.

Ein derartiges Verfahren läßt sich auch als ein konstruktivistisches bezeichnen: Es geht davon aus, daß sich die Wirklichkeit als unmittelbare gar nicht erfahren, sondern allenfalls scheinbar, virtuell als »Quasi-Wirklichkeit« interpretieren läßt. Systeme sind demnach modellhafte Rekonstruktionen eines für ursprünglich gehaltenen Wirklichkeitszusammenhanges, deren jeweiliger Charakter davon abhängt, wie der Systemtheoretiker die Welt interpretiert. Wenn jeder Gegenstand als ein System betrachtet werden kann, weil alles und jedes auf irgendeine Weise als Ganzes aufgefaßt werden mag, ihm Teile zugeordnet und Strukturen zugeschrieben werden können, ist der Charakter des Systems letztlich vom gesellschaftlich verankerten Erkenntnisinteresse wie den davon abhängigen Fragestellungen des (System-)Wissenschaftlers abhängig[126]. Systeme fassen demgemäß keinen primären Lebenszusammenhang, sondern nur dessen sekundäre, quasi-objektive Projektion; sie spiegeln modellartig eine (fingierte)

126 Vgl. Frank Händle/Stefan Jensen (Hrsg.), Systemtheorie und Systemtechnik, München 1974, S. 20ff.

objektive Wirklichkeit, wobei ein derartiges Modell durch eine besondere erkenntnistheoretische und methodologische Konstruktion die »Erfahrungs«-Elemente der Alltagsrealität zusammenfaßt, ordnet und miteinander in Beziehung bringt[127].

Der Begriff »System« und die mit ihm verbundene modellhaft-idealtypische Vorstellung eines organisatorisch-strukturell verfestigten Handlungszusammenhangs zwischen Akteuren hat seit den frühen sechziger Jahren die Analyse der internationalen Beziehungen nachhaltig beeinflußt[128]. Seine für die Disziplin spezifische Ausprägung – greifbar im Terminus »Internationales System« – geht von der Annahme aus, daß nicht nur die auf der Welt bestehenden nationalen oder sonstigen (transnationalen, supranationalen oder universalen) Akteure, die auf der internationalen Bühne eine Rolle spielen, miteinander in ständigen Interaktionsbeziehungen stehen, sondern daß auch die (politischen, sozialen, wirtschaftlichen usw.) Ereignisse, die sich in einer Region der Erde abspielen, (Rück-)Wirkungen auf andere Teile der Welt ausüben. Das internationale System wird konstituiert durch seine vermittels je bestimmter struktureller und funktionaler Beziehungen miteinander verbundenen Akteure. Sein Verhalten ergibt sich aus dem Gesamt des Interaktionsverhaltens seiner Akteure, das eben aufgrund der strukturellen und funktionalen Beziehungen, in denen diese zueinander stehen, über eine bloße Addition je individueller Verhaltensweisen der Systemakteure hinausgeht. Und: Erst im Kontext einer systemanalytischen Perspektive gewinnt die Frage nach den Grundstrukturen der internationalen Beziehungen ihre spezifische Bedeutung, sie wandelt sich zur Frage nach den Grundstrukturen des internationalen Systems.

2. Strukturmerkmale des internationalen Systems

Die Grundstrukturen des internationalen Systems der Gegenwart haben sich gegen Ende des Zweiten Weltkrieges und in den ersten Nachkriegsjahren herausgebildet. Freilich sollte uns diese Aussage nicht darüber täuschen, daß auch das heutige internationale System ganz wesentlich ein Produkt seiner Geschichte ist. Es findet seinen Ausgangspunkt im Prozeß des Wandels der horizontal geschichteten mittelalterlichen Feudalgesellschaft Europas zum vertikal segmentierten System der Territorialstaaten der frühen Neuzeit. Ein Prozeß, der begleitet und durchdrungen wird von einem zweiten: nämlich dem des Wandels politischer Herrschaft von einem auf persönlichen Treuebeziehungen gegründeten, im Personenverbandsstaat faßbaren Phänomen zu einer Form von Herrschaft, die territorial radiziert ist, d. h. bestimmt wird durch Verfügung über ein Territorium. Und es findet sein charakteristisches Bewegungsmoment im Prozeß der Expansion, greifbar

- in den Kreuzzügen des Mittelalters (Ausdehnung nach Süd- und Südwesteuropa; nach Südosteuropa, in die Levante und den Nahen Osten; ins südliche und östliche Baltikum;

127 Vgl. Stefan Jensen, Einleitung, in: Talcott Parsons, Zur Theorie sozialer Systeme, Opladen 1976, S. 12ff.

128 Vgl. zur Übersicht Michael Haas (Hrsg.), International Systems. A Behavioral Approach, New York 1974; Meggy Busse-Steffens, Systemtheorie und Weltpolitik. Eine Untersuchung systemtheoretischer Ansätze im Bereich internationaler Beziehungen, München 1980; kritische Würdigung bei R. Meyers (Anm. 71), S. 179–196.

- im wettbewerbsartigen Streben nach überseeischen Entdeckungen und Kolonialreichen des 16.–18. Jahrhunderts (westwärts über den Atlantik; Südamerika; Südostasien) verbunden mit der Ausbildung und Konsolidierung des europäischen Staatensystems und seines »Grundgesetzes«: der Ordnung der zwischenstaatlichen Beziehungen durch den Gleichgewichtsgedanken (Westfälischer Friede 1648; Friede von Utrecht 1713)[129];
- in der Ausweitung des europäischen Staatensystems auf einen europazentrischen Weltzusammenhang im 19. Jahrhundert, als dessen Voraussetzung die Industrielle Revolution, als dessen Erscheinungsform die Beherrschung der Welt durch die europäischen Großmächte, und als dessen Spezifikum die Genese der »European International Society«, der nach europäischen politischen, administrativen, rechtlichen und kulturell-gesellschaftlichen Maßstäben geordneten weltweiten Staatengesellschaft gelten muß[130];
- und in den schwerwiegenden Gewichtsverlagerungen, die das europazentrische Staatensystem seit dem Ende des 19. Jahrhunderts erfahren mußte: Ausweitung des Gleichgewichtsrahmens auf die neuen systemaren Flügelmächte USA und – nach 1917 – UdSSR; Übergang zu einer bipolaren Systemstruktur nach 1945.

Mit dem Ende des Zweiten Weltkrieges hatte die internationale Politik eine neue Dimension erlangt: Die Flügelmächte des ehedem europazentrisch orientierten internationalen Systems waren zu seinen entscheidenden Gestaltungsfaktoren geworden. Schon der Erste Weltkrieg und die Zwischenkriegszeit zeigten, daß die Aufrechterhaltung des Gleichgewichts in Europa letztlich außereuropäischer Unterstützung bedurfte. Zwar konnten die europäischen Mächte noch eine Ausgleichsaktion beginnen, vermochten jedoch nicht, wie die kriegsentscheidende Rolle des Eintritts der USA in den Ersten Weltkrieg zeigte, diese Ausgleichsaktion aus eigener Kraft zu beenden. Die multipolare, gleichgewichtsorientierte Systemstruktur wandelte sich nach 1945 in eine bipolar-antagonistische, in deren Rahmen die beiden Flügelmächte USA und UdSSR die Vorherrschaft über ihre jeweilige, je zu einem politisch-militärischen Block verdichtete Klientel beanspruchten und ideologisch wie ökonomisch absicherten.

Während der letzten vier Jahrzehnte ist das internationale System durch fünf grundsätzliche Strukturmomente bestimmt worden:

a) die Fortexistenz der Staaten als auch weiterhin wichtigste, die Interaktionsprozesse der internationalen Politik weitgehend dominierenden Akteure;
b) die Ausweitung des Kreises der internationalen Akteure über die Staaten hinaus auf internationale gouvernementale (IGOs) wie nichtgouvernementale Organisationen (INGOs);
c) die Globalisierung der internationalen Politik;
d) den Ost-West-Konflikt und
e) den Nord-Süd-Konflikt.

---

129 Vgl. Martin Wight, Systems of States, Leicester 1977, insbes. Kap. 4 und 5. Vgl. jetzt ferner Wolf D. Gruner (Hrsg.), Gleichgewicht in Geschichte und Gegenwart, Hamburg 1989; sowie das schwerpunktmäßig dem Thema Gleichgewicht gewidmete Heft der Review of International Studies, 15 (1989).

130 Vgl. Hedley Bull/Adam Watson (Hrsg.), The Expansion of International Society, Oxford 1984; Jost Dülffer, Vom europäischen Mächtesystem zum Weltstaatensystem um die Jahrhundertwende, in: Historische Mitteilungen, 3 (1990) 1, S. 29–44.

Zwei grundsätzliche strukturbildende Prozesse überwölben die genannten Momente und verknüpfen sie miteinander: ein Prozeß, der sich in zunehmenden Verflechtungen und Interdependenzen weltpolitischer Phänomene äußert, und ein Prozeß, der sich in der Ausbildung und Verdichtung von Abhängigkeits- oder Dependenzverhältnissen zwischen internationalen Akteuren fassen läßt.

3. *Internationale gouvernementale und nichtgouvernementale Organisationen als Akteure der internationalen Beziehungen*

Im Gegensatz zur langwierigen Genese erst des Territorial-, dann des Nationalstaates als internationalen Akteurs läßt sich die Entstehung internationaler Organisationen im wesentlichen auf die letzten beiden Jahrhunderte der Geschichte der internationalen Beziehungen komprimieren. Als *terminus post quem* mag das Jahr 1815 gesetzt werden: Begründete doch der Wiener Kongreß mit dem Europäischen Konzert eine Einrichtung, die die Staatenbeziehungen bis zum Ausbruch des Ersten Weltkrieges mit freilich wechselnder Funktion, wechselndem Erfolg und unterschiedlicher Intensität regulierte. 1818 durch den Beitritt Frankreichs zur Pentarchie der Großmächte erweitert, wird unter den Begriff des Konzerts ein System von Kongressen und Konferenzen subsumiert, in dessen Rahmen die Großmächte Europas mittels Konsultation und Kooperation für die Beilegung oder Bekämpfung von internationalen Krisen und die Beendigung oder Verhütung von Kriegen Sorge trugen[131]. In Fortführung des klassischen Gleichgewichtsgedankens orientierten die Mächte ihre Politik an den Zielen einer Ausbalancierung der kontinentalen Machtkämpfe und der Abwendung von Hegemonialansprüchen: durch kollektives militärisches Einschreiten im Kriegsfalle, durch Schutz der Integrität eines durch die Expansionsbestrebungen einer Großmacht besonders bedrohten Staates, schließlich auch durch den Eingang politisch-ethischer Selbstbindungen, die jeder der Großmächte die Pflicht zur Zügelung eigener Expansionsbestrebungen und zur Unterbindung solcher Bestrebungen anderer auferlegten.

Vielfach wird das Europäische Konzert als Vorläufer des Völkerbundes gewertet. Der entwicklungsgenetische Zusammenhang ist nicht zu bestreiten. Allerdings impliziert das Jahr 1919 als Gründungsdatum des Völkerbundes doch zwei qualitative Zäsuren: Der Völkerbund wird durch den Versailler Vertrag auf eine rechtlich-formale Grundlage gestellt und als Institution materiell faßbar, während das Europäische Konzert eher Züge aufwies, die aus heutiger Sicht Parallelen zu internationalen Regimen nahelegen. Und der Gleichgewichtsgedanke wird ausdrücklich durch Rekurs auf das Prinzip der kollektiven Sicherheit ersetzt: Alle Akteure des Systems sollten im Falle eines Friedensbruches gemeinsam gegen den Friedensstörer vorgehen. Im Unterschied zum mehr pragmatischen Charakter des Gleichgewichtsprinzips war diese neue Regel festumrissener, normativer Natur und in Art. X der Völkerbundsakte

---

131 Vgl. Winfried Baumgart, Vom Europäischen Konzert zum Völkerbund. Friedensschlüsse und Friedenssicherung von Wien bis Versailles, Darmstadt 1974; Alan Palmer, Glanz und Niedergang der Diplomatie. Die Geheimpolitik der europäischen Kanzleien vom Wiener Kongreß bis zum Ausbruch des Ersten Weltkrieges, Düsseldorf 1986; Carsten Holbraad, The Concert of Europe. A Study in German and British International Theory 1815–1914, London 1979.

schriftlich niedergelegt. Dennoch bedeutete der Völkerbund keinen absoluten Bruch mit der Vergangenheit. Er mochte durchaus als Fortsetzung des – freilich über Europa hinaus erweiterten – Konzertes der Großmächte betrachtet werden, verfügten anfänglich doch allein die »Großen Vier« (England, Frankreich, Italien, Japan) in seinem wichtigsten Beschlußorgan, dem Völkerbundsrat, über ständige Sitze. Sein Anspruch auf Universalität blieb indes von vornherein unerfüllt; die USA, die den Versailler Vertrag nicht ratifizierten, gehörten ihm ebensowenig an wie die UdSSR, die erst 1934 – nach dem Ausscheiden Japans und des 1926 beigetretenen Deutschen Reiches im Jahre 1933 – aufgenommen wurde. Er stellte im Grunde eine Vereinigung souveräner Nationalstaaten dar, die sich zur Wahrung des Weltfriedens miteinander verbunden hatten, ohne jedoch weitreichende Einschränkungen ihrer Souveränität hinnehmen zu wollen. Die Satzung des Völkerbundes erklärte den Krieg nicht für grundsätzlich rechtswidrig, sondern sah nur Vorkehrungen gegen einen plötzlichen Kriegsausbruch (Art. XI–XVII) sowie für eine friedliche Konfliktregelung vor. Gegenüber einem Friedensbrecher waren die Mitglieder allein zu wirtschaftlichen und finanziellen Sanktionen verpflichtet[132].

Das Scheitern des Prinzips der kollektiven Sicherheit bereits in den dreißiger Jahren läßt sich wesentlich auf konzeptionelle Schwächen des Völkerbundes zurückführen. Er sollte nicht nur die Erhaltung des Weltfriedens bewirken, sondern als fortdauernde Allianz der Siegermächte von 1919 die Einhaltung der Bestimmungen des Versailler Vertrages durch Deutschland erzwingen. Zumal Frankreich sträubte sich gegen jeden Versuch, unter Berufung auf die Möglichkeit friedlicher Vertragsrevisionen nach Art. XIX den Status quo in Europa oder Übersee zu verändern, und verhinderte so die Anpassung des kollektiven Sicherheits-Systems an die wechselnden Machtverhältnisse. Vor allem aber verfügte der Völkerbund über keine supranationalen Machtmittel, mit denen er die Sicherheit eines bedrohten Mitglieds hätte gewährleisten können, denn seine Gründer hatten allein die Verurteilung eines Aggressors vor dem Forum der Weltmeinung – allenfalls ergänzt durch wirtschaftliche Sanktionen – für ein dazu ausreichendes Mittel gehalten. Da sie aber nicht als letzte Konsequenz die Androhung oder den Einsatz militärischer Gewalt enthielten, mußten die Mittel des Völkerbundes gerade gegenüber friedensstörenden Großmächten (Italien: Korfu 1923, Abessinien 1935/36; Japan: Mandschurei-Konflikt 1931, China 1937) versagen. So scheiterte sein Konzept nicht zuletzt an dem ihm innewohnenden Paradoxon: Ließ sich der Einsatz militärischer Gewalt zur Erhaltung des Friedens rechtfertigen? Oder besaß das Konzept nur so lange Wirksamkeit, wie es keiner Belastungsprobe unterzogen wurde? Immerhin kennzeichnet es den internationalistischen Leitgedanken der internationalen Politik in den zwanziger Jahren, den Universalismus und Multilateralismus, der sich auch niederschlug im Genfer Protokoll für die friedliche Regelung internationaler Streitigkeiten (1924) und im Kelloggpakt mit seinem Verzicht auf den Krieg als Mittel internationaler Politik (1928).

Die Gründung der Vereinten Nationen als internationale Friedensorganisation durch die Staaten der Anti-Hitler-Koalition im Jahre 1945 reflektiert ebenso wie ihre

---

132 Vgl. Alfred Pfeil, Der Völkerbund, Darmstadt 1976; F. P. Walters, A History of the League of Nations, London 1967; F. S. Northedge, The League of Nations. Its life and times 1920–1946, Leicester 1986; Hermann Weber, Vom Völkerbund zu den Vereinten Nationen, Bonn 1987.

Charta die aus dem Scheitern des Völkerbundes gewonnenen Erfahrungen. Während die generellen Ziele der Nachkriegsordnung bereits durch die am 14. August 1941 von Roosevelt und Churchill unterzeichnete Atlantik-Charta festgelegt waren (Rückkehr zum territorialen Status quo ante, Entwaffnung der Aggressorstaaten als Voraussetzung einer umfassenden Friedensordnung, Selbstbestimmungsrecht der Völker, Freiheit der Meere, freier Handelsverkehr und gerechtere Ressourcenverteilung), gewannen sie doch erst auf der Konferenz von Jalta (3.–11. Februar 1945) definitive Gestalt. Als Leitgedanke der Tätigkeit der UNO tritt dabei die Wahrung des Weltfriedens und der internationalen Sicherheit in den Vordergrund. Als Organ kooperativer Sicherheitspolitik trägt der Sicherheitsrat dafür die Hauptverantwortung: Er kann als einziges UNO-Organ bindende Beschlüsse für die UNO-Mitglieder fassen und verfügt zur Erledigung seiner Aufgaben über ein umfassendes Entscheidungsinstrumentarium, das bis zum Einsatz militärischer Gewalt zur Wahrung oder Wiederherstellung des Weltfriedens reichen kann[133]. In der Zusammensetzung und Arbeitsweise des Sicherheitsrates spiegelt sich deutlich ein Moment der internationalen Schichtung wider: Wurde doch schon auf der Konferenz von Jalta festgelegt, daß alle Beschlüsse, die sich nicht auf Verfahrensfragen beziehen, eine Mehrheit von mindestens sieben Mitgliedern (heute: neun) benötigen, unter denen auf jeden Fall die fünf ständigen Mitglieder (USA, UdSSR, Großbritannien, Frankreich, China) sein müssen. Dadurch wird das politische Gewicht der fünf ständigen Mitglieder besonders betont; mit ihrem faktischen Vetorecht können sie für sie unliebsame Beschlüsse wirksam verhindern.

Bis in die jüngste Zeit hinein stand die Wirksamkeit der Vereinten Nationen als Instrument der Friedenssicherung unter der Prämisse des Ost-West-Konflikts. Schon ihre Konstituierungsphase war durch den latenten Gegensatz zwischen den USA und der UdSSR über die Entwicklung der internationalen Nachkriegsordnung gekennzeichnet. Nach dem Zerfall der Anti-Hitler-Koalition konnte die UNO daher ihrer friedenswahrenden Aufgabe nur dann gerecht werden, wenn die beiden Blöcke von einem Konflikt nicht unmittelbar betroffen waren. Denn die Voraussetzung einer kooperativen Sicherheitspolitik – daß sich nämlich trotz unterschiedlicher Einzelinteressenlagen das gemeinsame Interesse der fünf ständigen Sicherheitsratsmitglieder an ihrer Rolle als Ordnungsmächte der Nachkriegszeit aufrechterhalten lasse – wurde durch den Ost-West-Konflikt weitgehend außer Kraft gesetzt. Insofern verlagerten sich die UNO-Aktivitäten von der ursprünglich intendierten effektiven Konfliktlösung eher zur Konfliktdämpfung (Entsendung von UNO-Friedenstruppen mit Pufferfunktion zwischen den Streitparteien); den Ausbruch von mehr als 160 Kriegen seit 1945 haben sie nicht verhindern können.

Diese relative Ohnmacht der Vereinten Nationen hat ihre anderen Aufgabenbereiche ebenso in den Vordergrund ihrer Tätigkeit rücken lassen wie ihr qualitativer Wandel von einem Weltkondominium der Siegermächte unter Führung der Groß-

133 Vgl. Richard Hiscocks, Der Sicherheitsrat der Vereinten Nationen. Wachstum und Wirkung, Stuttgart 1975; Klaus Hüfner/Jens Naumann, Das System der Vereinten Nationen. Eine Einführung, Düsseldorf 1974; Evan Luard, The United Nations. How it works and what is does, London 1979; Klaus Hüfner, Die Vereinten Nationen und ihre Sonderorganisationen. Strukturen, Aufgaben, Dokumente, Bonn 1986; Peter J. Opitz/Volker Rittberger (Hrsg.), Forum der Welt. 40 Jahre Vereinte Nationen, Bonn 1986; Günther Unser, Die UNO. Aufgaben und Strukturen der Vereinten Nationen, München 1988[4].

mächte zu einer nicht nur dem Anspruch, sondern auch der Realität nach *globalen* internationalen Organisation. Der Entkolonialisierungsprozeß der zweiten Hälfte der fünfziger und der sechziger Jahre und die damit zusammenhängende Staatenbildung in der Dritten Welt führte dazu, daß sich ihre Mitgliederzahl seit ihrer Gründung mehr als verdreifachte (1991: 161 Mitglieder). Zugleich änderten sich damit die in den frühen fünfziger Jahren noch eindeutig prowestlichen Mehrheitsverhältnisse in der Generalversammlung. Der Nord-Süd-Konflikt wurde zu einem die Weltorganisation immer stärker bestimmenden Thema, während die Bedeutung des Ost-West-Gegensatzes nicht zuletzt angesichts der Entspannungspolitik der siebziger Jahre abnahm. Probleme der Dritten Welt wie Bevölkerungsexplosion, Hunger, Landflucht, Ressourcen- und Technologietransfer, Entwicklung der Terms of Trade und internationale Verschuldung wurden zunehmend thematisiert und zeitigten bereits 1974 während der 7. Generalsonderversammlung die »Erklärung über die Errichtung einer Neuen Weltwirtschaftsordnung.« Sie gaben ferner Anlaß zu einer institutionell-organisatorischen Ausdifferenzierung des Systems der Vereinten Nationen durch Gründung von Sonderorganisationen und Auflage von Programmen auf wirtschaftlichem, sozialem, kulturellem und gesundheitlichem Gebiet (Zahl der Sonderorganisationen 1989: 17). Insofern ließe sich argumentieren, daß das Ziel der Friedenssicherung, dem die UNO verpflichtet bleibt, heute breiter umschrieben wird; über den Bereich der politisch-militärischen Sicherheit hinausfassend, erstreckt es sich auf ökonomische und soziale Politikfelder mit der Tendenz, die Abhängigkeit der Dritten Welt von der Ersten zu reduzieren und eine gerechtere Verteilung und Nutzung der Weltressourcen herbeizuführen.

Bislang haben wir die internationalen Organisationen eher auf einer Ebene betrachtet, die sich durch ein wachsendes Moment der Universalität ebenso auszeichnet wie durch den zunehmend realisierten Anspruch, das klassische System der nationalen Akteure zu überwölben. Wir sollten unseren Blick aber noch auf zwei weitere Ebenen der Schichtungspyramide internationaler Organisation richten: die der staatlichen Ebene gleichgeordnete der internationalen gouvernementalen Organsationen, und das unterhalb dieser Ebene angesiedelte Geflecht der nichtgouvernementalen internationalen Organisationen. Dabei sollten wir im Sinne einer Minimaldefinition als internationale Organisationen solche Institutionen begreifen, deren Mitgliedschaft, Finanzierung und Tätigkeitsfelder mindestens drei oder mehr Staaten involvieren. Sind ihre Mitglieder Staaten, bezeichnen wir sie in der Tat als *internationale* Organisationen; sind ihre Mitglieder nichtstaatliche Akteure, werden sie auch als *transnationale* Organisationen gekennzeichnet. Als gebräuchlichste Unterscheidung hat sich die zwischen internationalen gouvernementalen Organisationen einschließlich der supranationalen Organisationen (IGOs) einerseits und internationalen nichtgouvernementalen Organisationen (INGOs) andererseits eingebürgert. In der letzteren Kategorie werden seit neuerem die auf Erzielung ökonomischer Gewinne gerichteten Organisationen in einer eigenen Subkategorie zusammengefaßt und mit dem vielsagenden Kürzel BINGO (Business International Non-Governmental Organisation) belegt.

3.1 Internationale gouvernementale Organisationen

Sie werden in aller Regel durch Abschluß eines völkerrechtlichen Vertrages zwischen zwei oder mehr Staaten gebildet und sind auf der Grundlage dieses Vertragsverhältnisses mit eigenen Organen, Kompetenzen und Personal ausgestattet, wobei der klassischen IGO als zwischenstaatlicher Organisation kein direktes Eingriffsrecht gegenüber Personen und/oder Organisationen der Mitgliedstaaten zusteht, sie vielmehr die Ausführung ihrer Beschlüsse an die einzelstaatlichen Regierungen delegieren muß, während supranationale Organisationen aufgrund der ihnen von den Mitgliedstaaten übertragenen (und so die eigenstaatliche Souveränität der Mitglieder in bestimmten Bereichen einschränkenden) Hoheitsrechte zu derartigen Eingriffen befugt sind. Durch Bildung und Tätigkeit gemeinsamer ständiger Organe wie durch (zumindest angestrebte) Dauerhaftigkeit des Zusammenschlusses unterscheiden sich IGOs von konventionellen Bündnissen. Sie dienen der Zusammenarbeit der Mitgliedstaaten entweder im Gesamtbereich ihrer multilateralen Beziehungen (sog. universale Internationale Organisationen wie der Völkerbund oder die Vereinten Nationen) oder auf bestimmten politischen, wirtschaftlichen, militärischen, kulturellen, sozialen, humanitären und technischen Gebieten (sog. partikulare Internationale Organisationen) und verfolgen vor allem den Zweck, durch Etablierung eines institutionellen Rahmens den friedlichen Ausgleich der Interessen wie auch die friedliche Lösung be- oder entstehender Konflikte zwischen ihren Mitgliedern zu fördern[134].

3.2 Internationale nichtgouvernementale Organisationen

Der Prozeß einer stetig sich verdichtenden Netzwerkbildung internationaler Organisationen wird quantitativ deutlich in der Sphäre der INGOs faßbar. Wie bei allen Definitionen, die allein auf ausschließenden Kriterien beruhen, wirft die positive Bestimmung der INGOs einige Schwierigkeiten auf. Ohne Zweifel gehen sie großenteils aus privatrechtlichen innerstaatlichen Organisationen hervor, die bestimmte ideelle, wirtschaftliche, gesellschaftliche oder politische Zwecke verfolgen, sich zur Erreichung ihrer Ziele mit gleichgesinnten Gruppen in anderen Staaten verbinden und diesen Verbindungen vielfach einen organisatorischen Charakter geben. Aber sie sind doch – auch wenn ihnen kein völkerrechtlicher Subjektstatus zukommt, wie er die IGOs in der Regel auszeichnet – im materiellen Sinne alles andere als »private« Organisationen, die unterhalb der Ebene der »hohen Politik« existieren: die politische Relevanz solcher INGOs wie der Kommunistischen oder Sozialistischen Internationale, der internationalen Gewerkschaftsverbände, der Multinationalen Konzerne oder internationaler terroristischer Gruppierungen bedarf keines weiteren Beweises. Auch die Nichtrepräsentanz nationalstaatlicher Regierungen in INGOs ist umstritten. So legte etwa der Wirtschafts- und Sozialrat der UNO (in seiner Resolution 1926, Juni

134 Vgl. Paul Taylor/A. J. R. Groom (Hrsg.), International Institutions at Work, London 1988; Werner J. Feld/Robert S. Jordan, International Organizations. A Comparative Approach, New York 1988[2]; A. Leroy Bennett, International Organizations. Principles and Issues, Englewood Cliffs, N. J. 1988[4]. Zur Diskussion der Theorien internationaler Organisation jetzt zusammenfassend A. J. R. Groom/Paul Taylor (Hrsg.), Frameworks for International Cooperation, London 1990.

Abbildung 20: Wachstum internationaler Organisationen

Jahr	IGOs	INGOs	Summe
1909	37	176	213
1954	118	1 008	1 126
1958	149	1 073	1 222
1962	163	1 552	1 715
1966	199	1 935	2 134
1970	242	2 296	2 538
1972	280	2 470	2 750
1976	308	ca. 2 750	ca. 3 060
1986	378	4 676	5 054

1968) fest, daß jede internationale Organisation »which is not established by intergovernmental agreement shall be considered as a nongovernmental organisation ... including organisations which accept members designated by government authorities, provided that such membership does not interfere with the free expression of views of the organisation«, während der wissenschaftliche Konsensus als Minimalkriterium einer transnationalen Organisation fordert, daß in ihr mindestens drei verschiedene Länder vertreten sein müßten und mindestens einer der Vertreter kein Beauftragter seiner Regierung sein dürfe.

Die definitorischen Schwierigkeiten bei der Bestimmung von INGOs lassen deren Begriff mithin zu einer Residualkategorie werden, unter die alle irgendwie nichtstaatlichen grenzüberschreitenden organisatorischen Zusammenschlüsse fallen. Dies mag ihre hohe Zahl erklären: ihr Wachstum sei in Tabelle 20 dargestellt.

Prognosen der Brüsseler Union of International Associations lassen für das Jahr 2000 etwa 450 IGOs und etwa 10 800 INGOs erwarten[135]. Der Prozeß der internationalen Vernetzung dürfte folglich unaufhaltsam fortschreiten.

Der fast schon atemberaubende Wachstumsprozeß des Netzwerks internationaler Organisationen hat ein reales sozioökonomisches Substrat. Es war zunächst die Industrielle Revolution des 19. Jahrhunderts, die den grenzüberschreitenden Strom von Gütern, Dienstleistungen, Nachrichten und Reisenden derart anschwellen ließ, daß sich binnen weniger Jahrzehnte ein zwar noch eurozentrisches, aber der Tendenz nach quasi-globales Weltwirtschaftssystem ausbildete[136]. Mit der Intensivierung und Differenzierung der internationalen Arbeitsteilung, der Globalisierung, Verdichtung und Beschleunigung des Transport- und Kommunikationswesens (vom Dampfschiff und dem Telegraphen bis zu Düsenflugzeugen und zur Satellitenkommunikation), der qualitativen wie quantitativen Steigerung des Warenaustausches und der Intensivierung des internationalen Kapitalverkehrs hat sich diese Tendenz nicht nur fortgesetzt, sondern beinahe schon quantensprungartig qualitativ gesteigert. Mit den traditionellen Mitteln einer staatenzentrischen Politik ließ sich dieser Prozeß wenn über-

135 Vgl. W. I. Feld/R. S. Jodan (Anm. 134), S. 7.

136 Vgl. James Foreman-Peck, A History of the World Economy. International Economic Relations since 1850, Brighton 1983; William Ashworth, A short history of the international economy since 1850, London 1987^4.

haupt, dann nur höchst unvollkommen steuern und beeinflussen; insbesondere das Wachstum der IGOs resultierte so aus einer Verlagerung der Steuerungs- und Managementaufgaben des internationalen Systems wie der Weltwirtschaft auf eine zwischenstaatliche, dann auch auf eine staatenüberwölbende Ebene[137]. Dabei kann das Grundprinzip der internationalen Kooperation, das die IGOs verkörpern, eher als Ergänzung denn als Ersatz nationalstaatlicher Problemlösungskapazitäten und Problembewältigungsmechanismen verstanden werden. Es konzentriert die Tätigkeit dieser Organisationen »on the satisfaction of needs, which demands not so much the sacrifice of sovereignty as the utilization of the resources of sovereignty to create institutions and methods capable of supplementing the functional activity of national governments. The creation of public international unions was indicative of the recognition of, and of a groping after compensation for, the functional inadequacy of sovereignty.«[138]

Angesprochen wird damit das Phänomen der Erosion nationalstaatlicher Souveränität – bedingt nicht nur durch die Durchdringung der klassischen Bereiche außenpolitischen Staatshandelns seitens gesellschaftlicher, ökonomischer, technologischer und ökologischer Wirkkräfte, sondern auch und gerade durch das Aufkommen neuer nichtstaatlicher internationaler Akteure. Es läßt die traditionelle Vorstellung – daß nämlich die souveränen Staaten das Universum möglicher oder relevanter weltpolitischer Akteure erschöpfen – als nicht länger haltbar erscheinen[139]. Weltpolitische Akteure können weder durch das Statuskriterium der Souveränität noch durch das Realkriterium der Territorialität befriedigend definiert werden. Entscheidend ist in diesem Zusammenhang vielmehr das auf beobachtbares Verhalten zielende Kriterium der Autonomie, d.h. das Vermögen der für eine gesellschaftliche Einheit handelnden Entscheidungsträger, die grundlegenden Daseinszwecke, Strukturmuster und Entscheidungsmechanismen der Einheit selbst festzulegen, unter Berücksichtigung dieser Vorgaben bestimmte Werte, Handlungsnormen, Handlungsinhalte, Ziele und Mittel zu definieren und endlich die Erfüllung der Werte und Normen wie die praktische Umsetzung der Handlungsinhalte und Ziele zu überprüfen. Freilich bezieht sich der Begriff der Autonomie wiederum auf einen idealtypischen Sachverhalt, dem zu entsprechen den internationalen Akteuren in der Wirklichkeit allenfalls näherungsweise gelingt. Aber er bietet doch die Möglichkeit, das Gesamt der Akteure je nach dem Grad der von ihnen genossenen Autonomie stärker zu differenzieren als das Statussymbol der Souveränität, das allenfalls eine absolute Einteilung in die Klasse der souveränen und in die der nichtsouveränen Akteure erlaubt. Und er eröffnet einen analytischen Weg, der vordem durch die Vorstellung von der Unteilbarkeit der Souveränität versperrt war: Nämlich zur gleichen Zeit in bezug auf ein und denselben Akteur konstatieren zu können, daß dieser in manchen Sach- und Entscheidungsbereichen autono-

137 Hierzu zusammenfassende Überblicke bei Harold K. Jacobson, Networks of Interdependence. International Organizations and the Global Political System, New York 1979; Evan Luard, International Agencies. The Emerging Framework of Interdependence, London 1985; ders., The Management of the World Economy, London 1983.

138 Inis L. Claude, Swords into Plowshares. The Problems and Progress of International Organization, New York 1964^3, S. 40.

139 Vgl. R. W. Mansbach/Y. H. Ferguson/D. E. Lampert (Anm. 36), S. 3ff.

mer ist als in anderen, beispielsweise auf dem Gebiet der Wirtschaftspolitik seine eigenen Präferenzen weitgehend durchzusetzen vermag, während ihm dies auf dem Gebiet der Sicherheitspolitik noch lange nicht gelingen muß.

In der so umrissenen Sicht internationaler Politik besteht das globale politische System nicht länger allein aus den Nationalstaaten, sondern aus einer großen Anzahl internationaler Akteure, die auf je unterschiedlichen Sachgebieten mit je unterschiedlicher Autonomie ausgestattet sind. Ihre sachgebietsbezogenen Entscheidungen und Handlungen beeinflussen nicht nur die das gleiche Sachgebiet betreffenden Entscheidungen und Handlungen anderer, sondern meist auch das Verhalten jener Akteure in weiteren Sachgebieten – so etwa, wenn eine primär der Inflationsbekämpfung dienende deflatorische Haushaltspolitik eines Akteurs nicht nur die Absatzchancen für die Exportgüter eines zweiten reduziert, sondern jenen – indem z. B. die aus verringerten Exporten resultierenden negativen Auswirkungen auf die Volkswirtschaft wiederum durch Etatumschichtungen kompensiert werden – in eine Lage zwingt, in der er mangels adäquater Mittel sein kulturelles oder Bildungsangebot verringern zu müssen glaubt. Kurz: »The high level of transactions among actors and the high degree of interdependence in contemporary political, social, and economic life mean that no actor is fully autonomous.«[140]

In diesem Kontext hat John Burton vorgeschlagen, das konventionelle Billard-Ball-Modell internationaler Politik zu ersetzen durch ein anderes, in dem die Welt durch eine Fülle je unterschiedlich funktional bestimmbarer, letztendlich Kommunikationsbeziehungen widerspiegelnder, einander überlagernder und gegenseitig durchwirkender Beziehungsgeflechte überdeckt ist, die wie eine Menge gigantischer Spinngewebe den einzelnen Akteur einfangen und ihn auf den verschiedensten Ebenen seines Tuns mit einer Fülle anderer Akteure verknüpfen[141]. Denn: das Billard-Ball- oder staatenzentrische Modell internationaler Politik vermittele die unrichtige Vorstellung, staatliche Zentralgewalten seien immer noch in der Lage, das Verhalten der ihnen Nachgeordneten innerhalb ihres Territoriums zu bestimmen und auf dem Weg über die Regulierung ihrer Interaktionen auch ihr Verhalten im internationalen System zu steuern. In Wirklichkeit aber stehe eine unbegrenzte Anzahl organisierter Kräfte miteinander in Interaktionsbeziehungen; niemand und keine Gruppe könne in irgendeiner Weise Suprematieansprüche geltend machen. Von daher müsse ein angemesseneres Vorstellungsbild der internationalen Beziehungen die Totalität der Weltgesellschaft als Bezugseinheit annehmen, einer Weltgesellschaft, in der eben diese unbeschränkte Anzahl miteinander in Interaktionsbeziehungen stehender Kräfte existiere: Kräfte, von denen die einen Jurisdiktion über Subsysteme beanspruchen, die innerhalb der territorialen Grenzen eines Staates angesiedelt sind, andere wiederum Jurisdiktion über Subsysteme besitzen, die einzelstaatliche Grenzen übergreifen. Diese Weltgesellschaft berge Transaktionskonzentrationen in sich, die einerseits mit Bevölkerungskonzentrationen weitgehend deckungsgleich sind, deren Grenzen aber andererseits nicht notwendigerweise mit den Grenzen der Staaten zusammenfallen – insbesondere nicht im Bereich der Wissenschafts- und Kommunikationsbeziehungen,

140 Ebd., S. 5; zur weiteren Erörterung vgl. R. Meyers (Anm. 71), S. 272 ff.
141 Vgl. John W. Burton, World Society, Cambridge 1972.

im Tourismus, im Handel, im Finanzwesen und in der Verbreitung von Glaubens- und Gedankensystemen[142].

Insofern geht das Burtonsche Spinnwebmodell von der Prämisse aus, daß die Anzahl der zwischen nichtstaatlichen Akteuren stattfindenden grenzübergreifenden Transaktionen die Anzahl derjenigen, die in welcher Weise auch immer die Staaten einbezögen, bei weitem überschreite. Damit versage auch das Territorialitätsprinzip bei der Differenzierung und Kategorisierung dieser Beziehungen: »Contacts are not only at the boundaries of sovereign states, but between points within each.«[143] Also sei es angemessen, von einer »Weltgesellschaft« zu sprechen, der eine beschreibbare Struktur und eine Menge in komplexer Weise interagierender Prozesse zugewiesen werden könne, und die sich für manche Zwecke in Staaten gliedere, für andere wiederum in miteinander verknüpfte ökonomische, wissenschaftliche, kulturelle, ideologische und religiöse Beziehungssysteme, die, ungleich dem Staatensystem, sich nicht auf den ersten Blick erschließen ließen, gleichwohl aber nicht weniger wirklich seien[144].

In einer derartigen Welt verliert nicht nur das territoriale Gliederungsprinzip, sondern auch die Macht als das entscheidende Objekt der Politik den angestammten Platz; sie beherrscht vielleicht weiterhin die Staatenwelt, nicht aber mehr die Weltgesellschaft mit ihrer unbegrenzten Zahl von staatliche Systeme vielfach übergreifenden oder unterlaufenden Systemen und Subsystemen. Diese beziehen sich aufeinander in funktionaler Kooperation und Austausch, in Harmonie ebenso wie in Konflikt und Wettbewerb. Die zentrale Kategorie zur Erfassung dieser durch ein Gewebe zahlreicher Interaktonen konstituierten Welt ist die der Rolle: statt der miteinander interagierenden Individuen als solcher im Moment ihrer Interaktionen habhaft zu werden, richtet die Untersuchung ihre Aufmerksamkeit auf die Menge je bestimmter Rollen, die Einzelne unter spezifizierbaren Umständen spielen. Begreifen wir diese Welt einer Unzahl von Transaktionssystemen, die eine Vielzahl funktionaler Dimensionen durchziehen, als eine in weitem Maße nach funktionalen Gesichtspunkten rollendifferenzierte, so erscheint sie uns »like millions of cobwebs superimposed one upon another, covering the whole globe«[145]. Jedes einzelne Spinnweb repräsentiert ein funktionales System oder Subsystem; ihre Verbindung erfolgt überall dort, wo Güter, Dienstleistungen, Kommunikationen oder Personen ausgetauscht werden. Die durch das Spinnwebmodell suggerierte Vorstellung der Weltgesellschaft läßt vor unserem Auge nicht nur die Ebene horizontaler Verknüpfungen einzelner Akteure in einem spezifischen Bezugssystem entstehen, sondern – wenn wir das Geflecht der übereinandergeschichteten Spinnweben gleichsam von der Seite betrachten – auch das Moment vertikaler Verbindungen oder Abhängigkeiten verschiedener Systemebenen voneinander deutlich werden.

142 Vgl. John W. Burton, The Role of Authorities in World Society, in: Millennium. Journal of International Studies, 8 (1979), S. 77.

143 Ebd., S. 36.

144 Zur Auseinandersetzung mit Burtons Spinnwebmodell vgl. C. R. Mitchell, World Society as Cobweb. States, Actors and Systemic Processes, in: Michael Banks (Hrsg.), Conflict in World Society. A new perspective on international relations, Brighton 1984, S. 59–77.

145 John W. Burton, Systems, States, Diplomacy and Rules, London 1968, S. 8.

4. *Weltpolitik und Interdependenz*

In der Kritik des Spinnwebmodells von Burton ist gelegentlich unterstellt worden, es ebne die staatlichen Herrschaftsausprägungen fast völlig »zugunsten der Vorstellung einer globalen Gesellschaft, deren Herrschaftsordnung nicht weiter diskutiert«[146] werde, ein. Damit biete es keine Entscheidungskriterien mehr an, mit deren Hilfe sich politische aus dem Gesamt gesellschaftlicher Gegenstände ausgrenzen und auf diese bezogene Fragen formulieren ließen. »Der Staat als Herrschaftsverband muß, weil er die Erkenntnisabsichten stört, abgeschwächt, am besten übersehen werden. Die Metapher der Weltgesellschaft bringt ihn gänzlich aus dem Bild.«[147] Uns scheint diese Kritik überzogen. Burton hat die Rolle des Staates als eines internationalen Akteurs nicht geleugnet, sondern sie allenfalls zu relativieren versucht, indem er ihm einen – allerdings nicht mehr länger besonders herausgehobenen – Platz in der Gesamtmenge aller internationalen Akteure zuwies. Und wen der Begriff der Weltgesellschaft stört, wer ihn mit Weltstaat gleichsetzt[148], der scheint zu übersehen, daß der Gesellschaftsbegriff bei Burton mehr ein formal-struktureller, auf eine durch ein Netzwerk sozialer Beziehungen miteinander in Kontakt und Interaktion stehende Summe von Individuen rekurrierender ist denn ein inhaltlich ausgeprägter, der sich eher mit dem Gemeinschaftsbegriff von Tönnies fassen ließe[149].

Wir vertreten also gegen die Kritik auch weiterhin die Ansicht, daß das Spinnwebmodell eine adäquate bildhaft-metaphorische Repräsentation jener Phänomene darstellt, die insbesondere empirisch-analytisch orientierte Untersuchungsansätze der Lehre von den Internationalen Beziehungen mit dem Begriff der Interdependenz belegen. Das Substrat dieses Begriffes ist einmal die seit dem Ende des Zweiten Weltkrieges beobachtbare Tendenz der zwischenstaatlichen und zwischengesellschaftlichen Beziehungen, sich auf einen durch die Begriffe Weltpolitik, Weltwirtschaft, Weltverkehr, Weltkommunikation, Weltumwelt angezeigten globalen Zusammenhang auszuweiten. Das Substrat dieses Begriffes ist zweitens die Tendenz, die Bedeutung nuklearwaffengestützter, abschreckungsorientierter militärischer Macht bei der Durchsetzung nationaler Interessen zugunsten eines Rekurses auf die Gewährung oder Verweigerung ökonomischer Vorteile zu reduzieren. Das Substrat dieses Begriffes ist drittens die Ausbildung immer komplexer werdender Beziehungsmuster zwischen Akteuren und/oder Sachfragen in der Politik hochentwickelter Industriegesellschaften. Insofern müssen wir die Formulierung des Interdependenzkonzeptes als den Versuch der Wissenschaft begreifen,

- der zunehmenden Diversifizierung und sprunghaften quantitativen Vermehrung internationaler, insbesondere nichtstaatlicher Akteure,
- der Erosion nationalstaatlicher Souveränität und der Verwischung der überkommenen Trennlinien zwischen Innen- und Außenpolitik,
- der Ausweitung außenpolitischer und internationaler Kompetenz- und Themenkataloge als Folge der Wandlung des Staates vom Ruhe und Ordnung garantieren-

---

146 Ernst-Otto Czempiel, Internationale Politik. Ein Konfliktmodell, Paderborn 1981, S. 71.
147 Ebd., S. 72.
148 Vgl. ebd., S. 71.
149 Vgl. Ferdinand Tönnies, Gemeinschaft und Gesellschaft. Grundbegriffe der reinen Soziologie, Darmstadt 1972[3].

den »Nachtwächterstaat« des 19. Jahrhunderts zum aktiv in gesellschaftliche Gestaltungsfelder eingreifenden »Daseinsvorsorgestaat« der Gegenwart,
- der von staatlichen Akteuren oft erfahrenen, durch Außeneinflüsse produzierten Schwierigkeiten bei der Sicherung ihrer gesellschaftlichen Eigenentwicklung wie bei der Gewährleistung ihrer Entscheidungsautonomie
- und schließlich der wachsenden Verknüpfung und gegenseitigen Durchdringung je unterschiedlicher politischer, ökonomischer, gesellschaftlicher, kultureller und ökologischer Sachfragen

analytisch-interpretierend habhaft zu werden und auf die genannten Herausforderungen eingehende komplexe Handlungskonzepte zu entwickeln.

Mit Blick auf die Nachkriegsgeschichte des internationalen Systems wollen wir den Versuch wagen, den Begriff der Interdependenz stärker politisch zu füllen. Unsere Variante setzt sich damit bewußt ab von der deutlicher ökonomischen Füllung des Begriffs in der US-amerikanischen Literatur, derzufolge Interdependenz dann besteht, wenn ein nationaler Akteur gegenüber außenwirtschaftlichen Entwicklungen eine erhöhte Sensibilität aufweist[150], wenn er mit anderen Akteuren durch positive Beziehungen verknüpft ist, deren Abbruch Kosten verursachen würden[151], oder durch negative, die als Geflecht einander überlagernder und sich gegenseitig durchdringender politischer, ökonomischer, sozialer und ökologischer Phänomene seine Verwundbarkeit steigern und seine Entscheidungsautonomie beeinträchtigen[152]. Vielmehr folgen wir einer Formaldefinition, die Interdependenz als Ausdruck eines Interessenkonnexes begreift: Die Veränderung der Position eines Akteurs in einem oder mehreren Sachbereichen zwingt andere Akteure dazu, ihre Position in den gleichen oder anderen Sachbereichen ebenfalls zu verändern[153]. Wir rekurrieren zunächst auf die Entwicklung des Kalten Krieges und den mit ihr einhergehenden Prozeß der Bildung antagonistischer Machtblöcke. Als Ergebnis jenes Prozesses der Blockbildung lassen sich verschiedene, sowohl Strukturen als auch Interaktionsvorgänge der Weltpolitik kennzeichnende Interdependenzverhältnisse konstatieren, die zunächst in direkte und indirekte eingeteilt werden sollen.

Dabei wäre unter direkter Interdependenz sowohl die gegenseitige horizontale Abhängigkeit zwischen den beiden Blöcken und/oder den sie vertretenden Supermächten zu verstehen, als auch die gegenseitige vertikale Abhängigkeit zwischen einer Supermacht und den Mitgliedern des von ihr geführten Blocks. Zur Begründung und Stabilisierung eines vertikalen direkten Interdependenzverhältnisses dienen

---

150 Vgl. Richard N. Cooper, The Economics of Interdependence. Economic Policy in the Atlantic Community, New York 1980, Kap. 3.

151 Vgl. Kenneth N. Waltz, The Myth of National Interdependence, in: Charles P. Kindleberger (Hrsg.), The International Corporation. A Symposium, Cambridge, Mass. 1970, S. 205–223.

152 Weitere grundlegende Literatur zum Thema Interdependenz: James N. Rosenau, The Study of Global Interdependence. Essays on the Transnationalisation of World Affairs, London 1980; Robert O. Keohane/Joseph S. Nye, Power and Interdependence. World Politics in Transition, Boston 1977; dies. (Hrsg.), Transnational Relations and World Politics, Cambridge, Mass. 1973²; James N. Rosenau/Hylke Tromp (Hrsg.), Interdependence and Conflict in World Politics, Aldershot 1989.

153 Vgl. Edward L. Morse, Transnational Economic Processes, in: R. O. Keohane/J. S. Nye, Transnational Relations, ebd., S. 23–47.

vor allem die Beteiligung von Supermacht und Blockmitgliedern an militärischen Bündnissen, d.h. Allianzen oder Pakte, die auf einem völkerrechtlichen Vertrag beruhen, gemeinsame außenpolitische und/oder militärische, stets aber sachlich und meist auch zeitlich begrenzte Ziele der Bündnispartner verfolgen, die Pflichten der Bündnispartner vertraglich festlegen und in aller Regel nicht über ständige eigene Organe verfügen. Während hinsichtlich dieses letzten Kriteriums der Übergang von Bündnissen zu internationalen Organisationen fließend ist (so besitzt z.B. die NATO mit ihrem Rat, ihrem Sekretariat und ihrem Militärausschuß eigene ständige Organe), lassen sie sich doch unter Verweis auf ihr eigentliches Existenzmerkmal von anderen internationalen Zusammenschlüssen abgrenzen: Sie verschaffen nämlich dem Prinzip der kollektiven Verteidigung Geltung – einem Prinzip, das im Unterschied zum Gedanken der kollektiven Sicherheit den mutmaßlichen Gegner von vornherein klar definiert: Neben den Bündnissen als unmittelbar greifbarem organisatorischen Rahmen direkter vertikaler Interdependenz dienen zur Festigung dieses Verhältnisses ferner eine gemeinsame Ideologie, die Legitimationsanspruch, Ziele und Mittel der Außenpolitiken der Supermacht wie der Blockmitglieder durchdringt, und ein gemeinsames Wirtschaftssystem, das jeweils in gesellschaftspolitischer Konkurrenz mit dem des anderen Blockes steht.

Als ein bestimmendes Moment der horizontalen direkten Interdependenz mag der Versuch beider Supermächte angesehen werden, ihren jeweiligen Einflußbereich entweder auf Kosten der anderen oder durch die Hereinnahme bislang unbeteiligter Dritter zu erweitern und/oder zu stabilisieren. Seit 1945 lassen sich dabei die Stufen der Containmentpolitik, der Roll-Back-Politik, der Respektierungspolitik und der Détente, die je einzelne Phasen im Gesamtkomplex des Kalten Krieges bzw. des Ost-West-Konflikts darstellen, unterscheiden. Ferner repräsentiert die Wandlung der Sicherheitspolitik von einer Politik der militärischen Verteidigung tradierter materieller und ideeller Grundwerte zu einer Strategie der Abschreckung und des Krisenmanagements ein weiteres Bestimmungsmoment des horizontalen direkten Interdependenzverhältnisses. Denn: Angesichts der potenzierten Zerstörungskraft nuklearer Waffen, der Entwicklung einer »Zweitschlags-Befähigung« durch die Supermächte seit der Mitte der fünfziger Jahre – die sie jeweils in die Lage versetzt, die andere Seite auch noch nach einem gegen sie selbst gerichteten Atomschlag vernichtend zu treffen – und der erheblichen Verbesserung von Reichweite und Zielgenauigkeit ballistischer Trägersysteme mußte es als vordringlich erscheinen, die Gegenseite jeweils davon abzuhalten, Konflikte bis zu einer solchen Stufe zu eskalieren, auf der der Einsatz nuklearer Waffen sich nicht mehr vermeiden ließ. Beide Seiten streben dabei danach, ihre Politik unter Wahrung der inneren Stabilität durch eine ständige Anpassung ihres Wehrpotentials an den technologischen Fortschritt wie an die gegnerische Stärke glaubhaft zu machen (»Rüstungswettlauf«) und diese Glaubwürdigkeit durch die Festigung des Selbstbehauptungswillens ihrer Bevölkerung vermittels bestimmter Integrationsideologien derart zu erhöhen, daß ein möglicher Aggressor darauf verzichtet, seine Ziele gewaltsam durchzusetzen, weil er angesichts des zu hohen Risikos mehr zu verlieren als zu gewinnen hat.

Abschreckung und Rüstungswettlauf führen allerdings zu wachsenden Rüstungslasten, gesellschaftlicher Stagnation und Herausbildung eines militärisch-industriellen Komplexes, der als eine unter der Prämisse nationaler Sicherheitsanstrengung stehende Symbiose von Politik, Militär, Industrie und Wissenschaft aufgefaßt werden mag, den Zweck verfolgt, die Effizienz des Kriegspotentials zu gewährleisten, dabei aber oft eine eigengesetzliche, von den tatsächlichen politischen Verhältnissen unabhängige Bewegung entwickelt. Durch Abrüstungs- und Rüstungskontrollmaßnahmen wurde wiederholt versucht, den negativen Auswirkungen des Rüstungswettlaufes entgegenzuwirken. Während dabei die Politik der Abrüstung, d.h. der Verminderung der personellen oder dinglichen Rüstung, in der Vergangenheit weitgehend erfolglos geblieben ist, sich ihr erst heute greifbare Chancen eröffnen, hat die Politik der Rüstungskontrolle – d.h. der Vereinbarung von Beschränkungen bezüglich Art und Zahl, Anwendung und Stationierung von Waffensystemen und/oder Streitkräften – zu einer teilweisen Reduzierung struktureller Instabilitäten des Wettrüstens, zur Selbstbeschränkung in Krisensituationen und Begrenzung jener Risiken geführt, die aus Nuklearwaffen und ihren Trägersystemen resultieren. Freilich hat sie durch die Eliminierung technisch bedingter Störfaktoren, unnötiger Risiken und Lücken im gegenseitigen Informationssystem auch zu einer Verfeinerung und qualitativen Perfektionierung des »Gleichgewichts des Schreckens« beigetragen und stellt so das dritte wesentliche Bestimmungselement des direkten horizontalen Interdependenzverhältnisses dar.

Die Weltpolitik der Nachkriegszeit ist aber nicht nur durch ein Verhältnis der direkten, sondern auch durch ein solches der indirekten Interdependenz zwischen den Blöcken gekennzeichnet. Unter diesen Begriff sollen vor allem jene Fälle subsumiert werden, in denen die beiden Supermächte durch Auseinandersetzungen zwischen ihren Klienten auf einer niedrigeren Systemebene (z.B. Indochina-Krieg, Nahost-Konflikt) tangiert werden, ohne doch direkt in einen Konflikt verwickelt zu sein. Während dieses Beziehungsmuster als das einer – gleichsam auf dem Umweg über die jeweiligen Klienten etablierten – indirekten horizontalen Interdependenz begriffen werden mag, kann der Interdependenzbegriff schließlich auch – bei freilich schon recht gewaltsamer Streckung seiner Denotation – zur Kennzeichnung des Verhältnisses zwischen einem und/oder beiden Blöcken und den Staaten der Dritten Welt verwendet werden, nachdem diese sich in der Folge der Auflösung der Kolonialreiche zu zumindest formal eigenständigen Subjekten der Weltpolitik entwickelt hatten, vermittels einer Politik der Bündnis- oder Blockfreiheit gegenüber dem Ost-West-Gegensatz abgrenzten und auf der Bandung-Konferenz 1955 als »dritte Kraft« der internationalen Politik konstituierten. Angesichts der weiterhin bestehenden ökonomischen Abhängigkeiten zwischen Erster und Dritter Welt handelt es sich dabei um ein Beziehungsmuster der indirekten vertikalen Interdependenz, das in aller Regel nicht durch formale (politische und/oder militärische) Bündnisse, sondern durch das Mittel wirtschaftlicher und technologischer, per Saldo überwiegend zugunsten der Ersten Welt strukturierter Austauschbeziehungen geknüpft wird. Wir fassen die verschiedenen Aspekte des Begriffes in Abb. 21 wiederum schematisch.

5. Dependenz

Vornehmlich von Anhängern einer politökonomisch orientierten Untersuchung internationaler Beziehungen wird der Begriff der Interdependenz scharf kritisiert und unter Ideologieverdacht gestellt. Zumal dann, wenn man Interdependenz im Sinne einer gleichsam naturgegebenen Notwendigkeit verstehe, an die Politik sich anzupassen

Abbildung 21: Verschiedene Aspekte des Interdependenzbegriffes
(Beispiele in exemplarischer Auswahl)

	direkte Interdependenz	indirekte Interdependenz
horizontale Interdependenz	Ost-West-Konflikt, Entspannungspolitik, Rüstungskontrollpolitik	Nahostkonflikt, Koreakrieg
vertikale Interdependenz	Bündnispolitik	Verhältnis Erste – Dritte Welt

habe, die Interessenkonflikte reduziere und allein in der Kooperation eine Lösungsmöglichkeit weltpolitischer Probleme erblicke, diene das Konzept allein der Camouflage des arbeitsteiligen Zusammenschlusses »der kapitalistischen Staatengesellschaft in Zentrum und Peripherie zu penetrierbaren und kommunizierenden Großräumen«. Der Interdependenzbegriff verdecke, »daß kapitalistische Wirtschaft nicht mehr vermittelt über Handelsbeziehungen, sondern nunmehr auf der Ebene der Produktion zur Weltwirtschaft«[154] geworden und daß diese Entwicklung seit 1945 mit einer neuen Hierarchisierung der internationalen Gesellschaft Hand in Hand gegangen sei. Einer Hierarchisierung, die sich in asymmetrischen Interaktions- bzw. Penetrationsprozessen niederschlage und am ehesten noch mit den Begriffen der Dominanz bzw. Dependenz erfaßt werden könne[155].

Richtig ist sicher, daß die politischen und ökonomischen Verhältnisse vornehmlich der Ersten Welt das Substrat des Interdependenzbegriffes abgeben, er somit als Produkt der »westlichen« – oder genauer: nordamerikanischen – Politikwissenschaft erscheint. Die Umschreibung des Konzepts als »gleichgewichtige Kovarianz von Veränderungen zwischen sozialen Systemen«[156] scheint allenfalls in einem »metropolitanen« Kontext sinnvoll, dem ein gleichgewichtig wechselseitiges Verhältnis von politischen, ökonomischen, sozialen und kulturellen Austauschbeziehungen zumindest näherungsweise unterstellt werden kann. Sobald aber die Beziehungen zwischen der Ersten und der Dritten Welt ins Blickfeld rücken, erweist sich der Begriff der Interdependenz als Leerformel, weil er über den Rekurs auf Gleichgewichtigkeit und Wechselseitigkeit internationaler Beziehungen hinaus die das Nord-Süd-Verhältnis kennzeichnenden asymmetrischen Abhängigkeitsmomente nicht erfaßt[157]. Wir verweisen in diesem Kontext besonders auf:

- die je verschiedenen Folgewirkungen einer ungleichen internationalen Arbeitsteilung zwischen den hochindustrialisierten Gesellschaften des Nordens und den Ge-

154 Ekkehart Krippendorff, Das Internationale System zwischen Stabilisierung und Klassenkampf, in: ders. (Hrsg.), Probleme der internationalen Beziehungen, Frankfurt/M. 1972, S. 29.

155 Vgl. Dieter Senghaas, Editorisches Vorwort, in: ders. (Hrsg.), Imperialismus und strukturelle Gewalt. Analysen über abhängige Reproduktion, Frankfurt/M. 1973, S. 9.

156 Vgl. Frieder Schlupp/Salua Nour/Gerd Junne, Zur Theorie und Ideologie internationaler Interdependenz, in: Politische Vierteljahresschrift, Sonderheft 5, 1973, S. 249.

157 Vgl. Wilfried Röhrich, Politik und Ökonomie der Weltgesellschaft. Das internationale System, Reinbek b. Hamburg 1978, S. 9ff.

sellschaften und Ökonomien der lateinamerikanischen, afrikanischen und asiatischen Regionen;

- ein Verhältnis der Abhängigkeit zwischen Industriestaaten und Entwicklungsländern, das sich in zwei Formen manifestiert: der der Fremdbestimmung, begriffen als ein vom Abhängigen erlittener Verlust an ökonomischen, technologischen, politisch-militärischen und kulturellen Verhaltensalternativen; der der Ausbeutung, begriffen als ein Phänomen ungleichen Tausches, »bei dem eine mehr oder weniger offene oder verdeckte Wertübertragung vom Ausgebeuteten auf den Ausbeutenden vorliegt«[158];
- die Herausbildung spezifischer Defekte in unterentwickelten Gesellschaften: unvollständige, nicht lebensfähige Wirtschaftskreisläufe, wenige und begrenzte Beziehungen zwischen den verschiedenen Wirtschaftssektoren, geringe Beweglichkeit beim Einsatz ökonomischer Ressourcen, unausgeglichene Produktionsstruktur im Vergleich zur einheimischen Nachfrage, weil für die Mehrheit der Ausfuhrgüter kaum inländischer Bedarf besteht, andererseits mangels eigener Produktionsmöglichkeiten ein wesentlicher Teil der Nachfrage nach Konsumgütern durch Import befriedigt werden muß; Wachstum ohne Entwicklung; Zerklüftung der Volkswirtschaft in (exportorientierte) Wachtumssektoren und (binnenwirtschaftliche) Elendsgebiete; mit Wachstum und Verelendung einhergehende Militarisierung; Einbußen an eigener kultureller Identität und Übernahme nichtlokaler, externer Konsum- und Kulturmuster durch eine in aller Regel relativ kleine Oberschicht[159].

Entweder interpretieren wir Unterentwicklung als Ausdruck eines erst in den Anfängen begriffenen Modernisierungsprozesses, als Verzögerung oder Rückstand der Wirtschafts- und Zivilisationsentwicklung einer Gesellschaft im Vergleich zu der von fortgeschrittenen Industrieländern bereits erreichten Entwicklungsstufe, und beziehen sie damit kausal zurück auf endogene, nur durch »Entwicklungs-«Hilfe von außen überwindbare Wirkfaktoren. Oder wir verstehen sie als Resultat exogener Bestimmungsmomente – konkret: als Ergebnis der Eingliederung der Gesellschaften und Volkswirtschaften der südlichen Kontinente in ein von den Metropolen des Nordens beherrschtes Weltwirtschaftssystem. Dann aber reflektiert und induziert das Interdependenz-Konzept falsches Bewußtsein, indem es »ebenso simpel wie subtil intra- und internationale strukturelle Ungleichheiten und Wechselseitigkeiten überdeckt«[160].

Wenn Welthandel und wirtschaftliche Reproduktion nicht Freiheit und Wohlstand aller Beteiligten fördern, sondern Armut, Unfreiheit und einseitig zugunsten der Metropolen strukturierte Dependenz eines Teiles der Gesamtmenge internationaler Akteure, dann wird ein neuer Begriff der Weltgesellschaft zu entwickeln sein, der diesem Umstand Rechnung trägt. Ein derartiges Unternehmen hätte einmal davon auszugehen, daß die Situation der Entwicklungsländer durch einen Prozeß gekennzeich-

---

158 Gerd Junne/Salua Nour, Internationale Abhängigkeiten. Fremdbestimmung und Ausbeutung als Regelfall internationaler Beziehungen, Frankfurt/M. 1974, S. 12.

159 Vgl. Rudolf Wendorff, Dritte Welt und westliche Zivilisation. Grundprobleme der Entwicklungspolitik, Opladen 1984; Hans-Rimbert Hemmer, Wirtschaftsprobleme der Entwicklungsländer. Eine Einführung, München 1988^2.

160 F. Schlupp/S. Nour/G. Junne (Anm. 156), S. 248.

Abbildung 22: Erklärungen von Unterentwicklung

	Unterentwicklung	
	Ursachen	Hilfsmittel
Modernisierungs-theorien	interne (gesellschaftliche Defizite oder Fehlentwicklungen)	externe (Kapital-, Technologie-, Know-how-Import als Leistung westlicher Entwicklungshilfe)
Theorien ökonomischer Abhängigkeit	externe (Ausbeutung im metropolendominierten Weltmarkt)	interne (autozentrierte Entwicklung, Auskoppelung aus dem Weltmarktkonnex)

net ist, der mit der These von der »Entwicklung der Unterentwicklung«[161] belegt wird: daß nämlich die Eingliederung der Entwicklungsländer in die freie internationale Arbeitsteilung – vornehmlich auf dem Wege über den Export von Primärgütern – nicht länger deren Teilhabe am wirtschaftlichen Aufschwung der weltwirtschaftlichen Zentren impliziert, sondern ein absolut wie relativ immer stärkeres Auseinanderklaffen der Schere zwischen Erster und Dritter Welt bewirkt. Ein derartiges Unternehmen hätte zweitens davon auszugehen, daß angesichts der ungleichen Verteilung ökonomischer, militärischer und technologischer Ressourcen und Kapazitäten unter den Akteuren ebenso wie angesichts der daraus resultierenden unterschiedlichen politischen Einflußmöglichkeiten die Weltgesellschaft als eine hierarchisch strukturierte oder geschichtete begriffen werden muß[162]. Ein derartiges Unternehmen hätte drittens aber auch zu berücksichtigen, daß sich diese Weltgesellschaft in einem säkularen historischen Prozeß entfaltet hat, der die Entstehungsgeschichte des internationalen Systems mit der Entstehungsgeschichte kapitalistisch geprägter Weltwirtschaft verknüpft. Dieses Konzept der Weltgesellschaft rekurriert nicht länger auf die im klassischen Begriff der Weltpolitik anklingenden Motive, die der Ausweitung des Handlungsspielraumes der europäischen Staaten über den alten Kontinent hinaus traditionellerweise zugeschrieben werden: auf den Missionsgedanken, die Durchsetzung des Prinzips der Freiheit der Meere als einer Waffe im Kampf der protestantischen Nationen Nordwesteuropas gegen das katholische Spanien und Portugal, die Hineintragung des Gleichgewichtskonzepts in den europäischen Ausdehnungsbereich und die dadurch eröffnete Möglichkeit, Störungen des Gleichgewichts in Europa durch Erwerbungen neuen Besitzes in Übersee kompensieren zu können. Es betrachtet vielmehr die Ausdehnung des europäischen Machtbereiches, die dadurch in Gang gesetzte Entstehung eines zwar noch europazentrischen, aber doch schon der Anlage nach weltumfassenden internationalen Systems nicht als Resultat ideologischer, reli-

161 Der Begriff wurde geprägt von Andre Gunder Frank, Die Entwicklung der Unterentwicklung, in: ders., Kritik des bürgerlichen Anti-Imperialismus, Berlin 1969, S. 30–44.

162 Vgl. Klaus Jürgen Gantzel (Hrsg.), Herrschaft und Befreiung in der Weltgesellschaft, Frankfurt/M. 1975, S. 11ff.; Thomas Siebold/Rainer Tetzlaff (Hrsg.), Strukturelemente der Weltgesellschaft. Studien zu Konflikt und Kooperation in den Nord-Süd-Beziehungen, Frankfurt/M. 1981.

giöser oder politischer Wirkkräfte, sondern als Resultat der Ausbildung kapitalistischer Produktionsweisen in Europa, der Mobilisierung wirtschaftlicher Potentiale, die zunehmend zum beherrschenden Moment auch des politischen Kalküls wurden. In dieser Sicht waren es »die internen Widersprüche zwischen den rivalisierenden Fraktionen der aufsteigenden bürgerlich-kapitalistischen Klasse, zu jenem Zeitpunkt noch mit Prinzen, Monarchen und Dynastien verbunden, die die Dynamik der europäischen Expansion aus sich hervortrieben«[163]. Die ökonomische Basis der europäischen Gesellschaft internationalisiert sich in Welthandel und Weltmarkt; es entsteht ein System der internationalen Arbeitsteilung, »in deren Ausformung andere Weltteile, besonders Amerika und Afrika und später auch Indien und Asien, spezifische Rollen zugeteilt bekamen«[164]. Der Begriff arbeitsteilig verfaßter Weltwirtschaft wird zu einem der zentralen Konzepte dieses Erklärungsmodells; internationales System und Weltwirtschaftssystem entwickeln sich in dialektischer Identität; »the basic linkage between the parts of the system is economic, although this was reinforced to some extent by cultural links and eventually ... by political arrangements and even confederal structures«[165].

Allerdings scheint uns noch nicht hinreichend genug geklärt, von welchem Zeitpunkt an denn nun ein System internationaler Arbeitsteilung realhistorisch greifbar wird. Wenn wir unter dem Begriff jenen Prozeß verstehen, in dessen Verlauf sich die Aufteilung der Länder der Erde in Kapital- und Konsumgüterproduzenten einerseits, Rohstofflieferanten und Absatzmärkte für Kapital- und Konsumgüter andererseits herausbildete – eine Aufteilung, »die identisch ist mit der Aufgliederung der Welt in Entwicklungsländer und Industrieländer«[166], dann müssen erhebliche Vorbehalte gegenüber einer Sicht angemeldet werden, die diesen Prozeß zeitgleich mit dem Zeitalter der Entdeckungen einsetzen läßt. Denn der Import von Luxusgütern, Edelmetallen und Sklaven aus kolonialen Territorien, der zumal im Falle der Beziehungen zu Asien sich nicht als eigentlicher Güteraustausch vollzog, sondern als »ein einseitiger Erwerb von Gütern für bare Münze«[167], läßt sich wohl kaum unter diesen Begriff einer internationalen Arbeitsteilung subsumieren. Vielmehr dürfte die Entstehungsgeschichte einer arbeitsteilig verfaßten Weltwirtschaft noch am ehesten auf die zweite Hälfte des 18. Jahrhunderts zu datieren sein, während ihre immer raschere Expansion ursächlich mit dem Prozeß der Industrialisierung Europas im 19. Jahrhundert verknüpft werden muß[168].

---

163 Vgl. Ekkehart Krippendorff, Internationales System als Geschichte. Einführung in die internationalen Beziehungen 1, Frankfurt/M. 1975, S. 54.

164 Ellen Brun/Jacques Hersh, Der Kapitalismus im Weltsystem. Ein Lehrbuch über Industrie- und Entwicklungsländer, Frankfurt/M. 1975, S. 50.

165 Immanuel Wallerstein, The Modern World System. Capitalist Agriculture and the Origins of the European World-Economy in the Sixteenth Century, New York 1974, S. 15.

166 Vgl. Dieter Nohlen, Internationale Arbeitsteilung, in: ders. (Hrsg.), Lexikon Dritte Welt. Länder, Organisationen, Theorien, Begriffe, Personen, vollst. überarb. Neuausg. Reinbek b. Hamburg 1989, S. 331–332.

167 Vgl. Dietmar Rothermund, Europa und Asien im Zeitalter des Merkantilismus, Darmstadt 1978, S. 155.

168 Der Verfasser hat sich mit der Genese einer metropolitan dominierten, asymmetrisch strukturierten Weltgesellschaft und den darauf Bezug nehmenden Theoriebildungsversuchen ausführlich in seiner Habilitationsschrift auseinandergesetzt; vgl. Reinhard Meyers,

Was ist nun das neuartige Moment, das die Vorstellung einer internationalen, arbeitsteilig verfaßten, asymmetrisch strukturierten Gesellschaft von ihren Vorgängern abgrenzt? Eine Antwort auf diese Frage dürfte noch am ehesten formuliert werden können, wenn wir uns den seit Mitte der sechziger Jahre eingetretenen Wandel in der Anschauung des Nord-Süd-Verhältnisses vergegenwärtigen. Ein Wandel, der den wissenschaftlichen Betrachtungsstandpunkt gleichsam aus dem metropolitanen, kapitalistisch-industriewirtschaftlichen Kontext herauslöst und in die peripheren, unterentwickelten Weltregionen verlagert. Im Zuge dieses Wandels gewinnt der Begriff der Abhängigkeit – oder spezifischer: der der Dependenz – einen Stellenwert, der ihm im Rahmen dieser Perspektive ebenso den Rang einer zentralen Kategorie zuweist wie er dem Begriff des Gleichgewichts im Kontext der europazentrischen internationalen Staatengesellschaft oder dem der Interdependenz im Zusammenhang der spinnwebartig strukturierten globalen (Akteurs-)Gesellschaft zukam.

Generell rekurriert die dependenzorientierte Sicht internationaler Beziehungen auf die Prämisse, daß Entwicklung und Unterentwicklung strukturell aufeinander bezogene und einander bedingende Teilmomente in der Aus- und Fortbildung ein und desselben kapitalistischen Weltsystems darstellen – eines Weltsystems, in dem das Verhältnis zwischen metropolitanen Zentren und peripheren Gesellschaften eben durch den Begriff der Abhängigkeit definiert wird. Verstanden als Ausdruck einer Situation, »in der die Wirtschaft bestimmter Länder bedingt ist durch die Entwicklung und Expansion der Wirtschaft eines anderen Landes, der sie unterworfen ist«[169], ermöglicht der Begriff der Abhängigkeit uns, »die innere Situation dieser Länder als Teil der Weltwirtschaft zu sehen«, als Teil eines Weltmarktes von Waren, Kapital und Arbeitskraft, dessen Binnenbeziehungsstrukturen »ungleich und doch zusammenhängend sind – ungleich deshalb, weil die Entwicklung einiger Teile des Systems auf Kosten anderer Teile zustandekommt. Die Handelsbeziehungen beruhen auf der monopolistischen Kontrolle des Marktes, was zum Transfer des in den abhängigen Ländern erzeugten Überschusses in die beherrschenden Länder führt; die finanziellen Beziehungen beruhen – vom Standpunkt der beherrschenden Mächte aus betrachtet – auf der Vergabe von Krediten und dem Export von Kapital, was ihnen Zinsen und Profite einbringt; auf diese Weise vergrößern die Zentren ihren Inlandssurplus und verstärken ihre Kontrolle über die Wirtschaft der anderen Länder. Für die abhängigen Länder bedeuten diese Beziehungen den Export der Gewinne und Zinsen, was zur Folge hat, daß ein Teil ihres im eigenen Land erzeugten Überschusses nach außerhalb abfließt und daß sie der Kontrolle über ihre Produktionsmittel verlustig gehen. Um diese nachteiligen Beziehungen ertragen zu können, müssen die abhängigen Länder große Überschüsse erzeugen, und zwar nicht durch Schaffung eines höheren technologischen Niveaus, sondern durch ›Überausbeutung‹ der menschlichen Arbeitskraft. Das Ergebnis ist dazu angetan, die Entwicklung ihres Binnenmarktes und ihrer technischen und kulturellen Leistungsfähigkeit sowie der moralischen und physischen Gesundheit ihrer Bevölkerung zu hemmen. Diese Entwicklung bezeichnen wir als zusammenhängend, weil es das Zusammenwirken dieser Ungleichheiten und der Ab-

Paradigmata der internationalen Gesellschaft. Perspektiven einer Theoriegeschichte der internationalen Beziehungen, Ms. 3 Bde., Bonn 1985, S. 236–311.

169 Vgl. Theotonio dos Santos, Über die Struktur der Abhängigkeit, in: D. Senghaas (Anm. 155), S. 243.

zug der Ressourcen aus den rückständigsten und abhängigen in die fortgeschrittensten und beherrschenden Sektoren sind, die die Ungleichheit erklären, vertiefen und zu einem notwendigen und strukturellen Element der Weltwirtschaft machen«[170].

Zugegebenermaßen wirkt diese Argumentationskette etwas vereinfachend. Jedoch enthält sie im Kern bereits alle Argumente, die das Gemeinsame dependenzorientierter Perspektiven ausmachen. Wir fassen deren Kernargumente wiederum schematisch und grenzen sie zum besseren Verständnis von der Theorie des kapitalistischen Weltsystems nach Wallerstein ab[171] (vgl. Abb. 23).

Etwas präziser: Die Lage peripherer, unterentwickelter Gesellschaften kann adäquat nur dann begriffen werden, wenn die Analyse die unauflösliche Verschränkung innerer Entwicklungsfaktoren mit externen Triebkräften, Wirkursachen und Einflüssen unterstellt. Die sozio-ökonomischen Defizite, Probleme und ungleichgewichtigen Strukturen der Entwicklungsländer sind nicht das Ergebnis einer selbständigen geschichtlichen Evolution, sondern Folge eines jahrhundertelangen Prozesses, der wesentlich durch die Dominanz der zunächst handels-, dann industriekapitalistischen Großmächte Europas, später auch der USA, geprägt worden ist. In diesem Kontext kann »Abhängigkeit« nicht auf »Ausbeutung« reduziert werden. Denn während »Ausbeutung« die Übertragung von Werten voraussetzt – genauer: neben der Enteignung des Ausgebeuteten auch eine Aneignung der Werte durch den Ausbeuter – rekurriert Abhängigkeit darüber hinaus auch auf strukturelle Aspekte des Nord-Süd-Verhältnisses: auf das Moment der Fremdbestimmung des Abhängigen, begreifbar als Verlust an Verhaltensalternativen oder Entwicklungschancen, der die Ausformung der Wirtschafts- und Sozialstruktur abhängiger Gesellschaften ebenso beschränkt wie die Ausbildung politischer Institutionen und Traditionen, soziokultureller Werthaltungen und gesellschaftlicher Interessenmuster. Gerade im Kontext einer Analyse der Beziehungen zwischen entwickelten Industrie- und peripheren Gesellschaften können Abhängigkeit und Ausbeutung schon deshalb nicht gleichgesetzt werden, »weil sich der Kreis der Abhängigen nicht mit dem der Ausgebeuteten deckt. Die nationalen Bourgeoisien der Entwicklungsländer ... sind zwar abhängig, aber sie werden nicht ausgebeutet. Sie reichen zwar einen Teil ihrer Profite im (ungleichen) Tausch gegen Ware aus den Industriegesellschaften weiter, aber das sind Werte, die sie in der Regel nicht selbst geschaffen haben. Sie profitieren vielmehr von dem Gesamtsystem, dem sie ihre eigene soziale Position verdanken.«[172] Als historische Kategorie ist der Begriff der Abhängigkeit vielschichtiger als der der Ausbeutung, wird er doch bedingt a) durch die Grundformen der ihren eigenen Entwicklungsgesetzen folgenden Weltwirtschaft, b) die Natur der in den metropolitanen Zentren vorherrschenden Wirtschaftsbeziehungen ebenso wie deren Expansionsmodi, und c) durch die spezifischen Arten wirtschaftlicher Beziehungen im Innern jener peripheren Gesellschaften, die als Abhängige im Netz der durch metropolitane Expansion aus- und fortgebildeten internationalen Wirtschaftsbeziehungen gefangengehalten werden. Schematisch ließen sich diese historischen Bezüge wie in Abb. 24 darstellen.

---

170 Ebd., S. 244 f.

171 Als neuere Zusammenfassungen mit kritischer Bewertung vgl. David Harrison, The Sociology of Modernization and Development, London 1988; Alvin Y. So, Social Change and Development. Modernization, Dependency, and World-System Theories, Newbury Park, Cal. 1990.

172 Vgl. G. Junne/S. Nour (Anm. 158), S. 14.

Abbildung 23: Dependenztheorien und Weltsystemtheorie

	Dependenztheorien	Weltsystemtheorie
Perspektive	peripher	holistisch
Untersuchungseinheiten	Nationen im Weltwirtschaftssystem	(kapitalistisches) Weltsystem
Fragestellung	Entwicklung des Weltwirtschaftssystems bzw. einer neuen Weltwirtschaftsordnung	Entwicklung des (kapitalistischen) Weltsystems
Prämisse	Die im Zentrum der Weltwirtschaft angesiedelten Nationen haben historische Beziehungsstrukturen und Tauschmuster geschaffen, die die Nationen in der Peripherie systematisch benachteiligen; sie streben auch weiterhin nach der Aufrechterhaltung des Abhängigkeitsverhältnisses der Peripherienationen. Die Entwicklung des Weltwirtschaftssystems erscheint als Resultante der Nord-Süd-Auseinandersetzung, die Perspektive der unterentwickelten Nationen umgreift die Entwicklung der Unterentwicklung	Spezifische Ereignisse im Weltsystem können nur als Ergebnis gesamtsystemarer Entwicklungen verstanden werden. Das kapitalistische Weltsystem dominiert seine Einzelakteure. Entwicklung bedeutet primär Entwicklung des Weltsystems
Generalziel	(Verteilungs-)Gerechtigkeit (Korrektiv negativer Folgen von Imperialismus und Unterentwicklung)	autozentrierte Entwicklung peripherer Akteure oder Entwicklung des Weltsystems?
ökonomisches Dogma	Benachteiligung der Peripherie dem kapitalistischen System immanent; Verfolgung kompensatorischer Politiken zum Abbau von Ungleichheit und Abhängigkeit daher gerechtfertigt	Beschränkter Bewegungsspielraum der Akteure läßt allenfalls eine Kombination von Dissoziation und Sozialismus als Ausweg zu

Abbildung 24: Historische Formen von Abhängigkeit

Abhängigkeitsformen	metropolitaner Akteur	Strukturmerkmal	Wirkung in abhängigen Gesellschaften
koloniale	Handels- und Bankkapital	(merkantilistisches) Handelsmonopol; Warenexport in Metropolen	Spezialisierung der Produktion auf Edelmetalle, Luxusgüter, tropische Produkte; Plantagenwirtschaft
finanziell-industrielle	Industrie- und Finanzkapital	Kapitalexport in die Peripherie; Investition in Erzeugung von Rohstoffen und landwirtschaftlichen Primärgütern; Rohstoffexport in Metropolen	außengerichtete Entwicklung von Exportwirtschaften, deren Produktion von der Nachfrage der hegemonialen Zentren bestimmt wird; rigide Spezialisierung und Monokultur; Entwicklung von den Exportsektor ergänzenden Wirtschaftsaktivitäten; Subsistenzwirtschaft als Arbeitskräftereservoir der Exportwirtschaft und »Puffer« bei ungünstigen Außenhandelsbeziehungen
technologisch-industrielle	multinationale Konzerne	metropolitane Investitionen in für periphere Binnenmärkte produzierende Industriezweige; Gewinntransfer Peripherie – Metropolen	Aufrechterhaltung des traditionellen Exportsektors zur Finanzierung peripherer Industrialisierung; Abhängigkeit von sich verschlechternden Terms of Trade; Zahlungsbilanzdefizite durch Profitexport/Kapitalflucht einerseits, Notwendigkeit der Fremd-(Kredit-)Finanzierung entkapitalisierter Volkswirtschaften andererseits; Abhängigkeit von Technologieimporten

Literatur

1. Bibliographien und Hilfsmittel

FRANCO P. ROTA U. PETER STREITLE, Studientips Politische Wissenschaft/Internationale Politik. Ein Ratgeber zu Literatur, Recherchen, Arbeits- und Prüfungsstrategien, München 1988.

DIETRICH SEYDEL (Hrsg.), Informationshandbuch Internationale Beziehungen und Länderkunde, Baden-Baden 1988.

2. Nachschlagewerke

GRAHAM EVANS/JEFFREY NEWNHAM, The Dictionary of World Politics. A Reference Guide to Concepts, Ideas and Institutions, London 1990.

DIETER S. LUTZ (Hrsg.), Lexikon Rüstung, Frieden, Sicherheit, München 1987.

PIPERS WÖRTERBUCH ZUR POLITIK Bd. V: Internationale Beziehungen. Theorien – Organisationen – Konflikte, hrsg. v. Andreas Boeckh, München 1984.

WICHARD WOYKE (Hrsg.), Handwörterbuch Internationale Politik, Bonn 1990[4].

3. Einführungen

KALEVI J. HOLSTI, International Politics. A Framework for Analysis, Englewood Cliffs, N. J. 1987[5].

CHARLES W. KEGLEY, JR./EUGENE R. WITTKOPF, World Politics. Trend and Transformation, New York 1989[3].

MANFRED KNAPP/GERT KRELL (Hrsg.), Einführung in die Internationale Politik. Studienbuch, München 1990.

WICHARD WOYKE (Hrsg.), Netzwerk Weltpolitik. Großmächte, Mittelmächte und Regionen und ihre Außenpolitik nach dem Zweiten Weltkrieg, Opladen 1989.

4. Theorien: Überblicksdarstellungen

JAMES E. DOUGHERTY/ROBERT L. PFALTZGRAFF, JR., Contending Theories of International Relations. A Comphrehensive Survey, New York 1990[3].

HUGH C. DYER/LEON MANGASARIAN (Hrsg.), The Study of International Relations. The State of the Art, London 1989.

MARGOT LIGHT/A. J. R. GROOM (Hrsg.), International Relations. A Handbook of Current Theory, London 1985.

PAUL R. VIOTTI/MARK V. KAUPPI, International Relations Theory. Realism, Pluralism, Globalism, New York 1987.

5. Entwicklung des internationalen Systems

HEDLEY BULL/ADAM WATSON (Hrsg.), The Expansion of International Society, Oxford 1984.

RONALD BARSTON (Hrsg.), International Politics Since 1945. Key Issues in the Making of the Modern World, Aldershot 1991.

WAYNE C. MCWILLIAMS/HARRY POITROWSKI, The World since 1945. Politics, War and Revolution in the Nuclear Age, Boulder, Col. 1988.

6. Krieg und Frieden

ROBERT J. ART/KENNETH N. WALTZ (Hrsg.), The Use of Force. Military Power and International Politics, Landham, MD 1988[3].

KALEVI J. HOLSTI, Peace and War. Armed Conflicts and International Order 1648–1989, Cambridge 1991.

EVAN LUARD, War in International Society. A Study in International Sociology, London 1986.

WILLIAM H. MCNEILL, Krieg und Macht. Militär, Wirtschaft und Gesellschaft vom Altertum bis heute, München 1984.

CHARLES REYNOLDS, The Politics of War. A Study of the Rationality of Violence in Inter-state Relations, Hemel Hempstead 1989.

WOLFGANG HUBER/HANS-RICHARD REUTER, Friedensethik, Stuttgart 1990.

BERNHARD MOLTMANN/EVA SENGHAAS-KNOBLOCH (Hrsg.), Konflikte in der Weltgesellschaft und Friedensstrategien, Baden-Baden 1989.

WOLFGANG R. VOGT (Hrsg.), Angst vorm Frieden. Über die Schwierigkeiten der Friedensentwicklung für das Jahr 2000, Darmstadt 1989.

DERS. (Hrsg.), Mut zum Frieden. Über die Möglichkeiten einer Friedensentwicklung für das Jahr 2000, Darmstadt 1990.

7. Friedens- und Konfliktforschung

DAVID P. BARASH, Introduction to Peace Studies, Belmont, Cal. 1991.

BERNHARD MOLTMANN (Hrsg.), Perspektiven der Friedensforschung, Baden-Baden 1988.

ULRIKE C. WASMUHT (Hrsg.), Friedensforschung. Eine Handlungsorientierung zwischen Politik und Wissenschaft, Darmstadt 1991.

Franz Nuscheler

Das Nord-Süd-Problem

Die Dritte Welt als Akteur und Problemfeld in den internationalen Beziehungen

I. Von der »Kolonialfrage« zum Nord-Süd-Problem

Armut gab es zu allen Zeiten und in allen Welten. Noch im 19. Jahrhundert trieb Armut in dem sich industrialisierenden Europa Millionen zur Auswanderung. Charles Dickens schrieb seine sozialkritischen Romane, als Großbritannien, die industriell entwickeltste »Werkstatt der Welt«, reich und mächtig war. Frühindustrialisierung und Frühkapitalismus gelten im sozialgeschichtlichen Rückblick als Epoche der Pauperisierung. Damals berichteten Missionare, Entdeckungsreisende und Kolonialbeamte zwar auch über die Armut »in Übersee«, aber sie galt noch nicht als besorgniserregendes Sozialproblem, sondern eher als pittoreske Begleiterscheinung einer niedrigen, »barbarischen« Zivilisationsstufe.

Die Kolonialdoktrinen und Herrschaftspraktiken der Kolonialmächte unterschieden sich. Aber nicht nur die britischen Kolonialtheoretiker beanspruchten ein treuhänderisches Doppelmandat: Erstens betrieben sie die kolonialwirtschaftliche Inwertsetzung; zweitens fühlten sie sich zur Zivilisierung der »primitiven Gesellschaften« berufen, die als unfähig zur eigenen Entwicklung und als »Bürde des weißen Mannes« galten. Sie verstanden Treuhandschaft als Bevormundung der Schutzbefohlenen[1]. Die von den Fortschrittsphilosophien des 19. Jahrhunderts durchtränkte Kolonialdoktrin Frankreichs betonte zwar die »zivilisatorische Mission«, verhinderte aber nicht brutale Formen des Raubimperialismus, des Steuerzwangs und der Zwangsarbeit.

Das vom Völkerbund institutionalisierte Prinzip der Treuhandschaft enthielt eine Schutzfunktion, aber noch keinen Auftrag zur Entwicklungspolitik. Erst der britische *Colonial Development Act* von 1929 stellte 1 Mio. Pfund als »Entwicklungshilfe« zur Förderung von Industrie, Landwirtschaft, Transport- und Gesundheitswesen zur Verfügung. Das Gesetz verfügte ausdrücklich, daß mit diesen Mitteln auch die heimische Industrie gefördert und die Arbeitslosigkeit im »Mutterland« bekämpft werden soll-

---

Einzelne Passagen oder Sätze dieses Beitrages wurden übernommen aus: Franz Nuscheler, Lern- und Arbeitsbuch Entwicklungspolitik, Bonn 1991[3].

1 Vgl. Rudolf von Albertini, Dekolonisation, Köln-Opladen 1966, S. 103ff.

ten; es legalisierte also schon die »Beschäftigungswirksamkeit« von Entwicklungshilfe, die später zu einem Legitimationsvehikel werden sollte[2].

Der Zweite Weltkrieg erschütterte die Kolonialreiche und stärkte die antikolonialen Bewegungen, die sowohl vom Antikolonialismus der USA als auch vom Antiimperialismus der Sowjetunion ermuntert wurden. Das vorhersehbare Entstehen einer neuen Welt von Nationalstaaten ließ im US-Außenministerium schon früh Pläne reifen, diese in eine internationale Zusammenarbeit unter US-amerikanischer Führung einzubinden. US-Präsident Franklin D. Roosevelt und der britische Premierminister Winston Churchill, die gerade über die »Kolonialfrage« polemische Kontroversen austrugen, beschworen schon in Punkt V ihrer *Atlantik-Charta* vom 14. August 1941 »die volle Zusammenarbeit aller Nationen auf wirtschaftlichem Gebiet ... mit dem Ziel, für alle verbesserte Arbeitsbedingungen, wirtschaftlichen Fortschritt und soziale Sicherheit zu gewährleisten«.

Die *Charta der Vereinten Nationen* beschließt in Art. 1 Satz 3 »internationale Probleme wirtschaftlicher, sozialer, kultureller und humanitärer Art zu lösen«. Art. 25 der *Allgemeinen Erklärung der Menschenrechte* von 1948 räumt jedem Menschen »den Anspruch auf eine Lebenshaltung« ein, die »seine und seiner Familie Gesundheit und Wohlbefinden, einschließlich Nahrung, Kleidung, Wohnung, ärztlicher Betreuung und der notwendigen Leistungen der sozialen Fürsorge gewährleistet«.

Diese Bekenntnisse zu universellen sozialen Menschenrechten deuten auf ein Bewußtwerden des »Entwicklungsproblems« hin, das durch das Entstehen des Kalten Krieges und der globalen Systemkonkurrenz erheblich beschleunigt wurde. Armut und Unterentwicklung wurden nun im Westen als Probleme erkannt, weil sie zu einem politischen Krisenpotential und zum Nährboden für kommunistische Ideen zu werden drohten.

Punkt IV der *Truman-Doktrin* von 1947 leitete die Geschichte der US-amerikanischen Auslandshilfe ein, die bereits das Grundmuster aller »Entwicklungshilfe« im Kontext des Ost-West-Konflikts erkennen ließ. Sie bildete ein Mehrzweckinstrument der Außen- und Sicherheitspolitik, der globalen Eindämmungspolitik, war zugleich ein Instrument der Exportförderung und Rohstoffsicherung und bot politischen Flankenschutz für eine weltweite »open-door-policy«. Der Kalte Krieg bewirkte einen sicherheitspolitischen Primat, der auch im Gesetzestitel *Mutual Security Act* (Gesetz über gegenseitige Sicherheit) zum Ausdruck kam; unter dessen Reglement wurde von 1953 bis 1961 Wirtschafts- *und* Militärhilfe vergeben.

Am 20. Januar 1949 erklärte Präsident Harry S. Truman in seiner Botschaft an den amerikanischen Kongreß den größten Teil der Welt zu »unterentwickelten Gebieten«. Er führte damit eine Formel in die politische Sprache ein, die sehr unterschiedlich entwickelte, über drei Kontinente und verschiedene Kulturkreise verstreute Gesellschaften auf einen nivellierenden Generalnenner brachte. Die frühe Entwicklungstheorie verstand Entwicklung noch ohne kulturrelativistische Skrupel als nachholende und nachahmende Entwicklung. Die Zweiteilung der Welt in ein »Reich des Lichts« und in ein »Reich der Finsternis« ließ zunächst, wie auch später wieder unter US-Präsident Ronald Reagan, keine entwicklungstheoretischen Sensibilitäten zu; sie qualifizierte auch die Idee einer neutralistischen Dritten Welt, die 1955 von den

2 Vgl. Herward Sieberg, Colonial Development, Wiesbaden 1985, Kap. I.

Gründervätern der Blockfreienbewegung in Bandung propagiert wurde, als unmoralisch ab.

Vier Jahrzehnte lang überlagerte der Ost-West-Konflikt die Entwicklungen, die auf einen Nord-Süd-Konflikt zutrieben. Es bedurfte der revolutionären Signale an vielen Teilen der weltpolitischen und weltwirtschaftlichen »Peripherie«, um im Norden die Bereitschaft zu einer aktiven Nord-Süd-Politik zu wecken. Die wachsende Zahl von unabhängigen Entwicklungsländern nutzte die Vereinten Nationen (UN) als Forum, um das Nord-Süd-Problem auf die weltpolitische Agenda zu bringen.

II. Inhaltswandel des Dritte-Welt-Begriffs

Jeder scheint zu wissen, was die Dritte Welt ist, weil sie uns fast täglich medial als eine Welt von Krisen und Katastrophen vermittelt wird. Sie ist die in vielen Karikaturen dargestellte Welt der armen und wirtschaftlich unterentwickelten Länder auf der südlichen Halbkugel, auf der ihre große Mehrheit gar nicht liegt; sie ist eine »nichtweiße«, partiell tropische Welt (ein Faktum, das manchem Rassentheoretiker schon eine ausreichende Erklärung für Unterentwicklung liefert); sie zählt sich selbst weder zur westlichen Ersten Welt noch zur östlich sozialistischen Zweiten Welt, auch wenn einige Staaten enge Beziehungen zu einer der beiden anderen »Welten« hatten.

Keines der Verwandtschaftsmerkmale, die üblicherweise mit dem Begriff assoziiert werden, trifft auf alle 127 Länder zu, die sich der *Gruppe der 77* (Zahl der Gründungsmitglieder 1964), der sog. Gewerkschaft der Dritten Welt, angeschlossen haben. Die vom Entwicklungshilfeausschuß (DAC = *Development Assistance Committee*) der Organisation für wirtschaftliche Zusammenarbeit und Entwicklung (OECD) erstellte Liste von 137 Entwicklungsländern enthält auch drei NATO- und zwei EG-Mitglieder (Griechenland, Portugal, Türkei), ferner zwei Mitglieder des einstigen Warschauer Paktes (Polen und Ungarn) und weitere Mitglieder des ehemaligen Rats für gegenseitige Wirtschaftshilfe (RgW), nämlich Kuba, Vietnam und die Mongolei. Die Zweite Welt befindet sich als Militär- und Wirtschaftsblock sowie als »Entwicklungswelt« in Auflösung, und wenn man an die Golfstaaten denkt, stimmt auch die Gleichsetzung der Dritten Welt mit der »armen Welt« nicht.

Der Begriff der Dritten Welt tauchte gelegentlich schon in den fünfziger Jahren auf, als die heutigen 69 AKP-Staaten in *A*frika, in der *K*aribik und im Süd*p*azifik größtenteils noch Kolonien waren. Er hatte damals eine politische Stoßrichtung im Rahmen des Kalten Krieges. Die nach dem Zweiten Weltkrieg unabhängig gewordenen »jungen Staaten« wollten sich nicht in den ideologischen und militärischen Ost-West-Konflikt hineinziehen lassen. Die Vision einer dritten Kraft zwischen den Militärblöcken und ideologischen Lagern von Kapitalismus und Sozialismus diente ihnen als Mittel, eine eigenständige Rolle in der bipolar strukturierten Weltpolitik zu finden. Die auf der Bandung-Konferenz von 1955 geborene *Bewegung der Blockfreien* verstand sich als »eine nicht-militärische, anti-kolonialistische Allianz zur Förderung der Souveränität, d.h. der politischen Emanzipation und wirtschaftlichen Entwicklung der Länder der Dritten Welt – verbunden mit der Tendenz, nicht zum Objekt der Großmächtekonkurrenz zu werden.«[3]

Zu dieser Bewegung zählten sich anfangs nur die afro-asiatischen Staaten. Lateinamerika war im Rahmen des Rio-Paktes (von 1947) ebenso Bündnispartner der USA wie die Mitglieder der CENTO *(Central Treaty Organization)* und der SEATO *(South-East Asia Treaty Organization)* an der Südflanke der Sowjetunion. Die lateinamerikanischen Staaten zählen sich bis heute nur zögernd zur Dritten Welt, wie ihre unterschiedlich große Distanz zur Blockfreienbewegung zeigt.

Schon zu Beginn der sechziger Jahre wurde die bündnispolitische Verengung des Begriffs aufgelockert: erstens durch eine fast beliebige Deutung von Blockfreiheit (die unter dem Decknamen des »positiven Neutralismus« auch »natürliche Bündnisse« mit der »antiimperialistischen« Zweiten Welt nicht ausschloß); zweitens durch die zunehmende Artikulation der Interessen- und Verteilungskonflikte zwischen dem reichen Norden und dem armen Süden. Frantz Fanon setzte in seiner berühmten Schrift »Die Verdammten dieser Erde« (frz. Orig. 1961) die Dritte Welt mit der kolonisierten und unterentwickelten Welt gleich. Diese Assoziation hat der Begriff noch immer, besonders in der Rhetorik der mehrheitlich afro-asiatischen Blockfreien. In eine eindeutige Schieflage geriet das Verständnis der Dritten Welt als »dritter Stand« in der Weltgesellschaft.

Die Blockfreien waren zwar schon Ende der sechziger Jahre in Ost-West-Fragen nicht mehr als politische Aktionseinheit zu erkennen, aber nun versammelten sie sich hinter einer gemeinsamen Linie im entstehenden Nord-Süd-Konflikt. Der Begriff der Dritten Welt wurde zu einer Beschwörungsformel für Einheit und Geschlossenheit. Die 1964 während der I. UNCTAD *(UN Conference on Trade and Development)*-Konferenz in Genf gegründete *Gruppe der 77* gerierte sich als Sprachrohr und als »Gewerkschaft der Dritten Welt«, die ihre Forderungen nach einer Neuen Weltwirtschaftsordnung zunehmend massiver vortrug. Auch auf den Konferenzen der Blockfreienbewegung, der sich etwa 80 Prozent der Mitglieder der *Gruppe der 77* anschlossen, rückten handels- und entwicklungspolitische Forderungen in den Vordergrund.

Kräftigen Auftrieb erhielt diese Gruppensolidarität, als das OPEC *(Organization of the Petroleum Exporting Countries)*-Kartell dem übermächtig erscheinenden Norden die potentielle Verhandlungs- und Verweigerungsmacht von Rohstoffexporteuren vor Augen führte. Der Nord-Süd-Konflikt erhielt Profil. Mit dieser Demonstration der Gegenmacht im Rücken nutzte die *Gruppe der 77* ihre Mehrheit in der UN-Vollversammlung und in anderen internationalen Organisationen zu einer Konfrontationspolitik.

Dies ist die Kurzgeschichte des Aufstiegs der Dritten Welt von einem Konzept zu einer weltpolitischen Realität[4]. Als sie zu einem konfliktfähigen Machtfaktor in der internationalen Politik geworden zu sein schien und der Nord-Süd-Konflikt im Norden allenthalben Bedrohungsängste auszulösen begann, zeichneten sich in den Nord-Süd-Beziehungen und innerhalb der Dritten Welt Entwicklungen ab, die diese kurz-

---

3 Werner Link/Paul Tücks, Der Nord-Süd-Konflikt, Berlin 1985, S. 27.

4 Vgl. Dieter Nohlen/Franz Nuscheler, Was heißt Dritte Welt?, in: dies. (Hrsg.), Handbuch der Dritten Welt, 8 Bde., Hamburg 1982–1984[2] (im folgenden zitiert als: HDW); hier: Bd. 1, S. 11–24.

fristige Wirkung wieder unterliefen und die Forderung aufkommen ließen, Abschied von dem »falschen Begriff«[5] der Dritten Welt zu nehmen.

Wenn dieser Beitrag dennoch diesen »falschen Begriff« gebraucht, dann deshalb, weil er eine griffige Sammelbezeichnung für die in der *Gruppe der 77* organisierten Entwicklungsländer darstellt. Der »Süden«, die »Peripherie« oder die »Zweidrittelwelt« sind keine besseren Alternativen.

III. Die Dritte Welt als arme und unterentwickelte Welt

Entwicklungsländer gelten in der entwicklungspolitischen Umgangssprache als arme und unterentwickelte Länder, obwohl der Begriff *(developing countries)* Entwicklung, nicht Unterentwicklung, impliziert. Gemeint ist, daß sie weniger entwickelt sind als die Industrieländer, die den Maßstab für Entwicklung bilden. Aber was macht dieses Weniger an Entwicklung aus? Welche Merkmale machen ein Land zu einem »Entwicklungsland«, auch dann, wenn es – wie einige erdölexportierende Länder – zu den Staaten mit dem höchsten Pro-Kopf-Einkommen zählt?

In der alltäglichen Diskussion wird Unterentwicklung häufig mit Armut, also mit der ungenügenden Versorgung größerer Teile der Bevölkerung mit lebensnotwendigen Gütern und lebenswichtigen Dienstleistungen, gleichgesetzt. Diese unzureichende Befriedigung der menschlichen Grundbedürfnisse kann in einzelne, aber durch die gemeinsame Ursache der Armut miteinander verbundene Teilaspekte zerlegt werden:

a) Wir nehmen Unterentwicklung vor allem als Hunger wahr. Die ausreichende Versorgung mit Nahrungsmitteln und Trinkwasser ist die Voraussetzung für das Leben, für die Gesundheit sowie für die körperliche und geistige Leistungsfähigkeit. Internationale Organisationen schätzen, daß im »Süden« zwischen 1,3 und 1,5 Mrd. Menschen ständig an Unterernährung leiden, die wiederum die Ursache für viele Krankheiten und eine hohe Kindersterblichkeit bildet. Ein Drittel der Weltbevölkerung lebt in Ländern, in denen der durchschnittliche Kalorienverbrauch unter dem täglichen Mindestbedarf liegt. Diese absolute Armutsgrenze orientiert sich an einer ernährungsphysiologischen Maßeinheit, die die Lebenssituation von Hunderten von Millionen Menschen auf ein animalisches Lebensminimum verkürzt. Aber die »absolut Armen« leben kein menschenwürdiges Leben, sondern vegetieren. Millionen hungern neben vollen Getreidespeichern, weil sie mangels Arbeit und Kaufkraft das Getreide nicht kaufen können (an dem sich aber Scharen von Ratten satt fressen).

b) Unterentwicklung bedeutet einen schlechten Gesundheitszustand, eine hohe Kindersterblichkeit und eine niedrige Lebenserwartung. Die Lebenserwartung liegt im Durchschnitt aller Entwicklungsländer nach Angaben der Weltbank bei 62 Jahren, in Afrika aber nur bei 51 Jahren, also um 25 Jahre niedriger als in den westlichen Industrieländern; in einigen Ländern der Sahelzone ist sie noch niedriger.

5 Armin Eikenberg, Die Dritte Welt – Abschied von einer bequemen Vorstellung, in: Weltpolitik, 3 (1983), S. 166–192; Ulrich Menzel, Das Ende der »Dritten Welt« und das Scheitern der großen Theorie, in: Politische Vierteljahresschrift, (1991) 1, S. 4–33.

Diese prekären Durchschnittswerte, die regionale Unterschiede und das Stadt-Land-Gefälle innerhalb der einzelnen Länder nicht erkennen lassen, kommen vor allem dadurch zustande, daß in den ärmsten Ländern fast ein Drittel der Kinder vor dem fünften Geburtstag an den Folgen von Kinderkrankheiten stirbt, gegen die unterernährte Kinder, die von unterernährten Müttern geboren wurden, keine Abwehrkräfte haben.

Arme Eltern haben außerdem keinen Zugang zu Gesundheitsdiensten und Medikamenten. Nur ein Fünftel der in den ärmsten Entwicklungsländern lebenden Menschen kann sich eine ärztliche Versorgung leisten. Der vom Internationalen Währungsfonds (IWF) auferlegte Zwang zu Haushaltseinsparungen verschärfte diese Lage, weil er zu Kürzungen der staatlichen Ausgaben für das Gesundheitswesen und der Subventionen für Basismedikamente zwang. Nach Schätzungen der Weltgesundheitsbehörde (WHO) könnten mit 2,5 Mrd. US-Dollar für Impfungen und medizinische Behandlung von Kindern, die an Wasserentzug oder Lungenentzündung leiden, jährlich 7,5 Millionen Kinder gerettet werden.

Krankheiten und Massenseuchen sind häufig Folgewirkungen des Gebrauchs von unsauberem Trink- und Waschwasser, mit dem viele Krankheitserreger aufgenommen werden. Nach Schätzungen der UNO, die die achtziger Jahre zur »Internationalen Trinkwasserversorgungs- und Sanitärdekade« erklärt hatte, haben rund 1,2 Mrd. Menschen keinen Zugang zu sauberem Trinkwasser, fast 2 Mrd. Menschen keinen Zugang zu sanitären Anlagen, die eine krankheitsverhindernde Hygiene erlauben. Nach Schätzungen der WHO leidet eine halbe Milliarde Menschen an Wurmkrankheiten, die auf die Benutzung von Schmutzwasser und auf mangelnde Hygiene zurückzuführen sind; 600 Millionen sind von Tropenkrankheiten (vor allem von Malaria und Schistosomiase) befallen. In Afrika sind 90 Prozent der Bevölkerung mit einer Tropenkrankheit infiziert. Die WHO rief 1990 zum »weltweiten Krieg« gegen ein millionenfaches vorzeitiges Sterben als Folge von ausrottbaren Krankheiten auf.

In der Dritten Welt gilt die einfache Regel: Wer arm ist, stirbt früher. Im November 1974 hatte die 2. Welternährungskonferenz das Ziel formuliert: »Nach Ablauf eines Jahrzehnts soll kein Kind mehr hungrig zu Bett gehen und keine Familie sich um das tägliche Brot sorgen.« Nach Berichten des Kinderhilfswerks der UNO, UNICEF *(UN International Children's Emergency Fund)* hat die Kindersterblichkeit in den achtziger Jahren wieder zugenommen: Es sterben täglich mindestens 40000 Kinder an den Folgen von Unterernährung und Massenkrankheiten.

c) Unterentwicklung bedeutet geringe Bildungschancen, folglich einen niedrigen Bildungsstand und einen Mangel an »Humankapital«. Die Zahl der Analphabeten hat zwar relativ ab-, aber in absoluten Zahlen zugenommen. Viele hochverschuldete Länder kürzen unter dem Zwang, den Haushalt zu sanieren, vor allem die Ausgaben für das Bildungswesen, entlassen Lehrer und schließen Schulen.

Von 100 eingeschulten Kindern verlassen gut zwei Drittel vorzeitig die Schule, weil entweder die Eltern die Schulgebühren (die auf Druck des IWF ebenfalls erhöht wurden) nicht bezahlen können oder weil sie durch häufig sklavenähnliche Formen der Kinderarbeit zum Überleben der Familie beitragen bzw. sich allein durchschlagen müssen. Die Internationale Arbeitsorganisation (ILO = *International Labour Organization*) in Genf schätzte die Zahl der ausgebeuteten Kinderarbeiter unter 15 Jahren, die es nach internationalen Konventionen gar nicht geben dürfte, auf mindestens 100 Millionen.

UNICEF geht von der doppelten Zahl aus. Der Ende September 1990 in New York inszenierte »Weltgipfel für Kinder«, an dem 75 Staats- und Regierungschefs teilnahmen, vermehrte zwar die Unterschriften unter die *UN-Kinderkonvention,* wird aber die Lebenslage der Kinder kaum verbessern; sie sind die wehrlosen Opfer der Massenverelendung.

d) Unterentwicklung bedeutet das Hausen in Holz- und Blechhütten in unkontrolliert wachsenden städtischen Slums aufgrund der sich verschlechternden Lebensbedingungen auf dem Land, ein millionenfaches Leben und Sterben auf den Straßen, das Erleben von Gewaltverhältnissen und einen alltäglichen Überlebenskampf. 100 Millionen Kinder leben, in Banden organisiert, im und vom Abfall. Das Bild der Dritten Welt wird zunehmend von unregierbaren Millionenstädten à la Kalkutta geprägt, wo von lebensbewahrenden Dienstleistungen keine Rede mehr sein kann.

Diese Illustrationen der Erscheinungsweisen von Unterentwicklung könnten weiter ausgemalt werden und dennoch das Massenelend nicht hinreichend beschreiben. Der frühere Weltbank-Präsident Robert McNamara hat in seiner dramatischen »Nairobi-Rede« von 1973 die »entwürdigenden Lebensbedingungen« der Massenarmut auf den Punkt gebracht: »Die absolute Armut ist durch derart katastrophale Lebensumstände gekennzeichnet, daß die Entfaltung der Gene, mit denen die Menschen bei der Geburt ausgestattet sind, unmöglich gemacht und die menschliche Würde beleidigt wird. Und doch sind diese Bedingungen so weit verbreitet, daß sie das Los von etwa 40 Prozent der Menschen in den Entwicklungsländern bestimmen.«

IV. Strukturmerkmale von Unterentwicklung

Die Beschreibungen des Massenelends sagen noch wenig darüber aus, was entwikkelte, sich entwickelnde oder unterentwickelte Gesellschaften voneinander unterscheidet, zumal es in reichen Ländern Enklaven der Armut und in armen Ländern Enklaven eines obszönen Reichtums gibt. Es gibt zahlreiche Versuche, durch Kataloge von Strukturmerkmalen das Profil eines typischen Entwicklungslandes zu erfassen. Solche Schnittmuster sind lediglich heuristische Hilfsmittel, die regionale und kulturelle Besonderheiten sowie Unterschiede des Entwicklungsniveaus und der Lebensbedingungen von einzelnen Bevölkerungsgruppen nicht erkennen lassen.

1. Das Bruttosozialprodukt als fragwürdiger Schlüsselindikator

Die internationalen und nationalen Entwicklungsagenturen stellen das niedrige Bruttosozialprodukt (BSP) pro Kopf bzw. das Pro-Kopf-Einkommen, also den Mangel an Kapital, in den Mittelpunkt ihrer Definition von Unterentwicklung. Sie wird zu einer statistischen Maßeinheit, mit deren Hilfe Entwicklungsunterschiede gemessen und einzelne Entwicklungsländer zu »Entwicklungswelten« zusammengefaßt werden: »Kaum war die Einkommensskala angelegt, war Ordnung auf dem unübersichtlichen Erdball geschaffen: Horizontal ließen sich so verschiedene Welten wie die der Zapoteken, Tuaregs und Rajasthani als gleichartig einstufen und vertikal im Vergleich zu den ›reichen‹ Nationen auf eine Position nahezu unermeßlicher Unterlegenheit verweisen. So definierte ›Armut‹ ganze Völker nicht in dem, was sie sind und sein wollen, sondern in dem, was ihnen fehlt und was sie zu werden haben. Ökonomische Geringschätzung war so an die Stelle kolonialer Geringschätzung getreten.«[6]

Das Pro-Kopf-Einkommen gilt noch immer als das beste Maß für den Entwicklungsstand eines Landes, obwohl ihm viele Mängel anhaften:

- Es mißt nur Marktwerte, kann deshalb den hohen Grad an Selbstversorgung in Subsistenzwirtschaften nur schätzen.
- Es deklassiert die Marktferne der Subsistenzproduktion als Rückständigkeit, obwohl die Fähigkeit zur Selbstversorgung unter Bedingungen der Massenarmut Überlebenschancen schafft.
- Es ignoriert alle nichtmateriellen Güter, die für ein menschenwürdiges Leben wichtig sind, läßt also die »entscheidenden Elemente der sozialen Wohlfahrt, der Rechte des einzelnen sowie andere in Mark und Pfennig nicht meßbare Werte außer acht« *(Brandt-Bericht)*.
- Es bevorzugt Tauschwerte gegenüber Gebrauchswerten, berücksichtigt also nicht den Nutzen von Gütern.
- Es sagt wenig über die tatsächliche Kaufkraft aus, weil ein Einkommen, das in einem reichen Land Armut bedeutet, in einem armen Land relativen Wohlstand bedeuten kann; es muß in den ärmsten Ländern um einen durchschnittlichen Faktor von drei gewichtet werden.
- Es blendet die sozialen und ökologischen Kosten von Wachstum, das mit Entwicklung gleichgesetzt wird, aus.
- Es versteckt die häufig extrem ungleichen Einkommens- und Lebensverhältnisse zwischen reichen Minderheiten und armen Mehrheiten, regionale Disparitäten, das Stadt-Land-Gefälle und die Ungleichheit zwischen den Geschlechtern hinter statistischen Durchschnittswerten.

Die Beispiele der reichen Ölländer und der armen VR China zeigen, daß Reichtum nicht Entwicklung und ein niedriges Pro-Kopf-Einkommen nicht Massenelend bedeuten muß. Der Unterschied zwischen wenig für fast alle einerseits, fast nichts für viele und viel für wenige andererseits ist sehr groß. »Binäre Einteilungen, wie gesund/krank, normal/anormal oder eben reich/arm, sind wie Dampfwalzen des Geistes; sie planieren eine vielförmige Welt und walzen, was sich nicht fügt, in Grund und Boden. Die stereotype Rede von der »Armut« hat bis zur Unkenntlichkeit die verschiedenen, ja gegensätzlichen Gestalten von Armut eingeebnet.«[7]

Der vom *UN Development Program* (UNDP) vorgelegte *Human Development Report 1990* setzte der Messung des Entwicklungsstandes allein nach Pro-Kopf-Einkommen einen aus drei »wesentlichen Elementen des Lebens« (Lebensdauer, Bildung und einen »angemessenen Lebensstandard«) zusammengesetzten *Human Development Index* (HDI) entgegen. Als Indikator für den Lebensstandard dient die reale Kaufkraft, die in der Regel höher ist als das in US-Dollar ausgewiesene Pro-Kopf-Einkommen. Vergleicht man die mit Hilfe dieses HDI hergestellte Rangfolge der Länder auf der Skala der »menschlichen Entwicklung« mit ihrer allein nach dem stati-

---

6 Wolfgang Sachs, Zur Archäologie der Entwicklungsidee, in: epd-Entwicklungspolitik, (1989) 10, S. f.

7 Ebd. S. h.

stischen Pro-Kopf-Einkommen errechneten Rangfolge, ergeben sich teilweise große Rangunterschiede. Absteiger sind vor allem die reichen Ölstaaten, Aufsteiger die ehemals sozialistischen Staaten. Der HDI ist kritikwürdig, weil die beiden Sozialindikatoren ›Lebenserwartung bei Geburt‹ und ›Alphabetisierung‹ nur vergleichsweise billige Entwicklungsfortschritte erfassen, aber er sagt über die Lebensverhältnisse mehr aus als die nackte Größe des Pro-Kopf-Einkommens. Dennoch messen die internationalen Organisationen Entwicklung weiterhin mit diesem Indikator.

2. *Teufelskreise der Armut*

Die Idee der Entwicklungshilfe baute auf der Annahme auf, daß es den armen Ländern vor allem an Kapital zur Finanzierung von Entwicklung mangelt. Aus dieser Annahme wurden einige negative Folgewirkungen abgeleitet:

- eine geringe Sparfähigkeit und niedrige Investitionsraten (wer nichts hat, kann nicht sparen; wer nicht sparen kann, kann auch nicht investieren oder muß sich verschulden);
- eine niedrige Kapitalausstattung und Arbeitsproduktivität, besonders in der Landwirtschaft.

Solche Kausalketten verführen leicht zur Konstruktion von *Teufelskreisen der Armut,* die ungemein plausibel erscheinen, aber zu irreführenden Zirkelschlüssen führen können. Setzt man den vermuteten Kapitalmangel als Ausgangspunkt, entsteht folgende Kausalkette: Niedriges Einkommen → niedrige Sparquote → niedrige Investitionsquote → niedrige Produktivität → niedrige Einkommen. Wählt man die Unterernährung als Konstante, kann man diese Kausalkette bilden: Unterernährung führt zu geringer Leistungsfähigkeit; niedrige Produktivität bewirkt geringes Einkommen und folglich Unterernährung. Der Erfindungsgabe sind kaum Grenzen gesetzt. Am Ende steht der einfache Zirkelschluß: Ein Land ist arm, weil es arm ist.

Solche »Teufelskreise« können beweisen, was sie beweisen sollen. Sie drehen sich im Kreis um einen willkürlich gesetzten Ausgangspunkt und suchen zur jeweiligen Ursache die passende Wirkung, die dann ihrerseits zur Ursache wird. Sie bauen also auf Tautologien auf. Ihre Plausibilität ist deshalb gefährlich, weil sie Armut als unentrinnbares, sich selbst verewigendes Schicksal darstellen und weder nach tieferliegenden Ursachen noch nach Auswegen fragen, weil angeblich »zerstörende Kräfte am Werk sind, die den Armutszustand zementieren.«[8]

Die »Teufelskreise« können nicht erklären, warum es den heutigen Industrieländern gelungen ist, ihren Teufelskreis zu durchbrechen, und warum den Schwellenländern dieser Ausbruch schon halbwegs gelungen ist. Sie sind auch deshalb gefährlich, weil sie den Willen zu Entwicklungspolitik schwächen können: Das Schicksal kann man nicht ändern, sondern muß man ertragen. Politik bedeutet aber den Willen zu Veränderung.

---

8 Rudolf Stucken, Der »Circulus Vitiosus« der Armut in Entwicklungsländern, in: Hans Besters/Ernst E. Boesch (Hrsg.), Entwicklungspolitik. Handbuch und Lexikon, Stuttgart u.a. 1966, S. 54.

3. Luxus und Kapitalflucht

Der statistische Durchschnittswert des Pro-Kopf-Einkommens klammert die Verteilungsfrage völlig aus und suggeriert statt dessen, daß der Kapitalmangel allein Ursache der Armut sei.

Die Dritte Welt ist aber nicht nur eine arme Welt. Vielmehr gehört auch der gigantische Reichtum von Oligarchien zu ihrem Erscheinungsbild. Die kleinen Oberschichten zählen vielfach zur Spitzengruppe der internationalen Einkommenspyramide. Mit ihrem Luxuskonsum und ihrer unproduktiven Schatzbildung verschwenden sie vorhandenes Kapital. Während Kleinbauern nicht genügend Land für existenzsichernde Erträge haben, lassen Großgrundbesitzer riesige Flächen ungenutzt. Die Weltbank errechnete in ihrem Weltentwicklungsbericht 1990, daß beispielsweise in Lateinamerika schon eine um zwei Prozent höhere Einkommenssteuer für das reichste Fünftel der Haushalte ausreichen würde, um die Überwindung der Massenarmut zu finanzieren.

Kapitalflucht entzieht den Ländern Investitionskapital und hat wesentlich zur Anhäufung des Schuldenberges beigetragen. Die Weltbank schätzt den Anteil der Kapitalflucht im Durchschnitt auf etwa ein Drittel der Gesamtschulden, in einzelnen Ländern auf einen weit höheren Anteil. Diktatoren beugen mit Milliardenbeträgen auf Schweizer Nummernkonten und anderswo ihrem eventuellen Sturz vor. Von dort kommen dann die Fluchtgelder teilweise in Form teurer Kredite wieder in die Heimatländer zurück. Die Gründe für die Kapitalflucht liegen vor allem in der wirtschaftlichen und politischen Instabilität. Die Höhe der verschobenen Summe, die lediglich geschätzt werden kann, dürfte nur wenig unter der Höhe der gesamten Entwicklungshilfe liegen.

4. Ressourcenverschwendung durch Rüstungsausgaben

Die armen Länder geben durchschnittlich einen ebenso hohen Anteil ihres BSP für Rüstung aus wie die reichen Industrieländer, viele sogar wesentlich mehr. Ihre Rüstungsausgaben machen ein Mehrfaches der gesamten Entwicklungshilfe aus. Die Aufwendungen für Militärapparate und Waffenarsenale haben sich in zwei Jahrzehnten (1960 bis 1980) vervierfacht; ihr Anteil an den weltweiten Rüstungsausgaben hat sich in diesem Zeitraum von einem Zehntel auf ein Viertel erhöht. Es wird geschätzt, daß die Dritte Welt in der Mitte der achtziger Jahre pro Jahr rund 500 Mrd. DM für Militärzwecke aller Art ausgab: eine gigantische Summe, neben der sich die Zahlen für Entwicklungshilfe ziemlich kümmerlich ausnehmen. Aus entwicklungspolitischer Sicht ist es höchst bedenklich, daß auch sehr arme Entwicklungsländer für »Verteidigung« (häufig nicht gegen äußere Bedrohung, sondern gegen das eigene Volk) mehr Mittel ausgeben als für das Bildungs- und Gesundheitswesen zusammen. Das Beispiel Costa Rica hingegen zeigt, wie Frieden und politische Stabilität in einer Krisenregion auch ohne Armee bewahrt werden können.

Wie die Aufrüstung auch immer gerechtfertigt werden mag: Sie verschwendet einen hohen Anteil der knappen Haushaltsmittel und Exporterlöse für unproduktive Zwecke. Rüstungsimporte sind nach Schätzungen der Weltbank für ein Drittel der Auslandsverschuldung verantwortlich. Der »Fünfte Bericht zur Entwicklungspolitik

Tabelle 1: Militärausgaben 1987
(in Prozent des Bruttoinlandsproduktes)

Länder		Länder	
USA	6,4	Pakistan	6,8
Bundesrepublik Deutschland	3,1	Ägypten	6,2
Japan	1,0	VR China	4,0
OECD-Länder	4,0	Indien	3,8
Peru	8,0	Moçambique	10,5
Chile	6,8	Zimbabwe	6,5
Nicaragua	44,1		

Quelle: Report einer unabhängigen Gruppe über Finanzströme in die Entwicklungsländer *(Schmidt-Bericht)*, Juni 1989.

der Bundesregierung« (1983) wies auf die wichtigsten Gründe hin, warum hohe Rüstungsausgaben ein schwerwiegendes Entwicklungshindernis darstellen:

- Rüstung bedeutet für die Entwicklungsländer stets auch Import von Rüstungsgütern; somit verringert sich die Importkapazität für entwicklungswichtige Güter, und die Verschuldung verschärft sich.
- Die binnenwirtschaftliche Belastung liegt im Unterhalt eines kostspieligen und unproduktiven Sektors mit allen notwendigen Folgelasten, in der Absorption qualifizierter Fachkräfte aus dem zivilen Bereich, in der Begünstigung der Entwicklung einseitig spezialisierter Technologie und in der Vernachlässigung breitenwirksamer wirtschaftlicher Entwicklung.
- Wachsendes Militärpotential erhöht in vielen Fällen die Konfliktbereitschaft, mit der Folge, daß bei kriegerischen Auseinandersetzungen Entwicklungserfolge vernichtet werden und Flüchtlingselend als neue Belastung hinzukommt.
- Außenpolitisch bedeutet Aufrüstung für die Entwicklungsländer eine zunehmende Abhängigkeit von den Rüstungsexporteuren.

Der Bericht verschweigt allerdings die Tatsache, daß die Bundesrepublik Deutschland zum fünftgrößten Rüstungsexporteur und zum weltgrößten Exporteur von Kleinwaffen, U-Booten und Blaupausen für die Waffenproduktion in der Dritten Welt aufgestiegen ist. Fast zwei Drittel der deutschen Rüstungsexporte gehen in die Dritte Welt. So gilt es beispielsweise als erwiesen, daß deutsche Unternehmen auch beim Bau von Giftgasfabriken im Irak und in Libyen beteiligt waren.

5. Sozio-ökonomische Strukturprobleme

Neben dem zentralen Entwicklungsproblem der Kapitalbildung werden in der Fachliteratur die folgenden sozio-ökonomischen und ökologischen Merkmale von Unterentwicklung aufgezählt, die in den verschiedenen Regionen unterschiedlich ausgeprägt sind und sich im Verlauf der Jahrzehnte teilweise wandelten:

- eine ökologische Benachteiligung durch klimatische Bedingungen, Wasserknappheit und geringe Ertragskraft der Böden, die durch fortschreitende Bodenerosion,

Versteppung und Verwüstung sowie durch Versalzung von Bewässerungsland und Umweltkatastrophen (Dürreperioden, Überschwemmungen, Hurrikane), verursacht durch die Ausbeutung der Natur, verschärft wird;
- eine geringe Diversifizierung der Produktions- und Exportstrukturen mit dem Risiko außenwirtschaftlicher Verwundbarkeit bei Nachfrage- und Preisschwankungen;
- eine hohe Abhängigkeit der Gesamtwirtschaft (der Exporterlöse, Importfähigkeit, Staatseinnahmen) von unberechenbaren externen Entwicklungen und Entscheidungen;
- ein hoher Exportanteil von Rohstoffen auf niedriger Verarbeitungsstufe mit entsprechend niedriger Wertschöpfung;
- ein niedriger Industrialisierungsgrad als Hauptunterschied zu den entwickelten Industrieländern, der sich bei den Schwellenländern verringerte;
- eine hohe Agrarquote, d.h. die Beschäftigung des größten Teils der Erwerbspersonen in der Landwirtschaft, häufig zur Sicherung des eigenen Lebensunterhalts (Subsistenzwirtschaft) mit nur geringer Überschußproduktion für den lokalen Markt; zunehmend treten allerdings die Probleme der Landflucht, Verstädterung und städtischen Slumbildung in den Vordergrund;
- eine ungenügende Infrastruktur (Verkehrswege, Kommunikation, Energieversorgung, öffentliche Einrichtungen aller Art) jenseits von Hauptverkehrsadern, die häufig nur die Rohstoffenklaven mit der Außenwelt verbinden, aber nicht das Hinterland erschließen;
- einerseits eine hohe offene und versteckte Arbeitslosigkeit, andererseits als Folge eines unter- und fehlentwickelten (weil auf Akademisierung ausgerichteten) Bildungswesens ein großer Mangel an qualifizierten Arbeits- und Führungskräften;
- ein hohes Bevölkerungswachstum, das die Tendenz hat, sich mit dem Grad der Armut zu erhöhen;
- eine unzulängliche Integration von Gesellschaft und Volkswirtschaft, so daß Entwicklungsgesellschaften auch als desintegrierte Gesellschaften gekennzeichnet werden.

V. Kontroversen über die Ursachen von Unterentwicklung

Solange nur Symptome der Unterentwicklung aufgelistet werden, entstehen allenfalls Meinungsverschiedenheiten über ihre Gewichtung. Der Streit beginnt bei der Bestimmung der Ursachen von Unterentwicklung, vor allem zwischen denjenigen Erklärungsansätzen, die mehr oder weniger monokausal argumentieren.

1. Desintegration: Dualismus oder strukturelle Heterogenität?

Das Bundesministerium für wirtschaftliche Zusammenarbeit (BMZ) hob als gemeinsames Merkmal der Entwicklungsländer eine Struktur hervor, die »einerseits in traditionellen Formen – vornehmlich in der Landwirtschaft – verharrt und andererseits über einen modernen dynamischen Sektor – meist im Industriebereich – verfügt«.

Das Ministerium greift hier auf ein Erklärungsmuster zurück, das unter dem Begriff *Dualismus* lange zum Grundbegriff der entwicklungstheoretischen Diskussion gehörte.

Ökonomen sahen im Dualismus ein spezifisches Strukturmerkmal von Unterentwicklung, weil sie den Integrationsgrad einer Volkswirtschaft für ein entscheidendes Kriterium von Entwicklung halten. Der Dualismus-Begriff wurde populär, weil er die vielfältigen Desintegrationserscheinungen auf einen griffigen Nenner brachte:

- Der ökonomische und technologische Dualismus sollte das unverbundene Nebeneinander eines kapitalintensiven, meist exportorientierten und vom Auslandskapital beherrschten »modernen Sektors« und eines »traditionellen«, mit primitiver Technik und niedriger Arbeitsproduktivität arbeitenden und nur lose an den nationalen Güter- und Geldmarkt angebundenen »informellen Sektors« bezeichnen.
- Als regionaler Dualismus wurden die Gegensätze zwischen entwickelten und zurückgebliebenen Regionen, zwischen den industrialisierten Zentren, Bergbau- oder Plantagenenklaven und dem marginalisierten Hinterland bezeichnet.
- Sozialen und kulturellen Dualismus nannte man die Gegensätze zwischen reichen Minderheiten und armen Mehrheiten, zwischen westlich gebildeten Eliten und den analphabetischen Bevölkerungsmehrheiten, die erst allmählich durch Transistorradios und Fernsehen (dort, wo es Elektrizität gibt) an der vom Staat oder von Medienkonzernen manipulierten »nationalen Kultur« teilhaben können.

Gelegentlich wurde dem »traditionellen Sektor« unter Einschluß des latifundienartigen Großgrundbesitzes mit seinen ausbeuterischen Herrschafts-, Besitz-, Pacht- und Arbeitsverhältnissen der unbrauchbare Begriff des Feudalismus übergestülpt, der entweder – nach dem marxistischen Geschichtsmodell – eine Vorstufe zum Kapitalismus oder lediglich oligarchische Besitz- und Herrschaftsstrukturen bezeichnen sollte.

Nach dualismus- und modernisierungstheoretischen Deutungen entsteht Unterentwicklung in solch desintegrierten Gesellschaften aus der Zählebigkeit der traditionellen (als rückständig stigmatisierten) Teilstrukturen. Entwicklung kann folglich nur durch die Ausbreitung (Diffusion) des modernen (kapitalistischen) Sektors und die Verdrängung der rückständigen Überbleibsel initiiert werden.

Die Dependenztheoretiker stellten dem Dualismus-Konzept den Begriff der *strukturellen Heterogenität* gegenüber, den sie allerdings sehr unterschiedlich definierten[9]. Übereinstimmend gingen sie nicht von einem statischen Nebeneinander, sondern von einem Mit- und Übereinander verschiedener Produktionsverhältnisse bei einer Dominanz des mit dem Weltmarkt verbundenen kapitalistischen Sektors aus. Sie leiteten die strukturellen Verwerfungen aus der »transnationalen Integration« von Sektoren und Regionen ab, in denen sie – anders als die Dualismustheoretiker – keine Entwicklungspole, sondern vielmehr Brennpunkte der sozialen Polarisierung und Marginalisierung entdeckten. Diesen Zusammenhang zwischen *peripherem Kapitalismus* und *struktureller Heterogenität* betonte vor allem Dieter Senghaas[10].

Dualismus- und Dependenztheoretiker stimmten darin überein, daß Desintegration – ob Dualismus oder strukturelle Heterogenität genannt – ein wesentliches Un-

9 Vgl. Dieter Nohlen/Roland Sturm, Über das Konzept der strukturellen Heterogenität, in: HDW, Bd. 1, S. 92–116; dort finden sich elf verschiedene Definitionen.

10 Vgl. Dieter Senghaas (Hrsg.), Peripherer Kapitalismus. Analysen über Abhängigkeit und Unterentwicklung, Frankfurt/M. 1974.

terscheidungsmerkmal zwischen unterentwickelten und entwickelten Gesellschaften darstellt (wobei beide die vielfältigen Desintegrationserscheinungen in den Industrieländern übersahen). Ihre theoretischen Divergenzen verflüchtigten sich auch dann, wenn sie Desintegration durch inter- und intrasektorale Produktivitätsunterschiede zu operationalisieren versuchten. Beide gingen schließlich auch davon aus, daß Entwicklung eine Integration (Homogenisierung) von Wirtschaft und Gesellschaft voraussetze. Die Geister schieden sich wieder an konkurrierenden Zielmodellen: Während die einen Entwicklung als fortschreitende Durchkapitalisierung und Integration in die Weltwirtschaft verstanden, setzten die anderen auf einen vom Weltmarkt abgekoppelten und notwendigerweise nichtkapitalistischen Entwicklungsweg. Der Theorienstreit ging in einen Ideologienstreit über.

Das Konzept der *strukturellen Heterogenität* hat zusammen mit den Dependenztheorien keine akademische Konjunktur mehr, obwohl es zur Beschreibung und Erklärung von Unterentwicklung noch keineswegs ausgedient hat. Es wurde ein Opfer des hektischen Paradigmenwechsels in der Entwicklungstheorie, der auch fruchtbare Erklärungsansätze nicht ausreifen ließ.

2. Die »Bevölkerungsexplosion«: Ursache oder Folge von Armut?

Der berühmte Bericht des *Club of Rome* von 1972 über die »Grenzen des Wachstums«, *Global 2000* (der Bericht einer von Präsident Carter berufenen Expertenkommission), der *Weltentwicklungsbericht 1984* der Weltbank und viele andere Berichte aktualisierten den »Malthusianismus« in der Bevölkerungs- und Entwicklungstheorie. Dieser geht von einem schickalshaften Zusammenhang zwischen dem Bevölkerungswachstum und der Höhe des Pro-Kopf-Einkommens (der Kurzformel für Entwicklung) aus. Um die alle anderen Entwicklungsprobleme überragende Bedeutung des Bevölkerungsproblems zu unterstreichen, schlug schon der *Weltbevölkerungsbericht 1963* der Vereinten Nationen vor, entwickelte und unterentwickelte Länder nach einem einzigen Kriterium zu unterscheiden: einem Bevölkerungswachstum unter bzw. über zwei Prozent.

Nach neuesten Berechnungen wird die Bevölkerung in der Dritten Welt in den neunziger Jahren um rund 900 Millionen zunehmen, also um eben so viele Menschen, wie heute im gesamten »Norden« leben. Der *Weltbevölkerungsbericht 1990* schätzt, daß die Weltbevölkerung jeden Tag um 250 000 und jedes Jahr um 90 bis 100 Millionen Menschen wächst. Im Jahre 2000 werden rund vier Fünftel der Weltbevölkerung im »Süden« leben. Das besondere Problem liegt darin, daß das Bevölkerungswachstum in den Armutsregionen von Afrika und Südasien am höchsten sein wird. Afrika hat mit rund drei Prozent die höchste Wachstumsrate für eine Region in der Geschichte der Menschheit zu erwarten. Es tickt eine »Bevölkerungsbombe«, aber bei der häufig vorurteilsbeladenen Dramatisierung der »Überbevölkerung« werden sozial- und bevölkerungsgeschichtliche Erfahrungen sowie Chancen, die Entwicklung bieten könnte, nicht hinreichend berücksichtigt.

Der *Weltentwicklungsbericht 1984* hob drei Gründe hervor, warum viele Kinder ein Entwicklungsproblem darstellen, nach Auffassung mancher »Malthusianer« sogar eine Zeitbombe:

Schaubild 1: Anteile an der Weltbevölkerung nach Regionen 1950 und 2025

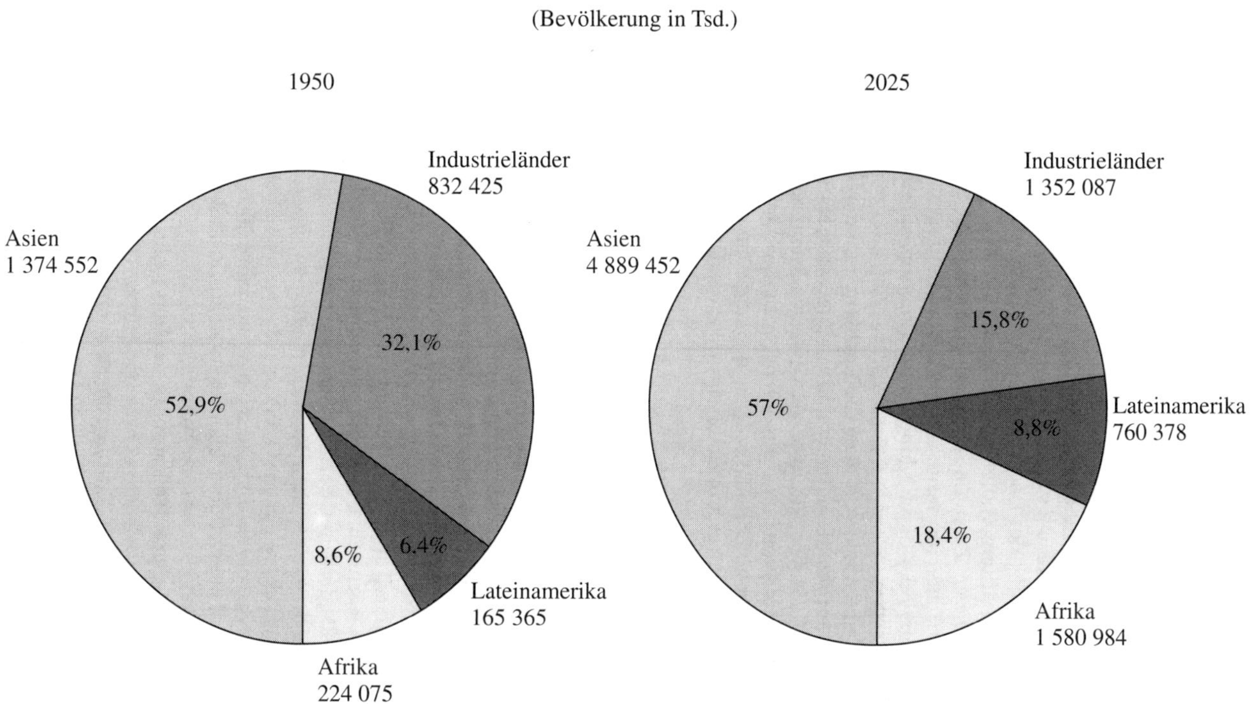

Quelle: UN Fund for Population Activities (UNFPA), Weltbevölkerungsbericht 1990, New York 1990.

– Hohes Bevölkerungswachstum erschwert Investitionen in die Zukunft: Wenn bei
– Hohes Bevölkerungswachstum erschwert Investitionen in die Zukunft: Wenn bei
einer sinkenden Kindersterblichkeit 40 Prozent der Gesamtbevölkerung jünger als 15 Jahre alt sind, wird Bildung fast unbezahlbar.
– Hohes Bevölkerungswachstum bedroht gerade in Ländern, in denen der größte Teil der Bevölkerung noch auf dem Lande und vom Lande lebt, das Gleichgewicht zwischen knappen Ressourcen und der zu ernährenden Zahl von Menschen. In der neueren Debatte über die Ursachen der Umwelt- und Regenwaldzerstörung wird häufig dem Bevölkerungswachstum ein hoher Schuldanteil angelastet, weil es zur Überbeanspruchung des Bodens, zur Entwaldung großer Gebiete zum Zweck der Brennholzbeschaffung und zum Verschieben der Besiedlungszonen in Waldgebiete zwinge. Dieser Zwang besteht jedoch dort nicht, wo, wie etwa in Brasilien, große Landflächen im Besitz von Großgrundbesitzern nur extensiv (z. B. für die Viehwirtschaft) oder durch Monokulturen mit umweltschädigenden Langzeitfolgen genutzt werden.
– Wenn Ackerbau und Viehzucht auch die wachsende Landbevölkerung nicht mehr ernähren können, drohen Landflucht und ein ungeordnetes Wachstum der Städte, die nicht mehr in der Lage sind, die zuströmenden Menschen mit Arbeit, Bildung und sozialen Dienstleistungen zu versorgen. Auch dieses Argument vernachlässigt andere Ursachen der Landflucht, die in der ungleichen Landverteilung, in der Ausweitung mechanisierter Großbetriebe oder in der politischen Vernachlässigung der Kleinbauern liegen können.

Die Probleme, vor denen die heutigen Entwicklungsländer stehen, sind wesentlich größer als die Probleme, vor denen die heutigen Industrieländer im Laufe ihrer Industrialisierungsgeschichte standen. Das Bevölkerungswachstum in Europa und Japan überstieg im 19. Jahrhundert selten die Einprozentmarke, während es in den Entwicklungsländern in den achtziger Jahren durchschnittlich bei zwei Prozent, in Afrika südlich der Sahara sogar bei 3,2 Prozent lag. In Europa schuf Auswanderung ein Ventil für das Bevölkerungswachstum. Großbritannien entlastete sich auf diese Weise in der zweiten Hälfte des 19. Jahrhunderts von fast der Hälfte des Bevölkerungszuwachses. Über eine Million Iren flohen vor dem »großen Hunger« nach Nordamerika. Ferner ist in den ärmeren Entwicklungsländern das Pro-Kopf-Einkommen niedriger und das Humankapital weniger entwickelt als in Europa, Nordamerika und Japan in Zeiten des höchsten Bevölkerungswachstums. Außerdem gibt es zwar in vielen Entwicklungsländern noch erhebliche ungenutzte oder nur extensiv genutzte Landreserven, auch in Afrika, dem Kontinent mit den größten Ernährungskrisen. Allerdings stellte eine Studie der FAO aus dem Jahre 1983 über »Bodenreserven für die Bevölkerung der Zukunft« fest, daß die bis zum Jahre 2000 zu erwartende Bevölkerung auch bei einer Nutzung aller Landreserven zur Produktion von Nahrungsmitteln nicht ausreichend ernährt werden könne.

Warum soll dennoch das Bevölkerungswachstum nicht die Ursache, sondern die Folge von Armut sein, wie beispielsweise eine Denkschrift der Evangelischen Kirche in Deutschland (EKD) zur UN-Bevölkerungskonferenz in Mexiko (1984) oder Ansgar Skriver[11] entgegen den üblichen Umkehrschlüssen behaupten? Eine Bevölke-

11 Vgl. Ansgar Skriver, Zu viele Menschen? Die Bevölkerungskatastrophe ist vermeidbar, München-Zürich 1986.

Tabelle 2: Bevölkerungswachstum nach Regionen (in Prozent)

Regionen / Länder	Bevölkerungswachstum[1] 1980–85	1990–95[2]
Afrika	2,95	3,0
– Nordafrika	2,87	2,5
– Westafrika	3,19	3,3
Lateinamerika	2,19	1,9
– Karibik	1,34	1,4
Ostasien	1,21	1,3
– VR China	1,23	1,3
Südostasien	2,13	1,8
– Indonesien	1,96	1,5
Südasien	2,42	2,3
– Indien	2,21	2,1
Naher Osten	2,96	2,7
Entwicklungsländer	2,10	2,1
Industrieländer	0,65	0,5
– Westeuropa	0,16	0,1
– Osteuropa	0,41	0,3
Welt	1,74	1,7

1 Im Jahresdurchschnitt.
2 Prognose.

Quelle: UNFPA, Weltbevölkerungsbericht 1990, New York 1990.

rungsexpertin der Weltbank sah in der hohen Geburtenhäufigkeit ein »Symptom für einen Mangel an Zugang: zu Gesundheitsleistungen, die die Notwendigkeit verringern, viele Kinder zur Welt bringen zu müssen, um gegen die Baby- und Kindersterblichkeit Vorsorge zu treffen; zur Bildung, die die Hoffnungen der Eltern hinsichtlich der Zukunft der Kinder und die Aussichten der Frauen verbessern würde; zur sozialen Sicherung und zu anderen Formen der Alterssicherung; zu Konsumgütern und sozialen Aufstiegsmöglichkeiten, für die man auf Kinder verzichten würde; und zu Familienplanungseinrichtungen, die die Mittel zur Geburtenkontrolle bereitstellen.«[12]

Die Schlußfolgerung lautet: Auch die »neuen Malthusianer« verwechseln Ursache und Wirkung. Ihre Überbetonung des Bevölkerungsproblems lenkt von anderen Problemen ab und schließt den Verdacht nicht aus, daß im Hintergrund die Angst der Reichen vor einer Vermehrung der Armen steht. Die »Bevölkerungsbombe« kann durch eine Entwicklungspolitik, die wirklich gegen Massenarmut ankämpft und die verfügbaren Ressourcen inner- und zwischenstaatlich gerechter verteilt, entschärft

12 N. Birdsall, Bevölkerungswachstum, in: Finanzierung und Entwicklung, (1984) 3, S. 14.

werden. In der dynamischen Entwicklungsregion Ostasien wird das Bevölkerungswachstum in den neunziger Jahren auf 1,3 Prozent absinken.

Es gibt einen Wettlauf zwischen Bevölkerungs- und Entwicklungspolitik, den letztere nicht allein mit Pillen, Kondomen oder staatlichen Zwangsmaßnahmen gewinnen kann. Kurz- und mittelfristig ist eine aktive Politik zur Verringerung der Geburtenhäufigkeit notwendig, die gleichzeitig die Lage der Frauen und Kinder verbessert. Deshalb ist die prinzipielle Gegnerschaft der katholischen Kirche gegen empfängnisverhütende Mittel auch aus sozialethischen Gründen nur schwer verständlich.

Der *UN Fund for Population Activities (UNFPA)* forderte in seinem *Weltbevölkerungsbericht 1990* eine Verdoppelung der für Familienplanung eingesetzten nationalen und internationalen Mittel, empfahl aber darüber hinaus als »sichersten Weg, um einen dauerhaften Rückgang der Fruchtbarkeit« zu erreichen, ein ganzes Bündel von sozialpolitischen Maßnahmen:

- die Verbesserung der Gesundheit von Mutter und Kind, der Stellung und Bildung der Frauen;
- die Einschulung aller Mädchen bis zum Jahre 2000;
- spezielle Alphabetisierungsprogramme für Frauen;
- die Erhöhung der Ausgaben für Bildung und Gesundheit auf mindestens fünf Prozent des Bruttosozialprodukts, die eine Erleichterung der Schuldenlast und eine Lockerung der Sanierungsauflagen des IWF voraussetzt;
- Einstellungsveränderungen bei Männern durch ein verbessertes Bildungsangebot.

Langfristig kann nur, wie die Geschichte der alten und neuen Industrieländer zeigt, der Zugewinn an Wohlstand, sozialer Sicherheit und Bildung das generative Verhalten ändern, denn, mit den Worten eines indischen Sozialmediziners: »Fruchtbarkeit ist die einzige Waffe der Armen.« Wer Angst vor der Fruchtbarkeit der Armen hat, muß etwas gegen die Armut tun.

VI. Der große Paradigmenstreit der siebziger Jahre

Mit der wachsenden Erkenntnis, daß Unterentwicklung nicht allein oder nicht einmal vorrangig ein wirtschaftliches Problem ist, wurde der von »Entwicklungsökonomen« erstellte Merkmalskatalog von anderen »Entwicklungswissenschaften« mit einer Reihe gesellschaftlicher und politischer, kultureller und anthropologischer Faktoren angereichert. Die heftigen entwicklungstheoretischen Kontroversen, die in den siebziger Jahren ausgetragen wurden, entzündeten sich vornehmlich an den folgenden Streitfragen:

- Sind die entscheidenden Ursachen für Unterentwicklung innerhalb oder außerhalb der Dritten Welt, im »Mangel an dynamischen Impulsen und Möglichkeiten in ihrer Kultur und insbesondere in ihrer Wertordnung und ihrer gesellschaftlichen Schichtenstruktur«[13], oder in den weltwirtschaftlichen Strukturen und Mechanismen zu suchen?

13 Richard F. Behrendt, Die Zukunft der Entwicklungsländer als Problem des Spätmarxismus, in: Michael Bohnet (Hrsg.), Das Nord-Süd-Problem, München 1971, S. 95.

– War es der Kolonialismus, der Unterentwicklung hervorgebracht hat, und ist es der in »ungleichen« Handels- und Kapitalbeziehungen fortwirkende Neokolonialismus, der die Entwicklungsländer zu »unterentwickelt gehaltenen Ländern« machte?
– Hat der Kapitalismus Unterentwicklung produziert oder ist vielmehr der Mangel am »Geist des Kapitalismus« (nach Max Weber) am Elend in der Dritten Welt schuld?

1. Das modernisierungstheoretische Paradigma

Den Modernisierungstheorien, einer Sammelbezeichnung für vielfältige Erklärungsansätze aus verschiedenen Wissenschaftsdisziplinen, gemeinsam war die Annahme, daß die eigentlichen Entwicklungshindernisse nicht so sehr in wirtschaftlichen Defiziten, sondern in den Eigenarten der »traditionellen« Gesellschaften und Kulturen, in den Köpfen, Einstellungen und Wertsetzungen der Menschen zu suchen seien. Sie fanden in den amerikanischen Anden, im afrikanischen Busch oder in indischen Dörfern denselben Universalschlüssel zur Erklärung von Unterentwicklung: die »statische« Tradition.

Was sie herausfanden, war bereits in Max Webers Schrift »Die protestantische Ethik und der Geist des Kapitalismus« (1905) nachzulesen: das Ausbleiben der »Entzauberung der Welt«, das Verharren in dem von Religionen geprägten »Ewig-Gestrigen« sowie das Fehlen einer asketischen Arbeitsethik und einer dynamischen Wirtschaftsethik in Gestalt eines schöpferischen Unternehmertums.

Die Tradition diente ihnen als ein undifferenziert negatives Kontrastmodell zum idealisierten Leitbild der westlich-kapitalistischen Industriegesellschaft, als ein von der kultur- und religionsgeschichtlichen Forschung weit entferntes Klischee für Rückständigkeit. Gelegentlich erhielten auch schlichte Vorurteile akademische Weihen. Der Lehrsatz von Galbraith scheint alles weitere Nachdenken über die Ursachen von Unterentwicklung zu erübrigen: »Die Menschen sind arm, weil sie es so vorziehen.« Diese »Weisheit« kann kaum rassistische Vorurteile verbergen.

Nicht nur die offensichtliche Wirtschaftsdynamik im konfuzianischen Kulturkreis, sondern auch das häufig mit den heiligen Kühen untermalte indische Beispiel zeigen die falsche Alternative zwischen Tradition und Modernität; sie beweisen, daß »die traditionelle Kultur weder starr, noch festgefügt, noch modernisierungsfeindlich ist, sondern elastisch, kreativ und anpassungsfähig auf moderne kulturelle, wirtschaftliche, politische Orientierungs- und Verhaltensweisen reagiert.«[14]

Die modernisierungstheoretische Quintessenz lautete: Die Entwicklungsländer sind unterentwickelt, weil und solange sie sich nicht aus den Fesseln der Tradition befreien können, können sie nicht so werden, denken, handeln, produzieren und konsumieren wie die modernen Industriegesellschaften. Modernisierung bedeutete also nichts anderes als Verwestlichung. Aus dieser Perspektive verblaßte die koloniale Ausbeutung hinter der zivilisatorischen Mission des Kolonialismus.

---

14 Klaus-Georg Riegel, Politische Soziologie unterindustrialisierter Gesellschaften: Entwicklungsländer, Wiesbaden 1976, S. 195.

2. *Das imperialismus- und dependenztheoretische Paradigma*

Ende der sechziger Jahre setzten die mehr oder weniger marxistischen Imperialismus- und Dependenztheorien zum Sturm auf diese »bürgerlichen Entwicklungstheorien« an. Teilweise geschah dies in plumper, mit Lenin-Zitaten geschmückter Polemik, die sich vor allem auf den »Dollar-« bzw. »DM-Imperialismus« multinationaler Konzerne einschoß, teilweise – wie in der Debatte über das Theorem des »ungleichen Tausches« – mit sophistischer Ableitungskunst[15]. Die aus Lateinamerika importierten und vor allem von Dieter Senghaas in die deutsche Theoriedebatte eingeführten *dependencia*-Theorien waren jedoch wesentlich gehaltvoller. Sie wurden in den siebziger Jahren zum entwicklungstheoretischen Einmaleins.

Bei allem Streit über einzelne Theoreme und Begriffe enthielten sie einige grundlegende Übereinstimmungen:

- Nicht endogene (im Innern gewachsene) Faktoren – sei es der Kapitalmangel, das Bevölkerungswachstum oder der Mangel an kultureller Dynamik –, sondern exogene (von außen aufgezwungene) Faktoren – sei es die Geschichte des Kolonialismus oder die neokoloniale Gegenwart weltwirtschaftlicher Rahmenbedingungen – lieferten die Erklärung für Unterentwicklung.
- Der »ungleiche Tausch« in den Nord-Süd-Wirtschaftsbeziehungen habe den klassischen Lehr- und Glaubenssatz der komparativen Kostenvorteile bei ungehindertem Warentausch außer Kraft gesetzt, die dominanten Zentren systematisch bevorzugt und die Peripherie ebenso systematisch benachteiligt; hier mehre er also Wohlstand, dort aber blockiere er Entwicklung.
- Die »strukturelle Abhängigkeit« als Folge der Einbindung der Satellitenwirtschaften in den Weltmarkt, besonders in die weltweiten Operationen der multinationalen Unternehmen, habe strukturelle Verkrüppelungen (»strukturelle Heterogenität«) und Entwicklungshindernisse geschaffen.
- Der Weltmarkt mit seiner ungleichen Kosten- und Nutzenverteilung für starke und schwache Marktteilnehmer habe die heutigen Entwicklungsländer zu einer strukturell abhängigen und zur eigenständigen Entwicklung unfähigen »Peripherie« gemacht. Diese könne nur durch Abkoppelung (Dissoziation) der entwicklungspolitischen Sackgasse entgehen.

Das von Dieter Senghaas formulierte dependenztheoretische Credo lautete: »Unterentwicklung ist (vielmehr) ein sich historisch entwickelnder integraler Bestandteil des von kapitalistischen Metropolen dominierten internationalen Wirtschaftssystems und damit der internationalen Gesellschaft. Die Entwicklung dieser Metropolen, der Zentren, und die Geschichte der Unterentwicklung der Dritten Welt sind miteinander über das internationale System vermittelte, komplementäre Vorgänge.«[16]

Häufig wurden solche komplizierten Begründungen auf einen einfachen Merksatz verdichtet, der reichlich Angriffsflächen für Kritik bot: Entwicklung hier bedeutet Unterentwicklung dort, ist also eine Folge von Ausbeutung.

Die Kritik an den Dependenztheorien setzte erstens an dem Mißbrauch der Dependenz-Formel als einer inhaltsleeren Allerweltsformel für komplizierte und diffe-

15 Eine kritische Bilanz der Debatte über den ungleichen Tausch zieht Alfred Schmidt, Ungleicher Tausch, in: HDW, Bd. 1, S. 117–132.

16 D. Senghaas (Anm. 10), S. 18.

renzierte Zusammenhänge an; zweitens an der Annahme einer strukturell bedingten und geradezu gesetzmäßigen Unfähigkeit zur Entwicklung, die durch die Wachstums- und Industrialisierungsschübe in einzelnen Schwellenländern, die es nach dieser Annahme gar nicht geben durfte, gründlich erschüttert wurde; drittens an der völligen Vernachlässigung kultureller Erklärungsfaktoren, die besonders durch die Entwicklungssprünge der im konfuzianischen Kulturkreis beheimateten »kleinen Tiger« (Südkorea, Taiwan, Hongkong, Singapur) verdeutlicht wurde.

Während die Modernisierungstheorien den »subjektiven Faktor« überbetonten und weltwirtschaftliche Rahmenbedingungen völlig ausblendeten, kehrten die Dependenztheorien die Perspektive um und vernachlässigten die »alte, große Frage von Max Weber nach den sozio-kulturellen Voraussetzungen moderner Rationalität, des Spar- und Leistungswillens, des Planungs- und Organisierungsvermögens«[17]. Sie stellten sich nicht die Frage, warum sich die »weißen Kolonien« trotz ihrer Einbindung in das Kolonialsystem entwickeln konnten.

3. *Entwicklungstheoretische Konvergenzen*

Warum haben die Schwellenländer, die nach dependenztheoretischen Rezepten alles falsch gemacht haben, weil sie den Weltmarkt als Chance für ihre »aufholende Entwicklung« zu nutzen versuchten, Erfolg gehabt? Warum hat die VR China Ende der siebziger Jahre ihren auf *self reliance* (Selbständigkeit) abzielenden Entwicklungskurs aufgegeben und sich in den Weltmarkt einzufädeln versucht? Warum hat Entwicklungshilfe die Rückentwicklung Afrikas nicht verhindern können?

Auf der Suche nach Antworten verließen die Entwicklungstheoretiker die in den siebziger Jahren ausgehobenen Schützengräben und fanden überraschende Konvergenzen. Samir Amin, der zusammen mit Dieter Senghaas zu den Architekten des »peripheren Kapitalismus« gehörte, konnte die Entwicklungssprünge in Ostasien nur mit dem kulturellen Nähr- und Treibstoff des Konfuzianismus erklären. Ulrich Menzel übte nach dem Studium der ostasiatischen Schwellenländer Kritik an allen Theorien, die den Weltmarkt zum alleinigen Sündenbock für Unterentwicklung machten und suchte nun – wie die Modernisierungstheoretiker – das Geheimnis für ihren Erfolg im politischen System und in der Sozialstruktur[18]. Auch Hartmut Elsenhans vollzog eine modernisierungstheoretische Wandlung, wenn er nun im Ausbleiben der bürgerlichen Revolution und in der mangelnden Ausstattung der Gesellschaften in den Ländern der Dritten Welt mit Werten und Institutionen der bürgerlichen Gesellschaft einen wesentlichen Grund für Unterentwicklung entdeckte[19].

Es fand erneut ein hektischer Paradigmenwechsel statt, der einerseits von Lernfähigkeit zeugt, andererseits den Verdacht theoretischer Schnellschüsse aufkommen läßt. Die Schwellenländer galten lange als seltene Ausnahmen von der Regel. Wenn aber einige wenige Länder aus einer Gesamtheit von rund 130 Entwicklungsländern

17 Rudolf von Albertini, Kolonialherrschaft und Unterentwicklung, in: Walter Fürnrohr (Hrsg.), Afrika im Geschichtsunterricht europäischer Länder, München 1982, S. 63.

18 Vgl. Ulrich Menzel, Der Differenzierungsprozeß in der Dritten Welt und seine Konsequenzen für den Nord-Süd-Konflikt und die Entwicklungstheorie, in: Politische Vierteljahresschrift, 24 (1983) 1, S. 45.

19 Vgl. Hartmut Elsenhans, Nord-Süd-Beziehungen, Stuttgart 1984, S. 36f.

zu Kronzeugen eines neuen Paradigmas gemacht werden, stellt sich die methodologische Frage nach der Verallgemeinerungsfähigkeit von Lehren, die aus untypischen Einzelfällen gezogen werden, und nach der Tragfähigkeit von Theoriekonstruktionen, die auf sehr kurzen historischen Erfahrungen beruhen.

Brasilien und Mexiko, zwei ehemalige »Wirtschaftswunderländer«, die zur Kerngruppe der Schwellenländer (NIC = *Newly Industrializing Countries*) gezählt wurden, konnten nicht mit der weiteren Aufwärtsentwicklung der ostasiatischen »kleinen Tiger« mithalten. Das Erfolgsrezept der NIC geriet in den Strudel der Verschuldungskrise, deren Folgen gut in das dependenztheoretische Erklärungsschema passen, denn Verschuldung bedeutet geradezu paradigmatisch Abhängigkeit (vgl. Kapitel 12).

Zwar wurde der generelle und universelle Geltungsanspruch der Dependenztheorien erschüttert, aber sie sind weder tot noch überflüssig, wie manche ihrer Kritiker frohlockten. Auch wenn sie keine akademische Konjunktur mehr haben und in der Entwicklungspolitik fast nichts verändert haben, bleibt es ihr großes Verdienst, das Wissen über das Entstehen und Fortbestehen von Unterentwicklung wesentlich bereichert zu haben. Es ist heute nicht mehr seriös, obwohl es noch immer bzw. wieder geschieht, Unterentwicklung allein als hausgemachte Misere oder gar als Mentalitätsproblem der »Unterentwickelten« zu deuten. Aber die dependenztheoretische Gleichung »Unterentwicklung = Abhängigkeit« hat sich als ebenso fragwürdig erwiesen wie die modernisierungstheoretische Gleichung »Unterentwicklung = Tradition«. Eine erklärungskräftige Entwicklungstheorie muß endogene und exogene Faktoren integrieren, so schwierig eine solche Synthese auch sein mag.

Unterentwicklung ist ein komplexer Zustand und Prozeß, der nicht mit einfachen Formeln erklärt werden kann. Monokausale Erklärungen, die Entwicklungsdefizite auf einzelne Ursachen – sei es den Kolonialismus, den Weltmarkt oder die Kultur – zurückführen, bringen allenfalls vereinfachende Halbwahrheiten hervor. Erklärungen, die auf Ostasien oder Lateinamerika passen mögen, werden unbrauchbar, wenn sie auf die ganz andere Situation Afrikas bezogen werden. Es gibt keinen für alle Kontinente, Ländergruppen und Kulturkreise passenden entwicklungstheoretischen Universalschlüssel: »Globaltheorien wie die Modernisierungstheorien, die Dependencia und der Weltsystemansatz von Wallerstein haben für den Forschungsprozeß eine wichtige heuristische Funktion . . . Andererseits enden sie, wenn sie zu Paradigmen gerinnen und beanspruchen, ein global gültiges Kategoriensystem zu entwickeln, regelmäßig in einem entwicklungstheoretischen Katzenjammer und führen dann zu einem hektischen Paradigmenwechsel. Diese Sprunghaftigkeit kann leicht dazu führen, daß sich die Entwicklungsländerforschung im Kreise bewegt und weder zu einem kumulativen noch zu einem dialektischen Fortschritt fähig ist. So wie es eine Zeitlang zum guten Ton gehörte, an den Modernisierungstheorien kein gutes Haar zu lassen, ist es heute Standard geworden, die Dependencia für tot zu erklären, und es ist abzusehen, daß es dem jeweiligen *dernier cri* der Entwicklungstheorie genauso ergehen wird.«[20]

---

20 Andreas Boeckh, Dependencia und kapitalistisches Weltsystem, oder: Die Grenzen globaler Entwicklungstheorien, in: Franz Nuscheler (Hrsg.), Dritte-Welt-Forschung (Politische Vierteljahresschrift, Sonderheft 16, 1985), S. 68f.

VII. Schwache Staaten und korrupte Staatsklassen

Es wird in der entwicklungstheoretischen Diskussion weiterhin Kontroversen geben. Andernfalls würde sie noch mehr verarmen. Aber in zwei wichtigen Fragen zeichnet sich zunehmend eine Annäherung zwischen den einst verfeindeten Lagern ab:

Nicht in erster Linie der Weltmarkt, sondern der innere Zustand und die Entwicklungspolitik des jeweiligen Landes sind für Fortschritte oder Rückschritte ausschlaggebend. Weder mehr Entwicklungshilfe noch eine Neue Weltwirtschaftsordnung können das Entwicklungsproblem lösen, wenn die Staaten nicht selbst zu Eigenanstrengungen und durchgreifenden wirtschaftlichen, gesellschaftlichen und politischen Strukturreformen bereit sind.

Die frühen Modernisierungstheoretiker werteten die meist im Westen ausgebildeten Eliten der Dritten Welt (auch die militärischen Eliten) als modernisierenden Sauerteig in einem rückständigen Umfeld und die Staatsapparate – in Ermangelung von dynamischen, risiko- und investitionsbereiten Privatunternehmen – zu Motoren der Entwicklung auf. Zwar kann die Erfolgsgeschichte der Schwellenländer nicht ohne Hinweis auf die massive Staatstätigkeit erklärt werden[21]. Die in der übrigen Dritten Welt gewonnenen Erfahrungen sind jedoch ganz andere: Die Staatsapparate erwiesen sich nicht als »Entwicklungsmaschinen«, sondern eher als Bremsklötze, nicht als Entwicklungsdiktaturen, sondern in der Regel als ressourcenverschlingende »Diktaturen ohne Entwicklung«[22].

Richard Löwenthal will an die Regime in den Entwicklungsländern keine musterdemokratischen Maßstäbe anlegen, weil er eine relative oder graduelle Antinomie zwischen dem Ausmaß pluralistischer Freiheit und dem Tempo der Entwicklung vermutet: »Jeder Grad an Freiheit wird mit etwas Verlangsamung der Entwicklung, jeder Grad an Beschleunigung mit etwas Verlust an Freiheit bezahlt.«[23]

Die allermeisten Regime in der Dritten Welt haben, unabhängig von ihrer Staats- und Entwicklungsideologie, die Freiheit unterdrückt, ohne die Entwicklung zu beschleunigen. Auch autoritäre Militärregime konnten trotz verkürzter Entscheidungswege und ihres repressiven Potentials keine bessere entwicklungspolitische Leistungsbilanz nachweisen als die mehr oder weniger demokratischen Zivilregime[24]. Dies gilt allerdings auch umgekehrt, wie das entwicklungspolitische Versagen der »jungen Demokratien« Lateinamerikas zeigt.

Mit der Verschärfung der Entwicklungskrisen rückte zunehmend die »Krise des Entwicklungsstaates« in den Mittelpunkt der Krisenursachenforschung. Dabei kamen sich dependenztheoretische Kritiker des »peripheren Staates«, die diesen nur als hilflosen Befehlsempfänger der »weltkapitalistischen Suprastruktur« begreifen konnten,

---

21 Vgl. Franz Nuscheler, Learning from Experience or Preaching Ideologies? Rethinking Development Theory, in: Law and State, 38 (1988), S. 104–125.

22 Jürgen Rüland/Nikolaus Werz, Von der »Entwicklungsdiktatur« zu den Diktaturen ohne Entwicklung – Staat und Herrschaft in der politikwissenschaftlichen Dritte-Welt-Forschung, in: F. Nuscheler (Anm. 20), S. 211–232.

23 Richard Löwenthal, Staatsfunktionen und Staatsform in den Entwicklungsländern, Wiederabdruck in: Franz Nuscheler (Hrsg.), Politikwissenschaftliche Entwicklungsländerforschung, Darmstadt 1986, S. 266.

24 Vgl. die Zusammenfassung des Forschungsstandes bei Franz Nuscheler, Erscheinungs- und Funktionswandel des Prätorianismus in der Dritten Welt, in: ders. (Anm. 23), S. 177ff.

und neo-liberale Staats- und Bürokratiekritiker im Ergebnis ziemlich nahe. Die neoliberale Krisendiagnose, in die auch der *Weltentwicklungsbericht 1983* der Weltbank einstimmte, war eindeutig: »Auch in der Dritten Welt sind die Staatsapparate übermächtig geworden; sie würgen die wirtschaftliche Entwicklung ab, ersticken die Privatinitiative, sind überbürokratisiert, ineffizient und häufig korrupt und behindern die Anpassung der Wirtschaftssysteme an die neuen weltwirtschaftlichen Rahmenbedingungen.«[25]

Die neo-liberalen Krisendiagnostiker machten also den Interventionsstaat und die ihn tragende Bürokratenklasse für die Entwicklungskrisen verantwortlich. Weil der überforderte »Entwicklungsstaat« nicht gehalten hatte, was er versprach, sollte er auf seine Herrschaftsfunktionen zurückgedrängt werden, um wenigstens die um sich greifende politische Destabilisierung mit allen sicherheitspolitischen Risiken im Kontext des Ost-West-Konfliktes aufhalten zu können. Als Modelle dienten die militarisierten »starken Staaten« in Ostasien, die den Antikommunismus zur Staatsideologie erhoben, das Privateigentum garantierten und die Integration in den Weltmarkt förderten.

Angesichts der Machtfülle der Staatsapparate ist das Syndrom des »schwachen Staates«, in dem Gunnar Myrdal schon 1973 eine Hauptursache des »Asiatischen Dramas« erkannt hatte, eigentlich ein Paradoxon. Als wesentliche Gründe für die Leistungsdefizite der Staatsapparate können gelten:

- die Knappheit der finanziellen Ressourcen: der Staat ist schwach, weil er arm ist, aber auch arm, weil er schwach ist (indem er z. B. über keine funktionierende Steuerverwaltung verfügt);
- der Mangel an qualifiziertem Verwaltungspersonal, dessen Rekrutierung mehr von persönlichen Patronage- und Klientelbeziehungen denn von fachlichen Kompetenzen bestimmt wird;
- die vielfältigen Formen der Korruption, die den Staat zu einem Beuteobjekt und mit Politikern und Bürokraten auch politische Entscheidungen käuflich macht;
- der generelle Mangel an administrativer Rationalität, an rechtlichen Steuerungsmitteln, klaren Kompetenzabgrenzungen, vielfach auch an einfachen Verwaltungstechniken;
- eine geringe Risiko- und Innovationsbereitschaft aufgrund ungeregelter Delegation von Aufgaben und unsicherer Karriereregeln;
- die Vetomacht von gesellschaftlichen Einflußgruppen, die sich durch Klientelbeziehungen zu den Entscheidungsträgern, Schmiergelder oder auch Drohungen unliebsamen Entscheidungen widersetzen;
- der geringe Handlungsspielraum gegenüber dem Auslandskapital und dem internationalen Finanzsystem (z. B. gegenüber dem Interventionspotential des IWF);
- der Mangel an Stabilität und Legitimität, der das Staats- und Verwaltungshandeln an möglichst kurzfristigen, risikofreien und symbolträchtigen Zielen orientiert und eine langfristig angelegte Politik verhindert[26].

Dieser Typ des »schwachen Staates« ist am ehesten in Afrika, am wenigsten in Ostasien, in unterschiedlichen Ausprägungen fast überall in der Dritten Welt zu finden

25 Georg Simonis, Der Entwicklungsstaat in der Krise, in: F. Nuscheler (Anm. 20), S. 158.

26 Vgl. Dietrich Fürst/Joachim Jens Hesse, Bürokratie und Unterentwicklung, in: F. Nuscheler (Anm. 23), S. 323 ff.

(auch in Indien, wo manche noch immer eine mustergültige Weiterführung des von der britischen Kolonialverwaltung aufgebauten Verwaltungssystems vermuten). Alle Milliarden von Entwicklungshilfe und alle Reformen der Weltwirtschaftsordnung nutzen wenig, solange der »schwache Staat« seine Steuerungs- und Absorptionsfähigkeit nicht erhöhen kann. Viele Milliarden von zugesagten Hilfsgeldern stecken auch deshalb in der »Pipeline«. Die Sahel-Länder sind »over-aided«, d.h. sie können die zugesagten Mittel entwicklungspolitisch nicht sinnvoll verwenden.

Es sind aber nicht so sehr die finanziellen und personellen Engpässe oder organisatorischen Schwachstellen, die das entwicklungspolitische Handeln der Staatsapparate paralysieren. Es sind vielmehr die häufig korruptionsanfälligen und parasitären Herrschaftseliten, ob im zivilen oder militärischen Gewande, die ihre Staatsmacht mehr zur persönlichen Bereicherung und repressiven Absicherung ihrer Privilegien denn zur gemeinwohlorientierten Gestaltung der Lebensverhältnisse einsetzen.

Diese »Staatsklassen« sind in der Regel nicht durch eine Kombination von Kapital- und Machtbesitz, sondern durch eine Kombination von politischem Machtbesitz, Repression und Verfügungsmacht über die Staatswirtschaft zu »herrschenden Klassen« geworden. Sie sind monopolartige Nutznießer und Verteiler von Privilegien. Wie sie auch immer definiert werden mögen (und es gab eine lebhafte akademische Diskussion über ihre klassentheoretische Verortung[27]): Sie erfüllten die hohen Erwartungen nicht, welche die Modernisierungstheoretiker in sie als Entwicklungsträger setzten.

Die Dependenztheoretiker begründeten die Schwäche des »peripheren Staates« mit seiner Funktion als Brückenkopf des internationalen Herrschaftssystems. Nach Galtung ist er »auf der einen Seite Marionette und Werkzeug in Händen des Zentrums der Zentralnation, auf der anderen Seite aber Ausbeuter der Peripherienation«[28]. Diese Agententheorie unterstellt den politischen Eliten der Dritten Welt nicht nur die Unwilligkeit, sondern auch die Unfähigkeit zu einer eigenständigen Politik, liefert ihnen also ein Alibi für all das, was sie tun oder lassen. Sie hätten aber bei allen kolonialen Strukturvorgaben und nachkolonialen Zwängen durchaus die Chance, eine andere Entwicklungspolitik zu verfolgen, weil ihre krisenfördernde Politik auch nicht im Interesse der »Zentren« liegen kann.

Wenn der innere Legitimationsdruck nicht ausreicht, die Selbstprivilegierung und Reformunwilligkeit der Staatsklassen zu überwinden, dann müßte – wie Hartmut Elsenhans[29] schon 1984 forderte und neuerdings auch der *Schmidt-Bericht*[30] postulierte – von außen Reformdruck erzeugt werden. Die Ost-West-Rivalität hatte auch korrupte Kleptokraten von der Sperrung der Hilfen verschont, wenn sie sich nur genügend antikommunistisch und prowestlich gebärdeten. Ihre Überwindung schafft die Chance, daß der »Politikdialog« dazu genutzt wird, nicht nur über markt-

---

27 Vgl. die Zusammenfassung der »Staatsdiskussion« bei Rolf Hanisch/Rainer Tetzlaff (Hrsg.), Staat und Entwicklung, Frankfurt/M. 1981; Hartmut Elsenhans, Der periphere Staat: Zum Stand der entwicklungstheoretischen Diskussion, in: F. Nuscheler (Anm. 20), S. 135–156.

28 Johan Galtung, Eine strukturelle Theorie des Imperialismus, in: Dieter Senghaas (Hrsg.) Imperialismus und strukturelle Gewalt, Frankfurt/M. 1972, S. 99.

29 Vgl. H. Elsenhans (Anm. 19), S. 127ff.

30 Vgl. Report einer unabhängigen Gruppe über Finanzströme in die Entwicklungsländer (Vorsitzender: Helmut Schmidt), Angesichts der Einen Welt, Juni 1989, S. 30.

wirtschaftliche Strukturreformen, sondern auch über politische Reformen zu verhandeln.

VIII. Die Auseinanderentwicklung der Dritten Welt in verschiedene »Entwicklungswelten«

Von Anfang an bildete die rasch wachsende Staatengruppe, die unter dem Sammelbegriff »Dritte Welt« zusammengefaßt wurde, ein höchst heterogenes Gemisch aus großen und kleinen, bevölkerungs- und rohstoffreichen sowie bevölkerungs- und rohstoffarmen, kulturell verschieden geprägten und sehr unterschiedlich entwickelten, innen- und außenpolitisch verschieden orientierten, alten (lateinamerikanischen) und jungen (afro-asiatischen) Staaten. Zur Dritten Welt zählen zwei Riesen, die VR China und Indien, und zwei Dutzend kleiner und kleinster Inselstaaten, die teilweise nicht mehr Einwohner haben als eines der vielen Slumviertel am Rande von Lima, Lagos oder Kalkutta.

In den siebziger Jahren, in denen konfrontative Nord-Süd-Konferenzen das Szenario eines Nord-Süd-Konflikts nährten, zeichneten sich widersprüchliche Entwicklungen ab. Einerseits brachten erstaunliche Wachstums- und Industrialisierungsschübe, die quer zur akademischen Hochkonjunktur der Dependenztheorien verliefen, eine kleine Gruppe von NIC hervor, die sich dem Profil der Industrieländer annäherten und bereits das Pro-Kopf-Einkommen der sozialistischen RgW-Länder einzuholen begannen. Zu ihnen gesellte sich durch einen Glücksfall der Natur und mit Hilfe der OPEC-Kartellmacht eine Handvoll bevölkerungsarmer Ölstaaten, die zwar in die Gruppe der Länder mit dem höchsten Pro-Kopf-Einkommen vorstießen, aber unterentwickelt blieben.

Andererseits vergrößerten sich die Entwicklungsabstände zwischen diesen »Wachstumszonen« und den »Stagnationszonen«, vor allem in Afrika südlich der Sahara, wo »Entwicklung« zunehmend zu einem Kampf ums blanke Überleben geriet. Der Sammelbegriff »Dritte Welt« war dazu angetan, diese Auseinanderentwicklung, die sowohl der Entwicklungstheorie als auch der Entwicklungspolitik zu schaffen machte, zu kaschieren.

1. Die »Vierte Welt« der ärmsten Entwicklungsländer (LDC)

Die UN-Vollversammlung sonderte bereits 1971 die Gruppe der »am wenigsten entwickelten Länder« (LDC = *Least Developed Countries*) aus der Großgruppe der heute 135 Entwicklungsländer aus. Im entwicklungspolitischen Sprachgebrauch werden diese LDC häufig als LLDC von den *Less Developed Countries* (= LDC) unterschieden. Maßgebend für die Zuordnung zur LDC-Gruppe waren:

- ein Pro-Kopf-Einkommen von weniger als 100 US-Dollar, inzwischen auf 355 US-Dollar angehoben;
- ein Anteil der industriellen Produktion am BIP von weniger als zehn Prozent, bezogen auf den verarbeitenden Sektor, der allerdings auch die Verarbeitung von Nahrungsmitteln (z. B. die Eindosung von Spargel oder Fisch) einschließt;

– eine Alphabetisierungsquote von weniger als 20 Prozent bei der Bevölkerungsgruppe über 15 Jahre.

Ursprünglich sollten Länder nur dann auf die LDC-Liste kommen (»maturieren«), wenn sie alle drei Kriterien erfüllten. Die der Aufnahme in die Liste vorausgehende »Reifeprüfung« bestehen jedoch auch Länder, die zwei Schwellenwerte unterschreiten und dem dritten zumindest nahekommen. Ein Platz auf der LDC-Liste ist vorteilhaft, weil die bi- und multilateralen Entwicklungsagenturen den LDC bevorzugt (nichtrückzahlbare) Zuschüsse *(grants)* überlassen oder ihnen zumindest Sonderbedingungen einräumen, ihnen die öffentlichen Schulden ganz oder teilweise erlassen und sich verpflichtet haben, einen wachsenden Anteil ihrer Entwicklungshilfe, zumindest 0,15 Prozent ihres BSP oder 30 Prozent der öffentlichen Entwicklungshilfe, auf die LDC zu konzentrieren.

In der entwicklungspolitischen Umgangssprache wurde die LDC-Gruppe als »Vierte Welt« aus dem Sammelbegriff »Dritte Welt« ausgegliedert, inzwischen auch schon in eine »Fünfte Welt der Urarmut« umbenannt[31]. Diese Etiketten differenzieren zwar das Gesamtbild, aber auch sie lassen die regionale und soziale Verteilung von Massenelend oder Entwicklungschancen nicht erkennen.

In den heute 42 LDC (vgl. Tabelle 3) leben rund 400 Millionen Menschen oder zehn Prozent der Bevölkerung der gesamten Dritten Welt, nach Schätzungen der Weltbank aber nur 20 Prozent der »absolut Armen«. Allein in Indien, das aufgrund seines Industrialisierungs- und Alphabetisierungsgrades nicht zu den LDC zählt, leben mehr dieser »absolut Armen« als in der gesamten »Vierten Welt«. Auch Schwellenländer wie Brasilien, Mexiko und Südkorea haben in ihren ländlichen Problemregionen (wie etwa im Nordosten Brasiliens) und städtischen Slums Teile dieser »Vierten Welt«. Vielen Millionen von Brasilianern geht es kaum besser als der Mehrheit der Afrikaner, obwohl das statistische Pro-Kopf-Einkommen in Brasilien gut sechsmal höher liegt als im afrikanischen Durchschnitt. Deshalb ist eine Konzentrierung der Entwicklungshilfe auf die LDC durchaus problematisch. Die Höhe der LDC-Förderquote sagt auch noch nichts über die Armutsorientierung von Entwicklungsprojekten aus, weil sie auch in armen Ländern der reichen Minderheit zugute kommen können und dies nach aller Erfahrung häufig auch tun.

Nach dem ersten »Ölschock« von 1973 mit seinen schweren Folgelasten für die außenwirtschaftlich verwundbaren Wirtschaften vieler Entwicklungsländer, die plötzlich eine wesentlich höhere Ölrechnung zu bezahlen hatten und über entsprechend weniger Devisen für andere Importe verfügten, beschloß die 6. UN-Sondervollversammlung ein Sonderprogramm für die »am schwersten betroffenen Länder« (MSAC = *Most Seriously Affected Countries*). Ihre Zahl ist von ursprünglich 33 auf inzwischen 45 angewachsen, in denen rund 40 Prozent der Bevölkerung der Dritten Welt, also etwa 1,5 Mrd. Menschen, leben. Das UN-Generalsekretariat legt bei der Aufnahme in die MSAC-Liste die folgenden, gegenüber den drei LDC-Auswahlkriterien weicheren und differenzierteren Kriterien an:

– ein niedriges Pro-Kopf-Einkommen;
– eine hohe Exportquote als Indikator für die außenwirtschaftliche Verwundbarkeit;

31 Vgl. Gerald Braun, Nord-Süd-Konflikt und Entwicklungspolitik, Opladen 1985, S. 32ff.

Tabelle 3: »Problemländer« nach Ländergruppen

Erdteil/Land	LLDC[a)]	MSAC[b)]	SILIC[c)]
Afrika			
Ägypten		X	
Äquatorialguinea	X		
Äthiopien	X	X	
Benin	X	X	X
Botswana	X		
Burkina Faso	X	X	
Burundi	X	X	X
Dschibuti	X		
Elfenbeinküste		X	X[d)]
Gambia	X	X	
Ghana		X	X
Guinea	X	X	X
Guinea-Bissau	X	X	X
Kamerun		X	
Kapverden	X	X	
Kenia		X	X
Komoren	X		X
Lesotho	X	X	
Liberia			X
Madagaskar		X	X
Malawi	X		X
Mali	X	X	X
Mauretanien	X	X	X
Mosambik	X	X	X
Niger	X	X	X
Nigeria			X
Ruanda	X	X	X
Sao Tomé u. Principe	X		X
Senegal		X	X[d)]
Sierra Leone	X	X	X
Somalia	X	X	X
Sudan	X	X	X

a) *Least Developed Countries:* die am wenigsten entwickelten Länder.
b) *Most Seriously Affected Countries:* die von der Krise der Weltwirtschaft im Anschluß an die Energieverteuerung am meisten betroffenen Länder.
c) *Severely Indebted Low-Income Countries:* die am schwersten verschuldeten Länder mit niedrigem Pro-Kopf-Einkommen (vgl. Kap. 12).
d) SIMIC: *Severely Indebted Middle-Income Countries:* die am schwersten verschuldeten Länder mit mittlerem Pro-Kopf-Einkommen (vgl. Kap. 12).

Erdteil/Land	LLDC[a)]	MSAC[b)]	SILIC[c)]
Tansania	X	X	X
Togo	X		X
Tschad	X	X	
Uganda	X	X	
Zambia			X
Zentralafrikanische Republik	X	X	
Lateinamerika			
Bolivien			X[d)]
El Salvador		X	
Guatemala		X	
Guyana		X	
Haiti	X	X	
Honduras		X	X[d)]
Asien			
Afghanistan	X	X	
Bangladesh	X	X	
Bhutan	X		
Indien		X	
Jemen	X	X	
Kambodscha	X	X	
Kiribati	X		
Laos	X	X	
Malediven	X		
Myanmar (Birma)		X	X
Nepal	X		
Pakistan		X	
Samoa	X	X	
Sri Lanka		X	
Tuvalu	X		
Vanuatu	X		

a) *Least Developed Countries:* die am wenigsten entwickelten Länder.
b) *Most Seriously Affected Countries:* die von der Krise der Weltwirtschaft im Anschluß an die Energieverteuerung am meisten betroffenen Länder.
c) *Severely Indebted Low-Income Countries:* die am schwersten verschuldeten Länder mit niedrigem Pro-Kopf-Einkommen (vgl. Kap. 12).
d) SIMIC: *Severely Indebted Middle-Income Countries:* die am schwersten verschuldeten Länder mit mittlerem Pro-Kopf-Einkommen (vgl. Kap. 12).

- eine Verschlechterung des Verhältnisses von Import- und Exportpreisen (der *terms of trade*);
- eine gravierende Verminderung der Exporterlöse und Devisenreserven;
- einen hohen Schuldendienst.

Sinn und Zweck dieser Gruppenbildung war es, den MSAC den Zugang zu Sonderprogrammen oder zu vergünstigten Krediten zu eröffnen. Eine solche Sonderbehandlung fordern auch Länder ohne einen direkten Zugang zum Meer (LLC = *Landlocked Countries*), deren Außenhandel durch hohe Transport- und Transitkosten erschwert wird.

Die Weltbank mißt den Entwicklungsstand und die Förderungswürdigkeit eines Landes nach wie vor ausschließlich mit der Meßlatte des Pro-Kopf-Einkommens: Sie unterscheidet »Länder mit niedrigem Einkommen« (LIC = *Low-Income Countries*) bis zu einer Höhe von inzwischen 450 US-Dollar von »Ländern mit mittlerem Einkommen« (MIC = *Middle-Income Countries*) und teilt diese wiederum in eine untere (von 520 bis 2 000 US-Dollar) und obere Einkommenskategorie (bis 6 000 US-Dollar) auf.

Es ist bemerkenswert, daß sich nur 26 LDC unter den inzwischen 42 LIC der Weltbank befinden (wobei allerdings der *Weltentwicklungsbericht* einige Kleinststaaten, die zu den LDC gezählt werden, nicht aufführt). Dieses partielle Auseinanderfallen der beiden Gruppen widerspricht der Annahme, daß Länder mit ähnlich hohem Pro-Kopf-Einkommen auch ein ähnlich hohes bzw. niedriges Entwicklungsniveau haben. Diesen Sachverhalt verdeutlicht besonders die VR China, die zwar zu den LIC zählt, aber bei Sozialindikatoren Spitzenwerte erzielt.

2. *Die »kleinen Tiger« und andere Schwellenländer*

Im internationalen Sprachgebrauch werden die »Schwellenländer« als NIC, als NIE (*Newly Industrializing Economies* aufgrund des Einspruchs der VR China gegen die »country«-Qualität von Taiwan) oder als *Take-off-Countries* bezeichnet, was besagen soll, daß sie sich an der Schwelle zu einem Industrieland befinden. Es ist noch umstritten, welche Länder aufgrund welcher Kriterien zu diesen »Wirtschaftswunderländern« gezählt werden sollen, zumal zwei aus ihrer Kerngruppe (Brasilien und Mexiko) von der Verschuldungskrise schwer angeschlagen wurden.

Auf den NIC-Listen der OECD und des IWF erschienen zunächst aufgrund von zwei Indikatoren (wachsender Anteil an der weltweiten Industrieproduktion und am Weltexport von industriellen Fertigwaren) nur sechs NIC, die gemeinhin zur Dritten Welt gezählt werden: die vier »kleinen Tiger« in Ost- und Südostasien (Südkorea, Taiwan, Hongkong und Singapur) sowie Brasilien und Mexiko. Während Mexiko aus dieser Kerngruppe ausschied, machte sich eine zweite Generation von »kleinen Tigern« in Südostasien (Thailand, Malaysia, Indonesien) mit hohen Wachstumsraten auf den Sprung in die NIC-Gruppe.

Die Weltbank wählte zu Beginn der achtziger Jahre 18 »halbindustrialisierte Länder mit mittlerem Einkommen« aus, verdichtete aber später ihre NIC-Liste wieder auf 11 Länder (vgl. Tabelle 4). Das BMZ hatte 1978 eine Liste von 30 Schwellenländern vorgelegt, unter denen sich auch manche Staaten befanden, die noch längst nicht genügend Schubkraft für den industriellen »Take-off« erreicht hatten. Das BMZ, das

Tabelle 4: Listen von Schwellenländern

OECD (1979)	Weltbank[a)] (1989)	IWF[a)] (1989)	UNCTAD[a)] (1989)
Griechenland	Jugoslawien	Griechenland	Jugoslawien
Jugoslawien	Polen	Polen	Türkei
Spanien	Portugal	Portugal	
Portugal	Rumänien	Rumänien	Argentinien
	Ungarn		Brasilien
Brasilien	Brasilien	Brasilien	
Mexiko			
	Hongkong	Hongkong	Hongkong
Hongkong	Indien	Indien	Singapur
Singapur	Singapur	Israel	Südkorea
Südkorea	Südkorea	Singapur	Taiwan
Taiwan	Taiwan	Südkorea	
		Taiwan	

a) Definiert als »Exporteure von Industrieprodukten«.

es als »typisch für viele dieser Länder« ansah, daß ihre soziale Entwicklung mit den wirtschaftlichen Fortschritten nicht Schritt gehalten hat, verzichtet inzwischen auf eine eigene NIC-Liste. Die internationalen Organisationen gingen dazu über, die NIC als »Exporteure von Industrieprodukten« zu definieren. Auf diese Weise tauchte auf der neuen NIC-Liste von IWF und Weltbank auch Indien als Schwellenland auf, während Mexiko aus der Liste verschwand.

Bemerkenswert für die sehr unterschiedliche Einschätzung der Entwicklungschancen ist, daß von den 28 Schwellenländern, die Bratzel/Müller mit Hilfe von 52 Indikatoren von weiteren 30 »Entwicklungsländern« und 46 »unterentwickelten Ländern« unterschieden (vgl. Tabelle 5), nur drei – nämlich Brasilien, Mexiko und die Türkei – in neueren NIC-Listen von Weltbank, IWF oder UNCTAD zu finden sind[32]. Unter den 15 »Startländern« tauchen zwar das »ewige Schwellenland« Argentinien, aber weder Brasilien noch die vier »kleinen Tiger« auf. Was statistisch korrekt sein mag, erweist sich als ziemlich realitätsfern.

Wenn von den NIC die Rede ist, sind in der Regel die vier »kleinen Tiger« sowie Brasilien gemeint. Die folgenden Zahlenvergleiche basieren jedoch auf der Zehnerliste der OECD. Die dort aufgeführten zehn Schwellenländer

- erzielten überdurchschnittliche Wachstumsraten, die sogar das Wachstum in den OECD-Ländern überstiegen;
- erweiterten vor allem die Industrieproduktion und entwickelten die Breiten- und Tiefenstruktur der verarbeitenden Industrie bis hin zur Herstellung von Investitionsgütern;
- konnten 1963 bis 1977 ihren Anteil am Weltexport von Fertigwaren auf insgesamt 7,3 Prozent verdreifachen und damit fast den Anteil der RgW-Staaten erreichen

32 Vgl. P. Bratzel/H. Müller, Regionalisierung der Erde nach dem Entwicklungsstand der Länder, in: Geographische Rundschau, 31 (1979), S. 131–136.

Tabelle 5: Start- und Schwellenländer nach Bratzel/Müller[33]

I. »Startländer«

EG-Länder	*RgW-Länder*	*andere*	*Lateinamerika*
Griechenland	Bulgarien	Malta	Argentinien
Italien	Polen	Jugoslawien	Uruguay
Irland	Rumänien	Israel	
Spanien	Ungarn	Bermudas	
Portugal			

II. »Schwellenländer«

Europa	*Asien*	*Lateinamerika/Karibik*		*Afrika*
Albanien	China	Bahamas	Kuba	Libyen
Türkei	Fidschi	Barbados	Mexiko	Mauritius
Zypern	Südkorea	Brasilien	Panama	Südafrika
	Nordkorea	Chile	Paraguay	
	Libanon	Costa Rica	Surinam	
	Mongolei	Guayana	Trinidad und Tobago	
	Papua-Neuguinea	Honduras		
		Jamaika	Venezuela	

(wobei 60 Prozent aller von der Dritten Welt exportierten Fertigwaren von den »kleinen Tigern« geliefert wurden);

- konnten aufgrund einer vergleichbaren Arbeitsproduktivität und eines deutlich niedrigeren Lohnniveaus den Industrieländern in einigen Branchen (zunächst bei Textilien und Elektronik, dann auch im Schiffbau sowie bei Massenstahl und Zement) Marktanteile abnehmen;
- durchbrachen damit die für Entwicklungsländer als typisch angesehene weltwirtschaftliche Spezialisierung als Exporteure von Rohstoffen und Importeure von Fertigwaren.

Manche Beobachter zogen aus der Erfolgsgeschichte der NIC in den siebziger Jahren voreilige Folgerungen, indem sie einfach die Wachstumsraten fortschrieben. Auch der *Brandt-Bericht* hob das »spektakuläre Beispiel« Brasilien hervor und stellte ihm bei den »derzeitigen Wachstumsraten« in Aussicht, im Jahre 2000 mit der Wirtschaft der Bundesrepublik Deutschland konkurrieren zu können. Brasilien wurde aber durch die Folgen der Verschuldungskrise um mindestens zehn Jahre zurückgeworfen. Dagegen konnte die ost- und südostasiatische Wachstumsregion die rasante wirtschaftliche Entwicklung fortsetzen. Inzwischen werden auch Thailand und Malaysia zu den NIC gezählt. Aber selbst die konservative, von Japan dominierte *Asiatische Entwicklungsbank* (ADB) monierte in ihrem Jahresbericht 1989 die Zunahme von städtischer und ländlicher Armut hinter der Fassade der Modernisierung.

Das Entwicklungsmodell der exportgestützten »nachholenden Industrialisierung« ist risikoreich, weil der Protektionismus der Industrieländer weitere Exporterfolge

33 Vgl. ebd., S. 132.

Tabelle 6: BSP pro Kopf; Angaben in US-Dollar

Ländergruppen/Länder	1967	1977	1987
Entwicklungsländer allg.	170	470	720
LIC allg.	100	180	290
– Afrika südl. der Sahara	120	380	330
Südasien	90	160	290
Ostasien/Pazifik	100	270	520
– Südkorea	140	910	2 690
– VR China	100	180	290
Lateinamerika/Karibik	460	1 350	1 780
Naher Osten/Nordafrika	210	680	1 220
– Vereinigte Arabische Emirate		19 240	15 770
Westliche Industrieländer	2 530	7 140	14 670
Bundesrepublik Deutschland	2 100	8 250	14 480

Quelle: Weltbank, World Debt Tables 1988–1989.

der konkurrenzfähigen NIC-Aufsteiger gefährdet, zumal nun die osteuropäischen Wirtschaften als neue Konkurrenten auf dem europäischen Markt sowie bei Krediten und Direktinvestitionen auftreten werden. Es findet ein globaler Verdrängungswettbewerb statt, der auch die weltwirtschaftlichen Nischen verengt, die die NIC zu nutzen verstanden.

3. *»Eine Welt« oder kulturräumliche Vielfalt?*

Die anhand des Pro-Kopf-Einkommens oder der Exportstruktur gebildeten Ländergruppen sind überregional und kulturübergreifend. Sie ignorieren politische Ideologien und Ordnungssysteme, die für Entwicklung nicht weniger wichtig sind als Kapital. Eine Einteilung der Welt in »Entwicklungswelten«, die politische und soziokulturelle Faktoren ausblendet, ist ein statistisches Kunstprodukt ohne entwicklungstheoretischen Erkenntniswert. Regionen und Kulturräume bildeten immer die Grundlage für Kooperations- und Integrationsräume.

Maurice Guernier schlug in einem Bericht an den *Club of Rome*[34] ein Modell von »zehn großen Gemeinschaften der Welt« vor, das wieder auf traditionelle Regionalgliederungen (u.a. Lateinamerika, Nordafrika/Nahost, Tropisch-Afrika, Südasien, China/Ostasien) zurückgreift. An ihnen orientieren sich auch Trendanalysen, die eine Herausbildung von mehreren großen Kooperationsräumen mit Zentren und Peripherien voraussagen.

Seit dem Zusammenbruch des 1944 in Bretton Woods entwickelten internationalen Finanzsystems bildete sich ein globaler Finanzmarkt (»Eine Finanzwelt«) mit einem fast alle Volkswirtschaften integrierenden Bond-, Kredit-, Aktien- und Devisenmarkt, der nun auch die osteuropäischen Ökonomien zu durchdringen beginnt.

34 Vgl. Maurice Guernier, Die Dritte Welt: drei Viertel der Welt, München 1981.

Der *Schmidt-Bericht* hat den richtungsweisenden Titel »Angesichts der Einen Welt«. Ein Netz von internationalen Regimen verdichtet die internationale Interdependenz. Die von Immanuel Wallerstein und anderen Weltsystemtheoretikern anvisierte *Eine Welt* der kapitalistischen Weltökonomie[35], die schon das Kommunistische Manifest vorhergesagt hatte, zeichnet sich ab. Eine solche *Eine Welt,* die auf vereinheitlichenden Marktgesetzen, Produktions- und Konsummustern aufbaut und auch eine Einheitskultur hervorbringt, aber ganze Regionen (wie Afrika) ausgrenzt oder allenfalls zur Stabilisierung des Weltsystems mit internationaler Sozialhilfe abspeist, ist wohl eher eine Horrorvision. Eine durch Handelsaustausch, Solidarrechte und -pflichten miteinander verbundene multipolare und multikulturelle Welt ist dagegen eine Vision, die mehr Humanität verspricht.

IX. Das wachsende Nord-Süd-Gefälle

Das Pro-Kopf-Einkommen ist als Indikator für das Entwicklungsniveau ebenso umstritten wie das Wirtschaftswachstum als Indikator für Entwicklung. Dennoch gelten beide bis heute als die besten Indikatoren für die Messung des internationalen Entwicklungs- und Wohlstandsgefälles. Sie zeigen an, daß das Nord-Süd-Gefälle immer größer wird. Das Verhältnis hat sich von 15 : 1 im Jahre 1967 auf ein Verhältnis von 20 : 1 am Ende der achtziger Jahre verschlechtert bzw. zugunsten der OECD-Länder verbessert. Kahn/Wiener hatten 1967 in einer vielbeachteten Prognose für das Jahr 2000 ein Verhältnis von 18 : 1 vorausgesagt[36].

Noch schneller hat sich das Einkommensgefälle zwischen der »Ersten Welt« und der »Vierten Welt« der ärmsten Entwicklungsländer vergrößert, nämlich auf ein Verhältnis von 50 : 1. Wie Schaubild 2 zeigt, werden bei einer Fortschreibung der in den achtziger Jahren erreichten Wachstumsraten zwar die NIC weiter aufholen, aber die LDC weiter zurückfallen, denn ein Wachstum von drei Prozent macht bei einem durchschnittlichen Pro-Kopf-Einkommen von 300 US-Dollar eben nur einen Zuwachs von neun US-Dollar, bei einem Pro-Kopf-Einkommen der OECD-Länder von rund 15 000 US-Dollar (1989) aber 450 US-Dollar aus.

In den letzten beiden Jahrzehnten lag das durchschnittliche Wachstum in den Entwicklungsländern bei drei Prozent, in Afrika südlich der Sahara aber nur bei 0,6 Prozent. Die 450 Millionen Menschen, die hier leben, erwirtschaften zusammen nur ein Bruttosozialprodukt, das dem Belgiens (mit zehn Millionen Einwohnern) entspricht.

Das mehrstufige Entwicklungsgefälle kann durch weitere Vergleichswerte illustriert werden. Der Anteil der gesamten Dritten Welt an der weltweiten Industrieproduktion erreichte Ende der achtziger Jahre erst 14 Prozent, wobei die wenigen Schwellenländer den Großteil des Zuwachses erzeugten. Die gesamte »Vierte Welt« ist nur mit 0,4 Prozent am Welthandel und mit 0,8 Prozent am weltweiten Export von Industrieprodukten beteiligt. Sie blieb also in der kolonialen Arbeitsteilung ge-

---

35 Vgl. die Beiträge in Dieter Senghaas (Hrsg.), Kapitalistische Weltökonomie. Kontroversen über ihren Ursprung und ihre Entwicklungsdynamik, Frankfurt/M. 1979.

36 Vgl. H. Kahn/A. J. Wiener, The Year 2000, London 1967, S. 16.

Schaubild 2: Entwicklungsprojektion bis zum Jahre 2050; BIP pro Kopf

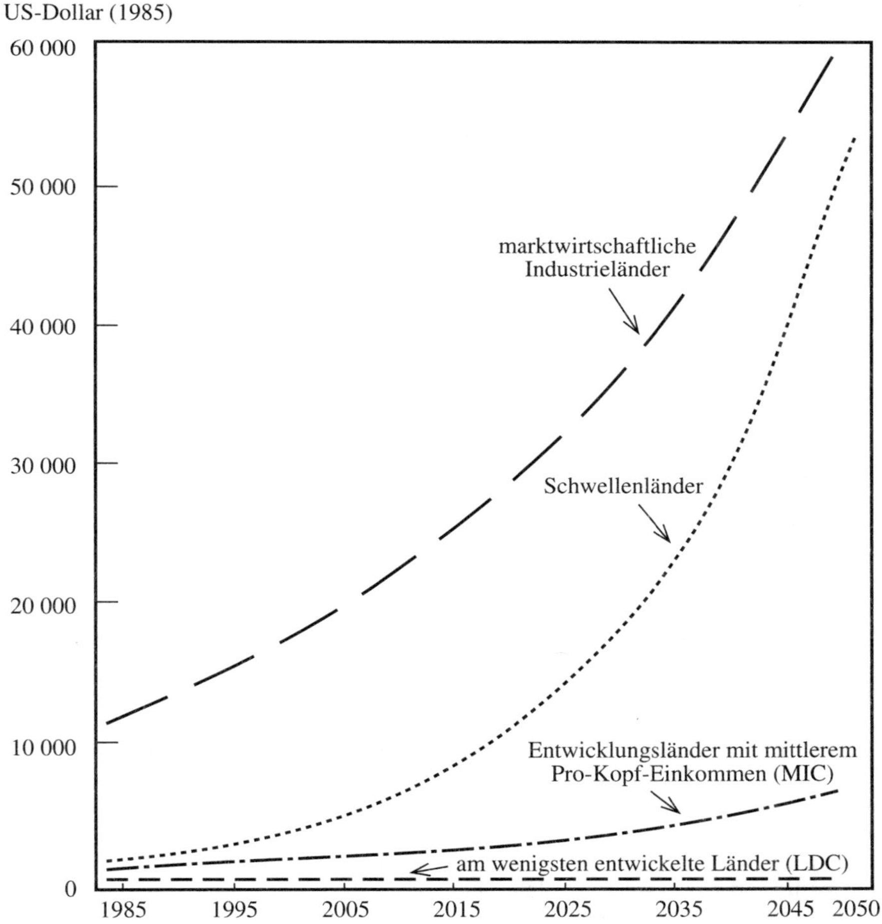

Quelle: US-Agency of International Development.

fangen, die ihr die wenig devisenbringende und entwicklungsfördernde Rolle von Rohstofflieferanten zuwies.

Der Energieverbrauch pro Kopf, der als Meßgröße für den technischen Entwicklungsstand gilt, obwohl er eher die Verschwendung von Ressourcen anzeigt, liegt in den westlichen Industrieländern dreizehnmal höher als im Durchschnitt aller Entwicklungsländer und rund achtzigmal höher als in Afrika. Ein US-Amerikaner verbraucht fünfundfünfzigmal mehr Energie als ein Inder. Die »Eindrittelwelt« des Nordens trägt mit einem Dreiviertel-Anteil zur Belastung der Erdatmosphäre und damit zu globalen Klimaveränderungen bei.

Tabelle 7: Das soziale Nord-Süd-Gefälle
(Stand: Mitte der achtziger Jahre)

Region/ Ländergruppe	Lebens-erwartung bei Geburt (in Jahren)	Säuglings-sterblichkeit (je Tsd. Lebend-geborene)	Kalorien-angebot pro Kopf	Analphabeten-rate (in Prozent)
OECD	76	9	3 390	2
LIC	61	76	2 384	43
MIC	65	56	2 855	26
Lateinamerika	66	56	2 701	17
Afrika südl. der Sahara	51	115	2 101	53
Ostasien	68	40	2 594	40[1])
– VR China	69	32	2 630	31
Südasien	57	102	2 228	40[1])
– Indien	58	99	2 238	57

1) Asien gesamt.

Quellen: Weltbank, Weltentwicklungsbericht 1989; Weltbank, Social Indicators of Development 1989.

Die in Tabelle 7 ausgewählten Meßzahlen für das wirtschaftliche Nord-Süd-Gefälle bringen die ungleiche Verteilung von Lebenschancen nur ungenügend zum Ausdruck. Soziale Indikatoren veranschaulichen die »globale Apartheid« im Sinne von sozialen Menschenrechten besser, obwohl auch sie das hinter statistischen Durchschnittswerten versteckte Massenelend kaum erahnen lassen. Dieter Oberndörfer sagte 1969 voraus: »Der Kampf mit der schlimmsten Armut dürfte in den meisten Fällen schon innerhalb der nächsten 25 Jahre gewonnen sein.«[37] Es kam allerdings ganz anders. Die Lebenserwartung bei der Geburt, die als aussagekräftigster Indikator für die allgemeinen Lebensbedingungen gilt, ist zwar in allen »Welten« gestiegen. Sie liegt im Norden bei 76 Jahren, in Afrika aber nur bei 51 Jahren. Deutsche haben die Chance, im Durchschnitt 28 Jahre älter zu werden als die Bewohner der Staaten der Sahelzone. Im Ländervergleich fällt besonders auf, daß sich die Lebenserwartung der Chinesen seit der Revolution (1949) auf 70 Jahre verdoppelt hat, während die Inder nur eine Lebenserwartung von 58 Jahren haben.

Während etwa die Hälfte der im »reichen Norden« lebenden Menschen Übergewicht hat, leiden im »armen Süden« zwischen 1,3 und 1,5 Mrd. Menschen ständig an Unterernährung. Auch die Säuglingssterblichkeit ist in allen »Welten« gesunken, aber sie liegt im Süden immer noch rund siebenmal, in Afrika sogar 13mal höher als im Norden. Der UNICEF-Jahresbericht 1989 stellte einen ursächlichen Zusammen-

37 Dieter Oberndörfer, Wirtschaftliches Wachstum und Demokratisierung in Entwicklungsländern, in: Probleme der Demokratie heute (Politische Vierteljahresschrift, Sonderheft 2, 1970), S. 456.

hang zwischen einem Ansteigen der Säuglingssterblichkeit und der Auflagenpolitik des IWF her, weil diese eine drastische Kürzung von Sozialausgaben (für das Gesundheitswesen oder für Subventionen für Grundnahrungsmittel) erzwingt. In den USA werden inzwischen 1900 US-Dollar pro Person und Jahr in die Gesundheitsvorsorge investiert, in den LDC nur fünf US-Dollar (laut Jahresbericht 1990 der WHO).

Diese Vergleichszahlen zeigen, daß nicht nur das Nord-Süd-Wohlstandsgefälle wächst, sondern auch die Verteilung von Lebenschancen innerhalb des Südens immer ungleicher wird. Sie belegen ein *strukturelles Gewaltverhältnis* (Johan Galtung), durch das mehr Menschen getötet werden als durch die manifeste Gewalt von Kriegen. Deshalb kann Frieden nicht nur als Abwesenheit von Krieg definiert werden. Er setzt im Sinne des sogenannten »positiven Friedensbegriffes« die Überwindung der konfliktträchtigen innerstaatlichen und internationalen strukturellen Gewaltverhältnisse voraus: »Der neue Name für Frieden heißt Entwicklung« (so die »Entwicklungsenzyklika« *Populorum Progressio* von 1967).

X. Der Nord-Süd-Konflikt als Leerformel?

Der Begriff des Nord-Süd-Konflikts wurde zu Beginn der siebziger Jahre zu einem Schlagwort, obwohl er aufgrund der Hypotheken des Kolonialismus und der beherrschenden Rolle des Westens in der Weltwirtschaft im Kern ein West-Süd-Konflikt war. Der Osten versuchte diese Konfliktlage für sich zu nutzen und bot sich dem Süden als anti-imperialistischer natürlicher Verbündeter an, betrieb aber den geringen Handelsaustausch zu Bedingungen des »imperialistischen Weltmarkts«.

Die beginnenden siebziger Jahre stellten in den Nord-Süd-Beziehungen eine Zeitenwende dar. Der Krieg in Vietnam, der in allen Industriestaaten eine breite Protestbewegung mobilisierte, der Zusammenbruch des portugiesischen Kolonialreiches in Afrika, die Bildung und anfängliche Durchschlagskraft des OPEC-Kartells, Organisationsversuche zu weiteren Rohstoffkartellen, das selbstbewußtere Auftreten von Sprechern der Dritten Welt in UN-Gremien und turbulente Nord-Süd-Konferenzen nährten im Süden eine kämpferische Aufbruchstimmung und im Norden Bedrohungsängste. Revolutionstheorien kündigten den Abschied von der bisher vom Westen unter Führung der USA beherrschten Weltordnung an.

Damals entdeckten manche Revolutionstheoretiker die »Peripherie« als neuen Fokus der Weltrevolution und dachten sich furchterregende Szenarios eines internationalen Klassenkampfes zwischen den Besitzenden im Norden und den Habenichtsen im Süden aus. Sie verallgemeinerten antikoloniale Befreiungskriege und sozialrevolutionäre Aufstandsbewegungen und gaben damit dem Nord-Süd-Konflikt einen martialischen Inhalt – freilich an den Realitäten der Nord-Süd-Beziehungen vorbei.

Sie übersahen Interessendifferenzen innerhalb der Dritten Welt; sie ignorierten die Rolle von Herrschaftseliten, die zwar nicht samt und sonders als »Kompradoren«, d.h. als Brückenköpfe und Handlanger der Metropolen, gelten können – wie sie in Galtungs »struktureller Theorie des Imperialismus«[38] gesehen wurden –, aber schon

38 J. Galtung (Anm. 28).

aus Selbsterhaltungsinteresse nicht gerade Bannerträger der Weltrevolution sein können; sie witterten, verführt von kämpferischen Parolen, auch dort antagonistische Konflikte, wo es tatsächlich nur um die Neuverteilung von Kosten und Nutzen in den Nord-Süd-Wirtschaftsbeziehungen ging. Beim Nord-Süd-Konflikt handelt es sich nicht um einen internationalen Klassenkampf mit antagonistischer Kampfanordnung, sondern um einen begrenzten Verteilungskonflikt zwischen herrschenden Eliten, Produzenten und Konsumenten hier und dort.

Zwar gab das OPEC-Kartell dem Solidarisierungsversuch der Dritten Welt Schubkraft, aber alle Konfliktrhetorik konnte nicht über die politischen und wirtschaftlichen Nabelschnüre zwischen Öl- und Industrieländern hinwegtäuschen. Die Ölländer mit hohen Devisenüberschüssen konnten gar kein Interesse daran haben, die Ökonomien der westlichen Industriestaaten zu schwächen; denn dort sollten ihre Kapitalanlagen sichere Rendite abwerfen und von dort erwarteten die orientalischen Potentaten auch militärischen Schutz gegen Regimebedrohungen von innen und außen. Auch die VR China, die sich unter der Führung von Mao Zedong als Avantgarde im revolutionären Aufstand der »Weltdörfer« (d.h. des Südens) gegen die »Weltstädte« im Norden verstand, setzte nach 1978 mehr auf die handelsfördernde und kreditbeschaffende Kooperation denn auf eine klassenkämpferische Konfrontation.

Der Konfliktbegriff setzt erstens die Unvereinbarkeit von Interessen und zweitens die Fähigkeit und Bereitschaft zum Konflikt voraus. Letztere war begrenzt, die Konfliktfähigkeit schwand mit der Interessendifferenzierung innerhalb des Südens und mit seiner Kapitulation infolge der Verschuldungskrise.

Der Westen reagierte auf den von der *Gruppe der 77* und der Blockfreienbewegung organisierten und vom OPEC-Kartell verstärkten Forderungsdruck nach einer Neuen Weltwirtschaftsordnung, einer Neuen Weltmedienordnung und einer Reform der internationalen Finanzorganisationen mit dem Angebot eines »Nord-Süd-Dialogs«, spielte auf Zeitgewinn und nutzte die Konterchancen, die ihm die zu Beginn der achtziger Jahre über die Dritte Welt hereinbrechende Weltwirtschafts- und Verschuldungskrise bot. Er verweigerte unter Führung der USA unter Reagan, die eine härtere Gangart gegenüber der »Bitt- und Forderungsgemeinschaft« aus dem Süden einschlugen, auf den UNCTAD-Konferenzen in Belgrad (1983) und Genf (1987) Zugeständnisse jeder Art. Viele Berichte über diese Konferenzen sprachen vom Ende des Nord-Süd-Dialogs, den Willy Brandt als »Dialog zwischen Gehörlosen«[39] bewertete. Die Reagan-Administration verweigerte die Unterzeichnung der von der Vorgängerregierung ausgehandelten UN-Seerechtskonvention, die den vielen kleinen Inselstaaten größere maritime Wirtschaftszonen einräumte und den Tiefseebergbau einem internationalen Regime unterstellte.

Der Westen beendete alle Illusionen, die der Nord-Süd-Dialog geweckt hatte, und kehrte auf den Boden der internationalen Markt- und Machtverhältnisse zurück. Die *Gruppe der 77* hatte die Welt mittels Resolutionen zu verändern versucht und schlichte Regeln erfolgreichen Verhandelns mißachtet, indem sie diejenigen, die etwas abgeben sollten, provozierte. Der Westen ließ sich nicht länger von dem in UN-Gremien aufbegehrenden »Zwergengehege der Weltpolitik« in die Defensive drän-

39 Willy Brandt, Der organisierte Wahnsinn. Wettrüsten und Welthunger, Köln 1985, S. 129.

gen[40]. Er demontierte die UNCTAD, die zu einer Denkfabrik der *Gruppe der 77* geworden war, und setzte wieder auf die internationalen Organisationen (IWF, Weltbank, das Allgemeine Zoll- und Handelsabkommen [GATT = *General Agreement on Tariffs and Trade]*), in denen er dank seiner Kapitalanteile und Stimmrechte letztlich das Sagen hat. Der Austritt der USA und Großbritanniens aus der UNESCO *(UN Educational, Scientific and Cultural Organization)* lähmte die Mehrheiten der Dritten Welt auch in anderen UN-Gremien. Selbst die Blockfreienbewegung übte sich nun in Pragmatismus und Selbstbescheidung[41].

Als die *Gruppe der 77* nicht mehr durch die Maximierung von Forderungskatalogen die Nord-Süd-Konferenzen in Atem halten konnte, zeigte sich, wie brüchig ihre Aktionseinheit war. Einige Entwicklungen trugen noch dazu bei: der sozioökonomische Differenzierungsprozeß, der Interessendivergenzen schuf (während die Schwellenländer auf Handelserleichterungen setzten, mußten die Habenichtse um Entwicklungshilfe betteln), die Proliferation von Regionalkonflikten und Bürgerkriegen, Rivalitäten innerhalb der OPEC, die sich kaum noch auf Preise und Fördermengen einigen konnte, existenzgefährdende Streitigkeiten innerhalb der OAU (Organisation für Afrikanische Einheit), der Mißerfolg von regionalen Integrationsversuchen, die geringe Süd-Süd-Kooperation und das Scheitern des 1973 von den Blockfreien beschlossenen »Solidaritätsfonds für die ökonomische und soziale Entwicklung in den blockfreien Ländern«. Schließlich sollte nicht übersehen werden, daß die beiden »Ölschocks« von 1973 und 1979/80 vor allem die devisenarmen Entwicklungsländer schwer trafen, während die Industrieländer von den Petro-Dollars durch höhere Exportaufträge und Kapitalanlagen durchaus auch profitierten.

Kann es verwundern, daß immer häufiger vom »Ende der Dritten Welt« die Rede war? Sie war und ist mangels hinreichend gemeinsamer Interessen und aufgrund mangelnder Aktionseinheit nur ein bedingt handlungsfähiger Akteur in den internationalen Beziehungen. Vor allem konnten die Schuldnerländer, die reihenweise den Canossagang zum IWF und *Pariser Club* der öffentlichen Gläubiger antreten mußten, nicht mehr mit den Muskeln spielen. Eine weitere Entwicklung hatte ihre Verhandlungsposition geschwächt: Es fand eine unfreiwillige Abkoppelung eines Großteils der Entwicklungsländer von der weltwirtschaftlichen Dynamik statt, die an vielen Indikatoren, z.B. an sinkenden Anteilen am Welthandel und an Finanzströmen (also an Bank- und Exportkrediten und an Direktinvestitionen) abgelesen werden kann. Nur wenige Schwellenländer und wichtige Rohstoffländer konnten sich dieser schleichenden Abkoppelung entziehen.

Rund 100 Entwicklungsländer sind ökonomisch weitgehend uninteressant, weil sie erstens zum größten Teil nur etwas anbieten können, was es inzwischen auf dem Weltmarkt in Hülle und Fülle zu Niedrigstpreisen gibt, und weil sie zweitens aufgrund ihrer Überschuldung als Exportmärkte und Gastländer für Privatinvestitionen nahezu bedeutungslos wurden. Die Bundesrepublik konzentriert rund drei

40 Vgl. Franz Nuscheler, UNCTAD: Ein Beispiel für die Ohnmacht politischer Institutionen?, in: Hans-Hermann Hartwich (Hrsg.), Macht und Ohnmacht politischer Institutionen, Darmstadt 1989, S. 306–321.

41 Vgl. Peter Meyns, Einheit und Heterogenität – Ansätze zur Erklärung der Blockfreiheit in der Weltpolitik, in: F. Nuscheler (Anm. 20), S. 323–348.

Viertel ihrer Exporte in die Dritte Welt auf 19 Schwerpunktländer, die zugleich wichtige Rohstofflieferanten und regionale Vormächte sind.

Im Zeichen des Ost-West-Konflikts konnten auch die Habenichtse mit ihrer bloßen Existenz und mit einer einigermaßen geschickten Diplomatie um Subsidien pokern. Wenn als Folge der Ost-West-Entspannung das Einflußstreben der Weltmächte um jeden Winkel der Welt deutlich nachlassen sollte, werden die »Nehmerländer« diese politische Trumpfkarte und die »Geberländer« ihr geostrategisches Interesse an ihnen verlieren. Wenn auch das ökonomische Interesse gering ist, bleibt nicht viel Verhandlungsmacht übrig. Opfer eines solchen wirtschaftlichen und politischen Nutzenkalküls könnte vor allem Afrika werden. Die Dritte Welt kann kaum darauf hoffen, an der möglichen Ausschüttung der »Friedensdividende« aus Mitteln schrumpfender Wehretats beteiligt zu werden.

Erwies sich also der Nord-Süd-Konflikt nur als ein Konflikt der leeren Drohungen? Sicherlich täuschte die kämpferische Rhetorik, mit der sich Sprecher der Dritten Welt zu profilieren versuchten, mehr Konfliktfähigkeit und -willigkeit vor, als die Herrschaftseliten tatsächlich aufbringen können und wollen. Aber diese Relativierung des Konfliktbegriffes kann nicht die wachsende Asymmetrie von Entwicklungs- und Lebenschancen ignorieren. In dieser manifestiert sich ein »strukturelles Gewaltverhältnis«, eine »globale Apartheid«[42], die Hunderten von Millionen Menschen die Chance auf eine menschenwürdige Existenz nimmt.

Der Nord-Süd-Konflikt ist also noch keine Leerformel, aber genau dann ein irreführender Begriff, wenn ihm eine dem Ost-West-Konflikt vergleichbare Qualität unterstellt wird. Es ist allerdings möglich, daß sich infolge der Ost-West-Annäherung aus dem West-Süd-Konflikt jetzt ein Nord-Süd-Konflikt entwickelt. Aber auch er wird nicht so heiß werden, wie ein Sprecher der Dritten Welt im April 1990 vor der UN-Vollversammlung androhte: »Der Kalte Krieg ist unblutig ausgegangen. Jetzt beginnt der heiße Krieg zwischen Nord und Süd.«[43]

XI. Entwicklungsdekaden und Entwicklungskonzeptionen

Das Konzept der nach- oder aufholenden Entwicklung, theoretisch und strategisch eingebettet in die Modernisierungstheorien, war in den fünfziger und sechziger Jahren entwicklungspolitisches Credo. Entwicklung bedeutete Wachstum und Nachahmung der bereits »entwickelten« Länder in Etappen, wie sie beispielsweise die Stufentheorie von Walt Rostow[44] den Nachzüglern vorzeichnete, eine beschleunigte Industrialisierung und die stärkere Einbindung in den Weltmarkt.

Das Konzept »Entwicklung durch Wachstum« beruhte auf der Annahme, daß genügend Wachstum auch rückständige Regionen und Sektoren in den Modernisierungssog ziehen und irgendwie zu den Armutsgruppen durchsickern *(trickle down)*

---

42 Gernot Kohler, Global Apartheid, in: Alternatives, 4 (1978), S. 263–275.

43 Zit. nach: Süddeutsche Zeitung vom 21. April 1990.

44 Vgl. Walt Rostow, Stadien wirtschaftlichen Wachstums. Eine Alternative zur marxistischen Entwicklungstheorie, Göttingen 1960; zur Kritik vgl. Michael Bohnet, Ökonomische Entwicklungstheorien und Entwicklungspolitik, in: HDW, Bd. 1, S. 299 f.

würde. Kapitalinfusionen von außen, d.h. Entwicklungshilfe und Privatinvestitionen, sollten den als Kernproblem gedachten Kapitalmangel überwinden und als Anschubfinanzierung zu einem selbsttragenden Wachstum dienen. Entwicklungshilfe wurde, wenn sich hinter ihr nicht gar Militärhilfe versteckte, vorwiegend in industrielle und infrastrukturelle Großprojekte, die für die Geberländer auch Exportaufträge abwarfen, investiert.

1. Die Erste Entwicklungsdekade: »Entwicklung durch Wachstum«

Diese entwicklungspolitische Rechnung schien zunächst aufzugehen. In Langzeitstatistiken erscheinen die fünfziger und sechziger Jahre als erfolgreiche »Entwicklungsjahrzehnte«. Die Entwicklungsländer erreichten oder überschritten sogar die hoch gesteckten Wachstumsziele in Gesamtwirtschaft, Industrie und Landwirtschaft, die ihnen die von den Vereinten Nationen proklamierte Erste Entwicklungsdekade für die sechziger Jahre vorgab. Ihre Wachstumsraten waren sogar deutlich höher als die Europas und Nordamerikas in der zweiten Hälfte des 19. und im ersten Drittel dieses Jahrhunderts – ein Tatbestand, der manche Entwicklungstheoretiker zu optimistischen Prognosen veranlaßte[45].

Dennoch sprach der damalige UN-Generalsekretär U Thant am Ende dieser Ersten Entwicklungsdekade von einem »Jahrzehnt der Frustration«. Vor allem Afrika hinkte schon damals hinter den Durchschnittswerten her. Der *Pearson-Bericht* von 1969, der eine Dekadenbilanz zog, beklagte nicht nur eine »Krise der Entwicklung«, sondern auch eine »Krise der Entwicklungshilfe«, die er mit Argumenten begründete, die auch heute noch Gültigkeit haben: »Ein Großteil der bilateralen Entwicklungshilfe diente tatsächlich dazu, kurzfristige politische oder strategische Vorteile zu erlangen oder Exporte der Geberländer zu fördern.«[46]

Lester Pearson war nicht etwa einer der vielen Imperialismuskritiker, die damals die Entwicklungshilfe als »imperialistische Politik« verurteilten, sondern kanadischer Außen- und Premierminister, der 1957 den Friedensnobelpreis erhalten hatte. Obwohl sein Bericht auch schon auf die Gefahren einer wachsenden Verschuldung hinwies, die aus der externen Finanzierung des Wachstums und handelspolitischen Benachteiligung resultierte, stellte er das Konzept »Entwicklung durch Wachstum« nicht in Frage.

2. Die Zweite Entwicklungsdekade: »Kampf gegen die Massenarmut«

Am Ende der Ersten Entwicklungsdekade wurde die Gleichzeitigkeit von hohem Wirtschaftswachstum und Verelendungswachstum offensichtlich. Das Wachstum war nicht zu den Armutsgruppen durchgesickert. Die wachstumstheoretische Annahme der ungleichen Verteilung als Bedingung für Investitionen und Entwicklung geriet in Mißkredit. Auch die Weltbank, die immer eine programmatische Vordenkerrolle

---

45 Vgl. D. Oberndörfer (Anm. 37).

46 Pearson-Bericht, Bestandsaufnahme und Vorschläge zur Entwicklungspolitik, Wien u.a. 1969, S. 22.

spielte, stellte nun die Cui-bono-Frage: »Wir haben erkannt, daß das Wachstum des BSP absolut notwendig ist, aber daß es auf die Probleme der Massenarmut hingelenkt werden muß.«[47]

Wachstum ist notwendig, um eine wachsende Bevölkerung ausreichend mit den lebensnotwendigen Gütern und Dienstleistungen zu versorgen. Ungleichheit stimuliert Forderungen nach raschem Wachstum, ist aber nicht dessen Bedingung. Eine von Erkenntnissen der Weltbank untermauerte Studie über den Zusammenhang von Wachstum und sozialer Gleichheit kam zu dem Ergebnis, daß empirisch kein negativer Kausalzusammenhang zwischen diesen beiden Zielen nachgewiesen werden kann: Es gebe Länder »mit hohem Wachstum und sinkender Ungleichheit bzw. noch höherem Wachstum des Einkommens der Armen und entsprechenden Chancen zur Befriedigung der Grundbedürfnisse, eine zweite Kategorie mit hohem generellem Wachstum und steigender Ungleichheit, eine dritte mit niedrigem Wachstum und steigender Gleichheit, und eine vierte mit niedrigem Wachstum und steigender Ungleichheit.«[48]

Wachstum und mehr Verteilungsgerechtigkeit schließen sich also nicht gegenseitig aus. Gleichheit und Gerechtigkeit sind – jenseits ihrer ökonomischen Funktionalität – nicht nur sozialethische Werte, sondern auch Bedingungen des sozialen Friedens und der politischen Stabilität. Viele Beispiele zeigen, daß politische Instabilität in- und ausländische Investoren abschreckt, die Kapitalflucht antreibt und deshalb für Wachstum nicht förderlich ist. Wachstumstheoretiker übersehen geflissentlich diese nichtökonomischen Zusammenhänge.

Die von einer Gruppe von Natur- und Sozialwissenschaftlern am Ende eines internationalen Symposiums im Oktober 1974 verabschiedete *Erklärung von Cocoyoc* folgerte aus der negativen Bilanz des Konzepts »Entwicklung durch Wachstum« eine neue Definition von Entwicklung: »Es kann sich nur darum handeln, die Menschen, nicht die Dinge zu entwickeln. Menschen haben bestimmte Grundbedürfnisse: Nahrung, Unterkunft, Kleidung, Gesundheit und Bildung. Jeder Wachstumsvorgang, der nicht zur Befriedigung dieser Bedürfnisse führt – oder sogar störend eingreift – ist eine Verkehrung des Entwicklungsgedankens. Wir befinden uns noch in einem Stadium, wo das Hauptanliegen der Entwicklung ist, wie weit die elementaren Bedürfnisse der ärmsten Teile in der Gesellschaft, die bis zu 40 Prozent der Bevölkerung ausmachen können, befriedigt werden können. Hauptziel des wirtschaftlichen Wachstums sollte es sein, die Verbesserung der Lebensbedingungen dieser Gruppen sicherzustellen. Ein Wachstumsprozeß, der nur der wohlhabendsten Minderheit nutzt und die Gefälle zwischen den Ländern und innerhalb der Länder noch vergrößert, ist keine Entwicklung. Es handelt sich vielmehr um Ausbeutung.«[49]

1973 hatte der US-Kongreß die Regierung per Gesetz gezwungen, ihre Auslandshilfe gezielter zugunsten der Armutsgruppen einzusetzen. Wenig später sagte Weltbank-Präsident Robert McNamara in Nairobi in einer spektakulären Rede der »abso-

47 M. Ul Haq, Der Wandel in der Kreditpolitik der Weltbank, in: Finanzierung und Entwicklung, 15 (1978) 2, S. 12–14.

48 Gerd Addicks/Hans-Helmut Bünning, Ökonomische Strategien der Entwicklungspolitik, Stuttgart u. a. 1979, S. 139.

49 Die Erklärung von Cocoyoc, abgedruckt in: Rainer Jonas/Manfred Tietzel (Hrsg.), Die Neuordnung der Weltwirtschaft, Bonn 1976, S. 207–214.

luten Armut« den Kampf an. Die *Grundbedürfnisstrategie* war geboren[50]. Neue Schlagworte und Überschriften von Aktionsprogrammen der UN-Organisationen lauteten: »Wachstum von unten«, »Nahrung für alle« (Ernährungs- und Landwirtschaftsorganisation [FAO]), »Arbeit für alle« (ILO), »Bildung für alle« (UNESCO) und »Gesundheit für alle« (WHO). Alle OECD-Länder und die Entwicklungspolitiker aller Parteien unterstützten diese Ziele, die nun auch als soziale Menschenrechte anerkannt wurden und deshalb nicht mehr als moralisch-humanitäre Appelle abgetan werden konnten.

Nur die Staatsklassen der Dritten Welt begegneten diesem Strategiewandel mit Mißtrauen. Sie fürchteten nicht nur um die Finanzierung ihrer Prestigeprojekte und ihrer industriellen Zukunft, sondern vermuteten auch ein sozial verbrämtes Ablenkungsmanöver von ihren Forderungen nach einer Neuen Weltwirtschaftsordnung und dem Konzept »Handel statt Hilfe«, das sie auf den beiden ersten UNCTAD-Konferenzen in Genf (1964) und Neu Delhi (1968) propagiert hatten.

Die programmatische Übereinstimmung sagte freilich noch wenig über die Praxis der Entwicklungshilfe aus. Sie änderte sich aufgrund bürokratischer Trägheitsmomente im Entscheidungs- und Implementationsprozeß sowie des Gegendrucks organisierter Interessen, die sich das »Entwicklungsgeschäft« in Form von Großprojekten und Exportaufträgen nicht verderben lassen wollten, nicht so schnell wie die Etiketten. Der Bericht des Entwicklungshilfeausschusses (DAC = *Development Assistance Committee*) der OECD von 1978 stellte zwar einen programmatischen Konsens unter den OECD-Ländern fest, bemängelte aber die nachhinkende Armutsorientierung der Projektpolitik.

Der noch von der sozialliberalen Koalitionsregierung erarbeitete »Fünfte Bericht zur Entwicklungspolitik der Bundesregierung« von 1983 bekannte sich ausdrücklich zur Grundbedürfnisstrategie. Der »Sechste Bericht« von 1985 ging nur noch am Rande auf sie ein. Sie paßte nicht mehr in die neoliberale Rezeptur und wurde als Almosen- oder Sozialhilfekonzept abqualifiziert. Punkt 31 der »Grundlinien der Entwicklungspolitik« von 1986 stellte zwar weiterhin fest:

»Deutsche Entwicklungspolitik ist vorrangig auf die armen Bevölkerungsschichten ausgerichtet.«

Aber diesen Vorrang gab es de facto weder vor noch nach der »Wende« von 1982. Die lange Liste der Grundbedürfnisziele diente nicht als Handlungsanleitung für die »Macher« in der Ministerialbürokratie und in den Durchführungsorganisationen (GTZ = Deutsche Gesellschaft für Technische Zusammenarbeit und KfW = Kreditanstalt für Wiederaufbau), sondern richtete sich an eine Öffentlichkeit, die von der Entwicklungshilfe erwartet, daß sie nicht Exportgeschäfte und außenpolitische Interessen finanziert, sondern einen Beitrag zur Überwindung der Massenarmut leistet.

50 Vgl. Franz Nuscheler, »Befriedigung der Grundbedürfnisse« als neue entwicklungspolitische Lösungsformel, in: HDW, Bd. 1, S. 332–358.

3. *Die Dritte Entwicklungsdekade: »Magie des Marktes«*

Die neoliberale Wende, politisch artikuliert durch Reaganomics und Thatcherismus, setzte auf die »Magie des Marktes« (US-Präsident Reagan). Ordoliberale und Monetaristen verdrängten die Keynesianer aus der Wirtschafts- und Entwicklungstheorie. Entstaatlichung (Deregulierung) sollte die schöpferische Privatinitiative von bürokratischen Fesseln befreien; der Staat sollte zwar für politische Ordnung sorgen, sich aber aus der Wirtschaft heraushalten.

Der Vorrang des Marktes richtete sich auch gegen jeden Dirigismus in den internationalen Wirtschaftsbeziehungen, z. B. in Gestalt einer Neuen Weltwirtschaftsordnung, die die strukturellen Ungleichgewichte korrigieren sollte. Die Propagandisten des »freien Welthandels« bemühten das Theorem der komparativen Kostenvorteile bei ungehindertem internationalen Warenaustausch, obwohl die Industrieländer zunehmend protektionistische Barrieren gegen Konkurrenten aus der Dritten Welt aufbauten und die EG mit Exportsubventionen und Dumpingpreisen ihre Agrarüberschüsse auf dem Weltmarkt loszuschlagen versuchte.

Der IWF, die Weltbank und die bilateralen Geber unternahmen eine konzertierte Aktion, um den wirtschaftlich und politisch geschwächten Schuldnerländern marktwirtschaftliche Strukturanpassungsprogramme in der Binnen- und Außenwirtschaft aufzudrängen. Der »Politikdialog« zwischen ungleichen Partnern war eine euphemistische Umschreibung für das Diktat von ordnungspolitischen Auflagen.

Die neoliberalen »Markt-Magier« stellten einige suggestive Fragen[51]:

- Wie sollte die Schuldenkrise anders als durch eine Austeritätspolitik in den Schuldnerländern, durch Förderung der Export- und Zahlungsfähigkeit und durch Anreize für Privatinvestoren gelöst werden?
- Wie sollten die marktwirtschaftlichen Strukturanpassungen ohne Herstellung besserer ordnungspolitischer Rahmenbedingungen für das internationale Kapital, ohne Bekämpfung der Inflation und ohne Effizienzsteigerung der Bürokratie gelingen?
- Wie sollte die Ernährungskrise anders überwunden werden als durch eine Liberalisierung der Agrarpreise und eine Steigerung der Produktivität?
- Endeten nicht alle mehr oder weniger sozialistischen Experimente mit Mißerfolgen, während mehr oder weniger kapitalistische Länder erfolgreich waren?

Am Ende des Jahrzehnts scheint der Zusammenbruch des »real existierenden Sozialismus« in Osteuropa endgültig den Triumph des Kapitalismus zu belegen und alles Nachdenken über alternative Entwicklungswege überflüssig zu machen. Die stalinistische Perversion des Sozialismus machte Kritiker des Kapitalismus mundtot. Wer wollte auch bestreiten, daß die Freigabe des Eigennutzes Energien freisetzen und Wachstum stimulieren kann? Für diese positiven Wirkungen von Privatinitiative und Markt gibt es viele Beispiele, u. a. die Wachstumssprünge in der VR China nach den Wirtschaftsreformen von 1978, die sich an Deng Xiaopings Motto »Bereichert Euch!« orientierten[52].

---

51 Vgl. G. Simonis (Anm. 25).

52 Vgl. Gesellschaft für Deutsch-Chinesische Freundschaft (GDCF) (Hrsg.), China heute – auf dem Weg zum Kapitalismus?, Frankfurt/M. 1986.

Neu war, daß nun auch die modernisierungstheoretische Skepsis vergessen wurde, nämlich ob der Kapitalismus einfach exportiert und auch Gesellschaften eingepflanzt werden kann, denen es an strukturellen Voraussetzungen und am kulturellen »Geist des Kapitalismus« (nach Max Weber) mangelt. Das Versagen des planwirtschaftlichen, zentralistischen und repressiven Sozialismus in der Zweiten Welt und in Teilen der Dritten Welt belegt noch nicht in einem einfachen Umkehrschluß den Erfolg des kapitalistischen Konkurrenzmodells, solange der Erfolg nicht nur an Wachstumsraten gemessen wird. Weil die Marktwirtschaft die Bevölkerungsmehrheiten ohne Kaufkraft ignoriert, ist ein weiteres Verelendungswachstum vorprogrammiert.

Auch nach selbstkritischen Erkenntnissen der Weltbank erzielten die Strukturanpassungsprogramme nur in wenigen Entwicklungsländern die erhofften Wirkungen[53]. In Ghana, dem afrikanischen Vorzeigeland des IWF, konnten flankierende Sozialprogramme den Verelendungsprozeß, dem Hunderttausende durch »Wirtschaftsflucht« zu entgehen versuchen, nur wenig abmildern[54]. Strukturanpassungsprogramme sind notwendig, um bessere ordnungspolitische Rahmenbedingungen für Entwicklung zu schaffen. Aber sie können nur dann Entwicklung befördern, wenn sie die marktwirtschaftliche Konditionalität zu einer entwicklungspolitischen Konditionalität erweitern und weltwirtschaftliche Strukturanpassungen zugunsten der Peripherieländer einschließen. Dies gilt ebenso für die Auflagenpolitik des IWF (vgl. Kapitel 12.3).

4. Das Krisengemenge der achtziger Jahre

Die Dritte Entwicklungsdekade war kein »Jahrzehnt der Entwicklung«, sondern für die Mehrzahl der Entwicklungsländer ein verlorenes Jahrzehnt. Es warf nicht nur den Krisenkontinent Afrika auf den Status eines internationalen Sozialfalles zurück, sondern stürzte auch ehemalige »Wirtschaftswunderländer« wie Brasilien, Mexiko oder die Elfenbeinküste in tiefe Wirtschafts- und Sozialkrisen. Die Jahresberichte der UN-Sonderorganisationen belegen ein breites Verelendungswachstum, auch als Folge der vom IWF im Auftrag der westlichen Kapitalgeber verhängten Auflagenpolitik.

Das durchschnittliche Pro-Kopf-Einkommen lag in Lateinamerika Ende der achtziger Jahre um rund 7 Prozent niedriger als zu Beginn des Jahrzehnts. Am schwersten traf die Krise die LDC, deren Pro-Kopf-Einkommen schon in den siebziger Jahren nur um 0,5 Prozent gewachsen war. Das Pro-Kopf-Einkommen von Afrika südlich der Sahara fiel von 400 US-Dollar im Jahre 1978 auf nur noch 330 US-Dollar im Jahre 1988. Hier ging es nicht mehr um Entwicklung, sondern um Rückentwicklung.

Es gibt auch einige Ausnahmen in diesem Krisenszenario. Die vier »kleinen Tiger« (Südkorea, Taiwan, Hongkong, Singapur) erreichten in den Jahren 1980 bis 1987 ein jährliches Wirtschaftswachstum von acht Prozent. Noch höher waren die Zuwachsraten in der VR China. Indien erzielte immerhin noch höhere Wachstumsraten als die westlichen Industrieländer.

---

53 Vgl. Weltbank, Adjustment Lending. An Evaluation of Ten Years of Experience, Washington, D.C. 1989; Development Committee, Strengthening Efforts to Reduce Poverty, Washington, D.C. 1989.

54 Vgl. Thomas Siebold, Ghana 1957–1987, Hamburg 1988.

Tabelle 8: Wachstumsraten nach Regionen
(in Prozent)

Regionen/Länder	Wachstumsraten des BIP 1965–80	Wachstumsraten des BIP 1980–89	Wachstumsraten des BIP pro Kopf 1965–80	Wachstumsraten des BIP pro Kopf 1980–89
Afrika (südl. der Sahara)	5,2	1,0	2,0	–2,2
Ostasien	7,3	8,4	4,8	6,7
– VR China	6,4	10,1	4,1	8,7
Südasien	3,6	5,5	1,2	3,2
– Indien	3,6	5,6	1,2	3,5
Mittlerer Osten/Nordafrika/ Europa[a])	6,3	2,9	3,9	0,8
Lateinamerika/Karibik	6,0	1,6	3,4	–0,6
Entwicklungsländer insgesamt	5,9	4,3	3,4	2,3
OECD-Länder	3,7	3,0	2,8	2,5

a) Portugal, Malta, Zypern, Jugoslawien.

Quelle: Weltbank, Weltentwicklungsbericht 1990.

Die Mehrzahl der Entwicklungsländer wurde von Krisen und Katastrophen heimgesucht. Aus diesem Krisengemenge sollen die Verschuldungs- und die Umweltkrise ausgewählt werden, weil sie, zusammen mit dem bereits behandelten Problem des Bevölkerungswachstums, in besonderer Weise die gegenwärtigen und zukünftigen Entwicklungschancen beeinträchtigen. Die beiden Krisen haben auch ursächlich miteinander zu tun, weil sie Folgewirkungen eines Entwicklungsmodells sind, das – sei es unter kapitalistischem oder sozialistischem Vorzeichen – mit raschem Wachstum auf Pump und ohne Rücksicht auf die ökologischen Folgekosten das Entwicklungsproblem zu lösen versuchte. Erhard Eppler wies auf den Zusammenhang hin: »Weil wir den Süden für unterentwickelt, nicht für fehlentwickelt hielten, weil wir meinten, er müsse es nur so herrlich weit bringen, wie wir es schon gebracht haben, drohen heute dort ökologische Katastrophen, denen gegenüber die unseren sich harmlos ausnehmen.«[55]

Auch die Ernährungskrise, die hier nicht gesondert behandelt werden kann, ist zumindest teilweise auf ein exportorientiertes Wachstumsmodell zurückzuführen, das erstens die Selbstversorgung mit Nahrungsmitteln – und damit die große Zahl der Kleinbauern – vernachlässigte, zweitens auf Konfliktkurs mit der Natur ging und drittens Wachstum nach außen, aber nicht Entwicklung nach innen förderte.

55 Erhard Eppler, Frieden–Ökologie–Entwicklung, in: Jahrbuch Dritte Welt, 1 (1983), S. 21.

XII. Die Überschuldungskrise: eine Summe von Fehlentwicklungen

Die Überschuldung eines Großteils der Entwicklungsländer und das vom IWF verwaltete internationale Schuldenmanagement sind zum zentralen Nord-Süd-Problem geworden. Die Überschuldung blockiert Entwicklung, das Schuldenmanagement beschleunigt Verelendungsprozesse und macht Souveränitätsansprüche der Schuldnerstaaten zur Schimäre. Ohne eine entwicklungsverträgliche Lösung der Schuldenkrise ist eine dauerhafte, zukunftsfähige Entwicklung *(sustainable development)* unmöglich und wird Entwicklungshilfe sinnlos.

Der Schuldenberg der Dritten Welt ist nach Prognosen der Weltbank Ende 1990 auf über 1,3 Billionen US-Dollar angestiegen. Umschuldungen, Schuldenerlasse, höhere Exporterlöse und das Ausbleiben von Neukrediten verlangsamten zwar seinen weiteren Zuwachs, aber die Schuldenhöhe läßt noch keine Entwarnung zu. Es handelt sich in den meisten Fällen nicht um eine kurzfristige Liquiditätskrise, sondern um eine Solvenzkrise. Die Schuldenbelastung der Dritten Welt ist im Länderdurchschnitt doppelt so hoch wie die Belastung, die der Versailler Friedensvertrag der Weimarer Republik an Reparationen aufbürdete.

Die von Ängsten über einen möglichen Kollaps des internationalen Finanzsystems geleitete öffentliche Aufmerksamkeit konzentrierte sich auf die Großschuldner in Lateinamerika und verdrängte die wesentlich höheren Belastungen der ärmsten Entwicklungsländer, vor allem im subsaharischen Afrika, das nur zu gut zwölf Prozent an der Gesamtverschuldung der Dritten Welt beteiligt ist.

Die *Schuldenquote* bezieht den Schuldenstand (nicht den Schuldendienst) auf die jährlichen Exporterlöse (vgl. Tabelle 9). Als kritische Grenze gilt eine Quote von 150 Prozent. Die Schuldenquote Afrikas hat sich in den achtziger Jahren fast vervierfacht. Nicht die Länder mit den höchsten Schulden, sondern die schwachen Volkswirtschaften der LDC mit den höchsten Schuldenquoten stecken am tiefsten in der Schuldenfalle. Wie ungleich die Schuldenbelastungen auch innerhalb der Regionen verteilt sind, zeigt die von der Weltbank unterschiedene Gruppe der SILIC (Tabelle 3): Ihre Schuldenquote kletterte von 97 Prozent (1980) auf 498 Prozent (1989). Bemerkenswert ist die nur wenig ansteigende Schuldenquote in Ostasien. SILIC bzw. SIMIC sind Schuldnerländer, bei denen drei von vier Schuldenkennzahlen kritische Schwellenwerte überschritten haben: das Verhältnis von Schulden zum BSP (50 Prozent); das Verhältnis von Schulden zu Exporterlösen (275 Prozent); das Verhältnis von Schuldendienstleistungen zu Exporterlösen (30 Prozent) ; das Verhältnis von Zinsleistungen zu Exporterlösen (20 Prozent).

Auch das Verhältnis zwischen Schuldenstand und BSP weist auf die gesamtwirtschaftliche Belastung und Belastungsfähigkeit eines Landes hin. Eine über 25 Prozent ansteigende Quote läßt auf eine tendenzielle Überforderung schließen. Sie erhöhte sich in den achtziger Jahren im Durchschnitt der Entwicklungsländer von 27,8 Prozent (1980) auf 44,1 Prozent (1989), bei den Ländern in Afrika südlich der Sahara aber von 28,2 auf 115,3 Prozent. Diese Durchschnittswerte ebnen Spitzenwerte einzelner Länder ein (vgl. Tabelle 10).

Der *Schuldendienstquotient* (vgl. Tabelle 9) bezieht den gesamten Schuldendienst auf die Exporterlöse des Berechnungsjahres. Er zeigt an, wieviel Devisen nach der Bedienung der Schulden ohne Rückgriff auf die Devisenreserven oder auf Neukredite für Importe übrig bleiben. Die kritische Grenze wird heute bei 20 Prozent angesetzt.

Tabelle 9: Dimensionen der Auslandsverschuldung

Regionen/Ländergruppen	Auslandsverschuldung (in Mrd. US-Dollar) 1980	1985	1989	Schuldenquoten (in Prozent) 1980	1985	1989	Schuldendienstquotienten (in Prozent) 1980	1985	1989
Afrika (südl. der Sahara)	56,2	96,2	143,2	98,3	239,7	369,4	11,0	30,8	27,6
Ostasien	88,6	168,6	204,6	89,9	139,3	94,2	13,6	25,1	16,7
– VR China	4,5	16,7	42,0[b])	22,2	56,1	102,0[b])	4,6	8,3	10,6[b])
– Südkorea	29,5	47,6	37,2[b])	130,6	142,4	52,4[b])	19,7	29,3	13,5[b])
Südasien	38,1	68,1	100,2	159,6	265,1	269,5	11,6	22,6	27,5
– Indien	20,6	40,9	57,5[b])	136,9	264,4	262,6[b])	9,2	22,4	29,2[b])
Nahost/Nordafrika	60,0	91,7	120,5	136,7	188,0	259,0	20,3	23,8	38,4
Lateinamerika/Karibik	242,7	389,4	434,1	194,5	308,4	297,0	36,9	42,7	39,7
– Brasilien	70,8	104,6	114,6[b])	304,3	355,9	313,4[b])	63,1	43,5	50,1[b])
– Mexiko	57,4	96,9	101,6[b])	259,2	326,0	316,5[b])	49,5	54,8	48,5[b])
– Argentinien	27,2	51,0	58,9[b])	242,4	493,2	512,0[b])	37,2	83,0	43,6[b])
Entwicklungsländer[a])	572,2	952,3	1 165,5	132,2	212,1	196,7	21,4	30,4	27,5
SILIC	41,2	72,5	107,3	96,9	290,1	498,3	9,6	34,1	28,6
SIMIC	278,0	456,6	517,7	194,8	315,9	316,8	37,1	42,3	40,9

a) »Berichtsländer« an die Weltbank.
b) 1988

Quelle: Weltbank, World Debt Tables 1989–1990.

Tabelle 10: Verhältnis von Auslandsverschuldung zum BSP (in Prozent)

Regionen	1980	1986	1989
Afrika (südl. der Sahara)	28,2	75,8	115,3
Ostasien	17,1	33,8	24,9
Südasien	17,3	27,3	28,9
Lateinamerika	34,8	61,3	50,9
Nordafrika/Nahost	53,0	71,6	79,0
Entwicklungsländer insgesamt	27,8	48,9	44,1

Quelle: Weltbank, World Debt Tables 1989–1990.

Im Durchschnitt der Entwicklungsländer und in den meisten Regionen (mit Ausnahme von Südasien und Nahost/Nordafrika) verringerte sich zwar seit 1985 der Schuldendienstquotient, aber er liegt (wiederum mit der Ausnahme von Ostasien) weit über der Entwarnungsgrenze. Den LDC kommen hier die Schuldenerlasse durch die meisten OECD-Länder und die fast zinsfreien und langfristigen Kredite der Weltbanktochter IDA *(International Development Association)* zugute.

1. Nettokapitaltransfer aus dem Süden in den Norden

Der Schuldendienst der gesamten Dritten Welt erreichte trotz einer Serie von Umschuldungen im Jahre 1989 schon 163 Mrd. US-Dollar, der Nettokapitaltransfer aus dem Süden in den Norden knapp 52 Mrd. US-Dollar. Letzterer ist auf den wachsenden Schuldendienst (Abflüsse) und auf den sinkenden Zufluß von Bank- und Exportkrediten zurückzuführen.

Es fließt also bei Berücksichtigung aller Finanzströme mehr Kapital aus dem »armen Süden« in den »reichen Norden« als umgekehrt. Die gesamte Entwicklungshilfe machte 1989 gerade noch 30 Prozent des Schuldendienstes aus. Auch die Weltbank, die »Bank der Armen«, verzeichnete 1988 eine Differenz zwischen Auszahlungen und Rückflüssen in Höhe von 3,4 Mrd. US-Dollar. Aus Lateinamerika flossen in den Jahren 1982 bis 1988 insgesamt 180 Mrd. US-Dollar mehr an Schuldendienstzahlungen in die Gläubigerländer ab, als der Subkontinent von dort an Kapitalzuflüssen erhielt. Die Dritte Welt blutet finanziell aus. Die Forderung der GRÜNEN, statt mehr zu geben *weniger zu nehmen,* macht deshalb Sinn.

Wenn ein Land einen erheblichen Teil seiner Exporterlöse zur Schuldentilgung aufwenden muß, muß es entweder seine Importe drastisch verringern und gegebenfalls wichtige Investitionen aufschieben oder neue Schulden machen, sofern es überhaupt noch kreditfähig ist. Neukredite können kaum noch zur Finanzierung produktiver Investitionen genutzt werden, sondern werden zur Refinanzierung fälliger Zinszahlungen eingesetzt. Inzwischen hilft das BMZ etwa zwei Dutzend Schuldnerländern, um die Forderungen von IWF und Weltbank, die ihre Außenstände nicht umschulden, begleichen und die Kreditunwürdigkeit vermeiden zu können.

Schaubild 3: Nettokapitaltransfer aus dem Süden in den Norden
(in Mrd. US-Dollar)

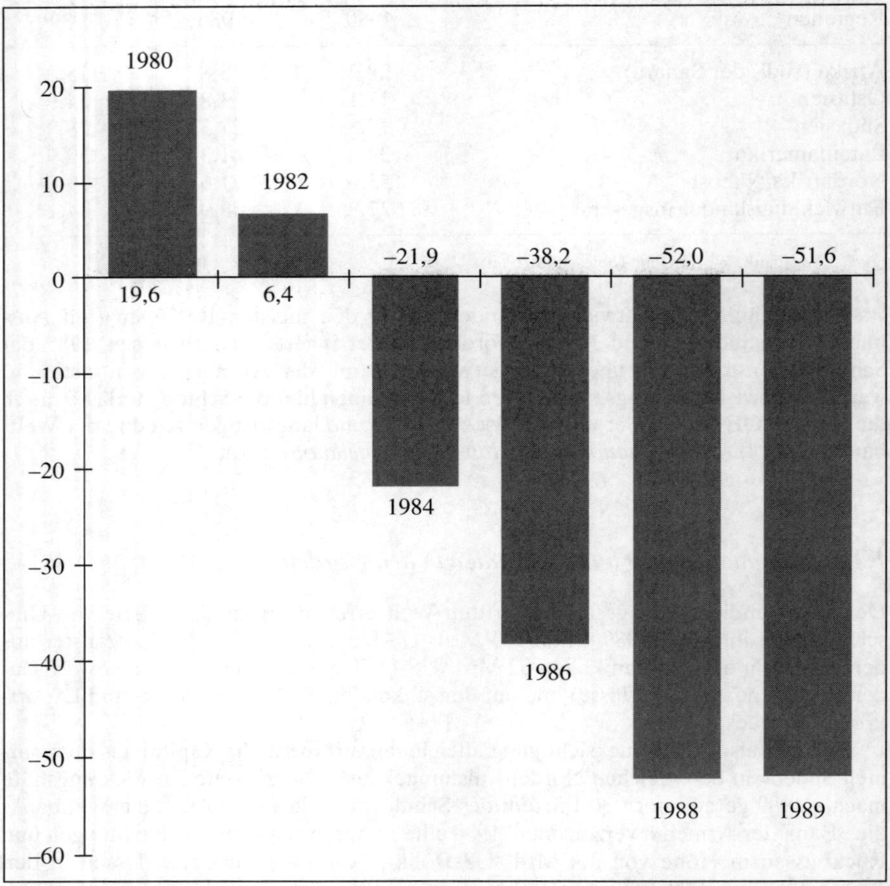

Zahlen von 1988 und 1989: Schätzungen.

Quelle: Weltbank, World Debt Tables 1989–1990.

2. *Ursachen der Verschuldungskrise*

Die einen machen die Ölscheichs, die anderen die US-Hochzinspolitik, wieder andere die Mißwirtschaft und Korruption in den Schuldnerländern für die Anhäufung des Schuldenberges verantwortlich. In diese Schuldzuweisungen fließen handfeste Interessen und Rechtfertigungsversuche ein, die eine sehr praktische Bedeutung für das

Schuldenmanagement haben: Werden für die Verschuldung vorwiegend hausgemachte Ursachen verantwortlich gemacht – wie von IWF, Weltbank oder BMZ –, dann müssen die Sanierungsprogramme hier ansetzen. Wenn dagegen weltwirtschaftliche Faktoren als »Krisenmacher« identifiziert werden, steht die Weltwirtschaftsordnung zur Debatte.

Seriöse Analytiker entdeckten ein sich wechselseitig verstärkendes Bündel von internen und externen Ursachen. Wenn hier letztere in den Vordergrund gestellt werden, dann gibt es für diese Gewichtung gute Gründe. Von den in den Jahren 1973 bis 1982 aufgehäuften Schulden in Höhe von rund einer halben Billion US-Dollar wurden vier Fünftel weltwirtschaftlichen Einflüssen zugerechnet: 260 Mrd. US-Dollar der Verteuerung des Erdöls, 100 Mrd. den Verlusten aufgrund der *Terms of Trade* und 40 Mrd. dem Anstieg der Kreditzinsen[56].

2.1 Externe Krisenursachen

Die Preissprünge von 1973 und 1979 haben die Ölrechnungen der ölimportierenden Entwicklungsländer verelffacht. Während die Industrieländer ihre Exporte in die Ölländer wesentlich steigern und als Anlagemärkte der Petrodollars von diesen Preisexplosionen auch profitieren konnten, waren die Entwicklungsländer darüber hinaus Leidtragende der Preissteigerungen für Industriegüter.

Es besteht weitgehend Übereinstimmung, daß der Zerfall der Rohstoffpreise und die Verschlechterung der Terms of Trade die wichtigsten akuten Krisenursachen darstellten. Der Verfall der Rohstoffpreise traf natürlich jene Länder am härtesten, die ihre Devisen noch größtenteils durch den Export weniger Rohstoffe erwirtschaften. Für die Gesamtheit der Entwicklungsländer verschlechterten sich die Terms of Trade in den Jahren 1980 bis 1988 um 29 Prozent. Der Bericht der Süd-Kommission errechnete für die 18 wichtigsten Rohstoffe (ohne Erdöl) in den Jahren 1981 bis 1986 einen Verlust von 83 Mrd. US-Dollar, wenn man die Preise und Exportmengen von 1980 zugrunde legt.

Gleichzeitig erschwerten die Industrieländer den Schuldnerländern durch eine Vielzahl von Handelshemmnissen (Mengenbeschränkungen, erzwungene Selbstbeschränkungsabkommen, technische DIN-Normen und Exportsubventionen) den Zugang zu ihren Märkten und damit die Chance, höhere Exporterlöse zu erzielen.

Besonders ärgerlich ist der Agrarprotektionismus der EG mittels Importquoten, variablen Einfuhrabschöpfungen und Exportsubventionen. Letztere ermöglichen die Dumpingpreise, mit deren Hilfe die EG Agrarexporteuren aus der Dritten Welt Märkte streitig macht. Die Weltbank errechnete, daß beispielsweise eine vollständige Liberalisierung des Handels von Zucker und Rindfleisch den Ausfuhrländern Devisenmehreinnahmen zwischen 6,6 und 12 Mrd. US-Dollar pro Jahr einbringen würde. Die deutsche Entwicklungshilfe beträgt je nach Wechselkurs vier bis fünf Mrd. US-Dollar.

Es besteht auch weitgehend Übereinstimmung, daß der weltweite Zinsanstieg infolge des riesigen Haushaltsdefizits in den USA den »Mexiko-Schock« von 1982 aus-

56 Vgl. W. R. Cline, Perspective on the External Debt Situation: From Crisis to Recovery, in: The American Economic Review, 75 (1985), S. 185ff.

Schaubild 4: Der Preisverfall von Kaffee und Kakao

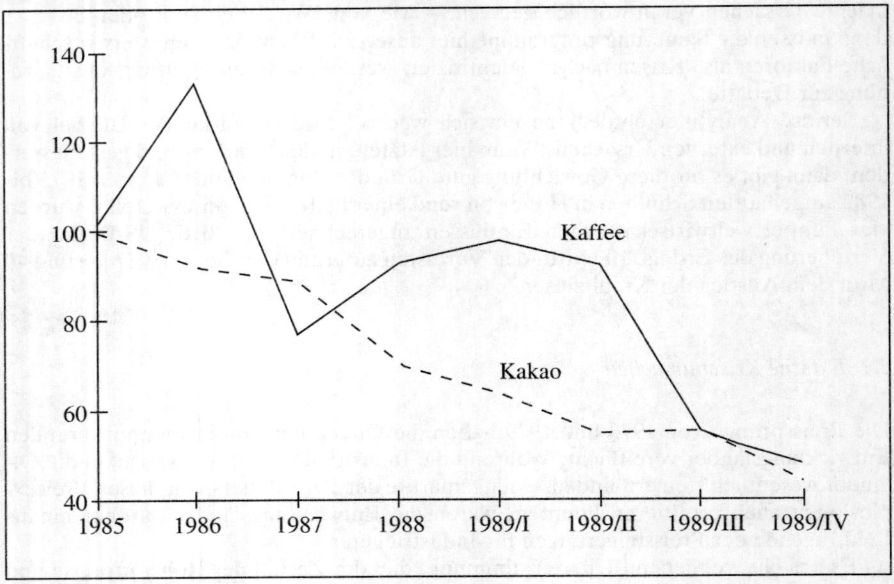

Quelle: IMF, International Financial Statistics, April 1990.

Schaubild 5: Ein- und Ausfuhrpreisindices; Terms of Trade der Bundesrepublik Deutschland (1985 = 100)

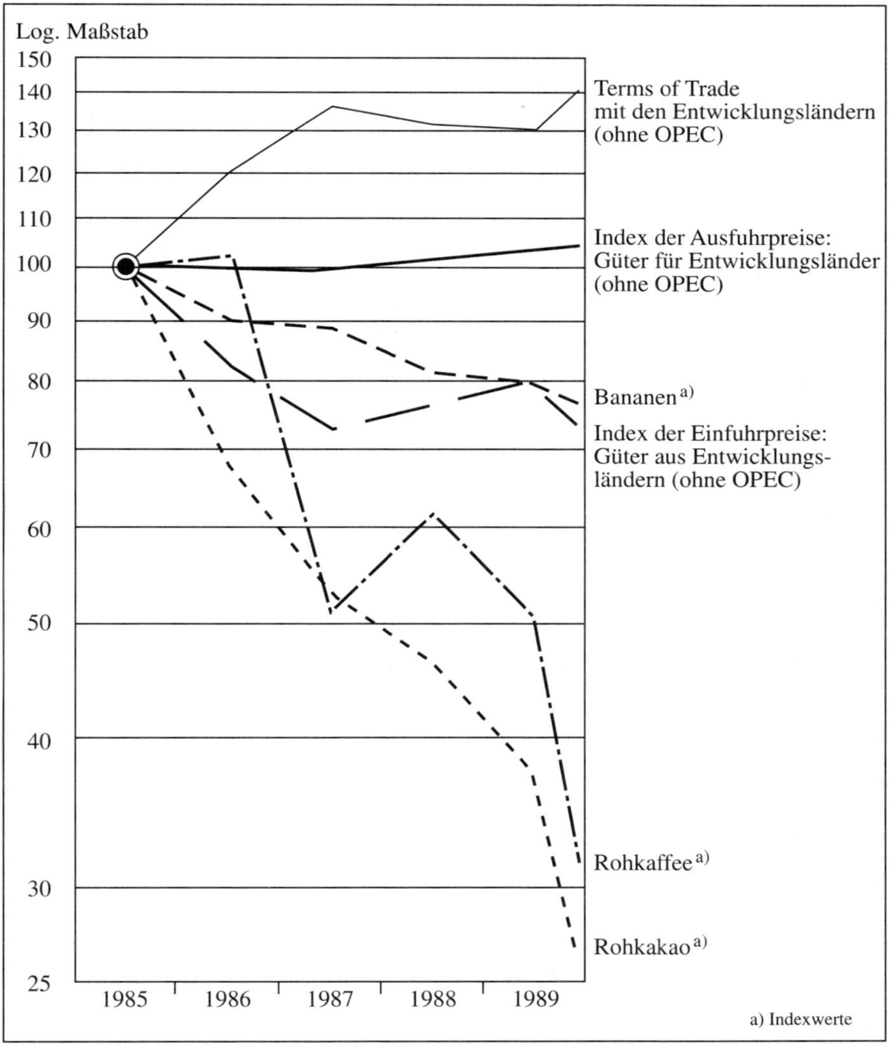

Erklärung: Erstellt aufgrund der Angaben des Statistischen Bundesamtes von H.-W. Hetmeier (Fachserie 17, Reihe 8; Preise und Preisindices für die Ein- und Ausfuhr); 1985 bis 1989: Jahresdurchschnitte; letzter Wert: Dezember 1989, Hetmeier beziffert die volkswirtschaftlichen Gewinne der Bundesrepublik wegen der Verbesserungen ihrer Terms of Trade auf Kosten der Entwicklungsländer, verglichen mit 1985, auf rund 10 Mrd. DM (1990). Im gleichen Jahr gingen aber nur rund 7,4 Mrd. DM an nichtrückzahlbaren Zuschüssen im Rahmen der deutschen Entwicklungshilfe in die Dritte Welt.
Quelle: epd-Entwicklungspolitik, (1990) 5, S. 11.

löste. Die durch die Hochrüstung der Reagan-Administration bedingte Hochzinspolitik trieb den Zinssatz für Kredite der europäischen Banken untereinander (LIBOR = *London Inter Bank Offer Rate*) in den Jahren 1980 bis 1982 auf 14 bis 17 Prozent hoch, zog Geld aus der ganzen Welt an und trieb außerdem den Dollarkurs hoch, der die an den US-Dollar gebundenen Kredite entsprechend verteuerte. Für die wachsende Zinsbelastung gab es mehrere Gründe. Zum einen war sie eine Folge der Verlagerung von relativ günstigen und langfristigen öffentlichen Krediten auf hochverzinsliche Privatkredite mit kurzen Laufzeiten. Während letztere 1973 erst ein Drittel der Auslandsschulden ausmachten, waren sie bis 1983 auf einen Anteil von rund 60 Prozent angewachsen, fielen aber bis Ende der achtziger Jahre wieder auf rund 50 Prozent. Der Anteil der günstigen Kredite öffentlicher Entwicklungshilfe (ODA = *Official Development Assistance*) aus bi- und multilateralen Quellen war von 35 Prozent (1971) auf 14 Prozent (1981) abgesunken. Es kam zu dieser Privatisierung der Kreditströme, weil die öffentlichen Kreditgeber den Kredithunger der Dritten Welt nicht stillen konnten. Gleichzeitig gab es am Eurodollarmarkt eine Geldschwemme, die durch die »vagabundierenden Petrodollars« noch vergrößert wurde. Die Geschäftsbanken gaben ohne hinreichende Risikoprüfungen großzügig Kredite, die in Erwartung hoher Gewinne häufig das Eigenkapital beträchtlich überstiegen. Sie haben deshalb nach privatkapitalistischen Grundsätzen auch die Folgen dieser unvorsichtigen Kreditvergabepolitik zu tragen.

Ferner war die Zinsbelastung eine Folge des ansteigenden Anteils von Krediten zu variablen Zinsen von 16 Prozent (1973) auf 44 Prozent (1984) und der Verkürzung von Laufzeiten (im Durchschnitt von 20 auf 14 Jahre). Diese variablen Zinsen gerieten in den Zinssog und verursachten den »Zinsschock«.

Auch die Regierungen der Industrieländer gewährten, um das Exportgeschäft anzukurbeln, in einem unverantwortlich hohen Maße staatliche Bürgschaften für teure Exportkredite. Sie tragen deshalb auch eine Mitverantwortung für den Schuldenberg.

2.2 Interne Krisenursachen

Alle diese externen Faktoren liefern noch keine hinreichende Erklärung für das Zustandekommen und das Ausmaß der Verschuldungskrise, denn sie war auch die Summe innenpolitischer Fehlentwicklungen.

Auslandsverschuldung ist weder anstößig noch gefährlich, solange die Kredite nicht konsumtiv, sondern produktiv verwendet werden. Der Schuldendienst darf aber die aus dem Produktionszuwachs zu erwartenden Devisenmehreinnahmen nicht übersteigen. Ihre konsumtive Verwendung für vielerlei Zwecke bewirkte vielfach weder das eine noch das andere.

Mit Auslandskrediten wurden nicht nur volkswirtschaftlich unrentable Prestigeobjekte finanziert, mit denen sich häufig Diktatoren geradezu Denkmäler setzten, sondern auch teure Infrastrukturprojekte (Staudämme, Kraftwerke, Flughäfen etc.), die sich allenfalls langfristig amortisieren. In vielen Ländern, beispielhaft in Brasilien, können »Entwicklungsgigantomanie« und Großmachtambitionen für die größten Schuldenbrocken verantwortlich gemacht werden. Viele Länder finanzierten ihren Versuch, sich durch eine rasche Industrialisierung zu entwickeln, auf Pump.

Viele Großprojekte endeten als Entwicklungsruinen oder warfen die erhofften Exporterträge nicht ab.

Während man solchen industriellen oder infrastrukturellen Großprojekten noch einen gewissen Nutzen abgewinnen kann, hinterlassen Verschwendung, Korruption und Kapitalflucht vieler Besitz- und Herrschaftscliquen nur Löcher in der Devisenbilanz. Sie wurden zutreffend als Kleptokraten (à la Sese Seko Mobutu, Ferdinand Marcos, »Baby Doc« Duvalier u.a.) bezeichnet[57]. Die folgende Tabelle verdeutlicht das Problem der Kapitalflucht am Beispiel der Großschuldner.

Auf die »verschuldete Militarisierung« durch die Kreditfinanzierung von Rüstungsimporten wurde bereits hingewiesen (vgl. Kapitel 4.4.). Nach Schätzungen der Weltbank können Kapitalflucht und Rüstungsimporte zusammen für rund zwei Drittel der gesamten Auslandsschulden verantwortlich gemacht werden. Wenn diese ungesicherten Schätzungen nicht den Zweck verfolgen, die Bedeutung der externen Krisenursachen zu verkleinern, dann haben sie zwei Hauptursachen der Verschuldungskrise ausfindig gemacht. Allerdings darf nicht übersehen werden, daß erstens die Fluchtgelder größtenteils »sichere Häfen« in der Schweiz oder an sonstigen westlichen Bankplätzen suchen und zweitens ein erheblicher Teil der Waffen aus dem Westen kommt.

Der Weltentwicklungsbericht 1986 zählte währungspolitische Fehler zu den gewichtigen Verschuldungsursachen. Wenn die Regierungen den amtlichen Wechselkurs nicht genügend stark oder zu langsam den binnen- und außenwirtschaftlichen Entwicklungen anpassen, fördern sie den Schwarzmarkt und die Kapitalflucht und tragen zu Verzerrungen bei Güter- und Faktorpreisen bei. Hohe Inflationsraten bei unveränderten Wechselkursen verteuern die Exporte und verbilligen die Importe, mit der Folge, daß die Handels- und Zahlungsbilanz belastet wird.

Weitere interne Gründe liegen in den strukturellen Bedingungen von Unterentwicklung:

- in Organisations- und Aktionsdefiziten des »schwachen Staates«, der mehr oder weniger unfähig ist, die inländischen Finanzressourcen zu erschließen und die Steuergesetze gegen die vermögenden Oberschichten durchzusetzen, der aber auch vom Schuldenmanagement überfordert wird;
- in der versäumten Diversifizierung der kolonialen Exportstrukturen, die die außenwirtschaftliche Verwundbarkeit durch Nachfrage- und Preiseinbrüche verringern könnte;
- in der Vernachlässigung der Landwirtschaft, vor allem der Versorgung mit Grundnahrungsmitteln, die zu teuren Einfuhren von Nahrungsmitteln zwingt.

Es ist kein Zufall, daß viele asiatische Länder in der Lage waren, die »externen Schocks« aufzufangen und die Auslandsschulden zu bedienen. Der inländischen Wirtschaftspolitik kommt bei der Bewältigung der Verschuldungskrise sicherlich eine große Bedeutung zu. Aber viele Probleme, die zu ihrem Entstehen beigetragen haben, kamen von außen oder waren nicht primär wirtschaftspolitische Probleme, sondern Probleme der politischen Kultur, die auch durch den »big stick« der IWF-Auflagen nicht schnell gelöst werden können.

57 Vgl. Peter Körner u.a., Im Teufelskreis der Verschuldung, Hamburg 1986, S. 55.

Tabelle 11: Kapitalflucht aus acht wichtigen Schuldnerländern (im Zeitraum 1974 bis 1982; Angaben in US-Dollar)

		Methode 1		Methode 2	
	Bruttoauslandsschuld[1])	Kumulierte Kapitalflucht[2])	Kapitalflucht in Prozent der Bruttoauslandsschuld	Kumulierte Kapitalflucht[3])	Kapitalflucht in Prozent der Bruttoauslandsschuld
Argentinien	43,6	15,3	35,1	31,3	71,8
Brasilien	90,5	– 0,2[4])	– 0,2[4])	3,9	4,3
Chile	17,3	– 1,9[4])	–11,0[4])	–0,7[4])	–4,0[4])
Südkorea	37,1	0,6	1,6	8,1	21,8
Mexiko	85,6	32,7	38,2	29,4	34,3
Peru	11,6	1,2	10,3	3,8	32,8
Philippinen	23,3	– [5])	– [5])	8,4	36,1
Venezuela	31,8	10,8	34,0	15,6	49,1

1) Berechnet nach Weltbank, World Debt Tables (1985–1986).
2) Private kurzfristige Kapitalbewegungen plus Saldo der Fehler und Auslassungen.
3) Gesamte private Kapitalbewegungen minus private Kapitalbewegungen berechnet auf Basis der registrierten Einkünfte.
4) Kapitalzufluß.
5) Nicht geschätzt.

Quelle: M. S. Khan/M. Ul Haq: Kapitalflucht aus Entwicklungsländern, in: Finanzierung und Entwicklung, 24 (1987) 3.

3. Das Schuldenmanagement des Internationalen Währungsfonds (IWF)

Der Westen setzte bisher auf ein Schuldenmanagement, in dem der IWF eine Schlüsselrolle spielt; in dessen Exekutivdirektorium kann er mittels seiner Stimmenmehrheit seine Interessen durchsetzen. Der IWF wurde im Gefolge der Schuldenkrise zur mächtigsten internationalen Organisation, zum internationalen Finanzpolizisten und ordnungspolitischen Zuchtmeister mit erheblicher Interventionsmacht. Er gewann diese Macht als Schiedsrichter über die Kreditwürdigkeit der Schuldnerländer, weil seine mit Auflagen verbundenen Beistandskredite auch den Geschäftsbanken als Bonitätsnachweis dienen. Er schnürt für jedes Land ein spezielles Paket von Sanierungsmaßnahmen, die jedoch einem Grundmuster folgen: Die *Abwertung der Währung* soll die Exporte verbilligen und die Importe verteuern. Exportankurbelung und Importdrosselung können die Zahlungsbilanz verbessern, aber dann kontraproduktiv wirken, wenn die Exportnachfrage, z. B. nach Rohstoffen, nicht auf Preissenkungen reagiert und das Land die verteuerten Importe von Kapitalgütern und Vorprodukten nicht substituieren kann. Die Folge ist, daß sich die durch die »Wettbewerbsabwertung« verbesserte Wettbewerbsfähigkeit wieder verringert.

Die IWF-Sparauflagen zwingen ferner zu massiven *Kürzungen der Staatsausgaben,* besonders im Sozialbereich; das führt zur Streichung von Subventionen für Grundnahrungsmittel und öffentliche Dienstleistungen mit entsprechenden Verteuerungseffekten, zu Massenentlassungen aus dem Staatsdienst (mit Ausnahme der Streitkräfte) und zur Begrenzung von öffentlichen Investitionen, die ebenfalls Arbeitslosigkeit erzeugt. Sparauflagen für Rüstungsausgaben unterliegen dagegen dem Verbot politischer Einmischung. Die sozialen Negativfolgen dieses Zwangssparens werden durch *Auflagen zur Inflationsbekämpfung* verschärft, die vor allem darauf abzielen, die Lohn- und Gehaltserhöhungen unterhalb der Inflationsrate zu halten. Wie die Erfahrung zeigte, führte die schrumpfende Massenkaufkraft zwar zu Wachstumseinbrüchen, aber nur selten oder nur kurzfristig zu einer Absenkung der Inflationsraten.

Der IWF greift darüber hinaus massiv in die Wirtschafts- und Gesellschaftspolitik der Schuldnerländer ein, wenn er auf den *Abbau von Staatstätigkeiten* (»Entstaatlichung«), auf die Reprivatisierung von Staatsunternehmen, auf die Aufhebung von Preiskontrollen sowie von Handels- und Kapitalverkehrskontrollen und auf die Herstellung eines günstigen Investitionsklimas für das in- und ausländische Privatkapital drängt. Er gilt deshalb nicht nur auf Kuba als »kapitalistischer Weltdiktator« (nach Fidel Castro).

Diese Konditionen zielen vorrangig darauf ab, die Zahlungsfähigkeit und die Kreditwürdigkeit der Schuldnerländer wiederherzustellen. Der IWF hat zur kurzfristigen Stabilisierung von Zahlungsbilanzen beigetragen. Die von ihm erzwungene Freigabe der Agrarpreise schuf Produktionsanreize, und der Zwang, bürokratische Wasserköpfe abzubauen, ist durchaus heilsam.

Verschiedene Fallstudien haben jedoch gezeigt, daß seine kurzfristig wirksamen Rezepte vielfach zu schmerzhaften Nachwehen und Rückfällen führen, die in immer kürzeren Abständen Nachbehandlungen in Form von Umschuldungen notwendig machen[58]. Seine Sanierungsprogramme, die sich nicht an einer langfristigen entwick-

---

58 Vgl. Michael Bohnet, Umschuldungen öffentlicher und privater Forderungen an Entwicklungsländer, Hamburg 1990.

lungspolitischen Konditionalität orientieren, haben die Schuldnerländer gewissermaßen künstlich beatmet und den Gläubigern zu Rückzahlungen verholfen. Aber sie haben die Investitionstätigkeit als Grundlage des angestrebten Wachstums behindert, die Arbeitslosigkeit vermehrt, die Massenkaufkraft verringert und das Massenelend vergrößert. In vielen Ländern führten die drastischen Haushaltskürzungen zum Zusammenbruch des Bildungs- und Gesundheitswesens, also zum physischen und intellektuellen Substanzverlust. Der Jahresbericht 1989 der Weltbank verschwieg nicht diese »sozialen Lasten der Anpassung«: »Auf den Gebieten der Ernährung, der Kindersterblichkeit, der Lebenserwartung und der Schülerzahlen in den Grundschulen hat sich der Fortschritt verlangsamt und gibt zu besonderer Besorgnis Anlaß.«

Die Stabilisierung à la IWF häuft sozialen und politischen Sprengstoff an, wie zahlreiche und teilweise blutige »Brotaufstände« gegen die erzwungenen Preiserhöhungen für Grundnahrungsmittel demonstrierten; sie macht demokratisch gewählten Regierungen das Leben und Überleben schwer und erzwingt geradezu den Einsatz von Polizei und Armee zur Durchsetzung der Sanierungsauflagen. Weil sie auch zur Pauperisierung der Mittelschichten (Facharbeiter, kleine Angestellte, Lehrer u. a.) führt, verprellt sie die Trägergruppen einer demokratischen Entwicklung.

Entwicklungspolitisch nicht minder fatal sind die langfristigen Folgen, so daß sich die prinzipielle Frage der ethischen Verantwortbarkeit stellt. Der Zwang zur Schuldentilgung nötigt zur gezielten Förderung aller Exportaktivitäten und zur Vernachlässigung des Binnenmarkts und der Selbstversorgungsfähigkeit, ferner zur ökologisch schädlichen Ausweitung von Monokulturen mit allen sozioökonomischen Begleiterscheinungen (Landvertreibung, Besitzkonzentration), zur Nutzung des Regenwaldes als Zahlungsreserve und zur Devisenbeschaffung auf Gedeih und Verderb, etwa durch die Förderung des Tourismus mit seinen schädlichen Nebenwirkungen, durch Giftmüllimporte oder durch Anreize für umweltbelastende Auslagerungsinvestitionen.

Viele Reformvorschläge gingen von dem Dilemma aus, das Willy Brandt so formulierte: »Wenn der IWF kommt, ist es schlimm genug; kommt er nicht oder erst zu spät, ist es noch schlimmer.«[59] Der *Brandt-Bericht,* in dem sich ein Elitenkartell aus der Ersten und Dritten Welt artikulierte, forderte deshalb lediglich einige sanfte Reformen (die dennoch von den Regierungen nicht oder nur zögernd aufgegriffen wurden):

- eine Quotenerhöhung um mindestens 50 Prozent und einen leichteren Zugang zu IWF-Krediten (eine Forderung, die erst auf der IWF-Jahrestagung von 1990 beschlossen wurde);
- eine bessere Anpassung der Vergabebedingungen an die besondere Lage der Kreditnehmer (die auch Art. 4 der IWF-Vergaberichtlinien fordert);
- mehr Nachdruck auf die Förderung von Wachstum und Beschäftigung statt auf Inflations- und Nachfragedämpfung;
- größere Mitwirkungsrechte der Dritten Welt in den Entscheidungsgremien.

Häufig werden eine soziale Abfederung der Auflagen, im besonderen der Verzicht auf Streichung der Subventionen für Grundnahrungsmittel, sowie eine stärkere Beteiligung der Oberschichten, die auf verschiedene Weise zum Entstehen der Ver-

59 W. Brandt (Anm. 39), S. 153.

Tabelle 12: Schuldenstruktur
(in Mrd. US-Dollar)

	1982	1986	1990[a])
Gesamtverschuldung	839	1 146	1 319
Langfristige Verschuldung	561	822	1 039
– öffentliche Quellen	199	360	517
– private Quellen	362	522	522
kurzfristige Verschuldung	168	122	127
IWF-Kredite	24	43	23

a) Projektion

Quelle: Weltbank, World Debt Tables 1989–1990.

schuldungskrise beigetragen haben, an der Lastenverteilung gefordert. Eine Studie für UNICEF fordert eine »Anpassung mit menschlichem Gesicht«[60].

4. Entschuldungskonzepte

Die westlichen Regierungen setzten nach dem »Mexiko-Schock« von 1982, der den Reigen der Umschuldungen einleitete, auf das Schuldenmanagement des IWF und waren nicht geneigt, nach anderen Entschuldungswegen zu suchen. Als besonders passiv erwies sich dabei die deutsche Bundesregierung. Die Gruppe der sieben großen westlichen Wirtschaftsmächte *(G 7)* war in der »Toronto-Initiative« von 1989 allenfalls bereit, die hochverschuldeten LDC durch einen partiellen Erlaß der öffentlichen Forderungen zu entlasten. Den Großschuldnern, die sich bis zu 70 Prozent bei Privatbanken verschuldet hatten, empfahl sie »marktgerechte« Lösungen.

Anfänglich hatte die Existenzgefährdung einiger US-amerikanischer Großbanken, die vor allem an die lateinamerikanischen Großschuldner risikoreiche Großkredite verliehen hatten, die Gefahr eines internationalen Bankenkrachs heraufbeschworen. Diese Gefahr wurde durch das internationale Schuldenmanagement, das, von der Interessenlage der Gläubiger (Staaten und Banken) aus gesehen, durchaus erfolgreich war, gebannt. Geblieben ist die Solvenzkrise der Schuldnerländer.

Der Brady-Plan, der den gescheiterten Baker-Plan ablöste, rang sich erstmals zu einem neuen Ansatz der Schulden- bzw. Schuldendienstreduktion durch, der nach dem Pilot-Abkommen mit Mexiko in der Dritten Welt große Hoffnungen weckte. Unabhängig davon, daß dieser Entschuldungsplan bei vielen Regierungen, auch bei der deutschen Bundesregierung, und bei Banken auf erhebliche Widerstände stieß, halten ihn Experten für kaum mehr als einen ersten Schritt in die richtige Richtung. Sie halten das Ausmaß des angestrebten Schuldenerlasses (rund ein Drittel der Gesamtverschuldung) nicht für ausreichend, um die Kreditwürdigkeit und darüber hinaus die Entwicklungsfähigkeit der meisten Schuldnerländer wiederherzustellen; sie

60 Giovanni Andrea Cornia u. a., Anpassung mit menschlichem Gesicht. Wege aus der Schuldenkrise. Eine Studie für UNICEF, Bielefeld 1989.

halten außerdem den Brady-Plan nicht für eine verhandlungsfähige Grundlage für die Vielzahl und Verschiedenartigkeit der anstehenden Einzelfall-Verhandlungen. Schließlich hat die neue Attraktivität Osteuropas für den internationalen Kapitalmarkt die Bereitschaft der Geschäftsbanken, *fresh money* in »Fässer ohne Boden« zu pumpen, deutlich verringert. Es ist offensichtlich, daß sie auch deshalb mit Forderungsverzichten zögern, weil sie damit einen Hebel zur wirtschaftspolitischen Disziplinierung der Schuldnerländer aus der Hand geben würden.

Vorschläge zur Lösung der Verschuldungskrise reichen von unrealistischen Radikalkurrezepten (pauschale Schuldenstreichung, Schuldnerstreik) bis zu Vorschlägen, alles dem Markt zu überlassen. Allmählich zeichnen sich jedoch Konturen eines praktikablen Kompromisses ab, der besonders deshalb eine realistische Perspektive bietet, weil sich ihm auch die Geschäftsbanken nicht mehr völlig verschließen. Weitgehende Konzessionsbereitschaft hatte bereits der ermordete Vorstandssprecher der Deutschen Bank, Alfred Herrhausen, signalisiert[61]. Er fand aber in den Vorstandsetagen anderer Großbanken nur geteilte Zustimmung.

Eine Verringerung der Schuldenlast aus öffentlichen und privaten Quellen ist unausweichlich, um die Gefährdungen des internationalen Finanzsystems zu beseitigen und die Entwicklungsfähigkeit der Schuldnerländer wiederherzustellen. Für das Ausmaß der erforderlichen Schuldenreduktion (rund 50 Prozent) und für die Modalitäten von Entschuldungsabkommen dient häufig das Londoner Schuldenabkommen von 1953 mit der jungen Bundesrepublik Deutschland als Modell.

Die öffentlichen Gläubiger sollten den LDC die öffentlichen Schuldforderungen völlig erlassen und gleichzeitig die Kreditfonds der multilateralen Finanzorganisationen (IWF, Weltbank, regionale Entwicklungsbanken) kräftig aufstocken, um den Schuldnerländern Zugang zu günstigeren Finanzierungsquellen zu verschaffen. Die Forderung nach Erfüllung der Selbstverpflichtung der meisten OECD-Länder, 0,7 Prozent des BSP für Entwicklungshilfe zu verwenden, verstärkt sich. Allerdings verhinderte die Bush-Administration, daß die UN-Sondervollversammlung Anfang Mai 1990 die von der *Gruppe der 77* erhobene Forderung nach einem generellen Schuldenerlaß für die LDC in die Schlußerklärung aufnahm.

Den Schuldnerländern, die sich vorwiegend bei privaten Gläubigern verschuldet haben, werden neben einem partiellen Schuldenerlaß die Chancen des Sekundärmarktes angeboten: der Rückkauf von Schuldtiteln bei marktgerechten Abschlägen durch die Regierungen der Schuldnerländer *(buy-back)*, durch ausländische Unternehmer *(debt-equity-swaps)*, durch Kapitalflüchtlinge der Schuldnerländer, die ihre Fluchtgelder repatriieren *(debt-cash-swaps)*, oder durch Umweltschutzorganisationen, die mit Schuldtiteln bedrohte Regenwälder aufkaufen *(debt-nature-swaps)*. Ein Ausbau dieses Sekundärmarktes setzt jedoch eine internationale Vereinheitlichung der Wertberichtigungspolitik der Kreditinstitute, der Bilanzierungs- und Steuervorschriften voraus.

Bisher gibt es zur Lösung von Liquiditäts- oder Solvenzkrisen nur das »Recht des Stärkeren«, aber keine internationale Gerichtsinstanz und keine kodifizierten oder gewohnheitsrechtlichen Regeln, die auch den souveränen Schuldnerländern ein Minimum an Rechtsschutz einräumen. Es setzte sich die Einsicht durch, daß neben inter-

---

61 Vgl. Alfred Herrhausen, Die Zeit ist reif – Schuldenkrise am Wendepunkt, in: Handelsblatt vom 30. Juni 1989.

nationalen Schlichtungsverfahren auch eine internationale Bankenaufsicht (z. B. zur Kontrolle der Kapitalflucht) und neue internationale Regime notwendig sind, die den bereits rund um die Uhr funktionierenden globalen Finanzmarkt regulieren können.

Es besteht breite Übereinstimmung, daß ein Teil der Rückflüsse zur Entlastung der Devisenbilanz in Gegenwertfonds zur Finanzierung von Entwicklungsvorhaben mit lokalen Währungen eingebracht werden sollte. Hier setzt auch das Konzept »Von Verschuldung zu Entwicklung« an, das die internationale »Entwicklungslobby« der Nichtstaatlichen Hilfsorganisationen (NGOs) propagiert. Sie fordert die Verwendung der Gegenwertfonds zur Förderung grundbedürfnisorientierter und ökologischer Programme (Trinkwasserversorgung, Basisgesundheitsdienste, Erosionsbekämpfung, Wiederaufforstung u. a. m.), zum Schutz des Regenwaldes und zur Finanzierung von Agrarreformen.

Es besteht auch weitgehende Übereinstimmung, daß eine pauschale und konditionslose Streichung der Schulden die unverantwortlichen »Schuldenmacher« nachträglich belohnen, die Strukturen, die zur Überschuldung geführt haben, nicht verändern und damit die nächste Solvenzkrise vorprogrammieren würde.

Auch eine solche entwicklungspolitische Konditionalität verletzt Souveränitätsansprüche, aber sie kann sich eher auf universelle politische und soziale Menschenrechte berufen als Auflagen, die allein dem Zweck dienen, die Zahlungsfähigkeit der Schuldner wiederherzustellen. Jede Krise hat eine doppelte Chance: Sie kann zum Kollaps führen, wenn eine Fehldiagnose ihrer Ursachen gestellt und keine geeignete Therapie gefunden wird, aber sie kann auch die Selbstheilungskräfte mobilisieren.

Unter Theoretikern der internationalen Wirtschaftsbeziehungen besteht heute weitgehend Übereinstimmung, daß eine Lösung der Verschuldungskrise, eine Verringerung des Nord-Süd-Gefälles und eine langfristige Stabilisierung der Weltwirtschaft ohne eine Neuordnung der internationalen Wirtschafts- und Finanzbeziehungen mittels neuer Regime und neuer Methoden internationaler Transferleistungen nicht möglich sind. Nationalstaatliche Interessenpolitik und kurzfristiges Krisenmanagement können globale Probleme nicht bewältigen. Die Verschuldungskrise kann nicht allein von den Schuldnerländern gelöst werden. Insbesondere Japan und die Bundesrepublik Deutschland sind gefordert, ihre hohen Überschüsse in der Handels- und Zahlungsbilanz in eine internationale Hilfsaktion einzubringen.

XIII. Umwelt- und Entwicklungskrise

Das *Umweltprogramm der Vereinten Nationen* (UNEP = *United Nations Environment Program*) wies in seiner *Deklaration von Nairobi* (vom Mai 1982) darauf hin, daß die Zerstörung der tropischen Regenwälder, die Vergiftung von Luft und Wasser, die Bodenerosion und die Ausbreitung der Wüsten (»Desertifikation«) die Lebensgrundlagen von immer mehr Menschen bedrohen. Es gibt inzwischen auch ein ökologisches Nord-Süd-Gefälle, das eine globale Bedrohung darstellt.

1. Entwaldung der Tropen

Am meisten beunruhigt die Öffentlichkeit in den Industrieländern die fortschreitende Zerstörung der tropischen Regenwälder, weil sie »Weltlungen« bilden und ihre Zerstörung zur globalen Klimakatastrophe beiträgt[62]. Von den ursprünglich 1,6 Mrd. Hektar wurde bisher schon fast die Hälfte zerstört. Jede Minute verschwinden 21,5 Hektar Regenwald, im Jahr 11 Mio. Hektar. Bei einer Fortschreibung der derzeitigen Zerstörungsgeschwindigkeit würde in 30 Jahren ein Gebiet in der Größe Indiens entwaldet sein.

Die Ursachen für dieses Zerstörungswerk sind vielfältig. Zu ihnen gehört auch der Bevölkerungsdruck, der zum Vordringen der Besiedlungszonen in Waldgebiete, zur großflächigen Brandrodung und zum Holzeinschlag für die Gewinnung von Brennholz führt. Hinter diesem »Armutsargument« pflegen aber modernisierungs- und wachstumsorientierte Technokraten, Viehbarone, Holzhändler und Spekulanten sowie multinationale Unternehmen den Raubbau für Holzexporte und für gigantische Erschließungs- und Besiedlungsprojekte (wie beispielhaft in Amazonien und auf Borneo) zu verstecken. Japan trug, um seinen verschwenderischen Holzverbrauch durch Importe decken zu können, zur großflächigen Zerstörung der Regenwälder in Südostasien bei und setzte dabei Entwicklungshilfe in einer perversen Sinnverkehrung zur Erschließung ein[63]. Teilweise vorbildliche Forstgesetze werden durch Korruption unterlaufen.

Die Entwaldung der Tropen hat katastrophale lokale und globale Folgen. Die Opfer der Waldzerstörung sind zunächst die Restgesellschaften von Ureinwohnern (wie beispielsweise die Indianer in Amazonien), ferner unzählige Pflanzenarten und Lebewesen, die nur im Biotop des Regenwaldes überleben können. Die tropischen Regenwälder, die nur sechs Prozent der Erdoberfläche bedecken, beheimaten etwa 40 Prozent aller Pflanzenarten und Lebewesen. Die Regenwälder verwandeln sich durch menschliche Eingriffe in unfruchtbare Wüsten. Die Brandrodung des Waldes nach dem Abholzen des kommerziell verwertbaren Baumbestandes, der in Afrika und Lateinamerika kaum zehn Prozent, in Asien etwa 25 Prozent ausmacht, führt aufgrund der Nährstoffarmut der tropischen Böden zu rascher Unfruchtbarkeit, zu Erosion (weil Böden schutzlos Sonne, Regen und Wind ausgesetzt sind) und zu schweren Störungen des Wasserhaushalts (weil die Verdunstung der Vegetation entfällt und der Wald als saugfähiger Schwamm nicht mehr vorhanden ist). Diese Störung des Wasserhaushalts wirkt über die Rodungszonen hinaus und führt zu Trockenheit und Überschwemmungen. Letztere sind in den Ebenen von Pakistan, Indien und Bangladesh auf die Abholzung der Feuchtwälder am südlichen Fuß des Himalaya zurückzuführen. Die Regengüsse können nicht mehr gespeichert werden und stürzen, ohne auf Widerstände zu treffen, über die kahlgeschlagenen Hänge in die Täler. Noch umstritten sind die Folgen der Waldzerstörung auf das Großklima, aber unzweifelhaft ist, daß die Regenwälder für das ökologische Gleichgewicht des Planeten unerläßlich sind und daß die Vergiftung der Luft zunimmt, wenn sie als »Weltlungen« ausfallen.

---

62 Vgl. Paul J. Crutzen/Michael Müller (Hrsg.), Das Ende des blauen Planeten?, München 1989; Worldwatch Institute Report, Zur Lage der Welt – 89/90, Frankfurt/M. 1989.

63 Vgl. Franz Nuscheler, Japans Entwicklungspolitik. Quantitative Superlative und qualitative Defizite, Hamburg 1990, S. 64ff.

Tabelle 13: Ländliche Bevölkerung, die von der Desertifikation bedroht ist (in Mio. Einwohner)

Region	Weideland schwach betroffen	Weideland stark betroffen	Ackerland schwach betroffen	Ackerland stark betroffen
Sudano-Sahel	13,5	7	36	20
Afrika südlich des Sudano-Sahel	8	4,5	32	20
Nordafrika	4	2	11	6
Westasien	4	2	16	9,5
Südasien	9	4,5	34,5	18
VR China/Mongolei	3	1	4	2
Südamerika/Mexiko	4	2	22,5	11,5
gesamt	45,5	23	156	87

Quelle: J. A. Mabbutt, A New Global Assessment of the Status and Trends of Desertification, in: Environmental Conservation, 11 (1984) 2.

2. *Verwüstung, Vergiftung, Versalzung und Wasserverknappung*

Der Mensch hat durch seine Eingriffe in die Natur bereits 9 Mio. km^2 Land, also die 37fache Fläche der alten Bundesrepublik, in einen wüstenähnlichen Zustand versetzt. Jährlich verwüsten 3,2 Mio. Hektar Weideland und 2,6 Mio. Hektar Ackerland. Von dieser Verödung und Verwüstung sind nicht nur die Sahelstaaten, sondern zunehmend auch Länder Lateinamerikas (etwa Brasilien, Peru, Mexiko und Chile) und Südostasiens (Thailand, die Philippinen) betroffen. Es wurde geschätzt, daß durch Produktionsverluste und Folgekosten dieser Desertifikation jährlich ein Wert von rund 30 Mrd. DM buchstäblich vom Sande verweht wird[64]. 300 Mio. Menschen sind von der Desertifikation von Weide- und Ackerland bedroht (vgl. Tabelle 13).

Man weiß mittlerweile, daß die wiederkehrenden Trockenperioden in den Trokkenzonen erst durch Menschenwerk zu Dürre- und Hungerkatastrophen wurden. Dies gilt auch für den Sahel-Gürtel, der im Mittelalter noch ein grüner Landgürtel war. Hier führte eine lange Kette sich wechselseitig verstärkender Störungen zu Überlastungen des Ökosystems: Die ökologisch angepaßte Wirtschaftsweise, gekennzeichnet durch Wanderhackbau und nomadische Viehhaltung, wurde durch den Kolonialismus zerstört. Dieser führte zur Zerschneidung der Weidegebiete durch willkürliche Grenzziehungen, zur Vergrößerung der Viehherden durch den Steuerzwang und zur Verdrängung des Hirseanbaus auf ärmere Steppenböden durch die Einführung von Exportkulturen.

Der Bevölkerungsdruck zwang dazu, das Land intensiver zu nutzen, den traditionellen Wanderhackbau aufzugeben und die zur Regeneration notwendigen Brache-

64 Vgl. Werner Schädle, Trockenzonen der Erde – Die Natur hat die Balance verloren!, in: Peter J. Opitz (Hrsg.), Weltprobleme (hrsg. von der Bayerischen Landeszentrale für politische Bildungsarbeit), München 1980, S. 148.

zeiten zu verkürzen. Die vom Kolonialismus angelegten und später mit »Entwicklungshilfe« geförderten und ausgeweiteten Monokulturen beschleunigten das Zerstörungswerk. Monokulturen ohne Fruchtwechsel verlieren durch Bodenerosion bis zu viermal mehr Oberflächenboden als Mischkulturen. Die an der Oberfläche pulverisierten und durch tropische Regenfälle abgeschwemmten Böden verwandeln sich in unfruchtbaren Laterit oder in Sand.

Die steigende Nachfrage der Industrieländer nach tropischen Produkten und nach Viehfutter (Soja, Tapioka) sowie der Schuldendruck verführen viele Länder dazu, ihre natürlichen Ressourcen überauszubeuten. Die Exporte steigen, während immer mehr Menschen hungern. Hunger ist in weiten Teilen der Welt nicht durch ausweglose Armut bedingt, sondern durch Ungerechtigkeit und ökologische Unvernunft[65].

Wenn der Wald verschwunden ist und auch die letzten Sträucher als Brennholz verwertet worden, die Böden ausgelaugt sind und die Erosion ihr Zerstörungswerk vollendet hat, bleiben nur noch die Suche nach anderem Lebensraum, die Abwanderung in die Hoffnungslosigkeit der städtischen Slums oder die »Wirtschaftsflucht«.

Aufgrund des steigenden Bedarfs, der Absenkung des Grundwasserspiegels durch Brunnenbohrungen und Überpumpen (z.B. für die vergrößerten Viehherden) und der Entwaldung, mit der ein natürlicher Wasserspeicher ausgeschaltet wird, verknappt das Süßwasser. Viele Flüsse fallen als Wasserreservoir aus, weil sie durch agroindustrielle Einleitungen und Leckagen aus städtischen Abwassersystemen vergiftet sind. Diese Vergiftung des Grundwassers und der Oberflächengewässer führte in vielen Regionen schon zu chronischem Wassermangel und zu Erkrankungen. Weil sich die Städte mangels Kläranlagen über Flüsse, Seen und Küstengewässer entsorgen, sind vielfach auch die Küstengewässer und Fischgründe für Kleinfischer mit Giften verseucht. Viele Wissenschaftler sehen in der Wasserverknappung das zentrale Umweltproblem der neunziger Jahre[66].

Ökologische Gefahren drohen auch dort, wo der Mensch zur Steigerung der Agrarproduktion technische Hilfsmittel und Agrargifte einsetzt. Die künstliche Bewässerung führte bereits auf großen Teilen des Bewässerungslandes zu Versalzung (Salinisierung) oder Vernässung, weil aus Kostengründen nicht für eine ausreichende Drainage gesorgt wurde. An diesem »Agrarbergbau« bzw. »Absahnen« (creaming) sind besonders die »Agrar-Multis« beteiligt.

Die Chemieunternehmen gehen in die Dritte Welt, weil dort der Markt für Agrargifte expandiert und Umweltauflagen oder Kontrollinstanzen fast völlig fehlen. Die Giftgaskatastrophe in der indischen Stadt Bhopal ist noch in trauriger Erinnerung. Aber sie werden von Modernisierungs- und Wachstumsideologen gerufen, die bedingungslos auf rasches Wachstum mittels Technik, Kunstdünger und Agrargiften setzen. »Multis«, Planungsbürokraten, ausländische Berater und Kreditgeber (wie die Weltbank) bringen ein vordergründig schlagendes Argument vor: Nur Chemikalien könnten die Vernichtung von gut einem Viertel der Welternten durch Schädlinge aller Art aufhalten und damit Hungersnöte verhindern. Aber die langfristig negativen Folgen des verstärkten Einsatzes von Düngemitteln, von Pestiziden, Insektiziden und Herbiziden sind längst bekannt.

---

65 Vgl. Felix Krusen, Ernährung 2000, München 1986.

66 Vgl. Udo E. Simonis u.a., Globale Umweltprobleme – Globale Umweltpolitik, in: Interdependenz (Materialien der Stiftung Entwicklung und Frieden), (1989) 3, S. 26ff.

3. *Umweltpolitische Verantwortlichkeiten*

Die Regierungen der Entwicklungsländer hielten den Umweltschutz lange für einen Luxus, den sich nur reiche Länder leisten können. Sie pochten auf ihre Souveränität, mit der Umwelt nach eigenem Gutdünken umzugehen. Umweltpolitische Ermahnungen, vor allem zum Schutz der Regenwälder, mußten ihnen einigermaßen unglaubwürdig erscheinen, solange Akteure aus dem Norden massiv an der Umweltzerstörung im Süden beteiligt sind:

- Es war und ist die Nachfrage nach mineralischen Rohstoffen, die vielfach nur große Löcher in der Landschaft, vergiftete Flüsse und einen abgesunkenen Grundwasserspiegel hinterläßt.
- Es war und ist die Nachfrage nach tropischen Nahrungs- und Futtermitteln, die das Entstehen und die Ausbreitung von Monokulturen mit all ihren ökologischen Folgeproblemen bewirkt.
- Es sind multinationale Unternehmen, die durch Herstellung, Export und Einsatz von Agrargiften gefährliche »Giftbomben« legen, die nur schwer entschärft werden können.
- Es sind die »Rindfleisch-Imperien«, die riesige Waldflächen in Weideflächen umgewandelt haben, die nach wenigen Jahren veröden und verwüsten.
- Es ist die Nachfrage der Holz- und Möbelindustrie bzw. ihrer Kunden, die das »Absahnen« der tropischen Regenwälder und die Umwandlung von Naturwald in Plantagenwald beschleunigt. Deshalb schlug ein Gutachten von Dieter Oberndörfer für das Bundeskanzleramt u. a. auch das Importverbot von Tropenhölzern, vor allem aber eine rasche Entschuldung, vor[67].
- Es sind die Gläubigerstaaten, die, vertreten durch den IWF, die Schuldnerstaaten zum Export auf Gedeih und Verderb und zur rücksichtslosen Ausbeutung ihrer natürlichen und nicht mehr erneuerbaren Ressourcen anhalten.
- Es sind auch die mit »Entwicklungshilfe« finanzierten Erschließungsprojekte, die zur großräumigen Umweltzerstörung beitragen.
- Es waren und sind Unternehmen aus dem Norden, die den Giftmüll in den Süden verfrachten, häufig ohne die erforderlichen Schutzmaßnahmen.

Zwar können die multinationalen Unternehmen vielfach auf Einladungen zur Auslagerung ihrer »schmutzigen Industrien« verweisen, die ihnen ermöglicht, strenge Umweltauflagen in ihren Herkunftsländern zu umgehen, aber solche Einladungen geben ihnen keinen Freibrief zur ökologischen Rücksichtslosigkeit. Sie sollten andere Signale setzen: »Die Industrieländer müssen den Entwicklungsländern vorleben, daß Umweltschonung und Prosperität sich gut vertragen. Nur die hierzu passende Technologie dürfte sich künftig für Exportgeschäfte und Entwicklungshilfe zugleich eignen.«[68]

---

67 Vgl. Dieter Oberndörfer, Schutz der tropischen Regenwälder durch Entschuldung, München 1989.

68 U. E. Simonis (Anm. 66), S. 34.

4. Ökologische Lernprozesse

Die internationale Gemeinschaft hat das Umweltproblem als Überlebensproblem erkannt. Die Konferenzen des UNEP, der Bericht der *Weltkommission für Umwelt und Entwicklung (Brundtland-Bericht)* und vor allem die internationale »grüne Lobby« haben wichtige Anstöße zu diesem Lernprozeß gegeben. 1984 beschloß die Weltbank unter dem Druck von internationalen Umweltorganisationen ein umweltpolitisches Reformprogramm für ihre eigene Projektpolitik. 1986 legte sie, zusammen mit der FAO und dem UNDP *(UN Development Program)*, einen Tropenwaldaktionsplan vor, dem es aber mehr um die forstwirtschaftliche Nutzung denn um den Schutz der Regenwälder ging. Die »Entwicklungspolitischen Grundlinien« der Bundesregierung nahmen den Schutz der Umwelt und der natürlichen Lebensgrundlagen in den Prioritätenkatalog auf. Das BMZ vergibt seit 1988 pro Jahr rund 250 Mill. DM für den Regenwaldschutz (hinter dem jedoch Kritiker ebenfalls eine Hilfe zur kommerziellen Nutzung der Restbestände vermuten). Im *Lomé-IV-Vertrag* (1989) verpflichteten sich die EG- und AKP-Staaten, den Export bzw. Import von Gift- und Atommüll zu unterbinden.

Neue internationale Konventionen machten den Umweltschutz zu einer Aufgabe der internationalen Politik. Solche Konventionen können aber die vielfältigen Umweltprobleme nicht lösen, solange der Umwelt- und Ressourcenschutz kein integraler Bestandteil nationaler und internationaler Politik ist und solange es keine internationalen Institutionen mit wirksamen Kontroll- und Sanktionsrechten gibt. Das Ozonloch, der Treibhauseffekt, Trockenperioden und Taifune, Giftwolken und vergiftete Gewässer machen nicht an nationalen Grenzen halt.

Globale Probleme bedürfen globaler Problemlösungsstrategien. Dies war die zentrale Botschaft des *Brandt-Berichts,* des *Brundtland-Berichts* und des *Schmidt-Berichts,* der die »klare Notwendigkeit, einen Konsensus – eine umfassende Strategie – über ein globales Konzept für die ökonomischen, sozialen und Umweltprobleme zu erreichen«, betonte[69]. Einen ersten Ansatz könnte die Erhebung einer Weltressourcensteuer zur Finanzierung eines Weltbudgets für den Umweltschutz bilden, wie sie von Udo E. Simonis vorgeschlagen wurde[70].

Entwicklung bedeutet nach einer ökumenischen Weltformel Frieden, soziale Gerechtigkeit *und* Bewahrung der Schöpfung – und nicht allein Wachstum auf Gedeih und Verderb. Natur und Vernunft setzen dem Wachstum Grenzen, wie schon der berühmte *Bericht des Club of Rome* erkannte. Die Bewahrung der Schöpfung ist eine konstitutive Bedingung von Entwicklung.

---

69 Schmidt-Report (Anm. 30), S. 9.

70 Vgl. Udo E. Simonis, Thoughts on a World Resource Tax, in: Stiftung Entwicklung und Frieden (Hrsg.), A New Global Financial Order, Bonn 1990, S. 137–142.

XIV. Ziele und Dimensionen der Entwicklungspolitik

Im alltäglichen Sprachgebrauch werden die Begriffe »Entwicklungspolitik« und »Entwicklungshilfe« ziemlich unterschiedslos gebraucht. Diese begriffliche Vermengung verengt jedoch den wesentlich umfassenderen Begriff der Entwicklungspolitik. Die Entwicklungshilfe bzw. ODA erfaßt nur die von den »Geberländern« oder von multilateralen Entwicklungsorganisationen (Weltbank, EG, UN-Sonderorganisationen, regionalen Entwicklungsbanken) zu marktabweichenden (»konzessionären«) Bedingungen erbrachten Finanz-, Sach- und Dienstleistungen.

Entwicklungspolitik ist wesentlich umfassender. Sie umfaßt erstens alle Ziele und Strategien, Instrumente und Maßnahmen, die von den Industrie- *und* Entwicklungsländern eingesetzt werden, um den wirtschaftlichen und sozialen Fortschritt in den »weniger entwickelten Ländern« zu fördern.

Sie ist ferner Nord-Süd-Politik, die mit den internationalen Macht- und Wirtschaftsstrukturen, mit internationaler Handels-, Finanz- und Währungspolitik, mit internationaler Ressourcenpolitik, mit den Operationen von multinationalen Unternehmen und mit Technologie- und Kommunikationspolitik zu tun hat.

Die Veränderung der internationalen Rahmenbedingungen, also der Weltwirtschaftsordnung, ist entwicklungspolitisch wesentlich wichtiger als etwa die Erhöhung der Entwicklungshilfe. Seit Beginn der sechziger Jahre stand deshalb die Herstellung einer *Neuen Weltwirtschaftsordnung* im Mittelpunkt des Nord-Süd-Dialogs, der auf Konferenzen der UNCTAD und der anderen UN-Sonderorganisationen, auf Sonderkonferenzen der Vereinten Nationen und auf den Jahrestagungen von IWF und Weltbank veranstaltet wurde. Eine Neuordnung der internationalen Wirtschaftsbeziehungen wurde von den Entwicklungsländern, vertreten durch die *Gruppe der 77,* lautstark gefordert, von den wesentlichen Industrieländern – häufig sekundiert von den RgW-Ländern, wenn deren eigene Interessen berührt waren – hartnäckig und erfolgreich abgewehrt. Die entwicklungspolitisch sinnvolle Alternative zur Entwicklungshilfe (allerdings nur für rohstoffreiche oder halbindustrialisierte Schwellenländer), nämlich »Handel statt Hilfe«, allerdings zu besseren Bedingungen, konnte deshalb nicht greifen.

Entwicklungspolitik beansprucht, globale Friedenspolitik zu sein und die Nord-Süd-Spannungen durch einen Interessenausgleich abzubauen, erreichte aber durch die Verweigerung eines solchen Interessenausgleichs eher das Gegenteil. Sie erwies sich auch deshalb nicht als Friedenspolitik, weil kommerzielle Waffenexporte oder Militärhilfe – nach Willy Brandt eine »Kriegsentwicklungshilfe«[71] – zu einer Militarisierung und Erhöhung des Gewaltpotentials beitrugen.

Entwicklungspolitik hat mit den Sozial- und Herrschaftsstrukturen in den Entwicklungsländern zu tun, ohne deren Veränderung weder bessere Handelsbedingungen noch mehr Entwicklungshilfe die Lebensbedingungen der Mehrheit der Bevölkerung verbessern können. Es ist entwicklungspolitisch kontraproduktiv, solche Strukturen durch Entwicklungshilfe zu stabilisieren.

Wohlverstandene Entwicklungspolitik ist deshalb auch Menschenrechtspolitik, die sich an den in der Allgemeinen Erklärung der Menschenrechte und in den Bürger- und Sozialrechtspakten der Vereinten Nationen verankerten politischen und sozialen

---

71 W. Brandt (Anm. 39), S. 210ff.

Menschenrechten orientiert. Allerdings begründete der Ost-West-Konflikt einen »doppelten Standard« in der Menschenrechtspolitik, der Diktaturen in westlich orientierten, strategisch wichtigen oder rohstoffreichen Ländern schonte, aber eher links orientierte Regime bestrafte.

Entwicklungspolitik soll – so ist in vielen internationalen Grundsatzerklärungen, nationalen Richtlinien und in den Programmen fast aller Parteien zu lesen – auf den Abbau des friedensgefährdenden, ökonomisch kontraproduktiven, politisch unvernünftigen und moralisch unakzeptablen Nord-Süd-Gefälles abzielen. Sie soll nicht nur Massenarmut überwinden, sondern durch Förderung einer eigenständigen und dauerhaften Entwicklungsfähigkeit (»Hilfe zur Selbsthilfe«) in letzter Konsequenz Entwicklungshilfe überflüssig machen. Das ist die Logik der Entwicklungspolitik, wie sie seit vier Jahrzehnten in Sonntagsreden vorgetragen wird. Ihre Praxis und ihre Wirkungen sind jedoch ganz andere.

1. Zersplitterung der entwicklungspolitischen Kompetenzbereiche

In einigen westlichen Staaten scheint sich die Entwicklungspolitik durch die Einrichtung von Fachministerien und parlamentarischen Fachausschüssen als eigenständiger Politikbereich herausgebildet zu haben. In den meisten OECD-Staaten blieben die Entwicklungsbehörden jedoch dem Außenministerium unterstellt. Aber auch in der Bundesrepublik muß sich das BMZ den Gesamtbereich der Nord-Süd-Politik mit anderen Ministerien teilen. Es war vor der Auslagerung der Zuständigkeit für Kapitalhilfe aus dem Wirtschaftsministerium der »seltene Fall eines Ministeriums, dessen Politik nicht bloß subsidiär, sondern hauptsächlich durch andere Ministerien bearbeitet wurde«.[72]

Das Auswärtige Amt entscheidet noch immer über politische Vergabekriterien und über die Verteilung der Mittel auf Regionen und Länder (»Länderquoten«) mit. Das Bundesministerium für Wirtschaft blieb für den wichtigen Bereich der Handels- und Rohstoffpolitik zuständig. Andere Ministerien sind an Einzelprogrammen, die häufig mit den Aufgaben von UN-Sonderorganisationen korrespondieren, beteiligt: das Landwirtschaftsministerium (FAO, Nahrungsmittelhilfe), das Gesundheits-, Jugend- und Frauenministerium (WHO, Gesundheitshilfe und Frauenförderung), das Sozial- und Arbeitsministerium (ILO), das Forschungs- und Technologieministerium (Technologietransfer, Forschungskooperation), das Umweltministerium (UNEP), das Verteidigungsministerium (militärische Ausrüstungs- und Ausbildungshilfe), sogar das Innenministerium (Polizeihilfe).

Das Finanzministerium steckt nicht nur durch seine Etatgestaltung und die Finanzplanung im Zusammenwirken mit dem Kabinett und dem Haushaltsausschuß des Bundestages den finanziellen Handlungsspielraum des BMZ ab, sondern spielt aufgrund seiner Zuständigkeit für internationale Finanzfragen eine zunehmend wichtige

72 Uwe Schimank, Das außenpolitische Interorganisationsnetz als Hemmnis einer eigenständigen deutschen Entwicklungspolitik: Heteronomie und Autonomisierungsbestrebungen des BMZ, in: Manfred Glagow (Hrsg.), Deutsche Entwicklungspolitik: Aspekte und Probleme ihrer Entscheidungsstruktur, Saarbrücken 1983, S. 67.

Rolle im internationalen Schuldenmanagement. Je wichtiger Handels- und Finanzfragen im Nord-Süd-Dialog wurden, desto mehr verkümmerte das BMZ zu einem »Abwicklungsministerium« für Entwicklungshilfe, das einen niedrigen Status in der Kabinettshierarchie hat. Dieses politische Schattendasein ist zugleich Ausdruck für den niedrigen Stellenwert, den Entwicklungspolitik im Rahmen der Gesamtpolitik hat. Die Zersplitterung der Kompetenzen im entwicklungspolitischen Entscheidungsprozeß ist wiederum eine Folge der Instrumentalisierung der Entwicklungshilfe als »Mehrzweckwaffe«. Im Bundestag entscheidet nicht der Fachausschuß (AWZ = Ausschuß für wirtschaftliche Zusammenarbeit), sondern der Haushaltsausschuß über den Gesamtetat und einzelne Etatposten des BMZ.

2. Entwicklungspolitik als Interessenpolitik

Schon der *Pearson-Bericht* (1969) führte, wie oben erwähnt, die »Krise der Entwicklungshilfe« auf ihren Einsatz als außen- und sicherheitspolitisches Instrument sowie als Instrument der Exportförderung zurück. An dieser Instrumentalisierung der »Entwicklungshilfe« für Interessen der »Geberländer« hat sich bis heute nichts geändert. Diese Interessen haben sich lediglich je nach Interessenlage verschoben oder diversifiziert.

Entwicklungspolitik wird größtenteils von Staaten oder von multilateralen Entwicklungsagenturen, in denen wiederum Staaten das Sagen haben, gemacht. Nur kleine Teilmengen werden von Nicht-Regierungsorganisationen (NRO = NGO) gestaltet. Die bundesdeutschen NRO, deren größte die kirchlichen Hilfswerke sind, verwalten immerhin, wenn man die staatlichen Zuschüsse hinzurechnet, einen Gesamtetat von rund 1,3 Mrd. DM, der größtenteils aus Spenden stammt.

Entwicklungspolitik ist in einen vielfältigen innen- und außenpolitischen Ziel- und Begründungszusammenhang eingebunden. Entwicklungshilfe ist ein Mehrzweckinstrument, das mehrere, je nach besonderen Interessenlagen gewichtete und teilweise miteinander konkurrierende Aufgaben erfüllen soll. Die Gretchenfrage ist, inwieweit sie nicht nur den Eigeninteressen der »Geberländer«, sondern auch ihrem eigentlichen Zweck, der Förderung von Entwicklung in den Entwicklungsländern, dient. Es gibt einen langen akademischen Streit, ob Entwicklungspolitik dem »Primat der Ökonomie« oder dem »Primat der Politik« unterliegt; aber es gibt eine weitgehende Übereinstimmung, daß die »Geberländer« mit Entwicklungshilfe handfeste politische und wirtschaftliche Eigeninteressen und allenfalls nebenbei auch ein »Entwicklungsinteresse« verfolgen.

Entwicklungshilfe war ein Kind des Ost-West-Konflikts und deshalb von Anfang an in erster Linie ein Instrument der Außen- und Sicherheitspolitik und der globalen Eindämmungspolitik gegenüber der Sowjetunion. Bereits Punkt IV der *Truman-Doktrin* von 1947 verlieh ihr diese vorrangige Zweckbestimmung und sorgte dafür, daß die »Auslandshilfe« immer einen hohen Anteil an Militärhilfe enthielt. Die US-amerikanische Auslandshilfe wurde in den Jahren 1953 bis 1961 unter dem Gesetzestitel *Mutual Security Act* vergeben.

Die Bundesrepublik setzte sie bis zum Abschluß der Ostverträge als deutschlandpolitischen Hebel ein, um eine Anerkennung der DDR in der Dritten Welt zu verhindern[73]. Die Ost-West-Entspannung ermöglichte die Ostpolitik der sozialliberalen Koalition, befreite die Entwicklungspolitik von der deutschlandpolitischen Fessel der Hallstein-Doktrin und unterstützte den Versuch des damaligen »Entwicklungsministers« Erhard Eppler, sie als langfristig angelegte Sozial- und Friedenspolitik zu konzipieren. Er wollte Entwicklungshilfe uneigennütziger machen, erreichte jedoch nicht die kopernikanische Wende, die seine Rhetorik und die Kritik der Opposition vermuten ließen.

Die zu Beginn der achtziger Jahre wieder auflebende Ost-West-Konfrontation holte sie wieder in das Arsenal der antikommunistischen Eindämmungspolitik zurück. Das entwicklungspolitische Motto der Reagan-Administration lautete: »Keine Philanthropie ohne strategischen Wert«[74]. Nach dem Regierungswechsel in Bonn wurde Entwicklungshilfe mit ähnlichen Slogans wieder stärker in dieses eindämmungspolitische Globalkonzept eingebaut.

Die sich in der zweiten Hälfte der achtziger Jahre anbahnende Ost-West-Entspannung, die durch die revolutionären Veränderungen in Osteuropa beschleunigt wurde, schuf die Chance, Entwicklungspolitik den vielfältigen Zwängen des Ost-West-Konflikts zu entziehen und infolge der internationalen Abrüstungsbemühungen tatsächlich »Schwerter zu Pflugscharen« umzuschmieden. Allerdings wuchs mit dieser Chance auch die Gefahr, daß nach dem Abbau der geostrategischen Rivalität und dem Rückzug der Sowjetunion aus einigen Konfliktregionen auch das Interesse an Entwicklungspolitik überhaupt schwindet.

Alle Industrieländer, auch die RgW-Länder, setzen Entwicklungshilfe als Mittel der Exportförderung und Erschließung neuer Absatzmärkte ein, teilweise mit dem Mittel der Lieferbindung, die die Empfängerländer daran hindert, die Preisvorteile des Weltmarkts zu nutzen und ihnen einen erheblichen Teil des »Zuschußelements« (d.h. der Differenz zwischen kommerziellen und »konzessionären« Kreditbedingungen) wieder nimmt. Entwicklungshilfe ist zu einem Gutteil staatlich subventionierte Exportförderung, also Hilfe für die eigene Exportwirtschaft.

Auch die Bundesrepublik verzichtet trotz ihrer hohen Exportüberschüsse nicht ganz auf dieses Instrument der Lieferbindung zugunsten wettbewerbsschwacher Branchen (z.B. Schiffbau), obwohl ohnehin rund 80 Prozent ihrer Kapitalhilfe als Aufträge an die deutsche Wirtschaft im eigenen Land verbleiben. Die Versuchung, Entwicklungshilfe als kurzfristig wirksames Instrument der Exportförderungs- und Beschäftigungspolitik einzusetzen, wächst während Konjunkturkrisen. Während des Konjunktureinbruches in den Jahren 1966 bis 1968 verteilte das BMZ unter Leitung eines sozialdemokratischen Ministers eine Schallplatte, auf der »Adolf Tegtmeier als Entwicklungshelfer« definierte: »Entwicklungshilfe ist, wenn man andere Länder in die Lage versetzt, bei uns zu kaufen.«

Im Gefolge der Weltwirtschaftskrise zu Beginn der achtziger Jahre propagierte das BMZ eine »stärkere Berücksichtigung deutscher Interessen«, obwohl diese niemals vernachlässigt wurden. Interne Richtlinien von Februar 1984 verlangten »bei der Vergabe von Lieferungen und Leistungen die Beschäftigungswirksamkeit in der Bundesrepublik zu berücksichtigen«. Die »Grundlinien der Entwicklungspolitik« von

---

73 Vgl. Klaus Bodemer, Entwicklungshilfe-Politik für wen?, München 1974.

74 Franz Nuscheler, Entwicklungspolitische Wende in den USA, Analysen Nr. 114 (hrsg. v. d. Friedrich-Ebert-Stiftung), Bonn 1984, S. 31ff.

Schaubild 6: Außenhandel der Bundesrepublik Deutschland 1988 (in Prozent)

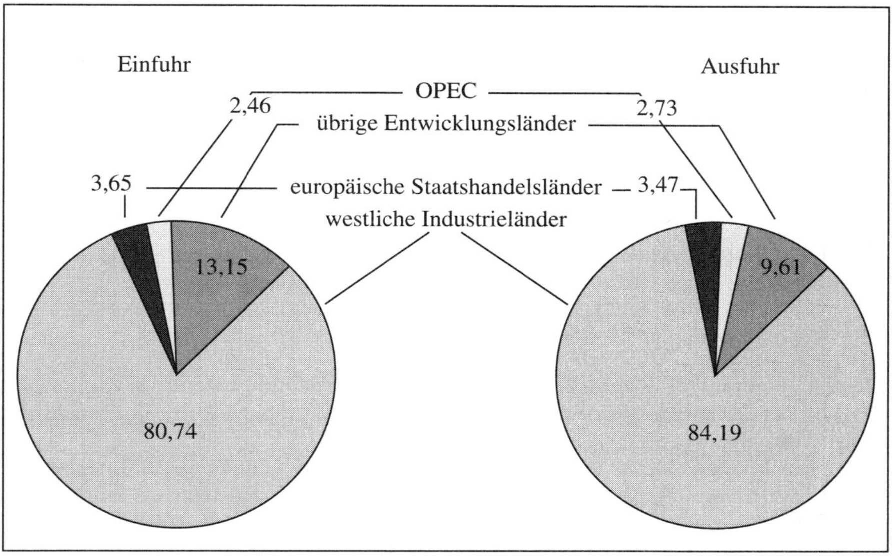

Quelle: Zahlen aus BMZ, Journalisten-Handbuch 1989/90.

1986 gaben auf die neutrale Frage aller Entwicklungspolitik, welchen Zielen – der Bekämpfung der Massenarmut in der Dritten Welt oder der Wohlstandsmehrung im eigenen Land – sie in erster Linie dienen soll, eine unverblümte Antwort: »Die Entwicklungspolitik der Bundesregierung unterliegt wie die anderen Politikbereiche dem grundgesetzlichen Auftrag, dem deutschen Volk zu nutzen und Schaden von ihm zu wenden.«

Die Bundesrepublik ist ein extrem exportabhängiges Land. Aber 1988 gingen nur noch 12,3 Prozent ihrer Exporte in Entwicklungsländer; dabei waren rund drei Viertel auf 19 Schwerpunktländer konzentriert. Die Masse der Entwicklungsländer teilt sich den kleinen Rest, ist also als Exportmarkt ziemlich uninteressant. Diese Habenichtse finanzieren einen erheblichen Teil ihrer Importe mittels bi- und multilateraler Entwicklungshilfe.

Alle Industrieländer sind von Rohstoffimporten aus den Entwicklungsländern abhängig, besonders die beiden rohstoffarmen industriellen Großmächte Japan und die Bundesrepublik Deutschland. Letztere ist der drittgrößte Rohstoffverbraucher der Welt: Sie muß Energie und mineralische Rohstoffe einführen, um ihre industrielle Produktion und damit die Basis ihrer wirtschaftlichen Existenz und Zukunft erhalten zu können; sie braucht agrarische Rohstoffe, um ein anspruchsvolles Konsumniveau befriedigen zu können. Ein erheblicher Teil dieser Rohstoffe kommt aus der Dritten Welt: bei Erzen und Agrarprodukten sind es rund 40 Prozent.

Zwei Drittel der weltweiten Erdölreserven werden in den OPEC-Ländern vermutet. Zwar verfügt der Norden (Westen und Osten) bei einer Reihe von Rohstoffen über große Vorräte, aber im Süden lagern nach bisher bekannten Prospektionen

Tabelle 14: Anteil der Entwicklungsländer an den Rohstoffimporten der Bundesrepublik Deutschland (in Prozent)

Rohstoff	Anteil	Rohstoff	Anteil
Bananen	100	Wolframerze	78
Kaffee	100	Aluminiumerze	72
Kakao	100	Baumwolle	64
Jute	96	Eisenerze	54
Naturkautschuk	94	Erdöl	52
Rohzinn	80	Kupfererze	52

Quelle: Statistisches Bundesamt, Fachserie 7, Reihe 2.

wichtige mineralische Rohstoffe: 72 Prozent des Bauxits, 58 Prozent des Kupfers, 62 Prozent des Kobalts, 60 Prozent des Zinns, 48 Prozent des Nickels, 38 Prozent des Molybdäns.

Angesichts des Überangebots an billigen Rohstoffen steht zwar das Interesse an der Rohstoffsicherung heute nicht mehr im Vordergrund, hat aber als langfristiges Interesse seine Bedeutung keineswegs verloren. Vor allem diese Rohstoffabhängigkeit widerspricht der These von Ralf Dahrendorf: »Es ist schlicht nicht wahr, daß wir ohne die Entwickungsländer nicht leben können.«[75]

Die deutschen Bundesregierungen haben sich zunächst defensiv, nach der »Wende« von 1982 offensiv an der Diskussion über eine *Neue Weltwirtschaftsordnung* beteiligt. Sie versuchten, Reformforderungen abzublocken, die handelspolitischen Vorteile, die der Bundesrepublik als Welthandelsmacht aus der bestehenden Weltwirtschaftsordnung erwachsen, zu verteidigen und sich allenfalls auf marginale Korrekturen einzulassen[76]. Diese Perzeption der eigenen Interessen ist partiell kontraproduktiv, weil höhere Exporterlöse der Entwicklungsländer auch der wettbewerbsstarken deutschen Exportwirtschaft zugute kommen könnten. Zahlungsunfähige Kunden sind keine guten Kunden.

Mit Geld, Gütern und Beratern werden immer auch Interessen und Ordnungsmodelle von Wirtschaft und Gesellschaft sowie Wert- und Konsummuster exportiert. Ordnungspolitik verfolgt den langfristigen Zweck, die marktwirtschaftliche *Eine Welt,* eine kapitalistische Weltökonomie zu schaffen; kurzfristig ist sie darauf aus, den auf weltweite Expansion drängenden multinationalen Unternehmen möglichst günstige Operations- und Verwertungsbedingungen zu verschaffen.

Der erste deutsche »Entwicklungsminister« Walter Scheel orientierte die Entwicklungshilfe am Idealfall, als »pre-investment für privatwirtschaftliche Investitionen« zu dienen. Die Reagan-Administration wies der eigenen Entwicklungsbehörde ausdrücklich die Aufgabe zu, sich als Wegbereiter *(pre-investor)* des *free enterprise* zu

75 Ralf Dahrendorf, [Interview], in: Entwicklung und Zusammenarbeit (E+Z), 4 (1981).
76 Vgl. Joachim Betz, Kooperation oder Konflikt? Die Position der Bundesrepublik auf den Nord-Süd-Konferenzen, in: Reiner Steinweg (Red.), Hilfe + Handel = Frieden? Die Bundesrepublik in der Dritten Welt, Frankfurt/M. 1982, S. 176–205.

betätigen. Für Imperialismuskritiker bedeutete dagegen dieses *pre-investment* immer Beihilfe zur Ausbeutung, weil sie dem Auslandskapital undifferenziert eine Denationalisierung und Dekapitalisierung der Gastländer unterstellen.

Während der *Brandt-Bericht* in der Ablehnung fremder Entwicklungsmodelle noch eine zweite Phase der Dekolonisierung erkannte, bot die Verschuldungskrise einen Hebel zur Rekolonisierung. IWF, Weltbank und bilaterale Geber zwingen mittels ihrer Auflagenpolitik den ohnmächtigen Schuldnerländern marktwirtschaftliche Strukturreformen auf. Mehr Markt kann entwicklungspolitisch durchaus heilsam sein, aber die durch den »Politikdialog« kaum verhüllten ordnungspolitischen Diktate unterlaufen das prinzipiell zugestandene Recht auf eigene Entwicklungswege. Die neue Marktbesessenheit ist auch unglaubwürdig, solange die Industrieländer protektionistische Mauern gegen die Konkurrenz aus der Dritten Welt hochziehen.

Entwicklungspolitik im allgemeinen und die deutsche im besonderen wird von einem schwer entwirrbaren Gemenge aus außenpolitischen und außenwirtschaftlichen Interessen, ordnungspolitischem Missionsgeist und humanitären Motiven bewegt: Sie dient vielen Zwecken, wobei das Mischungsverhältnis je nach der politischen Großwetterlage, wirtschaftlichen Konjunkturlage und Perzeption der Entscheidungsträger unterschiedlich ausfallen kann. Die öffentliche Kritik der »Entwicklungslobby« zwingt das BMZ dazu, in seiner Öffentlichkeitsarbeit das humanitäre Motiv stärker zu betonen, als es sich in seiner Projektpolitik niederschlägt.

Klaus Bodemer, einer der besten Kenner der deutschen Entwicklungspolitik, kommt dennoch zu dem Ergebnis, daß das eigentliche Entwicklungsziel – die Überwindung von Unterentwicklung – »stets nur ein den ökonomischen und außenpolitischen Basisinteressen nachgeordnetes Unterziel« gewesen sei und sich letztlich als »Pseudoziel«[77] erwiesen habe. Auch heute noch kann der vom Auswärtigen Amt Ende der sechziger Jahre ausgegebene Slogan »Wo immer wir helfen, helfen wir uns selbst« als Antwort auf die Frage nach dem Zweck und Ertrag von staatlicher Entwicklungshilfe gelten. Deshalb wurde sie gelegentlich mit dem Vorwurf konfrontiert, einer »imperialistischen Politik« zu dienen[78].

Solange Entwicklungspolitik das Geschäft von Staaten, Diplomaten und Bürokraten ist, wird sie sich nicht aus dem Interessengeflecht befreien können, in das staatliches Handeln eingebunden ist. Private Hilfswerke wurden zu wichtigen entwicklungspolitischen Akteuren, im Gefolge der wachsenden Kritik an der staatlichen Entwicklungspolitik auch zu neuen Hoffnungsträgern einer weniger interessengeleiteten, mehr partnerschaftlichen und armutsorientierten »Hilfe zur Selbsthilfe«.

Dieser hohe Anspruch überfordert sie, weil sie zwar bessere Chancen haben, an bürokratischen Herrschafts- und Korruptionsstrukturen vorbei die Armutsgruppen zu erreichen, aber aus finanziellen Gründen nur punktuell tätig werden können. Außerdem werden sie vielfach durch staatliche Zuschüsse in staatliche Zwecke eingebunden und somit zu Quasi-Nichtregierungsorganisationen (»Quangos«), die staatlichen Zielvorgaben unterliegen. Auch die kirchlichen Hilfswerke, die vom Staat besonders umworben, mit Lob überhäuft und vom BMZ reichlich subventioniert wer-

---

77 Klaus Bodemer, Programmentwicklung in der Entwicklungspolitik der Bundesrepublik Deutschland, in: F. Nuscheler (Anm. 20), S. 278–307.

78 Vgl. Franz Nuscheler, Dritte Welt und Imperialismustheorie, in: Civitas, 10 (1971), S. 28–84.

den, erkannten die Gefahr, als »Verschiebebahnhöfe von Almosen und Alibis« mißbraucht zu werden.

3. *Multilaterale Entwicklungspolitik*

Die Bundesrepublik leistet knapp ein Drittel ihrer öffentlichen ODA-Leistungen über internationale Organisationen. Sie beteiligt sich als gewichtiger Akteur in den internationalen Beziehungen auf verschiedenen Ebenen des internationalen Systems an der Nord-Süd-Politik:

- auf der Ebene des UN-Systems, das für alle Weltprobleme Sonderorganisationen oder Spezialprogramme aufgebaut hat[79];
- auf der Steuerungsebene der Nord-Süd-Wirtschaftsbeziehungen, also in den Entscheidungsgremien IWF und Weltbank, in denen Stimmrechte nach Kapitalanteilen gewichtet sind;
- auf der Ebene der EG, die neben den Sonderbeziehungen zu den mit ihr assoziierten (inzwischen) 69 AKP-Staaten in Afrika, in der Karibik und im Südpazifik im Rahmen der Lomé-Verträge eine weltweite Handels- und Entwicklungspolitik betreibt;
- auf der Ebene der drei »Entwicklungskontinente«, indem sie sich an den drei regionalen Entwicklungsbanken und Entwicklungsfonds beteiligt.

Etwa 40 Prozent ihrer multilateralen Leistungen gehen an Entwicklungsprogramme der EG, ein Drittel an die Weltbank-Gruppe (mit jährlichen Schwankungen je nach Auszahlungen der Zusagen), 15 Prozent an die UN-Sonderorganisationen, die restlichen zehn Prozent an die regionalen Entwicklungsbanken und an einige internationale Sonderprogramme.

Zwischen diesen internationalen Entwicklungsagenturen bildete sich eine grobe Arbeitsteilung heraus: Während die Entwicklungsbanken vorwiegend Kapitalhilfe leisten, haben sich die vom UNDP koordinierten UN-Sonderorganisationen auf technische Hilfe konzentriert. 90 Prozent ihrer Mittel werden von den OECD-Ländern aufgebracht. Hier wuchs nicht nur die Kritik am hohen Verwaltungs- und Personalaufwand der UN-Bürokratien, sondern auch die Verärgerung über das Abstimmungsverhalten der Mehrheit aus Ländern der Dritten Welt, die immer wieder den Westen auf die Anklagebank setzte.

Die Pauschalkritik am Wildwuchs und an der mageren Leistungsbilanz der teuren UN-Bürokratien übersieht, daß einzelne UN-Organisationen – wie die WHO bei der Seuchenbekämpfung, die UNESCO bei Alphabetisierungskampagnen oder das Amt des Hochkommissars der UN für Flüchtlinge (UNHCR = *UN High Commissioner for Refugees*) bei Teillösungen des Flüchtlingsproblems – gute Arbeit geleistet haben.

Die *Gruppe der 77* forderte immer einen höheren Anteil der multilateralen Hilfe, weil sie sich von ihr größere Vorteile verspricht:

- eine größere Unabhängigkeit von Interessen, die Einzelstaaten mit Entwicklungshilfe verfolgen;
- ein größeres Mitspracherecht in den Gremien, die über die Vergabe der Mittel entscheiden;
- die Lieferungebundenheit der bereitgestellten Mittel.

---

79 Vgl. P. J. Opitz (Anm. 64).

Diese vermuteten Vorteile werden durch einige Nachteile weitgehend aufgehoben:

- durch die eher symbolische Mitsprache in den multilateralen Entscheidungsgremien, in denen die Geldgeber das Sagen haben;
- durch die von einer multilateralen Fassade nur notdürftig verschleierte Interessenpolitik, die z.B. die USA aufgrund ihrer Führungsrolle auch in den internationalen Organisationen betreiben;
- durch hohe Reibungsverluste eines komplizierten Entscheidungsprozesses und einer von Proporzregeln bestimmten Personalrekrutierung, die sich als geringe Effizienz auswirken. Auch der *Europäische Entwicklungsfonds (EDF = European Development Fund)* wickelte viele seiner Projekte erst ab, als die nächste Vertragsphase schon längst angelaufen war.

Es gibt eine »multilaterale Mystik«, die den Tatbestand verklärt, daß Staaten, die Entwicklungshilfe gewähren, ihre eigenen Interessen verfolgen, sei es auf bi- oder multilateraler Ebene. Innerhalb der internationalen Entwicklungsagenturen findet eine Koordination der Geberinteressen statt, die die einzelnen Nehmerländer mit einem kollektiven Interesse konfrontiert. Die multilateralen Apparate nehmen dabei den bilateralen Gebern politisch besonders sensible Aufgaben und Auflagen ab. Der *Sprinkel-Report* (von 1982) empfahl deshalb der Reagan-Administration, die dem Multilateralismus äußerst skeptisch gegenüberstand, die multilateralen Institutionen als Durchlauferhitzer der eigenen Interessen zu nutzen[80].

Für marxistische Interpreten verfolgen die multilateralen Agenturen nur »Gesamtinteressen des imperialistischen Lagers« oder einen »Supra-Imperialismus«. Auf das Vokabular kommt es nicht an. Es ist offensichtlich, daß der Westen seine wirtschaftliche Überlegenheit auch in den internationalen Finanzorganisationen ausspielt. Der Osten hatte dieser Überlegenheit nur sein reichhaltiges Waffenlager als Angebot entgegensetzen können.

XV. Entwicklungspolitische Bilanz

Die staatliche Entwicklungshilfe steckt am Beginn der Vierten Entwicklungsdekade in einer tieferen Legitimationskrise als je zuvor. Ihr auch von den Entwicklungsbehörden nur noch halbherzig verteidigter Ruf als Instrument der Armutsbekämpfung ist gründlich ruiniert. Nur auf dem Hintergrund dieser breiten Skepsis konnte Brigitte Erlers »Tödliche Hilfe« ein Bestseller werden. Ihre unzulässig verallgemeinernde Schlußfolgerung, die dann Graham Hancock in seiner Attacke gegen die »Händler der Armut« noch polemisch überbot[81], lautete: »Entwicklungshilfe schadet allen, denen sie angeblich nützen soll, ganzen Ländern wie einzelnen Betroffenen. Sie muß sofort beendet werden. Ohne Entwicklungshilfe ginge es den Menschen in den Ländern der Dritten Welt besser.«[82]

Solche Fundamentalkritik kam nun nicht mehr allein von mehr oder weniger linken Systemkritikern, die in Entwicklungshilfe immer nur »Hilfe zur Unterentwick-

---

80 Vgl. F. Nuscheler (Anm. 74), S. 96ff.
81 Vgl. Graham Hancock, Händler der Armut, München 1989.
82 Brigitte Erler, Tödliche Hilfe, Freiburg 1985, Klappentext.

lung« erkennen konnten, sondern auch von liberal-konservativer Seite, deren Sprachrohr seit zwei Jahrzehnten Lord Bauer war. Diese ordoliberale Kritik warf der staatlichen Entwicklungshilfe vor, planwirtschaftliche Strukturen gefördert, die Staatsapparate aufgebläht, repressive Herrschaftsstrukturen stabilisiert, die internationalen Wirtschaftsbeziehungen politisiert – und am Ende doch die Armutsgruppen nicht erreicht zu haben. Es ist schwierig, diesen Argumenten zu widersprechen. Die US-amerikanische Entwicklungsbehörde AID *(Agency for International Development)* zog am Ende der Reagan-Ära eine so negative Bilanz ihres eigenen Tuns, daß sie eine Begründung für ihre Auflösung lieferte[83].

Das BMZ zog dennoch eine »insgesamt positive« Bilanz, sekundiert vom *2. Brandt-Bericht* (1982) und vom *Development Committee* von Weltbank und IWF[84]. Es rechnet der Entwicklungshilfe auch Erfolge an, obwohl die gesamte Entwicklungshilfe des Nordens nur etwa 1,5 Prozent des BSP und maximal zehn Prozent der Gesamtinvestitionen aller Entwicklungsländer (im Falle der LDC aber 60 Prozent der Investitionen) ausmacht:

- eine Verdoppelung des Pro-Kopf-Einkommens seit 1950;
- eine Steigerung der durchschnittlichen Lebenserwartung in den LDC um 15 Jahre in den zwei Jahrzehnten 1960 bis 1980;
- eine Erhöhung der Alphabetenrate in diesen Ländern von 26 Prozent (1960) auf 50 Prozent (1977).

Diesen amtlichen Erfolgsmeldungen stehen die Erkenntnisse einer Reihe von wissenschaftlichen Studien gegenüber, die der Entwicklungshilfe weder einen Beitrag zur wirtschaftlichen Entwicklung noch zur Verbesserung der allgemeinen Lebensbedingungen zuerkennen. Aus einer Vergleichsstudie über 80 Entwicklungsländer wurde ein »vernichtendes Urteil über die Effizienz der Entwicklungshilfe in bezug auf das Grundbedürfnisziel«[85] gefolgert. Das BMZ lastet der »häufig überzogenen« Kritik mit Recht an, die Möglichkeiten von Entwicklungshilfe falsch einzuschätzen und die größere Bedeutung von weltwirtschaftlichen und internen Rahmenbedingungen zu übersehen.

Es stellt sich deshalb die Frage, warum alle Bundesregierungen zu den härtesten Widersachern einer *Neuen Weltwirtschaftsordnung* zählten. »Handel statt Hilfe« wäre ein besseres Entwicklungskonzept, allerdings nur unter der Voraussetzung von Handelsbedingungen, die schwächere Marktteilnehmer nicht systematisch benachteiligen. Für kleine Länder, die nur einige tropische Produkte anbieten können, bietet aber auch dieses Konzept wenig Chancen.

Alle Effizienzberechnungen greifen zu kurz, wenn sie sich ausschließlich auf meßbare ökonomische oder soziale Kriterien stützen. Die wirkliche Gefahr von Entwicklungshilfe liegt im »Assistentialismus«, im untätigen Warten auf Hilfe von außen. Wenn sie den Willen, die eigenen Probleme selbst zu lösen, und das Vertrauen in die

---

83 Vgl. Agency for International Development, Development and the National Interest: U.S. Economic Assistance into the 21st Century, Washington, D.C. 1989.

84 Robert Cassen, Die Wirksamkeit der Hilfe, in: Finanzierung und Entwicklung, 23 (1986) 1.

85 J. P. Agarwal u.a., Wirkungen der Entwicklungshilfe (Forschungsberichte des BMZ, Nr. 50), Köln 1984. Einen Überblick über kritische Positionen gibt Ludgera Klemp, Entwicklungshilfekritik (hrsg. von der Deutschen Stiftung für internationale Entwicklung, Themendienst 7), Bonn 1988.

eigenen Fähigkeiten *(self-reliance)* schwächt, dann leistet sie wirklich »Hilfe zur Unterentwicklung«, dann können auch mehr Geld oder eine *Neue Weltwirtschaftsordnung* keine Entwicklung bringen.

Self-reliance wurde als Schlagwort verschlissen, weil es zum dependenztheoretischen Vokabular gehörte, aber sein Inhalt hat als Leitprinzip von Entwicklung noch keineswegs ausgedient. Es kommt allerdings darauf an, was man unter ihm versteht und von ihm erwartet. Nicht für alle Länder ist diese Kur gleich verträglich; viele können nicht mehr auf den eigenen Beinen stehen, weil sie schon zu geschwächt sind oder weil ihnen die Strukturen der Abhängigkeit die Standbeine weggezogen haben. *Self-reliance* (oder »größere Eigenanstrengungen« in der Wortwahl des BMZ) bleibt aber prinzipiell ein sinnvolles Kontrastprogramm zur unwürdigen Rolle von bittstellenden Dauerempfängern internationaler Sozialhilfe.

Krisen können zur Katastrophe führen, aber auch die Selbstheilungskräfte aktivieren. Es mehren sich die Anzeichen, daß neben entwicklungspolitisch artikulationsfähigen Gruppen auch einige lernfähige Regierungen in der Dritten Welt erkennen, daß die Lösungen für die eigenen Probleme nicht von außen kommen können und Souveränität das eigene Streben nach nationaler Selbstachtung und kultureller Identität verlangt. Diese Einsicht wurde auf Konferenzen der Blockfreien, der OAU und der Vereinten Nationen erkennbar. Der Bericht der Süd-Kommission *(Nyerere-Bericht)* definierte Entwicklung wieder als »eigenständige Entwicklung« *(self-reliant development)*. Aber unter den gegebenen strukturellen Vernetzungen mit der Weltwirtschaft setzt auch eine »Entwicklung nach innen« eine Verbesserung der außenwirtschaftlichen Rahmenbedingungen voraus, somit auch eine andere Entwicklungspolitik der Ersten Welt, die an den Hebeln der Weltwirtschaft sitzt.

1. Entwicklungspolitische Neuansätze für die neunziger Jahre

Die von DAC, IWF, Weltbank und UNDP, also vom Kartell der bi- und multilateralen Geber, im Dezember 1989 verabschiedete Dekadenstrategie für die neunziger Jahre scheint die Lehren aus den Fehlern der vergangenen Jahrzehnte zu berücksichtigen. Sie erklärt Entwicklung zur »unabdingbaren Notwendigkeit und zentralen weltweiten Priorität« und verbindet das vorrangige Wachstumsziel mit einer Dämpfung des Bevölkerungswachstums sowie mit weitreichenden Reformforderungen. Sie fordert eine Stimulierung der Produktivkräfte durch Investitionen in die Menschen (»Humankapital«), eine breitere Beteiligung der Menschen an den Produktionsprozessen, eine sozialgerechtere Verteilung und eine umweltverträgliche Entwicklung[86].

Diese Forderungen greifen alle Postulate der internationalen »Entwicklungslobby« auf und klingen vielversprehend. Der Kern der Botschaft aber lautet: Mehr Marktwirtschaft und Wachstum bilden den Schlüssel für Entwicklung. Ein »breitfundiertes Wirtschaftswachstum« soll einen »tiefen Umbruch der strukturellen und sozialen Gegebenheiten« bewirken, der in der Tat das eigentliche Wesen des Entwicklungsprozesses ausmacht. Die neue Dekadenstrategie der bi- und multilateralen »Geber« greift also auf das alte Konzept »Entwicklung durch Wachstum« zurück und

86 Die Grundsatzerklärung ist abgedruckt in: epd-Entwicklungspolitik, (1990) 8, Dokumentation, S. k–n.

garniert es mit Sozial- und Umweltprogrammen. Weil sie die Frage, ob nicht auch ein struktureller Umbruch der Nord-Süd-Beziehungen notwendig ist, völlig umgeht und nur vage Absichtserklärungen für eine Lösung der Verschuldungskrise anbietet, verspricht sie trotz guter Vorsätze nicht einmal eine Entspannung des Nord-Süd-Problems.

Diese Einschränkung gilt auch für die Konzepte zur Armutsbekämpfung, die die Weltbank vorschlug und der Deutsche Bundestag im Mai 1990 beschloß. Im Weltentwicklungsbericht 1990 legte die Weltbank Prognosen für die neunziger Jahre vor, die vielen pessimistischen Krisenszenarios widersprechen. Ihre optimistische Botschaft lautet: Die Massenarmut kann nicht nur eingedämmt, sondern sogar zurückgedrängt werden – allerdings nur unter schwer erfüllbaren Voraussetzungen und nicht in Afrika südlich der Sahara. Voraussetzungen sind, daß die Entwicklungsländer eine Doppelstrategie verfolgen:

– daß sie eine arbeitsintensive Wachstumsstrategie und eine marktwirtschaftliche Politik verfolgen, die physische Infrastruktur verbessern und die technische Innovation fördern;
– daß sie sich in »angemessener Weise« um soziale Dienstleistungen, Primarschulbildung, Basisgesundheitsdienste und Familienplanung, mit anderen Worten, um die Befriedigung der Grundbedürfnisse kümmern.

Die Weltbank verbindet diese Voraussetzungen mit regional unterschiedlichen Erwartungen zum Wirtschaftswachstum. Wenn auch diese realisiert werden können, sieht sie die Chance, daß die Zahl der Armen bis zum Ende des laufenden Jahrzehnts um 300 Millionen verringert werden kann, obwohl die Bevölkerung in der Dritten Welt nach Schätzungen des Weltbevölkerungsberichts 1990 in den neunziger Jahren um 900 Millionen Menschen zunehmen wird. Sie setzt sowohl die entwicklungs- und ordnungspolitischen Bedingungen als auch die erforderlichen Wachstumsraten so hoch an, daß ein doppeltes Risiko des Scheiterns entsteht. Nach ihren Modellberechnungen aus den siebziger Jahren hätte es bis zum Jahre 2000 unerreichbarer Wachstumsraten (über elf Prozent in Afrika südlich der Sahara, um zehn Prozent in Asien, um neun Prozent in Lateinamerika) bedurft, um den 20 Prozent ärmster Haushalte nur die Befriedigung der Grundbedürfnisse zu ermöglichen. Die in den achtziger Jahren erreichten Wachstumsraten waren – wenn man von der Wachstumsregion Ostasien absieht – von dieser Zielvorgabe weit entfernt. Wie sollte beispielsweise Afrika südlich der Sahara fähig sein oder befähigt werden, ein jährliches Wachstum von 5,5 Prozent zu erreichen, das nach Annahmen der Weltbank zur Eindämmung der Massenarmut notwendig wäre? Dennoch ist die strategische Hinwendung der Weltbank, die immer die programmatische Vorhut der internationalen Entwicklungspolitik bildete, zu einem arbeitsintensiven Wachstum ebenso wichtig wie ihr Rückgriff auf Teilelemente der in den achtziger Jahren als Armenpolitik denunzierten Grundbedürfnisstrategie sowie ihre stärkere Betonung der Verteilungsfrage.

Der Deutsche Bundestag verabschiedete am 10. Mai 1990 fast einstimmig (d.h. ohne die GRÜNEN) ein Konzept zur »Armutsbekämpfung durch Hilfe zur Selbsthilfe«, das die staatliche Entwicklungshilfe dem Primat der Armutsbekämpfung unterwarf und selbstkritisch von der Erfahrung ausging, daß »sich die meisten Entwicklungsprogramme bisher nicht direkt an die Armen« gerichtet hätten (so der Abgeordnete Schreiber/CDU). Dieser Einsicht, die wahrlich nicht neu ist, müssen nun entwicklungspolitische Taten folgen.

2. *Schlußfolgerungen*

Die Gleichzeitigkeit von Wirtschaftswachstum und Verelendungswachstum gehört zur Erfahrung der vergangenen vier Jahrzehnte. Das Konzept der »nachholenden Entwicklung« hat sich nicht nur als Illusion, wobei die Erfolgsgeschichte der »kleinen Tiger« wirklich nur als Ausnahme von der Regel gelten kann, sondern auch als eine Horrorvision erwiesen. Natur und Ressourcen würden einen Produktions- und Lebensstil, wie ihn sich die westlichen und östlichen Industrieländer leisten, bei einer globalen Verallgemeinerung nicht aushalten. Allein der Energieverbrauch würde sich verfünffachen. Mit nur 25 Prozent der Weltbevölkerung verbrauchen die Industrieländer gut drei Viertel der Weltressourcen in Form von Nahrungsmitteln, Mineralien und fossilen Brennstoffen.

Wenn eine *dauerhafte Entwicklung* für alle Völker und auch für die künftigen Generationen erreicht werden soll, dann muß sich die Produktion auch in den heutigen Industrieländern nach den verfügbaren Ressourcen und nach ökologischen Gesetzen richten. Wachstum verschlingt Rohstoffe aus Böden, Wäldern und Meeren. Der herkömmliche Maßstab für Wettbewerbsfähigkeit, die Arbeitsproduktivität, muß durch den Maßstab der *Ressourcenproduktivität* ersetzt werden, was formelhaft bedeutet: Umbau der Industriegesellschaft. Entwicklung kann in Zukunft nicht mehr ein immer höheres Quantum an materieller Produktion bedeuten, sondern ihr Leitbild muß die Qualität des Lebens und die Wahrung der Menschenwürde, die auch den Menschen in der Dritten Welt zusteht, sein[87].

Wenn Entwicklungspolitik zur Entschärfung des Nord-Süd-Problems beitragen will, muß sie an der »Überentwicklung« der »entwickelten Welt« ansetzen. Sie kommt, wenn sie nicht weiterhin auf Kosten der übrigen Welt und der künftigen Generationen leben will, nicht um eine Ethik der Selbstbescheidung und Genügsamkeit herum. Dabei geht es nicht einmal so sehr um eine politisch schwer durchsetzbare Einschränkung des Erreichten, sondern um eine Beschränkung des Zuwachses. Die Verschwendung hier löst eben nicht nach der verführerischen Legende der Bienenfabel von Mandeville das Problem der Armut dort.

Michail Gorbatschow brachte in seiner Rede vor der UN-Vollversammlung am 7. Dezember 1988 auf den Punkt, worum es heute in der Nord-Süd-Politik gehen muß: »Die Formel der Entwicklung ›auf Kosten des anderen‹ hat sich überlebt. Angesichts der heutigen Realitäten ist ein echter Fortschritt weder durch Beeinträchtigung der Rechte und Freiheiten des Menschen und der Völker noch auf Kosten der Natur möglich.« Die Realität ist heute freilich noch eine andere.

---

87 So die bemerkenswerte Haushaltsrede von MdB Ingomar Hauchler (SPD) im Deutschen Bundestag; vgl. Stenographischer Bericht, 156. Sitzung, Plenarprotokolle 11/156, Sp. 11778Cff.

Literatur

RUDOLF VON ALBERTINI, Dekolonisation, Köln-Opladen 1966.

ELMAR ALTVATER (Hrsg.), Die Armut der Nationen, Berlin 1987.

PETER VON BLANCKENBURG, Welternährung, München 1986.

GERALD BRAUN, Nord-Süd-Konflikt und Entwicklungspolitik, Opladen 1985.

DERS./KARL HILLEBRAND, Dritte Welt. Fortschritt und Fehlentwicklung, Paderborn 1991.

ROBERT CASSEN, Entwicklungszusammenarbeit, Bern-Stuttgart 1990.

DEUTSCHES ÜBERSSE-INSTITUT (Hrsg.), Jahrbuch Dritte Welt, München, lfd. Jgg.

HARTMUT ELSENHANS, Nord-Süd-Beziehungen, Stuttgart 1984.

BRIGITTE ERLER, Tödliche Hilfe, Freiburg 1988[11].

MANFRED GLAGOW (Hrsg.), Deutsche Entwicklungspolitik: Aspekte und Probleme ihrer Entscheidungsstruktur, Saarbrücken 1983.

DERS. (Hrsg.), Deutsche und internationale Entwicklungspolitik, Opladen 1990.

GRAHAM HANCOCK, Händler der Armut. Wohin verschwinden unsere Entwicklungsmilliarden?, München 1989.

HANS-RIMBERT HEMMER, Wirtschaftsprobleme der Entwicklungsländer, München 1988[2].

MARTIN KAISER/NORBERT WAGNER, Entwicklungspolitik (Schriftenreihe der Bundeszentrale für politische Bildung, Bd. 239), Bonn 1986.

PETER KÖRNER U. A., Im Teufelskreis der Verschuldung, Hamburg 1984.

FELIX KRUSEN, Ernährung 2000, München 1986.

HUGO C. F. MANSILLA, Die Trugbilder der Entwicklung in der Dritten Welt, Paderborn u. a. 1986.

VOLKER MATTHIES, Kriegsschauplatz Dritte Welt, München 1988.

DIETER NOHLEN (Hrsg.), Lexikon Dritte Welt, Reinbek 1989[2].

DIETER NOHLEN/FRANZ NUSCHELER (Hrsg.), Handbuch der Dritten Welt, 8 Bde., Hamburg 1982–84[2].

FRANZ NUSCHELER (Hrsg.), Dritte-Welt-Forschung: Entwicklungstheorie und Entwicklungspolitik (Politische Vierteljahresschrift, Sonderheft 16), 1985.

DERS., Lern- und Arbeitsbuch Entwicklungspolitik, Bonn 1991[3].

PETER J. OPITZ (Hrsg.), Weltprobleme (Bundeszentrale für politische Bildung), Bonn 1990[3].

WOLFGANG OCHEL, Die Entwicklungsländer in der Weltwirtschaft, Köln 1982.

DIETER SENGHAAS (Hrsg.), Peripherer Kapitalismus, Frankfurt/M. 1974

DERS., Weltwirtschaftsordnung und Entwicklungspolitik, Frankfurt/M. 1977.

DERS., Von Europa lernen, Frankfurt/M. 1982.

HERWARD SIEBERG, Colonial Development, Wiesbaden 1985.

UDO E. SIMONIS (Hrsg.), Entwicklungstheorie – Entwicklungspraxis. Eine kritische Bilanzierung, Berlin 1986.

ANSGAR SKRIVER, Zu viele Menschen? Die Bevölkerungskatastrophe ist vermeidbar, München 1986.

JOACHIM VON STOCKHAUSEN, Theorie und Politik der Entwicklungshilfe, Köln 1986.

SÜD-KOMMISSION, The Challenge to the South, Oxford 1990 (»Nyerere-Bericht«).

WELTBANK, Weltentwicklungsbericht, Washington, D. C., lfd. Jgg.

WORLDWATCH INSTITUTE REPORT, Zur Lage der Welt 89/90, Frankfurt/M. 1989.

MANFRED WÖHLCKE, Umweltzerstörung in der Dritten Welt, München 1989.

Bernd Guggenberger

Die Zukunft der Industriegesellschaft

Politische, ökonomische und kulturelle Perspektiven

I. Die Vergangenheit der Zukunft

1. Der Geist, aus dem der Fortschritt kommt

Zukunft und Gegenwart haben ihre Wurzeln in der Vergangenheit; wenn wir wissen wollen, was ist, müssen wir nachfragen, wie es geworden ist. Herkunftsvergewisserung ist Vergewisserung über mögliche Zukunft und – bei negativem Befund – die Bedingung ihrer Vermeidbarkeit. Wer glaubt, mit Grund die Zukunft fürchten zu müssen, kommt nicht umhin, sich im »Zeughaus der Geschichte« – der Gedanken wie der Taten – mit Argumenten zu wappnen.

Woher kommt der »blinde« Fortschrittsgeist, den wir als Kernübel hinter einer Reihe gegenwärtiger Krisen und Konflikte vermuten? Seine Spuren lassen sich bis in die Antike zurückverfolgen: »Der Mensch ist das Maß aller Dinge!« – so lautete die als Homo-mensura-Satz in die Philosophiegeschichte eingegangene stolze Behauptung des vorsokratischen »Sophisten« Protagoras. Vom alttestamentarischen »Wachset und mehret Euch, macht Euch die Erde untertan« bis zu den religionsgeschichtlich jüngeren Etappen einer Individualisierung und Säkularisierung der Heilserwartung in der protestantischen Arbeits- und Erwerbsethik bietet sich ein reicher Bilderbogen religions-soziologischer Herkunftsmotive des modernen Fortschrittsglaubens. Wer den Geist begreifen will, aus dem der Fortschritt wächst, darf also die Rolle des Christentums und die »gnadenlosen Folgen« (C. Amery) christlicher »Ökumene« nicht unberücksichtigt lassen.

Noch bedeutsamer als die christliche ist jedoch die wissenschaftliche Weltbemächtigung seit dem Beginn der Neuzeit. Für das Baconsche Fortschrittsprogramm bildet die »Revolution des Wissens« den Ausgangspunkt: *Wissen,* von diesem abgeleitete *technische Naturbeherrschung* und durch diese wiederum ermöglichte *materielle Güterfülle* – dies ist der hohe Fortschrittsdreiklang, auf den die Folgejahrhunderte hören. Damit der Fortschritt aber zum Mythos der nachmythischen Zeit avancieren konnte, mußte ein weiteres Element hinzukommen: eine *optimistische Geschichtsphilosophie,* die Werden mit Besser-Werden und »Weltgeschichte« mit »Heilsgeschehen« ineins setzt.

Drei Ideenkreise verschmelzen also im Fortschrittsglauben der Neuzeit: ein possesiv gewendeter *Individualismus,* ein auf technische Machbarkeit hin orientierter *Szientismus* und eine materialistisch-verengte *Geschichtsphilosophie,* welche sich auf der Summierung von Quantitäten den Umschlag ins Humane erhofft. Oder, anders formuliert, die Fortschritts»orthodoxie« fingiert (1) ein die Welt von sich selbst her entwerfendes *allmächtiges Ich,* welches (2) *weiß, kann* und *hat,* in (3) einer *Geschichte,* welche die Vielzahl der wissenden, könnenden und habenden Einzelsubjekte zu einem *Fortschrittsgeschehen* im Ganzen verbindet.

Problematisch ist die moderne Fortschrittsideologie durch die Kombination und Zuordnung der einzelnen Elemente: Ein *Wissen,* das nur auf *Haben* zielt, und ein *Besser-Werden* (Fortschritt), das nur ein *Mehr-Haben* ist. Beide Irrtümer haben zwei gefährliche Fehlentwicklungen nach sich gezogen.

Erstens: unserem Fortschrittsentwurf liegt eine auf Erwerb und Besitz verengte technisch-funktionelle Rationalität zugrunde. Sie ist deswegen so problematisch, weil sie sowohl die »Eigenrechte« der Natur mißachtet als auch die »Eigenbedürfnisse« des Menschen. In der Natur ignoriert sie alles, was nicht als materielle Reichtumsquelle fungiert. Im menschlichen und gesellschaftlichen Leben vernachlässigt sie alle Bedürfnisse, die nicht durch Produktion und Konsum zu befriedigen sind.

Zweitens: eine ausschließlich quantitative Fortschrittsbestimmung macht uns noch immer weitgehend blind für Gefahren, die jenseits der Güterknappheit drohen: für die ästethische und emotionale Verkümmerung, für die Auflösung des Sozialen wie für den Verlust der Natur. Wir, die wir nach der Aufklärung, nach Darwin, Hegel und Marx leben, sind darüber hinaus mit der Vorstellung eines vielleicht »unvermeidlichen« Niedergangs insgesamt nicht mehr vertraut und eben deshalb eigentümlich unfähig, aktuellen Bedrohungen rechtzeitig und entschlossen zu begegnen. Trotz der ständigen Erweiterung der Mittel der Naturbeherrschung, trotz steigender Güterfülle sind Anzeichen eines drohenden Niedergangs schwerlich zu übersehen. Der zweite Hauptsatz der Thermodynamik, der sogenannte »Entropiesatz«, beschreibt ein letztlich unentrinnbares Dilemma, welches auch Analogien zum Fortschrittsdilemma aufweist: die säkulare Zunahme von Unordnung entgegen dem primären Anschein einer Ordnungssteigerung.

Für die antiken Autoren, für Hesiod, für Aristoteles, für die Stoiker, ist es gar keine Frage, daß etwas, das in der Zeit begonnen hat, auch in der Zeit enden muß. Für uns dagegen ist die Vorstellung von Werden und Entstehen gleichsam naturnotwendig mit der Vorstellung von Fortschritt verbunden. Wir hängen an unseren »Fortschrittsmythen« (Illich), weil uns ohne sie die Gegenwart schwer erträglich schiene.

2. Planetarische Weltverantwortung

Wir stehen heute geistig, politisch, ethisch vor der größten Herausforderung, welche dem Menschen je »aus eigenem Tun« erwachsen ist. Alles daran ist neu, historisch unvergleichlich, die *Art* der Herausforderung wie ihre *Größenordnung.* Neu ist vor allem die Erfahrung der ungeheuren Wirkmacht des Menschen, sein Erschrecken hierüber, das lähmende Gefühl der Ohnmacht im Angesicht der eigenen Macht.

Unsere Situation ist eine in der Geschichte der Menschheit beispiellose. Sie läßt sich am ehesten beschreiben als eine Situation der globalen *Nichtbeherrschung der* selbstentfesselten *Naturbeherrschung:* Die unbeabsichtigten Nebenfolgen der Technik übersteigen die bewußt kalkulierten Wirkungen bei weitem. Vor allem aber: Gänzlich neu und historisch unvergleichlich sind die waffentechnischen Möglichkeiten *gattungsweiter Selbstvernichtung.* Immer schon haben sich die Menschen »auf höchstem technischen Niveau« gegenseitig umgebracht. Noch nie aber hing der Fortbestand der Gattung und darüber hinaus die Erhaltung der Biosphäre, des Lebens selbst, das ja unendlich viel älter ist als der Mensch, zuvörderst davon ab, daß dieser Mensch von seinen zerstörerischen Fähigkeiten unter keinen Umständen Gebrauch macht.

Die Natur ist mit dem zuletzt gekommenen Lebewesen, dem Menschen, dem – nach den Jahrmillionen und -milliarden der Arten- und Erdentwicklung bemessen – wahrhaften »Parvenu der Biosphäre«, das denkbar größte Risiko eingegangen: Im Menschen hat die Natur sich erstmals der Sicherheit tastender Selbstregulierung begeben, welche im steten Wandel der Teile die Bewahrung des Ganzen verbürgte. Nun ist die »Sache der Natur« plötzlich ganz und gar auf die Selbstbeherrschungsfähigkeit, auf die moralischen Qualitäten des Menschen gestellt, darauf, daß er nicht alles, was er kann, auch tatsächlich ins Werk setzt.

Noch nie zuvor in der Menschheitsgeschichte kannte der Mensch die Möglichkeit der Selbstvernichtung seiner ganzen Art, ja der Vernichtung allen Lebens. Die Entfesselung der Kraft des Atoms zwingt uns, wohl auf Dauer, in einer von Grund auf gefährdeten Welt zu leben. Die Angst vor der gewalttätigen Willkür der Natur, die wir glaubten, durch unser geradezu mirakulöses Können im Felde der Naturbeherrschung gebannt zu haben, bedrängt uns aufs Neue, viel überwältigender und bedrükkender, – als Angst vor dem Menschen und seinen Hervorbringungen. Diese Angst, die Angst des Menschen vor sich selbst, brauchten in dieser radikalen Konsequenz globaler Selbstgefährdung unsere technisch inkompetenten Vorfahren nie zu haben. Der Zweifel sitzt tief, ob unser Können wie unsere Moral mit den unvergleichlichen technischen Möglichkeiten Schritt halten.

Daß der Mensch nicht darf, was er kann, wußten vergangene Generationen auch schon – und haben sich oft kaum darum gekümmert. Immer schon verfügten Menschen über Mittel, Menschen zu töten. Aber sie verfügten noch nie über die Macht, die Menschheit als ganze auf einen Schlag zu vernichten. Die Überlebensfrage zielt also im Kern auf die Frage nach der *Selbstbeherrschungsfähigkeit:* Wird der Mensch auch weiterhin, wie bisher, alles tun, was er, in einem technischen Sinn, ins Werk setzen kann? Ist er biologisch so konstruiert, daß er, auch ohne erst Schaden zu nehmen, klug werden kann? Verfügt er über die verhaltensprägende Kraft der Einsicht? Kann er, indem er die Katastrophe gedanklich antizipiert, verhindern, daß sie wirklich wird?

Wir leben im Zeitalter »planetarischer Weltverantwortung«, weil wir im Zeitalter »planetarischer Weltbedrohung« leben. Die Größe und Reichweite der *Verantwortung* richtet sich stets nach der Größe und Reichweite unserer *Zerstörungsmacht.* Wir sind für etwas verantwortlich, wenn und weil wir es zerstören können.

Das beispiellose Anwachsen des Gegenstandes menschlicher Verantwortung hat Konsequenzen für unsere gesamte ethische Orientierung. Keine frühere Ethik hatte mehr als nur menschliche Interessen und Belange, nämlich auch die der außermenschlichen Natur, der »biosphärischen Wirkgesamtheit« zu berücksichtigen. In keiner früheren Ethik spielte die *Pflicht zum Wissen* und *Vorauswissen* eine so eminente Rolle. Die Herausforderungen der Gegenwart im Zeichen der Hochtechnologie und der entfesselten Naturbeherrschung bedürfen einer *technikgemäßen Ethik,* die weniger eine *»Nächsten-«* als vielmehr eine *»Fernsten-Ethik«* wäre. Gemeint ist damit eine *providentielle Ethik,* eine Ethik der »Fernverantwortung«[1], die auch die zeitlich und räumlich entferntesten voraussehbaren kausalen Wirkungen unseres Handelns berücksichtigt.

Elemente einer solchen Verhaltensethik sind bereits deutlich in der neuen ökologischen Wertorientierung lebendig. Hier äußert sich unverkennbar ein mit-leidendes, mit-empfindendes Weltverhältnis, welches sowohl räumlich, in bezug auf den »Partnerhorizont« der Mitlebenden – also beispielsweise bezüglich der Not und des Elends der Völker der Dritten Welt –, als auch zeitlich, in bezug auf seinen »Zukunftshorizont«, viel weiter gefaßt ist als die traditionelle ökonomistische Wertorientierung[2], die gewiß immer noch die herrschende ist. In diesen neuen Orientierungen ist bereits deutlich die »Bereitschaft (spürbar), sich vom erst gedachten Heil oder Unheil kommender Geschlechter in seinem konkreten Verhalten affizieren zu lassen«[3]. Es genügt nicht mehr, die Rechte des mitlebenden Nächsten zu achten, da wir längst über Lebens- und Freiheitschancen der heute noch Ungeborenen mitentscheiden.

II. Die Industriegesellschaft vor der ökologischen Herausforderung

1. Globales Gefährdungsbewußtsein: »Global 2000«

Für Wahrnehmung und Erkenntnis gegenwärtiger und zukünftiger Herausforderungen ist vor allem dem Ideen- und Theoriepotential der Ökologiebewegung viel zu danken: Die Alternativen der Ökologiebewegung zielen auf Abkehr von der nur quantitativen Wachstumserwartung, auf eine neue Bedürfnisorientierung jenseits von Konsumzwängen, auf kleinräumige Lösungen im Rahmen dezentraler Produktions- und Versorgungsstrukturen, auf Natur- und Ressourcenschonung durch angepaßte Mittel- und Kleintechnologien, auf Vermeidung von politischer, ökonomischer und administrativer Machtzusammenballung, auf Sparsamkeit und Wiederverwendbarkeit ebenso wie auch ganz allgemein auf menschlich zuträgliche und psychologisch beherrschbare Größenordnungen[4].

Ausschlaggebend für die Entwicklung eines umfassenden politischen Zielhorizonts waren vor allem die analytischen Erkenntnisse und Einsichten, die sich die Vielzahl disparater Gruppen und Grüppchen innerhalb der Ökologie- und Bürgerinitiativbewegung während der siebziger Jahre erarbeitet hatte. Neben den Büchern und Aufsätzen von Autoren wie Forrester, Commoner, Illich, Schumacher, Kapp,

1 Vgl. Hans Jonas, Das Prinzip Verantwortung, Frankfurt/M. 1979, bes. S. 22f., 26ff., 61ff.

2 Vgl. Hartmut Bossel, Bürgerinitiativen entwerfen die Zukunft. Neue Leitbilder, neue Werte. 30 Szenarien. Ein Alternativbericht des Öko-Instituts Freiburg, Frankfurt/M. 1978.

3 H. Jonas (Anm. 1), S. 65.

4 Grundsätzlich zu diesen neuen Orientierungen vgl. Bernd Guggenberger, Das Menschenrecht auf Irrtum. Anleitung zur Unvollkommenheit, München 1987; zum folgenden vgl. ders., Umweltpolitik und Ökologiebewegung, in: Wolfgang Benz (Hrsg.), Die Geschichte der Bundesrepublik Deutschland, 4 Bde., Bd. 2: Wirtschaft, Frankfurt/M. 1989, S. 393ff. (einige der nachstehenden Passagen sind hieraus entnommen).

Hirsch, Meadows, Amery, Eppler, Gruhl und Binswanger[5] – um nur die prominentesten der in- und ausländischen Autoren zu nennen – war es vor allem der berühmte, 1977 vom damaligen amerikanischen Präsidenten Jimmy Carter in Auftrag gegebene »Bericht an den Präsidenten« (Global 2000)[6], der innerhalb der Ökologie- und Umweltbewegung, aber auch weit darüber hinaus in den Parteien, Kirchen und Verbänden eine deutliche Zäsur in der öffentlichen Wahrnehmung alle betreffender Gefahren und Risiken bewirkte. Für das Problemdreieck: Bevölkerungsexplosion, Rohstoffschwund und Umweltbelastung gab es nun erstmals (nach den weniger befriedigenden Anläufen der frühen »Club of Rome«-Berichte)[7] den – bis heute unüberholten – regierungsoffiziellen Versuch, eine integrierte Reihe von Bevölkerungs-, Ressourcen- und Umweltprognosen zu erstellen.

»Global 2000« ist das vollständigste und in sich geschlossenste Bild der Welt, das je auf wissenschaftlich-systematischer Basis »gemalt« worden ist. »It's time to act«, es ist Zeit zum Handeln, so lautet die mahnende Überschrift der einleitenden Zusammenfassung zu »Global Future«, dem Zusatzband zu »Global 2000«[8], es ist höchste Zeit, vielleicht die letzte Gelegenheit überhaupt, das Steuer herumzureißen und eine »out of control« geratene Weltentwicklung, die angesichts der Explosion der Weltbevölkerung, der Erschöpfung der Weltressourcen und der weltweiten Umweltverschlechterung in einer globalen Katastrophe enden kann, noch einmal vorausdenkend zu beeinflussen.

»Global 2000« ist eine behördenübergreifende Studie, die auf die Kongreßbotschaft Präsident Carters zur Umweltpolitik vom 23. Mai 1977 zurückgeht, in der er das »Council on Environmental Quality« und das State Department aufforderte, die »voraussichtlichen Veränderungen der Bevölkerung, der natürlichen Ressourcen und der Umwelt auf der Erde bis zum Ende dieses Jahrhunderts« zu untersuchen. Der Bericht sollte nicht nur eine Ist-Analyse und eine Trendprognose der (integrierten) Entwicklung dieser drei Bereiche liefern, sondern zugleich die Möglichkeiten der Regierung zur längerfristigen Planung und Analyse entscheidend verbessern. Er sollte ein umfassendes, konsistentes Bild der Welt entwerfen, in welchem die vorhandenen, enger gefaßten »Bereichsmodelle« miteinander in Beziehung gesetzt sind.

Und so lauten – stichwortartig – die dramatischsten Warnungen dieses Berichts: Wenn nichts geschieht, dann wird der kleingeschrumpfte Erdball ums Jahr 2000 nicht mehr nur 4,1 Milliarden Menschen wie noch 1975, sondern 6,35 Milliarden zu (er)tra-

---

5 Jay W. Forrester, World Dynamics, Cambridge/Mass. 1971; Barry Commoner, Wachstumswahn und Umweltkrise, Gütersloh 1973; Ivan Illich, Fortschrittsmythen, Reinbek 1978; E. F. Schumacher, Es geht auch anders, München 1974; K. William Kapp, Soziale Kosten der Marktwirtschaft, Frankfurt/M. 1979; Fred Hirsch, Die sozialen Grenzen des Wachstums, Reinbek 1980; Dennis L. Meadows/D. H. Meadows/Erich Zahn/Peter Milling, Die Grenzen des Wachstums. Bericht des Club of Rome zur Lage der Menschheit, Reinbek 1972; Carl Amery, Natur als Politik, Reinbek 1976; Erhard Eppler, Ende oder Wende? Von der Machbarkeit des Notwendigen, Stuttgart 1975; Herbert Gruhl, Ein Planet wird geplündert. Die Schreckensbilanz unserer Politik, Frankfurt/M. 1975; Hans Ch. Binswanger u. a. (Hrsg.), Der NAWU-Report. Strategien gegen Arbeitslosigkeit und Umweltkrise, Frankfurt/M. 1978.

6 Global 2000. Der Bericht an den Präsidenten, dt. hrsg. von Reinhard Kaiser, Frankfurt/M. 1980.

7 Vgl. besonders D. L. Meadows u. a. (Anm. 5).

8 Vgl. Anm. 6.

gen haben; um 2030 wäre die 10-Milliarden-Grenze erreicht; gegen Ende des nächsten Jahrhunderts wären wir mit der gänzlich unvorstellbaren Menschenballung von 30 Milliarden bei der von der National Academy of Sciences errechneten alleräußersten Grenze der Erdbelastung angelangt.

Die kaum gebremste Zunahme der Erdbevölkerung ist zumindest mitursächlich für die meisten der sich immer bedrohlicher verdichtenden »Bereichskatastrophen« und »Bereichskrisen«: Trotz stärker steigenden Wirtschaftswachstums in der »unterentwickelten« Welt wird die Kluft zwischen arm und reich real größer, weil die Bevölkerungslawine alles zunichte macht; die Nahrungsmittelproduktion wird bis 2000 um über 90 Prozent steigen, und doch wird, der ungleichen Verteilung und der vielen neuen Mäuler wegen, die es zu stopfen gilt, der Hunger in der Dritten Welt nicht weniger. In bestimmten Gebieten Afrikas und des Mittleren Ostens wird er wohl eher noch zunehmen. Für die höheren Ernteerträge sind wiederum Faktoren verantwortlich, die in hohem Maße die Umwelt belasten: Düngemittel, Herbizide, Pestizide, aufwendige Bewässerungssysteme, Maschineneinsatz, der wiederum von Erdöl und Erdgas abhängig ist; der Teufelspakt mit der Chemie, mit dessen Hilfe die Landwirtschaft ihre Rekord-Ernten einfährt, ist zusammen mit anderen umweltbelastenden Faktoren wie der steigenden Kohlendioxydkonzentration in der Luft und den ozonvernichtenden Chemikalien in der Atmosphäre für schwer abzuschätzende Boden- und Klimaveränderungen verantwortlich; der verdoppelte Wasserverbrauch auf nahezu der halben Erdkugel führt unter Umständen zu drastischer regionaler Wasserverknappung, zu einem Absinken des Grundwasserspiegels, der natürlich auch sinkt, weil man etwa 40 Prozent der heute noch vorhandenen, unsere Atemluft besorgenden »grünen Lungen«, der tropischen Regenwälder Afrikas, Asiens und vor allem Südamerikas, abholzen und brandroden wird, da man in manchen Gegenden vom Holz als Brennstoff abhängig ist, oder aber da man neue landwirtschaftlich nutzbare Anbauflächen braucht; die Wälder auf der Erde verschwinden so – wo sie nicht dem »sauren Regen« infolge gesteigerter Verwendung fossiler Brennstoffe (Kohle vor allem) zum Opfer fallen – mit geradezu unvorstellbarer Geschwindigkeit (jährlich ein Gebiet von der halben Größe Kaliforniens!); die Wüsten dehnen sich weltweit aus als Folge von Erosion, Versalzung, Alkalisierung und Versumpfung (jährlich etwa ein Gebiet von der Größe des US-Bundesstaats Maine!); durch schlichtes Niedermetzeln wie durch die Zerstörung der natürlichen Lebensräume wird das Pflanzen- und Tieraussterben dramatische Formen annehmen: Hunderttausende von Arten, vielleicht 20 Prozent aller überhaupt lebenden Tier- und Pflanzenarten werden das Jahr 2000 nicht mehr erleben und sind unwiederbringlich verloren; Atemluft und Wasser verlieren ihre Brauchbarkeit für Mensch und Tier, Flüsse und Weltmeere werden mit Öl und Abwässern verseucht (wir kippen gegenwärtig etwa soviel Öl ins Wasser, wie vor 50 Jahren Ölmengen auf den gesamten Weltmeeren bewegt worden sind!), dies verursacht ein Massensterben unter Vögeln und Fischen, in Pflanzen und Tieren schlagen sich Schwermetalle nieder, Hühner und Schlachtvieh überleben nur noch dank massiver Dosen von Antibiotika, die auf dem Nahrungsweg in unsere Körper gelangen; fast alle unsere Nahrungsmittel enthalten Toxine; die psychische und physische Resistenz sinkt, Krebserkrankungen, Herz-, Hirn- und Kreislaufschäden nehmen überhand; der Lärm und die Hitze in den hoffnungslos übervölkerten Großstädten wachsen (mehr als 400 Städte werden im Jahr 2000 die Millionengrenze überschritten haben!); die psychischen Folgeprobleme sozialer Desintegration und immer anonymerer und menschenunwürdigerer Massenballungen in der Megalopolis der nicht mehr fernen Zukunft sind in ihrer Schärfe und ihrem Ausmaß noch gar nicht abzuschätzen: Psychosen, Neurosen, Suizidanfälligkeit, Alkoholismus, Drogenabhängigkeit, Kriminalität, rassische, ethnische, soziale Diskriminierung, Slums und Shantytowns; es ist unschwer zu prognostizieren, daß sich die ganze heraufziehende Menschheitskrise im kommunalen Bereich, in den auf 20 Millionen Einwohner-Größe gewucherten Groß-Bombays, Groß-Kairos, Mexico-Citys, Kalkuttas, Seouls, Delhis u. a. konzentrieren wird, unförmigen, unregierbaren Monstern mit heute völlig unvorstellbaren Problemen im Bereich des Verkehrs, der Wohnraumbeschaffung, der Gesundheit, Sicherheit, Wasser- und Nahrungsmittelversorgung, Abwasser- und Müllbeseitigung, Arbeitsplatzbeschaffung usw.; doch so schlimm sich die Lage in den städtischen Ballungsgebieten auch präsentiert, noch trostloser und elender stellt sie sich in den vernachlässigten ländlichen Gebieten dar. Wir brauchen dieses in der teilnahmslosen Wissenschaftssprache gezeichnete Schreckensgemälde gar nicht einmal um die apokalyptischen Schreckensbilder des globalen Wettrüstens und der waffentechnologisch potenzierten Vernichtungsmacht zu komplettieren, um festzustellen, daß die Menschheit weltweit mit der Überlebensfrage konfrontiert ist.

2. *Grüne Bewegung und etablierte (Partei-)Politik*

Für die grüne Bewegung ist eine grundsätzlich neue, in der Geschichte der Natur und der Menschheit beispiellose Situation entstanden. Waldsterben und Smog-Gefährdung, Wettrüsten und atomare Weltbedrohung sind Symptome dieser globalen Fehlentwicklung. Längst beherrscht das Produkt den Produzenten, triumphieren die Mittel unserer Hervorbringungen über ihren Zweck. Aldous Huxley und George Orwell – mehr als Karl Marx – haben bei diesem Szenario Pate gestanden.

Für Theorie und Praxis der Umweltpolitik in der Bundesrepublik wurden in den siebziger Jahren vor allem die plötzlich allenthalben spontan entstehenden Umwelt-Bürgerinitiativen[9] bedeutsam.

Seit Ende der sechziger Jahre schließen sich Bürger vermehrt außerhalb der Parteien und Verbände in freien Initiativen zusammen, um auf neuen Wegen der Selbsthilfe und Selbstorganisation ihre Anliegen zu vertreten. Die Schätzungen hinsichtlich der Anzahl solcher Bürgerinitiativen bewegen sich zwischen 1 000 und 50 000, die Angaben über den in Umfragen ermittelten Anteil der Mitglieder von Bürgerinitiativen an der Erwachsenenbevölkerung schwanken zwischen 1,3 und 12 Prozent. Realistisch dürften Zahlen von etwa 10 000 Einzelinitiativen und zwei bis vier Millionen Bürgern sein, die in Bürgerinitiativen aktiv sind oder waren[10].

Die Tätigkeitsfelder von Bürgerinitiativen sind vielfältig: In der zweiten Hälfte der siebziger Jahre rückten vor allem die Umwelt-Bürgerinitiativen immer stärker in den

---

9 Vgl. Wolfgang Rüdig, Bürgerinitiativen im Umweltschutz. Eine Bestandsaufnahme der empirischen Befunde, in: Otthein Rammstedt (Hrsg.), Bürgerinitiativen in der Gesellschaft, Villingen 1980, S. 119ff.

10 Vgl. Udo Kempf, Bürgerinitiativen – der empirische Befund, in: Bernd Guggenberger/ders. (Hrsg.), Bürgerinitiativen und politisches System, Opladen 1984², S. 295ff.; Peter Cornelius Mayer-Tasch, Die Bürgerinitiativbewegung. Reinbek 1977³; Bernd Guggenberger, Bürgerinitiativen in der Parteiendemokratie, Stuttgart 1980.

Vordergrund. Ihr Anteil an der Bürgerinitiativbewegung insgesamt dürfte mittlerweile bei gut 50 Prozent liegen. Innerhalb der Umwelt-Bürgerinitiativen haben sich die Schwerpunkte Energie (40 Prozent), Verkehr (33 Prozent) und Landschaftsschutz (32 Prozent) herauskristallisiert. Das Öffentlichkeitsbild der Bürgerinitiativen ist im wesentlichen von den medienwirksamen Aktionen der inzwischen gut organisierten, oft auch überregional operierenden großen Verhinderungs-Initiativen bestimmt. Hier gab es auch in der Vergangenheit die spektakulärsten Erfolge: seit 1975 etwa mehrfache Bauunterbrechungen, neue Auflagen und modifizierte Einspruchsverfahren beim Bau der Kernkraftwerke in Wyhl, Kalkar und Brokdorf; die Entscheidung der niedersächsischen Landesregierung gegen das geplante Entsorgungs- und Wiederaufbereitungszentrum in Gorleben; und gewiß nicht zuletzt der Stimmungsumschwung in den Parteien, vor allem in großen Teilen der SPD. In gewisser Weise wird man hierzu auch die politisch-atmosphärischen »Erfolge« der Friedensbewegung und der Anti-Volkszählungskampagnen rechnen müssen.

Es sind bis zu 60 Prozent der Bürgerinitiativen, die von sich behaupten, ihre Zielsetzung weitgehend erreicht zu haben; diese Erfolgsbilanz sowie die große öffentliche Resonanz haben sie als Gesamtbewegung selbst nicht unerheblich geprägt und verändert. Weder die enge sachliche Begrenzung auf das Anliegen des Einzelfalls noch die zeitliche Begrenzung des Engagements sind mittlerweile noch als durchgehend typisch anzusehen. Die Entwicklung zum heutigen Erscheinungsbild der Bürgerinitiativen läßt sich für die zurückliegenden 20 Jahre in vier Phasen einteilen: In der ersten Phase dominierte eindeutig die Einzelfall-Orientierung; die zweite Phase läßt sich als Phase des Erwerbs von Zusammenhangswissen beschreiben: Hinter der Fülle ganz heterogener Mißstände und Fehlentwicklungen wird ein gemeinsamer Ursachenzusammenhang vermutet und – als Konsequenz – nach grundsätzlichen Alternativen zum herrschenden Lebens- und Zivilisationsmodell gesucht; in der dritten Phase werden die abstrakten Einsichten zu konkreten programmatischen Forderungen an die Politik verdichtet; die vierte Phase schließlich brachte die organisatorische Verstetigung des »grünen Protests« in verbandsähnlichen Zusammenschlüssen sowie seine parteipolitisch-ideologische Formierung[11].

Zwar war es, bei einer Mitgliederzahl der Grünen von zeitweise etwa 45 000, nur ein vergleichsweise kleiner Teil von Bürgerinitiativ-Aktiven, die sich in »Grünen«, »Bunten« oder »Alternativen Listen« auch parteipolitisch konstituierten[12]. Doch gab es auch andere Formen der Institutionalisierung: Die meisten Umwelt-Bürgerinitiativen sind inzwischen Mitglieder von Dachverbänden; dem wichtigsten, dem »Bundesverband Bürgerinitiativen Umweltschutz« (BBU), gehören rund 1 000 Bürgeraktionen mit mehr als 300 000 Einzelmitgliedern an. Die Bestandsdauer der einzelnen Bürgerinitiative hat sich deutlich erhöht. Fast zwei Drittel der Umwelt-Bürgerinitiativen geben an, daß sie neben konkreten Einzelanliegen auch allgemeine Ziele verfolgen.

Selbstverständlich partizipieren auch die Bürgerinitiativen an den übrigen sozialen Bewegungen, vor allem an der Ökologie- und Alternativbewegung, ohne indes mit

11 Zum letzten Aspekt vgl. bes. Rudolf Brun (Hrsg.), Der grüne Protest. Herausforderung durch die Umweltparteien, Frankfurt/M. 1978.

12 Vgl. Wilhelm P. Bürklin, Grüne Politik, Ideologische Zyklen, Wähler und Parteiensysteme, Opladen 1984.

ihnen identisch zu sein. Bürgerinitiativen zielen auf Basisdemokratie und spontane Betroffenenteilhabe ab. Sie ersetzen die publikumsferne Stellvertreter- durch die selbstaktive Teilhabedemokratie. Die Fragen, die im geistigen Einzugsbereich zumal der Umweltinitiativen gestellt werden, sind die großen Fragen der Zukunft: die Fragen des Umgangs des Menschen mit der Natur, der Ordnung seiner Arbeits- und Lebenswelt, der Gestaltung des Sozialen[13].

Ähnliches gilt auch für »Die Grünen«: Die 1979 gegründete Umweltpartei Die Grünen ist ein Zusammenschluß beunruhigter, ja verstörter Bürger, die den Staat und – wie sie es selbst formulieren – die »Altparteien« für unfähig halten, mit den Problemen einer aus den Fugen des ökologischen Gleichgewichts geratenen Welt fertigzuwerden, ja noch mehr, für unfähig, diese Probleme überhaupt nur zu erkennen und zu benennen.

Im Verhältnis zwischen grüner Bewegung und etablierter Parteipolitik zeichnet sich immer deutlicher das schroffe und unvermittelte Aufeinanderprallen zweier unvereinbarer Lebens- und Zivilisationsmodelle ab. Die Hoffnungen und Sehnsüchte hier und die Ängste und Besorgnisse da sind längst nicht mehr vereinbar. Wir haben auf dem Boden der einen längst zwei Gesellschaften mit je eigenem Wertehimmel. Wir erfahren tagtäglich die alles andere als friedliche Koexistenz zweier Bewußtseinshorizonte, deren einer sich immer noch deutlich an den Erfordernissen der industriellen Wachstums-, Leistungs- und Erwerbsgesellschaft orientiert, während der andere ebenso deutlich an den Bedürfnissen und Leitbildern einer vor- bzw. nachmodernen Solidargesellschaft ausgerichtet ist. Dieses spürbare wert- und ideenpolitische Auseinanderfallen unserer Gesellschaft in zwei kaum noch miteinander sprechfähige Lager fand bislang auf der Ebene des Parteiensystems keinen eindeutigen Ausdruck[14].

»Ökologie« als Einsicht in die Art und Weise, wie Menschen künftig leben müssen, wenn sie überleben wollen, scheint in der Tat ein Epochen-Thema vom Rang der Sozialen Frage des neunzehnten Jahrhunderts. Nichts spricht dagegen, daß eine Partei, welche thematisch und konzeptionell in diesem Felde etwas zu bieten hat, auch ihre Chance beim Wähler finden wird.

Die Chance der Grünen liegt vor allem im Versagen der großen Volksparteien. Die schwerfälligen, zu vielfältigen Rücksichtnahmen gezwungenen Volksparteien werden immer unfähiger, den im Volk vorhandenen Stimmungen, Meinungen, Anliegen und Bedürfnissen Ausdruck zu verleihen, und sie auf der politischen Ebene »präsent« zu machen[15].

Was für sie zählt, ist der Erfolg, sind Machterwerb und Machtbehauptung. Die modernen Volksparteien lassen ganz offensichtlich ein breites Bedürfnisspektrum unberücksichtigt, das von ihren historischen Vorgängern, den Integrations- und Weltan-

---

13 Vgl. Klaus M. Meyer-Abich (Hrsg.), Frieden mit der Natur, Freiburg 1981; Rüdiger Lutz, Die sanfte Wende. Aufbruch ins ökologische Zeitalter, Frankfurt/M. 1987; Ökologische Zwischenbilanz, Frankfurter Hefte extra 3, Frankfurt/M. 1981 (darin besonders das Einleitungsgespräch zwischen Eugen Kogon und Robert Jungk, S. 7ff.); B. Guggenberger, (Anm. 10).

14 Vgl. hierzu auch Roland Roth (Hrsg.), Parlamentarisches Ritual und politische Alternativen, Frankfurt/M. 1980.

15 Zum folgenden vgl. vor allem die parteienkritischen Beiträge in: Joachim Rasche (Hrsg.), Bürger und Parteien. Ansichten und Analysen einer kritischen Beziehung, Opladen 1982; Christian Graf von Krockow/Peter Lösche (Hrsg.), Parteien in der Krise, München 1986.

schauungsparteien, noch weitgehend abgedeckt werden konnte. Sie bewegen sich allesamt in den engen Grenzen des »Wohlstandskompromisses«.

Hier liegt die eigentliche Bedeutung der Grünen: Sie haben sich ohne Wenn und Aber einer Aufgabe verschrieben, die letztlich nichts Geringerem gilt, als der »Rettung« der Natur und der Menschheit. Von dieser überragenden Zielbenennung her fügt sich ihnen auf wundersame Weise auch die Welt des Politischen wieder zu einem sinnvollen Kosmos mit eigenen Gravitationsgesetzen, ohne die politische Urteile ebenso wie moralische Verdikte ziel- und richtungslos bleiben. Sie leben motivationspsychologisch von der Schubkraft des Apokalyptischen. »Wer alles unerträglich fand, war stets glaubwürdig« – das wußte schon Thukydides, der erste große Psychologe der Macht.

Als Teil der Umwelt- und Bürgerinitiativbewegung billigt man den Grünen in hohem Maße Stör-, Verhinderungs- oder Korrektivkompetenz zu, ist aber hinsichtlich des sozialen Gestaltungsanspruchs anhaltend skeptisch[16].

Ihre programmatische ebenso wie ihre personelle »Bonität« wird von einem erheblichen Teil ihrer Wähler gewiß nicht allzu hoch gehandelt – aber daß es die Grünen gibt, daß sie sich einmischen, ohne Rücksicht auf eigene und fremde Verluste – im Flick-Ausschuß etwa oder in der Nachrüstungs- und Umweltdiskussion –, dies wünschen und erwarten sich mittlerweile nicht mehr nur eingefleischte Grün-Wähler, dies wünscht sich mehr als ein Drittel aller wahlberechtigten Bundesbürger[17].

Die Grünen sind mit einem Durchschnittsalter von gerade 40 Jahren die erste Fraktion der »Postrestaurativen«, also jener Generation, die selbst nicht mehr aktiv am Wiederaufbau beteiligt war, wohl aber in der Erfahrung seiner Ergebnisse groß geworden ist. Sie haben dem Bonner Parlament in gerade acht Jahren ihrer Zugehörigkeit unübersehbar ihren Stempel aufgedrückt: mit den grünen Themen (Nachrüstung, Giftgas, Autoverkehr, Kriegsdienstverweigerung, Datenschutz, Gentechnologie, ökologischer Landbau, Umweltschutz), die in Relation zur grünen Fraktionsstärke einen weit überproportionalen Zeitanteil im Plenum beanspruchten; mit ihrer Präsenz im Plenum, mit der Vermehrung und Verlebendigung der Debatten und Abstimmungen[18].

Trotz erstaunlicher Wahlerfolge bei den zurückliegenden Kommunal-, Landtags- und Bundestagswahlen haben die Grünen bislang noch keinen sicheren Platz in der bundesdeutschen Parteienlandschaft. Sie werden wohl auf absehbare Zeit eine Kleinpartei bleiben. Die neuen, umweltbezogenen Werte haben zwar bei vielen, zumal jüngeren und gebildeten Wählern an Bedeutung gewonnen; die politische Einstellung und das politische Verhalten der Mehrheit bestimmen sie jedoch keineswegs. Es sind hier vielmehr noch immer die »alten« materiellen Orientierungen: Einkommenszuwachs, Arbeitsplatz, soziale Sicherheits- und Wohlstands-Garantien, Konsumchan-

---

16 Vgl. hierzu die meisten der Beiträge in: Otto Kallscheuer (Hrsg.), Die Grünen – Letzte Wahl?, Berlin 1986.

17 Vgl. Hans J. Veen, Wer wählt grün? Zum Profil der neuen Linken in der Wohlstandsgesellschaft, in: Aus Politik und Zeitgeschichte, B. 35–36/84, S. 3ff.; Wilhelm P. Bürklin, Die Grünen und die »Neue Politik«. Abschied vom Dreiparteiensystem, in: Politische Vierteljahresschrift (PVS), (1981), S. 359; Bernd Guggenberger, »Von der Bürgerinitiativbewegung zur Umweltpartei«, in: ders./U. Kempf (Anm. 10), S. 376ff.

18 Vgl. Bernd Guggenberger, Zwischen Feldküche und Familientreffen, in: Die Zeit vom 21. Juni 1985.

cen, Aussicht auf Status und Karriere, welche das Wahlverhalten der bei weitem überwiegenden Mehrheit dominieren.

Hinzu kommt, daß die Welle modischer Umweltbegeisterung allzuviele »Trittbrettfahrer«, allzuviele Zeitgeist- und Namensgrüne zur Bewegung verschlagen hat. Eine Kluft zwischen Umweltbewußtsein und Umweltsachverstand tut sich auf, so daß die Gefahr besteht, die Medien- und Zeitgeistkonjunktur könnte die Ökologie sehr schnell zum Modethema verflachen. Eine substanzarme Umweltbegeisterung wäre aber auf Dauer keine parteipolitisch tragfähige Basis.

3. »Neue soziale Bewegungen« und die historischen Wurzeln der Fortschrittskritik

Im Verhältnis zwischen den »neuen sozialen Bewegungen« einerseits und der etablierten Parteipolitik andererseits zeichnet sich immer deutlicher das schroffe und unvermittelte Aufeinanderprallen zweier unvereinbarer Lebens- und Zivilisationsmodelle ab[19]. Der neue Fundamentalkonflikt, der hier seinen Ausgang nimmt, lautet: ökonomisch-technisches Wachstum versus humane Lebensqualität. Elemente eines »alternativen« Bewußtseins finden sich bei vielen Teilen der Bevölkerung. Von den Ernährungsgepflogenheiten über die Kindererziehung und das Verhältnis der Geschlechter bis hin zu den politischen Umgangsformen gibt es auch im Bereich der »Mehrheitskultur« kaum ein Feld, in welchem sich nicht Spuren der Alternativmentalität nachweisen ließen. Die Ausstrahlungskraft der »neuen sozialen Bewegungen« reicht also über die organisatorischen Grenzen und den sozialen Aktionszusammenhang der einzelnen Gruppen weit hinaus.

Soziale Bewegungen[20] sind ein »modernes« Phänomen. Eine ihrer wichtigsten Entstehungsbedingungen ist nämlich die ideengeschichtlich erst relativ späte »Entdeckung« der Gestaltbarkeit sozialer Verhältnisse. Erst das neuzeitlich-okzidentale »Dispositionswissen« lehrt, daß die Sozialordnung Menschenwerk und damit prinzipiell wandelbar und gestaltbar ist. Die Schaffung einer sozialen Massenbasis für die Utopie einer völlig neuen, noch nirgends zuvor verwirklichten Gesellschaftsordnung wäre auf früheren Entwicklungsstufen völlig illusorisch erschienen.

Wort und Wirklichkeit der »sozialen Bewegung« sind eng mit der deutschen Geschichte und Theoriegeschichte verwoben. Daß es dennoch bis heute in der deutschen Sozialwissenschaft nicht »zu einem halbwegs gesicherten, systematischen Begriff dieses Phänomens«[21] gekommen ist, können eigentlich nur jene beklagen, denen das Wesen sozialer Bewegungen fremd geblieben ist: daß sie stets Such- und Vielfaltbewegungen sind, amöbenhaft unabgeschlossen und immer mehr umfassend als die sie

---

19 Zur »Dimension« dieses Konflikts vgl. die Einleitung in: Bernd Guggenberger/Claus Offe (Hrsg.), An den Grenzen der Mehrheitsdemokratie, Opladen 1984.

20 Vgl. Otthein Rammstedt, Soziale Bewegung, Frankfurt/M. 1978; Karl W. Brand (Hrsg.), Neue soziale Bewegungen in Westeuropa und den USA, Frankfurt/M. 1985; Joachim Raschke, Soziale Bewegung. Ein historisch-systematischer Grundriß, Frankfurt/M. 1985; Bernd Guggenberger, Art. Soziale Bewegung, in: Staatslexikon, hrsg. von der Görres-Gesellschaft, Bd. 4, Freiburg 1988, Sp. 1227ff.

21 Joachim Raschke, Zum Begriff der sozialen Bewegung, in: Roland Roth/Dieter Rucht (Hrsg.), Neue soziale Bewegungen in der Bundesrepublik Deutschland, Bonn 1987, S. 19.

kennzeichnenden Organisationen und Akteure. Alle Versuche einer annäherungsweisen Kennzeichnung stehen also unter dem Vorbehalt, daß jeder systematisch strenge Beschreibungsversuch notwendig hinter der lebendigen Vielfalt zurückbleibt.

In den europäischen Sprachen taucht der Begriff zu Beginn des 19. Jahrhunderts auf. Im deutschen Sprachraum wird er in analytischer Absicht zuerst von Lorenz von Stein verwandt, in der Folge dann vor allem von Karl Marx und Friedrich Engels für die Beschreibung der Aktionsbedingungen und der Strategie der Arbeiterbewegung aufgegriffen. Bis in die zwanziger Jahre war die »Soziale Bewegung« identisch mit der Bewegung der industriellen Arbeiterschaft. Noch Werner Sombart setzte in »Sozialismus und soziale Bewegung«[22] beide gleich.

Drei Elemente sind es vor allem, die soziale Bewegungen kennzeichnen: 1. das kollektive »Wir«-Bewußtsein; 2. das Verfügen über ein identifizierbares und hinreichend allgemeines Anliegen; 3. die – relative – Verstetigung und organisatorische Verfestigung ihrer Aktivitäten.

Jede Bewegung bindet die an ihr beteiligten Individuen an einen – u. U. sehr weit gefaßten – gemeinsamen Ideen- und Wertehorizont und ordnet sie einem kollektiven Handlungszusammenhang ein, der, je nach Situation, eindeutiger und konkreter oder allgemeiner und unbestimmter sein kann: Die Ziele der »Hausbesetzerbewegung« der siebziger und achtziger Jahre sind naturgemäß sehr viel enger gefaßt als etwa die der Frauen- und Friedensbewegung. Und alle drei Bewegungen zusammen lassen sich wiederum als Teilbewegungen innerhalb der noch umfassenderen Alternativbewegung deuten[23]. Ohne den rationalen Kern gemeinsamer Ziele würde auch das für die Bewegung grundlegende kollektive »Wir«-Bewußtsein sich allzu rasch wieder verflüchtigen.

Das Wesenselement der Bewegung ist, wie der Begriff es ausdrückt, die Mobilität. Anders als bei den für eine lange Bestandsdauer konzipierten Sozialgebilden wie Parteien und Verbänden sind Macht und Einfluß sozialer Bewegungen nicht institutionell verbürgt. Ohne ein Mindestmaß an organisatorischer »Infrastruktur«, ohne ein Mindestmaß an Planung, Koordination und Verstetigung ihrer Aktivitäten wären soziale Bewegungen von spontan-zufälligen Massenepisoden nicht zu unterscheiden.

Die Fortschrittskritik (und damit das »Umweltbewußtsein« als Gefährdungsbewußtsein) ist mindestens so alt wie der Fortschritt selbst[24]. Alles Neue war stets von Ängsten und Besorgnissen begleitet. Seit Rousseau[25] hat sich das Rinnsal der Skepsis und der zivilisatorischen Selbstzweifel fast kontinuierlich verbreitert und ist bis heute zu einem breiten Strom angeschwollen. Daher ist es unverzichtbar, wenigstens einen kurzen Blick auf die Motive der älteren Zivilisations- und Fortschrittskritik zu werfen und ihre Spuren im Bewußtsein der Zeitgenossen zu deuten.

---

22 Werner Sombart, Sozialismus und soziale Bewegung, o. O. 1919^{8}.

23 Joseph Huber, Wer soll das alles ändern. Die Alternativen der Alternativbewegung, Berlin 1981; Bernd Guggenberger, Art. Alternativbewegung, in: Rüdiger Voigt (Hrsg.), Handwörterbuch zur Kommunalpolitik, Opladen 1984, S. 40ff.

24 Vgl. Rolf P. Sieferle, Fortschrittsfeinde, München 1984.

25 Vgl. Kurt Weigand (Hrsg.), Schriften zur Kulturkritik, Hamburg 1964; ebd. auch die Einleitung des Herausgebers.

Eine seiner historischen Wurzeln hat der aktuelle Kampf für die Erhaltung der Lebensqualität in der älteren Jugendbewegung[26]. Historische Wirkungsverhältnisse entfalten sich allerdings niemals entlang monokausaler Verlaufslinien von Ursache und Wirkung. Die Kontinuitäten, die sie offenbaren, sind vielfältig gebrochen, den Akteuren oft selbst nicht bewußt und auch dem geschulten Blick in den Einzelheiten häufig schwer zu entziffern. Diese Einschränkungen gelten gewiß auch für Impulse und Fernwirkungen der Jugendbewegung. Gleichwohl sind Übereinstimmung und Gleichklang in Ideen und Lebensgefühl so dicht, daß man sich wundert, wie wenig Verbreitung das Bewußtsein solcher geistig-politischen Nachfolge bis heute gefunden hat.

Die Jugendbewegung der Jahrhundertwende griff ihrerseits eine Reihe von Motiven auf, die dem zivilisationskritischen Argumentationsarsenal von Jean-Jacques Rousseaus »negativer Historik«[27] entstammten. Was seine Zeitgenossen als Fortschritt bilanzierten, war ihm Symptom und Bestandteil einer unaufhaltsamen Verfallsgeschichte. Über die Romantik[28] mit ihren antirationalistischen Affekten, ihrer Betonung des Emotionalen und Organischen, über Nietzsche, Bergson und die Lebensphilosophie zieht sich ein breites Band fortschrittsskeptischer »Ursprungs«-Rhetorik, der die zivilisationskritische Rückbesinnung auf Natur und Natürlichkeit zugrunde lag.

Seit dem späten 18. Jahrhundert lassen sich auch Vorformen des Natur- und Landschaftsschutzes ausmachen, die sich etwa in der Bewegung der »Landesverschönerung« oder in frühökologischen Konzepten eines »Haushalts der Natur« (oeconomia naturalis) äußern. Die Romantik entdeckte die »Schutzwürdigkeit von Gegenständen . . ., die herkömmlich zur Nutzung freistanden«[29]. Beide: Kulturdenkmäler wie »Naturdenkmäler« (A. v. Humboldt), alte Schlösser ebenso wie alte Bäume, werden mit Beginn des 19. Jahrhunderts schutzwürdig und schutzbedürftig. Es scheint verbürgt zu sein, daß die Burg Drachenfels bei Königswinter am Rhein »das erste Ensemble von Baudenkmal und Umgebung war, das wirtschaftlicher Nutzung entzogen wurde und allein als Anschauungsobjekt der Vergangenheit diente«[30].

Diese Orientierung wurde für die Jugendbewegung der Jahrhundertwende bestimmend. Wenn es sie »aus grauer Städte Mauern . . . ins Land hinaus« zog, wie die 1896 aus einer Schülergruppe erwachsenen Steglitzer Wandervögel[31], so klingt hier als Mo-

26 Zum folgenden vgl. Peter Cornelius Mayer-Tasch, Umweltbewußtsein und Jugendbewegung, in: ders., Ökologie und Grundgesetz, Frankfurt/M. 1980, S. 41ff.; Fritz Borinski/Werner Milch, Jugendbewegung. Die Geschichte der deutschen Jugend 1896–1933, Frankfurt/M. 1967; Werner Kindt (Hrsg.), Grundschriften zur deutschen Jugendbewegung, Düsseldorf 1963; Christoph Conti, Abschied vom Bürgertum. Alternative Bewegungen in Deutschland von 1890 bis heute, Reinbek 1984.

27 Vgl. K. Weigand (Anm. 25), insbesondere die Einleitung des Herausgebers.

28 Vgl. Winfried Mogge, Jugendbewegung und Romantik, in: Ludwigssteiner Blätter, 123 (1979), S. 3ff.

29 Vgl. R. P. Sieferle (Anm. 24), S. 61.

30 Ebd., S. 60; »Seltene besonders große, herrliche Bäume und Bestände sollte man erhalten (. . .). Vernichten wir vollends die letzten riesigen Überbleibsel der Vorzeit: so bleibt nichts, was die Zukunft machen könnte an treuere Befolgung ewiger Naturgesetze.« G. König, Die Waldpflege, aus der Natur und Erfahrung neu aufgefaßt, Gotha 1859, S. 342, zit. nach ebd.

31 Vgl. Werner Kindt (Hrsg.), Die Wandervogelzeit – Quellenschriften zur deutschen Jugendbewegung 1896–1919, Düsseldorf 1968.

tiv bereits unüberhörbar ein frühes Gefährdungswissen an. Anders schon als bei Nietzsche und George, für die im kalten Mythos der »Großen Stadt« die biblische »Hure Babylon« wiederkehrt, enthält die Kritik an der Stadt[32] für die lebensreformerisch engagierten Kreise der neuen Jugendkultur ganz handfest praktische, lebens- und gesundheitsprotektionistische Forderungen, wie sie etwa auch in der berühmten »Meißner-Formel« von 1913 anklingen, dem Jugendmanifest aus Anlaß der hundertjährigen Wiederkehr des Datums der Völkerschlacht von Leipzig, wo es u. a. heißt: »Alle gemeinsamen Veranstaltungen der Freideutschen Jugend sind alkohol- und nikotinfrei.«[33]

Die Jugendbewegung verkündet nicht nur ein neues Lebensgefühl; sie ist mehr als nur ein Aufbruch zu neuen Bewußtseinsufern; sie verknüpft vor allem die neue Wahrnehmung, die neuen Ängste und ihr ästhetisches Unbehagen mit sehr konkreten lebensreformerischen Ansätzen; von der gezielten Körpertüchtigkeit durch Gymnastik, Freikörperkultur und eurhythmische Heiltänze über die Homöopathie und den Vegetarismus bis zur Kleiderreform, den Schrebergärten, dem Volkslied und der Landschaftsökologie spannt sich ein weiter Bogen soziokultureller Erneuerungsbemühungen. Vor allem unter diesem Aspekt: einer auf die Gesamtheit des Verhaltens und der Umstände zielenden Lebensreform[34] müssen wohl die Parallelen zwischen der Jugendbewegung von gestern und dem bunten Gemisch der von einer Vielzahl »neuer« sozialer Bewegungen gespeisten Umweltbewegung unserer Tage gesehen werden. Vielfach war hier die auch heute wirksame Idee der *Autarkie* im Spiel, die sich besonders in Einrichtungen und Projekten verdichtete, die als »alternative« Erziehungs- und Lebensgemeinschaften konzipiert waren wie etwa die Rudolf-Steiner- und Hermann-Lietz-Schulen, die Odenwaldschule und das Landschulheim Schondorf, die Gymnastik- und Tanzschulen Burg Hohenfels und Schwarzenerden. Hinzu kommen eine ganze Reihe von lebensreformerischen Siedlungen und Begegnungsstätten – sämtlich Institutionen, in denen neben die intellektuelle Schulung gleichrangig musische und körperliche Ausbildung, aber auch die Vermittlung handwerklicher und gärtnerischer Aktivitäten traten.

Wenn sich denn eine Schiene ausmachen läßt, auf der die Impulse der älteren Jugendbewegung fortwirken und die Umweltsensibilität unserer Tage mitprägen, dann ist es wohl vor allem der »Geist« solcher und ähnlicher Einrichtungen, dem eine ganze Reihe der Sozialaktiven und Ideenträger der heutigen Alternativ- und Umweltbewegung verpflichtet ist.

---

32 Vgl. K. R. Bergmann, Agrarromantik und Großstadtfeindschaft, Meisenheim 1970; R. Borsodi, Flight from the City, New York 1973.

33 Zit. nach P. C. Mayer-Tasch (Anm. 26), S. 62.

34 Vgl. Wolfgang R. Krabbe, Gesellschaftsveränderung durch Lebensreform, Göttingen 1974; Ulrich Linse, Die Kommune der deutschen Jugendbewegung, München 1973; Manfred Fuchs, Probleme des Wirtschaftsstils von Lebensgemeinschaften, Göttingen 1957.

4. »*Jahrhundertthema Umweltschutz*«

Heute bereits ist unübersehbar: Das Umweltproblem ist dabei, das Erbe der »klassischen« Themen der Industriegesellschaft anzutreten. Umweltpolitik ist keine isolierte Sektoralpolitik. Ist »Ökologie« die Einsicht in die Art und Weise, wie Menschen künftig leben und wirtschaften müssen, wenn sie menschenwürdig überleben wollen, so werden auch andere, nur scheinbar fernabliegende Politikfelder unschwer für die zugrundeliegende Kernproblematik transparent. Warum sollte es nicht eine vom ökologischen Kernanliegen her inspirierte Familien- und Gesundheits-, Bildungs- und Agrarpolitik geben, warum keine »ökologisch« angeleiteten Konzepte zur Technologieförderung, zur Weltwirtschaftsordnung und zur Internationalen Solidarität? In all diesen und vielen anderen Bereichen bieten sich »ökologische« Antworten und Lösungsansätze als Ausfluß skeptischer Neubesinnung auf Mögliches und Zuträgliches geradezu an. Die Umweltpolitik erweist sich als ein »Schlüsselthema«, weil sie uns neue Sichtweisen auch auf schon vertraute Probleme erschließt: Die »alten« Fragen und Aufgaben werden nicht einfach verdrängt; aber sie erscheinen uns in einem anderen Licht. Die Folge eines politisch-kulturellen »Paradigmenwechsels« ist die Umgruppierung in der Hierarchie der bedeutsamen Fragen und Tatsachen.

Man kann das Auftreten eines neuen politischen Schlüsselthemas am ehesten mit einer Lichtquelle vergleichen, die wir neu plazieren: Licht und Schatten, Zentrum und Peripherie, Bedeutsames und Nebensächliches werden neu bestimmt. Was bisher vernachlässigt wurde, taucht unvermittelt ins Scheinwerferlicht allgemeinen Interesses.

Das große Thema der vergangenen zwei Jahrhunderte war die Entfesselung der Produktivkräfte; eines der großen Themen der vor uns liegenden Jahrzehnte ist ihre Bändigung. Es ist gar nicht zu übersehen, daß die etablierten Parteien, zumal die großen Volksparteien, sich mit dieser Aufgabe schwer tun. Es gibt keine geborene Zuständigkeit für das neue »Jahrhundertthema Umweltschutz« (Peter Graf Kielmansegg). Unsere Parteien sind, wie viele der großen Verbände auch, herkunftsmäßig im 19. Jahrhundert verwurzelt und thematisch auf das Industriesystem samt der mit ihm verbundenen politischen Grundorientierung verpflichtet. Dies erklärt Zögern und Unsicherheit bei der Erarbeitung der neuen themenpolitischen Agenda.

Dennoch kann es keinen Zweifel geben: Politik muß sich, auf allen Ebenen, der »ökologischen Herausforderung« stellen. Allenthalten wird vom Bürger »der Fortschritt« neu bilanziert, werden die Fortschrittserrungenschaften von gestern und heute an der Elle ihrer ökologisch-humanen Zuträglichkeit bemessen und kritisch geprüft. Man braucht kein Kulturpessimist zu sein, um zu erkennen, daß die Perfektionierung der Mittel menschlicher Naturbeherrschung in vielen »Fortschrittsfeldern« einen Punkt erreicht hat, von dem aus jedes weitere »blinde« Voranschreiten selbstzerstörerische Konsequenzen nach sich ziehen muß. Grenzen der Belastbarkeit der uns umgebenden Natur sind ebenso in Sicht, wie Grenzen unserer eigenen psychischen und physischen Belastbarkeit. Abkehr vom undifferenzierten Wachstumsdenken, Dezentralisierung, Umweltstabilisierung, Einführung lebensschonender und weniger rohstoff- und energieverzehrender Technologien sowie ein an diesen neuen Notwendigkeiten ausgerichteter Lebensstil – all dies sind nicht bloß wohlfeile Forderungen einer »neuen Politik«. Unsere Chancen, das Jahr 2000 menschenwürdig zu erleben, hängen davon ab, ob es uns in einem äußerst knapp bemessenen Zeithorizont gelingt, der ökologischen Orientierung privat und öffentlich Geltung zu verschaffen.

III. Am Ende der Industriegesellschaft?

1. »Industrialisierung« und »Rationalisierung«

Es scheint so[35] als sei am Beginn der Industrialisierung, am Beginn jener Epoche, in welcher die Arbeit zur sichtbaren Universalität gelangt, die tatsächliche *Selbst*bedeutung jener tiefgreifenden Veränderung den Menschen noch deutlicher bewußt gewesen. Anders nämlich ist die verblüffende Tatsache kaum zu erklären, daß uns als Epochenbezeichnung ein Begriff geläufig ist, der weder den eigentlichen Produktionsprozeß selbst noch sein fertiges Ergebnis als signifikantestes Merkmal exponiert, sondern vielmehr die menschliche Eigenschaft, welche diesen Prozeß begleitet und möglich macht: »industria«, der Fleiß. Nicht allerdings den schicksalhaften Lastfleiß, den es als Not- und Brotfleiß aus Überlebensgründen immer schon gab, sondern den neu entdeckten Lustfleiß der Akkumulation, der sich selbst Zweck ist. Zuerst mußte die genußfeindliche Rastlosigkeit der Verfleißigung sich als sozialdominanter Verhaltensmodus durchsetzen, um den industriefremden Rhythmus musischer Bedächtigkeit aufzubrechen. »Industrialisierung« im wörtlichen Sinne von »Verfleißigung« – bedeutet zunächst nicht mehr und nicht weniger, als daß der Mensch sich im Wege des vorauseilenden Gehorsams dem sich ankündigenden Maschinenrhythmus anpaßt. Die progressive Verfleißigung des Menschen ist die anthropologische Voraussetzung der Industrialisierung und zugleich, wie es der Begriff nahelegt, der eigentliche Kern dieses Prozesses. Die Steigerung des Arbeitsertrags verdankt sich in erster Linie der Selbstdisziplinierung: der Bereitschaft, die eigene Arbeitskraft beständiger und rationeller einzusetzen und zu erschöpfen. Erst die systematische Übertragung dieser neuerworbenen »Eigenschaft« der *industria,* des zum Prinzip gesteigerten Erwerbsfleißes, auf die Maschinen und die spezifische *ratio* ihres Einsatzes bringt hervor, was uns als »Industriegesellschaft« geläufig ist: eine vollständig durch die Wissenschaft, die Technik und den vom ökonomischen Nutzenkalkül bestimmten Technik*einsatz* geprägte und um die Arbeit, die produktive Sphäre herum gebaute Gesellschaft.

Der enge Zusammenhang zwischen dem hier skizzierten Arbeitsverständnis und der neuzeitlichen Vernunftkonzeption ist vor allem darin begründet, daß Vernunft in ihrer rigidesten Form – als »Rationalisierung« – sich in der Arbeit konzentriert. Vernunft verengt sich zur *Arbeitsvernunft.* Die Arbeit »vernünftig« machen – *rationalisieren* – heißt in diesem Sinne immer, sie ganz und ausschließlich mit Arbeit zu *reduzieren,* alles wegzuamputieren, was ihr nicht unmittelbar zugehört. Die ganze Weite der Vernunft zieht sich in den Vernunftzwecken der Arbeit zusammen. Mit der Vernunft vermag man zu »arbeiten«, weil alle Arbeit im letzten darauf zielt, Vernunft in die Prozesse menschlicher Produktion einzuarbeiten. Vernunft fusioniert umstandslos mit Arbeit, weil sie ihr beides ist: Zweck *und* Mittel. Alle Bewegung, die wir Fort-

---

35 Zum folgenden vgl. Bernd Guggenberger, Wenn uns die Arbeit ausgeht, München 1988 (einige Passagen dieses Textes wurden im folgenden eingearbeitet).

schritt zu nennen gewohnt sind, besteht in diesem beständigen »Hin- und Hergang« zwischen Zweck und Mittel, zwischen der immer schärferen Reduktion auf Nur-Arbeit, dem säkularen Vernunftprogreß, und dem Einsatz rationeller Techniken und Verfahren in der Produktion[36]. Wer arbeitet, arbeitet immer zugleich auch am Arbeitsfortschritt. Wenn Arbeit in diesem Sinne gleichzeitig Ausgangspunkt wie Ziel bezeichnet, wenn wir sie neuzeitlich nicht mehr als statische Größe, sondern als dynamische Universalstruktur angemessen begreifen: Arbeit also als Arbeit am Fortgang der Arbeit – dann in der Tat ist das Recht auf Arbeit »das Menschenrecht schlechthin«[37].

2. *Allgemeine »Verfleißigung«: alles arbeitet*

Wenige andere Begriffe werden ähnlich unversell gebraucht, sind von vergleichbar flächendeckender Präsenz und bezeugen die nämliche semantische Ubiquität wie *Arbeit* und *arbeiten*. Dem modernen Bewußtsein wird nahezu jede Form der aktiven Bewegung und Selbstbewegung zur »Arbeit«. Die vereinnahmende Begriffsattraktivität der Arbeit reicht weit über die Bedeutungsfelder beruflicher Tätigkeitsbezeichnungen hinaus: Nicht nur Dichter und Denker, Fernsehmoderatoren und Flugkapitäne »arbeiten«; auch weit außerhalb der Gefilde professioneller Leistungserbringung feiert die Arbeit ihren terminologischen Siegeszug in Nominalkombinationen wie Glaubens- und Gefühlsarbeit, Traum- und Trauerarbeit, Forschungs- und Friedensarbeit, Begriffs- und Beziehungsarbeit, Konzentrations- und Konsensarbeit, Stadtteil- und Sozialarbeit. Selbst Sport und Spiel, Kunst und Konsum, Urlaub und Essen sind vor ihr nicht sicher: Vor der sportlichen Höchstleistung steht die schweißtreibende »Trainingsarbeit«; vor jeder Premiere an der Oper, im Konzertsaal, im Theater lauert die nervenzermürbende »Probenarbeit«; und dem »Shoppingstreß« schließlich des »aktiven Konsumenten« (A. Gartner, F. Riessman) verdanken wir die Evidenz der »Konsumarbeit«: »consumo ergo sum« (B. Sichtermann); und last but not least verbürgt sich für »Arbeitsessen« und »Arbeitsferien« die infarktträchtige Rastlosigkeit unserer Wirtschaftselite.

Doch nicht genug damit: Wir überlassen das Arbeiten nicht nur Mensch und Tier, Roboter und Maschine – auch Wasser und Wein, Herz und Holz, Winde und Vulkane verpflichten wir terminologisch auf Arbeit. Einen nicht mehr überbietbaren Endpunkt der Abstraktion in der Verwendung des Arbeitsbegriffs erreichte schon Hegel, der, jenseits der menschlichen Denk- und Spracharbeit des begrifflichen »Begreifens«, auf die autonome »Arbeit des Begriffs« selbst verwies. Keine Tätigkeit ist prinzipiell davor gefeit, Arbeit zu werden; keine Form der Bewegung grundsätzlich davon ausgenommen, in einen produktiven Verwertungszusammenhang gestellt zu werden. Es ist streng genommen nichts erkennbar, das nicht – aktiv oder passiv – Ausgangspunkt für Prozesse der »Arbeit« werden könnte. Nahezu alles kann Subjekt, nahezu alles Objekt der Arbeit werden; es gibt nichts, das nicht zum Arbeiten oder zum Bearbeitet-Werden berufen wäre. Dieses Moment – die Erfahrung des gleichzeitigen

36 Vgl. Arno Baruzzi, Recht auf Arbeit und Beruf? Sieben philosophisch-politische Thesen, Freiburg-München 1983, S. 14ff.

37 Ebd., S. 26.

subjektiven *und* objektiven Bezuges auf Arbeit – ist wohl ursächlich für die anthropologische Universalität des Arbeitskonzeptes in der Gegenwart. Es ist also nicht allein die Erfahrung, daß »wir alle« arbeiten und daß alles, was uns begegnet, von uns »verarbeitet« sein will, welche das sozialdominante Bewußtsein der Arbeit prägt, sondern mehr noch vielleicht die Entdeckung, daß »es« auch jenseits von Willen und Bewußtsein »arbeitet«: das Herz, der Kreislauf, die Atmung und der Magen, und daß neben den physiologisch-körperchemischen der seelisch-affektive »Grundumsatz« tritt, neben die Nahrung die Erfahrung, die »arbeitet« – zumal dort, wo wir sie nicht restlos »verarbeiten« können. Der eigene Körper, ja die Welt als Baustelle, aus der Kräne und Bagger nie mehr verschwinden wollen; von uns bearbeitet und zugleich wie von Geisterhand bewegt; die Welt als »Labor«, als Ort, an dem Arbeit geschieht; das »pantha rhei« Demokrits in der zweckrationalen Eingewandung der radikalen Arbeitsegalität: nicht bloß »jeder ist ein Arbeiter« (das ist die bei weitem harmlosere Version der »Arbeitsgesellschaft«), sondern »alles arbeitet«! Eine solche Zerdehnung des Begriffs aber entgrenzt das Bezeichnete, läßt es unscharf werden und amorph. Ein Begriff ist empirisch umso gehaltvoller, je präziser und trennschärfer er Zugehöriges von Ausgeschlossenem scheidet. Wenn alles Arbeit ist, ist nichts mehr »Arbeit«; soll heißen: es existiert kein Spezifikum des Arbeitens mehr, welches es möglich und zweckmäßig erscheinen lassen könnte, Arbeit von Nicht-Arbeit zu unterscheiden. Die erheblichen praktischen Differenzierungsnöte in der Zurechnung unterschiedlicher Tätigkeiten sind nicht zuletzt eine Folge der sprachlichen Entdifferenzierung.

3. Lebensbedürfnis oder Lustkatastrophe? Zur Wort- und Bedeutungsgeschichte der Arbeit

Es geht uns mit der Arbeit wie mit allem, das wir intim kennen, wie mit allem, was der Mensch immer schon erfahren hat und erfährt: Es entgleitet uns, wenn wir es zu begreifen versuchen. Wer über Arbeit spricht, bewegt sich in einem sprachlichen Unbestimmtheitshorizont.

Die Aura, die in fast allen europäischen Kultursprachen Wort und Sache der »Arbeit« umgibt, bezeugt eigentlich nur, daß schon das sprachliche Bedeutungsfeld die tatsächliche, durch Arbeit gekennzeichnete Situation des Menschen in der Welt in ihrer ganzen Widersprüchlichkeit spiegelt.

»Arbeit« hat, etymologisch gesehen, mehrere Wurzeln, die ihr allesamt eine »dunkle« Abkunft bescheinigen, eine ursprüngliche Nähe zu Not und Qual, Mühe und Last, Schicksal und Zwang: Die wortgeschichtlichen Linien verweisen sowohl auf das lateinische *arvum, arva* (gepflügter Acker) als auch auf das germanische *arba* (Knecht); das französische *travail* geht auf das vulgärlateinische *tripalare* (quälen, pfählen) zurück; das russische Wort für Arbeit *rabota* leitet sich von *rab* (Sklave) her, kurz: Arbeit erscheint ursprünglich in vielen Kultursprachen als ein Synonym für Mühsal, Not und Pein. »In fast allen Sprachen seufzt und stöhnt (...) dieses Wort schon vom letzten Sprachstamm her.«[38] Arbeit ist alles, was dem Men-

38 F. von Gottl-Ottilienfeld, Arbeit als Tatbestand des Wirtschaftslebens, in: Archiv für Sozialwissenschaft und Sozialpolitik, 50 (1923), S. 296.

schen widerfährt, alles, was ihm als unverfügbarer Zwang begegnet. Erst allmählich entwickelt sich das »Affektwort« Arbeit zum »normalen« Handlungsprädikator.

»Mit der Ausbildung elementarer, auf naturwüchsigem Geschick und Übung beruhender agrarisch-handwerklicher Arbeitsweisen zu Systemen zweckrationalen, theoretisch begründeten und methodisch angeleiteten Handelns tritt noch innerhalb der Agrarkultur neben dem Widerfahrnis- oder Handlungscharakter, die aktive Bedeutung einer bejahten und gewollten Anstrengung zur Realisierung von Zwecken stärker hervor, wobei selbst der realisierte Zweck, das Werk ›Arbeit‹ genannt werden kann«[39].

»In fast allen europäischen Kultursprachen hat ›Arbeit‹ zwei oder mehrere Bezeichnungen. Das Griechische unterscheidet zwischen ponein und ergazestai, das Lateinische zwischen laborare und facere bzw. fabricari, das Französische zwischen travailler und ouvrer, das Englische zwischen labour und work, das Deutsche zwischen arbeiten und werken bzw. schaffen. Ihnen lassen sich zwei Grundbedeutungen zuordnen: Arbeit als ›Mühe, Qual, Last, Not‹ (ponos) und als ›Leistung, Werk‹ (ergon).«[40]

In der Neuzeit gewinnt das Moment der aktiven Tätigkeit die Oberhand, Arbeit verliert den passiven »Widerfahrnis«- und Leidenscharakter, der aktive Vollzug und das fertige Werk rücken bedeutungsmäßig in den Vordergrund. Der Begriff erschließt sich ein überwiegend positives Bedeutungsfeld. Dennoch – der Volksmund weiß es, trotz 200 Jahren Arbeitsgesellschaft, durchaus auch heute gelegentlich noch besser: Er weiß nicht nur, daß »Arbeit adelt«, er reimt auch: »Wer die Arbeit kennt und nach ihr rennt, und sich nicht drückt, der ist verrückt!«

Arbeit wird, auch heute noch, zutiefst ambivalent erlebt: bedrückend und abstoßend, notwendig und nützlich. Was soll gelten? Schillers Satz aus dem 15. Brief über die ästhetische Erziehung: »Der Mensch ... ist nur da ganz Mensch, wo er spielt«, also wo er sich in die denkbar größte Distanz zur Arbeit begibt; oder der gegenteilige Marx'sche Satz, von der Arbeit als dem »ersten Lebensbedürfnis« des Menschen, was ja doch wohl nichts anderes heißt, als daß nur dort der Mensch ganz Mensch ist, wo er arbeitet?

Was also gilt: Arbeit als fundamentale Wesensbestimmung des Menschen oder als unmenschliche Plage, Arbeit als Schicksal oder als Chance, als Lebensbedürfnis oder als Lustkastastrophe? Was überwiegt: Erlösung oder Entfremdung, Selbstfindung oder Selbstverlust?

4. Die Zentralstellung der Arbeit und die Metamorphose der Eliten

Für nahezu sämtliche Kulturen der Vergangenheit gilt, daß die führenden Schichten vom Zwang zur Arbeit freigestellt waren. Ihnen waren politische und religiöse Aufgaben vorbehalten, sie widmeten sich dem Wettkampf und dem Spiel, den Wissenschaften und den Künsten. Arbeit war stets das Los der Massen; vom Naturzwang der

39 Manfred Riedel, Art. Arbeit, in: H. Krings/H. M. Baumgartner/C. Wild (Hrsg.), Handbuch der philosophischen Grundbegriffe, 6 Bde., 1. Bd, München 1973, S. 125ff.

40 Ebd., S. 126.

Arbeit befreit zu sein, war das Statusmerkmal der Eliten. Sie mieden sorgsam selbst den Anschein der Nähe zur Arbeit[41].

Von denen vollbracht, die von minderem Wert in der gesellschaftlichen Ansehenshierarchie waren, galt Arbeit selbst als das Minderwertige aus Prinzip – obgleich sie das Lebensnotwendige für alle besorgte. Schon der biblische Paradiesmythos bezeugt diese Ambivalenz: Von den Nötigungen der Arbeit weitgehend frei durchstreifte das Urpaar den Paradiesgarten Eden, der ihm alles Lebensnotwendige »gratis« bereitstellte. Doch der arbeitsfreie »Genuß ohne Reue« überdauerte nicht den Verlust der natürlichen Unschuld und das aufkeimende (Selbst-)Bewußtsein.

Der puritanischen Arbeitsmoral blieb es vorbehalten, aus der Not eine Tugend zu machen und damit möglicherweise die gewaltigste Revolution der Geschichte einzuleiten: die Heraufkunft des Kapitalismus als einer Gesellschaftsformation, welche sich in all ihren Schichten der Arbeit öffnet, sie zum Stützpfeiler des gesellschaftlichen Gesamtgebäudes erhebt, in welchem arbeitsjenseitige Götter nicht mehr geduldet sind.

Zum erstenmal in der Geschichte setzen sich die Produzenten, genauer: die Organisatoren der Produktion, Kaufleute und Ingenieure, an die Spitze der Gesellschaft. Zur anthropologischen Universalität gelangt der Arbeitsbegriff nicht nur in der marxistischen bzw. der »spätmarxistischen« Ökonomie des »realen Sozialismus«; er ist auch das Fundament der gesamten bürgerlichen Ökonomie, jedenfalls seit die Arbeit mit John Locke, William Petty und Adam Smith als Hauptquelle allen gesellschaftlichen Reichtums entdeckt wurde. Seit wir wissen, was wir ihr verdanken, ist Arbeit als *Arbeit* theorie- und gesellschaftsfähig.

Für Max Weber hat die prometheische Bejahung von Arbeit und Askese, hat jenes »vom Standpunkt der rein eudämonistischen Eigeninteressen aus so irrationale Sichhingeben an die Berufsarbeit« seine Wurzeln im geistigen Erbe der protestantischen Ethik[42]. Sie vor allem hat unsere säkulare Existenz auf Arbeit eingeschworen und das Vernügen, das freie Spiel, die Muße geächtet: Was immer wir außerhalb der (Erwerbs-)Arbeit tun – es bedarf der kommentierenden Rechtfertigung von der Arbeit her.

Die Neuzeit beginnt mit der Zentralstellung der Arbeit. Sie ist die Kehrseite des Bedeutungsverlusts der Vita contemplativa. Schon das Mittelalter maß der Arbeit im Gesamt des Lebens einen anderen Sinn bei: »Aus dem Fluch, der auf dem Menschengeschlecht lastet, verwandelte sich die Arbeit in einen Beruf. Die Würde der Arbeitstätigkeit zu erklären war ein Bestandteil der allgemeinen Tendenz zur Entwicklung des menschlichen standesgebundenen Selbstbewußtseins. Jedoch blieb diese Erhöhung der gesellschaftlichen Bewertung der Arbeit bis zum Ende des Mittelalters nicht mehr als eine Tendenz. Ihre völlige Rehabilitierung konnte die Arbeit unter feudalen Bedingungen nicht erlangen.«[43]

---

41 Für das Verhältnis der »Antike« zur Arbeit, vgl. Hannah Arendt, Vita activa oder Vom tätigen Leben, Stuttgart 1960.

42 Vgl. Max Weber, Die protestantische Ethik und der Geist des Kapitalismus, Tübingen 1922.

43 A. J. Gurjewitsch, Arbeit – Fluch oder Erlösung?, in: R. Beck (Hrsg.), Streifzüge durch die Jahrhunderte, München 1987, S. 167ff., 305.

Der neuzeitliche Mensch versteht sich als Arbeiter in einer bearbeitungsbedürftigen, weil unvollkommenen, durch Arbeit vollendbaren Welt. In dieser Sicht erst wird *jede* Tätigkeit zur Arbeit. Während die Antike zwischen »Hervorbringen« und »Vollbringen«, zwischen den notwendigen Lebensvollzügen in der Arbeit, im Erwerb und in der Herstellung auf der einen und den Freiheiten der »Praxis« in der Philosophie, der Politik und dem Genuß des Schönen auf der anderen Seite unterschied, ist das moderne Arbeitsverständnis ein einziger Kotau vor Nützlichkeit und Produktivität. Das »Vollbringen« des Lebens wird auf das »Hervorbringen« in der Arbeit reduziert.

Die Neuzeit hebt an mit der radikalen Verdiesseitigung der Condition humaine: Arbeit, Arbeit über alles! Ausgerechnet die niederste, verachtetste aller Tätigkeiten innerhalb der Vita activa, die Arbeit, hat alles andere verdrängt und füllt nun allein das Panorama des Lebens. Der Zerfall der vorgängigen mythisch-religiösen Welterschließung rückte den materiellen Produktionsprozeß ins Zentrum. Nichts behielt seine alte Gültigkeit. Der Unterschied ist groß, ob die Welt vom Standpunkt der Kontemplation oder vom Standpunkt der Arbeit her erschlossen wird, ob der aktiv-arbeitsförmige Umgang mit der Welt oder das zuschauende Teilhaben an ihr den archimedischen Punkt der Welt- und Selbstinterpretation bezeichnet; ob die spezifische Kulturleistung des Menschen – die Erzeugung der Sinnhaftigkeit des Daseins – den Rang der wichtigsten »Produktion« einnimmt oder ob dieser Rang der Beschaffung von Brot und Wein, Haus und Herd, Waffe und Werkzeug zukommt; ob der Mensch die natürliche Welt im Spiegel des Notwendigen und Nützlichen als formbare, gestaltbare Materie erfaßt oder ob er sie als ein jedem Gebilde von Menschenhand an Wahrheit und Schönheit überlegenes Abbild des Immerwährenden erfährt, dem man sich nur schauend und nachvollziehend nähert.

Der Unterschied, von dem wir hier sprechen, bezeichnet beileibe nicht nur eine philosophiegeschichtliche Differenz. Als im 17. Jahrhundert die theoretische Verherrlichung der Arbeit begann, waren die sichtbaren Werke des Menschen, alles in allem, noch Enklaven, von einer überlegenen, letztlich unverletzlichen Natur umschlossen. Heute, nach knapp 400jährigem Siegeszug der Arbeit (der schon lange vor der modernen Arbeitsgesellschaft begann), ist die Natur das Bedrängte, das Umschlossene; sie überlebt, wenn sie überlebt, nur noch in engen Reservaten.

Die »Entfesselung« der Arbeit, mit der die Neuzeit anhebt, hat das Gesicht der Erde verändert wie keine andere Revolution der Geschichte. Der arbeitende Mensch schien, wie einst Prometheus, der legitime Erbe der dämmernden Gottheiten. Ihren Erfolg verdankte die Arbeit gerade dem Verzicht auf alle übergeordnete Begründung des Tuns von Menschen. Die Arbeit wurde selbst rechtfertigungsfähig durch ihre überragende Nützlichkeit und die Sinnfälligkeit ihrer Funktionalität. Die Sache der Zukunft war konsequent als Zukunft der Sache zu beschreiben, als ein Problem der schieren Quantität, der durch Arbeit ständig zu erweiternden Güterfülle. Was zählte, waren allein die Fortschritte der Naturbeherrschung und die Vermehrung des Profits; die Rückschritte der Geschichte blieben einem materialistischen Immanenzdenken verborgen.

Der Mensch konnte sich als »animal laborans« erst absolut setzen, nachdem er sich zuvor aller hemmenden Bindungen entledigt hatte: Er mußte erst die Nabelschnur zur Transzendenz durchschneiden, um sich in radikaler Ausschließlichkeit auf der Basis seiner Leiblichkeit, Körperlichkeit zum Maßstab seiner Unternehmungen zu machen. Der Vorrang des Ökonomischen hat die geistig-sinnhafte Weltdeutung verdrängt, die alten Götter vom Thron gestoßen, und die einstige Hierarchie innerhalb der Vita activa so gründlich umgestülpt, daß auch das Politische, der einstige Kernbereich des notwendigkeitsentrückten, »freien« Handelns, fast völlig in wirtschaftlichen Kategorien aufging.

5. *Reduzierte Anthropologie und Aufstieg des Industrialismus*

Die Neuzeit operiert mit einer reduzierten Anthropologie; sie beschränkt sich auf die Animalnatur des Menschen. Machiavelli, Thomas Hobbes und Adam Smith, drei für das moderne Selbstverständnis wesentliche Denker an der Schwelle zur Neuzeit, beschreiben das menschliche Verhalten in seiner inneren Motivationslogik in erster Linie als körperbedingtes Trieb- und Appetenzverhalten. Fast scheinen aktuelle Theoreme der Soziobiologie vorweggenommen, wenn Überlebensinteresse und Nutzenkalkül zu den zentralen analytischen Kategorien avancieren, und der Sinn des Lebens allein noch darin besteht, am Leben zu bleiben.

Radikaler kann man die Welt kaum von sich selbst her entwerfen, als wenn man sie zur Schatzkammer menschlicher Begehrlichkeit versimpelt, deren Tür allein mit dem Schlüssel der Arbeit zu öffnen ist. Genau mit dieser alle bisherige Kenntnis sprengenden Erfahrung hat die neuzeitliche Vergötzung der Arbeit zu tun. Sie hat die technische Seite der menschlichen Wirkmacht ins schier Unermeßliche gesteigert. Nur so ist es zu erklären, daß sie zum universalen Parameter, zum Maßstab aller Dinge wird – auch der eigenen Erkenntnis.

Der Mensch vermag nur zu erkennen, was er selbst gemacht, bearbeitet, bewußt veranlaßt hat. Hobbes handelt konsequent im Sinne dieser erkenntnistheoretischen Prämisse, wenn er den Staat, den er »erkennen« will, gleich einem mechanischen Uhrwerk künstlich aus seinen kleinsten Bestandteilen zusammenfügt. Von immer weniger immer mehr zu wissen, dies ist auch das Prinzip, nach dem sich das neuzeitliche »Weltbild« in immer neuen Anläufen und Entwürfen fügt. Und es ist gleichsam die Pointe menschlich-arbeitsförmiger Weltaneignung, wenn der große Aufklärer Kant fordert, nicht die Erkenntnis habe sich nach den Dingen, sondern die Dinge hätten sich nach der Erkenntnis zu richten. Ist als Wirklichkeit nur zugelassen, was den Filter unserer Sinnesorgane passiert, dann schlägt sich jede Bornierung unserer Rezeptoren negativ auf die Qualität unserer Erkenntnis nieder. Und doch ist es gerade diese Bornierung arbeitsförmiger Weltaneignung, welche den historisch beispiellosen Aufstieg des Industrialismus möglich gemacht hat.

6. *Triumph der Nützlichkeit: Die Trennung von Arbeit und Vergnügen*

Das repulsive Moment, das immer schon in der Arbeit steckte, hat sich erst unter den Bedingungen moderner Industriearbeit zu einer problematischen Größe entwickelt. Erst hier wurde das Verhältnis des Menschen zur Arbeit ein grundsätzlich »unbefriedbares«. Was kann es Entlarvenderes geben, als wenn der Arbeiter von der Nicht-Arbeit als seiner »freien Zeit« spricht? Ist er, während er arbeitet, ein Gefangener? Was die Arbeit heute so unerträglich macht, ist gewiß nicht mehr, wie einst, die schwer erträgliche physische Belastung. Worin also besteht das »repulsive« Moment der Arbeit, aus der die systematische Trennung von Arbeit und Vergnügen resultiert? Daß sie mühsam ist, gelegentlich mit Schweiß und Strapazen verbunden, reicht nicht aus, ihre Abwertung zu begründen. Was also macht die Arbeit zur *Arbeit?*

Es sind keineswegs immer objektive Tätigkeitsmerkmale, die Arbeit von Nicht-Arbeit scheiden. Er verstehe nicht, meinte scheinheilig Mark Twain, wieso Tüten-Kleben Arbeit sei und Mont-Blanc-Besteigen Sport. Seine Absicht war gerade zu zeigen, daß es nicht allein das Quantum des individuell vergossenen Schweißes ist, welches eine Tätigkeit als Arbeit qualifiziert. Was wir tun, wenn wir außerhalb der Arbeit tätig sind, ist nicht selten physisch und psychisch um vieles »erschöpfender« als das, was uns in der Arbeit abverlangt wird. Arbeit wird zur Arbeit im Kopf, nicht unter unseren Händen. Spiel und Sport sind von der Arbeit nicht durch die Tätigkeitsmerkmale grundsätzlich unterschieden, sondern durch die zugrundeliegende Zielsetzung, durch die vorausliegende »Kopfarbeit« der Identifikation.

Konzentrieren wir uns ausschließlich auf die äußeren Tätigkeitsmerkmale, so ist gar kein Zweifel, daß die Mehrzahl der Menschen immer »im Schweiße ihres Angesichts« ihr Brot gegessen hat, daß sie ihren Lebensunterhalt also der Arbeit verdankte. Doch haben die Menschen wirklich immer »gearbeitet« – gemessen nicht nur an äußeren Merkmalen wie Mühsal und Anstrengung, sondern an den subjektiven Begleitgefühlen der jeweils Beteiligten selbst? Hat der Jäger und Sammler vergangener Tage »gearbeitet«, nur weil es bei seinem Tun um die Beschaffung des Lebensnotwendigen ging? Haben die Menschen immer gearbeitet? Ist der Mensch ein »arbeitendes Wesen«?

Was könnte die Vermutung stützen, daß »Bewußtsein« und Emotionen des Jägers, des Sammlers und des Hirten von unserem modernen Begriff der Arbeit her nicht zu erschließen sind?

Dafür spricht im Kern wohl vor allem dies: Das, was Jäger, Sammler und Hirte jeweils taten, beschränkte sich keineswegs nur auf die objektive Funktion der Nahrungsbeschaffung. Wie gefährlich, wie hart und entbehrungsreich ihre Tätigkeit im einzelnen auch immer war, wie sehr sie letztlich ihren existentiellen Rang auch daraus herleiten mochte, daß sie auf die unmittelbare Lebensnotdurft antwortete, – stets blieb ein breiter, aus Notwendigkeit nicht begründbarer »Rest«, ein Überschuß an Aktivität im Vollzug des Notwendigen, der sich als Arbeit nicht vereinnahmen läßt. Dieser »Überschuß« enthält Tätigkeitselemente, Befindlichkeiten, Aktivitäten und Gefühle, die unter »Arbeit« nicht zu subsumieren sind, die ihren Reiz jedoch, zumal für uns heute, weniger aus ihrem Gegensatz zur Mühsal, denn zur spezifischen *Arbeits*mühsal beziehen. Wir haben die Arbeit strikt vom »Vergnügen«, oder allgemeiner: von allem, was nicht unmittelbar zu ihr gehört, getrennt. Wir haben ihr mit dem Seziermesser des rationalen Effektkalküls alles amputiert, was sie einst affektiv so reich erscheinen ließ. Und nun geht's uns, in der Zwangsjacke der »reinen« Arbeit, wie der fiktiven Möwe, die zwar an beiden Elementen, dem Wasser und der Luft, teilhat, die jedoch keineswegs von einem Augenblick zum anderen ins jeweils andere Element überwechseln darf: sich emporschwingen und wieder herabstoßen wie die wirkliche Möwe, sondern im strengen Acht-Stunden-Rhythmus ihre Aktivitäten nacheinander auf beide Elemente verteilen muß[44].

---

44 Vgl. Christine und Ernst-Ulrich von Weizsäcker, Für ein Recht auf Arbeit, in: Freimut Duve (Hrsg.), Technologie und Politik 10, Reinbek 1978, S. 97.

7. *Rationalisierung und Arbeitsbornierung – Nach uns die Maschine?*

Wir haben, was einst selbstverständliche Einheit war, weit, allzuweit auseinandergelegt. Der Prozeß der Rationalisierung läßt sich auch als Prozeß der Bornierung und emotionalen Verarmung beschreiben. »Rationalisierung« bedeutet, im konkreten Wortsinn, »Vernünftigermachen«, bedeutet, daß Arbeit unter das Diktat der *ratio* gebracht wird; daß nichts, was geschieht, ungeplant, unkalkuliert, unbemerkt geschieht. Die Zweckhaftigkeit wird um so drückender, je enger und präziser der Zweck gefaßt ist, der einer Tätigkeit zugrunde liegt, je definitiver sich damit »Abweichungen« verbieten und je rigider sie sanktioniert werden.

Der Prozeß der Rationalisierung hat das große Heer der arbeitenden Menschen an den Rand der Produktion abgedrängt und auf die von der Maschine übriggelassene Restarbeit beschränkt – einen kargen, armseligen, immer dürftiger werdenden Rest an den Nahtstellen einer heute überwiegend computergestützten Fertigung. Der beinahe totale Bedeutungsverlust des Menschen in und während der Arbeit und die »Bornierung« seiner kommunikativen Bedürfnisse auf den – makabererweise so geheißenen – »Dialog mit der Maschine« sprechen eine eindeutige Sprache.

Wir begreifen das Problem, welches mit dem Begriff der Arbeitsbornierung angedeutet ist, nur, wenn wir das, was sich mit uns vollzieht, als Bestandteil eines umfassenderen, weit über die Verarmung und Zerstörung der Einzelpersönlichkeit hinausgehenden Wandlungsprozesses sehen lernen.

Der Mensch, jahrtausendelang gewohnt, sich als Erben und ewig jungen Nachfolger zu sehen, könnte genötigt sein, umzulernen: Die Irreversibilität seines eigenen maschinenintelligenten Entwurfs könnte ihn selbst bald endgültig zum Vorläufer degradieren, der in der »mechanisierten Sklaverei« untergeht[45].

Vielleicht haben wir bereits Anlaß, die Darwinsche Evolutionstheorie prognostisch weiterzudenken: Wenn der Mensch nicht Endglied, sondern Zwischenglied einer Kette naturhaften Geschehens ist, das wir, mit Grund, als Entwicklung lesen, und für welches sogar biologisches Leben vielleicht nur eine Form des Daseins unter andern schon bekannten und noch gänzlich unbekannten ist, – warum nur sollte der äonendauernde Prozeß der Entwicklung der Arten ausgerechnet bei jener Art zum Stillstand gelangen, die erstmals einige der in ihm wirksamen Bedingungen, Prinzipien und Verlaufsgesetzmäßigkeiten erkannt und gedeutet hat? Warum sollte dieser Wellenschlag der Jahrmillionen gerade jetzt abebben, warum eine Bewegung plötzlich innehalten, die als machtvolle Grundtendenz vom Reich des Anorganischen über die Pflanzen- und Tierwelt ins Reich des Menschen geführt hat? Was kommt nach uns, was kommt nach dem Menschen? Für was oder wen in der Sukzession des Werdenden sind wir das evolutionäre Zwischenglied?

---

45 Wie tief dieser Prozeß reicht, mag eine Bemerkung Sartres erläutern, die Marcuse aufgriff: »›Umfragen haben gezeigt, daß kurz nachdem halbautomatische Maschinen eingeführt worden waren, die gelernten Arbeiterinnen sich bei der Arbeit Träumereien sexueller Art überließen; sie erinnerten sich an das Schlafzimmer, das Bett, die Nacht, an alles, was nur die Person in der Einsamkeit des mit sich beschäftigten Paares angeht. Aber es war die Maschine in ihnen, die von Zärtlichkeiten träumte.‹ (...) Der maschinelle Prozeß im technologischen Universum zerstört die innerste Privatsphäre der Freiheit und vereinigt Sexualität und Arbeit in einem unbewußten, rhythmischen Automatismus.« Zit. nach: Herbert Marcuse, Der eindimensionale Mensch, Neuwied-Berlin 1967, S. 46f.

Kann es Desillusionierendes geben als *diese* Erwägung: daß wir Übergang sind, Vor-läufiges zum Gültigeren hin? Und so sei die Frage gestellt: Was kommt nach dem Menschen? Für welches nachmenschliche Sein ist der Mensch das unverzichtbare »missing link«?

Der Mensch »erarbeitet« sich seinen Sukzessor, er ist dabei, systematisch den eigenen Nachfolger zu erzeugen. Dieser Nachfolger ist – die Maschine. Nicht daß die Maschine hier und heute den biologischen Menschen verdrängte; schlimmer, sie ist dabei, ihn sich adaptiv »einzuverleiben«: Die vollelektronisierte, individualisierbare Technik der Fühler, Sensoren und automatisierten Regelkreise rückt uns »auf den Leib«, weil sie uns »auf den Leib geschnitten« wurde. War Technik einst das unmenschliche Gegenüber, wird sie nun immer mehr Teil von uns selbst.

Sollte gar schlicht dies am Ende des Weges stehen: die Maschine als – der »bessere Mensch«? Die Maschine, die irrtumsfrei und unbeirrbar die ihr zugehörigen Funktionen erfüllt; die Maschine, die sich immer mehr die einst spezifisch »menschlichen« Vermögen aneignet und dabei in den allermeisten dieser Vermögen den Menschen nicht bloß um ein Vielfaches überbietet, sondern einen zusätzlichen Vorzug aufweist: den einer perfekten Identität?

Die Maschine ist reine Funktion. Sie verfolgt keinen geheimen Nebenzweck. Das größte Hemmnis für die schließliche Menschwerdung des Menschen ist seine Zerrissenheit. Sein Streben und Trachten gehört nie einer Sache ganz und gar. Sein Eifer kommt nie verläßlich und ungeteilt einem eindeutigen Zweck zugute. Die Selbstkontrolle, welcher der Mensch sich im Wege der lebenslang mühsamen Moralanstrengung anzunähern sucht, ist der Maschine unverrückbares Wesensattribut.

Der viktorianische Satiriker Samuel Butler hat, hellsichtig wie kaum einer seiner Zeitgenossen, die unmenschlichen Konsequenzen einer konsequenten »Vermenschlichung« der Maschine zu Ende gedacht. Für ihn ist ausgemacht, daß die Menschen sich mit der Zeit »als die unterlegene Rasse erweisen werden«: »Tag für Tag gewinnen die Maschinen uns gegenüber an Boden. Tag für Tag werden wir abhängiger von ihnen, täglich werden mehr Menschen als Sklaven verpflichtet, sie zu bedienen, täglich widmen mehr Menschen ihre gesamten Lebensenergien der Entwicklung des mechanischen Lebens. Der Erfolg ist einfach eine Frage der Zeit . . .«[46].

Längst ist der Mensch in den schönen neuen Welten, die er schuf, selbst das antiquierteste Requisit: er ist dabei, ein Fremdling zu werden inmitten der eigenen Hervorbringungen, ein geduldeter Sonderling, wo nicht ein ärgerlicher Störenfried, dem die technischen Systeme das Hand- und Denkwerk legen, den sie »ausstoßen« und, auf Zeit vorerst, »unschädlich« machen: umsiedeln und umschulen, unter den Boden schicken und in Schutzanzüge stecken, kontrollieren und dekontaminieren.

Können wir uns eine Technik leisten, die sich den Menschen nicht mehr leisten kann? Den Menschen, der lustlos ist und leidenschaftlich, übermütig und übel gelaunt, der vergißt und versagt? Können wir eine großtechnische Entwicklung fördern, die immer unverblümter den »technikgerechten Bürger« fordert, den auto- und atomgerechten Zeitgenossen? Es kann nicht schaden, wenn wir dies einmal zu Ende denken: das Optimum an Zuverzulässigkeit bietet nur die weitere »Autonomisierung« der Technik, die progressive Abkoppelung vom »Störfaktor« Mensch. Das »Opti-

---

46 Samuel Butler, zit. nach: Lewis Mumford, Mythos der Maschine, Frankfurt/M. 1977, S. 557ff.

mum« wäre hier unverkennbar die auf höchstem Niveau sich selbst planende, organisierende und regenerierende Technostruktur. Die einzig technikgemäße Welt ist, auf lange Sicht, die menschenlose Welt. Wir schmeicheln uns mit der Vorstellung, wir machten uns durch den technischen Fortschritt unabhängiger, intelligenter und mächtiger, wo wir in Wahrheit bloß dazu beitragen, überflüssig zu werden.

Daß Maschinen »menschlich« werden (Joseph Weizenbaum), ist allerdings der eher unproblematische Aspekt des Problems; problematisch ist, daß Menschen »maschinlich« werden; daß sie, ohne diesen Vorgang als Veränderung an sich selbst zu registrieren, »wie Maschinen« agieren, reagieren und funktionieren.

»Die Technik ist auf dem Wege, eine solche Perfektion zu erreichen, daß der Mensch ohne sich selber auskommt«, so hat Stanislaw Jerzy Lec in einem seiner Aphorismen einmal pointierend dieses Phänomen kommentiert.

Längst erkennen Computer zuverlässiger, rechnen schneller, folgern logischer, prüfen gründlicher, haben ein viel besseres Gedächtnis, verknüpfen weit Auseinanderliegendes mit größter Präzision, filtern und selektieren Daten und Merkmale, erkennen Gemeinsamkeiten und Unterschiede in Sekunden und Minuten, wozu menschliche Arbeitskraft von Wochen und Monaten nicht in der Lage wäre. Der Computer gehört mit vielen anderen »intelligenten Maschinen« zu jener Phalanx neuer Geschöpfe, die angetreten sind, den Menschen, nach seiner Entmachtung als überlebensstarkes Körperwesen, nun auch als sinnstiftendes Geistwesen zu beerben.

Legen wir die herkömmlichen Kriterien von Intelligenz zugrunde, so gibt es, am Standard der intelligenten Maschinen gemessen, eigentlich heute bereits keine intelligenten Menschen mehr – gerade wie es, an der Leistungskraft des Hebekrans und des Flugzeugs bemessen, längst keine »starken« oder »schnellen« Menschen mehr gibt. Mit den Kraftmaschinen haben wir längst unseren überlegenen Nachfolger hervorgebracht; und die kulturelle Evolution hat uns im zurückliegenden Jahrzehnt nach der Maschinisierung der körperlichen nun auch die Maschinisierung der geistigen Arbeit beschert und den Menschen damit aus Zuständigkeitsbezirken vertrieben, für die er als unersetzbar galt.

Mehr als Theorien und Prognosen belehren uns manche Bilder darüber, welche Stunde es im säkularen Wettlauf zwischen Mensch und Maschine geschlagen hat. Nehmen wir die gelegentlichen Bilder von Großmeistern, die gegen den Computer Schach spielen: Solche Bilder werden ganz schnell rar werden, ebenso rar wie die Bilder vom Anfang der Geschwindigkeitsära, auf denen Menschen sich zu Fuß oder zu Pferd mit dem Zug oder gar mit dem Flugzeug messen. Wer beim Computerschach nicht das unfreiwillig Komische solcher Situationen mit sieht, hat nichts begriffen von der Dimension der Herausforderung, welche die »Dritte industrielle Revolution«: die Technisierung und maschinelle Substitution der geistigen Arbeit, mit sich bringt. Es ist längst zwingend geworden, daß wir uns, im Sinne einer schonungslos realistischen Humanbilanz, auf's Genaueste darüber Rechenschaft geben, worin wir schon ersetzbar geworden sind, was die Maschine ebenso gut kann oder vielleicht sogar unvergleichlich besser.

Wie nah ist die Wirklichkeit schon an, wie fern ist sie noch von der Realisierung des Traumes, respektive Alptraumes vergangener Tage, die Maschine könnte sich als der »bessere Mensch« erweisen? All das, was der Mensch an sich selber als nicht vervollkommnungsfähig erfahren mußte, könnte sein Nachfolger, die Maschine, sich nun an spezifischen Attributen zueigen machen: punktgenaue Präzision, situationsunabhängige Zuverlässigkeit, fehler- und irrtumsfreies Funktionieren, getreueste Pflichterfüllung, Stetigkeit, Berechenbarkeit, kurzum: alle jene Tugenden, an deren Fehlen bislang noch jeder Versuch einer vollkommenen Menschenwelt zerbrach. Die Maschine ermüdet nicht, ist ohne Laune und Eigenheiten, frei von Ehrgeiz, Geltungssucht, Neid und Haß, sie ist genau und pünktlich, gleichermaßen aufmerksam und (funktions-)gerecht gegen jedermann. Läßt sich mit ihr aber jenes Utopia, jene soziale und humane Idealbehausung errichten, welcher Menschen seit Jahrtausenden vergeblich nachträumen?

8. Industrialisierung – Fortschritt auf Pump

War der Fortschritt also ein Fortschritt? Was hat er gebracht, was genommen? Die Krise der Industriegesellschaft: die Krise unseres Arbeitens und Wirtschaftens, die Krise unseres Einwirkens auf die Natur, das Soziale und uns selber, – sie zwingt uns zu einer genauen, schonungslosen Bilanz. Dies vor allem könnte eine solche Bilanzierung sichtbar machen: Der »Fortschritt« in der Niederringung der Arbeit ist noch längst nicht bezahlt. Die »Kosten« dieses Fortschritts, die keiner auch nur annäherungsweise beziffern kann, sind zu den »sozialen Kosten«[47] aller geworden, welche die Natur und die Dritte Welt, die Jugend und die Frauen, die Entwurzelten und psychisch Überforderten, die Arbeitslosen und die »Freizeitpatienten« – um nur die Hauptgruppen der Gläubiger zu nennen – immer heftiger und unerbittlicher einzumahnen beginnen.

Im Kollabieren einer vielfach erschöpften Natur sehen wir auch, daß das so oft gepriesene Wirtschaftswunder uns nur deshalb als *Wunder* erscheinen mochte, weil wir seine Kosten nicht rechtzeitig erkannten. Heute, da uns der Zustand von Flüssen und Gewässern, Böden und Wald, Luft und Landschaft nachdrücklich über den Preis unseres Wohlstands belehrt, wird uns klar, daß die unerbittlich diesseitige Buchhaltung des Naturhaushalts die Wunder zum Nulltarif nicht anerkennt. Unser materieller Wohlstand trägt alle Insignien jenes im zweiten Hauptsatz der Thermodynamik ausgesprochenen Gesetzes vom Niedergang, der sich, bis zur endgültigen Demaskierung, stets beharrlich als Fortschritt tarnt.

Längst könnte jeder wissen, daß dem wirtschaftlichen Wachstum in einer Welt endlicher Ressourcen deutliche Grenzen gezogen sind. Produktion wie Nachfrage und Verbrauch lassen sich nicht unbegrenzt ausweiten. Diese Grenzen, die ökologischen wie die sozialen[48] sind längst in Sicht. Weder die Erdoberfläche noch die Atmosphäre halten dem westlichen way of life auf Dauer stand.

Das Imperium des arbeitstechnologischen Fortschritts konnte allein deshalb in so kurzer Zeit aufgerichtet werden, weil der größere Teil seiner Kosten nicht bloß den mitlebenden »Opfern« der eigenen Zeit, sondern auch den in Raum und Zeit Entfernteren: den »Unterentwickelten« und den Nachgeborenen, als Hypothek überlassen wurde. Die ökologische wie die soziale, die psychologische wie die kulturelle Bilanz des technischen Fortschritts zeigen: Die Industriegesellschaft, diese grandiose Aufführung des wortgewordenen Erwerbsfleißes, war eine Veranstaltung auf Pump. Ihre gegen-

47 Vgl. hierzu grundlegend Karl W. Kapp, Soziale Kosten der Marktwirtschaft, Frankfurt/M. 1979.

48 Vgl. Fred Hirsch, Die sozialen Grenzen des Wachstums, Reinbek 1980.

wärtigen Hauptveranstalter sind verantwortungsflüchtige Pleitiers, die nichts vergessen und wenig dazugelernt haben. Und ausgerechnet ihnen und ihren wenig problem- und verantwortungsinspirierten Wachstumsvorschlägen von vorgestern sollen wir bei der Gestaltung der Arbeitswelt der Zukunft Gehör geben?

Eine jede Generation ist wohl nicht nur mit ihren Träumen und Sehnsüchten, sondern auch mit ihren Sünden und Verstrickungen »unmittelbar zu Gott«. Es ist noch lange nicht ausgemacht, ob die im relativen Massenwohlstand großgewordenen Generationen von heute den Gestrigen und Vorgestrigen wirklich etwas zu danken haben werden. Wenn wir erst einmal wagten, die Augen wirklich aufzutun, könnte dies ein böses Erwachen sein. Ob in der Substanz noch viel bleibt, wenn wir uns erst daran machen, die Schadensfälle von gestern abzuwickeln, ist mehr als zweifelhaft.

Für die »Altlasten« chemischer Fabriken gibt es noch kein vollständiges Gefährdungskataster. Wir dürfen nicht mehr darin fortfahren, die Gegenwart einfach als »Müllhalde der Zukunft«[49] zu konzipieren, als eine hochgiftige und entsprechend kostenträchtige obendrein. Wir können es uns nicht mehr leisten, aus Gründen der »Wettbewerbsfähigkeit«, des »Erhalts von Arbeitsplätzen« oder der »Wahrnehmung sich bietender Markt- und Gewinnchancen« wegen, uns um die Beantwortung der Frage zu drücken, was, mit welchen Mitteln, um welchen Preis der Folgekosten jetzt produziert werden soll und was nicht.

Der Sündenfall der Arbeitsgesellschaft bestand ja gerade darin, daß sie sich in der »Entfesselung« der schieren Arbeit um der Arbeit willen, von der Pflicht einer Beantwortung dieser Fragen freigestellt glaubte. Daß gearbeitet wurde, hat ihr Gemüt bewegt, nicht was und wofür und um welchen Preis für Mensch und Umwelt.

In zweihundert Jahren Industriearbeit haben wir vergessen, daß die Arbeitsgesellschaft ja eigentlich selbst das größte Kommandounternehmen wider Not und Zwang der Arbeit ist, welches wir in der Geschichte kennen. An ihrem Anfang stehen die Visionen vom endgültigen Sieg über die Arbeit. Nun, da wir ihm nahe sind, scheint es ein Sieg, dessen wir nicht wirklich froh werden. Vielleicht erfahren wir nur das Schicksal all derer, die sich mit Hingabe und Leidenschaft an Ausrottungsfeldzügen beteiligen.

IV. Welche Zukunft hat die Arbeit?

Man kann systematisch vier Dimensionen unterscheiden, welche das Thema der »Zukunft der Arbeit« bestimmen:

1. Was wird aus den Arbeitern, was verändert sich bei den Menschen, ihren Sehnsüchten, ihren Aspirationen und ihren Befürchtungen?
2. Was verändert sich qualitativ bei der Arbeit, was wird aus den Arbeitsplätzen, ihrer Ausstattung, den dort geforderten Qualifikationen sowie den dort gefertigten Produkten?
3. Was verändert sich quantitativ bei der Arbeit, wie kann die Arbeitsmenge gerechter verteilt werden, welche Chancen hat die Arbeitszeitverkürzung?

---

49 Ulrich K. Preuss, Die Zukunft: Müllhalde der Gegenwart?, in: B. Guggenberger/C. Offe (Hrsg.) (Anm. 19), S. 224ff.

4. Was verändert sich im Verhältnis von Arbeit und Nicht-Arbeit, von Arbeit und Leben, welche Chancen bietet die vermehrte Freizeit für eine neue Balance von formeller Erwerbs- und informeller Eigen-Arbeit?

Diesen vier sich ergänzenden Fragefeldern läßt sich je eines der vier im folgenden vorgestellten Forschungsprojekte aus den achtziger Jahren zur »Zukunft der Arbeit« zuordnen[50].

1. Was wird aus dem arbeitenden Menschen?

Wie wir die Arbeit – und uns selbst in ihr – sehen und erleben, das ist ein nicht unwesentlicher Teil des Problems selbst. Das Verhalten von Menschen läßt sich, gerade unter der Bedingung relativen Wohlstands, nicht mehr ausschließlich ökonomisch begründen. Die Loyalität zum Produktionssystem wird langfristig gerade durch dessen Erfolg gefährdet. Die Wohlstandsgesellschaft unterminiert eben jene psychischen Dispositionen, denen sie selbst ihre Existenz verdankt. Arbeitseifer, Lustaufschub und Verzichtsbereitschaft sind keine unerschöpfbaren Ressourcen, – sie scheinen sich als der »Brennstoff« des so überaus erfolgreichen Produktionsprozesses mit dem Erfolg allmählich selbst aufzuzehren. Der Erfolg selbst setzt die Bedingungen des Erfolgs fortwährend außer Kraft. Die Analytiker der »postindustriellen Gesellschaft« und des »postmateriellen Wertewandels«, Autoren wie Daniel Bell, Ronald Inglehart und Fred Hirsch, haben dieses Prosperitäts-Paradox schon lange theoretisch geltend gemacht. Es im Detail empirisch zu belegen, ist indes ein anderes. Eben dies versuchte der Berliner Sozialwissenschaftler Burkhard Strümpel in einer von ihm gemeinsam mit Elisabeth Noelle-Neumann vom Allensbacher Institut für Demoskopie durchgeführten Untersuchung, die ihrerseits in das international vergleichende Forschungsprojekt »Jobs in the 1980s« eingebettet war[51].

Welcher Einstellungswandel läßt sich im Binnenverhältnis zwischen dem Arbeiter und seiner Arbeit feststellen? Wie steht es um Arbeitsethos und Arbeitszufriedenheit? Und welche Einstellung zum Industriesystem und zur Technik, zum Wirtschaftswachstum und zum Fortschritt ist für die Deutschen in den achtziger Jahren kennzeichnend?

Daß auch die quantitative Sozialforschung die Wahrheitsfrage nicht obsolet werden läßt, daß man dasselbe empirische Material geradezu gegensätzlich interpretieren kann, je nachdem, welcher Sichtweise und Bewertung der Arbeit man selbst anhängt, führen Noelle-Neumann und Strümpel in geradezu »klassischer« Manier vor. Ob Arbeit »krank« oder »glücklich« macht, ob Arbeitsverknappung als Chance für ein aktiveres, erfüllteres Leben oder als Schicksalsschlag erfahren wird, darüber befinden die grundsätzlichen Erwartungen und Hoffnungen, die wir mit der Arbeit verbinden. Dies ist beim betroffenen Arbeitslosen nicht anders als beim sozialwissenschaftlichen Analytiker. Folgerichtig vermieden es die beiden Autoren auch, sich in der Interpretation ihrer Ergebnisse auf den kleinsten gemeinsamen Nenner zu einigen. So wurde

50 Vgl. Bernd Guggenberger, Welche Zukunft für die Arbeit?, in: Neue Politische Literatur, XXXI (1986) 1, S. 92ff.

51 Vgl. Elisabeth Noelle-Neumann/Burkhard Strümpel, Macht Arbeit krank? Macht Arbeit glücklich?, München 1984.

aus der Not unvereinbarer Faktenbewertung flugs die Tugend eines lesenswerten Streitbriefwechsels.

Der von Strümpel vorgetragene Befund ist recht eindeutig: »Lebensstile« stehen gegen »Wirtschaftsstile«, der »Konsument« verdrängt allenthalten den »Produzenten«; die Teilhabe am arbeitsteiligen Wirtschafts- und Leistungssystem stagniert vielfach auf der kritischen Halbdistanz. Postmaterialistische Freiheit von der Wirtschaft ist mehr gefragt als altliberale Freiheit in der Wirtschaft. Die Distanz in Wort und Tat ist vielfach belegt. Die Tugenden der Arbeitsgesellschaft: Fleiß, Zuverlässigkeit, Disziplin, Unterordnung, Pünktlichkeit befinden sich auf dem Rückzug. Die neuen Fixsterne der Verhaltensorientierung heißen: Selbstbestimmung, Kreativität, Mitmenschlichkeit, soziale Anerkennung, Persönlichkeitsentfaltung. Seit 1965 hat die Arbeitszufriedenheit – trotz anhaltend hoher Einkommenszufriedenheit – kontinuierlich abgenommen. Eine Folge hiervon ist nicht zuletzt, daß im Verteilungskonflikt nicht mehr nur Einkommens-, sondern auch Zeitforderungen virulent werden. Wo Noelle-Neumann nur Werteverfall und ideologische Weichmacher am Werk sieht – in der Universität und im Unterricht, im Fernsehen und im Funk –, da spürt Strümpel den Ursachen neudeutscher Arbeitsmuffeligkeit vor allem in der Arbeit selber nach: Die Arbeit läßt es an »Sinnbezug« und »Menschlichkeit« fehlen – und sie macht obendrein »krank«, jedenfalls in der Wahrnehmung eines Großteils jener Beschäftigten (immerhin drei Viertel aller Facharbeiter), die die Gesundheit zum neuen sozialen Leitwert erheben – vor Leitzielen wie soziale Achtung und Anerkennung, Freiheit, Karriere, Wohlstand und Sicherheit.

Arbeit soll also interessanter sein, sie soll ein höheres Maß an Selbstbestimmung erlauben, und sie soll gesund sein. Die neuen Fronten im Verteilungskampf sind nicht mehr so sehr von Geld- und Einkommensforderungen bestimmt, als vielmehr von neuen Erwartungen an Arbeitszeitverkürzung einerseits und an die »Qualität« der Arbeit andererseits. Die vielkritisierte »Anspruchsrevolution« ist qualitativer Art. Der materielle Wohlstandskonsum verliert seinen quasi-mythologischen Rang. Der Postmaterialismus, den die Deutschen im internationalen Vergleich besonders kräftig intonieren, ist, so betrachtet, auch ein Saturiertheitssymptom. Es scheint, als habe die Suche nach einem neuen Gleichgewicht zwischen Arbeit und Leben, zwischen Haben und Sein im bundesdeutschen Stimmungshaushalt besonders deutliche Spuren hinterlassen.

Im Rahmen der international vergleichenden Untersuchung »Jobs in the 80s« wurden Tausende von Arbeitnehmern in der Bundesrepublik, den Vereinigten Staaten, in Japan, Schweden, Großbritannien und Israel intensiv auf ihre Einstellung zu Arbeit und Freizeit hin befragt. In keinem der untersuchten Länder wies die Erosion der Arbeitsmoral ein ähnliches Ausmaß auf wie in der Bundesrepublik: Während vor 20 Jahren noch jeder Zweite mit seiner Arbeit uneingeschränkt zufrieden war, gilt dies heute beinahe nur noch für jeden Dritten; und umgekehrt: zog 1962 bloß jeder Dritte die freien Stunden der Arbeit vor, ist es heute schon jeder Zweite.

Eine Lösung unserer Schwierigkeiten mit der Arbeit, die sich als langfristig tragfähig erweist, muß die unterschiedlichen Interessen, Ängste und Aspirationen berücksichtigen, die sich auf die Arbeit richten. Drei unterschiedliche Gruppen von Interessen und Erwartungen lassen sich ausmachen: Da ist zum einen der Wunsch der Beschäftigungslosen nach einem sicheren Arbeitsplatz; dann der Wunsch eines Teils der Arbeitsbesitzer nach einer neuen Balance zwischen Beruf und Privatleben; und schließlich der Wunsch der Arbeitgeber nach technischer Weiterentwicklung und Produktionsfortschritt.

Strümpels Plädoyer zielt darauf, diese drei Interessenlagen in einem »neuen sozialen Kontrakt«[52] zu versöhnen, da sie ohnehin in einem kooperativen Wechselbezug zueinander stehen: Ein teilweiser »Rückzug« aus der Erwerbsarbeit böte Erwerbschancen für Erwerbslose; die technische Ausgestaltung des Arbeitsplatzes könnte neue Mitbestimmungs- und Gestaltungsmöglichkeiten am Arbeitsplatz und eine reduzierte Arbeitszeit mehr Gestaltungschancen im Privatleben erbringen.

2. *Was wird aus der Arbeit? – »Ende der Arbeitsteilung«*

Die Göttinger Sozialforscher Horst Kern und Michael Schumann geben mit ihren Untersuchungsergebnissen über neue Produktionskonzepte vor allem in der Automobilindustrie, im Werkzeugmaschinenbau und in der Chemischen Industrie erste Hinweise auf die Plausibilität eines solchen Zukunftsszenarios: Welche Chancen für eine größere Gestaltbarkeit und damit auch für eine größere Attraktivität der Arbeit erwachsen aus der Entwicklung der Arbeit selbst? Wie wird die Arbeit in diesen Branchen sich entwickeln? Wird sie »reicher« und damit »menschlicher« werden, d.h. gestaltbarer, freier, mit neuen Anforderungen an die Entscheidungs- und Verantwortungsfähigkeit des einzelnen verbunden?

Anders als ein Großteil der landläufigen Industriesoziologen sind Kern und Schumann nicht an der »Biographie von Rationalisierungsverläufen«[53] interessiert; nicht die historischen Verlaufsformen solcher Bewegungen sind ihr Anliegen, sondern begründete Voraussagen künftiger Entwicklungen, die »prediction« im Sinne Horkheimers. Ursprünglich als reine Folgestudie ihrer vielbeachteten Untersuchung »Industriearbeit und Arbeiterbewußtsein« (1977) gedacht, hat sich die hier referierte Forschungsarbeit sehr schnell zu einer Großprognose über die künftige Entwicklung der Industriearbeit in den ökonomischen Kernsektoren erweitert.

Ihre empirische Analyse »stilbildender Rationalisierungen«[54] enthält als ein Element die Verankerung im schon Geläufigen und Vertrauten, das sie perspektivisch-prognostisch fortschreibt und damit die reine Status-quo-Empirie in Richtung auf die Deutung künftiger Wirklichkeit transzendiert. Was in den letzten fünfzehn Jahren an Rationalisierungstendenzen sichtbar wurde, ist für Kern und Schumann weder die ganze noch auch nur die halbe Wahrheit. Der Innovationsschub ist in vollem Gange, und daher sind auch die Innovationen im einzelnen noch keine abgeschlossenen, festumrissenen Größen. Was bislang Gestalt gewann, sind überwiegend Phänomene der »Inkubationszeit«, in denen sich, lange schon vor dem eigentlichen großindustriellen Durchbruch, ein neues Rationalisierungspotential aufbaut, und an denen sich die »Bandbreite«[55] künftiger Entwicklung ablesen läßt. Galt für die geläufigen Formen der Rationalisierung übereinstimmend, daß in ihnen das »Residuum lebendiger Ar-

52 Vgl. Michael von Klipstein/Burkhard Strümpel, Der Überdruß am Überfluß. Die Deutschen nach dem Wirtschaftswunder, München 1984, S. 130ff.

53 Horst Kern/Michael Schumann, Das Ende der Arbeitsteilung? Rationalisierung in der industriellen Produktion, München 1985, S. 14.

54 Ebd., S. 28.

55 Ebd., S. 28f.

beit«[56] als zu überwindender Störfaktor begriffen wurde, so ist das spezifisch Neue der bevorstehenden Rationalisierungswelle nach Kern und Schumann gerade darin zu sehen, daß hier ganz bewußt mit dem Pfund der »lebendigen Arbeit«[57] und der in ihr beschlossenen Möglichkeiten gewuchert wird. Damit aber wird, nach Meinung der Autoren, die Bahn bisher typischer Rationalisierungsstrategien verlassen und ein neues Kapitel in der industriellen Nutzung der Arbeitskraft geschrieben. Fachliche Eignung, spezielle Qualifikationen und dispositive Fähigkeiten sind vielfach wichtiger als technischer Automatisierungsfortschritt. Die Rationalisierungsstrategen der Industriearbeit entdecken den Menschen. Automatisierung im Sinne maschineller Autonomisierung des Produktionsprozesses ist weder Selbstzweck, noch verbürgt sie fraglos das wirtschaftliche Ertragsoptimum. »Übertechnisierung« kann ineffizient sein. Die heimliche Ressource neutechnologischer Produktionskonzepte ist die qualifizierte menschliche Arbeitskraft[58]. Der »arbeitspolitische Paradigmenwechsel« kündigt sich in vielen Details der Arbeitsgestaltung, der betrieblichen Ausbildungs- und Personalpolitik, aber auch in der Planung des Arbeitseinsatzes selbst an[59]. Die Arbeitsplatzdefinitionen werden anspruchsvoller; ein neuer, ganzheitlicher Aufgabenzuschnitt bringt viele der einst spezialistisch auseinandergelegten Funktionen wieder zusammen; soziale Begleiterscheinung der neuen Produktionsarbeit ist nicht mehr Dequalifikation, sondern ganz im Gegenteil: Reprofessionalisierung. Der Facharbeiterbetrieb, nicht die menschenlose Fabrik verkörpert die konkrete Utopie der Stunde. Bislang sind die neuen Technologien in der öffentlichen Diskussion vorwiegend als »Jobkiller« präsent. Diese Einseitigkeit verstellt uns den Blick auf die eigentliche Pointe: daß nämlich gerade jene Technologien, welche die massenhafte Ersetzung menschlicher Arbeitskraft ermöglichen, uns auch eine neue Wertschätzung der spezifischen Qualitäten menschlicher Arbeitsleistung bescheren könnten.

Forcierte Technisierung indes ist kein eindeutiges Phänomen: Ihr janusköpfiges Zwiegesicht kündet von beidem – von der »Antiquiertheit« des Menschen ebenso wie von seiner glanzvollen »Renaissance«. Die neue Rationalisierungsbewegung wird am Ende beide kennen: Opfer und Gewinner. Auf der einen Seite machen automatisierte Großanlagen zunehmend unqualifiziertes Personal entbehrlich, auf der anderen Seite aber erfordert das Kernprinzip der »neuen Produktionskonzepte«[60]: die (Re-)Integration großer Aufgabenbereiche bis hin zu den Wartungs- und Reparaturfunktionen, geradezu gebieterisch den disponiblen und und diagnosefähigen, verfahrenstechnisch versierten und verhaltenssicheren »Produktionsfacharbeiter«[61] neuen Typs: als »Systembetreuer« vor allem im Werkzeugmaschinenbau, als »Fertigungsmechaniker« in der Automobilproduktion oder als »Instandhaltungsspezialist« vorwiegend in der Chemischen Industrie.

Gemeinsam ist diesen »Prototypen« einer wiedererstarkenden »Produktionsintelligenz«, daß sie über eine erweiterte und erweiterungsfähige Basis an Grundkenntnissen und ein Mehr an Gestaltungs-, Steuerungs- und Entscheidungskompetenzen ver-

56 Ebd., S. 29.
57 Ebd.
58 Vgl. ebd., S. 194ff.
59 Ebd., S. 188.
60 Ebd., S. 98ff.
61 Ebd., S. 98f., 195ff., 267ff.

fügen und sich darüber hinaus nicht mehr auf ein eng begrenztes innerbetriebliches Rollenschema festlegen lassen, sondern an Planung und Produktion, an Wartung und Instandhaltung gleichermaßen teilhaben. All dies bedeutet natürlich noch lange nicht »das Ende der Arbeitsteilung«, wie Kern und Schumann bewußt pointierend formulieren; aber es bedeutet möglicherweise den Anfang vom Ende einer bis dato nahezu konkurrenzlosen Rationalisierungsstrategie, die den Produktionsfortschritt allein über immer engere Spezialisierung und die systematische Ersetzung menschlicher durch maschinelle Arbeitskraft zu befördern suchte.

Ob indes die Entdeckung und Neubewertung der Humanressourcen zu Recht als Durchbruch zur Humanisierung der Arbeit zu deuten sind, erscheint mehr als zweifelhaft. Der Haupteinwand gegen eine solche Interpretation formuliert zugleich die wohl entscheidende kritische Nachfrage an die hier diskutierte Studie: Wie steht es mit der Gewinn- und Verlustbilanz? Wieso wird sie uns vorenthalten? Wie wären, wenigstens annäherungsweise, die Dimensionen einer solchen Bilanz per Saldo zu bestimmen? Könnte nicht gerade das methodische Konzept der »Ex-ante-Empirie«[62] hier seine Fruchtbarkeit entfalten? Wenn denn schon Arbeitsplatzverluste gegen Attraktivitätsgewinne verrechnet werden sollen, so möchte man doch für die allfällige Humanbilanz über die Größenordnung der Verschiebungen hier wie dort etwas erfahren. Wieviele werden weichen müssen, bis die verbleibende Arbeit attraktiver geworden sein wird? Wieviele werden ihren gegenwärtig weniger attraktiven Arbeitsplatz verlieren, auf daß wieviele andere in den Genuß einer anspruchsreicheren und verantwortungsvolleren Arbeit kommen?

Doch auch so schon kann eine Bilanz eigentlich nicht gerade blenden, welche das Glück der einen mit dem Kummer der anderen bezahlt. Sollte es sich gar zeigen, daß es Kummer und existentielle Ausweglosigkeit der Vielen sind, die wir als Preis für den Gewinn der Wenigen entrichten, dann wird der Anspruch humanen Fortschritts doppelt fragwürdig. Wäre doch das vollmundig ausgelobte »Ende der Arbeitsteilung« letztlich nur ein böser (oder gedankenloser) Euphemismus für das faktische »Ende der Arbeit« all jener, welche die Rationalisierungs-Revolution ins arbeitsmarktpolitische Abseits drängt.

Betriebspolitisch ist die Modernisierung der Produktion nicht gegen, sondern nur mit der Belegschaft, genauer: dem von den Veränderungen begünstigten Teil der Belegschaft zu realisieren. Ob aber auch jene, die auf der Strecke bleiben werden, einen »(Abfindungs-)Preis für's Mitspielen« werden einstreichen können, muß offen bleiben. Aber auch dann, wenn man, Kern und Schumann folgend, die analytischen Antennen exklusiv an der Gewinner-Perspektive ausrichtet, darf gefragt werden, ob denn die Gleichung Computerisierung gleich Humanisierung wirklich aufgeht. Der »Instandhaltungsspezialist« als Stellvertreterheld des »allseitigen Individuums«? Zweifel können einen hier schon befallen. Könnte es nicht sein, daß auch das Facharbeiter-Avancement zum produktionsintelligenten Computer-Komplementär lediglich Borniertheit auf höherem Niveau beschert? Gewiß wäre eine solche pessimistische Einschätzung in jedem Einzelfall sorgfältig zu überprüfen; unübersehbar aber ist, daß die geforderte »Produktionsintelligenz« unter den Bedingungen der Hochtechnisierung vor allem die Fähigkeit der schnellen, reibungs- und geräuscharmen Anpassung an die »Bedürfnisse« des Maschinen-Automaten beinhaltet. Eine gesteigerte Nach-

62 Vgl. ebd., S. 13ff.

frage nach widerborstiger Authentizität und knorrig-unkonventionellem Persönlichkeitsprofil werden die Promotoren der »neuen Produktionskonzepte« jedenfalls nicht entfachen.

3. *Was verändert sich beim Arbeitsquantum?*

Der Bielefelder Soziologe Claus Offe geht in seinen arbeitszeitpolitischen Untersuchungen von der Annahme eines kollektiven Handlungsbedarfs aus[63]. In der aktuellen politisch-ökonomischen Krisenlandschaft, die durch ein kurzfristig nicht behebbares Ungleichgewicht zwischen Produktivität und Wachstum gekennzeichnet ist, erscheint die arbeitszeitpolitische Option zur Bewältigung der aktuellen Beschäftigungskrise als geradezu unverzichtbar. Arbeitszeitpolitik aber hat ihre Tücken. Als Hauptproblem erweist sich das arbeitspolitische Konfliktlösungsmuster der Tarifautonomie selbst. Die Grenzen seiner Leistungsfähigkeit zeigen sich in aller Schärfe dort, wo einer der beiden Konfliktpartner durch den Konfliktlösungsversuch selbst unweigerlich die eigene Konfliktfähigkeit aufs Spiel setzt. Das Verhandlungssystem der Tarifautonomie erscheint in der gegenwärtigen Konstellation strukturell ungeeignet, beschäftigungspolitisch wirksame Maßnahmen der Arbeitszeitverkürzung voranzubringen[64]. Der Grund hierfür ist, daß Arbeitszeitverkürzung ein Thema darstellt, welches in höchst brisanter Weise die organisationspolitischen Eigeninteressen der Gewerkschaften berührt, sprich: in letzter Konsequenz ihren organisatorischen Zusammenhalt gefährdet. Offes Untersuchungsergebnisse zeigen, daß von einer »Gleichförmigkeit« der Präferenzen und der Begünstigungseffekte – gleichsam das »materielle Rückgrat« trade-unionistischer Kollektiv-Solidarität – in der aktuellen Situation nicht ausgegangen werden darf. Der »ausgeprägte(n) Differenzierung der Arbeitssituation« entspricht eine »ebenso ausgeprägte Differenzierung der arbeitspolitischen Präferenzen«[65]. Nicht jeder hat das gleiche Interesse an Arbeitszeitverkürzung; daher käme auch der »Erfolg« nicht allen gleichermaßen zugute.

Die Grenzen solidarischer Handlungsorientierung, an denen egoistische Handlungsmotive die Oberhand gewinnen, sind daher in Fragen von gesamtgesellschaftlicher Handlungsrationalität naturgemäß sehr viel enger gezogen als in der Verfolgung »parteilicher« Verbandsinteressen; denn anders als bei letzteren ist hier die Kongruenz von Zahlenden und Begünstigten nicht mehr gewährleistet. Wir stehen – in Offes Terminologie – vor einem »doppelten« Kollektivgutproblem[66]: Während es beim »einfachen« Kollektivgutproblem nur um das Ärgernis geht, welches jene bieten, die mitprofitieren ohne gezahlt zu haben, so ist beim »doppelten« Kollektivgutproblem zusätzlich ungewiß, ob überhaupt jene, die zahlen, sich ganz oder auch nur teilweise unter den Begünstigten wiederfinden: Sollten Arbeitszeitverkürzungsmaßnahmen tatsächlich arbeitsmarktpolitische Konsequenzen nach sich ziehen, so sind dies ja gewiß in erster Linie externe Effekte zugunsten aktuell Arbeitsloser oder gar erst zu-

---

63 Claus Offe, »Arbeitsgesellschaft«. Strukturprobleme und Zukunftsperspektiven, Frankfurt/M. 1984, S. 139–226.
64 Vgl. ebd., S. 139ff.
65 Ebd., S. 195.
66 Ebd., S. 12.

gunsten zukünftiger Arbeitnehmer. Ein unmittelbar wahrnehmbarer positiver Binneneffekt für alle ist dagegen eher unwahrscheinlich.

Offe versucht, das »Dominantwerden egoistischer Handlungsmotive« mit Hilfe der analytischen Unterscheidung von »privaten« oder »individualisierbaren« Gütern einerseits und »kollektiven« oder »sozial pauschalierten« Wohlfahrtseffekten andererseits zu erklären[67]. Während die meisten der gewerkschaftlich erkämpften Wohlfahrtssteigerungen der Vergangenheit zweifelsfrei »individualisierbar« waren, ist, im Augenblick jedenfalls, ganz offensichtlich, daß die Forderung nach Arbeitszeitverkürzung zumindest nicht in erster Linie auf individuell »konsumierbare« Wohlfahrtseffekte zielt. Vielmehr geht es um die Bewältigung eines gesamtgesellschaftlichen Steuerungsproblems, um Sicherung und Ausweitung von Beschäftigung. Für diese aber sind alle gleichermaßen verantwortlich, keineswegs nur die Tarifparteien oder gar nur die Gewerkschaften allein. Man mutet also den Gewerkschaften Unzumutbares zu, wenn man ihnen als der einen Partei im Prozeß des sozialen Konflikts einseitig Last und Belastung durch die Gebote kollektiver Handlungsrationalität zudiktiert. Vollbeschäftigung ist ein, nur unter Opfern aller Beteiligter zu erreichendes, gesamtgesellschaftliches Ziel. Die Verantwortung für die Erreichung dieses Zieles exklusiv oder doch überwiegend der einen der beiden Konfliktparteien aufzuerlegen, ist ein direkter Angriff auf deren Konfliktfähigkeit. Wer nicht nur lippenbekenntnishaft an der Erhaltung des sozialen Friedens interessiert ist, der muß auch um die Erhaltung starker und funktionsfähiger Gewerkschaften besorgt sein. Dann aber ist es auch nicht hinzunehmen, wenn die Kollektivkosten einer bedeutsamen gesamtgesellschaftlichen Lösung ganz oder überwiegend einer Konfliktpartei aufgebürdet werden. Man stelle sich etwa vor, die Unternehmerseite würde mehr oder weniger exklusiv für die Gewährleistung des bedeutsamen gesamtgesellschaftlichen Anliegens »Umweltschutz« verantwortlich gemacht. Dies bekäme vermutlich weder dem eigentlichen Unternehmerauftrag der »Gestaltung der Ökonomie«, noch am Ende auch dem Umweltschutz.

Man wird das Zuschieben der Exklusivverantwortung für die Lösung des Beschäftigungsproblems an die Gewerkschaften kaum anders denn als strukturelle Entmachtungsstrategie interpretieren können, die bereits jetzt schon bedenkliche Machtungleichgewichte erzeugt hat. Nicht zuletzt gelegentliche Überreaktionen im Zusammenhang mit den Auseinandersetzungen um die geplante Änderung des »Streikparagraphen« 116 (Arbeitsförderungsgesetz) bestätigen dies. Schon seit geraumer Zeit bewegen sich die Gewerkschaften konfliktpolitisch hart am Rande struktureller Ohnmacht angesichts einer Situation, in welcher sie einerseits die Einkommensinteressen ihrer Mitglieder vertreten sollen, man ihnen andererseits bei Lohnforderungen aber stets vorhält, sie gefährdeten bestehende oder verhinderten die Schaffung neuer Arbeitsplätze.

Um es also unmißverständlich zu sagen: Überall dort, wo Arbeitszeitverkürzung vorwiegend als beschäftigungspolitisch motivierte Forderung eingebracht wird, also gesamtgesellschaftliche Steuerungsabsichten impliziert, darf sie nicht mehr bloß als das Exklusivanliegen einer der Tarifparteien behandelt werden.

Gemeinverbindliche Aufgaben sind auch gemeinverbindlich, sprich: auf der staatlich-politischen Ebene zu regeln und zu verantworten. Sie in der sozialen Pflichten-

67 Ebd., S. 131 ff.

Zuschreibung einem Sozialpartner exklusiv zuzuordnen, kann, ja muß auf Dauer das streitschlichtungspolitisch erwünschte Machtgleichgewicht zwischen den Akteuren auf der Bühne des sozialen Konflikts empfindlich beeinträchtigen. Die Paralyse der Konfliktfähigkeit eines der Beteiligten wird daher auch für die Verfassung des industriellen Konflikts, das Verhandlungssystem der Tarifautonomie, nicht ohne Folgen bleiben[68].

Will man dieses institutionelle Instrumentarium schonen, dann darf man es nicht mit Problemen belasten, für deren Lösung es ungeeignet ist. Im Klartext aber heißt dies: Alle Arbeitszeitverkürzungsstrategien, die primär arbeitsmarktpolitisch und nicht durch das Ziel individuell-konsumierbarer Wohlfahrtseffekte, »Entlastungs- und Freizeiteffekte« motiviert sind, gehören in die Regie des Gesetzgebers und nicht auf die Ebene der Verhandlungspartner im Rahmen der Tarifautonomie. Arbeitszeitpolitik kann nur innerhalb eng umschriebener Grenzen Sache der Tarifpartner sein. Als beschäftigungspolitische Entlastungsstrategie dagegen gehört sie eindeutig auf die politische Agenda. Will man aber bei der Arbeitszeitverkürzung die Einbahnstraße staatlich-regulativer Politik vermeiden, um sich die ganze Palette der Vorzüge einer flexibleren Arbeitszeitgestaltung (ohne die Nachteile eines einheitlich-normierenden Arbeitszeitgesetzes) zu sichern, dann gibt es nur die Möglichkeit, durch sehr weitgefächerte »flankierende Maßnahmen« die »Freizeit« auf breiter Front attraktiver zu machen; und zwar so attraktiv, daß es für eine noch erheblich größere Anzahl von Arbeitnehmern plausibel erscheint, ihren Anteil am Produktivitätsfortschritt künftig nicht mehr allein in der Form von Geld, sondern verstärkt in der Form von freier Zeit entgegenzunehmen[69].

Wodurch aber könnte Freizeit so attraktiv werden, daß sie den freiwilligen Rückzug eines erheblichen Arbeitsvolumens stimulierte? Gewiß nicht durch ihre weitere Kommerzialisierung, denn für teure Freizeit, muß ja viel gearbeitet werden. Hier wären also zunächst wohl erhebliche freizeit-pädagogische oder allgemeine bildungspädagogische Anstrengungen gefordert, um die Voraussetzungen dafür zu schaffen, daß auch eine Freizeit ohne Rennrad und Surfbrett, also eine Freizeit die wenig oder gar nichts kostet, intensiv erlebt werden kann. Darüber hinaus aber ginge es vor allem darum, die vielfältigen Möglichkeiten einkommenssubstitutiver Freizeitnutzung in der Eigenarbeit unbürokatisch zu unterstützen, – sei es durch technisch-organisatorische Ressourcenzuweisungen, sei es durch steuerliche Begünstigungen und finanzielle Subventionen[70]. Am Ende könnte bei vielen die Erfahrung stehen, daß die Verringerung der formellen Erwerbsarbeit und entsprechende Einkommensminderungen keineswegs Verarmungseffekte zur Folge haben müssen. Wer weniger arbeitet, dafür aber mehr Zeit hat für die eigenen Belange – von der Dachreparatur bis zur Gräberpflege, von der Kinderbetreuung bis zur Erneuerung der Frühjahrsgarderobe – der hat letztlich nicht nur mehr vom Leben, er muß sich finanziell vielleicht gar nicht einmal schlechter stellen. Denn die hochprofessionalisierte und -spezialisierte Umtauschmaschinerie, mit der wir tagtäglich Geld in Zeitanteile transferieren, arbeitet ja keineswegs zum Nulltarif. Möglicherweise haben wir längst den Punkt überschritten, bis zu welchem diese

---

68 Vgl. ebd., S. 163, 224.
69 Vgl. ebd., S. 164ff., 189f.
70 Ebd., S. 165f.

Formen des arbeitsteiligen Austausches noch Sinn machen, und ab welchem sie zwangsläufig kontraproduktiv werden.

Warum haben wir denn alle so wenig Zeit, obgleich wir in einer historisch beispiellosen Weise von früh bis spät von Legionen zeitsparender Einrichtungen und Gerätschaften umstellt sind? Und warum bleibt – trotz anhaltend hohem individuellen Arbeitsvolumen – das Einkommen so vieler dennoch stets hoffnungslos hinter ihren Wünschen und Bedürfnissen zurück? Wahrscheinlich arbeiten wir nicht zuletzt deshalb so viel, weil unsere Freizeit so viel kostet; und ächzen deswegen notorisch unter Zeitmangel, weil wir so viel arbeiten und unsere arbeitsförmig organisierte, kosten- und leistungsintensive Freizeitnutzung uns so viel Zeit nimmt.

Die allzu starre Sphärentrennung zwischen der formellen Erwerbsarbeit einerseits und einer gegen alles »Lebensnotwendige« sorgfältig abgeschotteten Freizeitwelt andererseits ist uns gewiß nicht nur gut bekommen. Vielleicht bewegen wir uns von hier aus: von der gesellschaftlichen Re-Etablierung traditioneller Sozial- und Freizeitkompetenzen her auf ein »Ende der Arbeitsteilung« zu, welches, nach der Größenordnung wie der Eingriffstiefe bemessen, dieses Etikett sehr viel eher verdienen könnte als die bereits diskutierten Formen »neo-industrieller« Arbeits- und Produktionsintegration.

Gerade Strümpels Untersuchungen belegen in vielen Varianten und Einzelaspekten die anhaltende Freizeitkonjunktur: den wachsenden Wertschätzungsvorsprung der Freizeit vor der Arbeit und, damit einhergehend, die deutliche Bereitschaft einer wachsenden Anzahl von Zeitgenossen, weniger und kürzer zu arbeiten. Wie immer man die Gewerkschaftsoffensive zugunsten der 35-Stunden-Woche im einzelnen auch bewertet: Ganz ohne den Hintergrund des neuen (Frei-)Zeitbewußtseins, wie auch der Solidarität mit den Arbeitslosen, ist sie kaum plausibel.

4. Was ändert sich am Verhältnis von Arbeit und Leben?

Ein Ergebnis der Untersuchungen im Rahmen des Projekts »Jobs in the 80s« war, daß die arbeitsorganisatorisch noch immer weithin gültige Alternative zwischen Arbeitslosigkeit einerseits und Vollerwerbsarbeit andererseits sowohl subjektiv als auch objektiv zunehmend anachronistischer wird, und daß es für die Zukunft stärker auf neue Zuordnungsformen und Mischungsverhältnisse zwischen formeller und informeller Arbeit ankommen wird.

Daß im Verhältnis zwischen Arbeit und Freizeit etwas in Gang gekommen ist, belegte auch eindrucksvoll die Studie des Oldenburger Soziologen Wolfgang Siebel[71]. Obgleich sie nur den vergleichsweise schmalen Ausschnitt der außerbetrieblichen Arbeit von Werftarbeitern beleuchtet, ergeben sich doch eine Reihe für das Gesamtproblem höchst aufschlußreicher Problemaspekte.

Die »informelle« oder »Freizeitökonomie« hat in den Versorgungsstrategien von (Werft-)Arbeiterhaushalten eine lange Tradition, die über modische und aufmerksamkeitszyklische Revitalisierungsimpulse weit hinausreicht. Hier läßt sich ein relativ fester »Sockel« an ganz selbstverständlicher außerbetrieblicher Eigenarbeit vor allem

71 Vgl. zum folgenden J. Jessen u.a., Arbeit nach der Arbeit. Schattenwirtschaft, Wertewandel und Industriearbeit, Opladen 1987.

im Bereich der Haushaltsproduktion ausmachen: Bau-, Instandhaltungs-, Reparatur- und Erweiterungsarbeiten in Haus und Garten, am Auto und anderen langlebigen Gebrauchsgütern. Neben dem eigenen Arbeitsvermögen wird dabei auch auf die sozialen Netze zurückgegriffen, nicht zuletzt auf jene, welche gerade über die Arbeit im Betrieb gestiftet werden. »Schwarzarbeit« spielt – bei einem Personenkreis von etwa 15 Prozent der Befragten – eine eher geringe Rolle. Der Versuch, sie repressiv zu unterbinden, würde lediglich diejenigen Formen der informellen Haushaltsproduktion treffen, welche sich traditionellerweise der nicht geldlich transferierten Formen der Schwarzarbeit bedienen, ohne indes die formelle Produktion zu erweitern.

Ein Verdienst dieser Studie könnte sein, daß sie über die Fragwürdigkeit so mancher in der aktuellen Diskussion »blind« mitgeführter Implikationen aufklärt. Vor allem die Grundannahme nahezu aller Theoretiker der »Anders-Arbeit« oder der Alternativökonomie: die informelle sei eine Alternative zur formellen Arbeit, bedarf nach dieser Untersuchung wohl der Korrektur. Für die hier untersuchten Formen traditionsreicher außerbetrieblicher »Eigenarbeit« gilt, daß sie gerade und nahezu ausschließlich als Komplementärstruktur zur formellen Lohnarbeit im Betrieb erblühen. Außerbetriebliche Arbeit ist materiell und sozial vielfach auf die betriebliche Lohnarbeit angewiesen; sie benötigt »Ressourcen«, die an den industriellen Arbeitsplatz gebunden sind: Werkzeuge, Maschinen, Material, technische Fertigkeiten und Kenntnisse, aber auch vielfältige Informationen und Sozialkontakte, die allein über das soziale Netz der Betriebsbelegschaft zu erlangen sind. Für alle Formen einer »erweiterten« informellen Arbeit kommt hinzu, daß sie fast immer an das eigene Haus und den eigenen Garten gebunden sind, über die in der Regel wiederum nur verfügt, wer regelmäßige Einkünfte aus der betrieblichen Erwerbsarbeit einsetzen kann. Für den Großteil der von Siebel untersuchten Formen der außerbetrieblichen Eigenarbeit gilt, »daß der Betrieb als Lohnquelle, Materialbasis, Qualifikations- und Arbeitskräftereservoir und als Informationsquelle eine zentrale Voraussetzung gerade für die humaneren Qualitäten der informellen Arbeit« darstellt. Dies zeigt sich vor allem bei Verlust des Arbeitsplatzes: Trotz vermehrter »Freizeit« sinken Niveau und Umfang der informellen Arbeit.

Die informelle Ökonomie ist nicht zuletzt ein Wahrnehmungsphänomen – und damit ein Phänomen konfliktträchtiger »Ungleichzeitigkeiten«: Was für die Berliner Alternativszene um das Netzwerk »Selbsthilfe« durchaus Sinn macht: die eigenen »informellen« Aktivitäten als »alternativ« und »progessiv« einzustufen, ist keineswegs einfach mit dem selben Bewertungsvorzeichen auf die Werftarbeiter in einer ländlich geprägten Wohnumwelt zu übertragen. Ist für erstere die eigenbestimmte, außerbetriebliche Aktivität die Basis einer freieren, in ihren Motiven vielschichtigeren Arbeit, so verkörpert bis heute gerade die industrielle Lohnarbeit beispielsweise für den ostfriesischen Werftarbeiter ein Stück höchst realer »Befreiung«; die »informellen«, außerbetrieblichen Arbeiten dagegen sind – zumal in der ländlichen Erwirtschaftung des Lebensunterhalts – eher vom Makel der Erinnerung an Unfreiheit und Not gekennzeichnet. Anzeichen für die aus der Wertwandeldiskussion bekannten Befunde finden sich hier verständlicherweise in sehr viel geringerem Maße. Es kann eigentlich gar nicht verwundern, daß sich in diesem Kontext nach wie vor unangefochten der Beruf als zentraler Maßstab der Selbstbewertung behauptet. Oder umgekehrt: Es leuchtet ein, daß in diesem strukturellen und bewußtseinsmäßigen Zusammenhang die spezifisch »humanen Qualitäten« informeller Arbeit sich gerade der existentiellen Lasten-Entsorgung durch die Lohnarbeit verdanken. Für die einen sind die Möglichkeiten arbeitsteiliger Industrieproduktion und betrieblich verfaßter Lohnarbeit noch gar nicht weit genug ausgeschöpft, für die anderen dagegen schon viel zu viel. Ein unvereinbarer Widerspruch indes erwächst aus solchen Wahrnehmungsdifferenzen nur für den, der Prognosen über die gesellschaftliche Entwicklung mit einem Eisenbahnfahrplan verwechselt. Ungleichzeitigkeiten, die es hier im Interesse der Fahrgäste zu vermeiden gilt, gehören auf der anderen Seite geradezu konstitutiv zum Wesen einer sich wandelnden Gesellschaft.

Eine ganze Reihe der von Siebel und seinem Mitarbeitern referierten »überraschenden« Befunde sind weniger in Opposition, als vielmehr in Ergänzung zu den geläufigen Erkenntnissen über »informelle Arbeit« zu lesen. Er selbst glaubt zwar, mit seinen Ergebnissen die Annahmen eines rasch anwachsenden informellen Sektors jenseits von Markt und Staat zu widerlegen; in Wahrheit unterläuft ihm aber der gleiche »Fehler« falscher Verallgemeinerung, den er zu Recht bei seinen Opponenten, den Vertretern einer alternativökonomischen Wachstums- und Wandlungstheorie monieren kann. Beide rechnen ihre bereichsspezifischen Einsichten flächendekkend hoch, statt in Gegenläufigkeiten zu denken, welche die aktuelle Entwicklung im anhaltend umkämpften Niemandsland zwischen Eigen- und Erwerbsarbeit strukturieren. Solche »Gegenläufigkeiten« aber werden erst sichtbar, wenn man die Ergebnisse beider Forschungskonzepte zusammensieht: wenn man zum Beispiel bestimmte Aspekte des von Strümpel festgestellten Wertschätzungswandels der Erwerbsarbeit mit den hier ermittelten, stark regional- und berufsspezifischen Befunden vergleicht.

Wenn Siebel den Rückgang bestimmter Formen der informellen Arbeit feststellt, so steht dies in keinem direkten Widerspruch zu alternativökonomischen Zähl-Befunden, wie etwa dem, daß die Anzahl der Menschen, die in annähernd eigenertragsfähigen Alternativprojekten existierten, auf fast 80 000 angewachsen sei. Nur, – man darf eben auch von diesem Befund nicht einfach schon auf ein Anwachsen der informellen Arbeit insgesamt schließen.

In Wahrheit ist es für eine kritische Gesamtbilanz der informellen Ökonomie natürlich ebenso unerläßlich, den Blick auch auf das zu richten, was täglich von fortschrittsfrustrierten Askesefreaks an alt-neuen Lebenstechniken (wieder-)entdeckt oder alternativ »wiederaufbereitet« wird, wie es umgekehrt nötig ist, sorgfältig alles zu registrieren, was an traditioneller »Haushaltlichkeit« noch vorhanden, aber im Wandel oder im Verschwinden begriffen ist. Beide Aspekte: das Verschwinden von »Altem« und das Entstehen von »Neuem«, Phänomene sozialer Ungleichzeitigkeit, gehören zusammen – und machen, nebenbei gesagt, auch nur in solchem synoptischen Vis-à-vis Gesellschaftsanalyse lebendig und wirklichkeitsnah. Was auf der einen Seite verschwindet, kann (nicht zuletzt gerade wegen dieses »Verschwindens«) auf der anderen Seite emphatisch wiederentdeckt werden. Daß die einen wieder aufgreifen, was die anderen verabschieden, das gerade ist das Aufregende. Nicht die schwer entscheidbare Frage nach Schrumpfung oder Anwachsen des informellen Sektors insgesamt verdient die Aufmerksamkeit der Wissenschaft, sondern vielmehr der Struktur- und Milieuwandel der informellen Ökonomie. Genau der aber wird erst sichtbar, wenn man zwei so unterschiedliche Studien wie die von Siebel und die von Strümpel zusammenzusehen versucht. Läßt man sich nämlich nicht vorschnell auf Verallgemeinerungen ein, so könnten zunächst unterschiedliche Beobachtungen nicht nur kompatibel, sondern gerade in ihrer Unterschiedlichkeit sogar plausibel erscheinen: Nicht die Zu- oder Abnahme der informellen Arbeit samt der hieran jeweils geknüpften Erwartungen oder Befürchtungen wären dann allerdings das Thema, sondern die Strukturverschiebungen aufseiten der sozialen Trägerschaft der informellen Ökonomie, sowie der Gestaltwandel bei den Tätigkeiten selbst.

Versuchen wir, aus den vier hier exemplarisch vorgestellten Projekten ein Resümee zu ziehen, so fällt auf, daß dort, wo vor allem Wert- und Wahrnehmungsphänomene im Mittelpunkt des Interesses stehen, es deutliche Anzeichen für die nachlassende soziologische und psychologische Zentralität der Arbeit gibt. Das gilt vor allem für die Untersuchung zum Wert- und Einstellungswandel (Strümpel/Noelle-Neumann), aber über weite Strecken auch für die Projekte zur Arbeitszeit (Offe) und zur außerbetrieblichen Eigenarbeit (Siebel). Andererseits zeigt aber die Studie zur Entwicklung der »neuen Produktionskonzepte« (Kern/Schumann), daß dieses Bild ergänzungsbedürftig ist. Zumindest bei einer Reihe von anspruchs- und verantwortungsvolleren Erwerbspositionen könnte für eine (wachsende) Minderheit von Qualifizierten die berufliche Prägung wieder wichtiger werden.

Das Gesamtbild scheint also, mit wichtigen und bezeichnenden Einschränkungen, von der nachlassenden Arbeitszentralität bestimmt. Damit aber rückt, was – meist übersehen – der Arbeit vorausliegt, in den Vordergrund des Interesses: das Soziale – als Angebot wie als Nachfrage, auch in Gestalt der zum Sozialstaat institutionalisierten Solidarität.

V. Industriegesellschaft und Sozialstaat

1. Wachsender Sozialbedarf

Der »Sozialstaat« darf nicht mit Armengesetzgebung verwechselt werden. Er ist mehr und anderes als Caritas und Wohltätigkeitsveranstaltung. Bismarcks Sozialgesetzgebung der Jahre 1883–1885 brachte zwar die versicherungsrechtliche Bewältigung elementarer Lebensrisiken (Krankheit, Unfall, Invalidität, Alter), sie schuf jedoch nicht den Sozialstaat. »Um vom Sozialstaat im vollen Sinn des Wortes zu reden, muß der Anspruch auf soziale Sicherung gleichsam ein Bürgerrecht darstellen.«[72]

Zum Sozialstaat gehören nicht nur die staatlichen Institutionen der sozialen Sicherheit. Es gibt eine Fülle zusätzlicher Einrichtungen, welche soziale Dienstleistungen erbringen. Hierbei ist keineswegs ausschlaggebend, ob sich diese Einrichtungen: die Kindertagesstätte, die Behindertenhilfe, die Drogenberatung, in staatlicher oder privater, in kirchlicher oder freier Trägerschaft befinden. Der Sozialstaat ist ein »ordnungspolitisch« gemischt organisierter, vielgestaltiger Institutionenverbund, der vor allem durch zwei Momente gekennzeichnet ist: zum einen durch das professionelle Element der sozialen Dienstleistung und zum anderen durch die überwiegende Form der Finanzierung dieser Dienstleistung aus umverteiltem Einkommen (Sozialabgaben, Versicherungsbeiträgen, staatliche und kirchliche Steuern, Spenden).

---

72 Johannes Berger, Die Arbeitswelt im Wandel, in: Nürnberger Zeitung vom 31. Dezember 1982.

»Arbeitsgesellschaft« und »Sozialstaat« bedingen sich wechselseitig: Wir treiben soviel Sozialaufwand, weil wir soviel arbeiten; und wir arbeiten nicht zuletzt deshalb soviel, weil unsere Gesellschaft einen so hohen Sozialbedarf hat. Eine Gesellschaft, die weniger und anders arbeitet, hat nicht mehr, sondern weniger Sozialstaat nötig, nicht mehr sondern weniger Ausgleichs-, Absicherungs- und Wiederherstellungsstaat. Und umgekehrt: Eine weniger mobile, weniger starr arbeitsteilige Gesellschaft mit einem dichten Netz lebendiger sozialer Beziehungen braucht weniger Erwerbsarbeit, um ihren »Sozialbedarf« zu decken. »Es hat keinen Sinn«, schrieb Rudolf Goldscheid schon vor 50 Jahren, »Klagelieder über die Höhe der sozialen Lasten anzustimmen, ist es doch die Wirtschaft selber, die diese produziert. Will man also soziale Lasten vermeiden, so gilt es, gesellschaftliche Maßnahmen zu treffen, welche den Menschen Lebens- und Arbeitsbedingungen schaffen, die sie nicht unentrinnbar nötigen, dem Gemeinwesen immer wieder zur Last fallen zu müssen. Denn unbehobenes Leid kehrt vermehrt wieder als öffentliche Last.«[73]

Zwei Einsichten sind hier schon deutlich formuliert: Die Einsicht zum einen, daß der Wohlfahrts- und Sozialstaat das Pendant zur expansiven Arbeits- und Produktionsgesellschaft ist. Und zum anderen, daß sich die in Ressortzuständigkeiten befestigte »Trennung von Wirtschaftspolitik als ›Produktionspolitik‹ und Sozialpolitik als ›Distributionspolitik‹«[74] von der Sache her längst nicht mehr aufrechterhalten läßt. Konjunktur-, Arbeitsmarkt-, Währungs- und Kreditpolitik stehen ebenso auf der sozialpolitischen Agenda wie Bildungs-, Verkehrs-, Wohnungs-, Gesundheits- und Rechtspolitik.

Eben weil die moderne Sozialstaatlichkeit in Bildung und Ausbildung, in der Energiesicherung, im Verkehrswesen und im Recht die allgemeinen Produktionsvoraussetzungen selbst mit-»produziert«, ist der oft geltend gemachte Gegegensatz zwischen freier Wirtschaft auf der einen und sozialetatistischer Intervention auf der anderen Seite nur ideologische Fassade.

2. »Charakterwechsel nach Feierabend«

Die expansive Arbeitsgesellschaft ist nie bloß Arbeitsgesellschaft; sie ist stets, in dialektischer Gleichzeitigkeit, beides: Arbeits- und Freizeitgesellschaft, Produktions- und Konsumtionsgesellschaft. Diese Verschränkung vor allem hat verhindert, daß uns der Produktivitätsfortschritt, die hohe Fruchtbarkeit der Arbeitsstunde, das arkadische Müßiggängerparadies zu erschließen vermochte. Statt es zu betreten, umkreisen wir nur ruhelos das Paradies: Wir arbeiten noch immer soviel, weil es soviel zu konsumieren gibt, und es gibt so viel zu konsumieren, weil wir in der Arbeit einen wachsenden Berg von Gütern und Dienstleistungen erzeugen.

Gäbe es ein Katasteramt für Kulturelles, so stünde unsere Übergangsepoche mit diametral entgegesetzten Tugend- und Lasterkatalogen zu Buche: Während der Arbeitszeit bedarf es hoher Selbstdisziplin, wacher Konzentration, zielbewußter Sparsamkeit, verantwortungsbewußten Umgangs mit Maschinen, Menschen und Mate-

---

73 Rudolf Goldscheid, zit. nach: Johano Strasser, Grenzen des Sozialstaats? Soziale Sicherung in der Wachstumskrise, Köln 1983, S. 154.

74 Oswald von Nell-Breuning, Die Sozialpolitik als integraler Bestandteil der allgemeinen Politik, in: Aktuelle Fragen der Gesellschaftspolitik, Köln 1970, S. 18f.

rial, großer Zuverlässigkeit und Beständigkeit; nach der Arbeitszeit und an den Wochenenden aber wird zum Laster, was zuvor Tugend war: dann ist der schnellentschlossene Käufer gefragt, der Wegwerfer, der Verschwender, der experimentierfreudige, wendige Austauscher, der schnell ißt und trinkt, fährt und lebt, für den die althergebrachten Verbrauchertugenden des sorgfältigen Überlegens und Prüfens, der Produkttreue und der emotionalen Anhänglichkeit an langlebige, qualitätvolle Gegenstände nicht mehr zählen. Die expansive Arbeitsgesellschaft braucht diese Chamäleonmoral, sie braucht den »Charakterwechsel nach Feierabend«[75]. Er ist das Scharnier, über welches sich die Arbeit in die Freizeitsphäre hinein verlängert.

Nur wenn es gelingt, die Freizeit zu entkommerzialisieren, verdient sie ihren Namen wirklich. Nur in einer Gesellschaft »souveräner«, selbstaktiver Konsumenten kann allgemeine Arbeitsverknappung Wohltat werden. Nur eine Gesellschaft, der es gelingt, ihr Konsumverhalten zu »domestizieren«, kann guten Gewissens von expansionistischen Strategien der ständigen Arbeitsvermehrung abrücken.

Auch die Tendenz zur Übersicherung zwingt unsere Gesellschaft auf den Wachstumspfad. Nur eine wachsende Volkswirtschaft kann die Defizite unseres Sozialversicherungssystems bewältigen. Wer also eine wachstumsfördernde Lebensform ablehnt, wie das für die Grün-Alternativen gegenwärtig gilt, der darf nicht den »Sozialabbau« beklagen und »Sozialstaatsabbau« damit meinen. Wer sich vom Wachstum lossagt, darf sich nicht von den professionalisierten, geldwirtschaftlichen Großstrukturen des sozialstaatlichen Versorgungssystems »einwickeln« lassen.

Die Abkehr vom »Wachstumsstaat« bedingt eine zumindest teilweise Abkehr vom »Sozialstaat« und die Hinwendung zu einem Gesellschaftsmodell mit loyalitäts- und verantwortungsermöglichenden Institutionen, die den Sinn und die Bedeutsamkeit sozialen Handelns in überschaubaren Gemeinschaften erfahrbar machen.

Nicht wenige Zeitdiagnostiker vergleichen, was wir gegenwärtig erleben, mit der großen Depression Ende der zwanziger, Anfang der dreißiger Jahre. Auch wenn man die wirtschaftliche Lage weniger dramatisch bewertet, so ist doch unverkennbar, daß wir es nicht nur mit dem »üblichen« Auslaufen eines Konjunkturzyklus zu tun haben; nicht bloß mit einer Krise wie gehabt; nicht bloß mit einem temporären Stagnieren der Wachstumsbringer von gestern im Gefolge der Energie- und Rohstoffverteuerung.

Was wir erleben, ist etwas anderes und von neuer Qualität: Wir erleben die Krise der Arbeitsgesellschaft, nicht nur eine ökonomische Krise, sondern zugleich auch eine Krise des begleitenden Bewußtseins, eine Krise der zur gesellschaftlichen Selbstverständigung befähigenden Leitbilder.

Eine Politik, welche auf der Erwartung stark steigenden Wirtschaftswachstums und stark steigender Einkommen aufruht, ist zum Scheitern verurteilt, weil ihre Prämissen falsch sind; trifft dies zu, dann ist auch eine Sozialpolitik, die auf ein hochtourig laufendes Wirtschaftssystem abgestimmt ist, nicht mehr finanzierbar.

Unser System staatlicher Sozialleistungen, eines der umfassendsten und leistungsfähigsten sozialen Sicherungssysteme der ganzen Welt, war auf jeder Ausbaustufe der Sozialgesetzgebung von wirtschaftlichen Schönwettererwartungen begleitet. Daß es auch ganz anders kommen könnte, daß Vollbeschäftigung und wachsendes Sozialprodukt keine kalkulierbaren Posten und keine abrufbaren Rechtsansprüche sind, kam

75 Carl Amery, Charakterwechsel nach Feierabend, in: Natur, 2 (1983), S. 63.

niemand in den Sinn. Für dieses System ist der »Normalfall« schon der Ernstfall, die Ausnahme von der fragwürdigen Regel ist nicht vorgesehen.

3. Vom Bürger zum Sozialpatienten: die Enteignung des Sozialen

Die Polarisierungen nach »Selbständigen« oder »Betreuten«, »Marktsteuerung« oder »sozialstaatlicher Lenkung«, »Freiheit« oder »Sozialismus« verfehlen die Wirklichkeit. Die Sozialstaatskonzeption ist weder historisch-genetisch noch systematisch eine Gegenkonzeption zum Konzept der Marktgesellschaft, sondern seine notwendige Ergänzung. Die Verbindung des sozialen Prinzips und des Konkurrenzprinzips im Modell der »sozialen Marktwirtschaft« ist keine beliebige Erfindung. Der Sozialstaat ist keineswegs nur der barmherzige Samariter, der auch einfach die Augen verschließen und weitergehen könnte. Eher paßt das Bild des von allen Wettbewerbsparteien lizensierten Sanitäts- und Lazarettdienstes auf dem Schlachtfeld der Marktkräfte.

Der Sozialstaat ist das kollektive Komplement einer privatwirtschaftlich organisierten Wachstumsgesellschaft. Er lindert die Nöte, welche Kapitalisierung und Industrialisierung zuvor erzeugt haben. Er schließt die Breschen, welche diese Prozesse fortwährend in das gewachsene Netz des Gemeinschaftslebens schlagen. Es ist daher wenig überzeugend, wenn gerade die Hauptbefürworter des industriellen Wachstumsprozesses lautstark beklagen, was dieser von ihnen geförderte Prozeß selbst anrichtet: Bürokratisierung und Funktionalisierung der Sozialbeziehungen, Entfremdung von der gewohnten und vertrauten Lebenswelt, Entwurzelung und Entpersonalisierung, Zerstörung eben jener Werte: der freien, selbständigen Einzelpersönlichkeit, der Familie, der Heimat, der sozialen Gemeinschaft, zu deren Sozialprotektor sich die konservative Sozialstaatskritik gerne stilisiert. Wer wollte bezweifeln, daß die professionelle Vermarktung eines wachsenden Teils unserer Alltagsverrichtungen, daß die fast vollständige Verdrängung der naturalen Subsistenzwirtschaft durch das geldwirtschaftliche Marktsystem eine Fülle individueller Abhängigkeiten entstehen läßt, welche zuvor in der Kompetenz zu gemeinschaftlicher Selbständigkeit aufgehoben waren?

Kann im Ernst jemand behaupten, der Sozialstaat – und zwar gerade auch mit seinen immer komplizierteren und darum immer publikumsferneren Betreuungsapparaturen – läge nicht auch im erstrangigen Interesse der marktwirtschaftlich meistbegünstigten Positionspartei? Man braucht wohl gar nicht erst die Denkfigur des »ideellen Gesamtkapitalisten« zu bemühen, will man zeigen, daß in Wahrheit kein »freier Unternehmer« ein Interesse an »sozialer Demontage« und am »Sozialstaatsabbau« großen Stils haben kann. Was hat uns denn das überwältigende Nachkriegswachstum samt der zehnprozentigen Wirtschaftswunderzuwachsraten jährlich beschert, wenn nicht gerade auch der Dreiklang aus Staatsinterventionismus, Sozialpartnerschaft und Sozialstaat? Der Dreiklang aus einem kontinuierlich Nachfragelücken stopfenden keynesianisch-antizyklischen Staatsinterventionismus, einem Sozialpartnerschaftskonzept, welches die Verantwortung für wirtschaftliches Wachstum beiden Arbeitsmarktparteien auferlegte, und einer Sozialstaatsverpflichtung schließlich, welche die »Arbeitskraft umfassend vor den Risiken der Marktvergesellschaftung« schützte, indem sie den Anspruch auf soziale Sicherung gleichsam zu einem »(Wirtschafts-)Bürgerrecht«[76] verdichtete? Daß die »invisible hand« allein keinen Schutz gegen Auffahrunfälle und asbeststaubvernarbte Lungen, gegen lebensgefährlichen Giftmüll und frühzeitige Invalidität, gegen Alkoholabhängigkeit und modernen Analphabetismus bietet, sollte sich jedenfalls herumgesprochen haben.

Gerade wenn man an der Marktgesellschaft festhalten will, gibt es zum Sozialstaat grundsätzlich keine Alternative, weil der industrielle Wachstums- und Fortschrittsprozeß selbst immer mehr kompensatorische Eingriffe seitens des Staates notwendig macht. Gerade der Verzicht auf den aktiven Eingriff in die Gestaltung der Arbeits-, Lebens- und Mobilitätsbedingungen der Menschen erfordert die ausgleichende sozialstaatliche Reparatur »ex post«.

Ob es seine »marktwirtschaftlich« orientierten Kritiker nun wahrhaben wollen oder nicht: Der Sozialstaat ist das legitime, wenngleich allenfalls verschämt anerkannte Kind eben dieser expansiven, marktwirtschaftlich organisierten Arbeitsgesellschaft. Daher sind auch die Grenzen der Arbeitsgesellschaft, die »inneren« wie die »äußeren«, – wenn sie denn in Sicht sind – zugleich die Grenzen des Sozialstaats, jedenfalls in seiner bisherigen Form, eben weil dieser Sozialstaat Komplementärstruktur der expansiven Arbeitsgesellschaft ist. Die Kosten für die Sozialaufwendungen sind Teil der »sozialen Kosten«, die unser Wirtschaftssystem verursacht, und für die es nicht unmittelbar im Einzelfall haftet, sondern für die es umwegig, über Steuern und Sozialversicherungsbeiträge einsteht. (Wobei diese Form der Haftung, neben vielen Vorzügen, auch den entscheidenden Nachteil hat, daß nicht unbedingt derjenige, der die meisten Kosten verursacht, auch überproportional einbezahlt).

Der Sozialstaat bietet keine »Ernstfall«-prävention; er ist das ganz alltägliche Schmiermittel für das ganz alltägliche Funktionieren dieser Gesellschaft, der Puffer, der die Kollisionen abmindert, der gesellschaftliche Niveauregler, der die Extreme ausgleicht und die Übergänge glättet.

In einer Gesellschaft der schrumpfenden Arbeit ist es eine fatale Illusion, »soziale Sicherheit« nach wie vor allein auf das Vorhandensein zentralstaatlicher Versorgungsstrukturen zu gründen. Die etatistische »Sozialstaatsillusion« verkennt den unauflöslichen Zusammenhang von Wirtschaftswachstum und expansiver Sozialstaatlichkeit. Der Sozialstaat in seiner gegenwärtigen Gestalt läßt sich nur aufrechterhalten und ausbauen auf dem Boden eines expandierenden Wirtschaftssystems, als Komplementärstruktur der produktions- und arbeitszentrierten Erwerbsgesellschaft.

Selbst wenn man von den fatalen psychologischen, sozialen und ökologischen Folgeeffekten absehen könnte, so wird immer fragwürdiger, ob denn der für die Mehrzahl der Betroffenen zum bloßen »Nullsummenspiel« entratene sozialstaatliche Einkommenstransfer von einer Tasche in die andere ökonomisch noch vertretbar ist, ob »unterwegs« nicht längst mehr versickert als am vorgesehenen Ende »ankommt«. Schließlich muß sich der Staat, was er scheinbar so großzügig verteilt, zuvor beim Bürger holen – und noch einiges dazu. Wo dies echte und – unter Gesichtspunkten sozial erwünschten Ausgleichs – gerechtfertigte Umverteilungseffekte bewirkt, ist gewiß nichts einzuwenden. In der Mehrzahl der Fälle aber sind bereits die, denen genommen wird, mit denen identisch, denen gegeben wird. Würde die staatliche Umverteilungsmaschinerie zum Nulltarif arbeiten, könnte das außer Betracht bleiben. Da dies aber nicht der Fall ist, bedeutet jede Erhöhung sozialer Leistungen eine noch

76 J. Berger (Anm. 72).

größere Erhöhung der in Beiträgen und Steuern zu erbringenden Abgabelasten. Längst halten Wirtschaftswachstum und kollektiver Sozialaufwand keinen Gleichschritt mehr. Der Anteil der wirtschaftlichen Gesamtleistung, den wir für das »soziale Netz« aufwenden, ist von 1960 bis 1980 um 10 Prozentpunkte gestiegen – von 20 auf 30 Prozent Anteil am Bruttosozialprodukt bzw. von 63 Milliarden 1960 auf 450 Milliarden 1980.

In einer endlichen Welt kann es kein unendliches Wachstum geben. Die Arbeitsgesellschaft ist kein »Projekt im Weltmaßstab«, weil diesem Entwurf Erdoberfläche und Erdatmosphäre auf Dauer nicht standhalten. Die weitere Fortsetzung des Industrialisierungsprozesses im Weltmaßstab führt in die ökologische, wahrscheinlich auch in die ökonomische und soziale Katastrophe: Das rechnen uns nicht fortschrittsfrustgeplagte vaterlandslose Alternativgesellen vor, sondern – in »Global 2000« etwa[77] – die Repräsentanten der »offiziellen Gesellschaft«: des State Departments, der NASA und des CIA.

Die soziale Frage, die humane Schlüsselfrage des 19. und der ersten Hälfte des 20. Jahrhunderts, ist als Epochenfrage von der ökologischen Herausforderung abgelöst worden. Ging es bis dato um die Entfesselung der Produktivkräfte, hängt der Erhalt unserer Lebensbedingungen jetzt ganz vom Gelingen ihrer Bändigung ab: Die Sache der Zukunft ist nicht mehr als Zukunft der Sachen, als weitere Aufsummierung von Gütern und Leistungen zu bestimmen. Diese Erfahrungen vor allem bewirken den Evidenzverlust expansiver Sozialstaatspolitik.

Wir sollten den Mythos von König Midas nicht nur für den Umgang mit der Natur, sondern auch für den Umgang mit dem knappen Gut des Sozialen als warnendes Menetekel zur Kenntnis nehmen: Midas, dem sich alles, was er berührte, buchstäblich unter der Hand in Gold verwandelte, hatte schließlich, unermeßlich reich, den Hungertod vor Augen.

Wir können arm und reich längst nicht mehr nur am Einkommen ablesen. Wer mit der Mindestrente auskommen muß, dafür aber in lebendigen Familien- und Nachbarschaftsbeziehungen lebt, vielleicht sogar weiß, wo es Obst, Gemüse, Brennholz und ein Glas Wein umsonst gibt – ist der wirklich ärmer dran, als der andere, der mit dem doppelten Renteneinkommen am Rande einer Trabantensiedlung, im 13. Stockwerk einer teuren Neubauwohnung lebt, einzig auf sich selbst gestellt und jene, bei denen er sich gegen Geld Güter und Leistungen kaufen kann?

4. *Soziale Simulation*

Der Sozialstaat ist dabei, das Soziale zu enteignen. Er übersetzt Gegenseitigkeits- in Geldrelationen. Er huldigt implizit und explizit dem Irrglauben, mit Geld seien existentielle Lebensprobleme zu lösen. Sozialbedürftigkeit wird zur Geld- und Versorgungsbedürftigkeit versimpelt. Die Bornierungen und Denkbefangenheiten des »homo oeconomicus« sind auch die der unkritischen Sozialstaatspromotoren.

Der mechanische und abstrakte Charakter sozialstaatlich produzierter Solidarität unterbindet eine erkennbare Zuordnung von Ursachen und Wirkungen sozialen Handelns und setzt damit eben das außer Kraft, was Werner Sombart die »Kulturfunktion

77 Vgl. R. Kaiser (Anm. 6).

der Unterhaltsfürsorge« genannt hat[78]; also das, was überhaupt erst sozialen Sinn erfahrbar macht, und persönliche Verantwortung und Loyalität entstehen läßt. Er ermuntert und begünstigt die Nachfrage nach sozialstaatlich produzierter »umwegiger« Solidarität und trägt damit zur weiteren Auflösung unmittelbarer Sozialgefüge bei. Gesichtslose Professionellen-Solidarität setzt sich an die Stelle der personalen, Gegenseitigkeitsrelationen begründenden Solidarität in Familie, Nachbarschaft und am Arbeitsplatz.

Wir erleben die systematische Entsolidarisierung der Gesellschaft durch die Professionalisierung der Solidarität. Solidarität ist nichts mehr, was persönlich verantwortet, und schon gar nichts mehr, was persönlich geleistet würde, sondern nur noch etwas, das »institutionell simuliert«[79] wird.

Wo mit Sozialanwartschaften regelrecht gehandelt wird, ist solidarisches Handeln nicht mehr gefragt. Nicht nur die No-future-Generation mit ihren bilderstarken, aggressiven Assoziationen findet die »Packeis-Gesellschaft« unerträglich, jene emotional unerhebliche Sicherheitswelt der Erwachsenenmehrheit, die in ihren Augen durch wenig mehr zusammengehalten wird als durch Stahlbeton und Statusängste. Hat sie damit so völlig unrecht?

Es ist gewiß kein Zufall, daß sich in der glatten Einheitsgeometrie der gesellschaftlichen Großstrukturen vor allem minoritäre Widerstandskerne festsetzen, deren Aktivisten mehr durch ihre »Natur« als durch ihre Ziele und Tätigkeiten bezeichnet sind. Das »irreale Kollektiv« der atomistisch fragmentierten Großgesellschaft sieht sich mehr und mehr von jenen »realen Kollektiven« widersetzlicher Vitalität umstellt, die sich häufig um Elemente eines *übertragenen,* nicht eines *erworbenen* Status gruppieren: Religionsgemeinschaften, Frauen, Jugendliche, Alte und Alteingesessene, Gastarbeiter, Kranke, vom Moloch Stadt und den unablässigen Anpassungszwängen des sozialen Wandels psychisch heillos Überforderte.

Ob es tröstlich ist oder befremdend festzustellen, daß sich hier nicht nur einzelne wehren, sondern daß gleichsam »die Natur« aufsteht, die durch die Produktionsgesellschaft zurückgewiesen war, ausgeschlossen und entwertet?

Vielleicht ist unsere „kollektive Welt« doch robuster als wir glauben. Totgesagte leben bekanntlich länger. Vieles spricht dafür, daß es allenthalben unterirdische Netze der Freundes- und Familiensolidarität gibt, die – wenn wir nach England oder Italien schauen – auch hinsichtlich ihrer wirtschaftlichen Bedeutung viel gewichtiger sind, als die Ökonomen bisher angenommen haben. Die Größe der »unbezahlten Dienstleistungen« ist ja bekanntlich ein Phänomen, mit welchem unsere offizielle Verrechnungsmethode des Volkseinkommens nicht gerade auf Duzfuß steht. Ob nun jedes vierte oder nur jedes achte Pfund Sterling, jede zehnte oder nur jede zwölfte D-Mark der Schattenökonomie entsprießt – die anhaltende Fähigkeit unseres Sozialgefüges, aus sich selbst heraus in Krisenzeiten informelle Selbsthilfekräfte zu entbinden, scheint keineswegs völlig gebrochen. Spontane Initiativen: Kollektive, Selbsthilfegruppen, Nachbarschaftshilfen, »Schwarzarbeit« – all das sind Notventile und Puffer, die gewiß keine Alternative zum Leistungs- und Sozialstaat beschreiben, die aber,

78 Werner Sombart, Der moderne Kapitalismus, München 1928.
79 Joseph Huber, Der Sozialstaat an den Grenzen des Wachstums, in: Aus Politik und Zeitgeschichte, B 1/81, S. 3.

wenn man sie begünstigt, als Katalysatoren einer neuen »sozialen Verdichtung«[80] der Gesellschaft wirken können – und die damit die »Staatsnachfrage« entlasten.

Die lokalen Initiativen, die Selbsthilfe-Segmente, das (Wieder-)Erstehen spontaner Solidargefüge, die kollektiven Versorgungs-Dienste, die kleinen Netze, Schattenökonomie und Eigenarbeit – dies alles sind Kompensations- und Selbstverteidigungsmechanismen, die von einer noch immer vorhandenen Rest-Vitalität des Sozialen sprechen.

5. *Die Wiedergewinnung des Sozialen*

Natürlich ist auch Skepsis angebracht gegenüber der emphatischen Rückkehr zur altneuen Gruppensolidarität. Es kann keineswegs darum gehen, Graswurzelsolidarität in toto wider bürokratische Staatssolidarität auszuspielen. Die allenthalben ergrünende neue Spontansolidarität von unten ist kein tragfähiger Ersatz für die Lebenschancen zuteilende, Risiken vermindernde Plansolidarität von oben. Die gesamtgesellschaftlich organisierte Grundsicherung ist unter den Bedingungen des Industriezeitalters und der Großgesellschaft eine nicht hintergehbare Errungenschaft. Sehen wir von den gerade in ihrem Exotismus ebenso attraktiven wie wenig verallgemeinerungsfähigen Robinsonidyllen im mare magnum industriegesellschaftlicher Daseinsvorsorge einmal ab, so wäre die Forderung nach einer Reprivatisierung zentraler Lebensrisiken wie Alter, Erwerbsunfähigkeit, Arbeitsplatzverlust, Krankheit und Tod der Eltern zweifellos reaktionär.

Worum aber geht es dann? Es geht um die Wiedergewinnung des Sozialen. Der Mensch ist kein ökonomisches, sondern ein soziales Wesen. Er handelt aus vielen und sehr unterschiedlichen Motiven. Gewinnstreben ist keineswegs der einzige Impuls für Arbeit und Engagement. Das Menschenbild der bürgerlichen Nationalökonomie seit Adam Smith, das die Habsucht zum universalen Verhaltensideal geadelt hatte, war nicht nur immer schon einseitig und damit falsch; es wird nachgerade lebensbedrohend. Die Marktgesellschaft hat nicht nur Arbeit und Boden, sondern zum erheblichen Teil auch das Soziale in Waren verwandelt, d. h., sie hat sie so behandelt, als ob sie »zum Verkauf« produziert worden wären[81]. Weder für den Boden, den überhaupt kein menschliches Wesen hergestellt hat, noch für die Arbeit und das Soziale, die zwar menschliche Hervorbringungen sind, jedoch keineswegs für den Markt bestimmte, trifft dies zu. Die Marktgesellschaft hat mit dieser Fiktion eine von Grund auf neue Gesellschaft heraufgeführt, die in nichts mehr der alten gleicht. Das Ausmaß dieser Entwicklung wird uns einsichtig, wenn wir uns vergegenwärtigen, daß »Arbeit« nur ein anderer Ausdruck ist für »Mensch« und »Boden« nur eine andere Bezeichnung für »Natur«, »das Soziale« nur ein anderes Wort für »menschliches Handeln«. Märkte gab es für die verschiedensten Produkte: für Kaffee, Seide und Carrara-Marmor selbstverständlich auch schon in den antiken Stadtstaaten, in den despotischen Großreichen und in den mittelalterlichen Feudalgesellschaften. Der Imperialismus des Ökonomischen hat die letzten Barrieren, die sich ihm entgegenstemmten:

80 Pierre Rosanvallon, La crise de l'état-providence, Paris 1981.
81 Karl Polanyi, The Great Transformation. Politische und ökonomische Ursprünge von Gesellschafts- und Wirtschaftssystemen, Wien 1977.

Mensch, menschliches Handeln und Natur, erst in der Nähe unserer zeitlichen Breitengrade erobert.

In den »primitiven« Gesellschaften, die an der Subsistenzgrenze lebten, starb niemand den Hungertod, wenn wir von der Ausnahme des kollektiven Schicksalsschlags absehen. Erst in der »Vollendung« der Marktgesellschaft, erst im Zeichen der universellen Käuflichkeit ist es notwendig geworden, aufwendige gesellschaftliche Apparaturen wider Not und Elend des einzelnen zu ersinnen.

Die »Wiederaneignung des Sozialen« ist nur möglich, wenn es gelingt, die starre Fixierung auf Erwerbsarbeit zu lockern und neue Kombinationen von formellen und informellen Aktivitäten zu finden; und dies wiederum kann nur gelingen, wenn wir unser Konsumverhalten ändern, wenn wir lernen, daß Freizeit nicht nur dann sinnvoll genutzt wird, wenn sie viel Geld kostet. Die Senkung der individuellen Reproduktionskosten und damit die Minderung des Zwanges zur Erwerbsarbeit müssen keineswegs mit Verarmungseffekten erkauft sein. Wir haben beim Umgang mit der knapper werdenden Energie bereits gelernt, daß Sparen nicht Ärmer-Werden bedeutet; und wir sind dabei, mit der Wiederaneignung und Rückholung eines Teils der elementaren Lebens- und Überlebenstechniken in den eigenen Zuständigkeits- und Verantwortungsbereich ebenfalls die Erfahrung zu machen, daß Weniger-Arbeiten nicht Schlechter-Leben heißen muß. Wer weniger arbeitet und weniger verdient, aber auch weniger Geld ausgibt, weil er die freie Zeit sinnvoll und effizient für unbezahlte Eigenarbeit nutzen kann, hat möglicherweise am Ende sogar nicht nur mehr vom Leben sondern auch mehr in der Kasse. In jedem Fall besteht zwischen dem, was wir die »Wiederaneignung des Sozialen« nennen, und der Verbreiterung wie der Entprofessionalisierung und Entkommerzialisierung unserer Freizeit nach Ursache und Wirkung ein enges Wechselverhältnis. Es ist kein Zufall, daß die vergessenen »Alltagstechniken« sozialer Sicherung, daß die Laien- und Nachbarschaftssysteme, die Selbsthilfegruppen, die Eigen-Arbeit im Reparaturwesen und im Handwerk, die kleinen Netze, die »neue Haushaltlichkeit« und die »neue Selbständigkeit«, kurz: daß die Reetablierung vorstaatlicher und vormarktlicher Bedarfausgleichssysteme gerade heute ins Scheinwerferlicht eines breiten theoretischen und publizistischen Interesses getreten ist[82].

In der postmodernen Version der Fortschrittsskepsis vereinigen sich die Zweifel am gültigen Sozialstaatskonzept mit dem Epochenzweifel am herrschenden Lebens- und Zivilisationsmodell. Die Krise der Sozialpolitik ist in dieser Sicht keine Krise allein der fehlenden fiskalischen Mittel, auch keine Krise nur der verfehlten Methoden; die Sozialpolitik befindet sich in der Krise, weil unsere Form zu leben und zu wirtschaften sich in der Krise befindet.

Die Quasi-Festschreibung der »sozialen Armut« im Gewande ihrer wohlfahrtsstaatlichen Modernisierung und die Kontra-Produktivität sozialstaatlicher Institutionen, die etwa Ivan Illich am Beispiel des Gesundheits-, und des Bildungswesens auf-

82 Vgl. z. B. Georg Vobruba, Die Entkoppelung von Arbeit und Einkommen, in: Widersprüche, (1984) 12, S. 79ff.; Fritz Vilmar/B. Runge, Auf dem Weg zur Selbsthilfegesellschaft?, Essen 1986; Rolf G. Heinze/Bernd Hombach/Henning Scherf (Hrsg.), Sozialstaat 2000. Auf dem Weg zu neuen Grundlagen der sozialen Sicherung, Bonn 1987; Peter Gross, Reißt das soziale Netz? Wachstumsgrenzen der Sozialpolitik und mögliche Alternativen, in: R. Brun u. a., Wachstum kostet immer mehr, Frankfurt/M. 1980, S. 55ff.

zeigte[83], korrespondiert mit älteren Motiven der Sozialstaatskritik, wie wir sie schon zu Beginn der sechziger Jahre in der »ökonomischen Theorie der Sozialpolitik« einer Elisabeth Liefmann-Keil[84] antreffen: der Warnung vor dem Effekt einer sich selbst perpetuierenden Sozialpolitik, die Bedürftigkeit, statt sie zu beheben und sich damit in der Tendenz selbst überflüssig zu machen, fortwährend neu entdeckt, ja sogar selbst erzeugt und fortzeugt. Kann man von der Energiewirtschaft füglich erwarten, daß sie all ihre Kraft daran setzen wird, die Energieverschwendung zu minimieren und den Kundenverbrauch drastisch zu senken, oder vom Zigarettenhersteller im Sinn des nämlichen »Verbraucherexorzismus« die Empfehlung an die Raucher, das Rauchen endlich einzustellen?

Exakt in dieser Erwartungshaltung aber begegnen wir der Nürnberger Bundesanstalt für Arbeit, der Sozialberatungsstelle oder dem Gesundheitsamt. Sicher wird man keiner der genannten Einrichtungen unterstellen können, sie erzeugte allein zum Zwecke der Selbsterhaltung bewußt und gezielt das Gegenteil der jeweils von ihr erwarteten Wirkung. Dennoch wird die »Selbstversorgung« sozialer Institutionen sträflich unterschätzt, wenn man schlichten Gemüts darauf vertraut, sie würden in der Verfolgung ihres Zweckes nicht davor zurückschrecken, wenn nötig auch Hand an die Wurzel des eigenen Bestandes zu legen.

Nahezu jede Versorgungs- und Betreuungseinrichtung begründet ja einen doppelten Versorgungsanspruch: einen äußeren und einen inneren; den geläufigen des Konsumenten sozialer Dienstleistungen; aber daneben eben auch den eher vernachlässigten Anspruch des Produzenten: des Verwaltungsbeamten, des Mediziners, des Drogenberaters, des staatlichen Arbeitsvermittlers. Ist die Vermutung wirklich so abseitig, daß der Lohnbescheid, die Gasrechnung, die Kindergeldanträge und die Kapazitätsermittlungsbögen in erster Linie deshalb für den Normalverbraucher kaum noch lesbar, geschweige denn nachvollziehbar sind, weil sich hierin die heimliche Interessenwahrung ganzer Berufsstände ausdrückt – durch nichts anderes als die selbstgeschaffene Komplexität in Lohn und Brot gehalten?

Die Sicherheits-Illusionen des Sozialstaats haben eine wirklichkeitsgerechte Einstellung zum »sozialen Risiko« – die Einsicht in seine letztliche Unaufhebbarkeit – verhindert. Der Sozialstaat hat das »soziale Risiko« nicht einfach ein für allemal abgeschafft. In Wirklichkeit haben wir das Schicksal nicht besiegt, sondern allenfalls die Schicksalsfee getauscht.

Sind dies Argumente wider den Sozialstaat? Gewiß nicht. Aber doch Gründe, seine Fundamente abzuhorchen. Gründe, immer wieder seine Kosten-Nutzen-Bilanz anzumahnen. Gründe zu fragen, ob das, was wir aus Gewohnheit oder Gedankenlosigkeit verabschiedet haben, wirklich altes, unbrauchbares Eisen war. Haben wir nicht durch zu viel und zu schnellen, zu viel Gewohntes und Vertrautes allzu abrupt beiseite fegenden Fortschritt und sozialen Wandel eine Vielzahl der Probleme erst erzeugt, die wir – via Sozialpolitik – aufwendig, teuer und ineffektiv bekämpfen? Haben wir etwa nicht im Namen eben dieses Fortschritts mit der Zerstörung lebendiger Nachbarschaft in unseren Städten ein wesentliches Stück sozialer Sicherheit der Bürger zerstört, das auch mit noch soviel Geld und sozialprofessioneller Seelenmas-

83 Vgl. Ivan Illich u.a., Entmündigung durch Experten, Reinbek 1979.
84 Elisabeth Liefmann-Keil, Ökonomische Theorie der Sozialpolitik, Berlin 1961.

sage nicht wieder einholbar ist? Der Sozialstaat kann den Sozialexorzismus des Fortschritts nicht kompensieren. Es ist schon viel, wenn er ihn nicht seinerseits zusätzlich weitertreibt.

VI. Jenseits der industriellen Leistungswelt: Konturen der »Freizeitgesellschaft«

1. Weniger arbeiten, anders arbeiten – Die »Überwindung« der Arbeitsgesellschaft

Wir leben unzweifelhaft in einer Gesellschaft, in welcher ganz allmählich »die Arbeit« knapp wird. Diese Feststellung zielt nicht auf einen tagesaktuellen Befund, sondern auf eine langfristige, strukturell begründete Tendenz. Die Arbeit nimmt ab, weil unsere Maschinen in immer kürzeren Zeiteinheiten immer mehr und qualitativ bessere Güter ausstoßen. Die ungeheuren Fortschritte in der Arbeitsproduktivität haben einen Güterberg anschwellen lassen, den wir gar nicht schnell genug aufbrauchen können. Wir produzieren schneller und mehr, als wir absetzen können. Wert und Fruchtbarkeit der Arbeitsstunde haben sich explosionsartig erweitert und uns ein Ungleichgewicht zwischen Produktion und Verbrauch beschert, das als – meist unerkanntes – strukturelles Kernübel alles kurzatmige ökonomische Krisenmanagement zur Sisyphusarbeit entwertet.

Dieser fundamentale Tatbestand – daß wir aufgrund der Produktivitäts- und hohen Rationalisierungseffekte unserer Wirtschaft mit immer weniger Menschen immer mehr Güter erzeugen, am Ende mehr als sich absetzen und »aufbrauchen« lassen – dieser fundamentale Tatbestand blieb solange verborgen, als ein annäherndes Gleichgewicht zwischen technischem Fortschritt und wirtschaftlichem Wachstum dafür sorgte, daß kein unabsetzbarer Warenrest zurückblieb. Die hohen Wachstumsraten der bundesdeutschen Rekonstruktionsphase haben nur verdeckt, was sich an anderen Volkswirtschaften schon früher deutlicher ablesen ließ: daß in Wahrheit die Arbeit abnimmt, weil auf Dauer der technische Fortschritt dem Wachstum davonläuft. Wirtschaftlichem Wachstum sind in einer Welt endlicher Ressourcen deutliche Grenzen gezogen. Produktion wie Nachfrage und Verbrauch lassen sich nicht unbegrenzt ausweiten.

Wenn aber die Grenzen wirtschaftlichen Wachstums so drastisch ins Blickfeld rükken, dann führt kein Weg an der Erkenntnis vorbei, daß auch die Arbeit, jedenfalls zunächst eine bestimmte Sorte »harter« Industriearbeit, knapper wird. Wachstum schafft Arbeitsplätze, der technologische Fortschritt spart sie ein. Arbeitsplatzsparende Innovationen gibt es vor allem bei stagnierender Nachfrage; dort also, wo die Wachstumsimpulse fehlen.

Aber auch eine »mittlere« Wachstumslinie schützt nicht wirklich vor dem Jobkiller Fortschritt. Wir produzieren bei rund 1,7 Millionen Arbeitslosen im Westen Deutschlands keineswegs weniger Güter als vor zehn Jahren, nur brauchen wir zur Erzeugung einer sogar deutlich steigenden Gütermenge heute beinahe zwei Millionen Beschäftigte weniger. Hier liegt also die Ursache für das »Entschwinden der Arbeitsgesellschaft«[85]: daß mit einem immer geringeren Quantum an menschlicher Arbeitskraft immer mehr Güter gefertigt werden können.

Ließe sich mit der Produktivität immer zugleich auch die Produktion erweitern, so brauchte niemand um seinen Arbeitsplatz zu füchten. Längst aber halten technischer Fortschritt auf der einen und wirtschaftliches Wachstum auf der anderen Seite keinen Gleichschritt mehr. Dies hat sich in der Bundesrepublik in den zurückliegenden Jahrzehnten deutlicher abgezeichnet als in vergleichbaren anderen Ländern.

Die »Produktivitäts-Wachstumsschere« erzeugt – bei gleichbleibender Arbeitszeit – fortlaufend Arbeitslosigkeit[86]. Will man dieser Entwicklung begegnen, gibt es nur ein wirksames Mittel: die Erhöhung der Arbeitszeitverkürzungsrate. Arbeitszeitverkürzung ist also nicht bloß ein Mittel zur Schaffung neuer Arbeitsplätze. Sie ist realistischerweise zunächst eher ein Mittel, dem ganz »normalen« Anstieg der Arbeitsproduktivität und dem hierdurch bedingten kontinuierlichen Abbau von Arbeitsplätzen zu begegnen. Seit 1984 lag die Steigerung der Produktivität im Durchschnitt um gut ein Prozent über der des Wachstums. Ohne die Arbeitszeitverkürzungen seit 1984 wären der dem Wachstum enteilenden Arbeitsproduktivität mindestens 200 000 Arbeitsplätze zum Opfer gefallen.

Der Bericht des Instituts für Arbeitsmarkt- und Berufsforschung (IAB) der Nürnberger Bundesanstalt für Arbeit (BA) »Zur Arbeitsmarktentwicklung bis 2000« verweist alle Versprechungen und Hoffnungen auf eine schnelle Rückkehr zur Vollbeschäftigung ins Reich der Fabel: Trotz hoher Arbeitsmarktdynamik wird es nicht gelingen, die Massenarbeitslosigkeit zu besiegen und die 1973 verlorengegangene Vollbeschäftigung wiederherzustellen; und dies – auch daran sollte gelegentlich erinnert werden – obgleich der Gesetzesauftrag, wie ihn das Stabilitäts- und Wachstumsgesetz einerseits und das Arbeitsförderungsgesetz andererseits fixieren, Politik und Verwaltung eben hierauf verpflichtet.

Seit 1973 war etwa jede dritte Erwerbsperson mindestens einmal arbeitslos. Bis zu 16 Millionen waren oder sind von der Massenarbeitslosigkeit selbst betroffen. Die Erfahrung der Arbeitslosigkeit ist zur Massenerfahrung geworden, ohne allerdings die befürchteten destabilisierenden Auswirkungen zu zeitigen: ohne systemgefährdende Radikalisierung, ohne organisierte Gegenmacht und, trotz einer erheblichen Zahl regional zentrierter Arbeitsloseninitiativen, ohne eine gesamtpolitisch ins Gewicht fallende und sozial bedeutsame Arbeitslosenbewegung.

Einer der wichtigsten Gründe für diese zunächst verblüffende Tatsache ist die hohe Arbeitsmarktdynamik, die einer großen Minderheit nicht allein die Erfahrung der Arbeitslosigkeit zumutet, sondern ihr immer wieder auch das Erfolgserlebnis des gelingenden Übergangs aus der Arbeitslosigkeit in ein neues Arbeitsverhältnis gestattet. Dieser jährlich millionenfache Umschlag an Arbeitskräften bei der konstant hohen Arbeitslosenzahl von über 2 Mio. und einer ebenfalls gleichbleibend hohen Arbeitslosenquote von sieben Prozent hält, zusammen mit der hohen Beschäftigungssicherheit, welche die Mehrheit der Arbeitsplatzbesitzer nach wie vor genießt, das so-

85 Ralf Dahrendorf, Im Entschwinden der Arbeitsgesellschaft. Wandlungen der sozialen Konstruktion des menschlichen Lebens, in: Merkur, 34 (1980), S. 749ff.

86 Bernd Guggenberger, Perspektiven der Arbeitsgesellschaft ohne Arbeit, in: Anno 88, Chronik von Tag zu Tag, Gütersloh–München 1988, S. 86ff.

ziale Skandalon der Massenarbeitslosigkeit deutlich unterhalb der »Tragbarkeitsschwelle« systemgefährdender Politisierung.

Bis 1984 haben die Gewerkschaften ihren Anteil am Produktivitätsfortschritt ganz überwiegend in Form des gesteigerten Lohneinkommens erstritten. Arbeitszeitverkürzungen spielten aus vielen, meist sehr kurzsichtigen Gründen eine untergeordnete Rolle. Der von den Gewerkschaften über lange Zeit hinweg viel zu wenig beachtete Ansatz müßte sein, die Gewinne der Technik insgesamt gerechter zu verteilen. Denn die Tatsache allein, daß die gewerkschaftliche Tarifpolitik seit einigen Jahren die Arbeitszeitforderung als annähernd gleichwertig neben Einkommensforderungen stellt, bedeutet ja noch keinen effektiven »Solidaritätsbeitrag« für die Arbeitslosen. Es gab bislang keine überzeugenden Vorschläge dafür, im Rahmen tarifvertraglicher Vereinbarungen verbindlich sicherzustellen, daß Lohnverzicht zugunsten neuer Arbeitsplätze – zu dem nach Umfragen immerhin zwei Drittel der Beschäftigten bereit sind – auch tatsächlich den Arbeitslosen zugute kommt.

1988 war das große innenpolitische Streitthema in der Bundesrepublik: Wie kann die vorhandene Erwerbsarbeit gerechter verteilt werden[87]? In der Fülle der Argumente, die zur Kürzung der Arbeitszeit, zu ihrer Flexibilisierung und zum Job-sharing vorgetragen wurden, hat sich vor allem eines gezeigt: Es hängt sehr von der konkreten Ausgestaltung des einzelnen Modells ab, ob die »eingesparte« Zeit tatsächlich zu Neueinstellungen führt oder nicht. Ein mittelständisches Unternehmen mit einer Belegschaft von 30 Arbeitern und Angestellten, das einen Buchhalter beschäftigt, wird aufgrund der Wochenarbeitszeitverkürzung von einer halben Stunde natürlich keinen zusätzlichen Buchhalter einstellen. Vor allem hat sich gezeigt: Kompakte Arbeitszeitverkürzungen auf der Basis der Tages-, Wochen- und Jahresarbeitszeit versprechen für mögliche Neueinstellungen am meisten. Größere Betriebe können allerdings auch geringere Arbeitszeitverkürzungen leichter und vollständiger in neue Arbeitsplätze verwandeln, als es den kleineren Firmen möglich ist. Eine auf einen möglichst kurzen Zeitraum konzentrierte, möglichst kräftige Arbeitszeitverkürzung verspricht den größten arbeitsmarktpolitischen Effekt.

Mit »Weniger arbeiten« allein ist jedoch noch nicht allzuviel gewonnen. Es gibt eine zweite heute bereits deutlich erkennbare Tendenz, welche die erste ergänzt, ja überhaupt erst plausibel macht: *anders arbeiten*[88]. Wo Arbeit war, soll Tätigkeit werden. Arbeit darf ihren Sinn nicht mehr nur umwegig aus dem Erwerb von Geldgrößen herleiten. Was jemand tut, wenn er arbeitet, das soll, jedenfalls im Grundsatz, jederzeit »einleuchtend« sein, eine sinnvoll erfahrbare Tätigkeit. Nur wenn der geleisteten Arbeit wenigstens ein Stück weit »Selbstzweckcharakter« zukommt, wenn der Arbeitende sich mit ihr zumindest teilweise identifizieren kann, wenn ihr Beitrag zum Gelingen des Ganzen ihm geläufig ist und einleuchtet, nur dann ist sie auch als Arbeit affektiv zuträglich und wirkt als beständig motivschaffende und -erneuernde Kraft.

Vergangene Generationen hätten den relativen »Sieg« über die Arbeit gewiß nicht für ein Unglück gehalten. Und doch ist das Lamentieren allgemein. Mit Zähnen und Klauen wird die Arbeit festgehalten und verteidigt. Überall fahren die Konzessionsheizer auf der Diesellok mit.

---

87 Vgl. hierzu die Thesen von Oskar Lafontaine, Die Gesellschaft der Zukunft, Hamburg 1988.

88 Vgl. Joseph Huber (Hrsg.), Anders arbeiten – anders wirtschaften, Frankfurt/M. 1979.

Erst in der »Überwindung« der Arbeitsgesellschaft wird deutlich, was sie uns angetan hat. Obgleich sie sich mehr und mehr selbst überlebt hat, können wir nicht aus unserer »Arbeitshaut«, bleiben wir an sie gefesselt, können sie, oder vielmehr: ihre Agenturen in uns nicht wirklich überwinden. Wir haben infolge der lebensgeschichtlichen Prägung durch die Arbeitsgesellschaft über die Generationen hinweg die »Not des Arbeitszwangs« so sehr verinnerlicht, daß aus dieser Not unversehens eine zunehmend fragwürdige Tugend geworden ist. Nur in einer Gesellschaft, in der die Arbeit über allem steht, nur in einer Gesellschaft also, für deren Mitglieder die Arbeit einzige Quelle der Identitätsfindung und der kollektiven Wertschätzung ist, kann Arbeitslosigkeit bei anhaltend hohem gesellschaftlichem Produktionsniveau als Unglück bejammert werden. Statt die entschwindende Arbeit um jeden Preis festzuhalten, sollten wir endlich über Möglichkeiten nachdenken, weniger Arbeit auf mehr Schultern zu verteilen[89], damit aus dem Gegensatz zwischen Arbeitslosen und Arbeitsbesitzern keine neue Klassenkampfformation erwächst. Die unselige Formel vom »Recht auf Arbeit«, schon von Engels als bizarre Ausgeburt eines bürokratischen »Juristensozialismus« gegeißelt, kann, wenn sie schon herhalten muß, unter den Bedingungen hohen Produktivitätsfortschritts nur heißen: Die weniger werdende Arbeit soll für alle da sein; sie muß im Wege u. U. auch drastischer Arbeitszeitverkürzung gerecht unter den Mitgliedern der Gesellschaft verteilt werden. »Recht auf Arbeit« kann nicht heißen: Festschreibung oder gar Ausweitung des aktuellen gesellschaftlichen Arbeitsquantums. Nur eine Gesellschaft, die sich dem »Haben« statt dem »Sein« (Erich Fromm) verpflichtet weiß, kann über dem »Recht auf Arbeit« das ebenso wichtige »Recht auf Faulheit« (Paul Lafargue) vergessen.

Für die Verfassung der hochindustrialisierten Gesellschaften der Zukunft wird sehr viel davon abhängen, wie sie das Problem der schrumpfenden Arbeit lösen. Eine »vernünftige« Lösung setzt auf der Ebene des Bewußtseins an. Wir sollten Glück nennen, was gegenwärtig alle Unglück heißen: die Chance, durch milderen Arbeitszwang für Wichtigeres freigestellt zu werden und die »eigentlich menschlichen Vermögen« jenseits der durch Arbeit und Notwendigkeit geprägten Welt des Lebenszwangs zu entfalten.

Arbeitsverknappung sollte Wohltat sein, nicht Weltuntergang, Chance, nicht Schicksalsschlag. Eine Tugend, über ihre Zeit hinaus geheiligt, verkehrt sich allzuleicht ins Gegenteil. Wir stehen heute am Ende einer alten Tugend und am Anfang einer neuen. Das »Recht auf Arbeit« bedarf der Ergänzung, z. T. vielleicht schon der Ersetzung durch die Pflicht zur Muße.

2. Dienstleistungsarbeit, Wertwandel und »Freizeitethos« Zur politischen Ökonomie des tertiären Sektors

Die traditionelle Fixierung auf Arbeit zeigt erste Risse. Die straffe, eine rigide Arbeitsteilung ermöglichende Arbeitsmoral, auf die das Industriesystem gründet, ist an

89 Vgl. R.-D. Brunowsky/L. Wicke, Der Öko-Plan: durch Umweltschutz zu neuen Wirtschaftswundern, München 1985; Peter Grottian/Michael von Klipstein/Burkhard Strümpel, Keine Utopie: Neue Jobs durch Arbeitsverteilung, in: Frankfurter Rundschau vom 18. März 1983.

vielen Stellen brüchig geworden. Von einem durchgängigen Wertwandel zu sprechen[90], ist indes wohl verfrüht. Aber es gibt unübersehbare Symptome für einen Bewußtseins- und Einstellungswandel gegenüber der Arbeit, einen allmählichen Verfall arbeitszentrierter Orientierungsmuster, die es wert sind, daß wir sie genauer betrachten, weil sich in ihnen Tendenzen ankündigen, die schon in nicht allzuferner Zukunft das Industriesystem von Grund auf verändern könnten.

Wollen wir Aussagen über die »Zukunft der Industriegesellschaft« treffen, so ist es unerläßlich, einen Blick auf die Entwicklungstendenzen des Dienstleistungssektors und der Dienstleistungsarbeit zu werfen. Daß »die Arbeit« knapp wird, ist ja zunächst nur ein unzulässig vereinseitigender Aspekt unseres Problemzusammenhangs. Wir müßten genauer sagen: Eine bestimmte Sorte von Arbeit wird weniger, allerdings gerade jene Sorte, die der modernen Industriegesellschaft ihre Identität verlieh und die meist unreflektiert fürs Ganze genommen wird: die Arbeit in der industriellen Sachgütererzeugung. Eine ganz andere Sorte von Arbeit aber kann überhaupt erst auf der Basis einer entfalteten, arbeitsplatzsparenden Produktionstechnik aufblühen: die Dienstleistungsarbeit.

Nimmt der Anteil der arbeitsfreien Zeit einer Gesellschaft zu, dann steigt auch die Nachfrage nach Dienstleistungen. Die »Freizeitgesellschaft« ist im wesentlichen eine dienstleistungsgeprägte Gesellschaft. Keineswegs alle im industriellen Sektor wegrationalisierten Arbeitsplätze sind also für den gesellschaftlichen Gesamtarbeitsprozeß definitiv »verloren«. Vielmehr läßt gerade die Freistellung vom Joch harter Industriearbeit eine ganze Palette neuer Bedürfnisse entstehen, die sich vorrangig als Nachfrage nach Dienstleistungen aller möglichen Art artikulieren: bessere Bildung, bessere Krankenversorgung, vermehrte Rechtssicherheit, verläßliche Vorausschau und Daseinsvorsorge, soziale Sicherung, höhere Mobilität, breiteres Informationsangebot, großzügiges Wohnen und modische Kleidung, mehr Unterhaltung und Zerstreuung, mehr Reisen, Sport und immer aufwendigere Freizeitaktivitäten. Die neuen »Freizeitbedürfnisse« ziehen ihrerseits neue berufliche Möglichkeiten nach sich, die sich zu festen Professionen und Arbeitsplätzen verdichten. Je mehr Freizeit, desto größer auch der Bedarf an Dienstleistungsarbeit.

In der Wirtschaft der Bundesrepublik fand, ganz ähnlich wie in vergleichbaren anderen Industriestaaten, von 1950 bis in die achtziger Jahre ein Strukturwandel statt, der die Arbeitswelt grundlegend veränderte. Das umgreift vor allem den Bedeutungswandel zwischen den wirtschaftlichen Teilbereichen des primären (»Urproduktion«), des sekundären (Sachgüterproduktion) und des tertiären Sektors (Dienstleistungsproduktion) – sowohl was die Zahl der Beschäftigten als auch was den Beitrag zum Bruttoinlandprodukt angeht. Hauptsächliches Kennzeichen dieses Strukturwandels ist die wachsende Bedeutung des Dienstleistungssektors. Der Prozeß beschleunigte sich vor allem in den siebziger Jahren und hielt auch in den achtziger Jahren an. Dieser Trend wird wohl auch die künftige Entwicklung der Arbeitslandschaft bestimmen.

---

90 Vgl. Ronald Inglehart, The Silent Revolution, Princeton, N.J. 1977; M. Klages/P. Kmieciak (Hrsg.), Wertwandel und gesellschaftlicher Wandel, Frankfurt/M. 1979; Michael von Klipstein/Burkhard Strümpel, Gewandelte Werte – Erstarrte Strukturen. Wie die Bürger Wirtschaft und Arbeit erleben, Bonn 1985.

In den fünfziger Jahren vollzog sich der Strukturwandel noch sehr gemäßigt, war weitgehend beschäftigungsneutral und stellte somit gesamtwirtschaftlich kein Problem dar. Erst mit dem Beginn der siebziger Jahre vollzogen sich tiefgreifende Änderungen, die sektorale Anpassungsschwierigkeiten erkennen ließen. Ein Anzeichen davon war die ab 1974 massiv einsetzende strukturelle Arbeitslosigkeit, die sich, erstmalig in der Geschichte der Bundesrepublik, zur Massenarbeitslosigkeit entwickelte. Zwar wurden seit 1970 im Dienstleistungsbereich 1,93 Mio. neue Arbeitsplätze geschaffen, aber das konnte den Verlust von 2,47 Mio. Arbeitsplätzen im sekundären Sektor und 0,89 Mio. im primären Sektor nicht kompensieren. Seit Mitte der siebziger Jahre ist denn auch der Dienstleistungsbereich der beschäftigungsintensivste Sektor.

Dieser Trend wird sich nach der oben genannten Studie der Bundesanstalt für Arbeit von 1985 auch bis zum Jahr 2000 fortsetzen[91]. Der Hauptgrund für die Verschiebungen zwischen den Wirtschaftssektoren sind Rationalisierungsstrategien auf der Basis neuer Technologien, die die menschliche Arbeitskraft, besonders im sekundären Bereich, im produzierenden Gewerbe, aber auch im primären Sektor, in der Land-, Forst- und Fischereiwirtschaft, überflüssig machen. So ist, gemessen an der Erwerbstätigenzahl insgesamt, der Anteil der Erwerbstätigen im primären Sektor von 23,1 Prozent im Jahr 1950 auf 5,5 Prozent im Jahr 1983 gesunken.

Die in der Folge dieses Strukturwandels weggefallenen Arbeitsplätze konnten nur teilweise durch den Anstieg der Produktion kompensiert werden. Was für die Zukunft wohl erst noch richtig zu deuten sein wird, ist der Wandel im Verhältnis zwischen Produktivität und Wachstum. Erstmals 1988 verdichtete sich zur annähernden Gewißheit, daß die alte Formel nicht mehr greift: gesteigerter Absatz, größere Erträge, verstärkte Investitionstätigkeit gleich mehr Arbeitsplätze. Das Wachstum der späten achtziger Jahre trägt nicht mehr an die vertrauten Ufer der Vollbeschäftigung. Statt dessen mußten die Beschäftigten sich an die neue Erfahrung eines »Aufschwungs ohne Arbeit« gewöhnen. Die westdeutsche Industrie baut, trotz deutlichen Wachstums, fortlaufend Arbeitsplätze ab. Industrie und Bergbau reduzierten bis zum Mai des Jahres 1988 ihre Belegschaft um 40 600 Erwerbstätige (0,6 Prozent), obgleich sie im selben Zeitraum ein durchschnittliches Wachstum von real fast vier Prozent verzeichneten.

Die »Dienstleistungsgesellschaft« konnte sich vor allem deshalb relativ umstandslos als Komplementärstruktur zur »Industriegesellschaft« etablieren, weil sie zunächst nur die Fortsetzung der Arbeitsgesellschaft mit anderen Mitteln brachte. Die Industrialisierung auch der Freizeit scheint die Arbeitsgesellschaft zu »totalisieren«, indem sie ihr nun alle gesellschaftlichen Lebensfelder öffnet und nichts mehr dem Imperialismus des Ökonomischen entrinnt. Auch die Freizeit wird nun von der Arbeit systematisch erschlossen. Die arbeitsförmige »Kolonialisierung« auch des Freizeitbereichs scheint den Arbeitszwang gleichsam zu verewigen. Jedenfalls erscheint die Ausweitung der Dienstleistungsarbeit, nachdem die Arbeit als Industriearbeit fast schon besiegt schien, wie ein später, eigentlich »unnötiger« Sieg der Arbeitsgesellschaft. Der neue Typ der Dienstleistungsarbeit verlängert die Arbeitsgesellschaft in die Freizeitsphäre hinein. Die Arbeit wird, in einem doppelten Sinn, auch für diesen, der ursprünglichen Möglichkeit nach arbeits*freien* Raum bestimmend: einmal, weil eine

91 Vgl. IAB-Kurzbericht »Zur Arbeitsmarktentwicklung bis 2000« vom 8. Dezember 1987, in: Materialien aktuell, (1988) 1.

wachsende Anzahl von Menschen *in* diesem Bereich arbeitet und Dienstleistungen erbringt, und zum anderen, weil wir alle, als Konsumenten von Dienstleistungen, *für* diesen Bereich »Mehrarbeit« leisten. Die Arbeit, die schon besiegt schien, steht so als Angebot von und Nachfrage nach Dienstleistungen immer aufs Neue wieder auf.

Dennoch gibt es auch hier so etwas wie die Gleichzeitigkeit des Ungleichzeitigen. Ganz unübersehbar gehören nämlich zur politischen Ökonomie des tertiären Sektors auch befreiende Tendenzen, die auf das nahe »Ende« der Arbeitsgesellschaft verweisen. Es gilt, den hier skizzierten analytischen Befund gleichsam noch einmal zu lesen, um seine befreiende Dialektik bloßzulegen. Mit der Dienstleistungsarbeit beginnt in der Tat ein neues Kapitel der Arbeitsgesellschaft, weil in ihr, zumindest der Möglichkeit nach, die Arbeit selbst, Stück für Stück, ihren Charakter verändert. Sie nimmt Züge der freien, selbstzweckhaften Tätigkeit in sich auf.

Zwar liegt die Arbeitsgesellschaft noch längst nicht hinter uns. Dennoch befinden sich wachsende Minderheiten unserer Gesellschaft schon auf dem Weg zur *Tätigkeitsgesellschaft*[92], in welcher sich neben der routinierten und reglementierten Erwerbsarbeit immer mehr eigenbestimmte Nichterwerbsaktivitäten entfalten. Hierbei leistet möglicherweise die Dienstleistungsarbeit samt dem von ihr erschlossenen emanzipatorischen Potential entscheidende Schrittmacherdienste[93].

Als ein Hauptelement der aktuellen Bedrohungen wird, ganz unabhängig von der jeweiligen Technologie, mehr und mehr die schiere Größe, die Maßlosigkeit im Gebrauch technologischer Möglichkeiten identifziert: achtspurige Autobahnen, ausufernde Riesenstädte, manövrierunfähige Supertanker, überdimensionierte Brücken- und Stauprojekte, pharmazeutische und kerntechnische Großanlagen, chemisch bewirkte Rekordernten in der Landwirtschaft und vieles andere mehr. Die Avantgarde der »Tätigkeitsgesellschaft«, die Selbsthilfeinitiativen des »informellen« oder »autonomen« Sektors, die »Eigenarbeiter« der Alternativökonomie, Bürgerinitiativen und Umweltschützer – sie sind keineswegs generell gegen die Nutzung technologischer Möglichkeiten, welche sich hier eröffnen. Aber sie sind ganz entschieden gegen die Gefahren- und Risikenballung, welche aus technologischer Gigantomanie und verantwortungsloser Profitgier erwachsen. Sie fordern die Rückbesinnung auf das dem einzelnen und der Gemeinschaft zuträgliche Maß menschlicher Unternehmungen. Gegen die Prometheus-Fackeln und Babel-Türme der modernen Großtechnik und Großorganisationen setzen sie ihr »Small is beautiful« und ihre unter anderem auch an den »Klassikern« einer zuträglichen Bescheidenheit, an Rousseau, Proudhon und Thoreau orientierten, dezentralen, autarken Lebens- und Versorgungsmodelle.

Die strukturelle Basis dieses Konflikts, dieses Rivalisierens zweier unvereinbarer kultureller Geltungsansprüche, ist die soziale Umbruchsituation von der Industrie- zur Dienstleistungsgesellschaft. Die industrielle Leistungswelt, der ein Gutteil unserer verfassungspolitischen Einrichtungen und Errungenschaften und nicht zuletzt auch die meisten unserer Parteien herkunftsmäßig »entstammen«, erforderte – wenn wir einige der für sie kennzeichnenden Verhaltensweisen andeuten wollen – u. a. Unterordnung, strikte Arbeitsdisziplin und Lustaufschub; sie tendierte zu hierarchisch-

---

92 Zu diesem Begriff vgl. Ralf Dahrendorf, Im Entschwinden der Arbeitsgesellschaft. Wandlungen der sozialen Konstruktion des menschlichen Lebens, in: Merkur, 34 (1980), S. 749ff.

93 Vgl. Alan Gartner/Frank Riessman, Der aktive Konsument in der Dienstleistungsgesellschaft, Frankfurt/M. 1978.

zentralistischen Organisationsformen und orientierte sich vorwiegend an privaten Gewinnerwartungen. Die »humanere« Dienstleistungswelt (des Arztes, des Sozialarbeiters, des Kneipenwirts, des Lehrers, der Krankengymnastin) dagegen begünstigt, schon aufgrund der Art ihrer »Produkte« – meist immaterieller »Produkte« wie Gesundheit, Geselligkeit, Bildung, Rechtssicherheit, Mobilität –, eher autonom-dezentrale Organisationsformen und die direkte Mensch-zu-Mensch-Beziehung, sie verlangt in besonderem Maße soziale Phantasie, Kreativität und umfassende Teilhabe und ist obendrein kollektiver Steuerung und Kontrolle eher zugänglich. Sie erfordert aber vor allem häufig auch die direkte Einbeziehung und Aktivierung der »Konsumenten« von Dienstleistungen: Viele Dienstleistungen könnten ohne die Einbeziehung des »Konsumenten« – im Falle der »Herstellung« von Bildung also des Schülers oder des Studenten, im Falle der »Herstellung« der Gesundheit also des Patienten – nicht oder jedenfalls nicht effektiv erbracht werden. Daß man beispielsweise die Qualität der Stadtplanung durch die Einbeziehung der Betroffenen steigern kann, dafür haben die Bürgerinitiativen in ihrer eigentlichen Domäne, der Kommunalpolitik, längst den Beweis geliefert.

Die »neuen Werte«, deren Aufbrechen wir in den großen Bewußtseinsveränderungen der sechziger und siebziger Jahre in den verschiedensten Lebensbereichen und in einer Vielzahl ganz heterogener sozialer Bewegungen beobachten konnten, können in einen sehr plausiblen und konkreten Zusammenhang mit ökonomischen Entwicklungen und mit Umschichtungen in der Erwerbsstruktur gebracht werden. Die »Werteexplosion« der sechziger und siebziger Jahre und die zahllosen organisierten Proteste, Widerstandsaktionen, Bürgereinsprüche in ihrem Gefolge, der Jugend- und Studentenprotest, die wachsende Umweltsensibilität, die Aktivitäten in Peergroups, Bürgerinitiativen, Frauengruppen, Selbsterfahrungszentren, Verbraucherzusammenschlüssen, Minoritäten- und Selbsthilfeorganisationen – sie alle ensprechen, bei aller Unterschiedlichkeit des Anliegens und der jeweiligen ideologischen Ausrichtung, einer ganz spezifischen Bedürfnis- und Bewußtseinskonstellation, die nur auf dem Boden einer sich herausbildenden Dienstleistungsgesellschaft erwachsen konnte.

In den hier angesprochenen Auseinandersetzungen und Kämpfen ging und geht es thematisch in einer Vielzahl von Fällen um Art, Qualität und Reichweite von – vor allem – staatlichen Dienstleistungen. Die traditionellen Richtwerte: Leistung, Effizienz, Hierarchie, Gehorsam, Qualifikation, Produktivität, technische Perfektion, Disziplin, Lustaufschub, Karriere, Macht und Status zählen dabei immer weniger. Die neuen Fixsterne der Verhaltens- und Bedürfnisorientierung heißen u. a.: Partizipation, Humanverträglichkeit, Solidarität, Lebensqualität, Selbstbestimmung, Kreativität, Mitmenschlichkeit, Persönlichkeitserweiterung.

Die Arbeit soll verstärkt wieder die Persönlichkeit fordern, »Möglichkeiten zur Selbstverwirklichung« bieten, mit anderen Worten: ein höheres Maß an Ausdrucksfähigkeit und Spontaneität, an Autonomie und persönlichem Einsatz erlauben. Im personenbezogenen Dienstleistungsbereich soll die geleistete Arbeit im weitesten Sinne »wohltätig« sein. Fast scheint es, als sei hier etwas vom alten Ethos des »Dienens« lebendig. Betrachtet man all diese Forderungen genauer, so ist unschwer zu erkennen, daß hier die »Freizeitethik« den Arbeitsplatz erobern könnte. Es sind im Kern die Werte der tätigkeitsbestimmten, arbeitsfreien Zeit, welche im besonderen Maße die Dienstleistungsaktivität bestimmen und von dort nach allen Seiten hin ausstrahlen.

Das Ethos der Leistung, der Konkurrenz und des Wachstums wird, Schritt für Schritt, durch ein Ethos des »sozialen Wohlbefindens«, der immateriellen Lebensqualität und der humanen »Zuträglichkeit« ersetzt. Dieses neue Ethos umfaßt Werte, Einstellungen und Verhaltensmuster, die in vieler Hinsicht quer zu den tradierten Orientierungen der Arbeitsgesellschaft liegen.

Wir erleben gegenwärtig das Neben-, Gegen- und Ineinander zweier Gesellschaften mit je eigenem Werthimmel, die alles andere als friedliche Koexistenz zweier Bewußtseinshorizonte, deren einer sich noch immer deutlich an den Notwendigkeiten der industriellen Arbeits- und Wachstumsgesellschaft orientiert, während der andere sich ebenso deutlich an den Bedürfnissen und Interessen der im Entstehen begriffenen »Freizeitgesellschaft« ausrichtet.

3. Arbeitsfreie Zeit – der empirische Befund

Ein Menschenleben, auf der Basis einer statistischen Lebenserwartung von 75 Lebensjahren, umfaßt knapp 650 000 Stunden, von denen gegenwärtig, mit abnehmender Tendenz, noch ca. 58 000–63 000 Stunden gearbeitet werden, das sind noch ca. sieben bis neun Prozent der gesamten Lebenszeit. Und auch dieser Anteil wird sich zum Ende des letzten Jahrzehnts dieses zweiten Jahrtausends hin nochmals drastisch verringern, da zum einen die vom Menschen zu verrichtende Arbeit weiter abnehmen wird (wobei Ausmaß und Geschwindigkeit dieses säkularen Prozesses in unterschiedlichen Szenarien mit unterschiedlichen Größen ausgewiesen sind), und die verbliebene Arbeit zum anderen sich aufgrund der steigenden Arbeitsnachfrage auf mehr Schultern verteilen wird. Die durchschnittliche Erwerbsstundenzahl wird voraussichtlich auf weniger als 35 000 Stunden pro Arbeitsleben sinken, also gerade noch etwas mehr als fünf Prozent der gesamten Lebenszeit betragen. Auch der Eintritt ins durchschnittliche Rentenalter wird früher erfolgen.

Vielleicht noch deutlicher als in diesen Zahlen wird die nachlassende Prägekraft der Arbeit, wenn wir uns die durchschnittliche Stundenverteilung zwischen Arbeit und Freizeit während eines Jahres für einen im Erwerbsleben stehenden Arbeitnehmer ansehen: Von den insgesamt 8 760 Stunden des Jahres verwendet er 1 785 für Arbeit und Arbeitsweg, 3 622 für die physische »Wiederherstellung« seiner Arbeitskraft durch Essen (548), Schlafen (2 920) und das Auskurieren von Krankheiten (154); an – wenngleich nicht völlig »frei« – verfügbarer Zeit verbleiben ihm 3 354 Stunden, die er in der Regel mit Urlaub, Sport, Hobby, Besorgungen, Arbeiten im Haus, ehrenamtlichen Tätigkeiten, aber auch mit Nichts-Tun, geselligem Beisammensein, Fernsehen oder Spazierengehen »füllt«.

Nicht nur im Maßstab des gesamten Lebens, auch im Zeitrahmen des Erwerbsdaseins selbst verliert die Arbeit, allein vom Zeitanteil her, ihren zentralen Ort. Sie ist längst nicht mehr das konkurrenzlos und unumstritten prägende Großereignis der durchschnittlichen Biographie, auch wenn sie, nach wie vor, bedeutsam ist. Ob diese Bedeutung künftig eher ab- oder wieder zunehmen wird, ist nicht eindeutig vorherzusagen.

Manches spricht dafür, daß wir, mit Blick auf die emotionalen und affektiven Gratifikationen der Arbeit, bereits eine gespaltene Gesellschaft sind, und daß diese motivationale »Klassenspaltung« sich künftig noch vertiefen und verhärten könnte:

Für die Menschen in den neuen, anspruchsvolleren Arbeitsplätzen, die selbständiger und disponibler eingesetzt werden, könnte diese »reichere« Arbeit auch neue Ansatzpunkte für ihre private Identität wie für ihre soziale Wahrnehmung und Beachtung bereithalten; für jene aber – und es steht zu fürchten, daß dies die große Mehrheit sein wird –, die infolge der neuen Technologien samt der ihnen zugehörigen »neuen Produktionskonzepte«[94] einem noch weniger persönlichkeitsfördernden, noch anspruchsärmeren Erwerbsarbeitsdasein entgegensehen, gilt wohl, daß sich ihre Hoffnungen und Erwartungen noch stärker auf die Freizeitsphäre konzentrieren werden.

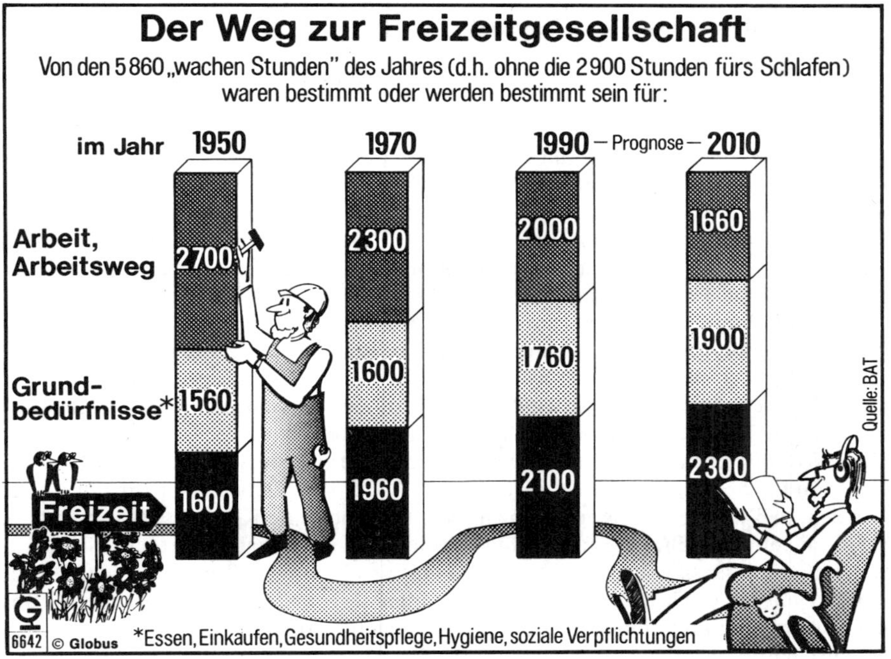

Diese Entwicklung, die in eine historisch unvergleichliche »Passivisierungskatastrophe« münden könnte, bedeutet vor allem eine pädagogische Herausforderung ganz neuer Dimension. Die Bildungs- und Ausbildungsprinzipien, die unsere Schulen

94 Vgl. H. Kern/M. Schumann (Anm. 53), S. 19ff., 312ff., 315ff.

und Hochschulen bestimmen, sind fast uneingeschränkt an den Anforderungen und Leitbildern der arbeitszentrierten Industriezivilisation ausgerichtet. Für eine Gesellschaft, in welcher »Lasten« und »Pflichten« der Muße allmählich wichtiger werden könnten als jene der Arbeit, sind wir denkbar schlecht gerüstet. Wir erziehen und bilden gegenwärtig heranwachsende junge Menschen erkennbar nicht auf eine Gesellschaft hin aus, deren Mitglieder nur noch zwischen fünf und zehn Prozent ihrer gesamten Lebenszeit unmittelbar in der Erwerbsarbeit zubringen; die also zu mehr als neun Zehnteln ihrer Existenz ausschließlich als Menschen und Bürger aufgerufen sind: als Ehefrauen und Ehemänner, als Mütter und Väter, als Nachbarn und Museumsbesucher, als Umweltgestalter und Naturverbraucher, als Wähler und Zeitungsleser, als Käufer und Konsumenten, als Wähler und Parteimitglieder.

4. Freizeitkompetenz als Urteilskompetenz – die pädagogische Herausforderung

Unsere Gesellschaft leistet sich einerseits im kognitiven Bereich das aufwendigste Schul- und Bildungssystem in der Geschichte der Menschheit, geht aber andererseits mit einer nur schwer begreiflichen Selbstverständlichkeit davon aus, daß wir in den Gefilden der Sozial- und Moralbildung, der Geschmacks- und Urteilsfindung ganz von alleine gut und böse, nützlich und schädlich, häßlich und schön, wichtig und überflüssig zu unterscheiden vermöchten.Das heißt, wir haben längst die pädagogischen Konsequenzen aus der Einsicht gezogen, daß vieles im Gelingen des gesellschaftlichen Zusammenlebens vom Funktionieren der großen Industrien und der weitgespannten Versorgungssysteme abhängt, daß wir also gut ausgebildete Ärzte und Architekten, Ingenieure und Rechtsanwälte, EDV-Experten und Chemiker brauchen. Andererseits aber scheinen wir fast vollständig zu verdrängen, daß die Vermittlung reproduzierbaren Wissens und Könnens längst nicht alles ist, ja daß der Erwerb der elementaren »Kulturtechniken« allein immer weniger darüber besagt, ob wir auch für das Bestehen der sich erweiternden Freizeitgesellschaft gut gewappnet sind. Wir wissen zwar, daß man, um an der modernen Welt teilzuhaben, sich die Lese- und Schreibkompetenz erwerben muß, warum aber übersehen wir nur so beharrlich, daß wir – beispielsweise – nicht bereits als perfekte Konsumentensouveräne, politisch mündige Bürger, urteilsfähige Zeitgenossen, sozialkompetente Nachbarn und ästhetisch sensible Kulturteilhaber auf die Welt kommen? Wir wissen sehr genau, daß nur ein hoher Grad an Informiertheit, ja an ausgefeilten Spezialkenntnissen uns die erwünschten Funktionen und die angemessenen Verhaltensweisen sicherstellt; im expansiven Bereich der Freizeit glauben wir jedoch, auf eine qualifizierte Freizeitvorbereitung weitgehend verzichten zu können, ja sie wird, wo sich einzelne Personen oder Insitutionen an dieses Problem wagen, nicht selten als Indoktrination und elitäre Bevormundung geächtet. Gerade so, als sei die Freiheit der Wahl nicht von den Nutznießern und Drahtziehern der Massenunterhaltung und der großen Freizeitindustrien, sondern von der aufklärerischen Ermunterung und pädagogisch beflissenen Hilfe zur Selbsthilfe bedroht, mit welcher einige unverbesserliche Freizeitpädagogen ohne allzuviel Resonanz ihr Publikum suchen.

Wer als Käufer oder Konsument dem überbordenden Waren- und Leistungsangebot der Freizeitwelt standhalten will, der muß die Fähigkeit hierzu erst erlernen.

Kann man die für eine geglückte Lebensführung des einzelnen mehr denn je erforderliche Urteils-, Geschmacks- und Bedürfnisbildung wirklich einfach nur dem »heimlichen Lehrplan« von Mode und Werbung, von Massen- und Konsummedien überlassen?

Das humane Bestehen der Freizeitgesellschaft hängt ab von der Ausbildung der Erlebnis- und Kommunikationsfähigkeit des einzelnen, von seinem Bedürfniswissen als Teilnehmer am Wirtschaftsprozeß, von musischer Aufgeschlossenheit und künstlerischer Sensibilität, von der Entwicklung einer ethischen und ästhetischen Urteilskraft des Alltags.

Formten und orientierten sich im Gravitationsfeld der Arbeitsgesellschaft die wesentlichen Lebensentscheidungen am Maßstab vorausliegender Notwendigkeiten, so vervielfachen sich unter den Bedingungen der Freizeitgesellschaft[95] die Gegenstände und Situationen, in die der einzelne, so er überhaupt von seiner Freiheit Gebrauch macht, sein Urteil legen und zu denen er sich eine entschiedene Meinung bilden kann. Wer die gesellschaftlichen Anstrengungen, die sich auf die Erziehung und Formung des souveränen Konsumenten und des aktiven Freizeitbürgers konzentrieren, als Eingriff in das »freie Spiel der Kräfte« denunziert, setzt sich selbst dem Verdacht aus, daß er mehr Mündigkeit und Selbstbestimmung in der Freizeit gar nicht will. Der Grund für die Abwehr unwillkommener Pädagogisierung des Freizeitverhaltens liegt nur allzu deutlich zutage: Ein Großteil des aktuellen Waren- und Diensteangebots (vom Teebecher bis zur Tischlampe, von der seriengefertigten Haustür bis zu den Schleiflackschränken der modernen Einbauküche, von der Urlaubsanimation bis zum Schnulzenschlager) wäre an den urteilsfähigen, geschmacks- und bedürfniskompetenten Konsumenten gar nicht zu verkaufen. Alle Ansätze, die auf die Verbesserung der Bildungsvoraussetzungen für aktive Freizeitnutzung setzen, stärken im Effekt die Chancen einer kommunikativen Freizeit der Tätigkeit gegenüber einer güter- und diensteintensiven Kommerz-Freizeit.

5. Erwerbsarbeit, Existenzarbeit, Eigenzeit – Wie frei ist die Freizeit?

Die Unterscheidung in »Arbeit« und »Freizeit« allein genügt nicht; jedenfalls besagt sie für eine qualitative Würdigung der Freizeit zu wenig. Ob der quantitative Fortschritt im Zuwachs an arbeitsfreier Zeit eine Mehrheit der Gesellschaft über mehr Raum für ein erfüllteres, glücklicheres Leben verfügen läßt, hängt von einer Reihe weiterer Faktoren ab, die, zusammengesehen, den »soziologischen Kontext« der Freizeitgesellschaft beschreiben.

Man kann heute innerhalb einer durchschnittlichen Erwerbsbiographie drei hinsichtlich der unterschiedlichen Grade an Freiheit und Gestaltbarkeit deutlich unterscheidbare Zeitsektoren auseinanderhalten: der erste ist der der Erwerbsarbeit, in welchem der einzelne, je nach Tätigkeit, nur im engeren Rahmen vorgegebener

95 Vgl. C. A. Andreae, Ökonomik der Freizeit, Reinbek 1970; H. W. Opaschowski (Hrsg.), Freizeit-Daten, Düsseldorf – Hamburg 1983; Björn Engholm (Hrsg.), Die Zukunft der Freizeit, Weinheim – Basel 1987; M. Osterland, Arbeit und Freizeit – Zum Wandel eines strukturellen Beziehungsgefüges, in: Verbraucherpolitische Hefte Nr. 8, Juli 1989, S. 7ff.; Hans-Günther Vester, Zeitalter der Freizeit. Eine soziologische Bestandsaufnahme, Darmstadt 1988.

Grenzen über sein Tun und Lassen selbst befinden kann; der zweite, der gemeinhin immer noch undifferenziert der Freizeit zugeschlagen wird, ist der Sektor der arbeits- und existenznahen »Reproduktion«, also jener stark angewachsene Bereich der physischen »Wiederherstellung« und der allgemeinen Lebensorganisation, zu dem die Gesundheitspflege ebenso zählt wie die Kindererziehung, Essen und Schlafen ebenso wie die Abfassung der Steuererklärung, Einkaufen und Autowaschen ebenso wie die Kinderschutzimpfung, der Elternabend und die Überprüfung des Kontoauszuges. Diese – stark expansive – »Existenzarbeit« unterscheidet sich von der Erwerbsarbeit nicht einfach dadurch, daß der einzelne frei wäre, sie auch ganz oder teilweise zu unterlassen – das ist er natürlich keineswegs; wohl aber durch eine deutlich höhere Disponibilität, damit aber auch durch ein deutlich höheres Maß an erforderlicher eigener Entschluß- und Tatkraft.

Der dritte Sektor schließlich erst ist als Freizeitsektor in der engeren Bedeutung eines eigenverantwortlich zu füllenden Zeitraumes im Sinne der »Eigenzeit« anzusprechen[96]. Erst hier ist der einzelne aufgefordert, sich Meinung und Urteil zu bilden, seine Wünsche und Sehnsüchte zu formulieren, sich zu informieren, auszuwählen, tätig zu werden.

Wie frei also ist die Freizeit? »Kein Funke der Besinnung« dürfe, meinte einst Theodor W. Adorno, »in die Freizeit fallen, weil er sonst auf die Arbeitswelt überspringen und sie in Brand setzen könnte«[97]. Besteht also auch deshalb kein Interesse am souveränen, selbstaktiven Freizeitwesen?

Gewiß gilt auch das, was Adorno hier geltend macht: Freizeit ist nie völlig unabhängig als das ganz Andere der Arbeit zu sehen. Mit tausend unsichtbaren Banden bleibt die Zeit außerhalb der Arbeit, die »Freizeit«, »an ihrem Gegensatz gekettet«[98]. Dauer und Plazierung der Arbeitszeit im Tages-, Wochen- bzw. Jahresrhythmus bestimmen über Umfang und Möglichkeiten der Freizeit. Die Abweichungen vom »Normalarbeitstag« sind dabei enorm, und sie werden fast immer unterschätzt. Die Flexibilität ist viel größer, als es die öffentliche Diskussion wahrhaben will: Jeder fünfte Erwerbstätige hat keine Fünf-Tage Woche; er arbeitet auch an Feiertagen und Wochenenden und nicht selten auch in der Nacht. Jeder vierte Erwerbstätige verrichtet Schichtarbeit, zumeist in den verbreiteten Drei-Schicht-Systemen. Teilzeitarbeit ist für viele erwerbstätige Frauen (rund 3 Millionen) der strategische Normalfall, befristete Arbeitsverhältnisse gehören ebenso zum Gesamtbild wie die (scheinbar widersprüchliche) Gleichzeitigkeit von Überstunden und Kurzarbeit. Die Zunahme der Freizeit ist eine Sache; eine andere, zu oft übersehene, die starke, immer noch wachsende Differenzierung des Freizeitanteils nach der qualitativen wie nach der quantitativen Seite. Allein also schon die Plazierung des individuellen Freizeitanteils sorgt für höchst unterschiedliche Nutzungschancen.

Etwas anderes ist aber vielleicht noch wichtiger: Die Freizeit ist nicht »frei«. Es ist vor allem die nach wie vor wirksame psychosoziale Determinationskraft der Arbeit

---

96 Vgl. Helga Nowotny, Eigenzeit. Entstehung und Strukturierung eines Zeitgefühls, Frankfurt/M. 1989; Hermann Glaser, Das Verschwinden der Arbeit. Die Chancen der Tätigkeitsgesellschaft, Düsseldorf–Wien–New York 1984.

97 Theodor W. Adorno, Freizeit, in: ders., Stichworte. Kritische Modelle 2, Frankfurt/M. 1969, S. 57ff.

98 Ebd.; zum folgenden vgl. E. Schudlich, Die Abkehr vom Normalarbeitstag, Frankfurt/M.–New York 1987.

selbst, die für viele den »Spielraum« der Freizeit einschränkt. Was einem die Arbeit vorenthält, kann man nur sehr begrenzt und eher in Ausnahmefällen in der Freizeit kompensatorisch einholen. Gerade jene, die objektiv vielleicht am meisten Grund hätten, den Bornierungen und Einschränkungen der Arbeitssituation zu entkommen, sind hierzu am wenigsten fähig. Schon Adam Smith hat – vor über 200 Jahren – die Grenzen kompensatorischer Freizeitnutzung, die in der Art der jeweils geleisteten Arbeit selbst beschlossen liegen, ganz zutreffend bezeichnet: »Mit fortschreitender Arbeitsteilung wird die Tätigkeit der überwiegenden Mehrheit derjenigen, die von ihrer Arbeit leben, also der Masse des Volkes, nach und nach auf einige wenige Arbeitsgänge eingeengt, oftmals nur auf einen oder zwei. Nun formt aber die Arbeitsbeschäftigung ganz zwangsläufig das Verständnis der meisten Menschen. Jemand, der tagtäglich nur wenige einfache Handgriffe ausführt, die zudem immer das gleiche oder ein ähnliches Ergebnis haben, hat keine Gelegenheit, seinen Verstand zu üben. So ist es ganz natürlich, daß er verlernt, seinen Verstand zu gebrauchen und so stumpfsinnig und einfältig wird, wie ein menschliches Wesen nur eben werden kann. Solch geistige Tätigkeit beraubt ihn nicht nur der Fähigkeit, Gefallen an einer vernünftigen Unterhaltung zu finden oder sich daran zu beteiligen, sie stumpft ihn auch gegenüber differenzierten Empfindungen wie Selbstlosigkeit, Großmut oder Güte ab, so daß er auch vielen Dingen gegenüber, selbst denen des täglichen Lebens, seine gesunde Urteilsfähigkeit verliert.«[99]

Man braucht sich die Dimension des moralischen Vorwurfs nicht zu eigen zu machen, um zu sehen: Es ist vielfach die einschränkende Arbeitssituation selbst, die verhindert, daß sich in der Freizeit die Bedürfnisse nach sozial reicheren, kommunikativeren, geistig und emotional anspruchsvolleren Tätigkeiten durchsetzen, die der Selbstentfaltung und Selbstverwirklichung zugute kämen. Wer schon in der Arbeit freier ist, wer schon in seiner beruflichen Tätigkeit eigenständig handeln und souverän disponieren kann, der wird auch mit einer anspruchsvolleren Freizeitnutzung im Sinne einer ungeschmälerten »Eigenzeit«[100] weniger Probleme haben.

6. Nachlassende Prägung durch die Arbeit – das Ehrenamt als Beispiel

Bei all diesen Erwägungen, so richtig sie sind, und so eindeutig sie ihre Stütze in den einschlägigen Sozial- und Freizeitstatistiken finden, sollte man nicht übersehen, daß es gleichwohl die auch immer wieder von Minderheiten genutzten Chancen gibt, den Zwängen des strukturellen Beziehungsgeflechts zwischen Arbeit und Freizeit zu entkommen und sich souverän und selbstaktiv über beengende Arbeits- und Lebensbedingungen hinwegzusetzen.

Nicht selten ist die Wahrnehmung solcher Chancen mit dem Stichwort des Ehrenamts zu umschreiben, aber auch mit dem Hinweis auf die in den letzten zwanzig Jahren stark gewachsene Bereitschaft zum sozialen und politischen Bürgerengagement in freien, informellen Gruppierungen (»Bürgerinitiativen«). Ein nicht unerheb-

---

99 Vgl. Adam Smith, Der Wohlstand der Nationen, München 1974.
100 Vgl. H. Nowotny (Anm. 96).

licher Teil der neu gewonnenen Freizeit wird von Minderheiten auf vielfältige Weise bereits kontinuierlich in »Sozialzeit«[101] transferiert.

Für jemanden, der in seiner Freizeit als Präsident eines erfolgreichen Tischtennisvereins tätig ist, oder für jemanden, der einen erheblichen Teil seiner freien Energien in den Aufbau eines Heimat- oder Landmaschinenmuseums einbringt, kann es mit der Zeit vergleichsweise unwichtig werden, was er eigentlich beruflich macht, weil sein Lebensschwerpunkt und das, was ihn gedanklich bewegt und existentiell umtreibt, nicht mehr von der Gravitation des arbeitsberuflichen Zentrums bestimmt wird. In solchen Fällen hat die Freizeit durch die spezifische Art ihrer Erfüllung eine »eigene Schwere« gewonnen. Für das individuelle Selbstwertgefühl wie für die soziale Reputation ist die ehrenamtliche Tätigkeit maßgeblicher geworden als der Beruf.

Das Ehrenamt hat vor allem die psychologische Arbeitszentralität überwunden. Für viele der exponierten, kontinuierliches Engagement und solide Kompetenz erfordernden ehrenamtlichen Freizeitaktivitäten kann gelten, daß sie sich zu eigenen Lebenswelten verdichtet haben, die ihren Protagonisten psychologische und affektive Gratifikationen gewähren, ihnen die Chance sozialer Kontakte und repräsentativer Reputierlichkeit erschließen, die ihnen aus der Sphäre der Arbeit kaum in vergleichbarem Maße hätten erwachsen können. Freizeitaktivitäten, welche eine autonome Prägekraft dieser Art entfalten können, sind so attraktiv, weil sie für ihre Exponenten als Möglichkeit erschließen, was ansonsten nur wenigen unter selten günstigen Arbeitsbedingungen offen steht: die Chance, etwas sichtbar Unverwechselbares zu leisten. Nur eine Gesellschaft, der es gelingt, ihr Konsumverhalten zu »domestizieren«, kann guten Gewissens von expansionistischen Strategien der künstlichen Arbeitsvermehrung abrücken.

Im Begriff der »Arbeitsgesellschaft« ist weniger eine strukturelle als vielmehr eine Wahrnehmungstatsache ausgedrückt: die Tatsache, daß die Mitglieder dieser Gesellschaft sich, vor allem anderen, als Mitglieder einer Arbeitsgesellschaft *sehen*. Daß wir geistig, kulturell und psychologisch ums Zentrum der Arbeit kreisen, das macht uns zur Arbeitsgesellschaft. Und das Problem ist, die Arbeitsgesellschaft, die sich gegen Ende des zweiten Jahrtausends strukturell weitgehend »überlebt« hat, endlich auch geistig, kulturell und psychologisch zu überwinden. Die psychologische Arbeitszentralität ist ein Anachronismus. Wir haben die einst plausible Vorstellung, materielle Arbeit sei für das Wesen des Menschen konstitutiv, weit über ihre Zeit hinaus als unwandelbar gültiges Definiens des Menschen festgehalten. Die alte Kennzeichnung des auf Arbeit gegründeten Lebensvollzugs in der Formel vom »Schweiße Deines Angesichtes« hat ihre Gültigkeit längst verloren. Allenfalls jeder siebte Bundesbürger könnte sie noch auf sich beziehen.

Wenn die Arbeitserfahrung von 85 Prozent der erwerbstätigen Bevölkerung von anderen als den überkommenen körperlich-materiellen Merkmalen der Arbeit geprägt ist, macht es natürlich wenig Sinn, aus ihnen auch weiterhin die Bestimmung »des menschlichen Wesens« abzuleiten. Dem Menschen als Definiendum ist die materielle Arbeit, die aus seinem Gesichtskreis und seiner Erfahrung mehr und mehr verschwindet, als zentrales Definiens nicht mehr angemessen.

---

101 Ulf Fink, Die neue Kultur des Helfens, München 1990.

7. *Güterüberfluß und Zeitknappheit: wohlstandsfragwürdige Freizeitgesellschaft*

Gerade die »Freizeitgesellschaft« lehrt, welch problematische Größe der Wohlstand ist: nicht nur, daß viele seiner Hervorbringungen (manche Ökonomen schätzen bis zu 50 Prozent) in höchstem Maße *wohlstandsfragwürdig* sind, weil es zusätzlicher Aufwendungen und Anstrengungen bedarf, ihre von niemandem gewollten und oft auch nicht vorhergesehenen Nebenfolgen wieder aus der Welt zu schaffen; sondern vor allem auch, daß es uns viel zu oft an Raum und Zeit mangelt, die in der Arbeit hergestellten Freizeitgüter umfassend zu nutzen. Um den wirklichen »Wert« eines Produktes, zumal im Freizeitbereich, zu ermitteln, genügt es nicht mehr, einfach nur das Quantum der in dieses Produkt eingegangenen gesellschaftlichen Arbeit zu berechnen. Man müßte diesen Faktor zusätzlich mit den neuen Faktoren des durchschnittlichen Nutzungsraumes und der durchschnittlichen Nutzungszeit multiplizieren, um eine »realistische« Aussage über Wert und Unwert unserer hochgerüsteten Freizeit-Zeughäuser zu formulieren. Was ist das eleganteste Surfbrett wert, wenn der einzig erreichbare See von Freizeitmitmenschen hoffnungslos übervölkert ist? Und was das teuer erworbene Alu-Rennrand, wenn sein Besitzer nur alle halbe Jahre Zeit findet, sich in den Sattel zu schwingen, vielleicht, weil er ja in seiner »Freizeit« auch noch surft, Musik hört, Ski läuft, tanzt und Tennis spielt?

Nicht nur Arbeiten, auch Konsumieren kostet Zeit. Wo viele Güter um immer knapper werdende Nutzungszeitressourcen konkurrieren, kommt der »Freizeit« nicht nur die Freiheit, sondern auch die Zeit abhanden. Warum hat in der »Freizeitgesellschaft« niemand mehr Zeit? Der Grund für den Freiheits- wie den Zeitschwund in der »Freizeitgesellschaft« ist das Zuviel an Gütern und Leistungsofferten. Staffan B. Linder machte uns auf ein Wohlstandsparadox aufmerksam[102], welches – theoretisch weniger ambitioniert und eher en passant formuliert – auch vielen zivilisationskritischen Äußerungen von Rousseau über Thoreau bis hin zu der berühmten Rede des fiktiven Südsee-Häuptlings Tuiavii zugrunde liegt: die Einsicht, daß der Wohlstand kein eindeutiges Phänomen ist, daß er nur gibt, indem er nimmt, daß er nur erhält, indem er vorenthält.

Sein janusköpfiges Zwiegesicht enthüllt uns entweder das Panorama einer Zivilisation, die reich an Zeit (und meist auch an Raum) ist, dafür aber arm an Gütern; oder aber das Bild einer Gesellschaft, die, wie unsere eigene, reich ist an Gütern, dafür aber arm an Zeit. Gütermangel in Kombination mit Zeitüberfluß oder umgekehrt: Hektik, Streß und Zeitmangel in Verbindung mit einem nicht abtragbaren und schon lange nicht mehr voll nutzbaren »Güterberg – die Wohlstandschaussee ist keine Einbahnstraße. »Eindeutig« und »total« ist der Wohlstand nie: Entweder reifen die Früchte der individuell verfügbaren Zeit oder jene des individuell verfügbaren Güter- und Einkommensreichtums. (Wie reich die armen Leute sein können und wie arm und gehetzt die reichen – das hat uns Michael Ende in seinem Erwachsenen-Märchen »Momo« vor Augen geführt.)

Groß jedenfalls ist die Armut, wenn der Mensch so viele Dinge braucht. Nur Freizeit, die nichts oder wenig kostet, löst sich und befreit uns wirklich aus den Fes-

---

102 Staffan B. Linder, Das Linder-Axiom oder Warum wir keine Zeit mehr haben, Gütersloh–Wien 1971.

seln der Arbeit. Freizeit, die teuer ist, ist stets mit Arbeit erkauft. Und damit dementiert sie eben jene Elemente, die einen wirklichen Einspruch wider das beschränkte und beschränkende Arbeitsdasein begründen könnten: Freiheit und Muße. Die Trivialisierung der Muße zum Arbeitsanhängsel »Freizeit« ist eine der Reibflächen, an welchen sich gegenwärtig der Widerstand gegen die Arbeitsgesellschaft entzündet.

8. Blick zurück nach vorn

In wenigen Jahren bereits, so bilanzierte der Arbeitszeitforscher Pierre Adret[103], werden wir vielleicht noch zwei Stunden pro Tag arbeiten müssen, den Rest besorgen Automaten und Roboter. Und auch der katholische Sozialethiker Oswald von Nell-Breuning entwirft schon für die nicht zu ferne Zukunft die utopische Vision, »daß zur Deckung des gesamten Bedarfs an produzierten Konsumgütern ein Tag in der Woche mehr als ausreicht«[104]. Noch klingen Prognosen abenteuerlich, die besagen, es könnte schon bald üblich werden, statt Entgelt für Arbeit Prämien für den freiwilligen Verzicht auf Arbeit zu zahlen. Und doch ist das System der »leistungsfreien Bereitschaftsprämie« längst gesellschaftliche Realität: in der Übungsfirma, in der Landwirtschaft, in der Bundeswehr.

Wenn wir von der »Freizeitgesellschaft« sprechen, so steht uns, unausgesprochen, fast immer das Bild einer Gesellschaft vor Augen, die über ein historisch singuläres und – angesichts der inneren und äußeren Verfassung dieser Gesellschaft – zumeist auch als problematisch empfundenes Maß an freier Zeit verfügt. Die Vorstellung eines historisch beispiellosen »Freizeitfortschritts« ist jedoch falsch. Vermutlich sind wir soeben dabei, uns allmählich wieder auf jenes Maß an »freier Zeit« zuzubewegen, welches für die archaische Gesellschaft, aber auch zumeist wohl noch für Antike und Mittelalter, ganz selbstverständlich war. Wir leben, wie vor allem M. Sahlins in seinen Studien zur Ökonomie der archaischen Gesellschaft gezeigt hat[105], nicht einmal quantitativ in der imposantesten aller Freizeitwelten.

Daß wir gleichwohl diesem Irrglauben anhängen, hat seinen Grund: In der Tat ist der Freizeitgewinn, gemessen an der Arbeitsbelastung zu den Hochzeiten der Industrialisierung im vergangenen Jahrhundert, gigantisch. Vergleicht man das durchschnittliche Arbeitspensum gegen Ende des zweiten Jahrtausends mit dem Sechzehn-Stunden-Werktag, der Sechs-Tage-Woche und dem durchgängigen Arbeitsjahr aus der strapaziösen Anfangsphase der Industrieepoche, so wird verständlich, warum der heute erreichte Zustand vielen als historisch unvergleichlicher »Sieg« über die Arbeit erscheint.

So wichtig es indes ist, sich zu vergegenwärtigen, daß vergangene Generationen gänzlich ohne organisierte und kommerziell hochgerüstete Freizeitindustrie mit einem ähnlichen Maß an »freier Zeit« zurechtkommen mußten, wie es uns heute wieder verfügbar ist, so wichtig ist auch, sich klarzumachen, was an diesem Vergleich

---

103 Vgl. Pierre Adret, Travailler deux heures par jour, Paris 1977.

104 Oswald von Nell-Breuning, Ein Tag in der Woche reicht aus, in: Vorwärts vom 28. Mai 1981.

105 Vgl. M. Sahlins, Ökonomie der Fülle – die Subsistenzwirtschaft der Jäger und Sammler, in: Freimut Duve (Hrsg.), Technologie und Politik 12, Reinbek 1978, S. 154ff.

notwendigerweise nicht stimmt, ja irreführt: Der Freizeitbegriff, den wir heute verwenden, gewinnt seinen Sinn erst aus den uns geläufigen industriegesellschaftlichen Organisationsformen von Arbeit und Freizeit, vor allem aus der strikten Trennung von Arbeitsplatz und Lebensraum.

9. Die neue »Gleichgültigkeit«

Neben den historisch ganz unvergleichlichen Gefahren- und Risikopotentialen, welche unser Jahrhundert als Folge des wissenschaftlichen und technischen Fortschritts freisetzte, werden die Menschen der kommenden Jahrzehnte vor allem mit einem »inneren« Problem befaßt sein, welches bislang noch kaum richtig identifiziert ist: mit der universalen Gleichgültigkeit, mit dem Verlust der Verbindlichkeit. Noch ahnen wir nicht, was es heißt, stets aufs neue, ohne den entlastenden Zwang des Verbindlichen, uns für das eine und gegen vieles andere entscheiden zu müssen. Noch wissen wir auch nicht annäherungsweise, was es heißen wird, »ohne Gründe« morgens aufzustehen und dem neuen Tag ins Auge zu schauen. Wenn alles, was ist, die gleiche Gültigkeit hat – nämlich keine, da keine unbedingte und ausschließliche –, dann ist auch nichts mehr zu erkennen, was die prinzipielle Vielzahl möglicher Entscheidungen verringern und auf handlich-faßbare Optionen zurückführen könnte. Nichts ist erkennbar, das an die Stelle der unbezweifelten Verpflichtungsgeber von gestern und vorgestern, Religion und Nation, Klassenbewußtsein und Geschichte, treten könnte. Alle unsere Optionen entraten mangels zwingender Verbindlichkeiten und entlastender Vorentschiedenheit zur mehr oder weniger milden Willkür. Wenn nichts mehr »zwingt«, wird ein Zwang allerdings geradezu unabweisbar: der Zwang, das Willkürliche in unserem Tun und Lassen vor uns und anderen zu verbergen.

Eine solche Situation schafft »zwangsläufig« Marktchancen für Botschaften und Dienstleistungen neuer Art: für Verdrängungshelfer und Verbindlichkeitssimulanten, die uns kompensatorisch mit Bewußtsein und Beweglichkeit, mit Motiven und Moral, mit Gänsehaut und guten Gründen ausstaffieren: die Image- und Persönlichkeitsberater, die Automobilhersteller und Animateure, die Betriebspsychologen und Corporate-Identity-Berater, die Unterhaltungsexperten und Zerstreuungsspezialisten. Doch auch mit ihrer vereinten Hilfe ist, so steht zu befürchten, der lebenslange Stellungskrieg wider Gleichgültigkeit und Langeweile, wider Willkür und Motivationsverfall, wider Plausibilitätslücken und Persönlichkeitsdefizite nicht zu gewinnen.

Gegen Langeweile und Gleichgültigkeit gibt es nur ein dauerhaft wirksames Gegenmittel: die selbstaktive, urteilskompetente Persönlichkeit. Doch sind an ihr Politik und Gesellschaft wirklich in ausreichendem Maße interessiert?

Ebensowenig, wie wir als sprachmächtige, schreibtüchtige und mathematisch versierte Wesen auf die Welt kommen, ebensowenig wissen wir von vornherein und ganz von selbst, was uns steht und was nicht, weshalb das eine Bild künstlerisch wertvoll ist und das andere bloß billiger Kitsch. Und wir können auch nicht einfach voraussetzen, wir wüßten, was das uns bekömmliche Maß an Unterhaltung und Nervenkitzel ist, und wir besäßen bereits von jeher ein kritisch-waches Urteil für Menschen und Situationen.

Warum wehren wir in den Gefilden von Urteil und Geschmack, im Bereich der ästhetischen und der Bewußtseinskultur jeden Versuch einer Urteils- und Bedürfnisbildung so nachdrücklich als unerlaubten Eingriff in die Sphäre der Persönlichkeit und ins freie Spiel der sich autonom formierenden Marktkräfte ab? Warum pflegen wir so sorgfältig die Fiktion, wir kämen bereits als rundum urteilskompetente Bedürfnisexperten, mit uneingeschränkter Konsumentensouveränität ausgestattet, zur Welt?

10. Baguette und Telespiele

Meinen wir es aber ernst damit, daß aus Betreuten Selbständige werden sollen, dann gibt es keine einfachere, billigere und wirksamere Daseinsvorsorge für die keimende Nacherwerbsgesellschaft als die, nicht zuallererst den passiven Unterhaltungskonsumenten zu fördern. Wir leisten uns den fragwürdigen Luxus einer technisch ultramodernen, pädagogisch aber vorgestrigen Freizeitkultur. Die passiv gehaltene, fernversorgte Mediengemeinde bietet auch nicht andeutungsweise das Modell eines Freizeitverhaltens, mit dem wir uns auf der Höhe der arbeitsgeschichtlichen Zeit bewegten. Zur »Tätigkeitsgesellschaft« gehören vor allem tätige Menschen; wenn wir diese wollen, dürfen wir nicht im großen Stil von Flensburg bis Friedrichshafen allabendlich die Phantasielosigkeit organisieren. Welch ungeheuren Tätigkeitsvorsprung könnte eine nicht oder doch weniger fernsehende Gesellschaft für sich erringen? Welchen Aderlaß an Aktivität unsere Gesellschaft sich tagein, tagaus leistet, sehen wir am deutlichsten am qualitativen und quantitativen »Lebensvorsprung« jener einzelnen, die sich aus den Fesseln einer passivisierenden Freizeitkultur dauerhaft gelöst haben.

Einer, der es wissen könnte, der ehemalige Fernseh-Macher und Public-Relations-Manager Jerry Mander, mahnt Pädagogen und Politiker, daß wir zwar nie das Recht haben, nach der besten, wohl aber die Pflicht, nach einer immer besseren Welt zu suchen; und hieran läßt er keinen Zweifel: »Eine Welt ohne Fernsehen kann nur besser sein als eine mit«[106].

Was also kommt, wenn die Arbeit geht? Die Wahrheit ist, daß es keine eindeutige Anwort auf den »Verfall der Arbeitsgesellschaft« gibt. Jedenfalls keine Antwort, die sich im Kontinuum herkömmlich-geläufiger Lösungen bewegte, oder, wie Ralf Dahrendorf es ausdrückt: »Keine Antwort, die uns zur schlechten alten Zeit zurückführt.«[107]

Es ist sicher nicht falsch, die Arbeit als gesellschaftlichen Ordnungsfaktor allerersten Ranges zu sehen. Möglicherweise ist die allmorgendliche »Ordnungsleistung« der Stechuhr durch die Ordnungskompetenz von vieltausendfachen »Ordnungskräften« nicht wettzumachen. Hier zeigt sich ein Dilemma der an ihre Grenzen gestoßenen Arbeitsgesellschaft, welches jeden, der unvoreingenommen nachdenkt, nur mit Skepsis erfüllen kann. Zu befürchten ist wohl weniger eine »Zukunft der Arbeitsgesellschaft«, in welcher die Stechuhr durch Polizei ersetzt wird, obgleich sich ähnliche Vorstellungen eines autoritären Lebensdirigismus gar nicht so selten bei jenen finden, die lautstark die »fehlende Disziplinierung« in einer »Welt ohne Arbeit« beklagen;

106 Jerry Mander, Schafft das Fernsehen ab!, in: Lebens-Wandel. Die Veränderung des Alltags, hrsg. von der Psychologie heute-Redaktion, Weinheim–Basel 1981, S. 113ff.

107 Ralf Dahrendorf, Die Chancen der Krise. Über die Zukunft des Liberalismus, Stuttgart 1983.

wahrscheinlicher und wahrhaft »fürchterlicher« ist die Vision einer schönen neuen Freizeitwelt, welche das altbewährte Ordnungsinstrument von »panem et circenses« in zeitgemäßer Version zum funktionalen Ordnungsäquivalent der Stechuhr adelt: Baguette und Telespiele als ordnungsfunktionale Freizeitversion der alten Arbeitsgesellschaft.

Die Mitglieder jener Gesellschaft, die nach der Arbeitsgesellschaft kommt, brauchen vor allem eins: den Mut, an sich selber interessiert zu sein. Wo dieser Mut fehlt, wo es an Selbstachtung und dem Willen zur Selbstverwirklichung mangelt, könnte die Versuchung einer verzweifelten Desertion in Arbeit und in ihr alter ego, den fremdbestimmten Freizeitkonsum, übermächtig werden.

VII. Die Wiederentdeckung der Gestaltbarkeit

1. Strukturwandel und Lebensoptionen

Vielleicht ist, am Ende der alten Fleißgesellschaft, dies von besonderer Wichtigkeit: Es gilt die Gestaltbarkeit wiederzuentdecken, die Gestaltbarkeit unseres Verhältnisses zur Natur wie zur Arbeit und Technik und damit auch: zur menschlichen Lebenswelt. Dies zu erinnern, ist alles andere als überflüssig. Je mehr wir tagtäglich die Wirklichkeit gestalten, desto unvertrauter wird uns die Vorstellung ihrer tatsächlichen Gestaltbarkeit und deren Bedingungen.

Fast immer, wenn Sachzwänge geltend gemacht und befolgt werden, handelt es sich in Wahrheit um »Self-fulfilling-prophecy«-Konstellationen. Der Sachzwang ist nur ein »Konstrukt« – wenngleich ein ungemein wirksames. Er wirkt allerdings nur dort, wo man ihn glaubt oder wenigstens den Glauben anderer an ihn als wirksam in Rechnung stellt.

Auf unser Thema gewendet bedeutet dies: Wir müssen den »Strukturwandel« stets zu unseren »Lebensoptionen« in Beziehung setzen. Dafür aber ist vor allem erforderlich, daß wir welche haben, daß wir sie uns bewußt machen, und daß wir sie immer wieder auf ihre humane Zuträglichkeit hin prüfen und befragen.

Die unkontrollierte Überformung der sozialen Lebenswelt durch Technik und Ökonomie ist eine direkte Folge unserer Abstinenz in den großen Fragen der Lebensoption. Nur deshalb konnte die Technik mehr und mehr in die »Leerstelle der menschlichen Persönlichkeit«[108] einrücken. Technik (und technischer Wandel) ist kein Dämon – solange wir sie unter die Kontrolle bewußter Optionen stellen. Doch davon sind wir weit entfernt.

Statt beharrlich zu fragen, was unsere Bedürfnisse sind, statt auf dem zu insistieren, was uns wünschenswert erscheint, fragen wir viel zu sehr danach, was für die Zukunft technologisch zu erwarten ist. Diese Sicht unterstellt einen Selbstlauf der Entwicklung, den es nur gibt, weil er nicht von einer ausreichenden Zahl von Menschen in Frage gestellt wird. Wir müßten uns viel stärker daran orientieren, wie wir leben, und deshalb auch wie wir arbeiten wollen, statt immer bloß daran, was die »neuen Technologien« bringen. Nichts verändert die Gesellschaft in all ihren Äuße-

108 Vgl. L. Mumford (Anm. 46), bes. S. 809ff., 16.

rungsformen und auf allen Ebenen so sehr wie die Technik. Deshalb dürfen wir sie nicht den Technikern und den Ökonomen überlassen; deshalb müssen wir sie politisch gestalten. Wir dürfen uns auf den sich abzeichnenden Strukturwandel im Bereich der neuen Kommunikationstechnologien und der rechnergestützten Produktion, der Gentechnologie und der neuen Wirkstoffe nur einlassen, wo er uns willkommene Lebensoptionen eröffnet; und wir müssen Nein-Sagen lernen, wo er solche Möglichkeiten gerade abschneidet, wo er unser Wesen verbiegt, unsere Sinne abstumpfen läßt, das soziale Leben verödet, und dies unabhängig davon, ob sich mit dem Aufgreifen neuer Technologien kurzfristige ökonomische Interessen verbinden oder nicht.

Jede menschliche Kultur ist Ausfüllung eines Freiraums, d.h., jede Kultur ist dadurch gekennzeichnet, daß sich der Mensch in ihr dank seiner Reflexivität gegenüber den Naturzwängen einen Freiraum erschließt. Dieser Freiraum ist Spielraum: Raum für spielerisches Erproben unterschiedlicher Möglichkeiten. Dies eben gilt es wiederzuentdecken: daß die Regeln unserer Zivilisation – unseres Lebens, unseres Wirtschaftens, unseres Umgangs mit der Natur – unsere eigenen Spielregeln sind und damit – änderbar; daß Rollen, die wir spielen, eben nur »Rollen« sind, für die es immer auch ein anderes Drehbuch geben könnte; daß Computerprogramme »Programme« sind[109], Setzungen mehr oder weniger willkürlicher Art, die immer auch anders hätten ausfallen können; daß es mithin nicht Naturgesetze sind, die uns die industriezivilisatorischen Imperative des blinden Wachstums, des himmelstürmenden Fortschritts und des Wagnisses um jeden Preis auferlegen, sondern die selbstgesetzten Handlungsbedingungen. Entdecken wir also aufs Neue, daß wir machen, was wir immer gemacht haben, daß die Welt gestaltbar ist, weil sie uns selbst immer schon als Ergebnis von Gestaltung entgegentritt.

2. *Fehlerfreundlichkeit als Strukturmerkmal der »nachindustriellen Welt«*

Zur Entdeckung und Wiedergewinnung der Gestaltbarkeit gehört vor allem der richtige Umgang mit unserer – unvermeidlichen – Unsicherheit. Die Versuchung ist groß, sich der allgemeinsten Fluchtbewegung unserer Zeit, der Flucht in die Gewißheit, in die vermeintliche Sicherheit der großen Strukturen, anzuschließen.

Der Mensch hat immer schon die Welt gestaltet. Doch er hat ebenso beharrlich den Modus dieser Gestaltung und seine Bedingungen verkannt: Wir haben uns nicht emporgeplant und emporgedacht, wir haben uns emporgeirrt[110]. Den weiteren Entwicklungsgang können wir allenfalls umwegig fördern, in dem wir die Rahmenbedingungen für eine nicht-katastrophische Entwicklung günstig gestalten.

Die Evolution, die sich Zeit läßt und sich im Wege von Versuch und Irrtum höchst gemächlich vorantastet, könnte Vorbild sein. »Behutsamkeit, Gemächlichkeit und Vielfalt« könnten als Leitprinzipien fungieren[111]. Eine möglichst große Zahl verschiedener kleiner Schritte ist dem einzigen »großen Sprung nach vorn« eindeutig vorzu-

109 Vgl. ebd., S. 53ff., 809ff.
110 Vgl. B. Guggenberger, Das Menschenrecht auf Irrtum (Anm. 4).
111 Vgl. Peter Kafka, Kernfragen: Wirtschaftswachstum und Energiepolitik, in: Vorgänge, 18 (1979) 37, S. 21ff.

ziehen, weil sie das ganz große Risiko vermeidet, vor allem aber, weil sie den unmenschlichen Zwang von uns nimmt, uns um den Preis des Gattungsmenetekels nicht irren zu dürfen.

Eine Welt, die den Irrtum verbietet, ist eine unmenschliche Welt. Kann es aber einen Zweifel geben, daß wir unsere Welt jeden Tag mehr mit Strukturen überziehen, die den »Irrtum« – den kollektiven wie den individuellen – verbieten? Daß wir Lebensverhältnisse festschreiben und fortentwickeln, unter denen wir uns nicht mehr irren dürfen – weder bei der Entscheidung für eine Energietechnologie noch bei irreversiblen großflächigen Stadtplanungen, weder im Cockpit eines Jumbojets noch an den Schalthebeln der atomaren Wechselbedrohung?

Errare humanum est – wir haben diesen Satz allzulang mißverstanden: Wir sind gewohnt, ihn so zu hören, als konstatiere er einen Mangel. Wir sollten ihn jedoch wohl eher im Sinne einer Auszeichnung interpretieren – als eine Aussage letztlich darüber, was den Menschen eigentlich zum Menschen macht, was ihn in spezifischer Weise vor anderen Lebewesen auszeichnet: Allein der Mensch kann sich irren und folglich dazulernen, es sei denn, er richtet sich die Welt so ein, daß Irrtümer unausweichlich lebensgefährlich und gattungsbedrohend werden.

Wenn es aber zu den spezifischen Möglichkeiten des Menschen gehört, sich selbst und seine Lebensverhältnisse durch Irrtumserfahrung zu bereichern und zu erweitern, dann gibt es auch so etwas wie ein Menschenrecht auf Irrtum, oder, anders gewendet, eine Pflicht zur Schaffung und Erhaltung einer fehlerfreundlichen Umwelt; wenn es geradezu einen Teil seiner Überlegenheit ausmacht, daß er im Wege von Versuch und Irrtum klüger werden kann, dann gilt es, alles daran zu setzen, sich diese Art des Lernens und Dazu-Lernens auch in der nachindustriellen Ära zu erhalten.

Wie wenig wir um diesen Zusammenhang wissen – die Steigerung unserer Adaptivitätschancen durch Irrtumslernen –, zeigt exemplarisch das gedankenlose Reden von »menschlichem Versagen«, zuletzt bei den Katastrophen von Harrisburg und Tschernobyl, Biblis und Ramstein. Was wir in Verkennung unserer eigenen biologischen und psychologischen Ausstattung als »menschliches Versagen« bezeichnen, ist stets Versagen einer nicht menschengemäßen Technik, d.h. einer Technik, die den Fehler oder den Irrtum nicht nur nicht honoriert, sondern über Gebühr bestraft.

Das Spiel weit mehr als die Arbeit ist das »formative Element« in der menschlichen Kultur. »Kein einzelnes Merkmal, nicht einmal die Werkzeugherstellung, genügt, um den Menschen zu identifizieren. Spezifisch und einzigartig ist die Fähigkeit des Menschen, eine große Vielfalt tierischer Eigenschaften zu einer neuen kulturellen Gegebenheit zu vereinen: zur menschlichen Persönlichkeit.«[112] Diese kulturelle »Basiserrungenschaft«, der alles weitere sich verdankt – von der Demokratie bis zum Dynamo, vom Gilgamesch-Epos bis zur Gegensprechanlage – ist heute bedroht. Wie der Vogel die Luft und der Fisch das Wasser, so braucht die menschliche Persönlichkeit, um sich zu erhalten und zu erweitern, das Medium, dem sie entstammt, das Spiel von Versuch und Irrtum. Die Geschichte der Technik hat eine lange nicht-technische Vorgeschichte, in welcher Kräfte und Mächte des menschlichen Geistes sich formieren und der Mensch das aus sich selbst macht, was ihn befähigt, etwas aus seiner Umwelt zu machen. Bevor er Felder und Felsen bearbeiten konnte, mußte er erst sich selbst »bearbeiten«; bevor er daran gehen konnte, seine Werkzeuge und technischen

112 L. Mumford (Anm. 46), S. 16.

Gerätschaften zu vervollkommnen, mußte er erst sich selbst organisch, geistig und kulturell vervollkommnen.

Die lange Periode, während der der menschliche Geist sich formiert, bildet die »Inkubationszeit« für alle kulturellen Folgeentwicklungen, auch für die Technik. Das Werkzeug folgt dem Geist, nicht der Geist dem Werkzeug. Erst eine einseitig machensselige und geistfremde Welt stößt diese Rangfolge um.

Kann die Technik selbst auf Dauer die Absage an den geistigen Menschen überleben? Wie sähe eine Technik aus, der das geistige Fundament wegschrumpfte, der die subjektiven Impulse und der Fingerzeig der Phantasie abhanden kämen? Bezeugt das, was uns gegenwärtig an der technischen Entwicklung so sehr erschreckt und beunruhigt, nicht bereits den Ungeist der geistlosen Zeit: den schrittweisen Umbau der Welt zur nuklearzeitlichen Überlebenskatakombe?

Was durch den Geist entstanden ist, kann auch durch ihn vernichtet werden – auch durch sein allmähliches Versiegen. Eine Epoche, welche das Werkzeug (in seiner erweiterten Form als Technostruktur) in die Leerstelle der menschlichen Persönlichkeit einrücken läßt, schneidet sich von den Quellen ihrer eigenen Kreativität ab.

VIII. Denken über den Staat hinaus, Konturen einer neuen Weltordnung?

1. Erosion des Politischen: Regionalisierung und Globalisierung

Wir leben in einer Übergangszeit mit allen Insignien des Nicht-mehr und Noch-nicht, aber auch des Noch-nicht und Doch-schon, welche einen Zustand der Krise und der Erosion überkommener Politik kennzeichnen: Den Strahlpunkt, in dem all das sich vereint, was allen gemeinsam ist, gibt es nicht mehr. Die alten Bestimmungen des Politischen verblassen und mit ihnen die stabilisierenden Verpflichtungen und die orientierenden Gewißheiten von gestern – vor allem die der nationalstaatlichen Politik; die neuen Haltgeber, die neuen Kristallisationskerne für Identität und Loyalität aber sind noch nicht verfügbar. Und dennoch – allenthalben ergrünt auch Neues: neue Werte und neues Bewußtsein, neue Bedürfnisse und neue Optionen.

Schon die Bürgerinitiativbewegung an der Schwelle der achtziger Jahre hatte im Kampf gegen die Verwüstung der Städte und des Landes, im Aufbegehren gegen die bürokratischen Modernisierungsfeldzüge der »großen Politik« (z.B. die »Verwaltungsreform«), im Widerstand gegen die Gefräßigkeit des alles sich einverleibenden Zentralismus das Besondere, die Region, ja »die Heimat« wieder entdeckt, – den überkommenen, vertrauten Lebensraum, den man mit Zähnen und Klauen gegen ausgreifende technokratische Großplanung verteidigte[113].

Politik, jedenfalls die »große Politik« der Parteien und Parlamente, der Führungszentralen und Eliten, ist zu weit weg und emotional zu unerheblich, als daß sie das motivierende »Tua-res-agitur« (»Deine Sache steht auf dem Spiel«) hautnah erfahr-

113 Vgl. Gerd-Klaus Kaltenbrunner, Regionalismus – Lob des Kleinstaats, München 1979; Bundeszentrale für politische Bildung (Hrsg.), Heimat. Analysen, Themen, Perspektiven, Bonn 1990.

bar machte. Gemeinsame Paßeintragungen und identische Wahltermine allein stiften noch lange keine politische Identität.

Der Rekurs aufs Einzelne, Besondere, Abweichende und Einmalige, die Rückbesinnung auf Herkunft und Heimat – als geographischem Raum wie als Teilstück gelebten Lebens –, dies alles wird gerade dadurch zum Politikum, daß es direkt oder indirekt dazu auffordert, der Welt der »großen Politik« und der »großen Strukturen« Lebewohl zu sagen. Mehr als nur ein Hauch von direkter Demokratie liegt in der Luft, vielfach schwingt schon die unverbrämte Absage ans Allgemeine mit, das kaum überhörbare Auswanderungsbegehren in Richtung einer überschaubaren Mikropolitik des Wünschens und Sehnens, der deutliche Dissidenzappell wider Parteien und Verbände, wieder Bürokratien und Großorganisationen.

Eine solche Deutung gewinnt durch den Zusammenbruch ideologischer Großpolitik und die vielfältigen Dissidenz- und Absetzbewegungen des Ostens, insbesondere durch die ethnischen und regionalistischen Autonomie- und Souveränitätsbestrebungen innerhalb des sowjetischen Riesenreiches, an zusätzlicher Plausibilität. Im westlichen Europa gab und gibt es mindestens 23 zum Teil recht militante regionalistische Bewegungen. Es war wohl immer schon falsch, mindestens aber mißverständlich, mit Blick auf die dissoziativen ethnischen und regionalistischen Strebungen im einstigen Ostblock von »Nationalitätenproblemen« zu sprechen und damit die säkulare Widerkehr nationaler oder gar nationalstaatlicher Orientierungsmuster nach dem Vorbild des 19. Jahrhunderts zu suggerieren. Die nationalistische Politik des vergangenen Jahrhunderts war vor allem durch das expansionistische Element gekennzeichnet; für die aktuellen separatistischen Strebungen einer kulturellen und kleingemeinschaftlichen Besonderung aber sind, gerade umgekehrt, durchweg reduktionistische Tendenzen, Konzentrations- und Verdichtungsneigungen bestimmend, das »Small-is-beautiful«, nicht die »Grande Nation«.

Und doch steht auch das ganz Andere: die Orientierung an der Welt als ganzer, an »der Menschheit«, »der Natur« auf der Tagesordnung. Die aktuellen Kräftefelder des Politischen sind nicht nur am Kleinräumigen und regional Besonderen, sondern auch am Großen und Ganzen ausgerichtet. In den politischen Bewegungen der Stunde ist die Globalisierung ebenso virulent und aktuell wie die Regionalisierung. Nur wenn wir beide Tendenzen zusammensehen, entsteht das wirkliche Bild.

2. Weltweite Ungleichzeitigkeit

In der Tat ist es nicht ganz falsch zu sagen, daß dieselben Bedingungen, die für Katastrophen und Gefahren verantwortlich sind, unter Umständen auch die faszinierenden Möglichkeiten einer menschlicheren, glücklicheren Zukunft eröffnen. Die Erschütterungen und Krisen von heute künden vielfach von beidem zugleich: vom Ende der »alten« Industriewelt und der Morgenröte einer neuen, von Grund auf anderen Zivilisation – aber eben auch von etwas Drittem, bis dahin gänzlich Unerhörtem: der Möglichkeit des Rückfalls der gesamten Gattung ins Nichts.

Das Schreckenspanorama an der Schwelle zum 21. Jahrhundert ist dabei, wie wir sahen, keineswegs »handgestrickt« – weder von naiven Aussteigern noch von professionellen Fortschrittsgegnern, weder von neurotischen Schwarzsehern, noch von steineschmeißenden Berufsdemonstranten. Es sind und waren gewiß keine notorischen

Querulanten und endzeitlichen »Überzeugungstäter«, die unserer Gesellschaft in den letzten zehn bis fünfzehn Jahren den Spiegel der Kritik vor Augen hielten, um vor energieverzehrendem Wachstumswahn, weltweiter Umweltverschlechterung, katastrophalem Rohstoffschwund, globalem Wettrüsten und der grotesken Gefahren- und Risikenballung durch katastrophennah operierende Großtechnologien zu warnen. Ging es nur um die postpubertären Ergüsse zivilisationsmüder Apokalyptiker und romantischer Aussteiger, so könnte die »offizielle Gesellschaft« der grassierenden Rüstungsangst und dem expandierenden Fortschrittsskeptizismus leicht die kalte Schulter zeigen. Doch die entscheidenden Analysen, Denkzusammenhänge und Stichwörter lieferten und liefern gut besoldete und höchst angesehene Wissenschaftler aus aller Welt.

Unser Erschrecken und unser kollektiver Aufschrei im Gewahrwerden eines Fortschritts, der oft eher ein Rückschritt ist, hat auch seine Ursache in der Größe, ja der schieren Unlösbarkeit der vor uns liegenden Aufgaben und in der geradezu grotesken Ungleichzeitigkeit in der Verbreitung des Bewußtseins und der Einsicht in die neuen Notwendigkeiten. Ist der Nationalstaat überhaupt noch die politische Handlungseinheit, die angemessen auf die neuen Probleme und Großgefahren reagieren kann? Müßten wir nicht vielleicht längst konsequenter über den Staat hinaus denken?

Vieles, was wir längst sehen konnten, hat der Golfkrieg uns deutlicher sehen gemacht[114].

Der bedrohlichste Aspekt des gegenwärtigen Weltzustandes ist wohl: daß fast alle Akteure über ultimative Vernichtungswaffen und Zerstörungsmittel verfügen, sich aber aufgrund der weltweit ungleichzeitigen Kulturentwicklung nicht alle auf dieselbe Handlungsrationalität festlegen lassen.

Die zwanghafte Europäisierung der Welt in noch nicht einmal einem Halbjahrhundert hat global eine lebensbedrohende Ungleichzeitigkeit von Wollen und Können, von technischer Wirkmächtigkeit und kulturweltlicher Bändigung entstehen lassen. Die Brisanz der gegenwärtigen Weltsituation ist in der Formel des »Noch-nicht und Doch-schon« umschreiben: Nomaden im Straßenkreuzer, Stammeskulturen mit Television, Steinzeitkinder mit automatischen Schnellfeuerwaffen. Viele Völker der außereuropäischen Welt partizipieren allenfalls oberflächlich an unserer Kultur des Intellekts, des rationalen Sicherheitskalküls und der zurückgedämmten Gewaltbereitschaft; aber sie verfügen bereits fast uneingeschränkt über unsere hochproblematische Technik, die durch Selbstbeherrschung zu beherrschen uns bislang selbst nicht gelungen ist.

Die zur Weltzivilisation gewordene europäische Zivilisation bedroht ohne jenes Maß an verläßlicher Selbstdisziplin, der sie ihren eigenen Erfolg dankt, nachgerade die gesamte Gattung. Gewaltverzicht und Aggressionshemmung, Selbstbegrenzung und Selbstbeherrschungsfähigkeit, Toleranz und Maß – und obendrein noch die ungefähre weltweite Gleichverteilung all dieser Tugenden und Vermögen, sie wären das unhintergehbare Gebot einer globalen Überlebenspartnerschaft in der nuklear-

114 Zum folgenden vgl. Bernd Guggenberger, Wenn der Staat Leben und Gut des Bürgers nicht mehr schützt. Nachgedanken zum Krieg am Golf, in: Frankfurter Rundschau vom 25. April 1991; ders., Der erste der letzten Kriege. Nachgedanken zum Krieg am Golf, Eggingen 1991.

zeitlichen Ära. Ein solches Gebot stellt vor allem die Völker der nicht-europäischen Kulturbereiche unter einen historisch beispiellosen Lernzwang.

Wie kann ihnen in wenig mehr als einer Generation gelingen, was uns in Jahrhunderten nicht gelungen ist – die psychologische Meisterung des atemlosen Fortschritts ohne Irrtümer, Kriege, Gewalt und Barbarei?

Bedenken wir für einen Augenblick, bevor wir urteilen und verurteilen, die Dimensionen dieser Überforderung, dann kann der fundamentalistische Rückfall fast als gesunde Abwehrreaktion der wandlungsgestreßten Kollektivseele erscheinen. Oder haben wir wirklich geglaubt, wir könnten Völkern, bei denen sich weder Kernseife noch Schulpflicht allgemeiner Verbreitung erfreuen, ohne uns selbst zu gefährden beim – profitablen – Basteln an der Bombe zur Hand gehen?

Die latente Gefährdung des Ganzen ist der Grund dafür, daß es in der westlichen Welt – am ausgeprägtesten bislang in der Bundesrepublik – eine jederzeit politisch aktivierbare angstbestimmte Friedensbereitschaft gibt, gelegentlich bis hin an die Grenzen der Militanz.

3. Schutz und Gehorsam – die »Entwaffnung des Bürgers«

Wir sollten uns bemühen, Wesen und Motive der oft gescholtenen Friedensbewegung besser zu verstehen; und zwar nicht deshalb, weil diese Bewegung für sich genommen so überaus bedeutsam und interessant wäre, sondern weil sich in ihr ein in die Zukunft weisendes, allgemeines »Befinden« ausdrückt – im doppelten Sinne eines Seins wie eines Urteilens –, an dem wir alle bereits teilhaben.

Die Befreiung aus den Zwängen und Bedrohungen der individuellen Willkür und des Bürgerkriegs bildet – ganz so wie dies die grandiose Deutungsfigur des philosophischen Ahnherrn der politischen Moderne, Thomas Hobbes, nahelegt[115] – die zivile Urerfahrung. In dieser Erfahrung wurzeln alle bürgerlich-demokratischen Folgeerfahrungen bis hin zu den aktuellen Freiheits-, Rechts- und Teilhabegarantien.

Der Bürger ist in der Erfahrung willkürfreier Ordnung großgeworden. Von ihr ist auch die Friedensbewegung geprägt, ob sie das nun weiß und wahrhaben will oder nicht. Sie erfährt nur aufgrund ihrer spezifischen Idiosynkrasien den Krieg noch deutlicher als das, was er im Prinzip allem ordnungsgeprägten bürgerlichen Bewußtsein bedeutet: Wiederkehr des Naturzustands, Einbruch der Anarchie in jene rechtlich, sozial und verwaltungstechnisch wohlgeordnete Welt bürgerlicher Sicherheiten und Stetigkeiten.

Schon Sigmund Freud hatte auf seiten des Pazifismus eine »konstitutionelle Intoleranz« wider den Krieg und alles Kriegerische ausgemacht. Wieviel mehr haben sich seither, zumal nach dem Trauma des Zweiten Weltkriegs, psychische Haltungen verfestigt, die auf eine strikte Tabuisierung des Kriegs und jedweder Aggressionsneigung hinauslaufen. Verwundern kann eigentlich nur, daß das Verwundern so allgemein ist, wenn gerade die mit höchstem polit-pädagogischem Bildungsaufwand professionell zu Demokratie, Toleranz und friedlichem Konfliktaustrag »reeducierten« Deutschen sich mit der Kriegsführungsbereitschaft dieser Tage noch schwerer tun als andere.

115 Vgl. Thomas Hobbes, Leviathan oder Stoff, Form und Gewalt eines bürgerlichen und kirchlichen Staates, hrsg. von Iring Fetscher, Neuwied–Berlin 1966.

Offensichtlich wird die psychologische Wirkung einer langanhaltenden, konstitutiven Friedensausrichtung in der öffentlichen wie in der privaten Lebensdimension unterschätzt; offensichtlich ist es den habituell auf Friedfertigkeit verpflichteten Nachkriegsgenerationen nicht so ohne weiteres möglich, zwischen den beiden als zutiefst widersprüchlich empfundenen Wert- und Anforderungssystemen Frieden und Krieg hin und her zu wechseln.

Diese Verunsicherung ist nichts spezifisch Deutsches; sie wird lediglich unter dem Vergrößerungsglas unserer historischen Erfahrungen bei uns in besonderer Weise augenfällig. Auf Dauer aber werden sich alle Mitglieder der von Grund auf »pazifizierten« westlichen Welt, die sich, jenseits ihrer rüstungs- und wehrpolitischen Anstrengungen, umstandslos der kulturweltlichen Bändigung der Aggression verschrieben hat, unvermeidbar im Gitternetz dieser konfligierenden Moralen verheddern. Von der Erosion der Bereitschaft, dem Staat zu folgen, wenn er zum Krieg befiehlt, ist längst die gesamte westliche Welt, sind gerade auch die Vereinigten Staaten betroffen. Und es ist gewiß nicht abwegig zu vermuten, daß dieser Trend sich in Zukunft noch erheblich verstärken wird; denn seine Ursachen liegen nicht in einer kurzfristigen politischen, sondern einer grundlegenden kulturellen »Option« mit langer Vorgeschichte: im abendländischen Kriegs- und Aggressionstabu, flankiert von der neuzeitlichen Aufwertung des individuellen Menschenlebens wie des materiellen Güterbesitzes.

Am Beginn des modernen Verfassungsstaates steht Thomas Hobbes' lapidare Feststellung der unaufhebbaren Komplementarität von Schutz und Gehorsam: Der Bürger akzeptiert die Schrecken überlegener Staatsmacht nur, weil diese ihn vor den schlimmen Auswirkungen des Bürgerkriegs aller gegen alle bewahren. Thomas Hobbes, zu Unrecht nur als Verfechter der absoluten Staatsgewalt in Erinnerung, benennt schon 1651 die äußerste Grenze des Bürgergehorsams: »Die Untertanen sind dem Herrscher nur so lange verpflichtet, wie der Herrscher die Macht hat, sie zu beschützen.«[116] Die Legitimität des Lebensrechts ist konkurrenzlos. Es gibt keine übergeordnete Verpflichtung, welche sie außer Kraft setzen könnte. Die große Errungenschaft am Beginn der politischen Neuzeit, der alles Folgende sich verdankt, war die Entwaffnung des Bürgers. Mit ihr erblickte der moderne Staat das Licht der Welt. Die Monopolisierung der Mittel legitimer physischer Gewalt durch den Staat – sie erst erschuf den Staat *als Staat*. Alles Weitere nahm von hier, von dieser fundamentalen Gründungs- und Befriedungsleistung her, seinen Ausgang: die allmähliche Bändigung der Staatsgewalt, Gewaltenteilung, Rechts- und Sozialstaatlichkeit, Menschen- und Bürgerrechte, politischer Pluralismus, Minderheitenschutz.

Doch am Beginn der modernen Staatlichkeit steht auch der unhintergehbare Akt allgemeiner Verzichtsleistung: der Verzicht jedes einzelnen auf das Recht, sich selbst Recht zu schaffen. Und die Legitimität des Staates begründet in der Folge ein unablässig sich wiederholendes »Tauschgeschäft« – Schutz gegen Gehorsam: Der Bürger gehorcht, solange der Staat ihm und seinem Eigentum Schutz garantiert.

Wir brauchen Leben und Sicherheit nicht mehr eigenverantwortlich, unter Einsatz der Person, tagtäglich selbst zu verteidigen, da wir vom Staat wirkungsvoll geschützt werden. Wenn aber der Staat in den Aktionen der äußeren Politik sich selbst in die freie Wildbahn der zwischenstaatlichen Anarchie begibt, und es zum Äußersten

---

116 Ebd.

kommt, zum Krieg, dann trifft den (wehrfähigen) Bürger ganz unvermittelt die staatliche Zumutung der historisch längst überwunden geglaubten Pflicht zum Mut.

4. Schutzkompetenzverlust des Territorialstaats – »Entwaffnung der Staaten«

Das atomare Zäsurbewußtsein, das vor allem in der Friedensbewegung und verwandten Gruppierungen zu Hause ist, kann verglichen werden mit dem Bewußtsein der Bewohner der spätmittelalterlichen Stadt, welchen ihre Stadtmauer angesichts weittragender Feuerwaffen keinen Schutz mehr bot, und die sich Sicherheit fortan nur noch vom größeren Territorialverband erhoffen konnten.

Folge- und Gehorsamsbereitschaft des einzelnen gegenüber der übergeordneten politischen Einheit sind aufs engste mit der Vermutung verknüpft, diese Einheit sei imstande, das Überleben und den langfristigen Erhalt der Lebensbedingungen zu sichern. Gerät diese Vermutung in die Grauzone des Zweifels, so ist der Loyalitätsentzug fast zwangsläufige Konsequenz.

Dieser Aspekt, der Aspekt objektiven Loyalitätsschwundes aufgrund des säkularen Schutz-Kompetenzverlusts der bis dahin maßgeblichen politischen Handlungseinheit ist in allen Diskussionen über die Gründe und Abgründe der neuen Weltbewegung für den Frieden erstaunlicherweise nie wirklich thematisiert worden. Er aber verkörpert das eigentlich Dramatische in den aktuellen Auseinandersetzungen, er enthält die Sprengkraft des Neuen.

Der Staat der atomaren Ära ist, gemessen am Hobbesschen Gehorsamskriterium, loyalitätspolitisch überfordert. Es liegt in der unabwendbaren Konsequenz transnationaler Situationsdeutung, daß die Bedingung, an die der Bürgergehorsam gebunden ist: die Gewährleistung des Friedens, nicht mehr eine einzelne Regierung, sondern nur noch die Welt als ganze zu beglaubigen vermag. Dies ist nur eines der vielen Dilemmata, in welche uns die Ungereimtheit einer wirkungspolitisch längst realen »Weltinnenpolitik« stürzt, der noch immer die verantwortlich handelnde Weltregierung fehlt.

Die technischen Errungenschaften der letzten hundert Jahre haben uns die Erfahrung beispielloser Erdschrumpfung und historisch einmaligen Entfernungsschwundes beschert. Die »harte Schale«, welche das staatliche »Innen« vom weltpolitischen »Außen« abschirmte, ist »permeabel« geworden[117], brüchig und durchlässig für »Einflüsse« jeder nur denkbaren Art. Moden, Meinungen, Seuchen und Umweltgefahren machen ebensowenig vor Schlagbäumen halt, wie sich Interkontinentalgeschosse, Raketen und Satelliten am territorialen Grenzverlauf orientieren. Dies alles bedingt eine Entwicklung, in welcher der Staat nicht mehr alleiniger, unbestrittener Garant und Organisator einer territorial geschlossenen Schutzgemeinschaft sein kann. Er bildet nicht mehr jene Einheit, welcher der einzelne sich uneingeschränkt verpflichtet weiß, weil ihr Schutzvermögen ihm unzweifelhaft erscheint. Vor allem die waffentechnologische Entwicklung der letzten fünfzig Jahre hat die Struktur moderner Staatlichkeit von Grund auf verändert. Angesichts weltweiter Vernichtungsfähigkeit verliert der Territorialstaat zusammen mit seiner Funktion als Schutzeinheit auch seine Bedeutung als erstrangiges Kristallisationszentrum politischer Loyalität: Dies vor allem ist

117 John H. Herz, Weltpolitik im Atomzeitalter, Stuttgart 1962.

die Erfahrung, welche die Friedensbewegung prägt und welche sie innenpolitisch zu einem latenten »Bürgerkriegsfaktor« werden läßt.

Die Friedensbewegung denkt systematisch über den Staat hinaus; sie stellt die herrschende Dichotomisierung unserer Moral in eine solche des gehegten, geordneten, befriedeten »Innen« und eine solche des regellosen, ungeordneten, macht- und drohpolitisch bestimmten »Außen« radikal in Frage; genauer: sie bricht mit jener »etatistischen Amoral«, welche dem Staat in seiner außengerichteten Politik eben das erlaubt, was sie dem Bürger verbietet: zu erpressen, zu drohen, zu rauben, zu töten, Mitleid und Hilfe vorzuenthalten.

Soll etwa dem modernen Staat recht sein dürfen, was den Fehdeparteien, den Raubrittern, Strauchdieben und Wegelagerern von gestern und vorgestern billig war? Die Friedensbewegung beharrt darauf, daß es keinen Sinn ergibt, den Bürgerkrieg zu ächten, solange nicht auch der Staatenkrieg sich grundsätzlich verbietet; sie beharrt darauf, daß der Entwaffnung der Bürger die Entwaffnung der Staaten folgen müsse, soll denn erstere einen wirklichen Fortschritt bedeuten.

Die gegen das regellose Außen abschirmbare Innenwelt staatsbürgerlicher Ordnung ist eine Illusion, die der auf seinem »weltbürgerlichen« Status beharrende Pazifist zerstört, wenn er sich dem Frieden, der Menschheit, der Natur oder der Welt als ganzer mehr verpflichtet glaubt als staatlichen Befehlen. Solange der »Naturzustand« jederzeit an die Einlaßpforte der äußeren Politik pochen kann, solange bleibt auch der innere Friede prekär.

5. *Staat oder Menschheit? Treuepflichten jenseits des Staates*

Die Geschichte der politischen Ideen ist durch ein symptomatisches Defizit an transnationaler Denkungsart gekennzeichnet, oder, anders gewendet, durch die Schlagseite zugunsten des Staates. Oblgeich dies im Prinzip immer schon gegolten hat, ließ erst die Weltkriegserfahrung dieses Jahrhunderts die Einsicht keimen, die sich seither immer mehr verdichtet: daß die Möglichkeiten von Leben und Wohlstand, Freiheit und Glück, Frieden und Demokratie immer auch im interstaatlichen Zustand wurzeln, in den Gesetzmäßigkeiten des »äußeren Staatenverhältnisses«, in der allgemeinen Fähigkeit zum »weltbürgerlichen Zustand« (I. Kant); und daß der Zustand der internationalen Organisationen einer der großen Skandale dieses an Skandalen reichen Jahrhunderts ist. Jeder multinationale Konzern müßte mit Blick auf die Organisationsfähigkeit seiner Interessen der internationalen Staatengemeinschaft die Schamröte ins Antlitz treiben.

Wer konsequent über den Frieden nachdenkt, landet immer bei einer Welt der Besorgnisse und Treuepflichten *jenseits* des Staates. In diesem Sinne ist Friedensphilosophie immer und unvermeidlich Philosophie in weltbürgerlicher Absicht, wie wir sie am eindeutigsten bei Kant vorgedacht finden. Wer immer über die Bedingungen des Friedens nachdenkt, wird ohne Zweifel finden, daß er nicht nur Bürger eines bestimmten Staates ist, mit allen Rechten und Pflichten, die sich aus diesem Status ergeben, sondern eben auch *Weltbürger,* – ein Status, der Loyalitäten, Sollensüberzeugungen und Verhaltenspflichten ins Spiel bringt, die von Grund auf mit jenen des Angehörigen eines bestimmten Staates konfligieren können. Dieser Zwiespalt des Gewissens ist vom einzelnen her prinzipiell solange nicht zu überwinden, wie die

Anarchie der Staatenwelt anhält. Im Kern geht es immer um die Frage, wem ich mehr verpflichtet bin: dem »Projekt« Menschheit (samt der zugehörigen allgemeinen Lebensbedingungen, jedenfalls seit diese auch von einem einzelnen Staat her gefährdbar sind) oder den Interessen und Anordnungen meines Staates. Wer meint, die in dieser Grauzone beunruhigender Ungewißheit stets latenten Gewissenszweifel einfach dadurch zum Verstummen zu bringen, daß er den skrupulösen Staatsbürger in Uniform wider den pflegeleichteren Profikrieger tauscht, hat von der wahren Dimension der Herausforderung durch zwei unvereinbare Moralkonzepte nichts begriffen.

Im öffentlichen Für und Wider zum Golfkrieg ist dabei ein Gesichtspunkt fast immer übersehen worden, welcher gerade in diesem Konflikt ein Anlaß der Hoffnung sein könnte: Erstmals haben sich in einer so grundlegenden, die ganze Welt betreffenden Herausforderung die beiden Supermächte im Sicherheitsrat der Vereinten Nationen mit ihren Voten nicht wechselseitig blockiert, sondern eine gemeinsame, in den Grenzen der von der UNO begründeten Verbindlichkeitsstrukturen auch »legitime« Sanktion zustande gebracht. Auch wenn im Feldzug wider den irakischen Aggressor nahezu alle Gesetze des Handelns auf seiten Amerikas als der kriegführenden Hauptmacht lagen, ist der Golfkrieg wohl nur als ein »Krieg neuen Typs« angemessen zu begreifen: Er ist, anders als die Kriege der Vergangenheit, kein Krieg mehr bloß zwischen Staaten, sondern – als Weltgemeinschaftsaktion wider den das Recht brechenden Einzelstaat – der erste der »letzten Kriege«; ein Krieg qualitativ neuer Art, weil hier der eine gegen die verbindliche Sanktion aller anderen steht.

Eines Tages könnte sich auch die in den Vereinten Nationen organisierte Weltstaatengemeinschaft zu der Einsicht bequemen, daß der Schrecken des alle bedrohenden Krieges dauerhaft nur durch die Fähigkeit zur überlegenen eigenen »Kriegführung« zu bannen ist. Den »gesetzlosen« Zustand der Staatenwelt wird erst eine aus eigener Kraft sanktionsmächtige Weltgemeinschaft beenden. Bis zur Entwaffnung der Staaten ist es aber wohl noch ein weiter Weg, und es ist keineswegs sicher, daß hier eine hinreichende Anzahl einzelner Länder voranschreiten wird. Wie lange aber ist der jetzige Zustand noch durchzuhalten, bei welchem ein von Fall zu Fall lizensierter Weltpolizist gleichsam »auf eigene Rechnung« den Staatenoutlaw in die Schranken weist?

Dies vor allem könnte, in der historischen Rückschau, dem Golfkrieg des Jahres 1991 seine Bedeutung zumessen: daß er der erste in der hoffentlich ganz kurzen Reihe der »letzten Kriege« war; der erste Konflikt, dem viele sich in der spontanen Einsicht entgegenstemmten, daß die Zeit der Kriege angesichts der prinzipiellen Nicht-Begrenzbarkeit ihrer Folgen endgültig vorüber ist; so wie es einst jene der Stadtmauern war und der Revolverhelden.

IX. Ausblick: Die »Zukunft« der Industriegesellschaft

Über die »Zukunft« der Industriegesellschaft ist viel spekuliert worden – ob man dabei an John Kenneth Galbraith's Arbeiten aus den sechziger und siebziger Jahren denkt[118] oder an Amitai Etzionis vieldiskutiere »Aktive Gesellschaft«[119], an Helmut Schelskys und Jacques Elluls Visionen vom »technischen Staat«[120] oder an Zbigniew Brzezinskis Apotheose des »Technotronischen Zeitalters«[121], an James O'Connors »Fiscal Crisis of the State«[122] oder an Robert Heilbroners »Der Niedergang des Kapitalismus«[123], an die diversen Berichte des Club of Rome zu den »Grenzen des Wachstums«[124] oder an Fred Hirschs »Social Limits to Growth«[125], an André Gorz' »Abschied vom Proletariat«[126] oder an Alan Gartners und Frank Riessmans »Der Aktive Konsument in der Dienstleistungsgesellschaft«[127], an Alvin Tofflers »Zukunftsschock«[128] und seine Kurskorrektur zur »Zukunftschance«[129] oder schließlich an Daniel Bells »Nachindustrielle Gesellschaft«[130] und »Die Zukunft der westlichen Welt«[131] – all diese Entwürfe erweisen sich im nachhinein, bei aller Treffsicherheit in wichtigen Einzelaussagen und -aspekten, soweit sie Globaldeutungen liefern und Epochenbilder, dennoch samt und sonders als unbefriedigend. Gewiß finden sich in diesen und einer Reihe anderer Bücher originelle Ansätze, weitreichende Erklärungsversuche und aufregende Deutungen der Wirklichkeit, in der wir leben und der Zukunft, die auf uns zukommt. Sie sind nicht falsch, sie helfen gewiß auch, Entwicklungstendenzen und kritische Zuspitzungen in Einzelbereichen deutlicher wahrzunehmen, aber sie erscheinen zumeist auch als wenig hilfreich, wenn es um die Formulierung politischer Handlungsalternativen geht. Wenn wir auf dem gegenwärtigen Argumentations- und Kenntnisstand über die Zukunft der Industriegesellschaft spekulieren, dann können wir nicht ignorieren, daß im Zeichen globaler Gefährdung durch atomare und Umweltkatastrophen der Frage nach der Zukunft der Industriegesellschaft die andere, noch fundamentalere Frage nach der Zukunft der Zukunft vorausliegt. Hat das menschliche, tierische, pflanzliche Leben, hat die biophysische Wirkge-

---

118 Vgl. John Kenneth Galbraith, Gesellschaft im Überfluß, München 1959; ders., Die moderne Industriegesellschaft, München 1973.
119 Vgl. Amitai Etzioni, Die aktive Gesellschaft, Opladen 1975.
120 Vgl. Helmut Schelsky, Demokratischer Staat und moderne Technik, in: Atomzeitalter, (1961) 5, S. 101 ff.; Jacques Ellul, La Technique ou l'enjeu du siècle, Paris 1954.
121 Vgl. Zbigniew Brzezinski/Samuel P. Huntington, Politische Macht: USA/UdSSR. Ein Vergleich, Köln 1966; Zbigniew Brzezinski, Das gescheiterte Experiment. Der Untergang des kommunistischen Systems, Wien 1989.
122 Vgl. James O'Connor, Die Finanzkrise des Staates, Frankfurt/M. 1974.
123 Vgl. Robert Heilbroner, Der Niedergang des Kapitalismus, Frankfurt/M.–New York 1977.
124 Vgl. M. Mesarović/Eduard Pestel, Menschheit am Wendepunkt, Stuttgart 1974.
125 Vgl. Fred Hirsch, Die sozialen Grenzen des Wachstums, Reinbek 1980.
126 Vgl. André Gorz, Abschied vom Proletariat, Frankfurt/M. 1980.
127 Vgl. A. Gartner/F. Riessman (Anm. 93).
128 Vgl. Alvin Toffler, Der Zukunftsschock, Bern–München–Wien 1971[3].
129 Vgl. ders., Die Zukunftschance. Von der Industriegesellschaft zu einer humaneren Zivilisation, München 1980.
130 Vgl. Daniel Bell, Die nachindustrielle Gesellschaft, Frankfurt/M. 1975.
131 Vgl. ders., Die Zukunft der westlichen Welt, Frankfurt/M. 1976.

samtheit als das Gesamt auch der menschlichen Lebensbedingungen auf diesem Planeten eine Zukunft?

Doch fragen wir nach den Zukunftsaussichten der Industriegesellschaft. Ginge es nach Daniel Bell, der den aktuellen Disput über die Zukunft der Industriegesellschaft wesentlich entfacht und entscheidende Stichwörter dazu geliefert hat, dann hätte die Industriegesellschaft ihre Zukunft schon hinter sich. Sie wäre eine überholte Formation, die im Hinblick auf die wichtigsten der sie kennzeichnenden Elemente (soziale Trägerschaft, Organisation der Produktion, Basistechnologien, Knappheitssymptomatik) bereits der »postindustriellen Gesellschaft« Platz gemacht hätte.

Dennoch ist gar nicht zu übersehen: Wir finden uns nach dem »Höhenrausch« der neuen Hoffnungen und Orientierungen vielfach unversehens wieder mit der harten, überholt geglaubten Realität des alten »Verteilungsparadigmas« konfrontiert: Es scheint fast so, als sei die »postindustrielle Gesellschaft« gar keine eigene Aufführung gewesen, sondern nur das Pausenzeichen zum zweiten Akt des Dramas, das nach wie vor »Industriegesellschaft« heißt.

Für Daniel Bell, den Theoretiker der »postindustriellen Gesellschaft«, kommt alles Heil, wenn es denn kommt, von den Experten. Den Problemen einer zur »Fortschrittsbeschränkung« verurteilten Gesellschaft ist nur mit einer »neuen intellektuellen Technologie« beizukommen. Wissenschaftler, Techniker, Planer und Forscher sind für ihn die Avantgarde der postindustriellen Ära. Angesichts der mit jeder Einzelentscheidung verbundenen Gefahren- und Risikenballung kommt die Politik nirgends mehr ohne den Rat des Fachmenschen aus. Bell setzt uneingeschränkt auf Verwissenschaftlichung, sprich: auf »technokratische« Entscheidungsfindung mit Hilfe regierungsnah arbeitender wissenschaftlicher Eliten. Die Ohnmacht der Politik und die Unvermeidlichkeit der Expertenmeinungsmacht sind ihm zwei Seiten derselben Medaille.

Ganz anders etwa Alan Gartner und Frank Riessman: Ihr Konzept der ungeteilten Konsumentenmacht basiert, zugespitzt, geradezu auf der gegenteiligen Einschätzung: Die Experten sind an allem schuld. Sie kommen als gesellschaftliche Vorhutgruppe der Zukunft nicht in Frage; sie sind, in historischem Maßstab gesehen, bereits in den Troß zurückgefallen, bewegen sich, phantasiearm und privilegiensatt, im trägen Heerwurm der Geschichte. Daher ist »Entprofessionalisierung« der Schlachtruf der Epoche, daher gilt »Alle Macht den Konsumenten« (oder, weniger mißverständlich ausgedrückt, den interessierten und engagierten Laien)[132].

Und in der Tat: Wenn die Jahre des Studentenprotestes, wenn die Bürgerinitiativ- und Lebensschutzbewegung mit ihrem geradezu aggressiven Interesse an der Kommunalpolitik eines haben deutlich werden lassen, dann dies: Die Tage der Selbstherrlichkeit von Behörden und Professionellen sind nicht ungezählt.

Indes, der Entwurf einer »postindustriellen Gesellschaft« ist heute für die sozialwissenschaftliche Theoriebildung wie für den politisch-strategischen Denkansatz der (auch nicht mehr so neuen) »neuen sozialen Bewegungen« beinahe schon wieder Ma-

---

132 Vgl. Bernd Guggenberger, Alle Macht dem Konsumenten. Ein Blick auf die Tendenzen der Dienstleistungsgesellschaft, in: Frankfurter Allgemeine Zeitung vom 23. Dezember 1980.

kulatur[133]. Dies illustriert, ganz nebenbei, in aller nur wünschenswerten Deutlichkeit das seit geraumer Zeit zu beobachtende Phänomen der immer kürzeren »Halbwertzeiten« des sozialwissenschaftlichen Theorieumschlags.

Die Entwicklung jedenfalls ist bei weitem nicht so geradlinig und homogen verlaufen, die Symptome sind längst nicht so signifikant, wie Daniel Bell sie vorgezeichnet hatte. Die Entwicklung ist nicht durch Eindeutigkeit, sie ist durch *Gegenläufigkeiten* charakterisiert, genauer, durch die fortlaufende synchrone Produktion von Gegenläufigkeiten: Differenzierung *und* Entdifferenzierung, Professionalisierung *und* Entprofessionalisierung, Monetarisierung und Formalisierung von Arbeit und Freizeit *und* Verbreiterung vormarktlicher und vorstaatlicher Bedarfsausgleichssysteme im »informellen Sektor«, Homogenisierung *und* Heterogenisierung von Konflikten, Universalisierung *und* Pluralisierung von Verhaltensstilen und Orientierungsmustern, Globalisierung *und* Regionalisierung von Problemfeldern und Lösungsstrategien.

Diese Gegenläufigkeiten und »Ungleichzeitigkeiten« finden sich in allen vier »Himmelsrichtungen«, welche die Dimensionen und Proportionen des sozialen Kosmos umschreiben: 1. in der Politik, 2. in der Arbeit, 3. in der »Lebenswelt« und im Sozialverhalten und 4. in der Kultur und im Bewußtsein.

Die wichtigsten Wandlungs- und Krisenphänomene mit Blick auf die zukünftige Entwicklung der Industriegesellschaft lassen sich schwerpunktmäßig diesen vier Bereichen zuordnen. In allen vier Bereichen treten Veränderungen und neuartige Herausforderungen auf, die ein spezifisches Erklärungsdefizit und einen wachsenden Zuständigkeitsverlust der traditionell zur Deutung des jeweiligen Bereiches berufenen Einzelwissenschaft begründen, d.h., in allen vier Bereichen sind wir mit neuartigen Sozialphänomenen konfrontiert, die sich aus den Kategorien der eigentlich »zuständigen« Einzelwissenschaften »davonschleichen« bzw. von ihrem analytischen Raster nicht mehr erfaßt werden.

Dies gilt etwa für die Bürgerinitiativbewegung und die »neuen sozialen Bewegungen«, die durch die Raster der Parteienforschung fallen[134]; dies gilt für neue und altneue Formen der »nichtverfaßten« Arbeit, d.h. für die Palette neuer Aktivitäten im »informellen Sektor«: die Eigen-arbeit, die Schattenökonomie, neue, personenbezogene Dienstleistungen, die »neuen Selbständigen«, die allesamt weder von der für »Arbeit« zuständigen Industriesoziologie noch von der klassischen Betriebs- und Volkswirtschaftslehre her zu erfassen sind[135]; dies gilt für die neuen Formen des Zusammenlebens, für die ehelose »Partnerschaft« und flüchtigere, situative Intimitätsprogramme, die sich vielfach an die Stelle von Liebesehe und lebenslanger Familienbindung setzen und damit den Rahmen der herkömmlichen Ehe- und Familiensoziologie sprengen[136]; dies gilt aber auch für die neuen Denk- und Bewußtseinsformen, die »neuen Werte« und »ökologischen« Lebensorientierungen, die sich wider die an-

---

133 Vgl. Roland Roth/Dieter Rucht (Hrsg.), Neue soziale Bewegungen in der Bundesrepublik Deutschland, Bonn 1987.

134 Vgl. B. Guggenberger (Anm. 10).

135 Vgl. ders. (Anm. 35).

136 Vgl. Ulrich Beck/Elisabeth Beck-Gernsheim, Das ganz normale Chaos der Liebe, Frankfurt/M. 1990; Bernd Guggenberger, Wenn Liebe zur Beziehung wird, in: FAZ vom 24. März 1984.

thropozentrische Nächstenethik der Theologie und Sozialphilosophie sperren[137]. Zumal die Instrumente der empirischen Sozialforschung, meist an festumrissenen Sozialgebilden entwickelt und auf sie bezogen (z. B. in der Parteienforschung und der Familiensoziologie), sind zur Erfassung der neuen, amöbenhaft flüchtigen Erscheinungsformen oft nur unzulänglich geeignet. So kommt es vielfach zu einem schwer faßbaren Nebeneinander, einer höchst widersprüchlichen Gleichzeitigkeit von »Überschwemmungsphänomenen« auf der einen und »Versteinerungsphänomenen« (C. Offe) auf der anderen Seite: neue »Inhalte« ohne feste »Form« (wie etwa bei den grün-alternativen Bewegungen) oder feste, alte »Formen«, denen kaum noch »Inhalte« entsprechen (wie etwa bei den Parteien)[138].

Vielleicht sind am ehesten in Widersprüchen und kulturellen Gegenläufigkeiten des hier dargestellten Typs Elemente einer spezifisch »post-industriellen« Wert- und Verhaltensorientierung zu entdecken. Gewiß auch ist Daniel Bell durch die neueren Interpretationen dort nicht einfach zu widerlegen, wo er von der »neuen Bedeutung des theoretischen Wissens« spricht. Dennoch ist es gerade der mit dieser Einsicht eng verknüpfte Prozeß der Bildungsexpansion, welcher langfristig die soziale Gültigkeit dieser Prognose: »neue Bedeutung des theoretischen Wissens«, untergräbt: Es sind gerade die neu an die Schwelle zum »theoretischen Wissen« herangeführten bürgerlichen Mittelschichten, bei welchen sich Wissenschafts- und Technikskepsis in besonderem Maße bemerkbar machen, und die sich für »postmaterialistische« Wertrangfolgen besonders anfällig zeigen.

Jedenfalls erscheint im Augenblick einigermaßen unklar, was »postindustriell« heißen soll: Ist die »postindustrielle Gesellschaft« durch *Ent*-Industrialisierung oder durch *Re*-Industrialisierung gekennzeichnet, durch »industrielle Abrüstung« oder durch neue Anstrengungen der »industriellen Hochrüstung«?

Für die Postmaterialisten der grün-alternativen Bewegung gilt das erste; für die meisten der aktuellen sozialwissenschaftlichen Theoretiker der entwickelten Industriegesellschaft, für Etzioni, Crozier, Kahn, Redepenning[139], gilt eher, daß die »postindustrielle Gesellschaft« gerade erst die volle Entwicklung der Industriegesellschaft voraussetzt. Davon aber sind wir nach Meinung dieser Theoretiker zum Teil noch mehr als ein halbes Jahrhundert entfernt!

Der »große Übergang« (H. Kahn), die Phase der »Revitalisierung« und »Re-Industrialisierung«, welche die einen vorsichtig prognostizieren, während die anderen sie einfach fordern, – diese Phase ist allerdings anders als bei Daniel Bell nicht einfach mehr nur die lineare Verlängerung aktueller Trends, sondern Ergebnis eines mit vielen Ungewißheiten belasteten, zyklisch verlaufenden sozialen Wandlungsprozesses. Dieser Prozeß ist weder dezisionistisch herbeizuführen, noch wird er deterministisch aus einer imaginären Entwicklungslogik hergeleitet. Die neueren Theorien nehmen fast ausnahmslos Abschied vom deterministischen wie von dezisionistischen Wandlungsmodellen, sie sind wieder hellhörig und zugänglich für die prekäre »Dialektik«

---

137 Vgl. H. Bossel, Bürgerinitiativen entwerfen die Zukunft. Neue Leitbilder, neue Werte. 30 Szenarien, Freiburg 1978.

138 Vgl. Claus Offe/Helmut Wiesenthal, Die grüne Angst vorm »Reformismus«, in: tageszeitung vom 31. Mai 1985.

139 Vgl. A. Etzioni (Anm. 120); Michael Crozier, Strategies for Change: the future of French society, Cambridge, Mass. 1982; Hermann Kahn, Vor uns die guten Jahre: ein realistisches Modell unserer Zukunft, Wien 1977.

des sozialen Wandels: für das enge, wechselseitige Bedingungsverhältnis von Krisenrealität und Krisenbewußtsein.

Eine solche »sensiblere« Zuordnung setzt nicht zuletzt auch wieder die Soziologie und die Einzelsoziologien bei der Bestimmung der Zukunft der Industriegesellschaft in ihr Recht. Dabei ist es nicht mehr die Technologieentwicklung allein, welche »imperialistisch« den Fortgang der Gesamtentwicklung bestimmt. Es ergeben sich Ansatzpunkte für eine neue Akzentuierung von Wille und Subjekt, für die neue Rolle, welche einem Denken in strategischen Optionen und Transmissionen zukommt. Dies wird nur verständlich, wenn wir uns vergegenwärtigen, was der oft gebrauchte Begriff der »Reindustrialisierung« in diesem Zusammenhang meint. Er meint nicht, um ein naheliegendes Mißverständnis zu vermeiden, einfach nur »Rückkehr« zur gerade abgeschlossenen Phase der Industrialisierung. Er meint vielmehr Innovation »im Ganzen«: Anstoß und Impuls für eine neue industrielle Entwicklung, für welche neue Materialien, neue Energieformen, neue Transportmittel, neue Kommunikations- und Fertigungstechniken grundlegend sind. Die »postindustrielle Gesellschaft« erscheint in dieser Perspektive meist als Vision einer gesellschaftlichen Wirklichkeit, in welcher alle wesentlichen Probleme, Ungereimtheiten und krisenträchtigen Entwicklungen der aktuellen Industrialisierungsphase behoben und gemeistert sind. Ihre Bedingung ist also gerade die Steigerung der allgemeinen technologischen Vermögen[140]. Man setzt hier vor allem auf die neuen Optionen, welche die Gen- und Mikroprozessorentechnologie zu eröffnen versprechen. Solange jedenfalls diese und andere Technologien nicht die grundsätzliche Lösung der drängendsten Probleme wie Umweltbelastung, Nahrungsmittelversorgung, Bevölkerungsentwicklung, Ressourcenverknappung, Energieschwund ermöglichen, solange sind wir vom »befriedeten« Zustand der »postindustriellen Gesellschaft« noch weit entfernt. Die »postindustrielle Gesellschaft« ist in dieser Sicht nichts anderes als die vollendete, rundum zur Höhe ihrer technologischen Möglichkeiten gereifte industrielle Gesellschaft.

Um diese Entwicklung einzuleiten, müßten eine Reihe von Fesseln und Hemmnissen fallen, welche für die Widersprüche und Krisentendenzen des gegenwärtigen Zustands verantwortlich scheinen. Neben den »Bewußtseinsbreschen«, die auf seiten des funktional in besonderer Weise eingebundenen Bevölkerungsteils zu schlagen wären, gelte es vor allem, eine Reihe von Elementen aktueller Industrialisierung zu revidieren:

- Es käme zunächst vor allem darauf an, im Energiesektor die Weichen so zu stellen, daß eine generelle und langfristig kalkulierbare Verbesserung der Energiebilanzen möglich würde; Schranken für technologische Neuentwicklungen müßten fallen, die Bemühungen um die künftige Nutzung der Sonnenenergie und die Kohleverflüssigung (unter Umständen auch den »Fusionsreaktor«) müßten intensiviert werden.
- Das in vielen Industriestaaten mehr oder weniger defiziente öffentliche Transport- und Verkehrswesen müßte erneuert und verbessert werden.
- Die öffentlichen Finanzen wären langfristig zu sanieren mit dem Effekt für die privaten Investoren, daß die mittlerweile drastische Verkürzung ihrer Planungsperspektiven revidiert würden.

140 Vgl. Joseph Huber, Die Regenbogengesellschaft, Frankfurt/M. 1985.

- Zum eigentlichen »Flaggschiff« der Reindustrialisierungsepoche aber könnte das Kommunikationswesen werden mit geradezu unvorstellbaren technologischen und ökonomischen »Folgeschüben« in vielen anderen Bereichen. Dies erklärt, warum gerade diese Technologie als paradigmatisches Wachstumsfeld der Zukunft, als »Modellsektor« der neuen Industrialisierung so sehr im Scheinwerferlicht auch des theoretischen Interesses steht.
- Dies alles wiederum könnte Impulse geben für eine Verbesserung der Kapitalgüter auf breiter Front, für eine Erneuerung und Ersetzung veralteter Anlagen und Maschinen, statt sie, wie jahrzehntelang in der Werftindustrie und im Bergbau, über ihre Zeit hinaus zu erhalten.
- Auf keiner der hier genannten Ebenen ist indes ein technologischer »Durchbruch« denkbar ohne Stärkung des »Humankapitals«, ohne Aktivierung der Begabungsreserven, ohne Verbesserung der Arbeitsmotivation, ohne die Reetablierung einer Art von »Produktionsintelligenz« und ohne die gezielte Förderung der Kontinuierungsbereitschaft zwischen den Generationen. All dies weist unverkennbar in Richtung einer Erneuerung der alten »Konsens-Gesellschaft«, wie sie uns zum Beispiel am »Modell Japan« immer wieder vor Augen gestellt wird[141].

Will man die hier in aller Kürze skizzierten Sichtweisen der »postindustriellen Gesellschaft« abschließend bewerten, so ist festzuhalten, daß, bei aller Betonung des »Neuen« und der innovativen Elemente, »Reindustrialisierung« bei den genannten Autoren (besonders bei Kahn, Etzioni und Crozier) doch immer auch ein Stück weit »Rückkehr« bedeutet, nämlich Rückkehr zur Politik der Produktivitätssteigerung, und damit zwangsläufig auch zu einer Politik des ökonomischen Wachstums, jedenfalls aber der entschiedenen Abwendung von industrie- und technikkritischen Alternativprogrammen der Lebens- und Umweltschonung[142]. Ganz im Sinne des Baconschen Fortschrittsprogramms und seines säkularen Dreiklangs von Wissen, technischer Naturbeherrschung und hierauf gegründeter größerer Gütergerechtigkeit wird auch in diesen Konzepten der allgemeine soziale Fortschritt als ein »Nebenprodukt« des abstrakten Produktivkräftefortschritts begriffen; d.h., die Autoren setzen auf die Stärkung der »proindustriellen Koalition« aus Kapital, Arbeit und Wachstumskräften und erhoffen sich den sozialen Fortschritt nicht von sozialer Umverteilung im Wege einer expansiven Sozialstaatspolitik, sondern, wie gehabt, von der Vergrößerung des »Gesamtkuchens«, aus dem jeder sein Stück bekommt.

Doch kann dies gelingen – den Teufel mit Beelzebub auszutreiben: die schädlichen industriellen Wachstumsimpulse von heute mit den »superindustriellen« Wachstumsimpulsen von morgen und übermorgen zu bekämpfen? Selbst wenn Erdatmosphäre und Erdoberfläche auf Dauer einer solchen Durchbrecherstrategie standhielten – man kann auch bezweifeln, daß eine solche Rechnung ökonomisch, politisch und sozial aufgeht.

---

141 Vgl. Taka Bluhne-Kojima/Peter Durniok/Gerhard Mielke/Gert Schmidt (Hrsg.), Social Chances in Industrial Society Japan and West Germany, Symposium Bielefeld 4.–6. Oktober 1984, Center for Interdisciplinary Research, Bielefeld 1984.

142 Vgl. Joseph Huber, Herrschen und Sehnen. Kulturdynamik des Westens, Weinheim 1989; ders., Die verlorene Unschuld der Ökologie, Frankfurt/M. 1982.

Literatur

Th. W. Adorno/M. Horkheimer, Dialektik der Aufklärung, Frankfurt/M. 1969.
G. Anders, Die Antiquiertheit des Menschen, 2 Bde., München 1979, 1980.
H. Arendt, Vita activa oder Vom tätigen Leben, München 1960.
R. Axelrod, Die Evolution der Kooperation, München 1987.
U. Beck, Die Risikogesellschaft, Frankfurt/M. 1986.
D. Bell, Die nachindustrielle Gesellschaft, Frankfurt/M.–New York 1975.
Ders., Die Zukunft der westlichen Welt, Frankfurt/M. 1976.
H. Ch. Binswanger u. a., Arbeit ohne Umweltzerstörung. Strategien einer neuen Umweltpolitik, Frankfurt/M. 1983.
H. Bossel, Bürgerinitiativen entwerfen die Zukunft. Neue Leitbilder, neue Werte. 30 Szenarien. Ein Alternativbericht des Öko-Instituts Freiburg, Frankfurt/M. 1978.
K. Boulding, Economics of Pollution, New York 1971.
R. Brun (Hrsg.), Erwerb und Eigenarbeit. Dualwirtschaft in der Diskussion, Frankfurt/M. 1985.
R.-D. Brunowsky/L. Wicke, Der Öko-Plan: durch Umweltschutz zu neuen Wirtschaftswundern, München 1985.
A. Etzioni, Die aktive Gesellschaft, Opladen 1975.
F. Fürstenberg (Hrsg.), Industriesoziologie III. Industrie und Gesellschaft, Darmstadt–Neuwied 1975.
J. K. Galbraith, Gesellschaft im Überfluß, München 1959.
Ders., Die moderne Industriegesellschaft, München 1973.
A. Gartner/F. Riessman, Der aktive Konsument in der Dienstleistungsgesellschaft, Frankfurt/M. 1978.
A. Giddens, Die Klassenstruktur fortgeschrittener Gesellschaften, Frankfurt/M. 1979.
H. Glaser, Das Verschwinden der Arbeit, Düsseldorf 1988.
Global 2000, Der Bericht an den Präsidenten, hrsg. von R. Kaiser, Frankfurt/M. 1980.
A. Gorz, Abschied vom Proletariat, Frankfurt/M. 1980.
B. Guggenberger, Bürgerinitiativen in der Parteiendemokratie, Stuttgart 1980.
Ders., Wenn uns die Arbeit ausgeht, München 1988.
Ders., Das Menschenrecht auf Irrtum, München 1987.
Ders., Der erste der letzten Kriege. Nachgedanken zum Krieg am Golf, Eggingen 1991.
Ders./C. Offe (Hrsg.), An den Grenzen der Mehrheitsdemokratie. Politik und Soziologie der Mehrheitsregel, Opladen 1984.
R. Heilbroner, Der Niedergang des Kapitalismus, Frankfurt/M. 1977.
Ders., Die Zukunft der Menschheit, Frankfurt/M. 1976.
F. Hirsch, Die sozialen Grenzen des Wachstums, Reinbek 1980.
J. Huber (Hrsg.), Anders arbeiten – anders wirtschaften, Frankfurt/M. 1979.
Ders., Die verlorene Unschuld der Ökologie, Frankfurt/M. 1982.
I. Illich, Selbstbegrenzung. Eine politische Kritik der Technik, Reinbek 1980.
R. Inglehart, The Silent Revolution, Princeton, N.J. 1977.
M. Jahoda, Wieviel Arbeit braucht der Mensch?, Weinheim 1983.
J. Jessen/W. Siebel/Ch. Siebel-Rebell/U.-J. Walther/I. Weyrather, Arbeit nach der Arbeit. Schattenwirtschaft, Wertewandel und Industriearbeit, Opladen 1987.
H. Jonas, Das Prinzip Verantwortung, Frankfurt/M. 1979.
H. Kahn, Vor uns die guten Jahre: ein realistisches Modell unserer Zukunft, Wien 1977.
K. W. Kapp, Soziale Kosten der Marktwirtschaft, Frankfurt/M. 1979.
F. X. Kaufmann, Sicherheit als soziologisches und sozial-politisches Problem, Stuttgart 1973.
H. Kern/M. Schumann, Industriearbeit und Arbeiterbewußtsein, Frankfurt/M. 1970.
Dies., Das Ende der Arbeitsteilung? Rationalisierung in der industriellen Produktion, München 1985.
M. Klages/P. Kmieciak (Hrsg.), Wertewandel und gesellschaftlicher Wandel, Frankfurt/M. 1979.

M. v. KLIPSTEIN/B. STRÜMPEL, Der Überdruß am Überfluß. Die Deutschen nach dem Wirtschaftswunder, München 1984.
O. LAFONTAINE, Die Gesellschaft der Zukunft, Hamburg 1988.
E. LIEFMANN-KEIL, Ökonomische Theorie der Sozialpolitik, Berlin 1961.
T. LÖBSACK, Versuch und Irrtum. Der Mensch: Fehlschlag der Natur, Gütersloh 1974.
N. LUHMANN, Ökologische Kommunikation, Opladen 1986.
H. MARCUSE, Der eindimensionale Mensch, Neuwied–Berlin 1967.
J. MATTHES (Hrsg.), Krise der Arbeitsgesellschaft? Verhandlungen des 21. Deutschen Soziologentages in Bamberg 1982, Frankfurt/M. 1983.
P. C. MAYER-TASCH, Die Bürgerinitiativbewegung. Der aktive Bürger als rechts- und politikwissenschaftliches Problem, Reinbek 1985[5].
D. K. MEADOWS/D. H. MEADOWS/E. ZAHN/P. MILLING, Die Grenzen des Wachstums, Bericht des Club of Rome zur Lage der Menschheit, Reinbek 1972.
D. K. MEADOWS/D. H. MEADOWS, Das globale Gleichgewicht. Modellstudien zur Wachstumskrise, Reinbek 1974.
L. MUMFORD, Mythos der Maschine. Kultur, Technik und Macht, Frankfurt/M. 1977.
W.-D. NARR/C. OFFE (Hrsg.), Wohlfahrtsstaat und Massenloyalität, Köln 1975.
O. NEGT, Lebendige Arbeit, enteignete Zeit, Frankfurt/M. 1984.
E. NOELLE-NEUMANN, Werden wir alle Proletarier?, Zürich 1978.
DIES./B. STRÜMPEL, Macht Arbeit krank? Macht Arbeit glücklich?, München 1984.
J. O'CONNOR, Die Finanzkrise des Staates, Frankfurt/M. 1974.
C. OFFE, »Arbeitsgesellschaft«. Strukturprobleme und Zukunftsperspektiven, Frankfurt/M.–New York 1984.
H. OPASCHOWSKI, Wie leben wir nach dem Jahr 2000? Szenarien über die Zukunft von Arbeit und Freizeit. BAT Freizeit-Forschungsinstitut, Hamburg 1987.
K. POLANYI, The Great Transformation. Politische und ökonomische Ursprünge von Gesellschafts- und Wirtschaftssystemen, Wien 1977.
N. POSTMAN, Wir amüsieren uns zu Tode, Frankfurt/M. 1985.
R. ROTH/D. RUCHT (Hrsg.), Neue soziale Bewegungen in der Bundesrepublik Deutschland, Bonn 1987.
P. ROSANVALLON, La crise de l'état-providence, Paris 1981.
R. SENNETT, Verfall und Ende des öffentlichen Lebens. Die Tyrannei der Intimität, Frankfurt/M. 1983.
J. STRASSER, Grenzen des Sozialstaats? Soziale Sicherung in der Wachstumskrise, Köln 1983.
B. TERIET, Neue Strukturen der Arbeitszeitverteilung, Göttingen 1976.
A. TOFFLER, Die Zukunftschance. Von der Industriegesellschaft zu einer humaneren Zivilisation, München 1980.
DERS., Der Zukunftsschock, Bern–München–Wien 1971[3].
A. TOURAINE, Die postindustrielle Gesellschaft, Frankfurt/M. 1972.
F. VAN DER VEN, Sozialgeschichte der Arbeit, 3 Bde., München 1972.
F. VILMAR/L. KISSLER, Arbeitswelt: Grundriß einer kritischen Soziologie der Arbeit, Opladen 1982.
J. WEIZENBAUM, Die Macht der Computer und die Ohnmacht der Vernunft, Frankfurt/M. 1977.

Die Autoren

CLAPHAM, RONALD, Dr. rer. pol., geb. 1935; Studium der Wirtschaftswissenschaften an den Universitäten Köln und Bristol (England); 1972 Habilitation; seit 1976 Universitätsprofessor im Fachbereich Wirtschaftswissenschaften der Universität – GH – Siegen. – Veröffentlichungen u. a. : Marktwirtschaft in Entwicklungsländern, Freiburg 1973; Das wettbewerbspolitische Konzept der Wettbewerbsfreiheit, in: Handbuch des Wettbewerbs, hrsg. v. H. Cox u. a., München 1981; Small and medium entrepreneurs in Southeast Asia, Singapore 1985; Erklärungsansätze der Neuen Politischen Ökonomie für entwicklungspolitische Entscheidungen, in: Zur Analyse von Institutionen im Entwicklungsprozeß und in der internationalen Zusammenarbeit, hrsg. v. H. Körner, Berlin 1989; Zur Rolle der Ordnungsethik für das Konzept der Sozialen Marktwirtschaft, in: Jahrbuch für Neue Politische Ökonomie, 8. Bd., 1989; zahlreiche Beiträge in Fachzeitschriften.

GUGGENBERGER, BERND, Dr. phil., geb. 1946; Studium der Politikwissenschaft, Geschichte, Germanistik, Soziologie und Philosophie in Freiburg und Berlin; Wissenschaftlicher Assistent für Politische Wissenschaft in Freiburg; Lehrstuhlvertretung an der Soziologischen Fakultät in Bielefeld; Verwaltung einer Professorenstelle für Soziologie an der Universität Osnabrück, Abt. Vechta; zur Zeit als Universitätsprofessor im Fach Politische Wissenschaft an der Freien Universität Berlin. – Veröffentlichungen u. a.: Sein oder Design. Zur Dialektik der Abklärung, Berlin 1987; Das Menschenrecht auf Irrtum. Eine Anleitung zur Unvollkommenheit, München 1987; Wenn uns die Arbeit ausgeht. Die aktuelle Diskussion um Arbeitszeitverkürzung, Einkommen und die Grenzen des Sozialstaats, München 1988; Der erste der letzte Krieg. Nachgedanken zum Krieg am Golf, Eggingen 1991; Die soziale Macht der Schönheit, Eggingen 1991; (zus. mit T. Stein) Die Verfassungsdiskussion im deutschen Einheitsjahr, München 1991; (zus. mit U. K. Preuß und W. Ullmann) Eine Verfassung für Deutschland München 1991; zahlreiche Beiträge in Fachzeitschriften.

JESSE, ECKHARD, Dr. phil. habil., Dipl.-Pol., geb. 1948; Hochschuldozent im Fach Politikwissenschaft an der Universität Trier und Gastprofessor an der Universität Potsdam. – Veröffentlichungen u. a.: Wahlrecht zwischen Kontinuität und Reform. Eine Analyse der Wahlsystemdiskussion und der Wahlrechtsänderungen 1949–1983, Düsseldorf 1985; Die Demokratie der Bundesrepublik Deutschland. Eine Einführung in das politische System, Berlin 1986^7; Wahlen. Bundesrepublik Deutschland im Vergleich, Berlin, 1988; (zus. mit U. Backes) Politischer Extremismus in der Bundesrepublik Deutschland, 3 Bde., Köln 1989; (zus. mit U. Backes) Herausgeber des Jahrbuchs Extremismus & Demokratie, Bonn 1989 ff.; »Berufsverbote« und streitbare Demokratie, Bonn 1992 (i. E.).

MEYERS, REINHARD, M. A., M. Phil., Dr. phil., geb. 1947; Studium der Politikwissenschaft, Geschichte und Anglistik an der Universität Bonn; Forschungsstipendiat der Wiener Library, London, und Graduiertenstudium an der Universität Reading; 1972–1984 Wissenschaftlicher Assistent am Seminar für Politische Wissenschaft der Universität Bonn; seit 1987 Professor für Internationale Politik und Außenpolitik an der Universität Münster. – Veröffentlichungen u. a.: Britische Sicherheitspolitik 1934–1938, Düsseldorf 1976; Weltpolitik in Grundbegriffen. Ein lehr- und ideengeschichtlicher Grundriß, Düsseldorf 1979; Die Lehre von den Internationalen Beziehungen. Ein entwicklungsgeschichtlicher Überblick, Königstein/Ts. 1981[2]; Probleme und Begriffe des Friedens aus politikwissenschaftlicher Sicht, Hagen 1991; Frieden und Entwicklung. Problemfelder des internationalen Systems der Gegenwart, Berlin-Hagen 1992 (i. E.); zahlreiche Beiträge in Fachzeitschriften.

NUSCHELER, FRANZ, Dr. phil.; geb. 1938; Studium der Politischen Wissenschaft, Geschichte und des öffentlichen Rechts in Heidelberg; 1969 bis 1974 Wiss. Assistent und Akad. Oberrat an der Universität Hamburg; seit 1974 o. Professor für Vergleichende und Internationale Politik an der Universität-GH-Duisburg; Direktor des »Instituts für Entwicklung und Frieden«. – Veröffentlichungen u. a.: (Hrsg. zus. mit Dieter Nohlen) Handbuch der Dritten Welt, 8 Bde., Hamburg, 3. Auflage i. E.; Politikwissenschaftliche Entwicklungsländerforschung, Darmstadt 1986; Lern- und Arbeitsbuch Entwicklungspolitik, Bonn 1991[3]; (zus. mit Klaus Ziemer) Politische Organisation und Repräsentation in Afrika, 2 Bde., Berlin 1978; Nirgendwo zuhause. Menschen auf der Flucht, Baden-Baden 1988[2] (mit dem Gustav-Heinemann-Friedenspreis 1985 ausgezeichnet); Japans Entwicklungspolitik, Hamburg 1990; zahlreiche Beiträge in Fachzeitschriften.

RUDZIO, WOLFGANG, Dr. phil., geb. 1935; Professor für Politikwissenschaft an der Universität Oldenburg. – Veröffentlichungen u. a.: Die Neuordnung des Kommunalwesens in der Britischen Zone, Stuttgart 1968 (Koautor); Der Marsch der DKP durch die Institutionen, Frankfurt/M. 1980; Die organisierte Demokratie, Stuttgart 1982[2]; Das politische System der Bundesrepublik Deutschland, Opladen 1987[2]; Die Erosion der Abgrenzung. Zum Verhältnis zwischen der demokratischen Linken und Kommunisten in der Bundesrepublik Deutschland, Opladen 1988; zahlreiche Beiträge in Fachzeitschriften.

STAMMEN, THEO, Dr. phil., geb. 1933; Studium der Germanistik, Geschichte und Politikwissenschaft an den Universitäten Freiburg, Bonn und Manchester (England); 1969 bis 1970 Privatdozent und anschließend Wissenschaftlicher Rat und Professor an der Universität München; 1970 bis 1973 Professor für Politikwissenschaft an der PH Rheinland Abt. Aachen; seit 1973 Professor für Politikwissenschaft an der Universität Augsburg. – Veröffentlichungen u. a.: (zus. mit D. Berg-Schlosser und H. Maier) Einführung in die Politikwissenschaft, München 1985[4]; (zus. mit R. Kunz und H. Maier) Programme der politischen Parteien in der Bundesrepublik Deutschland, München 1975; (Hrsg.) Karl Marx. Kritik des Hegelschen Staatsrecht, Stuttgart 1979; (zus. mit H. Rausch u. a.) DDR – das politische, wirtschaftliche und soziale System, München 1979; (Hrsg. u. Verf.) Parteien in Europa, München 1979²; (zus. mit Fr. Eberle) Deutschland und die Französische Revolution – Quellen zur geistigen Auseinandersetzung, Darmstadt 1988; (Hrsg.) Die Weimarer Republik, Bd. I. Das schwere Erbe 1918–1923, München 1987; (Hrsg. zus. mit H.-O. Mühleisen) Politische Tugendlehre und Regierungskunst – Studien zum Fürstenspiegel der Frühen Neuzeit, Tübingen 1990; zahlreiche Beiträge in Fachzeitschriften.

WATZAL, LUDWIG, Dr. phil., geb. 1950; Studium der Politikwissenschaft an der Freien Universität Berlin (Dipl. Pol.), der Internationalen Beziehungen an der University of Pennsylvania in Philadelphia (M.A.), der Philosophie an der Hochschule für Philosophie S.J. in München (M.A.) und der katholischen Theologie an der Universität in Würzburg; zur Zeit wiss. Redakteur der Beilage »Aus Politik und Zeitgeschichte« zur Wochenzeitung DAS PARLAMENT in Bonn. – Veröffentlichungen u. a.: Die Entwicklungspolitik der katholischen Kirche in der Bundesrepublik Deutschland, Mainz-München 1985; Kultur-Ethik-Entwicklung. Die Entwicklungskonzeption Albert Schweitzers, Göttingen-Zürich 1985; Entwicklungspolitik zwischen Immanenz und Transzendenz, Frankfurt/M.-New York-Bern 1986; Das Politische bei Romano Guardini, Percha 1987; zahlreiche Beiträge in Fachzeitschriften.

Gliederung der Beiträge
Eine ausführliche Übersicht

Vorwort 7

Einführung 9

THEO STAMMEN
Grundlagen der Politik 15

I. Grundlegung der Politik 15
1. Vorbemerkungen 15
2. Anthropologische Prämissen der Politik 17
3. Menschenbild und politische Ordnung 20
3.1 Diachrone Typologie politischer Ordnungen 23
3.2 Synchrone Typologie politischer Ordnungen 24

II. Grundlagen der politischen Wissenschaft und Theorie 26
1. Vorüberlegungen 26
2. Allgemeine Konstituierungsbedingungen politischer Theorie 27
3. Paradigma-Wechsel 34
4. Die gegenwärtige Situation 43

Literatur 47

WOLFGANG RUDZIO
Das politische System der Bundesrepublik Deutschland 48

I. Äußere Rahmenbedingungen 48
II. Grundzüge des Verfassungssystems 52
III. Interessenvermittlung im politischen Prozeß 56
IV. Das deutsche Parteiensystem 61
V. Das parlamentarische Regierungssystem 67
VI. Gegengewichte im Bund 74
VII. Föderalismus und kommunale Politik 77
VIII. Bürger und Politik 82
IX. Perspektiven 87

Literatur 87

RONALD CLAPHAM
Strukturen und Prozesse in der Industriegesellschaft 89

Einleitung 89
I. Die Wirtschaftsordnung der Sozialen Marktwirtschaft als Rahmenbedingung für den Wirtschaftsprozeß 90
1. Die Bedeutung der Wirtschaftsordnung im Rechts- und Sozialstaat 90
1.1 Die sozio-technische Aufgabe 91
1.2 Die Aufgabe der Koordinierung wirtschaftlicher Aktivitäten 92
1.3 Die gesellschaftspolitische Aufgabe 93
2. Aufbau und Funktionsweise der Sozialen Marktwirtschaft 94
2.1 Wettbewerbsordnung 95
2.2 Geldordnung 97
2.3 Sozialordnung 100
3. Wirtschaftspolitische Willensbildung und Entscheidung 104
3.1 Instrumente und Träger der Wirtschaftspolitik in der Bundesrepublik Deutschland 105
3.2 Wirtschaft, Politik und wirtschaftspolitische Eingriffe 112

II. Wirtschaftlicher Strukturwandel als Kennzeichen der Industriegesellschaft 116
1. Erscheinungsformen des Strukturwandels 116
1.1 Inter-sektoraler Strukturwandel 116
1.2 Intra-sektoraler Strukturwandel 118
1.3 Regionale Strukturveränderungen 122
1.4 Produktsubstitutionen 125
1.5 Änderungen im Verhältnis von privater und staatlicher Wirtschaftsaktivität 125
2. Ursachen für die Veränderungen der volkswirtschaftlichen Produktionsstruktur 126
2.1 Nachfrageseitige Einflüsse 127
2.1.1 Private Konsumnachfrage 128
2.1.2 Staatsnachfrage 130
2.1.3 Private Investitionsnachfrage 131
2.1.4 Einfluß des Außenhandels 132
2.2 Angebotsseitige Einflüsse 133
2.2.1 Dynamische Unternehmer 134
2.2.2 Verfügbarkeit über Produktionsfaktoren 134
2.2.3 Produktivitätsentwicklung und technischer Fortschritt 136

III. Strukturanpassungen – Herausforderungen für die Wirtschaftspolitik 137
1. Strukturanpassung als wirtschaftspolitische Aufgabe 138
1.1 Strukturpolitische Strategien 138
1.2 Regionale Strukturpolitik 141
2. Anforderungen des Strukturwandels an das Beschäftigungssystem 145
2.1 Auswirkungen des Strukturwandels auf Arbeitsmarkt und Beschäftigungssystem 145

2.2 Aufgaben der Arbeitsmarktpolitik 150
3. Umwelt und Industriegesellschaft 154
4. Umstrukturierung der Wirtschaft in den neuen Bundesländern 158

Literatur 161

ECKHARD JESSE
Typologie politischer Systeme der Gegenwart 162

Einleitung 162
I. Typologien der Staatenwelt in theoretischer Hinsicht 163
1. Einleitende Bemerkungen zur Geschichte von Staatstypologien 163
2. Demokratietheorien und Demokratie 167
3. Autoritarismustheorien und Autoritarismus 172
4. Totalitarismustheorien und Totalitarismus 175
5. Resümee 179

II. Bestandsaufnahme der Staatenwelt vom Ende des Zweiten Weltkrieges bis zum Ende der achtziger Jahre 180

III. Wandel in der Sowjetunion und durch die Sowjetunion 191

IV. Bestandsaufnahme der gegenwärtigen Staatenwelt 197
1. Einleitende Bemerkungen 197
2. Europa und Nordamerika 198
3. Süd- und Mittelamerika 203
4. Afrika 206
5. Asien 209
6. Gesamteinschätzung 213

V. Schlußbetrachtung 215
1. Zusammenfassende Bemerkungen 215
2. Perspektiven 217

Literatur 218

REINHARD MEYERS
Grundbegriffe, Strukturen und theoretische Perspektiven der Internationalen Beziehungen 220

Einleitung 220
I. Die Lehre von den Internationalen Beziehungen als »Krisenbewältigungswissenschaft«. Eine wissenschafts- und methodengeschichtliche Skizze 221

II. Außenpolitik, internationale Politik, Internationale Beziehungen: Dissens bei der Bestimmung des Gegenstandes – Konsens bei der Bestimmung formaler Grundbegriffe der Disziplin 247

III. Akteure, Prozesse und Strukturen der Internationalen Beziehungen: Ansätze zu einer Typologie 251

IV. Staaten als Hauptakteure der internationalen Beziehungen 256

V. Krieg und Frieden als Grundprozesse der internationalen Beziehungen 265
1. Begrifflich-typlogisches: Krieg 267
2. Begrifflich-typologisches: Gewalt 269
3. Begrifflich-typologisches: Zivilisierung des Konflikts 271
4. Begrifflich-typologisches: Frieden 274
5. Naturwüchsiger oder gestifteter Friede? Grundzüge der Entwicklung des Friedensgedankens in der Geschichte 278
6. Kriegsursachen und Friedensstrategien: ein typologischer Versuch 283
6.1 Die Gewalt liegt in den Akteuren 288
6.2 Die Gewalt liegt in der Organisation und Struktur der Akteure 288
6.3 Die Gewalt liegt im System 289

VI. Interdependenz und Dependenz als Grundstrukturen der internationalen Beziehungen 291
1. Vorbemerkung 291
2. Strukturmerkmale des internationalen Systems 292
3. Internationale gouvernementale und nichtgouvernementale Organisationen als Akteure der internationalen Beziehungen 294
3.1 Internationale gouvernementale Organisationen 298
3.2 Internationale nichtgouvernementale Organisationen 298
4. Weltpolitik und Interdependenz 303
5. Dependenz 306

Literatur 315

FRANZ NUSCHELER
Das Nord-Süd Problem
Die Dritte Welt als Akteur und Problemfeld in den internationalen Beziehungen 317

I. Von der »Kolonialfrage« zum Nord-Süd-Problem 317

II. Inhaltswandel des Dritte-Welt-Begriffs 319

III. Die Dritte Welt als arme und unterentwickelte Welt 321

IV. Strukturmerkmale von Unterentwicklung 323
1. Das Bruttosozialprodukt als fragwürdiger Schlüsselindikator 323
2. Teufelskreise der Armut 325
3. Luxus und Kapitalflucht 326
4. Ressourcenverschwendung durch Rüstungsausgaben 326
5. Sozio-ökonomische Strukturprobleme 327

V. Kontroversen über die Ursachen von Unterentwicklung 328
1. Desintegration: Dualismus oder strukturelle Heterogenität? 328
2. Die »Bevölkerungsexplosion«: Ursache oder Folge von Armut? 330

VI. Der große Paradigmenstreit der siebziger Jahre 334
1. Das modernisierungstheoretische Paradigma 335
2. Das imperialismus- und dependenztheoretische Paradigma 336
3. Entwicklungstheoretische Konvergenzen 337

III. Schwache Staaten und korrupte Staatsklassen 339

VIII. Die Auseinanderentwicklung der Dritten Welt in verschiedene »Entwicklungswelten« 342
1. Die »Vierte Welt« der ärmsten Entwicklungsländer (LDC) 342
2. Die »kleinen Tiger« und andere Schwellenländer 346
3. »Eine Welt« oder kulturräumliche Vielfalt? 349

IX. Das wachsende Nord-Süd-Gefälle 350

X. Der Nord-Süd-Konflikt als Leerformel? 353

XI. Entwicklungsdekaden und Entwicklungskonzeptionen 356
1. Die Erste Entwicklungsdekade: »Entwicklung durch Wachstum« 357
2. Die Zweite Entwicklungsdekade: »Kampf gegen die Massenarmut« 357
3. Die Dritte Entwicklungsdekade: »Magie des Marktes« 360
4. Das Krisengemenge der achtziger Jahre 361

XII. Die Überschuldungskrise: eine Summe von Fehlentwicklungen 363
1. Nettokapitaltransfer aus dem Süden in den Norden 365
2. Ursachen der Verschuldungskrise 366
2.1 Externe Krisenursachen 367
2.2 Interne Krisenursachen 370
3. Das Schuldenmanagement des Internationalen Währungsfonds (IWF) 373
4. Entschuldungskonzepte 375

XIII. Umwelt- und Entwicklungskrise 377
1. Entwaldung der Tropen 378

2.	Verwüstung, Vergiftung, Versalzung und Wasserverknappung	379
3.	Umweltpolitische Verantwortlichkeiten	381
4.	Ökologische Lernprozesse	382
XIV.	Ziele und Dimensionen von Entwicklungspolitik	383
1.	Zersplitterung der entwicklungspolitischen Kompetenzbereiche	384
2.	Entwicklungspolitik als Interessenpolitik	385
3.	Multilaterale Entwicklungspolitik	390
XV.	Entwicklungspolitische Bilanz	391
1.	Entwicklungspolitische Neuansätze für die neunziger Jahre	393
2.	Schlußfolgerungen	395
Literatur		396

BERND GUGGENBERGER
Die Zukunft der Industriegesellschaft
Politische, ökonomische und kulturelle Perspektiven 397

I.	Die Vergangenheit der Zukunft	397
1.	Der Geist, aus dem der Fortschritt kommt	397
2.	Planetarische Weltverantwortung	398
II.	Die Industriegesellschaft vor der ökologischen Herausforderung	400
1.	Globales Gefährdungsbewußtsein: »Global 2000«	400
2.	Grüne Bewegung und etablierte (Partei-)Politik	403
3.	»Neue soziale Bewegungen« und die historischen Wurzeln der Fortschrittskritik	407
4.	»Jahrhundertthema Umweltschutz«	411
III.	Am Ende der Industriegesellschaft?	412
1.	»Industrialisierung« und »Rationalisierung«	412
2.	Allgemeine »Verfleißigung«: alles arbeitet	413
3.	Lebensbedürfnis oder Lustkatastrophe? Zur Wort- und Bedeutungsgeschichte der Arbeit	414
4.	Die Zentralstellung der Arbeit und die Metamorphose der Eliten	415
5.	Reduzierte Anthropologie und Aufstieg des Industrialismus	418
6.	Triumph der Nützlichkeit: Die Trennung von Arbeit und Vergnügen	418
7.	Rationalisierung und Arbeitsbornierung – Nach uns die Maschine?	420
8.	Industrialisierung – Fortschritt auf Pump	423
IV.	Welche Zukunft hat die Arbeit?	424
1.	Was wird aus dem arbeitenden Menschen?	425
2.	Was wird aus der Arbeit? – »Ende der Arbeitsteilung«	427
3.	Was verändert sich beim Arbeitsquantum?	430
4.	Was ändert sich am Verhältnis von Arbeit und Leben?	433

V. Industriegesellschaft und Sozialstaat 436
1. Wachsender Sozialbedarf 436
2. »Charakterwechsel nach Feierabend« 437
3. Vom Bürger zum Sozialpatienten: die Enteignung des Sozialen 439
4. Soziale Simulation 441
5. Die Wiedergewinnung des Sozialen 443

VI. Jenseits der industriellen Leistungswelt: Konturen der »Freizeitgesellschaft« 446
1. Weniger arbeiten, anders arbeiten – Die »Überwindung« der Arbeitsgesellschaft 446
2. Dienstleistungsarbeit, Wertwandel und »Freizeitethos«. Zur politischen Ökonomie des tertiären Sektors 449
3. Arbeitsfreie Zeit – der empirische Befund 454
4. Freizeitkompetenz als Urteilskompetenz – die pädagogische Herausforderung 456
5. Erwerbsarbeit, Existenzarbeit, Eigenzeit – Wie frei ist die Freizeit? 457
6. Nachlassende Prägung durch die Arbeit – das Ehrenamt als Beispiel 459
7. Güterüberfluß und Zeitknappheit: wohlstandsfragwürdige Freizeitgesellschaft 461
8. Blick zurück nach vorn 462
9. Die neue »Gleichgültigkeit« 463
10. Baguette und Telespiele 464

VII. Die Wiederentdeckung der Gestaltbarkeit 465
1. Strukturwandel und Lebensoptionen 465
2. Fehlerfreundlichkeit als Strukturmerkmal der »nachindustriellen Welt« 466

VIII. Denken über den Staat hinaus, Konturen einer neuen Weltordnung? 468
1. Erosion des Politischen: Regionalisierung und Globalisierung 468
2. Weltweite Ungleichzeitigkeit 469
3. Schutz und Gehorsam – die »Entwaffnung des Bürgers« 471
4. Schutzkompetenzverlust des Terrtorialstaats – »Entwaffnung der Staaten« 473
5. Staat oder Menschheit? Treuepflichten jenseits des Staates 474

IX. Ausblick: Die »Zukunft« der Industriegesellschaft 476

Literatur 482